新　时　代

乡村振兴与农业农村现代化实务探索

主编：何旗红

上

黄海数字出版社

新时代乡村振兴与农业农村现代化实务探索

XINSHIDAI XIANGCUN ZHENXING YU NONGYE NONGCUN

XIANDAIHUA SHIWU TANSUO

主　　编：何旗红

责任编辑：张　婷

责任校对：闫建东

装帧设计：张俊荣

出版发行：黄海数字出版社

网　　址：www.huanghaidigital.com

地　　址：山东省烟台市北大街54号

光盘生产：东莞市新广联光电科技有限公司

开　　本：787mm×1092mm 1/16

印　　张：110.5

出版日期：2023年5月第1版

书　　号：ISBN 978-7-89523-984-5

定　　价：980.00元（全三册，CD-ROM配书）

《新时代乡村振兴与农业农村现代化实务探索》

编 委 会

编　委：（以姓氏笔画为序）

麦麦提图尔荪•艾尔肯		苏 卡	苏拉者	苏呷沙子	杜干•才仁 杜兴秀
杜金生	杜福茂	李大好	李云彪	李文乐	李玉鹏 李立转曲
李 永	李发武	李邦才	李邦堂	李吉波	李西荣 李合生
李色江	李兴贵	李 军	李 进	李尚友	李国虎 李金乾
李泽宏	李泽明	李泽勇	李宗林	李建明	李荣忠 李树成
李贵阳	李贵林	李洪鹏	李海山	李培金	李梅坤 李 旋
李朝阳	李 雄	李 斌	李瑞军	李新勇	李德华 杨万茂
杨小平	杨户亮	杨正友	杨正日	杨代强	杨仪文 杨老公
杨有栋	杨成勇	杨志刚	杨求造	杨甫生	杨林财 杨国荣
杨明生	杨 波	杨宜新	杨绍文	杨绍伟	杨显发 杨贵邦
杨贵勇	杨顺平	杨 勇	杨 海	杨润龙	杨能勇 杨鼎富
杨道茂	杨德秉	杨 鑫	肖永红	肖亚军	肖 伟 肖华斌
肖胜平	吴水清	吴礼方	吴光成	吴学武	吴建国 吴战争
吴 俊	吴洪勇	吴德相	别克扎提•马达尼亚提	别 肯	岑恩昌
邱长青	邱华伟	邱晓明	何元奎	何友宾	何文斌 何仕海
何江海	何美勇	余永忠	余兴文	余 旺	余贵林 余姚弟
余晓成	余新李	谷忠新	奂永强	奂宇剑	邹远松 冷本才让
汪国成	沙马尔哈	沙太•阿拜	沙亚•那合孜汉	沙那提江•胡斯波拉提	
沈天安	沈达光	完代先木	张小军	张历平	张正华 张占阳
张光才	张 华	张后风	张全红	张多省	张军成 张志强
张明光	张金华	张泽银	张学勇	张建斌	张贵泉 张 俊
张洲溪	张 勇	张晓文	张 鸿 陆大浓	陆远礼	阿卜力克木•穆萨
阿卜力孜•热合曼		阿卜杜艾尼•阿卜杜许库尔		阿卜杜外力•麦麦提敏	
阿卜杜热西提•阿布力则		阿卜杜海外尔	阿力木拉提	阿力木拉提•开明	
阿力木呷	阿子日呷	阿扎玛提•阿布得加玛力		阿支拉比	阿巴克•吾阿克力汗
阿石克布	阿布都玉苏普•吐热克		阿布都卡哈尔		阿布都萨拉木•托合提
阿尔达克•阿吾汗		阿尔曼•霍加合买提		阿达来提	阿合尔坡 阿活以布
阿洛五良	阿候依付	阿勒马见	孜牙吾冬•阿吾提		陈 双 陈 正
陈付银	陈代顺	陈立全	陈宏雨	陈拥军	陈金彬 陈 洪
陈凌峰	陈 海	陈朝祥	陈 斌 努尔艾力•麦麦提		努尔江•赛比多拉
努尔波拉提	努尔哈布力	拉玛扎西	拉奎此沙	拉黑日且	其呷扎西 范 宇
范林辉	林继明	郅云峰	肯加塔依	虎万那力•别依山别克	昂 昂
迪仕才	罗 文	罗仕军	罗志勇	罗时武	罗宏东 罗其铁甲
罗 杰	罗建成	罗 星	罗海锋	帕丽扎•萨尔哈提	和玉龙
和 伟	和佰强	季道明	依沙米丁•艾合买提	的日伍火	周仁刚

周吉武	周国洪	周建强	周 勇	忽永明	郑永伟	郑延光
郑学兵	郑 洛	刷日杨仁	赵世保	赵何民	赵忠堂	赵学彪
赵建飞	赵神秋	赵潍山	胡文强	胡世学	胡行洋	胡 安
胡志良	胡杰华	贵 凯	哈力木拉提•努尔塔依		哈力买买提•玉素甫	
哈勒恒别克•阿布勒海尔		哈德尔•斯兰木哈孜		贴易凯	钟顺模	复力扎提
俄塔尔拜•卡马斯亚		昚学鑫	施耀文	姜有财	洛各牛布	说古拉千
费从康	骆敦阳	秦永康	秦 福	敖成海	热萨来提•肉孜	
聂正江	莫汉伟	莫明江•萨伊木		莫章林	索朗多	贾兴鸿
贾兴德	夏达提汗	夏波勇	夏洪铁	破 布	顾君华	晏建洪
徐文清	徐 超	殷登银	拿 波	卿四勤	高 杰	高春明
郭浩冬	唐存学	唐军天	唐定高	唐星刚	海来小伟	海拉提
海拉提•吐尔汗拜		海娜提别克•巴依木拉提		诸海林	桑吉卡	桑吉杰
桑 都	堆山别克•木吾哈德勒		勒格衣里	勒格拉铁	黄少华	黄水洲
黄方加	黄仕军	黄兴明	黄 兵	黄树科	黄晓良	黄超凡
黄锦涛	萨吾提	萨帕尔•塔流		雪玉明	康仁飞	梁万春
梁文科	梁志成	梁志强	梁明友	梁隆浩	密新文	彭长家
彭俊夕	斯拉木江	斯拉吉丁•麦皮孜		惹联尔惹	葛文军	葛文贵
葛光祥	董久波	蒋凤学	蒋志坤	韩正义	韩建国	覃志江
覃志胆	覃国佐	覃恒志	覃深任	喻朝强	黑李战	舒永建
舒 旭	鲁 文	鲁 称	普布次仁	道尔吉	道吉才旦	道吉热布旦
曾令伟	曾志华	曾 普	温荣俊	谢召礼	谢 强	蓝 天
蒙文章	献志付	雷金汶	雍思乾	满睿天	滚光德	褚建会
蔡均强	鲜大兵	鲜永勇	廖安良	廖选春	赛力克别克•马丁	
赛力克别克•吾拉孜别克		赛力周	翟尧权	翟绍安	熊廷休	樊小健
黎冬贵	黎兴绍	潘文松	潘则新	潘年权	潘兴国	潘 强
额 日	薛现照	薛 斌	穆仁海	穆合太尔	穆凯热姆•克依木	
穆海麦提伊力•约麦尔		戴 密	魏凯文			

目　录

第一篇　新时代乡村振兴战略实施综述

第二篇　新时代乡村振兴战略策划与实施

第三篇 新时代乡村五大振兴实务探索

第四篇 新时代农业农村现代化建设实务

第五篇 农业农村现代化发展与创新驱动

第六篇　数智化赋能乡村振兴实务探索

第八篇　乡村振兴与农业农村现代化实践经验交流

第一篇
新时代乡村振兴战略
实施综述

第一章 乡村振兴战略实施概论

第一节 主要内容概述

2018 年2月4日，中共中央、国务院向全党和各级人民政府发布了中央1号文件《关于实施乡村振兴战略的意见》（以下简称《意见》），主要包含以下5个方面的内容：

一、乡村振兴战略总体目标

2018 年中央1号文件是改革开放以来的第20个、进入21世纪以来连续下发的第 17 个1号文件，专门就乡村振兴战略进行了系统性阐述并提出具体意见。《意见》以习近平新时代中国特色社会主义思想为指导，提出乡村发展在定方向、定思路、定任务、定政策等方面，要坚持以问题为导向，统筹推进经济、政治、文化、社会、生态、文明、党建等全方位乡村振兴战略。让农业成为有奔头的产业，让农民成为有吸引力的职业，让农村成为安居乐业的美丽家园。

二、乡村振兴战略实施原则

乡村振兴战略实施原则是坚持党管农村全面工作；坚持农业农村优先发展；坚持农民主体地位；坚持乡村全面振兴；坚持城乡融合发展；坚持人与自然和谐共生；坚持因地制宜、循序渐进推进。在坚持以上 7 个实施原则下，提出了县、乡两级政府做好巩固和完善农村基本经营制度改革，土地承包关系稳定并长久不变，培养造就一支懂农业、爱农村、爱农民的"三农"人才队伍的具体工作。

三、乡村振兴战略实施阶段

按照党的十九大提出的决胜全面建成小康社会、分两个阶段实现第二个百年奋斗目标的战略安排，党中央明确了实施乡村振兴战略分三步实施：

——2020 年，乡村振兴取得重要进展，制度框架和政策体系基本形成；

——2035 年，乡村振兴取得决定性进展，农业农村现代化基本实现；

——2050 年，乡村全面振兴，农业强、农村美、农民富全面实现。

四、乡村振兴战略总体要求

乡村振兴战略的总休要求是产业兴旺、生态宜居、乡风文明、治理有效、生活富裕。

产业兴旺是核心，生态宜居是保障，乡风文明是灵魂，治理有效是管理，生活富裕是目的。

五、乡村振兴战略重要意义

实施乡村振兴战略的本质是超越乡土中国。中国本质上是一个乡土性的农业国，农业国其文化的根基就在于乡土，而村落则是乡土文化的重要载体。振兴乡村的本质，便是回归乡土中国，同时在现代化和全球化的背景下超越乡土中国。

因此，实施乡村振兴战略的重要意义在于：

（1）实施乡村振兴战略的核心是从根本上解决"三农"问题。中央制定实施乡村振兴战略，是要从根本上解决目前我国农业不发达、农村不兴旺、农民不富裕的"三农"问题。通过牢固树立创新、协调、绿色、开放、共享的"五大"发展理念，达到生产、生活、生态的"三生"协调，促进农业、加工业、现代服务业的"三业"融合发展，真正实现农业发展、农村变样、农民受惠，最终建成"看得见山、望得见水、记得住乡愁、留得住人"的美丽乡村和美丽中国。

（2）实施乡村振兴战略有利于弘扬中华优秀传统文化。中国文化本质上是乡土文化，中华文化的根脉在乡村，我们常说乡土、乡景、乡情、乡音、乡邻、乡德等构成了中国乡土文化，也使其成为中华优秀传统文化的基本内核。实施乡村振兴战略，也就是重构中国乡土文化的重大举措，也就是弘扬中华优秀传统文化的重大战略。

党的十九大报告把乡村振兴战略作为党和国家的重大战略，这是基于我国社会现阶段发展的实际需要而确定的，是符合我国全面实现小康、迈向社会主义现代化强国的需要而明确的，是中国特色社会主义建设进入新时代的客观要求。乡村不发展，中国就不可能真正发展；乡村不实现小康，中国社会就不可能全面实现小康；乡土文化得不到重构与弘扬，中华优秀传统文化就不可能得到真正弘扬。所以振兴乡村对于振兴中华、实现中华民族伟大复兴的中国梦都有着重要的意义。

（3）实施乡村振兴战略是把中国人的饭碗牢牢端在自己手中的有力抓手，中国是一个人口大国，民以食为天，粮食安全历来是国家安全的根本。习近平总书记说把中国人的饭碗牢牢端在自己手中，就是要让粮食生产这一农业生产的核心成为重中之重，乡村振兴战略就是要使农业大发展、粮食大丰收。要强化科技农业、生态农业、智慧农业、确保18亿亩耕地红线不被突破，从根本上解决中国粮食安全问题，而不会受国际粮食市场的左右和支配，从而把中国人的饭碗牢牢端在自己手中。

第二节 重点问题解读

2018年2月5日，国务院新闻办公室召开新闻发布会，对《意见》涉及的相关问题做了系统的权威解读。总体来讲，《意见》的核心是对中国现实"三农"问题的进一步探索和讨论，对和农民切身利益相关的农民合作组织、农村土地改革、农村金融改革和人才引进，都做出了重要部署。

一、把握振兴之路是工作灵魂

《意见》提出，走中国特色社会主义乡村振兴道路，归纳为7个"之路"，它们是：

（1）重塑城乡关系，走城乡融合发展之路；

（2）巩固和完善农村的基本经营制度，走共同富裕之路；

（3）深化农业供给侧结构性改革，走质量兴农之路；

（4）坚持人与自然和谐共生，走乡村绿色发展之路；

（5）传承发展提升农耕文明，走乡村文化兴盛之路；

（6）创新乡村治理体系，走乡村善治之路；

（7）打好精准脱贫攻坚战，走中国特色减贫之路。

这7个"之路"是《意见》的主线和灵魂，通过搭建实施乡村振兴战略"四梁八柱"，有计划、有步骤、有层次地走好、走准7个"之路"。各地政府在谋划适合当地乡村振兴"四梁八柱"政策的顶层设计中，最基础的政策支撑是党中央、国务院颁布的3个政策依据。一是国家《乡村振兴战略规划（2018—2022 年)》，作为各地各部门有序推进本地、本部门乡村振兴战略的指导依据。二是中国共产党农村工作条例，作为实施乡村振兴战略中的领导体制和机制的组织依据。三是国家制定的乡村振兴有关法律、法规，作为乡村治理制度的法律依据。

二、地方政府顶层设计是基础

在"四梁八柱"政策体系建设中，包括一系列强化乡村振兴制度性供给的重大改革举措。比如，探索宅基地的所有权、资格权、使用权"三权分置"改革制度；建设高标准农田等新增耕地指标和城乡建设用地增减挂钩节余指标跨省域调节机制；党管农村工作落到实处的组织要求等，均要做好策划，确保政策的有效实施。

《意见》提出，要建立实施乡村振兴战略的领导责任制，实行中央统筹、省负总责、市县抓落实的工作机制，党政一把手是第一责任人，五级书记抓乡村振兴，县委书记是"一线总指挥"。今后，每年各省（自治区、直辖市） 党委和政府要向党中央国务院报告推进乡村振兴战略的进展情况。建立党政领导班子和党政干部推进乡村振兴战略实绩考核制度，将考核结果作为选拔任用领导干部的重要依据。

总之，《意见》的出台标志着中央关于实施乡村振兴战略大政方针已经明确。三分部署，七分落实，现在，已经有了清晰的路线图。接下来，就是要实化、细化有关政策，制订相关配套方案，把"施工图"抓紧做好，把党中央的战略部署落到实处，把乡村振兴的宏伟蓝图一步一步变为现实。

三、鼓励农民合作组织是前提

乡村振兴必须有兴旺的产业做支撑，发展兴旺的产业要靠一家一户，也要靠农民合作组织，包括各种其他新型经营主体等农业龙头企业。每年的中央 1 号文件都会对发展农民合作社提出政策性要求，2018 年中央1号文件专门有一节讲到"把小农户引入现代农业发展轨道"，对怎么通过发展农业合作组织、提高农民的组织化程度、增强小农户的话语权，提出了具体的政策要求。

关于发展农民合作组织有一些新的探索。比如，浙江专门在全省范围内试点，全国供销合作总社也在加强这方面的指导，大力发展生产、信用、供销"三位一体"的综合合作。这种"三位一体"的改革探索，也是今后发展农民合作组织的一个重要方向。

关于农民合作，信用合作是一个很重要的方面。现在，很多信用社改制成为农商行或者合作银行。2016年中央1号文件就对推进省联社改革提出要求。人民银行在推进这方面的工作，有关改革方案在逐步完善。2018年中央1号文件关于农村信用社的改革提了一个非常重要的要求，就是说无论怎么改，一定要在总体上保证农村信用社县域法人地位和数量总体稳定。现在很多农业县还有一个信用社为农民提供服务，如果把法人层级越做越大，把一个省都做成一个法人，毫无疑问资金又从农村、从县域抽调到更高层级的城市去了，资金就会大量流失。这是对农村信用社改革提出的一个非常明确的要求。省联社存在的主要问题是政企不分，今后，还需要在实践当中逐步探索。

四、搞好土地制度改革是关键

新形势下，深化农村土地制度改革主线仍然是处理好农民和土地的关系。为落实党的十九大精神，2018年中央1号文件就深入推进农村土地制度改革做出了一系列重要部署。主要是以下四个方面的改革任务：

（1）落实农村土地承包关系稳定为长久不变的政策。中央已经明确，第二轮土地承包到期以后，再延长30年。第一轮土地承包期15年，第二轮土地承包期30年，再延长30年加起来就是75年，这个承包期已经较长。下一步要衔接落实好第二轮土地承包到期后再延长30年的政策，真正给农民吃上"长效定心丸"。

（2）全面完成农村土地承包经营权的确权登记颁证工作。这项工作是农村土地制度改革非常基础性的一个工作，现在已经到了收尾阶段。

（3）进一步完善农村承包地"三权分置"制度。要在坚持落实集体土地所有权、稳定农户土地承包权前提下，保护土地经营权。

（4）系统总结土地征收、集体经营性建设用地入市和宅基地制度改革试点经验，逐步扩大试点，加快修改完善有关法律。

随着城市化的快速推进，现行宅基地制度存在的问题日益突出。由于每年有大量农民离开农村，离开土地，农村人口大量迁移，因此在农村就出现大量农房、宅基地常年闲置的现象，这些长期无人管理的农房、宅基地开始破败、荒芜，这是一个很大的浪费，如果能将其利用起来就是一笔很大的财富。

《意见》提出，要完善农民闲置宅基地和闲置农房政策，探索宅基地所有权、资格权、使用权"三权分置"，即落实宅基地集体所有权，保障宅基地农户资格权和农民房屋财产权，适度放活宅基地和农民房屋使用权。这是借鉴农村承包地"三权分置"办法，在总结有关试点县（市）探索经验的基础上，提出来的一个需要探索的改革任务。当然，宅基地的"三权分置"与承包地"三权分置"会有很大的不同。

例如，承包土地经营权，鼓励流转，鼓励适度集中。但是，宅基地因其特点就不存在鼓励集中到少数人手里的问题。下一步，在改革试点过程中，需要认真开展宅基地"三权分置"，特别是农户宅基地资格权的法理研究。要探索宅基地"三权分置"具体形式，鼓励各地结合发展乡村旅游、新产业、新业态，结合下乡返乡创新创业等先行先试，在实践中探索盘活利用闲置宅基地和农房增加农民财产性收入的办法，加快形成可推广可复制的经验。

目前，社会上对宅基地制度改革关注度非常高，必须准确理解《意见》精神。改革是要鼓励大胆探索，看不清的问题先探索，但是，也必须守住底线，探索适度放活宅基地和农民房屋使用权，不是让城里人"下乡"去买房置地。

《意见》明确提出一个"不得"和"两个严格"，即不得违规违法买卖宅基地，要严格实行土地的用途管制，严格禁止下乡利用农村宅基地建设别墅大院和私人会馆。同时、在城镇化进程当中，要依法保护农民的土地承包经营权、宅基地使用权和集体经济的收益分配权，不能强迫农民以放弃宅基地使用权为前提进城落户。

五、保证资金供给政策是核心

兵马未动，粮草先行。乡村振兴是一个大战略，必须有真金白银的硬投入。没有投入做保障，喊是喊不出来的，干也是干不出名堂来的。《意见》提出，要健全投入保障制度、对于解决实施乡村振兴战略"钱从哪里来的问题"要有全面的谋划。同时，《意见》还明确提出，要加快形成财政优先保障、金融重点倾斜、社会积极参与的多元投入格局，确保投入力度不断增强，总量不断增加。重点是以下三个方面：

（1）明确要求确保公共财政更大力度向"三农"倾斜。公共财政首先得给力，要加快建立涉农资金整合的长效机制，发挥财政资金"四两拨千斤"的作用，通过财政资金撬动更多金融资金和社会资金投向乡村振兴。在这一方面需要说明的是，要规范地方政府举债融资行为，不得借乡村振兴之名违规违法变相举债。

（2）农村金融要回归本源。要坚持农村金融改革的正确方向，健全符合农业农村特点的农村金融服务体系，农村金融机构要为乡村振兴提供多元化、多样化的金融服务，要把金融资源配置到农村经济社会发展的关键领域和薄弱环节。根据部署，下一阶段还会出台关于金融服务乡村振兴的指导意见，起草金融服务乡村振兴的考核评估办法。要通过这些政策性文件把金融服务乡村振兴的政策落到实处。

（3）拓宽资金筹措渠道。长期以来，土地出让收益，可以说是"取之于乡，用之于城"，直接用于农村建设的比重是比较低的。要创新政策机制，把土地增值收益这块"蛋糕"切出更大的一块用于支持脱贫攻坚和乡村振兴。《意见》提出，要严格控制未利用土地的开垦，集中力量推动高标准农田建设，建立高标准农田等新增耕地指标和城乡建设用地增减挂钩节余指标跨省域调剂机制，将所得收益全部用于支持脱贫攻坚和乡村振兴。这是一个很大的政策，用好了这个政策，可以为乡村振兴提供强有力的资金支持。这项政策可以起到"一石多鸟"的作用：

一是通过高标准农田建设补充的耕地，数量是看得见、摸得着的，质量是有保障的，是实实在在的优质耕地，真正可以做到"占优补优"。如果高标准农田增加的耕地指标可以跨省交易，金融机构也愿意为高标准农田建设提供资金支持，这样一来可以加快高标准农田建设步伐。

二是这项政策可以缓解耕地占补平衡的压力。目前，一些省份后备耕地资源匮乏，补充耕地质量不高，省域内耕地占补平衡难度越来越大，也迫切要求拓宽补充耕地的来源。根据对东部沿海某省的调查，未利用土地有 900 万亩，但真正可以开为耕地的只有 40万亩，在省域内搞占补平衡已经很难搞下去了，因此对这项政策有很强的需求。

三是有利于生态保护。过去，很多省市把开垦未利用土地作为补充耕地的一个重要来源。这些未利用土地的生态大多非常脆弱。下一步，要严格控制未利用土地开垦，这样一来也有利于生态保护。

《意见》还提出，新增城乡建设用地增减挂钩节余指标可以跨省调剂，这也是一个很大的政策红利。实际上，现在在省内扶贫县搞易地搬迁，节余的指标在省内可以跨县域调节。比如，河南搞易地搬迁，农民搬走了，增加的建设用地指标卖到郑州，一亩地可以卖到30万元左右。比如安徽金寨县，金寨县易地搬迁节省出来增减挂钩指标1万亩，卖到合肥卖了将近50亿元。江苏易地搬迁增减挂节余指标卖到过每亩70万元。当然，也不能说为了卖钱就让农民"上楼"，这是不允许的，主要还是结合易地搬迁。毫无疑问，城乡建设用地增减挂钩节余指标如果允许跨省调剂，将可以形成一个更合理的价格，可以筹措更为可观的资金，为打好精准脱贫攻坚战提供有力的资金支持。下一步还要进一步细化相关的政策设计。

六、培育新型人才队伍是保障

乡村振兴离不开资源的投入，也离不开要素的聚集。所以，要通过改革打破乡村要素单向流入城市的格局，打通进城与下乡的通道，引导、吸引更多的城市要素包括资金、管理、人才向乡村流动。乡村振兴不但需要钱，实际推动过程中还缺"人"。要完成乡村振兴这个宏大战略，就要汇聚全社会的力量，强化乡村振兴的人才支撑，把人力资源开发放在首位。要做好两个方面的工作：一方面，要培养造就一支懂农业、爱农村、爱农民的"三农"工作队伍，要培育新型职业农民和乡土人才；另一方面，要以更加开放的胸襟引入人才，用更加优惠的政策留住人才，用共建共享的机制用好人才，掀起新时代"上山下乡"的新热潮。对此，《意见》在五个方面做出具体政策部署：

（1）要大力培育新型职业农民。要全面建立职业农民制度，实施新型职业农民培育工程。

（2）要加强农村专业人才队伍建设。特别是要扶持培养一批农业职业经理人、经纪人、乡村工匠、文化能人和非遗传承人等。

（3）要发挥科技人才支撑作用。要探索新机制，全面建立高等院校、科研院所等事业单位专业技术人员到乡村和企业挂职、兼职和离岗创新创业制度，发挥好各类农业科技人员的作用。

（4）要鼓励社会各界投身乡村建设。乡村振兴要有全社会各类人才的参与，要建立有效的激励机制，吸引支持企业家、党政干部、专家学者、技能人才等通过下乡担任志愿者、投资兴业、包村包项目、捐资捐物等方式，参与到乡村振兴的伟大事业中来。文件中提出两条具体的政策：第一个是要研究制订管理办法，允许符合要求的公职人员回乡任职；第二个是加快制订鼓励引导工商资本参与乡村振兴的指导意见，落实和完善融资贷款、配套设施建设补助、税费减免、用地等扶持政策，明确政策边界，保护好农民利益。

（5）创新乡村人才培育引进使用机制，主要是"三大机制"：

①多方式并举的人力资源开发机制；

②城乡、区域、校地之间人才培养合作与交流机制；

③城市医生教师科技文化人员定期服务乡村机制。

《意见》还对"新乡贤"提出了明确要求。强调要培育富有地方特色和时代精神的新乡贤文化，积极引导发挥新乡贤在乡村振兴，特别是在乡村治理中的积极作用。

七、农业保险与时俱进是兜底

近几年，农业保险方面有很多新的探索。《意见》专门部署开展一系列新的探索和试点。现在农业保险发展非常快，就保费收入来讲，我国已经排在全世界第二。总的来看，这么多年来，我国农业保险的发展还比较粗放。就粮食来讲，现在保障水平还比较低。今后农业保险总的思路就是要"扩面、增品、提标"。现在，很多经济作物保险还没有覆盖，所以要"扩面"；另外保险的品种还比较少，要"增品"，即增加保险品种；还有就是要"提标"，即提高保障水平。特别是要探索农业保险如何与脱贫攻坚政策深度结合，为农民提供更好的保障，增强农民抵御市场风险和自然风险的能力。

第三节　五级书记抓实"五个振兴"

实施乡村振兴战略是一篇大文章，要统筹谋划，科学推进。同时明确提出"五个振兴"的科学论断，即乡村产业振兴、乡村人才振兴、乡村文化振兴、乡村生态振兴、乡村组织振兴。"五个振兴"的科学论断，不仅极大地凝聚了人心，还为乡镇、县、市、省、中央五级党组织书记（以下简称五级书记）抓乡村振兴提供了行动指南和根本遵循。

一、抓实乡村产业振兴

推进农业供给侧结构性改革，调整优化农业结构，加快构建现代农业产业体系、生产体系、经营体系，推进农业增产导向转向提质导向，提高农业质量、效益。紧紧围绕农村一二三产业融合发展，构建乡村产业体系，促进农民增收致富，推动乡村生活富裕。大力发展生态产业，推动改善农业生态系统，恢复和提升农村生态环境，增强农业可持续发展能力。发展生产、生活、生态有机融合的产业形态，把生态资产价值充分释放出来。要把生态优势变成农村发展的宝贵资本，让更多的老百姓吃上"生态饭""旅游饭"。

二、抓实乡村人才振兴

要坚持以当地农民、本土人才为主体，乡村振兴是亿万农民自己的事业。同时也要加快培育新型农业经营主体，让愿意留在乡村、建设家乡的人留得安心，让愿意上山下乡、回报乡村的人更有信心，让那些从国内外引进的贤人更有奔头。"人才进退国安危"，人才决定着我国乡村的未来，实施"人才先锋"工程，强化城乡人才流动的制度性供给，优先解决编制、职称等问题，把到农村一线锻炼作为培养干部的重要途径，形成人才向农村流动的用人导向，造就一支懂农业、爱农村、爱农民的工作队伍。

三、抓实乡村文化振兴

要以社会主义核心价值观为引领，深入挖掘优秀传统农耕文化蕴含的思想观念、人文精神、道德规范，将其最大限度地融入乡村振兴中，使之在新时代的文明框架里、在现代和传统的交融中，吐出新的"芳华"。改善农民精神风貌，提高乡村社会文明程度，焕发乡村文明新气象。"振兴乡村，其中重要的一条，就是要繁荣农村文化。农村不一定需要繁华，但一定需要文化。"一是重塑乡贤文化，乡贤文化是农村亮丽的文化风景，起到了很好的凝聚和润滑作用，为自治体系顺畅运行提供了低成本的内部机制，是农村德治的关键主体。二是涤荡农村的丑陋文化，比如，农村中赌博现象蔓延、农村嫁闺女索要高价彩礼、黑恶势力为非作歹，对诸如此类的丑恶现象，须加以遏制和清除。

四、抓实乡村生态振兴

要坚持绿色发展，加强农村突出环境问题综合治理，推进农村"厕所革命"，完善农村生活设施，打造农民安居乐业的美丽家园，让良好生态成为乡村振兴的支撑点。习近平总书记指出，厕所问题不是小事情。政府要着眼区域差异，注重精准供给，推动"厕所革命"深入开展。一要实施建设提升行动。以"卫生、实用、温馨"为原则，持续加大投入，因地制宜，由点及而，梯度推进。二要实施管理提升行动。探索 "政府+社会"的多元厕所建管模式，建立契合各地实际的厕所管理常态机制。借助互联网、大数据等新技术，适时充实公厕数据，不断提升厕所管理信息化水平。

五、抓实乡村组织振兴

要打造千千万万个坚强的农村基层党组织，培养千千万万名优秀的农村基层党组织书记，深化村民自治实践，发展农民合作经济组织，建立健全党委领导、政府负责、社会协同、公众参与、法治保障的现代乡村社会治理体制，确保乡村社会充满活力、安定有序。我国农村地域辽阔，农民居住分散，乡情千差万别，推进乡村治理是一项艰巨繁重的系统工程，讲究的是一个"实"字，必须立足实际，真抓实干，吹糠见米，应抓住健全乡村组织体系这个关键。全国有 128 万个农村基层党组织，3500 万名农村党员，直接与近6亿农民群众打交道，这是乡村治理最坚实的力量支撑。无论农村社会结构如何变化，无论各类经济社会组织如何发育成长，农村基层党组织的领导核心地位绝不能动摇，战斗堡垒作用绝不能削弱。要切实加强农村基层党组织建设，发挥其基层治理、团结动员群众、推动改革发展的战斗堡垒作用，发挥党员的先锋模范作用，面对面、心贴心、实打实地做好群众工作，把群众紧紧团结凝聚在党的周围。

第二章 《乡村振兴战略规划》解读

第一节 主题核心

《规划》是由中央农村工作领导小组提出。2018 年 5 月31日，中共中央政治局召开会议，审议通过《规划》。按照到 2020 年实现全面建成小康社会和分两个阶段实现第二个百年奋斗目标的战略部署，2018 年至 2022年这5 年间，既要在农村实现全面小康，又要为基本实现农业农村现代化开好局、起好步、打好基础。总体来讲，《规划》主要包含以下六个方面的内容：

一、乡村振兴基本原则

坚持党管农村工作。毫不动摇地坚持和加强党对农村工作的领导，健全党管农村工作方面的领导体制机制和党内法规，确保党在农村工作中始终总揽全局、协调各方，为乡村振兴提供坚强有力的政治保障。

坚持农业农村优先发展。把实现乡村振兴作为全党的共同意志、共同行动，做到认识统一、步调一致，在干部配备上优先考虑，在要素配置上优先满足，在资金投入上优先保障，在公共服务上优先安排，加快补齐农业农村短板。

坚持农民主体地位。充分尊重农民意愿，切实发挥农民在乡村振兴中的主体作用，调动亿万农民的积极性、主动性、创造性，把维护农民群众根本利益、促进农民共同富裕作为出发点和落脚点，促进农民持续增收，不断提升农民的获得感、幸福感、安全感。

坚持乡村全面振兴。准确把握乡村振兴的科学内涵，挖掘乡村多种功能和价值，统筹谋划农村经济建设、政治建设、文化建设、社会建设、生态文明建设和党的建设，注重协同性、关联性，整体部署，协调推进。

坚持城乡融合发展。坚决破除体制机制弊端，使市场在资源配置中起决定性作用，更好地发挥政府作用，推动城乡要素自由流动、平等交换，推动新型工业化、信息化、城镇化、农业现代化同步发展，加快形成工农互促、城乡互补、全面融合、共同繁荣的新型工农城乡关系。

坚持人与自然和谐共生。牢固树立和践行"绿水青山就是金山银山"的理念，落实节约优先、保护优先、自然恢复为主的方针，统筹山水林田湖草系统治理，严守生态保护红线，以绿色发展引领乡村振兴。

坚持改革创新、激发活力。不断深化农村改革，扩大农业对外开放，激活主体、激活要素、激活市场，调动各方力量投身乡村振兴。以科技创新引领和支撑乡村振兴、以人才会聚推动和保障乡村振兴，增强农业农村自我发展动力。

坚持因地制宜、循序渐进。科学把握乡村的差异性和发展走势分化特征，做好顶层设计，注重规划先行、因势利导，分类施策、突出重点，体现特色、丰富多彩。既尽力而为，又量力而行，不搞层层加码，不搞一刀切，不搞形式主义和形象工程，久久为功，扎实推进。

二、乡村振兴目标愿景

到2020年，乡村振兴的制度框架和政策体系基本形成，各地区各部门乡村振兴的思路举措得以确立，全面建成小康社会的目标如期实现。到2022年，乡村振兴的制度框架和政策体系初步健全。

国家粮食安全保障水平进一步提高，现代农业体系初步构建，农业绿色发展全面推进；农村一二三产业融合发展格局初步形成，乡村产业加快发展，农民收入水平进一步提高，脱贫攻坚成果得到进一步巩固；农村基础设施条件持续改善，城乡统一的社会保障制度体系基本建立；农村人居环境显著改善，生态宜居的美丽乡村建设扎实推进；城乡融合发展体制机制初步建立，农村基本公共服务水平进一步提升；乡村优秀传统文化得以传承和发展，农民精神文化生活需求基本得到满足；以党组织为核心的农村基层组织建设明显加强，乡村治理能力进一步提升，现代乡村治理体系初步构建。探索形成一批各具特色的乡村振兴模式和经验，乡村振兴取得阶段性成果。

到 2035 年，乡村振兴取得决定性进展，农业农村现代化基本实现。农业结构得到根本性改善，农民就业质量显著提高，相对贫困进一步缓解，共同富裕迈出坚实步伐；城乡基本公共服务均等化基本实现，城乡融合发展体制机制更加完善；乡风文明达到新高度，乡村治理体系更加完善；农村生态环境根本好转，生态宜居的美丽乡村基本实现。

到2050 年，乡村全面振兴，农业强、农村美、农民富全面实现。

三、统筹城乡发展空间

按照主体功能定位，对国土空间的开发、保护和整治进行全面安排和总体布局，推进"多规合一"，加快形成城乡融合发展的空间格局。主要通过强化空间用途管制、完善城乡布局结构、推进城乡统一规划三方面入手。

（1）强化空间用途管制。强化国土空间规划对各专项规划的指导约束作用，统筹自然资源开发利用、保护和修复，按照不同主体功能定位和陆海统筹原则，开展资源环境承载能力和国土空间开发适宜性评价，科学划定生态、农业、城镇等空间和生态保护红线、永久基本农田、城镇开发边界及海洋生物资源保护线、围填海控制线等主要控制线、推动主体功能区战略格局在市县层面精准落地，健全不同主体功能区差异化协同发展长效机制，实现山水林田湖草整体保护、系统修复、综合治理。

（2）完善城乡布局结构。以城市群为主体，构建大中小城市和小城镇协调发展的城镇格局，增强城镇地区对乡村的带动能力。加快发展中小城市，完善县城综合服务功能，推动农业转移人口就地就近城镇化。因地制宜发展特色鲜明、产城融合、充满魅力的特色小镇和小城镇，加强以乡镇政府驻地为中心的农民生活圈建设，以镇带村、以村促镇，推动镇村联动发展。建设生态宜居的美丽乡村，发挥多重功能，提供优质产品，传承乡村文化，留住乡愁记忆，满足人民日益增长的美好生活需要。

（3）推进城乡统一规划。通盘考虑城镇和乡村发展，统筹谋划产业发展、基础设施、公共服务、资源能源、生态环境保护等主要布局，形成田园乡村与现代城镇各具特色、交相辉映的城乡发展形态。强化县域空间规划和各类专项规划引导约束作用，科学安排县域乡村布局、资源利用、设施配置和村庄整治，推动村庄规划管理全覆盖。

综合考虑村庄演变规律、集聚特点和现状分布，结合农民生产生活半径，合理确定县域村庄布局和规模，避免随意撤并村庄搞大社区，违背农民意愿大拆大建。加强乡村风貌整体管控，注重农房单体个性设计，建设立足乡土社会、富有地域特色、承载田园乡愁、体现现代文明的升级版乡村，避免千村一面，防止乡村景观城市化。

四、优化乡村发展布局

坚持人口资源环境相均衡、经济社会生态效益相统一，打造集约高效生产空间，营造宜居适度生活空间，保护山清水秀生态空间，延续人和自然有机融合的乡村空间关系。

（1）统筹利用生产空间。围绕保障国家粮食安全和重要农产品供给，充分发挥各地比较优势，重点建设以"七区二十三带"为主体的农产品主产区。落实农业功能区制度，科学合理划定粮食生产功能区、重要农产品生产保护区和特色农产品优势区，合理划定养殖业适养、限养、禁养区城，严格保护农业生产空间。适应农村现代产业发展需要、科学划分乡村经济发展片区，统筹推进农业产业园、科技园、创业园等各类园区建设。

（2）合理布局生活空间。乡村生活空间是以农村居民点为主体、为农民提供生产生活服务的国土空间。坚持节约集约用地，遵循乡村传统肌理和格局，划定空间管控边界，明确用地规模和管控要求，确定基础设施用地位置、规模和建设标准，合理配置公共服务设施，引导生活空间尺度适宜、布局协调、功能齐全。充分维护原生态村居风貌、保留乡村景观特色，保护自然和人文环境，注重融入时代感、现代性，强化空间利用的人性化、多样化，着力构建便捷的生活圈、完善的服务圈、繁荣的商业圈，让乡村居民过上更舒适的生活。

（3）严格保护生态空间。乡村生态空间是具有自然属性、以提供生态产品或生态服务为主体功能的国土空间。加快构建以"两屏三带"为骨架的国家生态安全屏障，全面加强国家重点生态功能区保护，建立以国家公园为主体的自然保护地体系。树立"山水林田湖草是一个生命共同体"的理念，加强对自然生态空间的整体保护，修复和改善乡村生态环境，提升生态功能和服务价值。全面实施产业准入负面清单制度，推动各地因地制宜地制订禁止和限制发展产业目录，明确产业发展方向和开发强度，强化准入管理和底线约束。

五、分类推进乡村发展

顺应村庄发展规律和演变趋势，根据不同村庄的发展现状、区位条件、资源禀赋等，按照集聚提升、融入城镇、特色保护、搬迁撤并的思路，分类推进乡村振兴，不搞"一刀切"。

（1）集聚提升类村庄。现有规模较大的中心村和其他仍将存续的一般村庄，占乡村类型的大多数，是乡村振兴的重点。科学确定村庄发展方向，在原有规模基础上有序推进改造提升，激活产业，优化环境，提振人气，增添活力，保护保留乡村风貌，建设宜居宜业的美丽村庄。鼓励发挥自身比较优势，强化主导产业支撑，支持农业、工贸、休闲服务等专业化村庄发展。加强海岛村庄、国有农场及林场规划建设，改善生产生活条件。

（2）城郊融合类村庄。城市近郊区以及县城城关镇所在地的村庄，具备成为城市后花园的优势，也具有向城市转型的条件。综合考虑工业化、城镇化和村庄自身发展需要，加快城乡产业融合发展、基础设施互联互通、公共服务共建共享，在形态上保留乡村风貌，在治理上体现城市水平，逐步强化服务城市发展、承接城市功能外溢、满足城市消费需求的能力，为城乡融合发展提供实践经验。

（3）特色保护类村庄。历史文化名村、传统村落、少数民族特色村寨、特色景观旅游名村等自然历史文化特色资源丰富的村庄，是能显和传承中华优秀传统文化的重要载体。统筹保护、利用与发展特色村庄，努力保持村庄的完整性、真实性和延续性。切实保护村庄的传统选址、格局、风貌以及自然和田园景观等整体空间形态与环境，全面保护文物古迹、历史建筑、传统民居等传统建筑。尊重原住居民生活形态和传统习惯，加快改善村庄基础设施和公共环境，合理利用村庄特色资源，发展乡村旅游和特色产业，形成特色资源保护与村庄发展的良性互促机制。

（4）搬迁撤并类村庄。对位于生存条件恶劣、生态环境脆弱、自然灾害频发等地区的村庄，因重大项目建设需要搬迁的村庄，以及人口流失特别严重的村庄，可通过易地扶贫搬迁、生态宜居搬迁、农村集聚发展搬迁等方式，实施村庄搬迁撤并，统筹解决村民生计、生态保护等问题。拟搬迁撤并的村庄，严格限制新建、扩建活动，统筹考虑拟迁入或新建村庄的基础设施和公共服务设施建设。坚持村庄搬迁撤并与新型城镇化、农业现代化相结合，依托适宜区域进行安置，避免新建孤立的村落式移民社区。搬迁撤并后的村庄原址，因地制宜复垦或还绿，增加乡村生产生态空间。农村居民点迁建和村庄撤并，必须尊重农民意愿并经村民会议同意，不得强制农民搬迁和集中上楼。

六、打精准脱贫攻坚战

把打好精准脱贫攻坚战作为实施乡村振兴战略的优先任务，推动脱贫攻坚与乡村振兴有机结合及相互促进，确保到 2020 年我国现行标准下农村贫困人口实现脱贫，贫困县全部摘帽，解决区域性整体贫困。

（1）深入实施精准扶贫精准脱贫。健全精准扶贫精准脱贫工作机制，夯实精准扶贫精准脱贫基础性工作。因地制宜、因户施策，探索多渠道、多样化的精准扶贫精准脱贫路径，提高扶贫措施针对性和有效性。做好东西部扶贫协作和对口支援工作，着力推动县与县精准对接，推进东部产业向西部梯度转移，加大产业扶贫工作力度。加强和改进定点扶贫工作，健全驻村帮扶机制，落实扶贫责任，加大金融扶贫力度，健全社会力量参与机制，引导、激励社会各界更加关注、支持和参与脱贫攻坚。

（2）重点攻克深度贫困。实施深度贫困地区脱贫攻坚行动方案。以解决突出制约问题为重点，以重大扶贫工程和"到村到户到人"帮扶为抓手，加大政策倾斜和扶贫资金整合力度，着力改善深度贫困地区发展条件，增强贫困农户发展能力。推动新增脱贫攻坚资金、新增脱贫攻坚项目、新增脱贫攻坚举措主要用于"三区三州"等深度贫困地区。推进贫困村基础设施和公共服务设施建设，培育壮大集体经济，确保深度贫困地区和贫困群众同全国人民一道进入全面小康社会。

（3）巩固脱贫攻坚成果。加快建立健全缓解相对贫困的政策体系和工作机制，持续改善欠发达地区和其他地区相对贫困人口的发展条件，完善公共服务体系，增强脱贫地区"造血"功能。结合实施乡村振兴战略，压茬推进实施生态宜居搬迁等工程，巩固易地扶贫搬迁成果。注重"扶志扶智"，引导贫困群众克服"等靠要"思想，逐步消除精神贫困。建立正向激励机制，将帮扶政策措施与贫困群众参与挂钩，培育提升贫困群众发展生产和务工经商的基本能力。加强宣传引导，讲好中国减贫故事。认真总结脱贫攻坚经验，研究建立促进群众稳定脱贫和防范返贫的长效机制，探索统筹解决城乡贫困的政策措施，确保贫困群众稳定脱贫。

第二节 《规划》详细解读

2018年2月4日，改革开放以来第 20个指导"三农"工作的中央1号文件《关于实施乡村振兴战略的意见》发布。此中央 1号文件对实施乡村振兴战略做出了全面部署，《规划》是依据该中央1号文件做出的阶段性安排和部署。二者区别在于，1号文件是全面的、总体的、全局性的部署，《规划》是围绕今后 5 年这一阶段主要任务做出的具体安排。具体来讲，《规划》就是要落实该1号文件。《规划》一共确定了 22 项要在2020年、2022年实现的具体指标。同时，明确了 82项重大工程、计划和任务。《规划》还对远景目标做出了简要描述。

《规划》可以说是系统地为乡村振兴战略解决"人、地、钱"三方面难题提供了指导意见，并围绕乡村振兴"人、地、钱"等要素供给，规划部署了加快农业转移人口市民化、强化乡村振兴人才支撑、加强乡村振兴用地保障、健全多元投入保障机制加大金融支农力度等方面的具体任务。总结来讲，可以概括为以下六个方面：

一、人居环境整治，列入首要任务

这些年来，农村人居环境保护建设进步较大，但是与城市相比还明显落后。数据说明，全国有近 1/4 的农村生活垃圾没有得到收集和处理，使用无害化卫生厕所的农户比例还不到一半，80%的村庄生活污水没有得到处理，约1/3 的行政村村内道路没有实现硬化。行路难、如厕难、环境脏、村容村貌差、基本公共服务落后等问题都还比较突出，影响了农民群众的获得感、幸福感。对此，规划提出以建设美丽宜居村庄为导向，以农村垃圾、污水治理和村容村貌提升为主攻方向，开展农村人居环境整治行动；制订了农村垃圾治理、农村生活污水治理、厕所革命、乡村绿化、乡村水环境治理和宜居宜业美丽乡村建设这6个重大行动计划。

下一步，中央农办、农业农村部将按照《农村人居环境整治三年行动方案》和全国人居环境整治工作会议要求，发挥好奉头抓总、统筹协调的作用，与有关部门一道，坚决打赢实施乡村振兴战略的第一场硬仗。具体讲就是重点做好三件事：

（1）坚持规划先行。把规划作为人居环境的先手棋来抓，推动各地抓紧编制完善县域的乡村布局规划和村庄建设规划，尽可能体现出农民群众的所思、所想、所盼，尽可能体现出乡村千差万别的环境和农民群众生产、生活之间的关系。同时，做好乡村规划布局，引导乡村建设，实现可持续、健康发展，努力打造出各具特色的农村现代版的"富春山居图"。

（2）强化督导考核。坚持中央抓总、省负总责、市县抓落实，坚持"农民是农村人居环境整治主体"这个基本思想，研究建立农村人居环境整治工作的评估体系和办法，对开展整治工作好的先进县给予奖励，推动各地把农村人居环境整治工作纳入党委政府目标责任考核范围。组织开展农村人居环境整治专项督导，压实地方责任。

（3）抓好示范引领。学习借鉴浙江"千村示范、万村整治"经验做法，启动"百县万村示范工程"，着力打造一批示范县、示范乡镇和示范村，进一步发挥示范带头作用，让基层干部群众学有榜样、干有遵循。

二、策划实施方案，广泛筹集资金

实施乡村振兴战略需要多少钱，还需要每个地方具体做方案、做规划、定阶段性任务。乡村振兴只能一个阶段一个阶段去推进。根据现在的阶段，因为任务比较多，需要广泛筹集资金。除了政府之外，还需要有社会的资金。

现在社会公益活动越来越多，很多企业都愿意投入和帮助农业及农村发展，尤其是在扶贫方面，富裕地区帮助贫困地区。像广东，一个省对口帮扶的县的数量，和本省的县数差不多、大概是90多个县，还有企业和城镇居民，都能够伸把手。

同时，农民也不能袖手旁观，也要出力。要共同努力把《规划》实施好、落实好。《规划》已经公布了，下一步就要具体分工。各省、市、县都要制订当地的规划或方案，因为省与省之间、省内部的差异很大，财政的状况也有很大的差异。总之要坚持一条，就是要实事求是、遵循规律，既要实用，同时还要俭朴，不能搞那种华而不实的东西。《规划》里已经把这些原则和要求都提出来了，下一步要进一步实化、细化，去落实它。

三、定位核心产业，促进产业兴旺

乡村产业能否科学、合理、顺利地振兴，决定了乡村全面振兴能否实现。要一步步解决农村地区存在的产业规模小、链条比较短、品牌比较杂的问题，这需要从两方面来看。

（1）在这些年的乡村产业发展上，特别是党的十八大以来，各级党委政府贯彻落实农业农村优先发展，推动做大做强农业，取得了很大成绩。粮食生产连续 5 年都在

1.2万亿斤以上，农产品能够基本满足消费者需要，同时，"种养加销旅"等新产业新业态，发展态势也非常好。农产品加工产值已经超过了 20 万亿元，休闲农业和乡村旅游业年营业收入在 7000 亿元以上，农业生产性服务业也有很大发展，年经营收入在2 000 亿元以上，成为农村一个新的亮点。所以，要完成好党中央、国务院提出的产业振兴要求，是在这样一个基础上的再出发、再前行。

（2）乡村产业还存在着小、散、杂等问题。比如说粮食生产能力，总体上看，还要进一步强化抗风险能力，高标准农田建设还有 5.6亿亩的目标没有完成，粮食生产功能区和重要农产品生产保护区建设在推进过程中还会碰到各种困难。再比如，我国现在更多的是产量型农业产业发展方式，怎样转到以绿色发展为导向，推动农业农村可持续发展的任务还十分艰巨，不仅要考虑到我们这一代人消费需要，更多的还要给子孙后代留下一片蓝天、一片净土、一片清水，这些都是摆在我们面前非常繁重而严峻的任务。总体上看，我们在取得巨大成就的同时，乡村产业仍然存在着大而不强、产品多而不优、品牌杂而不亮的问题。

因此，《规划》 围绕着乡村产业振兴提出了 28 项重大工程、重大计划和重大行动。今后，我们要紧紧围绕这"三个重大"，来动员和组织方方面面的力量，把乡村产业发展好。重点在三个方面推动落实：

（1）坚定不移地夯实农业基础。牢固树立农业基础意识，扎实推进"藏粮于地、藏粮于技"的战略，全力实现好总书记要求的"中国人的饭碗要牢牢端在中国人的手上，中国人的碗里要装中国人自己生产的粮食"，中国人的粮食要用中国自己繁殖的先进品种，进一步推动国家粮食安全战略更实更牢地实施。同时，进一步优化农业结构，提高农业的国际竞争能力，不断增加农民收入。

（2）推进质量兴农，坚持农业绿色发展。2018 年是"农业质量年"，正在加快编制《国家质量兴农战略规划》 ，启动实施农业高质量发展"八大行动"，完善乡村产业标准体系，加强质量安全监管，不断创新符合乡村产业振兴的新组织形式，进一步构建现代农业产业体系、生产体系和经营体系。

（3）抓好产业融合。总结国际农业现代化的成功路子，就是要在推动城镇化、工业化的过程中，不仅要把工业产业发展的重点放在城市，同时要制定诸多的政策，引导资源聚集到乡村发展、县域经济发展这个方向上来。

所以，乡村产业振兴就要努力通过各种政策、各种措施，引导方方面面的力量，在继续推进城市繁荣发展的同时，将更多的要素导入县域经济发展这个平台上来，为乡村创造更多的适合农民需要的、适合各方面人才展示才华的广阔天地，促进乡村产业振兴。在这方面，我们要继续推动现代农业产业园建设，推动农村一二三产业融合发展。

四、聘请人才下乡，提升农民素质

推动农村发展的政策主要有两个：一个是钱，另一个是人。关于人的部分，也分为两个方面：一个是人才问题，另一个是农村人口转移的城市化问题。对于人才问题，需要三个方面支撑：

（1）乡村振兴为一切有志于从事"三农"产业的各类人才提供了广阔的天地，亟须打造一支结构合理、素质优良、能力突出的乡村振兴人才队伍，我们要进一步深化改革，扩大开放，从农业、农村、农民发展的实际出发，制订一系列搞活人才的政策措施，让方方面面的人才在乡村振兴的舞台上展示才华。这些年，很多新朋友回到乡村，有的是研究生，有的是搞网络的、搞新媒体工作的，他们回到乡村，成为乡村的佼佼者，成为农民致富的引领人。这方面的故事有很多。同时也希望利用媒体的力量，讲述更多的农村人才先进事迹，讲好中国乡村振兴、人才振兴的故事。

（2）乡村振兴需要进一步创造更好的坏境，来吸引人才，留住人才。既要加快改善乡村人居环境、基础设施、交通信息等硬件条件，又要创造良好的营商环境，打造"永久牌"的乡村振兴人才队伍。

（3）乡村振兴需要创造更好的条件，来培养人才、用好人才。这方面规划里面已经做了比较详细的安排，各地也在按照中央规划要求，从实际出发，制定不同类型、不同方面、不同区域的人才战略和人才政策。

总而言之，要做好人才振兴工作，一要练好内功。不仅要发挥好党管人才的政策引领作用，还要人才本身更了解农村、熟悉农民、研究农业，只有这样，人才在乡村这块土地上才能真正地发挥出应有的作用。二要借外力。乡村振兴、人才振兴这个舞台是开放的，要更好地欢迎各方面人才，到乡村舞台上展示才华。三要强保障。各级党委政府要在人才队伍建设上而下功夫，从农业农村部来讲，要推动实施农业科研杰出人才计划、杰出青年农业科学家项目、农业推广服务特聘计划，形成新时代乡村人才振兴的大合唱。

另外。戏好还得靠唱戏人。农村产业兴旺，最根本的是靠亿万农民群众，把他们的积极性、主动性、创造性调动起来。有的地方现在搞"迎老乡、回故乡、建家乡"活动，把那些见过世面的、经过历练的人才请回到家乡去，作为带头人，来推进乡村产业发展。

五、安置特殊人群，解决后顾之忧

乡村振兴是全面振兴，追求的是治理有效、生活富裕，其中很重要的就是让农民群众的生活方方面面得到改善。关于农村留守老人问题和留守儿童教育问题，党中央、国务院对此高度重视，各地各部门都采取了一系列措施，取得了比较好的成效。

（1）在农业现代化过程中，为农村居民在生活改善方面创造了很多好的条件，农民收入持续提高，农村养老保险保障水平也得到了较大提高。

（2）随着这些年农村教育的发展，农村留守儿童教育得到了比较好的改善，为农村社会的和谐稳定提供了重要保障。但是，农业农村发展的不平衡、不充分问题还比较突出，正因为如此，以习近平同志为核心的党中央把乡村振兴战略作为七大战略之一，全方位、深入地推进，使农村居民能够和全国人民一道，享受现代化的生活，努力缩小城乡差距。

在《规划》中，对包括农村学前教育、中小学教育、高中阶段教育都做了相应安排，同时进一步对农村养老保险、养老设施建设做出了部署。现在，各地各部门在推动乡村振兴战略规划落实的过程中，针对农村留守儿童教育、生活保障、养老等问题，研究出台了一系列更有力、更有针对性的措施。随着乡村振兴战略的深入实施，农村社会事业会有新的发展，广大农民群众会有更多的获得感、幸福感。

六、深化农村改革，理顺土地关系

农村基本经营制度是乡村振兴的制度基础。我国农业发展正处于历史转型期，农民对土地的经济依赖性下降，消费需求的变化促进农业从数量农业向质量农业转变，农业发展方式已经向提高劳动生产率转变，农业的内涵、功能、要素组合、业态等呈现新变化。所以要深化农村改革，主线仍然是处理好农民与土地的关系，必须巩固和完善农村基本经营制度，坚持农村土地集体所有，坚持家庭经营基础性地位，稳定土地承包关系，这是决定农村改革成败的关键。

（1）完善农村承包地"三权分置"制度。党的十九大提出，农村土地第二轮承包到期后再延长 30 年，让农民吃下了长效"定心丸"。要理顺"三权"关系，全面完成土地承包经营权确权登记颁证工作，明确从农户承包经营权分制出的经营权的合法权利地位，在自愿、依法、有偿的原则下推进土地经营权流转。

（2）深化农村土地制度改革。要完善农民闲置宅基地和闲置农房的政策，探索宅基地所有权、资格权、使用权"三权分置"，落实宅基地集体所有权，保障宅基地农户资格权和农民房屋财产权，适度放活宅基地和农民房屋所有权。

（3）深化农村集体产权制度改革。要全面开展农村集体资产清产核资、集体成员身份确认，加快推进集体经营性资产股份合作制改革，确保集体资产保值增值，确保农民受益，壮大集体经济。

第三章　做好新时代"三农"工作

第一节　2020年中央1号文件意义

一、为"三农"工作指明方向

以习近平同志为核心的党中央高度重视"三农"工作。习近平总书记指出，小康不小康，关键看老乡。脱贫质量怎么样、小康成色如何，很大程度上要看"三农"工作成效。习近平总书记的重要指示，为做好 2020 年"三农"工作指明了方向，提供了根本依据。

二、保同步建成小康社会

2020 年是全面建成小康社会目标实现之年，是全面打赢脱贫攻坚战收官之年。完成这两大目标任务，脱贫攻坚还有一些最后的堡垒必须攻克，全面小康"三农"领域还有一些突出的短板必须补上。面对国内外风险挑战明显上升、经济下行压力加大的复杂局面，稳住农业基本盘、发挥"三农"压舱石作用至关重要。做好 2020 年"三农"工作具有特殊重要性，必须毫不松懈，持续加力，确保脱贫攻坚战圆满收官，确保农村同步全面建成小康社会。

三、对"三农"做出全面部署

2020 年中央1号文件以习近平新时代中国特色社会主义思想为指导，全面贯彻党的十九大和十九届二中、三中、四中全会精神，贯彻落实中央经济工作会议精神，对"三农"工作做出全面部署。一是明确了工作重点，就是"对标对表"全面建成小康社会目标，集中力量完成打赢脱贫攻坚战和补上全面小康"三农"领域突出短板这两大重点任务。二是强化，政策举措。针对基层干部群众反映强烈的问题和工作落实中存在的薄弱环节，有的放矢、精准施策，提出了一些含金量高、可操作性强的政策举措，进一步强化了补短板的政策支撑保障。三是强调了抓好落实。围绕 2020年必须补上的影响脱贫攻坚质量和全面小康的突出短板，逐项抓好落实，确保如期完成。

第二节　将脱贫纳入乡村振兴战略

一、影响脱贫攻坚主要方面

2020 年是脱贫攻坚战的收官之年，还有一些最后的堡垒必须攻克。这些堡垒主要体现在两个方面：一是深度贫困地区，这些地区自然条件较差，基础条件薄弱，发展滞后，公共服务不足，必须集中力量进行强力帮扶，确保如期脱贫。二是特殊贫困群体，也就是老弱病残等困难群体，对这类缺乏劳动能力的群体，通过统筹各类社会保障政策，实现应保尽保、应兜尽兜。

二、巩固脱贫成果防止返贫

在脱贫攻坚战收官之年要做好以下工作：一是完成好剩余脱贫任务。重点是在普遍实现"两不愁"基础上，全面解决"三保障"和饮水安全问题，确保剩余贫困人口如期脱贫。二是巩固脱贫成果，防止返贫。对已脱贫的人口开展全面排查，查补漏洞和缺项，同时加强对不稳定脱贫户、边缘户动态识别，及时将返贫人口和新发生贫困人口纳入帮扶。三是做好考核验收和宣传工作。严格执行贫困退出标准和程序，坚决杜绝数字脱贫、虚假脱贫，确保脱贫成果经得起历史检验，积极做好脱贫攻坚宣传工作，讲好中国扶贫故事。四是研究接续推进减贫工作。要抓紧研究建立解决相对贫困的长效机制，推动减贫战略和工作体系平稳转型，将解决相对贫困问题纳入实施乡村振兴战略的统筹安排。

第三节　补齐"三农"八个短板

全面建成小康社会，最突出的短板在"三农"。农村基础设施不足、公共服务落后是农民群众反映最强烈的民生问题，也是城乡发展不平衡、农村发展不充分最直观的体现。2020年中央1号文件"对标对表"全面建成小康社会目标任务，提出了农村基础设施和公共服务八个方面的短板。

一、农村基础设施短板

主要是推动"四好农村路"示范创建提质扩面，在完成具备条件的建制村通硬化路和通客车任务的基础上，有序推进较大人口规模自然村 （组） 等通硬化路建设，支持村内道路建设和改造。

二、农村供水保障短板

重点是全面完成农村饮水安全巩固提升工程任务，有条件的地区推进城乡供水一体化。

三、人居环境整治短板

重点是分类推进农村厕所革命，全面推进农村生活垃圾治理，梯次推进生活污水治理，广泛开展村庄清洁行动。完成农村人居环境整治三年行动任务，干干净净迎小康。

四、农村教育资源短板

硬件上，加强乡镇寄宿制学校建设，统筹小规模学校布局，改善农村办学条件。软件上，加强乡村学校教师队伍建设，落实教师管理、工资待遇、职称评定、住房保障等政策。

五、农村医疗卫生短板

在建好县乡村三级医疗卫生机构、消除医疗服务空白点的同时，重点加强乡村医生队伍建设，简化乡村医生招聘程序，支持高校医学毕业生到中西部地区和艰苦边远地区乡村工作，乡镇卫生院优先聘用符合条件的村医。

六、农村社会保障短板

主要是适当提高城乡居民基本医疗保险财政补助和个人缴费标准，加强农村低保对象动态精准管理，合理提高社会救助水平，发展互助式养老等。

七、乡村公共文化短板

主要是扩大乡村文化惠民工程覆盖面、鼓励送文化下乡、实施乡村文化人才培养工程等。以"庆丰收、迎小康"为主题办好小康之年的中国农民丰收节。

八、农村生态环境短板

主要是对做好畜禽类污资源化利用、农药化肥减量、长江流域重点水域常年禁捕、黑土地保护、农村水系综合整治等提出要求。

需要强调的是，2020 年中央1 号文件提出的"补短板"任务，重点是针对全面建成小康社会目标，不是完成现代化的短板。因此，补短板必须坚持从农村实际出发，因地制宜，尊重农民意愿，尽力而为，量力而行，把当务之急的事一件一件解决好，力戒形式主义、官僚主义，防止政策执行简单化和"一刀切"。

第四节　促进农民增收新举措

到2020 年城乡居民收入要比 2010 年翻一番，这是党的十八大明确的全面建成小康社会定量指标。要保持农民持续较快增收的势头不减弱，趋势不逆转，这样才能持续缩小城乡收入差距，让农民群众在小康之年有更多获得感、幸福感、安全感。在当前宏观经济下行压力加大的背景下，农民增收的形势不容乐观，必须主动作为，多渠道促进农民持续增收。

一、发展富民乡村产业

要支持各地立足资源优势打造各具特色的农业全产业链，推动农村一二三产业融合发展。加快建设各类产业园区基地，亚点培育家庭农场、农民合作社等新型农业经营主体，通过订单农业、入股分红、托管服务等方式，带动小农户融入农业产业链。继续调整优化农业结构，打造地方知名农产品品牌，增加优质绿色农产品供给，提升农民生产经营效益。

二、稳住农民工就业

稳住农民工就业对稳定农民增收至关重要。重点是加强职业技能培训，积极开发城镇就业岗位，加大农民工稳岗支持力度。要加大对拖欠农民工工资的整治力度，以政府投资项目和工程建设领域为重点开展排查整顿，确保农民工工资按时足额发放。农村创新创业是农民就近、就地就业的重要渠道，要深入实施农村创新创业带头人培育行动。

三、稳定农民转移性收入

要保持好强农、惠农、富农政策的连续性稳定性，确保农民转移性收入不减少。

第五节　稳定粮食生产政策举措

习近平总书记反复强调，中国人的饭碗任何时候都要牢牢端在自己手上。2019年，我国粮食产量创下历史新高，连续 5 年稳定在 1.2 万亿斤以上，粮食供给总量是充裕的。但我们粮食安全形势并非高枕无忧，粮食生产能力基础并不稳固。多年的经验表明、经济形势越复杂，越要稳住农业、稳住粮食。

一、强化省长责任制考核

2020 年中央1号文件强调，粮食生产要"稳"字当头，稳政策、稳面积、稳产量，释放了鲜明的政策信号。压实各级责任，强化粮食安全省长责任制考核，要求各省市区2020 年粮食播种面积和产量要保持基本稳定。

二、保护农民种粮积极性

进一步完善农业补贴政策，保障农民基本收益，让农民种粮不吃亏。

三、调动地方抓粮积极性

加大产粮大县奖励力度，优先安排农产品加工用地指标，支持产粮大县高标准农田建设新增耕地指标跨省域调剂使用，让地方抓粮不吃亏。

四、加强技术服务

抓好草地贪夜蛾等重大病虫害防控，推广统防统治、代耕代种、土地托管服务模式，推动粮食生产提质增效。

第六节　恢复生猪生产五大举措

猪粮安大下。针对2019 年以来生猪生产和猪肉价格出现的波动，中央出台了一系列稳价保供政策举措，推动生猪产能逐步恢复，但形势依然比较严峻。必须把生猪稳产保供作为重大政治任务，像抓粮食生产一样抓生猪生产，采取综合性措施，确保2020年底前生猪产能基本恢复到接近正常年份水平。

一、压实属地责任

落实"省负总责",压实"菜篮子"市长负责制,强化县级抓落实责任,保障猪肉供给。

二、落实支持政策

严格落实扶持生猪生产的各项政策举措,抓紧打通环评、用地、信贷等瓶颈,纠正随意扩大限养禁养区和搞"无猪市""无猪县"的问题。

三、抓好疫病防控

严格执行非洲猪瘟疫情报告制度和防控措施,加快疫苗研发进程。加强动物防疫体系建设,落实防疫人员和经费保障,在生猪大县实施乡镇动物防疫特聘计划,确保疫情不反弹。

四、推进转型升级

推动生猪标准化规模养殖,加强对中小散养户的防疫服务,引导生猪屠宰加工向养殖集中区转移,促进畜牧业高质量发展。

五、加强市场调控

做好猪肉保供稳价工作,打击扰乱市场行为,及时启动社会救助和保障标准与物价上涨挂钩的联动机制。

第七节 "人、地、钱"要素保障新举措

补上全面建成小康社会"三农"领域的短板,离不开真金白银的政策支持和要素保障。2020年中央1号文件在强化"人地钱"要素保障方面出台了含金量高的政策。

一、在人才保障方面

提出抓紧出台推进乡村人才振兴的意见,有组织地动员城市科研人员、工程师、规划师、建筑师、教师、医生下乡服务,城市中小学教师、医生晋升高级职称前原则上要有1年以上农村基层工作服务经历。

二、在用地保障方面

提出完善乡村产业发展用地政策体系，将农业种植养殖配建的各类辅助设施用地纳入农用地管理，合理确定辅助设施用地规模上限，明确农业设施用地可以使用耕地。提出农村集体建设用地可以通过入股、租用等方式直接用于发展乡村产业。明确新编县、乡级国土空间规划应安排不少于 10%的建设用地指标，省级制订土地利用年度计划时应安排至少5%新增建设用地指标，保障乡村产业用地。

三、在投入保障方面

当前财政收支压力很大，许多方面都在压减支出，但补"三农"全面小康短板的投入要有保障。2020 年中央1号文件明确提出加大中央和地方财政"三农"投入力度，中央预算内投资继续向农业农村倾斜，加大地方债用于"三农"规模，要求抓紧出台调整完善土地出让收入使用范围，进一步提高农业农村投入比例的意见。要强化对"三农"信贷的货币、财税、监管政策正向激励，适度扩大支农、支小再贷款额度，坚持农村信用社县域法人地位，鼓励商业银行发行"三农"、小微企业等专项金融债券，明确符合条件的家庭农场等新型农业经营主体可按规定享受现行小微企业相关贷款税收减免政策等，部署稳妥扩大农村普惠金融改革试点。

第八节　稳定农业农村投资新举措

2019 年以来，受宏观经济形势和产业自身因素影响，农业投资出现一定幅度的下滑。2020年中央1号文件对有效扩大农业农村投资做出了相应部署。

一、实施现代农业投资项目

以粮食生产功能区和重要农产品生产保护区为重点加快推进高标准农田建设，如期完成全年建设目标任务。抓紧启动和开工一批重大水利工程和配套设施建设，在做好前期工作的基础上适时推进"南水北调"后续工程建设。部署启动农产品仓储保鲜冷链物流设施建设工程。

二、优化农业农村投资环境

引导和鼓励工商资本下乡，营造良好的政策环境，切实保护好企业家的合法权益。

三、加大农村融资支持力度

发挥全国农业信贷担保体系作用，做大面向新型农业经营主体的担保业务。推动温室大棚、养殖圈舍、大型农机、土地经营权依法合规抵押融资。

第九节　农村改革新举措

改革是加快补上"三农"发展短板，推动乡村全面振兴的重要动力。2020 年是农村改革承前启后的一个关键年份，必须切实抓好党中央部署的各项重点改革任务。

一、完善农村基本经营制度

重点是落实保持土地承包关系稳定并长久不变的要求，部署开展第二轮土地承包到期后再延长30年试点，在试点基础上研究制定延包的具体办法。

二、推进农村土地制度改革

抓紧制定农村集体经营性建设用地入市配套制度。严格农村宅基地管理，扎实推进宅基地使用权确权登记颁证，以探索宅基地所有权、资格权、使用权"三权分置"为重点，进一步深化农村宅基地制度改革试点。

三、推进集体产权制度改革

在完成清产核资的基础上，全面推开农村集体产权制度改革试点，有序开展集体成员身份确认、集体资产折股量化、股份合作制改革、集体经济组织登记赋码等工作。积极探索拓宽农村集体经济发展路径。

四、国有农业系统深化改革

2020年中央1号文件还对中央部署的供销合作社、农垦、国有林区林场、集体林权制度、草原承包经营制度、农业水价、农业综合行政执法等重大改革任务进行了部署。其中不少任务是以 2020 年为时间节点的，要逐项推进落实和落地，确保按时完成。

第四章　实施乡村振兴战略主体

各级党委和政府是实施乡村振兴战略的责任主体，实行党政一把手第一责任人、五级书记抓乡村振兴的工作制度，县委书记是乡村振兴"一线总指挥"。

各地方政府、部门要依照国家规划科学编制本地区的乡村振兴规划或方案，科学制定配套政策和配置公共资源，明确目标任务，细化实化政策措施，增强可操作性。各部门要各司其职，密切配合，抓紧制订专项规划或指导意见，细化落实并指导地方完成国家规划提出的主要目标任务。

各地农村集体经济组织，充分发挥集体资源性资产变资金作用，通过民主决定方式引导农民积极参与乡村振兴，建设美丽新农村。根据 2018 年中央1号文件和《乡村振兴战略规划 （2018—2022年)》提出的要求，按照参与乡村振兴战略的不同角度和责任划分为组织主体、保障主体、投资主体。

第一节　组织主体

组织实施乡村振兴战略各项措施、任务的权力主体是具有集体经济组织资格的农民集体组织，包括乡级、村级和村民小组三级集体经济组织。

一、农村集体经济组织由来

我国农村实行的三级集体经济组织架构，是依据中共中央 1962 年颁布的《农村人民公社条例》第二条："人民公社的基本核算单位是生产队。根据各地方不同的情况，人民公社的组织，可以是两级，即公社和生产队，也可以是三级，即公社、生产大队和生产队。"三级集体经济组织在 20 世纪80年代初革为现在的村和村民小组两级集体经济组织，公社一级因为设立之初就是"政社合一"体制，随着政府体制改革，取消了"社"的职能，改为单一的政府体制即乡镇人民政府。

二、村民委员会是组织主体

乡村振兴，就是农村经济的全面振兴，振兴的内容就是前述讲的二十字目标。因此，实施乡村振兴的组织主体是村组集体经济组织。现阶段因农村集体经济组织在产权地位、市场功能、组织结构等存在缺失和不足，作为同级的村民委员会，组织系统比较完善，有法律授权给村委会管理本辖区集体经济组织财产的功能。

乡村振兴战略的组织责任应由村民委员会负责组织实施，各村民小组积极主动参与全村的振兴事业。

第二节　保障主体

为了实现乡村振兴战略目标，中央规定，从省委到村委五级书记一起抓。可见，实施乡村振兴战略的保障主体是省至村五级党的组织。实行"中央统筹，省负总责，市县抓落实"的工作机制。党政一把手是第一责任人，五级书记抓乡村振兴。

一、实施乡村振兴关键在党

党的十八大以来，在以习近平同志为核心的党中央的坚强领导下，强农、惠农、富农政策力度持续加大，农业现代化和新农村建设扎实推进，农村改革全面深化，农业农村发展取得了历史性成就。实践证明，党对"三农"工作的坚强领导，是实施乡村振兴战略的根本保证。同时，我们还应清醒地看到，面对新时代乡村振兴的任务和求，党领导"三农"工作的体制机制、干部队伍、农村基层组织还不能很好地适应，因此，2019年中央颁布了《中国共产党农村工作条例》。2020 年中央1号文件特别强调，健全和完善党的农村工作领导体制机制，加强"三农"工作队伍建设，确保乡村振兴战略有效实施。

二、乡村振兴作"一把手工程"

"雁飞千里靠头雁。"只有五级书记把乡村振兴作为"一把手工程"，把责任扛在肩上、抓在手上，才能避免"三农"工作出现"说起来重要、干起来次要、忙起来不要"的现象，才能真正形成五级书记抓乡村振兴的生动局面，才能把党管农村工作的要求落到实处。纵观全国所有的中央战略的实施安排和国家重点项目工程，只有乡村振兴战略是五级书记一起抓的工程。

三、发挥党领导的体制优势

五级书记抓乡村振兴，这个路子是对的，也一定会非常有效。在从省到村这五级中，省、市主要抓统筹，抓规划，抓政策引领；实施主要是在县、乡、村三级，县乡不能发发文件就行了，必须落在操作层面。关键是怎么去做，把规划落实。明确五级书记抓乡村振兴，无论从速度、质量还是效果上来讲，都将推动乡村发生翻天覆地的变化，"三农"领域的薄弱环节将得到迅速而有效的改善。

四、把党管农村的要求落到实处

中央的政策都很好，关键是抓落实。不落实，再好的政策也等于零。各级书记都应把乡村振兴列入重要议事日程，精心谋划、科学规划，制订详细的实施方案，把中央1号文件精神落到实处。乡村振兴战略的实施是一个复杂的系统工程，涉及面广，工作量大、落实任务重，考核任务也重。要加强乡村统计工作和数据的开发应用，建立市县党政领导班子和领导干部推进乡村振兴战略的实绩考核制度，将考核结果作为选拔任用领导干部的重要依据，发挥考核"指挥棒"作用。

五、推荐党员律师担任第一书记

《乡村振兴战略规划》提出：建立健全激励机制，研究制定完善相关政策措施和管理办法，鼓励社会人才投身乡村建设。以乡情乡愁为纽带，引导和支持企业家、党政干部、专家学者、医生教师、规划师、建筑师、律师、技能人才等，通过下乡担任志愿者、投资兴业、行医办学、捐资捐物、法律服务等方式服务乡村振兴事业，允许符合要求的公职人员回乡任职。

乡村振兴工作千头万绪，投资建设是动力，也是硬实力。但实施乡村振兴更重要的是软实力建设。特别是中央提出乡村振兴要依法治村，实现治理有效。乡村治理是个系统工程，也是法治的过程。比如土地三权分置就是依法治理土地，包括所有权、承包权、经营权、使用权等在农民、集体、社会资本之间的转换、流转等均是严谨的法律问题。乡村"三变"过程中不仅涉及资源的转化，还涉及股权治理、法人治理、权益分配、风险防范诸多法律实操事务。

有效治理集体资产是乡村振兴治理有效的核心，如何稳定家庭承包关系不变，建立何种产权制度，如何通过资源变资产确认农民身份标准，都需要有法律依据和可行性方案。特别是资源变资产、资产变资金、农民变股东的"三变"过程是农村集体经济组织运行模式治理的重中之重，哪一变都是法律问题，因此，法律服务是第一需求。

各级党组织，特别是律所党支部、律协行业党委要积极推荐党员律师出任贫困村、软弱涣散村和集体经济薄弱村、土地法律问题突出的村、有乡村振兴迫切需求的村担任第一书记。党员律师第一书记可以从以下两个方面提供法律服务和帮助；

（1）组织实施"法治乡村"建设。党员律师要坚持以法治为本，树立依法治理乡村的理念、强化法律在维护农民权益、规范市场运行、农业支持保护、生态环境治理、化解农村社会矛盾等方面的法律咨询权威地位。逐步增强村委会干部的法治观念、法治为民意识，将各项工作纳入法治化轨道。协助村民调解委员会强化调解。党员律师入村后要协助政府司法行政机关，建立健全村调解委员会工作机制，培训好农民调解员，建立村民调解流程和机制。将农村土地承包经营纠纷、邻里纠纷、家庭纠纷列入村调解委员调处范围，形成民调常态化。创建农民、农村普法新机制。引导广大农民增强尊法学法守法用法意识，为政府倡导的健全农村公共法律服务体系提供素材和经验，组织实施提升乡村德治水平。结合时代要求进行创新，组织实施强化道德教化作用，积极引导农民向上向善、孝老爱亲、重义守信、勤俭持家，形成道德约束机制，引导农民自我管理、自我教育、自我服务、自我提高，实现家庭和睦、邻里和谐、干群融洽。积极促进农业产业规划布局，党员律师积极联系农业产业规划专家深入所在的村进行实地调研，律师要依据法律、政策为农业产业规划提供法律、政策依据和适用法律及政策的合法性、合规性审查服务，确保产业规划符合法律和政策。

（2）推动村集体实施承包地"三权分置"改革，为土地经营权流转提供市场规则，保证土地经营权流转有序进行。党员律师应系统地对所在农村宅基地使用、分布、权属情况进行调研，结合土地征收、集体经营性建设用地入市、宅基地制度等进行调研，依据新修改的《土地管理法》，推进房地一体的农村集体建设用地和宅基地使用权确权。编制农民闲置宅基地和闲置农房的收回、流转有关方案，制订本村宅基地所有权、资格权、使用权"三权分置"实施方案。协助村委会进行村集体资产清产核资、集体成员身份确认。积极推进村集体经营性资产股份合作制改造，提供"资源变资产、资金变股金、农民变股东"的乡村"三变"法律服务。

乡村振兴是中国共产党人的使命，党员律师应当发挥自身专长为乡村振兴贡献力量。

第三节　投资主体

乡村振兴战略投资主体是参与乡村振兴战略实施过程的享有权利、承担义务的组织或个体。乡村振兴战略投资主体是多元化、多层次的。

一、投资主体类型

（1）农民农户，是乡村振兴的当然投资主体。农民变股东的过程就是实施投资行为，可以用现金、劳动、土地经营权、宅基地使用权、林地经营权、荒山、荒滩、荒坡承包权、农机、农技、耕畜等作为投资。

（2）集体组织，是乡村振兴的资源投资主体。资源变资产、资产变股金的过程就是实施投资行为。可以用现金、土地、林地、滩涂、河流、水库、塘坝、自然风景等自然资源作为投资。

（3）专业合作社，是乡村振兴的主要小农投资主体。合作社是农业产业化发展中的主要力量、他们积累了大量产业技能、销售市场、资金信用等能力。可以用资金、技术、市场、股权等有形和无形资产作为投资。

（4）农业企业，是乡村振兴的主要产业投资主体。农业类企业应当做好乡村振兴龙头企业。这类企业进入市场较早，有丰富的抵抗风险和市场机会辨别能力。可以用资金、技术、市场、股权等有形和无形资产作为投资。

（5）工商企业，是乡村振兴需撬动的投资主体。这类企业可以嫁接乡村产业链，延长和拉伸产业，提高产业附加值。可以用资金、股权、技术、品牌、市场等作为投资。

（6）金融企业，是乡村振兴的金融投资主体。这类企业包括政策性银行、商业银行、基金、保险、证券等金融机构，均可以向乡村振兴具体项目进行贷款、投资。

（7）科技企业，是乡村振兴的科技投资主体。这类企业拥有成熟的、先进的、智能的、网络的、机械的等乡村振兴所需的高科技技术，是乡村振兴的支撑。可以用资金、股权、技术、品牌、市场、股权等作为投资。

（8）服务企业，是乡村振兴的深度投资主体。这类企业包括策划、规划、品牌、战略、培训、推广、营销、认证、评估、法律、财务、旅游、餐饮、酒店等服务型企业，是乡村振兴中最为活跃的力量。可以用资金、股权、技术、品牌、市场等作为投资。

（9）政府部门，是乡村振兴的基础设施投资主体。乡村基础设施投资是主要方面，包括交通、供水、供电、排污、环境、生态等均是政府投资的主战场。

二、投资主体地位

乡村振兴投资主体地位，涉及各主体在乡村振兴中的定位和主体权利，更是涉及各主体目标、行为选择与乡村振兴战略目标契合度的问题。农民首先要将自己摆进去，在乡村振兴战略中主动进场和在场，将自身对乡村的离心运动转为向心运动。

（1）明确和提升农民投资地位。要真正使农民成为乡村振兴战略的参与者、贡献者、受益者，就要解决农民的分化与回归问题。经过分化，一方面多数农民转变为单纯的劳动者，这是决定农民地位的主要因素。另一方面随着农民的分化，新生的农民主体、新型职业农民，以及分化后再生的各类新型组织也会应运而生。农民所拥有的在城乡之间的自主选择权，仍然是农民在乡村振兴中享有主体地位的重要保障，农民的积极性、主动性、创造性地位与农民选择权并行不悖。相对城乡关系的再造，农民在城乡间的自由选择，从长远来看仍然是乡村振兴的重要因素，从乡村内部来看，农民的再回归则是一种理想的状况，前提条件是需要一段时间完成一部分农民的"退场"。农民总体上需要在进退之中发挥主体作用。

（2）各级政府加大公共服务投资。政府作为公共服务的主体，要杜绝形象工程和无效投资。在乡村振兴战略推进过程中，治理模式要从项目制转为清单式，或将项目制与清单式结合，约束政府主体行为，提高项目效率。政府要围绕公共性和外部补偿机制、推进农业农村支持政策的完善。

乡村振兴的投资以政府对乡村基础设施、公共服务设施的投资和对产业的投资、补贴、扶持为基础，通过市场化运作，吸引社会资本参与产业发展项目，如现代种养业、旅游业、加工流通、农村服务业等。

（3）明晰集体组织的地位。作为经济上的集体组织，一方面要以统一的确权机制解决农村土地承包经营权、宅基地资格权、集体经营性建设用地入市收益分配权和其他集体资产收益分配权等"多块地"的权益问题。另一方面，村级组织作为纯粹的经济组织考虑时，应该充分体现股份责任制特点，只有这样，集体经济的有效约束才能实现。

（4）诚信对待"农外主体"。工商资本和各种社会力量不可忽视。要将重农与重商结合起来，营造重商、亲商、稳商、利商的兴农环境。平等保护外源性主体地位，理顺乡村振兴中各类外源性主体与内源性主体的关系，减少政策性风险，增加稳定预期，强化合约意识、法治意识，明确各类产权关系。在各种资金渠道中，社会资本是乡村建设融资的主体力量。引入社会资本可有效减轻政府债务负担，缓解政府财政压力，提高乡村建设效率，同时也可以为企业带来直接和间接的收益。

三、考虑多方利益

乡村振兴方面的资金来源主要有政府资金、政策性资金、社会资本、开发型金融和商业金融等多种渠道，涉及社会投资、政府投资、村集体投资、农民投资等多主体利益。在乡村振兴投资的过程中，应该通过股份合作制、租金模式、委托代工、订单农业等多种形式，形成利益共享的结构，保护多方利益，社会投资、政府投资、农民投资等各方利益共享共荣。

四、巧用政府投资

乡村振兴需要的资金数额巨大，不能仅靠政府投资，国家对于乡村的投入要通过杠杆的作用，充分吸引社会资本、集体经济资金等，扩大投资规模，放大投资效应。为吸引各类社会资本投向农业农村，各地政府应优化乡村市场环境，加大乡村基础设施和公用事业领域的开发力度，广泛吸引社会资本参与乡村人居环境整治、农业基础设施、现代农业、产业融合、生态修复等建设。同时也可参与政府主导的部分公共服务领域 PPP 项目，如收费公路、农村管网建设等。通过乡村一二三产业融合发展，放大市场效益，把政府的投入有效地转化成面向市场的投资回报。

第五章　实施乡村振兴的具体步骤

第一步：村民民主表决

实施乡村振兴战略是党中央的战略决策，如何具体实施、怎么实施，属于涉及村民重大利益的问题可以由村民决定。因此，依据《中华人民共和国村民委员会组织法》第二十四条："涉及村民利益的下列事项，经村民会议讨论决定方可办理：

（一）本村享受误工补贴的人员及补贴标准；

（二）从村集体经济所得收益的使用；

（三）本村公益事业的兴办和筹资筹劳方案及建设承包方案；

（四）土地承包经营方案；

（五）村集体经济项目的立项、承包方案；

（六）宅基地的使用方案；

（七）征地补偿费的使用、分配方案；

（八）以借贷、租赁或者其他方式处分村集体财产；

（九）村民会议认为应当由村民会议讨论决定的涉及村民利益的其他事项。

村民会议可以授权村民代表会议讨论决定前款规定的事项。法律对讨论决定村集体经济组织财产和成员权益的事项另有规定的，依照其规定。"依据该法第二十二条规定："召开村民会议，应当有本村十八周岁以上村民的过半数参加，或者本村三分之二以上的户的代表参加，村民会议所做决定应当经到会人员的过半数通过。

法律对召开村民会议及作出决定另有规定的依照其规定。召开村民会议，根据需要可以邀请驻本村的企业、事业单位和群众组织派代表列席。"根据这一规定，村民会议是本村十八周岁以上成年村民的过半数参加,或三分之二以上户派代表参加,村民会议才是有效的、合法的会议。同时,村民会议通过决议的方式也必须是参加村民会议的人过半数通过才有效。这样规定,充分体现了按多数人意志办事的民主原则。

可见,在实施乡村振兴战略过程中,涉及《中华人民共和国村民委员会组织法》第二十四条规定的内容均应由村民表决决定,并做好记录和文件存档。

第二步:编制实施方案

无论是一个村或几个村连片组织实施乡村振兴战略,均须编制计划方案,按照计划方案逐步实施。实施方案的编制也是为整体投资建设做规划基础,有了完整的、系统的、可行的实施方案作为蓝本,规划、建筑设计单位才能做出具体的空间规划。因此,编制实施方案是必经的一道工序。

编制实施方案可由村委会、乡政府、县政府作为聘请方,聘请专业咨询机构进行策划,按照策划方案逐一通过民主表决形成决议,作为本村乡村振兴战略实施大纲,分步骤实施。

实施方案应当包括产业定位、核心产业、农民身份确认原则、三权分置具体方法、股权设置方案、农民股东方案、分配机制、农民参与投资方案、乡村治理体系、治理结构、乡村文明典范等内容。

乡村振兴战略实施方案不同于普通的投资项目实施方案,在编制上不仅要全面、翔实、可行,还需要有创新、点子、智慧,是比较复杂、烦琐的工作。因此,一般的村经济实力有限,应提前聘请社会资本参与,提供前期的资金支持。县乡政府应当在财力上给以补贴或奖励,支持村委会尽早谋划乡村振兴。

第三步:盘点资源核资

家底有多大,如何发挥现有资源,挖掘潜在资源,是村委会的主要工作。目前全国农村清产核资工作已经接近尾声,从清产核资表中我们看出,农村集体组织的现有资产比较清晰,主要是土地资产,资产属性单一化比较突出。

乡村振兴不仅是要清产核资,重要的是盘点资源,将资源变成资产才是乡村振兴的重要工作内容。将资源通过合法途径、方式、方法变成市场可信用、可商业、可流动的资产,才能达到盘活资源的目的,只有盘活、挖出本村的可利用资源,才能实现资源变资产的目的,有了大量的资产就不愁没有资金,核资才具有现实意义。

第四步：农民身份确认

确认农民身份是指以自然人为主体，是否具备集体经济组织（以下简称"集体"）成员资格，身份权是农民变股东的基础和权利依据，如何确定农民身份，首先要研究制订符合本集体成员的标准，在此基础上一视同仁，按标准确认、登记、公布。根据目前农村实际情况，除个别省份颁发了规章，尚无全国统一标准，可以参照下列（非法定）分类方法，民主讨论制订本集体经济组织成员标准。

1. 原始身份取得标准

（1）实行家庭承包责任制前，户籍已在集体登记至今仍保留的；

（2）实行家庭承包责任制后，农户新出生人口，入户在其家庭后至今未发生丧失情形的；

（3）因违反计划生育政策所生子女未分承包土地的，但本人户口从未迁出的；

（4）因实行土地延包政策，新生人口未能分承包土地的，但本人户口从未迁出的；

（5）因子女在校学习、服义务兵役期间，户口需要转入所在学校、部队的；

（6）征收土地时将农业户口转为非农业户口，但本人未获得城镇职工养老保险待遇，且生活来源主要依靠农业生产的。

2.加入身份取得标准

（1）实行家庭承包责任制后，外来人员凡经村民表决通过人户的；

（2）结婚后，一方户口迁入并组成家庭的；

（3）被领养、收养人，经村民表决通过的；

（4）凡兑现集体招商条件，经村民表决通过的；

（5）凡符合集体发展所需人才，经村民表决通过的；

（6）因两个以上集体合并，并入前是农民的；

（7）与非农业户口结婚，非农一方具有本科以上学历，本人申请，经村民表决通过的；

（8）再婚者所带子女，与集体成员形成抚养关系，向集体组织提出申请，经村民表决通过的；

（9）夫妻双亡或确实无力抚养子女，由其外祖父母抚养的，经村民表决通过的。

3.恢复身份取得标准

（1）因监狱服刑而丧失集体成员身份，刑满释放后直接落户原集体组织的；

（2）因取得国家机关、事业单位在编人员身份而丧失集体成员后，辞职、辞退或者被开除（退休除外）丧失在编人员身份，本人申请，经村民表决通过的；

（3）因结婚丧失集体成员身份，离婚后直接返回本集体组织，且未在其他集体组织确认农民身份，本人申请，经村民表决通过的；

（4）因求学、经商、务工而丧失集体组织成员身份，本人申请重返家乡创业，且符合集体规定的投资条件，经村民表决通过的；

（5）因服兵役期间转干而丧失集体组织成员身份，本人申请重返家乡创业，经村民表决通过的；

（6）申请自愿退出、放弃集体成员身份，现因无业、无保、无其他集体成员身份，要求返乡确认身份的，本人申请，经村民表决通过的。

4.不予确认身份标准

（1）未实行土地家庭承包前，已经丧失成员资格的；

（2）实行土地家庭承包时，未获得土地承包权的人员至今未将本人户口迁入本集体组织、没有履行过成员义务的；

（3）未经村民表决通过，私自将其户口迁入的；

（4）因宅基地使用权流转、买卖房屋，属于买受人及其家庭成员的；

（5）因结婚迁入又离婚，迁入人不符合加入条件的；

（6）因结婚迁入，但迁入前已经取得其他集体成员身份的；

（7）被收养、领养人，不符合法律、法规、政策的；

（8）提供虚假证明，骗取农民身份的。

5.丧失身份确认标准

（1）因死亡或被依法宣告死亡，自死亡日或宣告死亡之日起；

（2）依法或申请取得其他集体成员身份的，自取得之日起；

（3）依法解散，自解散之日起；

（4）以书面形式申请退出，自村民表决通过之日起；

（5）取得公务员身份、事业单位在编职员身份、国有企业职工身份、城镇集体企业职工身份，军队军官身份、军队文职身份之日起；

（6）注销中华人民共和国公民身份，自注销公民身份之日起。

第五步：土地三权分置

三权分置是集体产权制度和农民土地使用权流转的核心，也是农民变股东的基础。因此，实施乡村振兴必须进行土地三权分置改革。以家庭承包方式承包的土地、林地、未利用地和农户宅基地均可实施三权分置。

家庭方式承包土地的三权分置就是将土地所有权、承包权、承包经营权，三权分开设立。

所有权归集体不变，明晰产权即可。

承包权是农民身份权，只要被确认农民身份的均享有平等的承包权，一人一份。承包权个体不是承包经营权人，而是通过家庭方式获得承包经营权。一个家庭的所有承包权人均须以家庭为单位体现承包权。承包权是一种身份权、资格权。是集体发包时，分配承包土地的权利主体依据。承包权分置后与农民身份挂钩，就解决了没有分得家庭承包土地的农民的财产分配问题。集体分配财产、收入等均以承包权为权益主体，不再以经营权为主体，体现了权利公平。

承包经营权是农民家庭生产许可权，是以家庭为经营主体的权利。承包经营是中央政策确定的，以《中华人民共和国土地承包法》固定下来的法定经营单位，家庭户主与发包方签订《家庭承包土地合同》，县级人民政府为家庭颁发《承包土地经营权证书》，无须向政府部门中领生产经营执照或许可证。承包经营权是自主式权利，可以将承包经营权流转给第三人使用，通常有租赁、流转、转让等多种形式。承包经营权分置的核心是土地使用权与承包权分离，让土地流转起来，让农业产业更加顺畅。经营权分置的主体是农户家庭，获得分置收益的主体当然也应是家庭。

三权分置方案需要经过村民民主讨论且表决通过后才能具体实施。三权分置方案涉及千家万户，应依法实施。

第六步：确定股权方案

结合集体资产核资情况、农民身份确认结果、土地三权分置方案，由村民讨论制订农民变股东实施方案。包括股权比例、股权结构、股权交易、股权转让等集体内容和策略。因股权方案比较复杂，涉及注册、登记、权利、义务、风险、激励等法律问题，所以，村集体应当聘请法律专业人士提供服务完成此项工作。

第七步：成立运营公司

乡村振兴战略的目标之一是让农民的职业身份成为股东。因此，设立合作社、公司等经营主体是必经之路。但并非乡村振兴就是成立公司一个途径。设立现代企业的作用很多，但就集体角度说，一是农民股东不是一句空话，要法定化。二是乡村振兴治理有效必须设立市场主体、经营主体、管理主体、投资主体等。三是产业布局的需要，产业兴旺的关键是公司化。四是有利于吸引社会资本进入乡村，集体组织与外部市场合作、合资、合伙等均离不开市场经营主体。

股权方案确定后，按照方案逐一落实，集体经济组织进入市场运营体系。

第六章　实现乡村振兴路径

按照中央总体布局，实施乡村振兴战略有7条必由之路，这 7条路相辅相成，互为促进。振兴的前提是打赢脱贫攻坚战，解决农村的区域性整体贫困，才能谈振兴。要巩固脱贫成果不返贫，就必须有就业，因此就要产业提升，促进一二三产业的融合，为农民实现增收。同时，要改变农民的生活环境，将农村改造成生态宜居乡村，在秉承传统文化的基础上，积极拓展文化资源，让乡村更有活力。

第一节　城乡融合之路

2017 年中央1 号文件专门提出过建设田园综合体的概念，就是以农民为主体，将循环农业、创意农业、农事体验、田园社区有机结合，四位一体，形成宜居宜业宜游的局面，这是美丽乡村的新形态，是城乡融合发展的有效载体，是乡村振兴的标志，也是城乡融合发展机制的一种尝试和创新。

在田园综合体的发展过程中，要找到从乡村到城市、自然与村庄、村庄与历史文化等多方面的关系，让他们彼此之间互动起来、融合起来，既能保障城市的资源向乡村配置，又能使乡村为城市服务，形成良好的循环发展业态。

在2018 年中央 1号文件即《实施乡村振兴战略的意见》中。再次将城乡融合提升到发展战略高度，重塑城乡关系，走城乡融合发展之路是历史发展的必然。

一、构建城乡命运共同体，打破城乡经济社会二元体制

中国的现实状况是：城市繁荣，乡村落后，城乡差距明显拉大。如果乡村不振兴，那中华民族伟大复兴、中国梦的实现就是纸上谈兵。唯有打破城乡二元体制，缩小城市与乡村的差距，才能进一步实现民族复兴。那么，如何打破城乡二元体制呢？

（1）去除市民与农民的身份差异，摆脱束缚在农民身上的种种身份桎梏，按照统一的标准实施上学、就业、就医、养老和保险，和城乡居民享受同样的公共服务。

（2）政府按照城乡一体化的标准在乡村进行公共服务设施建设，包括水、电、气、路、网络、通信、卫生、垃圾处理等现代生活设施，教育、医疗、银行、保险等现代服务设施，实现公共设施"七通一平"，即给水通、排水通、电力通、电信通、热力通、道路通、煤气通和场地平整，让农民"幼有所育、学有所教、劳有所得、病有所医、老有所养、住有所居、弱有所扶"，享受城市居民所享受到的各种现代文明，真正使城乡结成命运共同体。

（3）要通过财政保障，引导金融和社会资本进入农村。当然，要发挥农村自身的内在动力，强调农村自我发展。在这里，如何盘活农村自有的生产要素就变得非常关键，而现在进行的一系列改革创新，正是盘活农村生产要素的重要驱动器。因此，农村金融作为乡村振兴的撬动支点，要发挥很大的作用。

只有乡村振兴了，城市才会更有活力。

二、城乡深度融合需要成体系的扶持政策

（1）要有足够的财政投入。依法落实农业投入总量增幅高于财政经常性收入增幅的法定要求，把金融资源配置到乡村振兴的关键领域和薄弱环节，撬动更多社会资本投入乡村建设的经营性、准经营性项目，推动形成财政优先保障、金融重点倾斜、社会资本积极参与的多元化投入格局。

（2）要拓宽乡村振兴投入渠道。除了政府财政投入，乡村振兴的资金来源更要依靠地方乡村的自力更生。在政策导向上，要支持大部分土地出让金用于支持乡村振兴建设，比如，地方上应该划定土地出让金用于乡村振兴的最低比例。

（3）要提高乡村振兴用地保障。各地方可以通过预留部分城乡建设用地规模、盘活使用农村存量建设用地并给予新增建设用地奖励指标、简化现代农业发展所需配套设施用地审批程序等方式，保障乡村在发展产业和一些公益性基础设施方面的用地要求。还可以将宅基地复垦、耕地占补平衡新增建设用地指标，优先用于乡村建设。

（4）制定优惠政策留住人才。比如在人员编制、住房保障、子女入学、社保衔接、创业扶持等方面创造良好的政策环境，同时将职称评定、福利待遇与推动乡村振兴实绩、服务基层贡献挂钩，确保人才引得来、留得住、有作为。

三、依靠新型城镇化建设助力城乡融合

我国目前正处于城市反哺农村、工业反哺农业的历史关头，在这种情况下，新型城镇化可以为乡村振兴提供强有力的手段。下面以特色小镇为例看看新型城镇化建设如何推动城乡融合。

欧洲是特色小镇概念的发源地，特色小镇指某一类特色元素集聚的小镇，这类小镇有娱乐休闲、历史文化、民俗风情等休闲旅游活动。比如，德国的巴登小镇、瑞士的达沃斯小镇。另外一类是高校和创新资源支撑的科技创业型小镇，比如美国的剑桥镇、普林斯顿小镇、格林威治小镇、硅谷等。

我国的特色小镇是从浙江发源的，浙江自改革开放以来经济发展比较快，这两年发展起来的云柄小镇、互联网乌镇等，都是非常好的示范。

特色小镇有几个基本要素：第一，是空间要素，必须具备除发展农业产业以外的其他产业发展的地理空间。第二，是产业要素，必须具备产业集聚功能。第三，是文化要素、必须有独特的文化内涵。第四，是服务要素，必须具备统一规划、统一管理、统一运营的服务机制。第五，是生活要素，必须具有良好的居住环境，让人们"望得见山、看得见水，记得住乡愁"。

从特色小镇的要素我们可以看出，它的出现在现有历史阶段可以有效地解决城乡发展不平衡的问题。由于城乡发展不平衡，二元经济结构的存在，迫切需要我们迅速实现城乡融合发展。这种发展的不充分、不平衡，主要集中体现在广大的农村地区，广大的农民还没有追赶上时代的步伐。所以，特色小城镇的建设，正是为了解决这样的矛盾。因为特色小城镇一头连着大中城市，一头连着广袤的农村，只有把特色小城镇抓好，才能把发展不平衡、不充分的问题解决好。

第二节　共同富裕之路

要发展壮大农村集体经济，形成共创共富的新机制，积极引导农民，发挥其主动性，走共同富裕的道路。

这个"必须"所坚持的是具有"定盘星"意义的方针政策，它关系到农业和农村的稳定发展，也是实施乡村振兴战略的基础。

体现在具体方面，就是按照城乡一体化发展的要求，进一步提升城乡交通、通信、水利等基础设施一体化水平；按照城乡基本公共服务一体化均等化的要求，进一步提升农村教育、医疗、养老、社会福利等社会事业的发展水平，努力让农民也能够享受"幼有好学、劳有好得、老有好养、弱有好助、病有好医"的社会福利保障，让农民也能享受到与城市居民一样的公共服务和社会保障，从根本上解除农民的后顾之忧。怎么做到共同富裕呢？

一、要保证农民收入稳定增长

就是说，无论是财政资金还是金融和商业资本，都要向农村农业流动，确保农民收入只增不减。合理划分中央与地方支农事权和责任，整合涉农转移支付资金，提高对农业项目的投入绩效，通过政府与社会资本合作、政府购买服务、担保贴息、以奖代补、民办公助、风险补偿等扶持措施，带动金融和社会资本投向农业农村及重点领域，发挥财政资金的引导和杠杆作用。

要加大各级科技部门的资金投入，强调科技兴农，密切结合产学研、农科教，完善科研立项和成果转化评价机制，以有效地激励科技人员和科技研发团队。

二、完善农村基本经营制度

（1）要保证农村土地承包关系长久不变、第二轮土地承包到期后再延长30年的政策落实好。要加快完善农村承包地"三权分置"制度，在依法保护集体土地所有权和农户承包权的前提下，平等保护土地经营权。另外，比较重要的是要尽快完成土地承包经营权确权登记颁证工作，实现承包土地信息联通共享。

（2）要注重农民的合法权益，要站在农民的利益点上，尊重农民的意愿，才有可能发展多种形式的股份制合作。这就要求在个人财产权方面要不断完善相应的法律法规。

落实到具体做法，可以筛选、鼓励和优先扶持一些有发展潜力、能最大化安排就业和带动本地区产业发展的优势农业，以及农产品精深加工或外向型发展的集体企业和优势产业，作为优先示范和领头发展对象。

三、搞好农村基础设施建设

从我国目前的实际情况来看，要从三方面抓基础设施建设。一是重点抓道路、水利、农村能源和通信，统筹规划。二是加强农村饮水安全，推进"四好农村路"建设。

而且要引导具备条件的地方推进建制村联网路和村内通组道路建设，全面加强农村公路养护管理，加快推进具备条件的建制村通客车。三是要全面铺开使用生物天然气、沼气、太阳能等清洁能源，争取农村全面覆盖天然气。

四、建立和完善社会化服务体系

美国著名农业经济学家、诺贝尔经济学奖获得者舒尔茨，在长期研究农业经济问题中发现，从20 世纪初到 20 世纪 50 年代，促使美国农业生产量迅速增加和农业生产力提高的重要因素已不是土地、劳动力数量或资本存量的增加，而是人的知识、能力和技术水平的提高。

也就是说，农村要想和城市看齐，社会化服务体系非常重要，这才是农村面貌的软实力。具体来讲，首先农村要重点推动构建培训、医疗教育、技术研发、农民就业、再就业、养老保障等服务机制和公共服务平台，要政府出面，采用购买服务的模式，来扶持这些平台。

其次，可以引进社会资金和科研技术成果，优先培育当地龙头企业，将第一产业推向生态、休闲或者旅游服务业，从而使一二三产业融合发展。

最后，要鼓励农民就业或者创业，政府应积极出面创立创业基金，拓宽农民增收渠道。

五、共同富裕的主体是农民

农民是乡村振兴的受益主体、建设主体和治理主体，共同富裕过程中，如何调动亿万农民的积极性、主动性和创造性，是各级党委政府必须面对的问题。

（1）要提高农民对乡村振兴战略的思想认识。让农民群众认识到乡村振兴对他们切身利益的重要性，激发他们主动承担起乡村振兴的责任，这是大前提。

（2）在各项制度上要保证农民的利益。要始终把维护农民群众的根本利益、促进农民共同富裕作为落实乡村振兴战略的初心，将农民个人利益与乡村振兴集体利益有机融合。农民只有安全感、幸福感、成就感提升，才会更主动地投入这一战略中来。

（3）要提高农民参与乡村振兴的效率，可以从以下两个方面着手。一是通过教育、培训、宣传，提升农民的参与热情和动手能力。二是通过加强农民生产、经营和管理等素质培训，提升农民建设效率。

第三节　质量兴农之路

实施乡村振兴战略，产业兴旺是基础，促进农业高质量发展，关键是要把质量兴农、绿色兴农、品牌强农作为核心任务，提高农业供给体系质量和效率。

农业供给侧结构性改革的目标是做到质量兴农、绿色兴农，这是中国农业发展的"命脉"。根据2018 年中央1号文件的要求，深化农业供给侧结构性改革，主要通过以下几条路径来实现。

一、看清楚自己适合生产什么，优化农业生产力布局

可以把全国划分若干个农产品主产区，根据各地农业的资源禀赋和比较优势，构建一批优势发展区域和专业化生产区域，打造一批先行示范区。

比如，东北地区重点提升粮食生产能力，依托"大粮仓"打造粮肉奶综合供应基地。华北地区着力发展节水型农业，保陈粮油和蔬菜，畜产品的生产。长江中下游地区则在保证粮油生产的前提下，优化水网地带生猪养殖布局，发展名优水产品生产。华南地区可以重点发展现代育禽水产和特色园艺产品，发展具有出口优势的水产品养殖。西北、西南地区和北方农收交错区则可以壮大区域特色产业。青海、西藏等生态脆弱区域则可以发展高原特色农牧业，同时坚持保护优先、限制开发。

二、搞明白自己的长处，壮大特色优势产业

每个地方都有自己独特的资源禀赋，也有自己独特的历史文化，所以，各地区的发展必定是建立在有序开发优势特色资源、做大做强优势特色产业基础之上的。比如，浙江省就创建了一大批具有鲜明特色、市场竞争力强的特色农产品优势区，并将它们建设成标准化的生产、加工、储备基地，在科技、品牌和市场的三重带动下，形成了规模的特色产业群。

三、确保农产品质量安全

这不是一句空话、老话。要想农村能够立足长远发展，农产品的安全问题必须放在重要位置。一方面，农产品质量要过关，粮食、食品安全标准要达标。目前我国在农产品质量分级及产地准出、市场准入方面，都做了大量工作，另外对农兽药残留限量标准体系也进行了完善、农产品的生产只会越来越规范化。另一方面，我国还实施

了农产品质量安全风险评估、监测预警和应急处置机制。实施动植物保护能力提升工程，实现全国动植物检疫防疫联防联控。

在农产品质量监管方面，我国有农产品认证体系和农产品质量安全监管追溯系统。也就是说，农民要对自己生产的产品的安全和质量问题负责任，农民犯错的成本将会随着惩戒措施的增加而上升。

四、打造好农业品牌

农民要有品牌意识。品牌有好多种类，有企业品牌、大宗农产品品牌、区域公用品牌、特色农产品品牌，要着力提升这些品牌。不仅要让老品牌焕发新生机，还要塑造一批新品牌，可以引入现代要素提升老品牌的活力，还可以借助农产品博览会、展销会等渠道，充分利用电商、"互联网+"等手段，加强品牌市场营销，打造一批新品牌或者国际品牌展会。

另外，要特别注意对品牌的保护，加强农产品商标及地理标志商标的注册，构建农产品品牌保护体系，对于各种冒用、滥用公用品牌行为，要予以严厉打击。同时，对于区域公用品牌，要建立授权使用机制。

五、让农民自己的产品走出去

农产品质量好了，品牌有了，就可以鼓励农民将好的产品推销出去，不仅要走出农村，还要走出国门，走进更大的全球市场。我国的农产品贸易政策体系在逐步健全这就给了农民很大的机会，将特色优势农产品推向世界，并且以高附加值出口。

第四节　乡村绿色发展之路

这是针对当前农村突出的环境问题所给出的指导性原则和方向。因为环境问题和发展速度已经在实践中反复被证明，没有好的环境，发展就失去了意义。走绿色发展之路，是乡村振兴的必要条件。牢固树立和践行"绿水青山就是金山银山"的理念，坚持尊重自然、顺应自然、保护自然，是推动乡村振兴、建设生态宜居美丽乡村的前提。

具体来讲，绿色发展之路主要从以下几个方面入手：

一、保护资源，节约利用

从国家整体来讲，一是要节约用水，要实施农业节水行动，建设节水型乡村。对农业灌溉用水总量要有控制和定额管理，节水要有政策体系保障。还要明确划分农业水权，推进农业水价综合改革，建立精准补贴和节水奖励机制。严格控制未利用土地的开垦，落实和完善耕地占补平衡制度。三是要保护耕地，实施农用地分类管理，扩大轮作休耕制度试点，制订轮作休耕规划。三是推进种质资源收集保存、鉴定和利用，保护国家现有物种。

从农村、农民个人来讲，也是要从保护农村现有耕地、林地资源，节约能源等为前提，再谈农村的发展。资源、环境的保护是长期发展的前提和基础。

二、实现农业的绿色生产

根据2018 年中央1号文件内容，做好农业生产，要绿色先行，需从以下三个方面入手：

（1）加强农业投入品规范化管理，健全投入品追溯系统，推进化肥农药减量施用，完善农药风险评估技术标准体系，严格饲料质量安全管理。

（2）加快推进种养循环一体化，建立农村有机废弃物收集、转化、利用网络体系，推进农林产品加工剩余物的资源化利用，深入实施秸秆禁烧制度和综合利用，开展整县推进畜食类污资源化利用试点，推进废旧地膜和包装废弃物等回收处理。

（3） 推行水产健康养殖，加大近海滩涂养殖环境治理力度，严格控制河流湖库、近岸海域投饵网箱养殖。探索农林牧渔融合循环发展模式，修复和完善生态廊道，恢复田间生物群落和生态链，建设健康稳定的田园生态系统。

三、政府要集中治理环境问题

我国农村的土壤污染状况，要定期进行详查，对于受重金属污染的耕地，要进行分类管理和安全利用。加大地下水超采治理，控制地下水漏斗区、地表水过度利用区的用水总量。

在城乡发展过程中，城镇不能为了短期利益，而将未经达标处理的城镇污水和其他污染物排入农村土地。所以一定要加强农业面源污染综合防治，严格工业和城镇污染处理、达标排放，建立监测体系，强化经常性执法监管制度建设，推动环境监测、执法向农村延伸。政府在引进一些项目的时候，一定要把环境保护作为首要判断指标。

四、改善农村居住环境

（1）农村生活垃圾治理。建立健全符合农村实际、方式多样的生活垃圾收运处置体系，有条件的地区推行垃圾就地分类和资源化利用，开展非正规垃圾堆放点排查整治。

（2）实施"厕所革命"。结合各地实际，普及不同类型的卫生厕所，推进厕所粪污无害化处理和资源化利用。逐步消除农村黑臭水体，加强农村饮用水水源地保护。

（3）科学有序地规划村庄建筑布局。提升农村居民住房的设计水平，突出乡土特色和地域民族特点。道路建设、绿道景观设计、公共照明设施等，都要做到心中有数。对于公共空间和庭院环境，要做到大家互相爱护，禁止乱堆乱放。

（4）要建立健全服务绩效考评制度。比如对垃圾污水处理实施农户付费制度，对环保项目实施财政补贴等，依法简化农村人居环境整治建设项目审批程序和招投标程序，完善农村人居环境标准体系建设。

五、保护和修复乡村生态

（1）我国对生态系统有越来越完善的保护制度。针对天然林和公益林、草原生态、河湖生态等，都有严格的保护制度和责任追溯制度。对于自然保护区、风景名胜区、地质遗迹等，也有保护制度，乡村发展不能越界。

（2）要利用好生态保护补偿机制。我国正在建立省以下生态保护补偿资金投入机制。对于重点领域生态保护补偿机制，都会鼓励地方通过租赁、置换、赎买、协议、混合所有制等方式来加强保护。同时我国还建立了草原生态保护补助奖励政策，建立长江流域重点水域禁捕补偿制度。

针对这些花样繁多的补偿制度，乡村能不能吃透?能不能灵活应用? 要回答好这些问题，就要通过市场化的手段，多元化的方向，建立健全用水权、排污权、碳排放权交易制度，形成森林、草原、湿地等生态修复工程参与碳汇交易的有效途径。还要探索农村能不能通过服务补偿、设施补偿、实物补偿、对口支援、干部支持、共建园区、飞地经济等方式，提高补偿的针对性。

（3）发挥自然资源的多重效益。生态旅游、生态种养等产业，可以在乡村形成多产业链。将农村的森林、草原、湿地等自然资源，通过经营活动进行盘活。同时，要鼓励农民积极参与生态修复，允许在符合土地管理法律法规和土地利用总体规划、依法办理建设用地审批手续、坚持节约集约用地的前提下，利用 1%~3%治理面积从事旅游、康养、体育、设施农业等产业开发。

（4）对于林业资源，要深化集体林权制度改革。全面开展森林经营方案编制工作，扩大商品林经营自主权，鼓励多种形式的适度规模经营，支持开展林权收储担保服务。还要设立生态管护员工作岗位，鼓励当地群众参与生态管护和管理服务。

第五节　乡村文化之路

走文化兴盛之路，就是发挥农村自身的自然禀赋，保护好农村的自然环境，依据自身特色建立起乡村的村落文化，让生态环境和美丽乡村建设互促共进。

文化是乡村振兴的魂魄，只有给山川秀美的乡村注入先进文化，乡村才有精气神儿。为此，我们不仅要深入挖掘中华优秀传统文化蕴含的思想观念、人文精神、道德规范，使中华文化中的和谐、孝道、五伦等在乡村中展现出时代风采，寻回乡村文化基因，重构乡村的伦理秩序和文化生态，还要汲取城市文明及外来文化优秀成果，在保护传承的基础上，创造性转化、创新性发展，不断赋予时代内涵、丰富表现形式，为增强文化自信提供优质载体。

一、传承和保护乡村传统文化

对农耕文化，一定要传承保护。对于乡村建设的历史文化，要划定保护线，比如民族村寨、传统建筑、文物古迹、农业遗迹、灌溉工程遗产、传统村落，都要保护好。对于传统的建筑，可以结合历史、地域特色、民族特色，一起将它们融入乡村建设。

另外，很多乡村都有特有的戏曲曲艺、少数民族文化、民间文化，要做好继承和发展。完善非物质文化遗产保护制度，实施非物质文化遗产传承发展工程。实施乡村经济社会变迁物证征藏工程，鼓励开展乡村史志的修编。

二、丰富乡村文化生态

不同的乡村，有不同特色的文化符号，有地方和民族的特色文化资源，对这些要加以合理利用，走自己独具特色的文化发展之路。另外，可以吸引文化工作者、退休人员、企业家、文化志愿者等投身乡村文化建设，丰富乡村文化生态。

三、促进乡村特色文化产业的发展

（1）可以培育形成乡村自己的具有民族特色和地域特色的传统工艺产品，提高产品质量，创造独有品牌，通过产品带动当地就业和经济发展。

（2）通过规划引导、典型示范，挖掘和培养一批乡村本土的文化人才，建设有突出特点的农耕文化展示区，进而形成特色文化乡镇，形成文化产业群。

（3）对于像武术、舞龙、狮、戏曲、锣鼓等民间艺术，要注意促进这些文化资源与当代消费的有效对接。同时还要考虑将这些文化与旅游、服务等其他产业相融合，创新发展。

四、繁荣乡村文化生活

（1）要健全公共文化服务体系。主要工作内容是将县级图书馆、文化馆辐射到基层乡村，可以通过建立分馆制，建设乡村综合性文化服务中心，全面覆盖两级公共文化。另外，要做好农村广播电视公共服务体系的建设，除了数字广播电视，还要探索一些电影放映的新模式。对于新媒体，也要充分利用，让农民能够获取优质的数字文化资源。

（2）要增加公共文化产品和服务供给。比如，建立农民群众文化需求反馈机制，推动政府向社会购买公共文化服务，开展"菜单式""订单式"服务。再如，支持"三农"题材文艺创作生产，鼓励文艺工作者推出反映农民生产生活尤其是乡村振兴实践的优秀文艺作品，还可以鼓励各级文艺组织深入农村地区开展惠民演出活动，等等。

（3）要广泛开展群众文化活动。鼓励农民自主参与文化建设，自办文化活动，对于乡村本土文化人才、文化能人，要支持和鼓励，要多多挖掘和培育新人，建设自己的懂文艺、爱农村、爱农民、专兼职相结合的农村文化队伍。鼓励农村开展节日民俗活动、支持文化志愿者深入农村积极参与其中。

第六节　乡村善治之路

传统的乡村治理是碎片化、能人化、家族化，法治意识淡薄，治理理念、治理方式、治理水平远远不能适应乡村振兴的需要，导致治理效率较差，乡村善治是什么呢？1992年，世界银行在《治理与发展》报告中，为推行"善治"开出了四服药，公共部门管理、问责、法治、信息透明。实现乡村善治，要在以下几方面着力：

一、做好制度管理和资源分配

从法律、制度建设上加以规范，做好"人""地""钱""组织""文化"五个方面的文章，保证乡村振兴战略实施的可持续性。一方面，要尽快出台《乡村振兴法》，从法律层面上规范这一战略实施；另一方面，要"强化乡村振兴制度性供给"，弥补这战略实施过程中出现的制度供给不足或空缺，保障战略实施的规矩立在前头。

另外，要公平分配从城市流进来的大量资源，对于政府的公共资源，要坚持农业农村优先发展的原则，公平、公正、公开地进行分配，要有详细的规划，制订严格的标准。对于社会资源，要引导鼓励社会资本积极下乡，但要有约束机制，要制定相应的规章制度，谨防打着乡村振兴的幌子损害农民利益。

二、构建自治、德治、法治三者相结合的治理体系

乡村治理体系和治理能力现代化关键在于建立起乡村治理法治、德治和自治相结合的善治模式。

自治是乡村治理体系的基础，村干部都是农民选出来的，村民是乡村治理的重要主体，乡村自治做好了，就能充分激发广大农民的积极性。另外，要推进村务公开，发挥社会各类人才、新乡贤等群体在乡村治理中的作用，鼓励村民建立诸如文化建设、生态环保、道德文明之类的 NGO 组织参与到乡村现代治理之中。

德治就是要发挥基层党组织领导的核心作用，以德化人，以德育人。

法治就是要提高村民法治认识水平和法律保护意识，教育农民牢固树立学法、懂法、爱法、护法、用法的思想观念，厚植法治文化，奠定坚实的农民法律保护基础。

自治、法治、德治有机结合，相互衔接和补充，才能构成乡村治理的完整体系，才能科学有序推进乡村治理。

三、"人"是善治之路的关键

人才短缺是乡村振兴面临的三大难题之一，如何解决农村的人才短缺问题？

（1）要稳定好、利用好农村原有的人才，通过提高待遇、提供平台、优化环境等措施，充分发挥现有人才的作用，如镇村干部、种植养殖能手、专业技术人才、农民企业家等。

（2）要提高农民的科学文化素质。要通过优先发展农民教育以及各种培训，提高广大农民的科学文化素质。

（3）要吸收更多文化水平高的城市人口去农村创新、创业。其前提是农村必须要有良好的产业支撑，政府要通过顶层设计，充分挖掘农业的多维功能，大力发展现代高效农业，促进农村一二三产业深度融合。有了产业支撑，再加上转移支付等制度安排，各类人才就会慢慢聚集，一些人力资源就会向农村回流。

第七节　特色减贫之路

脱贫攻坚和乡村振兴都是为实现"两个一百年"奋斗目标而做出的重要战略部署、具有基本目标的统一性和战略举措的互补性。脱贫攻坚的重点是解决贫困群体的温饱问题，但脱贫后的持续发展，需要外部支持和内生动力的双重支撑；乡村振兴通过外部支持和激活内生动力，能够为贫困群体提供更稳定的发展基础和发展机会，进一步巩固脱贫攻坚的政策成果。

一、深入实施精准扶贫、精准脱贫

坚持精准扶贫、精准脱贫，把提高脱贫质量放在首位，注重扶贫与扶志、扶智相结合，瞄准贫困人口精准帮扶，聚焦深度贫困地区集中发力，激发贫困人口的内生动力。

把打好精准脱贫攻坚战作为实施乡村振兴战略的优先任务，推动脱贫攻坚与乡村振兴有效衔接相互促进，确保到 2020年我国现行标准下农村贫困人口实现脱贫，贫困县全部摘帽，解决区域性整体贫困。

二、重点攻克深度贫困

实施深度贫困地区脱贫攻坚行动方案。以解决突出制约问题为重点，以重大扶贫工程和到村到户到人帮扶为抓手，加大政策倾斜和扶贫资金整合力度，着力改善深度贫困地区发展条件，增强贫困农户发展能力。

推动新增脱贫攻坚资金、新增脱贫攻坚项目、新增脱贫攻坚举措主要用于"三区三州"等深度贫困地区。推进贫困村基础设施和公共服务设施建设，培育壮大集体经济，确保深度贫困地区和贫困群众及早进入全面小康社会。

三、脱贫攻坚与乡村振兴政策有效衔接

在打赢脱贫攻坚战和决胜全面建成小康社会的关键时期，准确判断和把握形势，要有预见性地主动寻找脱贫攻坚与乡村振兴的政策对接方式，通过政策内容和实施方式的适度细化与调整，为打赢脱贫攻坚战并实施乡村振兴战略打好基础。

要实现脱贫攻坚与乡村振兴战略的无缝对接，就要处理好以下三方面的矛盾。

（1）整体性和针对性的矛盾。乡村振兴战略强调乡村发展的整体性，在个体农户发展能力总体较弱的现实条件下，必须通过有效方式让农民建立起紧密的合作关系，解决农户家庭与现代市场经济对接存在的障碍和风险。

但是我国目前的政策举措主要以贫困户为对象进行投入，如易地搬迁、产业扶贫、金融扶贫等。在一些地区，出现了贫困户与非贫困户之间产生隔阂、原有社区内部的利益平衡被打破、互助共济的传统受冲击等情况，这有可能使一部分乡村内部的集体动员、集体行动能力有所削弱。

（2）解决特惠性与普惠性的矛盾。脱贫攻坚政策强调帮扶对象的特惠性，而乡村振兴的政策取向则更加重视普惠性。在此背景下，乡村振兴战略实施过程中，部分非贫困户可能出现争取各类优惠政策的补偿性心理。地方政府既要坚持原则又要合理兼顾不同群体利益诉求，坚持乡村振兴普惠性政策不走样，推进贫困地区实现整体性乡村振兴的发展目标。

（3）解决福利性与效率性的矛盾，预防某些贫困地区的"福利依赖"。脱贫攻坚政策具有显著的福利性特征，要重视对贫困群体生活条件的改善和发展机会的赋予。政策的福利性对于解决贫困群体温饱问题效果十分显著，但随之而来的便是如何"自我造血"的问题。对于贫困乡村而言，生产条件和发展能力的改善仍在进行之中，且是一个较长的周期，因此，脱离外部帮扶资源之后，部分乡村可能出现发展后劲乏力的问题。

四、支持多元主体合作发展

精准扶贫对象与乡村振兴主体有效衔接，需要广泛吸收社会力量，大胆探索政府主导下多元主体共同参与的脱贫攻坚与乡村建设模式。

（1）要通过深化改革，突破深层次体制机制陈碍，有效转换发展动能，释放改革红利，构建脱贫攻坚与乡村振兴战略有效衔接的政策桥梁。要加快推进农村产权制度

改革进程，在进一步推进农村承包地"三权分置"改革的基础上，完善土地产权交易服务机制，同步推进农村宅基地管理制度改革，扩大集体经营性建设用地入市改革覆盖范围，有效激活农村地区相对丰裕的土地资源，吸引更多社会资本进入，支持新型经营主体成长。

（2）要发展壮大农村集体经济组织。加快完成农村集体产权改革，将发展集体经济作为凝聚农户利益、共享乡村发展红利的重要方式。支持集体经济组织发展生产性服务业，承接政府公共服务项目，拓展集体经济组织的收入来源，优化农户的生计来源结构。

（3）要支持多元化农民合作组织发展。充分发挥乡村互助传统，鼓励对口帮扶单位将帮扶重点从贫困户个体转向乡村合作机制建设，帮助农户建立起规范的合作组织，引导帮扶主体、社会资本以入股合作的方式与农户建立稳定的利益联结，以组织化程度和集体行动能力提高为重要支撑，全面促进乡村振兴。

五、将日常性帮扶措施转变为常态化民生政策

应当将单纯针对贫困户的扶持政策，转变为对乡村低收入群体的常态化扶持政策；将兜底政策并入乡村振兴政策的民生领域，形成乡村低收入群体的保障政策；将住房政策并入乡村人居环境整治政策，协同推进乡村住房条件改善与人居环境提升。

弱化贫困户和非贫困户之间基本公共服务的差异。加大对教育、医疗、基础设施的投入，将公共服务领域对贫困户的特殊扶持政策，拓展为乡村居民能够同等享受的普惠性政策，提升乡村基本公共服务均等化水平。

六、将福利性政策转变为提升乡村能力的发展性政策

根据农村地区发展新阶段的实际需要，将部分扶贫政策整合优化为乡村发展支持政策。在满足贫困户基本生活需求的前提下，整合部分到村到户扶贫资源，全面改善乡村产业发展基础条件。

（1）提升与小农户配套的生产性基础设施条件。重视修建或完善生产便道、小型灌溉设施，有效改善生产条件，重点解决乡村产业发展中最突出和最紧迫的制约性问题，整体增强农户家庭的生计保障能力。

（2）加强适宜性技术支持。选择适宜本地的种植、养殖业新品种，进行相应的技术培训，使适用农业技术的推广更具覆盖性，更加符合当地农户的实际需求。有效提高农业资源的利用效率，真正构建起基于农业技术体系支撑的可持续发展机制。

（3）合理拓展部分扶贫政策惠及的对象范围。通过政策调整和完善，将在脱贫坚中增强贫困户发展能力的政策举措，转变为能够帮助广大农户参与乡村振兴并分享乡村红利的政策安排。如整合支农资金，参照贫困村产业发展周转金方式，建立乡村产业振兴基金；将贫困户小额信贷政策调整拓展为乡村振兴小额信贷政策，更大范围地发挥小额信贷对贫困地区小农户的资金支持作用。

第七章 乡村振兴中应该注意的问题

在实施乡村振兴战略的过程中，应该注意做好激活市场、主体、组织、要素和政策五项工作，协同农民、政府、企业、科技和社会五方面力量，实现五位一体协同发展，同时处理好城市与乡村、政府与市场、表象与实质、短期与长期、人口与流动这五对关系。在具体实施过程中，通过激活五大要素、协同五位一体、处理好五对关系，三者协调推进，共同促进乡村发展。最后要注意的是，一定要警惕发展过程中出现的四大不良因素。

第一节 深化改革，激活五大要素

推进乡村振兴，必须激活市场、激活主体、激活组织、激活要素、激活政策。这"五个激活"要通过深化改革来实现。

一、让市场决定资源配置

激活市场要从以下两个方面来实现。

（1）要推进政府职能转换。政府的主要作用是引导而不是主导，要把经济发展让位给市场做主导，警惕包办过多，同时又不能任其随意发展，要注意政府和市场的合理分工。因为乡村振兴的建设任务繁多，如果不能依靠市场来主导，单纯依靠政府的主导和投入，短期内可见成果，但是长期来看不能实现可持续发展。

（2）要改革市场机制。要完善产权制度，改革要素的市场化配置，从而实现产权的有效激励、要素的自由流动，促进市场竞争公平展开，实现企业的优胜劣汰。

二、让主体发挥主观能动性

要让农民积极参与到这项伟大的战略规划中来。其关键点就是改革产权制度和经营制度，赋予广大农民更多的财产权益和经营权利，让农民可以和城市居民一样平等地参与市场竞争，这样才能发挥农民的主观能动性。

三、让制度发挥组织潜能

在农村，除了农民，不同组织也代表着不同的主体，组织本身就是主体。组织又是一种制度、不同的组织代表着不同的组织制度安排。在乡村振兴中，要通过组织制度的改革和创新，比如农民合作组织、农业企业组织、农业行业组织、农户家庭组织等，来激活不同类型的经营主体和经营机制，将现代农业的经营主体和经营体系有机结合。

四、让政府让位给足政策

政府并不是万能的，乡村振兴，需要政府处于合理的位置，将主导权让位给市场，处理好政府与市场的关系。在这一过程中，政策导向就显得尤为重要。通过市场政策，让政府既能在市场失灵时发挥杠杆和调节的作用，又能在市场公平竞争时发挥市场的最大化效用。政府的主要作用是引导和防范，而不是干预和操控市场。

五、让资源盘活激活市场

激活资源要素，实际上是市场能否被激活和要素所有者能否被激活的基础与关键。因此，还是需要坚定不移地推进要素市场化配置的改革。

第二节　协同关系，实现五位一体

协同好农民、政府、企业、科技和社会五方面的关系是实现和推进乡村振兴战略的基础，需要全社会、多主体、多力量、多机制的协同，协同的结构应该以农民为主体、以政府为指引、以企业为引领、以科技做支撑，让社会共同参与协同发展。

一、让农民成为主力

要确立农民在乡村振兴中的主体地位。首先，要完善乡村治理体系，赋予农民主体权利和主体责任，强化村民的自主意识和自治功能。其次，作为乡村振兴主体的农民，必须是组织化的农民，而不是分散的农民，分散的农民难以适应现代农业的发展，难以担当乡村振兴的主体责任。

因此，要提高农民的组织化程度，如促进乡村社区集体组织的完善发展以及农民合作组织的健康发展，让农民组织成为实施乡村振兴战略的重要组成部分。

另外，乡村振兴的农民主体，一定是"老农人"和"新农人"并存、二者相互交融和融为一体的农民，这是中国农业农村发展中人力资源变化的趋势所在。要通过教育、社保、产权等体制的深化改革与"新农人"政策的完善，提升乡村人力资源质量，优化农民主体结构。

二、让政府积极引导

指导、一方面是指中央政府对乡村振兴战略的实施与推进进行的科学的顶层设计，以厘清乡村振兴的科学内涵、推进思路、发展目标、阶段任务等，确保乡村振兴战略沿着正确的方向前行。另一方面是各级政府根据顶层设计，结合地方实际，制订具体实施规划和推进乡村振兴战略的改革方案与工作计划。

引导，可以看成政府指导作用的进一步体现和延伸。政府的引导作用主要体现在三个方面：一是政策引导，二是示范引导，三是投入引导。一直以来政府对农业农村发展都非常重视，将解决"三农"问题置于各项工作的重中之重，政府常常出台一些支农惠农政策，也常常建立一些试验区和示范区，不断加大对农村的投入。

三、让涉农企业先行

企业的引领作用可以通过以下三个方面来实现。

（1）投资农业的引领。农业不仅投资回报期长，而且集再生产和自然生产于一体，所承受的市场风险和自然风险都很高。这种情况下，农民仅有投资热情是不够的，还要鼓励和引导企业以及一些工商资本，来共同投资农业，风险共担，让企业投资对农业投资起到引领作用，与农民一起推进产业兴旺。

（2）带动小农的引领。企业对小农的引领，要体现在引领小农户进入现代农业方面。实现小农户与现代农业发展的有机衔接，关键点在于提升小农自身能力，促进小农的组织化，选择适用于小农户的现代农业模式。因此，要通过建立与完善适合于小农的社会化服务体系、完善农村土地制度和社会保障制度、创新政府的产业政策等，来帮助小农户克服自身的局限性。在这些方面，企业要发挥自身的引领作用，通过组织小农户、建立基地、提供培训，或者建立面向小农户的服务体系，通过小农生产要素的资产化、股份化，与小农户建立长期的互利共赢关系。

（3）产业融合的引领。一二三产业融合是乡村振兴发展的必然，也是农业多功能发展的要求。虽然在现阶段，我国农业的基本主体依然是农户和以农户为基础的农民合作社，但是从一二三产业的融合发展和农业产业化经营的现实情况来看，企业依然起到主导的作用。所以，一定要重视企业在产业融合中的龙头引领作用以及企业与农民之间利益机制的完善，以形成产业融合的共赢格局。

四、让科学技术支撑

（1）让农业技术做支撑，建立现代农业体系。在技术方面，提高土地产出率和生产效率，是最基本的农业技术范略。此外，一定要重视提高资源的利用率和农产品的质量安全、这才是绿色农业发展之本。还有，除了第一产业，还要重视第二、三产业中农业技术的进步，还要将单项农业技术和多项农业技术组合运用，提高技术的使用效率。

（2）让互联网技术对农业农村发展起到支撑作用。短期看，互联网技术对农业农村发展来说既是机遇，又是挑战，主要表现为分散化、小规模、组织化程度不高的小农经济不适应高科技、由精英主导的互联网技术及其业态的渗透和冲击。这说明，要发挥科技在乡村振兴中的支撑作用，一定要增强农民主体对技术进步的适应能力。这就要求政府要推动与技术进步、推广应用相关的体制机制的变革，如小农的组织化、公共服务体系的建构、线上与线下的协同和互联网的规制完善等，这些都应加快跟进。

五、让社会积极参与

社会参与的力量既来自乡村，也来自城市。社会参与的主要力量包括企事业单位、社会团体、民间组织与志愿者。社会参与的主要方式包括自主参与、合作参与、协同参与等。社会参与的主要内容包括创业参与、服务参与、援助参与、投资参与等。

高校与科研机构具有先天的人才和技术优势，所以应该成为参与乡村振兴的主要社会力量。例如，可以鼓励高校和科研机构在乡村建立研发基地和科技平台，这需要相关政策做支撑。另外，可以建立乡村振兴信息平台，建立大学生到乡村就业和志愿服务的激励机制并出台相关政策。

应该积极鼓励和引导具有乡村情怀的能人贤达，成为社会参与乡村振兴的积极力量，可以为返乡创业人员、新乡贤和志愿者提供对接平台。重要的是，要建立和完善社会参与乡村振兴战略的体制机制。完善企业社会责任的考核与激励机制，梳理和完善各种形式的社会帮扶乡村振兴的项目及其激励措施等。

第三节　把握全局，处理好五对关系

为了推进乡村振兴战略，必须处理好以下五对关系：乡村与城市关系、政府与市场关系、短期与长期关系、人口与流动关系、表象与实质关系，这是实现乡村振兴外部环境保障。

一、乡村与城市关系

乡村振兴需要城市化带动，同时城市化也离不开乡村要素的支撑，两个战略互相依存，互为促进，并不对立。另外，中国现阶段的状况，比如从三次产业结构的演进以及工业化、农业现代化和城市化这"三化"的关系来看，至少有"两化"，即城市化和农业现代化都存在滞后问题。以农业为例，因为全社会从事农业劳动的比重，依然大于农业在国内生产总值中的比重，说明农业现代化还很滞后。

为了解决城市化和农业现代化双重滞后的问题，可以通过城市化的进一步发展减少农业劳动力，这样既促进了农业现代化，也为乡村振兴提供了有效衔接。但是，我国目前固有的城乡二元结构，很难在短时间内被打破，从而难以消除城乡发展一体化的最大制约因素。因此，我们还要以新型城镇化建设为引领，进一步推进乡村振兴战略。说到底，搞好城市和乡村的关系，一个很好的办法是搞新型城镇化建设。

二、政府与市场关系

（1）政府在推进乡村振兴战略的过程中，起到的是引导作用，特别是在应对市场关系上，一定不能制约，而是帮助、引导市场，让其发挥在资激配置上的基酬作用。政府和市场是两种最重要的治理结构，政府主要通过合理的制度安排，降低市场交易中的不确定性和风险。而市场是通过自身的运行规律，通过自由竞争体制的制度安排，提高资源利用效率，两者相辅相成，优势互补。

（2）政府一个非常重要的职能是，针对一些非竞争性和排他性的资源配置，以及公共产品和服务的供给，政府要发挥主导作用，然后交由市场运营，形成政府与市场有机结合、互为促进的良性循环。

（3）处理好政府与市场的关系还需要充分发挥行业组织制度的作用，以克服政府和市场都低效情况下的不足，形成政府、市场、行业组织"三位一体"的经济治理结构。

三、短期与长期关系

乡村振兴战略是一个长期实施的战略，不可能在一朝一夕完成，所以在振兴过程中，不能操之过急，更不能单纯搞表象的发展。一定要按照中央有关乡村振兴战略的三阶段发展要求，制订长期战略合作目标和短期要实现的目标，一步一步，通过表象和实质相结合，来制订规划和行动计划。

此外，还要考虑体制机制改革与建构的长期与短期结合。要突出改革先行和重点突破，注重改革措施的配套和落地。对于国家已经明确的改革思路和举措，一定要求在短期内抓紧落实，大胆推进，力争取得成效并有所创新。对于国家没有完全明确、但有原则性指导意见的改革，应根据自身发展的实际与条件，进行积极的探索和大胆的试验，争取为国家提供经验与思路。

四、人口与流动关系

我国改革开放40年来，随着工业化和城市化的发展，中国有大量农村人口实现两方面的转移：一方面是实现了非农化，即一部分农民转为城市人口；另一方面是实现了向城市的转移，有大量农村人口向城市进军、务工。但是，因为城乡二元结构的存在、这两方面的转移做得都不够彻底。主要表现在以下两个方面：

一是农村的年轻人口向城市流动的多，但是全家流向城市的少。二是大部分流动人口只是务工性质的流动，并没有在城市定居。这两种情况最终导致的结果就是农村的"三留人口"，即留守老人、留守儿童、留守妇女的问题非常普遍。所以，我国很多地方的农村"空心化"严重，没有年轻人，除了节假日，农村冷冷清清，没有人气。这种情况不仅影响农村家庭的稳定性，也造成很多社会问题。同时，给乡村振兴提出了一个很大的难题，就是缺人。

应该说要振兴乡村，那一定是要有人气的乡村，这种人气，是在城乡人口的分布优化和乡村的经济繁荣基础上建立起来的人气，而不是单纯依靠乡村人口增加带来的人气。因此，乡村振兴的过程，应该是农村人口的减少，但是人口分布的空间进行了优化。

所以，解决人气的问题，并不是一味地通过优惠政策吸引农村外出的人口回归或者返乡创业，而是要通过城乡一体化的发展，实现乡村人口在城市和农村之间的自由流动和自由择业，以此来实现乡村人口在空间分布上的优化过程。

五、表象与实质关系

乡村振兴体现在外在形态和内在本质两个方面。一个是不同的乡村、村落，拥有不同的资源禀赋，因此所呈现的外在形态风貌也不尽相同。所以，在实施乡村振兴战略过程中，一定要依据乡村自身的自然资源、生态特征，进行乡村形态和风貌表象的规划和设计，不能脱离乡村自身的实际情况，简单照搬照抄，以至于出现设计不符合实际情况的现象，导致四不像。

另一个比外在形态更重要的是乡村振兴的实质，也就是乡村发展的体制机制以及前面提到的善治。包括治理有效的乡村自治制度，激励与约束相融的乡村生态环境保护与利用机制，健康向上的文明乡风，产权界定清晰并且其有活力的农村集体产权制度，完善的乡村社保制度和农民财产权益制度，等等。这些才是乡村振兴的实质，它们决定了一个乡村是否真正振兴。只有表象和实质两手都抓，才能通过实质促进表象建设

第四节 稳健求实，避免出现"四大忌"

一、切忌贪大求快

乡村振兴战略是一项长期而艰巨的任务，一定要遵循乡村建设的发展规律，用长远的眼光谋发展，制订规划。要坚持科学规划，注重质量，从容建设，聚焦阶段任务，找准突破口，排出优先序，切忌贪大求快，刮风搞运动。实施乡村振兴战略，是依靠正确的规划，一步一步踏踏实实干出来的，是依靠一年一年慢慢积累出来的，是依靠钉子精神锲而不舍、真抓实干出来的。所以，不折腾、不走弯路、不"翻烧饼"，是这过程中的基本要求。

二、切忌照搬照抄

党中央有一个关于乡村振兴战略的顶层设计，放在各地，就要根据各地自身的实际情况，做出符合自己乡村的顶层设计方案，而不是简单照搬别人的，将一个模子模仿到底。

我国农村地域辽阔，乡村与乡村之间差异巨大，各乡村之间发展极不平衡，所以，要把党中央的顶层设计作为指引，落实到基层，就要积极探索出具有本地特色的发展规划，要发挥农民主体的主观能动性和创新精神，不能搞一刀切。要充分体现农村特点，注意乡土味道，保留乡村风貌，留得住青山绿水，记得住乡愁。

三、切忌改垮集体

这一点非常重要。无论怎么改革，都要坚守住改革的底线，不能犯颠覆性的错误。什么错误呢?不要改垮农村土地集体所有制，不要把耕地改少了，也不要把粮食生产能力改弱了，更不能损害农民的利益。

我国是有14亿人口的泱泱大国，粮食问题是头等大事，所以按照习近平总书记说的，"检验农村工作实效的一个重要尺度，就是看农民的钱袋子鼓起来没有"，说来说去，关键的关键还是提高农民收入。农民如果不富裕起来，乡村振兴就是纸上谈兵。所以，维护好农民的利益是关键。

在推进新一轮改革过程中，无论是发挥市场的决定性作用，还是发挥政府的引导作用、都要坚持农村土地农民集体所有。

四、切忌搞形象工程

习近平总书记曾多次强调，干事创业一定要树立正确的政绩观，做到"民之所好好之、民之所恶恶之"。实施乡村振兴战略，必须坚持以人民为中心，着力解决农民群众最关心、最直接、最现实的利益问题。不能脱离实际，盲目求多求快，求大求全，更不能搞形式主义和"政绩工程""形象工程"，而是要合理地设定阶段性目标任务和工作重点，形成可持续发展的长效机制，才能使涓涓细流汇聚成江海。

第八章　乡村振兴战略目标

　　乡村振兴的总目标是"产业兴旺、生态宜居、乡风文明、治理有效、生活富裕"，这二十个字总目标是乡村振兴的标准。

　　"产业兴旺"替代"生产发展"，要求在发展生产的基础上培育新产业、新业态和完善产业体系，使农村经济更加繁荣。

　　"生态宜居"替代"村容整洁"，要求在治理村庄脏乱差的基础上发展绿色经济，治理环境污染并进行少量搬迁，使农村人居环境更加舒适。

　　"治理有效"替代"管理民主"，要求加强和创新农村社会治理，使农村社会治理更加科学高效，更能满足农村居民需要。

　　"生活富裕"替代"生活宽裕"，要求按照全面建成小康社会奋斗目标和分两步走全面建设社会主义现代化强国的新目标，使农民生活更加富裕，更加美满。

　　"乡风文明"四个字虽然没有变化，但在新时代，其内容进一步拓展，要求进一步提升。

第一节　产业兴旺目标

一、农业产业现代化

　　产业兴旺一个重要内容是发展现代农业，其重点是通过产品、技术、制度、组织和管理创新，提高良种化、机械化、科技化、信息化、标准化、制度化和组织化水平，推动农业、林业、牧业、渔业和农产品加工业转型升级。一方面，大力发展以新型职业农民、适度经营规模、作业外包服务和绿色农业为主要内容的现代农业；另一方面，推进农村一二三产业融合发展，促进农业产业链延伸，为农民创造更多就业和增收机会。

二、产业构成多样化

乡村的产业兴旺是指乡村生产充满活力，这种活力来自乡村各类生产的相互促进和协调发展。一家独大不是兴旺，增产不增收也谈不上产业兴旺，外出打工挣钱再多也不能称为乡村产业兴旺。产业兴旺的前提是生产的多样性，乡村产业的多样性源于农民生活需求的多样性，农民不仅要吃五谷杂粮，还需要蔬菜和肉蛋奶等，去货币化的自给自足消费方式，造就了"小而全"的生产方式。恰恰是这种被认为落后的生产形式，成为维系乡村繁荣的重要条件。

因为，生产的多样性有助于乡村资源的充分利用，房前屋后种瓜种豆，见缝插针、精耕细作等都是在这样的条件下实现的。而且，多样性有助于满足低碳生活的需求。多样化的乡村产业构成减少了村民对市场的依赖，就地生产、就地消费，免去了长途运输和储存、保鲜等过程的能源消耗。生产的多样性还是实现有机循环的重要条件。特别是种植业与养殖业之间、乡村生产与生活之间的有机循环是可持续农业的重要内容。多样性也有助于分散和化解农业风险，而多样化的产业构成，可以减轻自然风险，分散市场风险，农民称之为"东方不亮西方亮"。多样化不仅符合生态学原理，比单一化的产业构成更符合乡村的特点和农民需要。

在这种意义上说，产业兴旺是农民视角和乡村视角的产业。产业兴旺所追求的不是利润最大化，而是效用最大化，是在多样化农村产业结构的背景下，全方位的开花结果，而不是一枝独秀。

三、产业内容综合化

综合性不仅指技术的综合，而且指每一个产业要素都不是纯粹的、单一的，而是相互包含、相互渗透的，表现为资源的综合利用与综合功能体现。比如，目前农村很多种植业与养殖业就有密切的关系，不仅要为养殖业提供饲料，也为禽畜的排泄物提供消纳空间，实现种养业的有机循环。

再如，农业除了提供农产品这一传统功能外，还具有提供景观和休闲环境的价值，因此可以在此基础上衍生出观光、休闲、度假等产业形态。农业的综合性还体现在对农业资源的综合利用上。比如，农民收获的粮食，不仅可以用来食用，加工粮食的渣、皮、糠以及作物秸秆可以用作饲料、燃料，还可以作为手工艺品的原料，发展乡村手工业。乡村产业的综合性不仅实现了废物利用，也延伸了产业链条。

农业的综合性还体现在乡村文化的综合性，它广泛渗透于生产与生活中，与生产结合成为乡村产业的组成部分，如农产品品牌的建设离不开文化要素，丰富的农业文化遗产是乡村文化的重要组成部分。文化与生活的结合形成乡村特定的生活方式，不仅体现在衣食住行各方面，也是地方民俗、习俗的重要内容。乡村习俗、风土人情、生活方式等又可以成为现代乡村产业的重要元素。

四、产业要素整体化

整体性强调的是乡村产业要素之间的关系，各个产业要素不是分离的、独立的、互不相干的，而是具有高度的关联性、协同性和非线性关系。这些要素内容十分丰富，包括环境、生态、土地、水资源、物种、村落、民宅、劳动力、传统文化、生活方式、民间信仰与习俗等，既有物质的，也有精神的，它们相互依存，相互依赖，相互渗透，构成了不可分制的有机整体，形成了乡村特定的空间结构、社会结构和文化结构。

过去的乡村发展过程由于忽视了乡村各个产业要素的整体性，走了不少弯路。比如把本来不可分制的农民、农业、农村人为割裂开来，重视农业的同时伤害农民利益，致使农业可持续发展受阻。

因此，维护乡村产业要素整体性，一定要树立立体的产业理念模式，把乡村的所有产业要素都纳入其中，彼此渗透、叠加，继而产生整体效应大于部分之和的效果。农户的多种经营对时间的利用以及空间的利用远远优于其他生产形式。另外，要在保持乡村生产整体性和闭合性优点的基础上，引进外部能量，为乡村体系注入活力。

第二节　生态宜居目标

生态宜居是提高乡村发展质量的保证。其内容涵盖村容整洁，村内水、电、路等基础设施完善，以保护自然、顺应自然、敬畏自然的生态文明理念纠正单纯以人工生态系统替代自然生态系统的错误做法，等等。它提倡保留乡土气息，保存乡村风貌，保护乡村生态系统，治理乡村环境污染，实现人与自然和谐共生，让乡村人居环境绿起来、美起来。

过去讲村容整洁，但是现在上升到生态宜居。所谓生态，就是让乡村能够融入青山绿水之中，能够融入田园之中，能够可持续地发展，能够让人呼吸到清新的空气，喝到干净的水，看到纯净的蓝天。这是对乡村面貌的更高要求。

总体来讲，生态宜居应该具备以下四个方面的条件：

一、农业产业可循环的生态体系

中国传统农业讲究"天地合一、因地制宜、用养结合、良性循环、持续利用"，这种模式使中国农业长盛不衰。但是，随着种养业专业化、规模化生产的快速发展，传统农业小规模种养结合的方式遭到破坏，因为种养衔接不够紧密，致使畜禽粪便、作物秸秆还田率下降，化肥、农药过度施用，农业面源污染形势严峻。

所以，如何在现代化农业生产的条件下，构建一个种养循环的生产体系，实现物质和能量在种植业和养殖业间的循环利用，减少农业生产废弃物，提高整个系统的资源利用效率，这是检验乡村振兴是否达到标准的一个重要指标。

二、厕所垃圾污水治理系统完善

农村的环境基础设施建设比较滞后，另外，农村的旱厕也成了很多人的乡愁记忆。所以，生态宜居的另外一个重要指标，就是要看我们的农村有没有建好有效的垃圾污水治理系统，以及有没有对农村的厕所进行彻底的革命。

首先是农户进行垃圾分类，每家每户都有两个垃圾桶，分别放可堆肥和不可堆肥垃圾。在此基础上，引入专业化保洁公司承揽村庄卫生保洁和垃圾分类处理，垃圾处理的物业费采取众筹的形式，农户、农家乐、饭店、企业收取不同的物业费。在分类的基础上对农药废弃包装物等有毒垃圾建立市场化回收机制，以农药经营店为回收主体，以农资公司为归集运输单位，由专业化公司对废弃农药包装进行专业化处理。如此，形成了一套较为完善的"户集、村收、镇运、区处理，分类投放、分类收集、分类运输、分类处置"农村生活垃圾分类处置模式。

农村旱厕不仅会引发各种传染疾病，而且影响乡村旅游的发展。为此，全面启动农村旱厕提升改造行动，统筹考虑农村分布、住房密度、地理地质特征，选择三格化粪池式、完整下水道水冲式、生态微污式，采取政府补助+农户自筹等结合的方式对农村旱厕进行提升改造。

三、农村环境卫生治理山清水秀

山清水秀、推窗见园、瓜果飘香是我们对乡村美好生活的向往。绿水青山就是金山银山，乡村优美的环境吸引着城市居民来尝农家饭、住农家院、干农家活。这种美好生活的前提是保护农村生态环境，让农村产业实现景区化、景观化发展。

四、政府投入到位可持续有保障

生态宜居做得好，能不能持续，一个重要的检验标准，是政府在这件事情上投入了多少财力、精力，下了多少功夫，有没有推出好的政策来给这项战略不断输血、助力。要看政府有没有围绕农业生态系统保育、农业资源高效利用、农业环境污染控制、农村人居环境改善四大目标体系，加强政策支持和制度创新，持续发力。

第三节　乡风文明目标

乡风文明是乡村振兴的灵魂，也是乡村振兴的软件基础。检验乡村是否按照乡风文明的路子去走，主要看乡村振兴有没有促进农村文化教育、医疗卫生等事业发展，改善农村基本公共服务；有没有在乡村树立起遵规守约、尊老爱幼、邻里互助、诚实守信等良好的乡村习俗；有没有与时俱进，实现乡村传统文化与现代文化的融合；有没有开放，充分借鉴国内外乡村文明的优秀成果。

一、农民素质是否得到提高

振兴的最终目的是农民素质的提高、乡村物质财富的增加和社区整体的进步。形成良好的乡风，能帮助农民树立发展信心，改变落后思想观念，主动摒弃陈规陋习，正确处理"富脑袋"与"富口袋"的关系；能帮助农民提高思想道德水准和科学文化等各方面素质，凝聚人心，振奋精神，生发激情，为乡村振兴注入强大的精神动力。

二、村民民主是否完善

农村基层民主指农村基层组织实行民主选举、民主决策、民主管理和民主监督，以及村务和政务公开。这必须以农民具备民主意识和民主生活习惯为前提，必须以党组织集中统一领导下的民主为遵循。只有促进乡风文明，才能不断提高广大农民的主人翁意识，自觉遵守乡规民约，提高农民对社会公共事务的参与积极性，并形成办事民主的作风和依法办事的习惯，为推进农村基层民主政治建设打下坚实的基础。

三、农民精神文化需求是否健康

追求科学文明健康的生活方式，渴望良好的人际关系和社会风气，希望生活在和谐安定、协调有序的社会环境中，盼望享受到现代化文明成果，这是农民群体的一致追求和愿望。只有促进乡风文明，才能顺应农民群众的愿望，满足他们的精神需求，增强他们的精神力量，丰富他们的精神世界，促进作为农村主体的农民素质的提高和乡村的全面发展。

四、农民主体是否发挥作用

在一些经济欠发达地区，由于投入能力不足，集体经济没有自身积累，往往是政府量力而行地办一些具有民风民俗和文化引导的基础性工作，不注意调动农民的积极性，农民成了局外人。有的把乡风文明建设简单地理解为给农民修活动室、送文化活动。久而久之，农民反而觉得乡风文明建设是政府的事。农民的主体责任没有得到体现，积极性没有发挥出来，使乡风建设的空间变得越发狭窄。

乡村振兴的主体是农民，一定要发挥农民的主观能动作用，发动农民积极参与到乡风文明建设中来，让农民的生产、生活和乡风文明息息相关。

五、日常活动是否丰富

有些地区通过多部门多集道投入，兴建了一大批乡村文化设施和活动场所，包括乡镇文化站、村文化室、农村电能放映厅、阅览室、农家书屋、文化大院等。然而，一些部门满足于把钱花出去，把项目做了，而不愿意投入精力去组织日常活动和负责日常维护。有些村里的图书室落满了灰尘，有的农家书屋成了仓库，有的文化设备就从来没有启封，有的活动室常年上锁，农民平时除了看电视就是打牌，正常的文化活动和社会交往缺乏，村委会没有凝聚力，农民自顾自，精神世界空空荡荡。

乡风文明有没有做到位，就是看乡村有没有将这些现成的文化资源充分利用，让农民真真切切身处文化的氛围当中。

六、农民习惯是否合法

乡风文明建设就是要把农民群众关心的各类问题搞明白，有针对性地解疑释惑，增强信心，凝聚共识，引导农民群众听党话、跟党走；就是发挥好社会主义核心价值观的引领作用，用农民群众乐于接受的形式和通俗易懂的语言，引导农民群众增强对核心价值观的认同，在乡村形成知荣辱、讲正气、促和谐的好风尚；就是组织好科技文化知识学习活动，注重专业和就业技能培养，帮助农民掌握实用技术，提高农民科学文化素质；就是坚持不懈地对农民进行普法教育，增强农民和基层干部的民主法治意识，努力在农村形成遵纪守法光荣、违规违纪当罚的知法与执法的良好环境。

七、传统文化是否得到传承

传统文化是否得到传承，主要看乡村有没有保护乡文化的物质载体。维护古镇、古村落、古民居等历史风貌，避免大拆大建，大力发展有历史文化记忆和地域民族特色的美丽乡村。有没有保护和发展民间文化，传承独特的风格样式，赋予新的文化内涵，使优秀民间文化活起来、传下去。有没有开展好节庆活动，用好各类传统节日，组织开展好各类民俗文化活动，让节日更富人文情怀，让农村更具情感寄托。

八、民俗文化是否发展

民俗文化是否发展，主要看乡村发展有没有充分利用网络技术和设施，运用市场力量，加大财政投入，理顺发展机制，借助农村民俗文化发展各类创意产业；有没有发挥地域和资源优势，把乡风建设与乡村旅游和新兴产业建设结合起来，建设各具特色的小镇和专业村，提升乡村文化品位，建设乡村文明的示范村；同时，在移风易俗、消除陈规陋习方面有没有依靠群众制定和完善村规民约，推动农村社会风气的根本好转。

九、政府责任是否落实

政府责任是否落实，主要看县乡政府有没有承担起乡风文明建设的责任，有没有领导、组织和协调好有效的公共文体服务；县办文化、体育、展览、图书等事业单位有没有发挥乡村精神文明建设的主导作用，坚持下乡开展农民喜闻乐见的文艺演出、农科大集和具有乡土特色的文化交流活动。一方面，看政府有没有坚持由主观推送转向尊重农民实际需求，分层次、有区别地为农民提供文化服务的原则；另一方面，看有没有坚持由政府"单一供给"转向"多元供给"的原则，鼓励和支持社会力量兴办公共文化服务活动。同时，看政府有没有运用市场手段整合民间艺术资源，发挥文化能人、民间艺人的作用，组建群众文艺队伍，广泛动员农民参与，"农民演给农民看"，将道德教化与文艺结合起来，使表演者和观众都能受到教育。

第四节　治理有效目标

治理有效是乡村振兴的重要保障，是乡村善治的核心。

只有治理有效，乡村振兴战略的治理效果才会凸显。治理有效，就是看有没有建立起党委领导、政府负责、社会协同、公众参与、法治保障的现代乡村社会治理体制，有没有建立起德治、法制和自治相结合的乡村治理体系。有没有在农村基层工作的基础上，进一步加深党群关系、干群关系，有没有进一步协调好农户利益和集体利益、短期利益和长期利益，使得乡村面貌安全有序、和谐而充满活力。治理有效体现在以下几个方面：

一、党组织建设完善高效

"一个村子建设得好，关键要有一个好党支部。"乡村振兴要实现治理有效，首先要有一个给力的基层党组织，这个党组织，一定是在乡村治理中发挥着核心作用，处于领导地位的。其次，党组织成员一定是具有法制观念、思想开放、眼光长远的一群人。

党组织的高效办事，还有赖于乡村的监督机制，要有常态化、规范化的监督手段，时刻警醒党组织工作人员，踏实为群众办事，对利用权力腐败的，即便很微小，也要严加惩罚。

二、"三治"结合体系完善

自治、法治、德治这"三治"相结合的乡村治理体系为更好地解决乡村治理出现的问题指明了方向，为实现乡村治理体系现代化，满足乡村人民美好生活，加强基层民主法治建设，坚持乡村自治制度提供了有效路径。

（1）村民自治的能力如何。党组织在乡村建设中要激发农民参与乡村自治的热情，发挥他们的主体作用。农民自制能力的提高，主要体现在他们对科学技术的掌握，对民主自治的办法的掌握，自治意识的加强，以及通过自治机构形成的基层自治协商新格局。

（2）法治有没有履行到位。因为法治是乡村治理的基础。首先要看领导者党政组织机构有没有秉承法治为本的观念，树立依法治理的意识，明确乡村治理过程中相关主题的法律责任，构建和完善乡村治理的法治体系。其次要看农民主体的法律意识有没有得到提高，会不会通过法律手段维护自己的权利。

（3）有没有形成德治的氛围。德治有没有发挥应有的作用，首先要看乡村有没有发挥好新乡贤的作用。对于乡贤文化，要取其精华去其糟粕。其次要看在乡村治理过程中有没有弘扬社会主义核心价值观，发扬艰苦奋斗、勤俭节约等传统美德，注重培育符合时代发展要求的道德规范，营造新的乡村德治氛围。

"1+3"治理模式。所谓"1"，就是坚持农村党支部这1个领导核心，统筹各方力量；所谓"3"，一是村委会负责国家行政性政策在农村的落实。二是以集体资产入股成立合作社，与集体经济组织按照市场原则进行合作，盘活集体资产，壮大集体经济，也就是负责经济发展职责。三是成立农村社区，由村内有威望、有时间、有热情、有公心的群众组成"说事儿""跑腿儿""找乐儿""搭把手" 四个委员会，负责群众纠纷调解、扶贫济困帮难、组织文体活动、倡导健康生活方式等职能。"1+3"治理模式的实施，厘清了党支部、村委会、合作社、社区的职责，激发了村内能人、乡贤、老党员等各方面力量投身乡村治理的热情，凝聚了治理合力，最大限度地形成了共建、共治、共享的治理结构。

三、"三农"人才队伍壮大

人才的缺乏是实现治理有效、乡村振兴的短板。如何治埋有效，主体就是人才队伍的建设，要看乡村有没有一支符合新时代要求的，懂农业、爱农村、爱农民的"三农"工作队伍。

（1）乡村党政领导要懂得重视人才，要知道推动相关管理部门简政放权，让这些人才发挥其最大效用。

（2）乡村有没有配套的人才培养和管理体制，有没有建立人才培养引进机制，并且探索一些新型的符合时代要求的人才培养模式。

（3）乡村对人才有没有完整的评价机制，探索建立适合"三农"人才的考核评价制度，对人才进行公正客观的评价。有没有完善的人才奖励制度，以及相关的晋升、奖罚和工资待遇等配套制度，加大对人才在社会保障方面的政策支持，解决"三农"工作队伍的后顾之忧。

四、治理体系运转畅通有效

一个方子不能治百病，同样，中国有千万个乡村，就有千万种治理方法，没有任何一种方法能够通用。2018 年中央1号文件中，做好了"四梁八柱"的顶层设计，那落实到每一个个体的乡村，就都要根据自身的情况，做好符合自身条件的规划，而不是拿来主义，照搬别人的方子。

所以，治理有效的检验标准还要看乡村有没有根据自身存在的问题，依据自身独有的资源，以及自身的治理基础和治理能力，探索出符合自身特点的治理路子。

第五节　生活富裕目标

生活富裕是乡村振兴的根本，也是乡村振兴的目标，是乡村振兴战略实施效果的最直观性评价。乡村振兴有没有效，要看有没有给农民收入带来持续快速的增长，有没有降低农村居民的恩格尔系数，有没有缩小和城市居民的收入差距，有没有实现共同富裕。

习近平总书记强调，要构建长效政策机制，通过发展集体经济、组织农民外出务工经商、增加农民财产性收入等多种途径，不断缩小城乡居民收入差距，让广大农民尽快富裕起来。生活富裕是当前阶段实现共同富裕的基本形式，它与消除贫困、改善民生、不断满足人民日益增长的美好生活需求一起，充分体现了我国处于社会主义初级阶段的基本国情和主要矛盾。共同富裕是乡村生活富裕的目标导向和价值追求，彰显了中国特色社会主义的制度优势和发展优势。主要实现以下几个目标：

一、农民净收入大幅度提高

在新的经济形势下，农民要增收，首先要发展新产业新业态，打破城乡二元经济，推动一二三产业融合。通过鼓励和引导新型农业经营主体延长农业产业链，对农产品进行深加工，把农业附加值留在农村内部。同时，合理布局生产、加工、包装、品牌，打造完整农村电商产业链。其次，要有效促进农民工工资性收入持续增长，通过户籍制度改革及其配套制度，为农民进城务工创造良好环境。

二、脱贫攻坚任务全部完成

在深度贫困地区，针对特殊群体，要以精准脱贫目标、标准为主线，改善贫困地区发展条件，解决特殊贫困群体实际困难，激发贫困人口内生动力，夯实贫困人口稳定脱贫的基础，在 2020 年实现贫困人口全部脱贫，为实现乡村生活富裕打好基础。

乡村政府要按照贫困户劳力状况、收入来源要素"四类分类"要求，采取"有劳力且有一定技术、有剩余劳力且可输转、有一定劳力在本地打零工，无劳力预备兜底"的办法，对贫困户进行精准分类、精准扶贫。助推脱贫攻坚取得实效，就是所谓的开展精细、精确、精微的"绣花式"扶贫。

三、生活质量生存环境提升

（1）生活富裕的另一项检验标准就是看农民有没有全面发展。在农村，义务教育必须摆在优先位置，此外，还要看政府有没有推动城乡教育和健康事业一体化发展，因为全面发展意味着既提高农民的文化素质，也提高农民的身体素质。

（2）要看乡村政府有没有创新乡村人才培育引进使用的机制，强化乡村振兴人才支撑，加大对人才尤其是返乡人才的支持力度。一要看乡村有没有对那些技术能手、致富明星给予适当的奖励，发挥他们的领头作用。二要看乡村政府能否有效地解决返乡创业人才所面临的资金、技术以及其他困难。通过本乡本土的人才培育，带动农民整体增收致富。

附录一： 中共中央国务院

关于实施乡村振兴战略的意见

（2018年1月2日）

实施乡村振兴战略，是党的十九大作出的重大决策部署，是决胜全面建成小康社会、全面建设社会主义现代化国家的重大历史任务，是新时代"三农"工作的总抓手。现就实施乡村振兴战略提出如下意见。

一、新时代实施乡村振兴战略的重大意义

党的十八大以来，在以习近平同志为核心的党中央坚强领导下，我们坚持把解决好"三农"问题作为全党工作重中之重，持续加大强农惠农富农政策力度，扎实推进农业现代化和新农村建设，全面深化农村改革，农业农村发展取得了历史性成就，为党和国家事业全面开创新局面提供了重要支撑。5年来，粮食生产能力跨上新台阶，农业供给侧结构性改革迈出新步伐，农民收入持续增长，农村民生全面改善，脱贫攻坚战取得决定性进展，农村生态文明建设显著加强，农民获得感显著提升，农村社会稳定和谐。农业农村发展取得的重大成就和"三农"工作积累的丰富经验，为实施乡村振兴战略奠定了良好基础。

农业农村农民问题是关系国计民生的根本性问题。没有农业农村的现代化，就没有国家的现代化。当前，我国发展不平衡不充分问题在乡村最为突出，主要表现在：农产品阶段性供过于求和供给不足并存，农业供给质量亟待提高；农民适应生产力发展和市场竞争的能力不足，新型职业农民队伍建设亟需加强；农村基础设施和民生领域欠账较多，农村环境和生态问题比较突出，乡村发展整体水平亟待提升；国家支农体系相对薄弱，农村金融改革任务繁重，城乡之间要素合理流动机制亟待健全；农村基层党建存在薄弱环节，乡村治理体系和治理能力亟待强化。实施乡村振兴战略，是解决人民日益增长的美好生活需要和不平衡不充分的发展之间矛盾的必然要求，是实现"两个一百年"奋斗目标的必然要求，是实现全体人民共同富裕的必然要求。

在中国特色社会主义新时代，乡村是一个可以大有作为的广阔天地，迎来了难得的发展机遇。我们有党的领导的政治优势，有社会主义的制度优势，有亿万农民的创造精神，有强大的经济实力支撑，有历史悠久的农耕文明，有旺盛的市场需求，完全有条件有能力实施乡村振兴战略。必须立足国情农情，顺势而为，切实增强责任感使命感紧迫感，举全党全国全社会之力，以更大的决心、更明确的目标、更有力的举措，推动农业全面升级、农村全面进步、农民全面发展，谱写新时代乡村全面振兴新篇章。

二、实施乡村振兴战略的总体要求

（一）指导思想。全面贯彻党的十九大精神，以习近平新时代中国特色社会主义思想为指导，加强党对"三农"工作的领导，坚持稳中求进工作总基调，牢固树立新发展理念，落实高质量发展的要求，紧紧围绕统筹推进"五位一体"总体布局和协调推进"四个全面"战略布局，坚持把解决好"三农"问题作为全党工作重中之重，坚持农业农村优先发展，按照产业兴旺、生态宜居、乡风文明、治理有效、生活富裕的总要求，建立健全城乡融合发展体制机制和政策体系，统筹推进农村经济建设、政治建设、文化建设、社会建设、生态文明建设和党的建设，加快推进乡村治理体系和治理能力现代化，加快推进农业农村现代化，走中国特色社会主义乡村振兴道路，让农业成为有奔头的产业，让农民成为有吸引力的职业，让农村成为安居乐业的美丽家园。

（二）目标任务。按照党的十九大提出的决胜全面建成小康社会、分两个阶段实现第二个百年奋斗目标的战略安排，实施乡村振兴战略的目标任务是：

到2020年，乡村振兴取得重要进展，制度框架和政策体系基本形成。农业综合生产能力稳步提升，农业供给体系质量明显提高，农村一二三产业融合发展水平进一步提升；农民增收渠道进一步拓宽，城乡居民生活水平差距持续缩小；现行标准下农村贫困人口实现脱贫，贫困县全部摘帽，解决区域性整体贫困；农村基础设施建设深入推进，农村人居环境明显改善，美丽宜居乡村建设扎实推进；城乡基本公共服务均等化水平进一步提高，城乡融合发展体制机制初步建立；农村对人才吸引力逐步增强；农村生态环境明显好转，农业生态服务能力进一步提高；以党组织为核心的农村基层组织建设进一步加强，乡村治理体系进一步完善；党的农村工作领导体制机制进一步健全；各地区各部门推进乡村振兴的思路举措得以确立。

到2035年，乡村振兴取得决定性进展，农业农村现代化基本实现。农业结构得到根本性改善，农民就业质量显著提高，相对贫困进一步缓解，共同富裕迈出坚实步伐；城乡基本公共服务均等化基本实现，城乡融合发展体制机制更加完善；乡风文明达到新高度，乡村治理体系更加完善；农村生态环境根本好转，美丽宜居乡村基本实现。

到2050年，乡村全面振兴，农业强、农村美、农民富全面实现。

（三）基本原则

——坚持党管农村工作。毫不动摇地坚持和加强党对农村工作的领导，健全党管农村工作领导体制机制和党内法规，确保党在农村工作中始终总揽全局、协调各方，为乡村振兴提供坚强有力的政治保障。

——坚持农业农村优先发展。把实现乡村振兴作为全党的共同意志、共同行动，做到认识统一、步调一致，在干部配备上优先考虑，在要素配置上优先满足，在资金投入上优先保障，在公共服务上优先安排，加快补齐农业农村短板。

——坚持农民主体地位。充分尊重农民意愿，切实发挥农民在乡村振兴中的主体作用，调动亿万农民的积极性、主动性、创造性，把维护农民群众根本利益、促进农民共同富裕作为出发点和落脚点，促进农民持续增收，不断提升农民的获得感、幸福感、安全感。

——坚持乡村全面振兴。准确把握乡村振兴的科学内涵，挖掘乡村多种功能和价值，统筹谋划农村经济建设、政治建设、文化建设、社会建设、生态文明建设和党的建设，注重协同性、关联性，整体部署，协调推进。

——坚持城乡融合发展。坚决破除体制机制弊端，使市场在资源配置中起决定性作用，更好发挥政府作用，推动城乡要素自由流动、平等交换，推动新型工业化、信息化、城镇化、农业现代化同步发展，加快形成工农互促、城乡互补、全面融合、共同繁荣的新型工农城乡关系。

——坚持人与自然和谐共生。牢固树立和践行绿水青山就是金山银山的理念，落实节约优先、保护优先、自然恢复为主的方针，统筹山水林田湖草系统治理，严守生态保护红线，以绿色发展引领乡村振兴。

——坚持因地制宜、循序渐进。科学把握乡村的差异性和发展走势分化特征，做好顶层设计，注重规划先行、突出重点、分类施策、典型引路。既尽力而为，又量力而行，不搞层层加码，不搞一刀切，不搞形式主义，久久为功，扎实推进。

三、提升农业发展质量，培育乡村发展新动能

乡村振兴，产业兴旺是重点。必须坚持质量兴农、绿色兴农，以农业供给侧结构性改革为主线，加快构建现代农业产业体系、生产体系、经营体系，提高农业创新力、竞争力和全要素生产率，加快实现由农业大国向农业强国转变。

（一）夯实农业生产能力基础。深入实施藏粮于地、藏粮于技战略，严守耕地红线，确保国家粮食安全，把中国人的饭碗牢牢端在自己手中。全面落实永久基本农田特殊保护制度，加快划定和建设粮食生产功能区、重要农产品生产保护区，完善支持政策。大规模推进农村土地整治和高标准农田建设，稳步提升耕地质量，强化监督考核和地方政府责任。加强农田水利建设，提高抗旱防洪除涝能力。实施国家农业节水行动，加快灌区续建配套与现代化改造，推进小型农田水利设施达标提质，建设一批重大高效节水灌溉工程。加快建设国家农业科技创新体系，加强面向全行业的科技创新基地建设。深化农业科技成果转化和推广应用改革。加快发展现代农作物、畜禽、水产、林木种业，提升自主创新能力。高标准建设国家南繁育种基地。推进我国农机装备产业转型升级，加强科研机构、设备制造企业联合攻关，进一步提高大宗农作物机械国产化水平，加快研发经济作物、养殖业、丘陵山区农林机械，发展高端农机装备制造。优化农业从业者结构，加快建设知识型、技能型、创新型农业经营者队伍。大力发展数字农业，实施智慧农业林业水利工程，推进物联网试验示范和遥感技术应用。

（二）实施质量兴农战略。制定和实施国家质量兴农战略规划，建立健全质量兴农评价体系、政策体系、工作体系和考核体系。深入推进农业绿色化、优质化、特色化、品牌化，调整优化农业生产力布局，推动农业由增产导向转向提质导向。推进特色农产品优势区创建，建设现代农业产业园、农业科技园。实施产业兴村强县行动，推行标准化生产，培育农产品品牌，保护地理标志农产品，打造一村一品、一县一业发展新格局。加快发展现代高效林业，实施兴林富民行动，推进森林生态标志产品建设工程。加强植物病虫害、动物疫病防控体系建设。优化养殖业空间布局，大力发展

绿色生态健康养殖，做大做强民族奶业。统筹海洋渔业资源开发，科学布局近远海养殖和远洋渔业，建设现代化海洋牧场。建立产学研融合的农业科技创新联盟，加强农业绿色生态、提质增效技术研发应用。切实发挥农垦在质量兴农中的带动引领作用。实施食品安全战略，完善农产品质量和食品安全标准体系，加强农业投入品和农产品质量安全追溯体系建设，健全农产品质量和食品安全监管体制，重点提高基层监管能力。

（三）构建农村一二三产业融合发展体系。大力开发农业多种功能，延长产业链、提升价值链、完善利益链，通过保底分红、股份合作、利润返还等多种形式，让农民合理分享全产业链增值收益。实施农产品加工业提升行动，鼓励企业兼并重组，淘汰落后产能，支持主产区农产品就地加工转化增值。重点解决农产品销售中的突出问题，加强农产品产后分级、包装、营销，建设现代化农产品冷链仓储物流体系，打造农产品销售公共服务平台，支持供销、邮政及各类企业把服务网点延伸到乡村，健全农产品产销稳定衔接机制，大力建设具有广泛性的促进农村电子商务发展的基础设施，鼓励支持各类市场主体创新发展基于互联网的新型农业产业模式，深入实施电子商务进农村综合示范，加快推进农村流通现代化。实施休闲农业和乡村旅游精品工程，建设一批设施完备、功能多样的休闲观光园区、森林人家、康养基地、乡村民宿、特色小镇。对利用闲置农房发展民宿、养老等项目，研究出台消防、特种行业经营等领域便利市场准入、加强事中事后监管的管理办法。发展乡村共享经济、创意农业、特色文化产业。

（四）构建农业对外开放新格局。优化资源配置，着力节本增效，提高我国农产品国际竞争力。实施特色优势农产品出口提升行动，扩大高附加值农产品出口。建立健全我国农业贸易政策体系。深化与"一带一路"沿线国家和地区农产品贸易关系。积极支持农业走出去，培育具有国际竞争力的大粮商和农业企业集团。积极参与全球粮食安全治理和农业贸易规则制定，促进形成更加公平合理的农业国际贸易秩序。进一步加大农产品反走私综合治理力度。

（五）促进小农户和现代农业发展有机衔接。统筹兼顾培育新型农业经营主体和扶持小农户，采取有针对性的措施，把小农生产引入现代农业发展轨道。培育各类专业化市场化服务组织，推进农业生产全程社会化服务，帮助小农户节本增效。发展多样化的联合与合作，提升小农户组织化程度。注重发挥新型农业经营主体带动作用，打造区域公用品牌，开展农超对接、农社对接，帮助小农户对接市场。扶持小农户发展生态农业、设施农业、体验农业、定制农业，提高产品档次和附加值，拓展增收空间。改善小农户生产设施条件，提升小农户抗风险能力。研究制定扶持小农生产的政策意见。

四、推进乡村绿色发展，打造人与自然和谐共生发展新格局

乡村振兴，生态宜居是关键。良好生态环境是农村最大优势和宝贵财富。必须尊重自然、顺应自然、保护自然，推动乡村自然资本加快增值，实现百姓富、生态美的统一。

（一）统筹山水林田湖草系统治理。把山水林田湖草作为一个生命共同体，进行统一保护、统一修复。实施重要生态系统保护和修复工程。健全耕地草原森林河流湖泊休养生息制度，分类有序退出超载的边际产能。扩大耕地轮作休耕制度试点。科学划定江河湖海限捕、禁捕区域，健全水生生态保护修复制度。实行水资源消耗总量和强度双控行动。开展河湖水系连通和农村河塘清淤整治，全面推行河长制、湖长制。加大农业水价综合改革工作力度。开展国土绿化行动，推进荒漠化、石漠化、水土流失综合治理。强化湿地保护和恢复，继续开展退耕还湿。完善天然林保护制度，把所有天然林都纳入保护范围。扩大退耕还林还草、退牧还草，建立成果巩固长效机制。继续实施三北防护林体系建设等林业重点工程，实施森林质量精准提升工程。继续实施草原生态保护补助奖励政策。实施生物多样性保护重大工程，有效防范外来生物入侵。

（二）加强农村突出环境问题综合治理。加强农业面源污染防治，开展农业绿色发展行动，实现投入品减量化、生产清洁化、废弃物资源化、产业模式生态化。推进有机肥替代化肥、畜禽粪污处理、农作物秸秆综合利用、废弃农膜回收、病虫害绿色防控。加强农村水环境治理和农村饮用水水源保护，实施农村生态清洁小流域建设。扩大华北地下水超采区综合治理范围。推进重金属污染耕地防控和修复，开展土壤污染治理与修复技术应用试点，加大东北黑土地保护力度。实施流域环境和近岸海域综合治理。严禁工业和城镇污染向农业农村转移。加强农村环境监管能力建设，落实县乡两级农村环境保护主体责任。

（三）建立市场化多元化生态补偿机制。落实农业功能区制度，加大重点生态功能区转移支付力度，完善生态保护成效与资金分配挂钩的激励约束机制。鼓励地方在重点生态区位推行商品林赎买制度。健全地区间、流域上下游之间横向生态保护补偿机制，探索建立生态产品购买、森林碳汇等市场化补偿制度。建立长江流域重点水域禁捕补偿制度。推行生态建设和保护以工代赈做法，提供更多生态公益岗位。

（四）增加农业生态产品和服务供给。正确处理开发与保护的关系，运用现代科技和管理手段，将乡村生态优势转化为发展生态经济的优势，提供更多更好的绿色生态产品和服务，促进生态和经济良性循环。加快发展森林草原旅游、河湖湿地观光、冰雪海上运动、野生动物驯养观赏等产业，积极开发观光农业、游憩休闲、健康养生、生态教育等服务。创建一批特色生态旅游示范村镇和精品线路，打造绿色生态环保的乡村生态旅游产业链。

五、繁荣兴盛农村文化，焕发乡风文明新气象

乡村振兴，乡风文明是保障。必须坚持物质文明和精神文明一起抓，提升农民精神风貌，培育文明乡风、良好家风、淳朴民风，不断提高乡村社会文明程度。

（一）加强农村思想道德建设。以社会主义核心价值观为引领，坚持教育引导、实践养成、制度保障三管齐下，采取符合农村特点的有效方式，深化中国特色社会主义和中国梦宣传教育，大力弘扬民族精神和时代精神。加强爱国主义、集体主义、社会主义教育，深化民族团结进步教育，加强农村思想文化阵地建设。深入实施公民道德建设工程，挖掘农村传统道德教育资源，推进社会公德、职业道德、家庭美德、个人品德建设。推进诚信建设，强化农民的社会责任意识、规则意识、集体意识、主人翁意识。

（二）传承发展提升农村优秀传统文化。立足乡村文明，吸取城市文明及外来文化优秀成果，在保护传承的基础上，创造性转化、创新性发展，不断赋予时代内涵、丰富表现形式。切实保护好优秀农耕文化遗产，推动优秀农耕文化遗产合理适度利用。深入挖掘农耕文化蕴含的优秀思想观念、人文精神、道德规范，充分发挥其在凝聚人心、教化群众、淳化民风中的重要作用。划定乡村建设的历史文化保护线，保护好文物古迹、传统村落、民族村寨、传统建筑、农业遗迹、灌溉工程遗产。支持农村地区优秀戏曲曲艺、少数民族文化、民间文化等传承发展。

（三）加强农村公共文化建设。按照有标准、有网络、有内容、有人才的要求，健全乡村公共文化服务体系。发挥县级公共文化机构辐射作用，推进基层综合性文化服务中心建设，实现乡村两级公共文化服务全覆盖，提升服务效能。深入推进文化惠民，公共文化资源要重点向乡村倾斜，提供更多更好的农村公共文化产品和服务。支持"三农"题材文艺创作生产，鼓励文艺工作者不断推出反映农民生产生活尤其是乡村振兴实践的优秀文艺作品，充分展示新时代农村农民的精神面貌。培育挖掘乡土文化本土人才，开展文化结对帮扶，引导社会各界人士投身乡村文化建设。活跃繁荣农村文化市场，丰富农村文化业态，加强农村文化市场监管。

（四）开展移风易俗行动。广泛开展文明村镇、星级文明户、文明家庭等群众性精神文明创建活动。遏制大操大办、厚葬薄养、人情攀比等陈规陋习。加强无神论宣传教育，丰富农民群众精神文化生活，抵制封建迷信活动。深化农村殡葬改革。加强农村科普工作，提高农民科学文化素养。

六、加强农村基层基础工作，构建乡村治理新体系

乡村振兴，治理有效是基础。必须把夯实基层基础作为固本之策，建立健全党委领导、政府负责、社会协同、公众参与、法治保障的现代乡村社会治理体制，坚持自治、法治、德治相结合，确保乡村社会充满活力、和谐有序。

（一）加强农村基层党组织建设。扎实推进抓党建促乡村振兴，突出政治功能，提升组织力，抓乡促村，把农村基层党组织建成坚强战斗堡垒。强化农村基层党组织领导核心地位，创新组织设置和活动方式，持续整顿软弱涣散村党组织，稳妥有序开展不合格党员处置工作，着力引导农村党员发挥先锋模范作用。建立选派第一书记工作长效机制，全面向贫困村、软弱涣散村和集体经济薄弱村党组织派出第一书记。实施农村带头人队伍整体优化提升行动，注重吸引高校毕业生、农民工、机关企事业单位优秀党员干部到村任职，选优配强村党组织书记。健全从优秀村党组织书记中选拔乡镇领导干部、考录乡镇机关公务员、招聘乡镇事业编制人员制度。加大在优秀青年农民中发展党员力度。建立农村党员定期培训制度。全面落实村级组织运转经费保障政策。推行村级小微权力清单制度，加大基层小微权力腐败惩处力度。严厉整治惠农补贴、集体资产管理、土地征收等领域侵害农民利益的不正之风和腐败问题。

（二）深化村民自治实践。坚持自治为基，加强农村群众性自治组织建设，健全和创新村党组织领导的充满活力的村民自治机制。推动村党组织书记通过选举担任村委会主任。发挥自治章程、村规民约的积极作用。全面建立健全村务监督委员会，推行村级事务阳光工程。依托村民会议、村民代表会议、村民议事会、村民理事会、村民监事会等，形成民事民议、民事民办、民事民管的多层次基层协商格局。积极发挥新乡贤作用。推动乡村治理重心下移，尽可能把资源、服务、管理下放到基层。继续开展以村民小组或自然村为基本单元的村民自治试点工作。加强农村社区治理创新。创新基层管理体制机制，整合优化公共服务和行政审批职责，打造"一门式办理""一站式服务"的综合服务平台。在村庄普遍建立网上服务站点，逐步形成完善的乡村便民服务体系。大力培育服务性、公益性、互助性农村社会组织，积极发展农村社会工作和志愿服务。集中清理上级对村级组织考核评比多、创建达标多、检查督查多等突出问题。维护村民委员会、农村集体经济组织、农村合作经济组织的特别法人地位和权利。

（三）建设法治乡村。坚持法治为本，树立依法治理理念，强化法律在维护农民权益、规范市场运行、农业支持保护、生态环境治理、化解农村社会矛盾等方面的权威地位。增强基层干部法治观念、法治为民意识，将政府涉农各项工作纳入法治化轨道。深入推进综合行政执法改革向基层延伸，创新监管方式，推动执法队伍整合、执法力量下沉，提高执法能力和水平。建立健全乡村调解、县市仲裁、司法保障的农村土地承包经营纠纷调处机制。加大农村普法力度，提高农民法治素养，引导广大农民增强尊法学法守法用法意识。健全农村公共法律服务体系，加强对农民的法律援助和司法救助。

（四）提升乡村德治水平。深入挖掘乡村熟人社会蕴含的道德规范，结合时代要求进行创新，强化道德教化作用，引导农民向上向善、孝老爱亲、重义守信、勤俭持家。建立道德激励约束机制，引导农民自我管理、自我教育、自我服务、自我提高，实现家庭和睦、邻里和谐、干群融洽。广泛开展好媳妇、好儿女、好公婆等评选表彰活动，开展寻找最美乡村教师、医生、村官、家庭等活动。深入宣传道德模范、身边好人的典型事迹，弘扬真善美，传播正能量。

（五）建设平安乡村。健全落实社会治安综合治理领导责任制，大力推进农村社会治安防控体系建设，推动社会治安防控力量下沉。深入开展扫黑除恶专项斗争，严厉打击农村黑恶势力、宗族恶势力，严厉打击黄赌毒盗拐骗等违法犯罪。依法加大对农村非法宗教活动和境外渗透活动打击力度，依法制止利用宗教干预农村公共事务，继续整治农村乱建庙宇、滥塑宗教造像。完善县乡村三级综治中心功能和运行机制。健全农村公共安全体系，持续开展农村安全隐患治理。加强农村警务、消防、安全生产工作，坚决遏制重特大安全事故。探索以网格化管理为抓手、以现代信息技术为支撑，实现基层服务和管理精细化精准化。推进农村"雪亮工程"建设。

七、提高农村民生保障水平，塑造美丽乡村新风貌

乡村振兴，生活富裕是根本。要坚持人人尽责、人人享有，按照抓重点、补短板、强弱项的要求，围绕农民群众最关心最直接最现实的利益问题，一件事情接着一件事情办，一年接着一年干，把乡村建设成为幸福美丽新家园。

（一）优先发展农村教育事业。高度重视发展农村义务教育，推动建立以城带乡、整体推进、城乡一体、均衡发展的义务教育发展机制。全面改善薄弱学校基本办学条件，加强寄宿制学校建设。实施农村义务教育学生营养改善计划。发展农村学前教育。推进农村普及高中阶段教育，支持教育基础薄弱县普通高中建设，加强职业教育，逐步分类推进中等职业教育免除学杂费。健全学生资助制度，使绝大多数农村新增劳动力接受高中阶段教育、更多接受高等教育。把农村需要的人群纳入特殊教育体系。以市县为单位，推动优质学校辐射农村薄弱学校常态化。统筹配置城乡师资，并向乡村倾斜，建好建强乡村教师队伍。

（二）促进农村劳动力转移就业和农民增收。健全覆盖城乡的公共就业服务体系，大规模开展职业技能培训，促进农民工多渠道转移就业，提高就业质量。深化户籍制度改革，促进有条件、有意愿、在城镇有稳定就业和住所的农业转移人口在城镇有序落户，依法平等享受城镇公共服务。加强扶持引导服务，实施乡村就业创业促进行动，大力发展文化、科技、旅游、生态等乡村特色产业，振兴传统工艺。培育一批家庭工场、手工作坊、乡村车间，鼓励在乡村地区兴办环境友好型企业，实现乡村经济多元化，提供更多就业岗位。拓宽农民增收渠道，鼓励农民勤劳守法致富，增加农村低收入者收入，扩大农村中等收入群体，保持农村居民收入增速快于城镇居民。

（三）推动农村基础设施提挡升级。继续把基础设施建设重点放在农村，加快农村公路、供水、供气、环保、电网、物流、信息、广播电视等基础设施建设，推动城

乡基础设施互联互通。以示范县为载体全面推进"四好农村路"建设，加快实施通村组硬化路建设。加大成品油消费税转移支付资金用于农村公路养护力度。推进节水供水重大水利工程，实施农村饮水安全巩固提升工程。加快新一轮农村电网改造升级，制定农村通动力电规划，推进农村可再生能源开发利用。实施数字乡村战略，做好整体规划设计，加快农村地区宽带网络和第四代移动通信网络覆盖步伐，开发适应"三农"特点的信息技术、产品、应用和服务，推动远程医疗、远程教育等应用普及，弥合城乡数字鸿沟。提升气象为农服务能力。加强农村防灾减灾救灾能力建设。抓紧研究提出深化农村公共基础设施管护体制改革指导意见。

（四）加强农村社会保障体系建设。完善统一的城乡居民基本医疗保险制度和大病保险制度，做好农民重特大疾病救助工作。巩固城乡居民医保全国异地就医联网直接结算。完善城乡居民基本养老保险制度，建立城乡居民基本养老保险待遇确定和基础养老金标准正常调整机制。统筹城乡社会救助体系，完善最低生活保障制度，做好农村社会救助兜底工作。将进城落户农业转移人口全部纳入城镇住房保障体系。构建多层次农村养老保障体系，创新多元化照料服务模式。健全农村留守儿童和妇女、老年人以及困境儿童关爱服务体系。加强和改善农村残疾人服务。

（五）推进健康乡村建设。强化农村公共卫生服务，加强慢性病综合防控，大力推进农村地区精神卫生、职业病和重大传染病防治。完善基本公共卫生服务项目补助政策，加强基层医疗卫生服务体系建设，支持乡镇卫生院和村卫生室改善条件。加强乡村中医药服务。开展和规范家庭医生签约服务，加强妇幼、老人、残疾人等重点人群健康服务。倡导优生优育。深入开展乡村爱国卫生运动。

（六）持续改善农村人居环境。实施农村人居环境整治三年行动计划，以农村垃圾、污水治理和村容村貌提升为主攻方向，整合各种资源，强化各种举措，稳步有序推进农村人居环境突出问题治理。坚持不懈推进农村"厕所革命"，大力开展农村户用卫生厕所建设和改造，同步实施粪污治理，加快实现农村无害化卫生厕所全覆盖，努力补齐影响农民群众生活品质的短板。总结推广适用不同地区的农村污水治理模式，加强技术支撑和指导。深入推进农村环境综合整治。推进北方地区农村散煤替代，有条件的地方有序推进煤改气、煤改电和新能源利用。逐步建立农村低收入群体安全住房保障机制。强化新建农房规划管控，加强"空心村"服务管理和改造。保护保留乡村风貌，开展田园建筑示范，培养乡村传统建筑名匠。实施乡村绿化行动，全面保护古树名木。持续推进宜居宜业的美丽乡村建设。

八、打好精准脱贫攻坚战，增强贫困群众获得感

乡村振兴，摆脱贫困是前提。必须坚持精准扶贫、精准脱贫，把提高脱贫质量放在首位，既不降低扶贫标准，也不吊高胃口，采取更加有力的举措、更加集中的支持、更加精细的工作，坚决打好精准脱贫这场对全面建成小康社会具有决定性意义的攻坚战。

（一）瞄准贫困人口精准帮扶。对有劳动能力的贫困人口，强化产业和就业扶持，着力做好产销衔接、劳务对接，实现稳定脱贫。有序推进易地扶贫搬迁，让搬迁群众搬得出、稳得住、能致富。对完全或部分丧失劳动能力的特殊贫困人口，综合实施保障性扶贫政策，确保病有所医、残有所助、生活有兜底。做好农村最低生活保障工作的动态化精细化管理，把符合条件的贫困人口全部纳入保障范围。

（二）聚焦深度贫困地区集中发力。全面改善贫困地区生产生活条件，确保实现贫困地区基本公共服务主要指标接近全国平均水平。以解决突出制约问题为重点，以重大扶贫工程和到村到户帮扶为抓手，加大政策倾斜和扶贫资金整合力度，着力改善深度贫困地区发展条件，增强贫困农户发展能力，重点攻克深度贫困地区脱贫任务。新增脱贫攻坚资金项目主要投向深度贫困地区，增加金融投入对深度贫困地区的支持，新增建设用地指标优先保障深度贫困地区发展用地需要。

（三）激发贫困人口内生动力。把扶贫同扶志、扶智结合起来，把救急纾困和内生脱贫结合起来，提升贫困群众发展生产和务工经商的基本技能，实现可持续稳固脱贫。引导贫困群众克服等靠要思想，逐步消除精神贫困。要打破贫困均衡，促进形成自强自立、争先脱贫的精神风貌。改进帮扶方式方法，更多采用生产奖补、劳务补助、以工代赈等机制，推动贫困群众通过自己的辛勤劳动脱贫致富。

（四）强化脱贫攻坚责任和监督。坚持中央统筹省负总责市县抓落实的工作机制，强化党政一把手负总责的责任制。强化县级党委作为全县脱贫攻坚总指挥部的关键作用，脱贫攻坚期内贫困县县级党政正职要保持稳定。开展扶贫领域腐败和作风问题专项治理，切实加强扶贫资金管理，对挪用和贪污扶贫款项的行为严惩不贷。将2018年作为脱贫攻坚作风建设年，集中力量解决突出作风问题。科学确定脱贫摘帽时间，对

弄虚作假、搞数字脱贫的严肃查处。完善扶贫督查巡查、考核评估办法，除党中央、国务院统一部署外，各部门一律不准再组织其他检查考评。严格控制各地开展增加一线扶贫干部负担的各类检查考评，切实给基层减轻工作负担。关心爱护战斗在扶贫第一线的基层干部，制定激励政策，为他们工作生活排忧解难，保护和调动他们的工作积极性。做好实施乡村振兴战略与打好精准脱贫攻坚战的有机衔接。制定坚决打好精准脱贫攻坚战三年行动指导意见。研究提出持续减贫的意见。

九、推进体制机制创新，强化乡村振兴制度性供给

实施乡村振兴战略，必须把制度建设贯穿其中。要以完善产权制度和要素市场化配置为重点，激活主体、激活要素、激活市场，着力增强改革的系统性、整体性、协同性。

（一）巩固和完善农村基本经营制度。落实农村土地承包关系稳定并长久不变政策，衔接落实好第二轮土地承包到期后再延长30年的政策，让农民吃上长效"定心丸"。全面完成土地承包经营权确权登记颁证工作，实现承包土地信息联通共享。完善农村承包地"三权分置"制度，在依法保护集体土地所有权和农户承包权前提下，平等保护土地经营权。农村承包土地经营权可以依法向金融机构融资担保、入股从事农业产业化经营。实施新型农业经营主体培育工程，培育发展家庭农场、合作社、龙头企业、社会化服务组织和农业产业化联合体，发展多种形式适度规模经营。

（二）深化农村土地制度改革。系统总结农村土地征收、集体经营性建设用地入市、宅基地制度改革试点经验，逐步扩大试点，加快土地管理法修改，完善农村土地利用管理政策体系。扎实推进房地一体的农村集体建设用地和宅基地使用权确权登记颁证。完善农民闲置宅基地和闲置农房政策，探索宅基地所有权、资格权、使用权"三权分置"，落实宅基地集体所有权，保障宅基地农户资格权和农民房屋财产权，适度放活宅基地和农民房屋使用权，不得违规违法买卖宅基地，严格实行土地用途管制，严格禁止下乡利用农村宅基地建设别墅大院和私人会馆。在符合土地利用总体规划前提下，允许县级政府通过村土地利用规划，调整优化村庄用地布局，有效利用农村零星分散的存量建设用地；预留部分规划建设用地指标用于单独选址的农业设施和休闲旅游设施等建设。对利用收储农村闲置建设用地发展农村新产业新业态的，给予新增建设用地指标奖励。进一步完善设施农用地政策。

（三）深入推进农村集体产权制度改革。全面开展农村集体资产清产核资、集体成员身份确认，加快推进集体经营性资产股份合作制改革。推动资源变资产、资金变股金、农民变股东，探索农村集体经济新的实现形式和运行机制。坚持农村集体产权制度改革正确方向，发挥村党组织对集体经济组织的领导核心作用，防止内部少数人控制和外部资本侵占集体资产。维护进城落户农民土地承包权、宅基地使用权、集体收益分配权，引导进城落户农民依法自愿有偿转让上述权益。研究制定农村集体经济组织法，充实农村集体产权权能。全面深化供销合作社综合改革，深入推进集体林权、水利设施产权等领域改革，做好农村综合改革、农村改革试验区等工作。

（四）完善农业支持保护制度。以提升农业质量效益和竞争力为目标，强化绿色生态导向，创新完善政策工具和手段，扩大"绿箱"政策的实施范围和规模，加快建立新型农业支持保护政策体系。深化农产品收储制度和价格形成机制改革，加快培育多元市场购销主体，改革完善中央储备粮管理体制。通过完善拍卖机制、定向销售、包干销售等，加快消化政策性粮食库存。落实和完善对农民直接补贴制度，提高补贴效能。健全粮食主产区利益补偿机制。探索开展稻谷、小麦、玉米三大粮食作物完全成本保险和收入保险试点，加快建立多层次农业保险体系。

十、汇聚全社会力量，强化乡村振兴人才支撑

实施乡村振兴战略，必须破解人才瓶颈制约。要把人力资本开发放在首要位置，畅通智力、技术、管理下乡通道，造就更多乡土人才，聚天下人才而用之。

（一）大力培育新型职业农民。全面建立职业农民制度，完善配套政策体系。实施新型职业农民培育工程。支持新型职业农民通过弹性学制参加中高等农业职业教育。创新培训机制，支持农民专业合作社、专业技术协会、龙头企业等主体承担培训。引导符合条件的新型职业农民参加城镇职工养老、医疗等社会保障制度。鼓励各地开展职业农民职称评定试点。

（二）加强农村专业人才队伍建设。建立县域专业人才统筹使用制度，提高农村专业人才服务保障能力。推动人才管理职能部门简政放权，保障和落实基层用人主体自主权。推行乡村教师"县管校聘"。实施好边远贫困地区、边疆民族地区和革命老区人才支持计划，继续实施"三支一扶"、特岗教师计划等，组织实施高校毕业生基层成长计划。支持地方高等学校、职业院校综合利用教育培训资源，灵活设置专业（方向），

创新人才培养模式，为乡村振兴培养专业化人才。扶持培养一批农业职业经理人、经纪人、乡村工匠、文化能人、非遗传承人等。

（三）发挥科技人才支撑作用。全面建立高等院校、科研院所等事业单位专业技术人员到乡村和企业挂职、兼职和离岗创新创业制度，保障其在职称评定、工资福利、社会保障等方面的权益。深入实施农业科研杰出人才计划和杰出青年农业科学家项目。健全种业等领域科研人员以知识产权明晰为基础、以知识价值为导向的分配政策。探索公益性和经营性农技推广融合发展机制，允许农技人员通过提供增值服务合理取酬。全面实施农技推广服务特聘计划。

（四）鼓励社会各界投身乡村建设。建立有效激励机制，以乡情乡愁为纽带，吸引支持企业家、党政干部、专家学者、医生教师、规划师、建筑师、律师、技能人才等，通过下乡担任志愿者、投资兴业、包村包项目、行医办学、捐资捐物、法律服务等方式服务乡村振兴事业。研究制定管理办法，允许符合要求的公职人员回乡任职。吸引更多人才投身现代农业，培养造就新农民。加快制定鼓励引导工商资本参与乡村振兴的指导意见，落实和完善融资贷款、配套设施建设补助、税费减免、用地等扶持政策，明确政策边界，保护好农民利益。发挥工会、共青团、妇联、科协、残联等群团组织的优势和力量，发挥各民主党派、工商联、无党派人士等积极作用，支持农村产业发展、生态环境保护、乡风文明建设、农村弱势群体关爱等。实施乡村振兴"巾帼行动"。加强对下乡组织和人员的管理服务，使之成为乡村振兴的建设性力量。

（五）创新乡村人才培育引进使用机制。建立自主培养与人才引进相结合，学历教育、技能培训、实践锻炼等多种方式并举的人力资源开发机制。建立城乡、区域、校地之间人才培养合作与交流机制。全面建立城市医生教师、科技文化人员等定期服务乡村机制。研究制定鼓励城市专业人才参与乡村振兴的政策。

十一、开拓投融资渠道，强化乡村振兴投入保障

实施乡村振兴战略，必须解决钱从哪里来的问题。要健全投入保障制度，创新投融资机制，加快形成财政优先保障、金融重点倾斜、社会积极参与的多元投入格局，确保投入力度不断增强、总量持续增加。

（一）确保财政投入持续增长。建立健全实施乡村振兴战略财政投入保障制度，公共财政更大力度向"三农"倾斜，确保财政投入与乡村振兴目标任务相适应。优化

财政供给结构，推进行业内资金整合与行业间资金统筹相互衔接配合，增加地方自主统筹空间，加快建立涉农资金统筹整合长效机制。充分发挥财政资金的引导作用，撬动金融和社会资本更多投向乡村振兴。切实发挥全国农业信贷担保体系作用，通过财政担保费率补助和以奖代补等，加大对新型农业经营主体支持力度。加快设立国家融资担保基金，强化担保融资增信功能，引导更多金融资源支持乡村振兴。支持地方政府发行一般债券用于支持乡村振兴、脱贫攻坚领域的公益性项目。稳步推进地方政府专项债券管理改革，鼓励地方政府试点发行项目融资和收益自平衡的专项债券，支持符合条件、有一定收益的乡村公益性项目建设。规范地方政府举债融资行为，不得借乡村振兴之名违法违规变相举债。

（二）拓宽资金筹集渠道。调整完善土地出让收入使用范围，进一步提高农业农村投入比例。严格控制未利用地开垦，集中力量推进高标准农田建设。改进耕地占补平衡管理办法，建立高标准农田建设等新增耕地指标和城乡建设用地增减挂钩节余指标跨省域调剂机制，将所得收益通过支出预算全部用于巩固脱贫攻坚成果和支持实施乡村振兴战略。推广一事一议、以奖代补等方式，鼓励农民对直接受益的乡村基础设施建设投工投劳，让农民更多参与建设管护。

（三）提高金融服务水平。坚持农村金融改革发展的正确方向，健全适合农业农村特点的农村金融体系，推动农村金融机构回归本源，把更多金融资源配置到农村经济社会发展的重点领域和薄弱环节，更好满足乡村振兴多样化金融需求。要强化金融服务方式创新，防止脱实向虚倾向，严格管控风险，提高金融服务乡村振兴能力和水平。抓紧出台金融服务乡村振兴的指导意见。加大中国农业银行、中国邮政储蓄银行"三农"金融事业部对乡村振兴支持力度。明确国家开发银行、中国农业发展银行在乡村振兴中的职责定位，强化金融服务方式创新，加大对乡村振兴中长期信贷支持。推动农村信用社省联社改革，保持农村信用社县域法人地位和数量总体稳定，完善村镇银行准入条件，地方法人金融机构要服务好乡村振兴。普惠金融重点要放在乡村。推动出台非存款类放贷组织条例。制定金融机构服务乡村振兴考核评估办法。支持符合条件的涉农企业发行上市、新三板挂牌和融资、并购重组，深入推进农产品期货期权市场建设，稳步扩大"保险+期货"试点，探索"订单农业+保险+期货（权）"试点。改进农村金融差异化监管体系，强化地方政府金融风险防范处置责任。

十二、坚持和完善党对"三农"工作的领导

实施乡村振兴战略是党和国家的重大决策部署，各级党委和政府要提高对实施乡村振兴战略重大意义的认识，真正把实施乡村振兴战略摆在优先位置，把党管农村工作的要求落到实处。

（一）完善党的农村工作领导体制机制。各级党委和政府要坚持工业农业一起抓、城市农村一起抓，把农业农村优先发展原则体现到各个方面。健全党委统一领导、政府负责、党委农村工作部门统筹协调的农村工作领导体制。建立实施乡村振兴战略领导责任制，实行中央统筹省负总责市县抓落实的工作机制。党政一把手是第一责任人，五级书记抓乡村振兴。县委书记要下大气力抓好"三农"工作，当好乡村振兴"一线总指挥"。各部门要按照职责，加强工作指导，强化资源要素支持和制度供给，做好协同配合，形成乡村振兴工作合力。切实加强各级党委农村工作部门建设，按照《中国共产党工作机关条例（试行）》有关规定，做好党的农村工作机构设置和人员配置工作，充分发挥决策参谋、统筹协调、政策指导、推动落实、督导检查等职能。各省（自治区、直辖市）党委和政府每年要向党中央、国务院报告推进实施乡村振兴战略进展情况。建立市县党政领导班子和领导干部推进乡村振兴战略的实绩考核制度，将考核结果作为选拔任用领导干部的重要依据。

（二）研究制定中国共产党农村工作条例。根据坚持党对一切工作的领导的要求和新时代"三农"工作新形势新任务新要求，研究制定中国共产党农村工作条例，把党领导农村工作的传统、要求、政策等以党内法规形式确定下来，明确加强对农村工作领导的指导思想、原则要求、工作范围和对象、主要任务、机构职责、队伍建设等，完善领导体制和工作机制，确保乡村振兴战略有效实施。

（三）加强"三农"工作队伍建设。把懂农业、爱农村、爱农民作为基本要求，加强"三农"工作干部队伍培养、配备、管理、使用。各级党委和政府主要领导干部要懂"三农"工作、会抓"三农"工作，分管领导要真正成为"三农"工作行家里手。制定并实施培训计划，全面提升"三农"干部队伍能力和水平。拓宽县级"三农"工作部门和乡镇干部来源渠道。把到农村一线工作锻炼作为培养干部的重要途径，注重提拔使用实绩优秀的干部，形成人才向农村基层一线流动的用人导向。

（四）强化乡村振兴规划引领。制定国家乡村振兴战略规划（2018－2022年），分别明确至2020年全面建成小康社会和2022年召开党的二十大时的目标任务，细化实化工作重点和政策措施，部署若干重大工程、重大计划、重大行动。各地区各部门要编制乡村振兴地方规划和专项规划或方案。加强各类规划的统筹管理和系统衔接，形成城乡融合、区域一体、多规合一的规划体系。根据发展现状和需要分类有序推进乡村振兴，对具备条件的村庄，要加快推进城镇基础设施和公共服务向农村延伸；对自然历史文化资源丰富的村庄，要统筹兼顾保护与发展；对生存条件恶劣、生态环境脆弱的村庄，要加大力度实施生态移民搬迁。

（五）强化乡村振兴法治保障。抓紧研究制定乡村振兴法的有关工作，把行之有效的乡村振兴政策法定化，充分发挥立法在乡村振兴中的保障和推动作用。及时修改和废止不适应的法律法规。推进粮食安全保障立法。各地可以从本地乡村发展实际需要出发，制定促进乡村振兴的地方性法规、地方政府规章。加强乡村统计工作和数据开发应用。

（六）营造乡村振兴良好氛围。凝聚全党全国全社会振兴乡村强大合力，宣传党的乡村振兴方针政策和各地丰富实践，振奋基层干部群众精神。建立乡村振兴专家决策咨询制度，组织智库加强理论研究。促进乡村振兴国际交流合作，讲好乡村振兴中国故事，为世界贡献中国智慧和中国方案。

附录二： 中共中央 国务院

关于做好2022年全面推进乡村振兴重点工作的意见

（2022年1月4日）

当前，全球新冠肺炎疫情仍在蔓延，世界经济复苏脆弱，气候变化挑战突出，我国经济社会发展各项任务极为繁重艰巨。党中央认为，从容应对百年变局和世纪疫情，推动经济社会平稳健康发展，必须着眼国家重大战略需要，稳住农业基本盘、做好"三农"工作，接续全面推进乡村振兴，确保农业稳产增产、农民稳步增收、农村稳定安宁。

做好2022年"三农"工作，要以习近平新时代中国特色社会主义思想为指导，全面贯彻党的十九大和十九届历次全会精神，深入贯彻中央经济工作会议精神，坚持稳中求进工作总基调，立足新发展阶段、贯彻新发展理念、构建新发展格局、推动高质量发展，促进共同富裕，坚持和加强党对"三农"工作的全面领导，牢牢守住保障国家粮食安全和不发生规模性返贫两条底线，突出年度性任务、针对性举措、实效性导向，充分发挥农村基层党组织领导作用，扎实有序做好乡村发展、乡村建设、乡村治理重点工作，推动乡村振兴取得新进展、农业农村现代化迈出新步伐。

一、全力抓好粮食生产和重要农产品供给

（一）稳定全年粮食播种面积和产量。坚持中国人的饭碗任何时候都要牢牢端在自己手中，饭碗主要装中国粮，全面落实粮食安全党政同责，严格粮食安全责任制考核，确保粮食播种面积稳定、产量保持在1.3万亿斤以上。主产区、主销区、产销平衡区都要保面积、保产量，不断提高主产区粮食综合生产能力，切实稳定和提高主销区粮食自给率，确保产销平衡区粮食基本自给。推进国家粮食安全产业带建设。大力开展绿色高质高效行动，深入实施优质粮食工程，提升粮食单产和品质。推进黄河流域农业深度节水控水，通过提升用水效率、发展旱作农业，稳定粮食播种面积。积极应对小麦晚播等不利影响，加强冬春田间管理，促进弱苗转壮。

（二）大力实施大豆和油料产能提升工程。加大耕地轮作补贴和产油大县奖励力度，集中支持适宜区域、重点品种、经营服务主体，在黄淮海、西北、西南地区推广玉米大豆带状复合种植，在东北地区开展粮豆轮作，在黑龙江省部分地下水超采区、寒地井灌稻区推进水改旱、稻改豆试点，在长江流域开发冬闲田扩种油菜。开展盐碱地种植大豆示范。支持扩大油茶种植面积，改造提升低产林。

（三）保障"菜篮子"产品供给。加大力度落实"菜篮子"市长负责制。稳定生猪生产长效性支持政策，稳定基础产能，防止生产大起大落。加快扩大牛羊肉和奶业生产，推进草原畜牧业转型升级试点示范。稳定水产养殖面积，提升渔业发展质量。稳定大中城市常年菜地保有量，大力推进北方设施蔬菜、南菜北运基地建设，提高蔬菜应急保供能力。完善棉花目标价格政策。探索开展糖料蔗完全成本保险和种植收入保险。开展天然橡胶老旧胶园更新改造试点。

（四）合理保障农民种粮收益。按照让农民种粮有利可图、让主产区抓粮有积极性的目标要求，健全农民种粮收益保障机制。2022年适当提高稻谷、小麦最低收购价，稳定玉米、大豆生产者补贴和稻谷补贴政策，实现三大粮食作物完全成本保险和种植收入保险主产省产粮大县全覆盖。加大产粮大县奖励力度，创新粮食产销区合作机制。支持家庭农场、农民合作社、农业产业化龙头企业多种粮、种好粮。聚焦关键薄弱环节和小农户，加快发展农业社会化服务，支持农业服务公司、农民合作社、农村集体经济组织、基层供销合作社等各类主体大力发展单环节、多环节、全程生产托管服务，开展订单农业、加工物流、产品营销等，提高种粮综合效益。

（五）统筹做好重要农产品调控。健全农产品全产业链监测预警体系，推动建立统一的农产品供需信息发布制度，分类分品种加强调控和应急保障。深化粮食购销领域监管体制机制改革，开展专项整治，依法从严惩治系统性腐败。加强智能粮库建设，促进入防技防相结合，强化粮食库存动态监管。严格控制以玉米为原料的燃料乙醇加工。做好化肥等农资生产储备调运，促进保供稳价。坚持节约优先，落实粮食节约行动方案，深入推进产运储加消全链条节粮减损，强化粮食安全教育，反对食物浪费。

二、强化现代农业基础支撑

（六）落实"长牙齿"的耕地保护硬措施。实行耕地保护党政同责，严守18亿亩耕地红线。按照耕地和永久基本农田、生态保护红线、城镇开发边界的顺序，统筹划定落实三条控制线，把耕地保有量和永久基本农田保护目标任务足额带位置逐级分解下达，由中央和地方签订耕地保护目标责任书，作为刚性指标实行严格考核、一票否决、终身追责。分类明确耕地用途，严格落实耕地利用优先序，耕地主要用于粮食和棉、油、糖、蔬菜等农产品及饲草饲料生产，永久基本农田重点用于粮食生产，高标准农田原则上全部用于粮食生产。引导新发展林果业上山上坡，鼓励利用"四荒"资源，不与粮争地。落实和完善耕地占补平衡政策，建互补充耕地立项、实施、验收、管护全程监管机制，确保补充可长期稳定利用的耕地，实现补充耕地产能与所占耕地相当。改进跨省域补充耕地国家统筹管理办法。加大耕地执法监督力度，严厉查处违法违规占用耕地从事非农建设。强化耕地用途管制，严格管控耕地转为其他农用地。巩固提升受污染耕地安全利用水平。稳妥有序开展农村乱占耕地建房专项整治试点。巩固"大棚房"问题专项清理整治成果。落实工商资本流转农村土地审查审核和风险防范制度。

（七）全面完成高标准农田建设阶段性任务。多渠道增加投入，2022年建设高标准农田1亿亩，累计建成高效节水灌溉面积4亿亩。统筹规划、同步实施高效节水灌溉与高标准农田建设。各地要加大中低产田改造力度，提升耕地地力等级。研究制定增加农田灌溉面积的规划。实施重点水源和重大引调水等水资源配置工程。加大大中型灌区续建配套与改造力度，在水土资源条件适宜地区规划新建一批现代化灌区，优先将大中型灌区建成高标准农田。深入推进国家黑土地保护工程。实施黑土地保护性耕作8000万亩。积极挖掘潜力增加耕地，支持将符合条件的盐碱地等后备资源适度有序开发为耕地。研究制定盐碱地综合利用规划和实施方案。分类改造盐碱地，推动由主要治理盐碱地适应作物向更多选育耐盐碱植物适应盐碱地转变。支持盐碱地、干旱半干旱地区国家农业高新技术产业示范区建设。启动全国第三次土壤普查。

（八）大力推进种源等农业关键核心技术攻关。全面实施种业振兴行动方案。加快推进农业种质资源普查收集，强化精准鉴定评价。推进种业领域国家重大创新平台建设。启动农业生物育种重大项目。加快实施农业关键核心技术攻关工程，实行"揭榜挂帅""部省联动"等制度，开展长周期研发项目试点。强化现代农业产业技术体系建设。开展重大品种研发与推广后补助试点。贯彻落实种子法，实行实质性派生品种制度，强化种业知识产权保护，依法严厉打击套牌侵权等违法犯罪行为。

（九）提升农机装备研发应用水平。全面梳理短板弱项，加强农机装备工程化协同攻关，加快大马力机械、丘陵山区和设施园艺小型机械、高端智能机械研发制造并纳入国家重点研发计划予以长期稳定支持。实施农机购置与应用补贴政策，优化补贴兑付方式。完善农机性能评价机制，推进补贴机具有进有出、优机优补，重点支持粮食烘干、履带式作业、玉米大豆带状复合种植、油菜籽收获等农机，推广大型复合智能农机。推动新生产农机排放标准升级。开展农机研发制造推广应用一体化试点。

（十）加快发展设施农业。因地制宜发展塑料大棚、日光温室、连栋温室等设施。集中建设育苗工厂化设施。鼓励发展工厂化集约养殖、立体生态养殖等新型养殖设施。推动水肥一体化、饲喂自动化、环境控制智能化等设施装备技术研发应用。在保护生态环境基础上，探索利用可开发的空闲地、废弃地发展设施农业。

（十一）有效防范应对农业重大灾害。加大农业防灾减灾救灾能力建设和投入力度。修复水毁灾损农业、水利基础设施，加强沟渠疏浚以及水库、泵站建设和管护。加强防汛抗旱应急物资储备。强化农业农村、水利、气象灾害监测预警体系建设，增强极端天气应对能力。加强基层动植物疫病防控体系建设，落实属地责任，配齐配强专业人员，实行定责定岗定人，确保非洲猪瘟、草地贪夜蛾等动植物重大疫病防控责有人负、活有人干、事有人管。做好人兽共患病源头防控。加强外来入侵物种防控管理，做好普查监测、入境检疫、国内防控，对已传入并造成严重危害的，要"一种一策"精准治理、有效灭除。加强中长期气候变化对农业影响研究。

三、坚决守住不发生规模性返贫底线

（十二）完善监测帮扶机制。精准确定监测对象，将有返贫致贫风险和突发严重困难的农户纳入监测范围，简化工作流程，缩短认定时间。针对发现的因灾因病因疫等苗头性问题，及时落实社会救助、医疗保障等帮扶措施。强化监测帮扶责任落实，确保工作不留空档、政策不留空白。继续开展巩固脱贫成果后评估工作。

（十三）促进脱贫人口持续增收。推动脱贫地区更多依靠发展来巩固拓展脱贫攻坚成果，让脱贫群众生活更上一层楼。巩固提升脱贫地区特色产业，完善联农带农机制，提高脱贫人口家庭经营性收入。逐步提高中央财政衔接推进乡村振兴补助资金用于产业发展的比重，重点支持帮扶产业补上技术、设施、营销等短板，强化龙头带动作用，促进产业提档升级。巩固光伏扶贫工程成效，在有条件的脱贫地区发展光伏产业。压实就业帮扶责任，确保脱贫劳动力就业规模稳定。深化东西部劳务协作，做好省内转移就业工作。延续支持帮扶车间发展优惠政策。发挥以工代赈作用，具备条件的可提高劳务报酬发放比例。统筹用好乡村公益岗位，实行动态管理。逐步调整优化生态护林员政策。

（十四）加大对乡村振兴重点帮扶县和易地搬迁集中安置区支持力度。在乡村振兴重点帮扶县实施一批补短板促发展项目。编制国家乡村振兴重点帮扶县巩固拓展脱贫攻坚成果同乡村振兴有效衔接实施方案。做好国家乡村振兴重点帮扶县科技特派团选派，实行产业技术顾问制度，有计划开展教育、医疗干部人才组团式帮扶。建立健全国家乡村振兴重点帮扶县发展监测评价机制。加大对国家乡村振兴重点帮扶县信贷资金投入和保险保障力度。完善易地搬迁集中安置区配套设施和公共服务，持续加大安置区产业培育力度，开展搬迁群众就业帮扶专项行动。落实搬迁群众户籍管理、合法权益保障、社会融入等工作举措，提升安置社区治理水平。

（十五）推动脱贫地区帮扶政策落地见效。保持主要帮扶政策总体稳定，细化落实过渡期各项帮扶政策，开展政策效果评估。拓展东西部协作工作领域，深化区县、村企、学校、医院等结对帮扶。在东西部协作和对口支援框架下，继续开展城乡建设用地增减挂钩节余指标跨省域调剂。持续做好中央单位定点帮扶工作。扎实做好脱贫人口小额信贷工作。创建消费帮扶示范城市和产地示范区，发挥脱贫地区农副产品网络销售平台作用。

四、聚焦产业促进乡村发展

（十六）持续推进农村一二三产业融合发展。鼓励各地拓展农业多种功能、挖掘乡村多元价值，重点发展农产品加工、乡村休闲旅游、农村电商等产业。支持农业大县聚焦农产品加工业，引导企业到产地发展粮油加工、食品制造。推进现代农业产业园和农业产业强镇建设，培育优势特色产业集群，继续支持创建一批国家农村产业融合发展示范园。实施乡村休闲旅游提升计划。支持农民直接经营或参与经营的乡村民宿、农家乐特色村（点）发展。将符合要求的乡村休闲旅游项目纳入科普基地和中小学学农劳动实践基地范围。实施"数商兴农"工程，推进电子商务进乡村。促进农副产品直播带货规范健康发展。开展农业品种培优、品质提升、品牌打造和标准化生产提升行动，推进食用农产品承诺达标合格证制度，完善全产业链质量安全追溯体系。加快落实保障和规范农村一二三产业融合发展用地政策。

（十七）大力发展县域富民产业。支持大中城市疏解产业向县域延伸，引导产业有序梯度转移。大力发展县域范围内比较优势明显、带动农业农村能力强、就业容量大的产业，推动形成"一县一业"发展格局。加强县域基层创新，强化产业链与创新链融合。加快完善县城产业服务功能，促进产业向园区集中、龙头企业做强做大。引导具备条件的中心镇发展专业化中小微企业集聚区，推动重点村发展乡村作坊、家庭工场。

（十八）加强县域商业体系建设。实施县域商业建设行动，促进农村消费扩容提质升级。加快农村物流快递网点布局，实施"快递进村"工程，鼓励发展"多站合一"的乡镇客货邮综合服务站、"一点多能"的村级寄递物流综合服务点，推进县乡村物流共同配送，促进农村客货邮融合发展。支持大型流通企业以县城和中心镇为重点下沉供应链。加快实施"互联网+"农产品出村进城工程，推动建立长期稳定的产销对接关系。推动冷链物流服务网络向农村延伸，整县推进农产品产地仓储保鲜冷链物流设施建设，促进合作联营、成网配套。支持供销合作社开展县域流通服务网络建设提升行动，建设县域集采集配中心。

（十九）促进农民就地就近就业创业。落实各类农民工稳岗就业政策。发挥大中城市就业带动作用。实施县域农民工市民化质量提升行动。鼓励发展共享用工、多渠道灵活就业，规范发展新就业形态，培育发展家政服务、物流配送、养老托育等生活性服务业。推进返乡入乡创业园建设，落实各项扶持政策。大力开展适合农民工就业的技能培训和新职业新业态培训。合理引导灵活就业农民工按规定参加职工基本医疗保险和城镇职工基本养老保险。

（二十）推进农业农村绿色发展。加强农业面源污染综合治理，深入推进农业投入品减量化，加强畜禽粪污资源化利用，推进农膜科学使用回收，支持秸秆综合利用。建设国家农业绿色发展先行区。开展农业绿色发展情况评价。开展水系连通及水美乡村建设。实施生态保护修复重大工程，复苏河湖生态环境，加强天然林保护修复、草原休养生息。科学推进国土绿化。支持牧区发展和牧民增收，落实第三轮草原生态保护补助奖励政策。研发应用减碳增汇型农业技术，探索建立碳汇产品价值实现机制。实施生物多样性保护重大工程。巩固长江禁渔成果，强化退捕渔民安置保障，加强常态化执法监管。强化水生生物养护，规范增殖放流。构建以国家公园为主体的自然保护地体系。出台推进乡村生态振兴的指导意见。

五、扎实稳妥推进乡村建设

（二十一）健全乡村建设实施机制。落实乡村振兴为农民而兴、乡村建设为农民而建的要求，坚持自下而上、村民自治、农民参与，启动乡村建设行动实施方案，因地制宜、有力有序推进。坚持数量服从质量、进度服从实效，求好不求快，把握乡村建设的时度效。立足村庄现有基础开展乡村建设，不盲目拆旧村、建新村，不超越发展阶段搞大融资、大开发、大建设，避免无效投入造成浪费，防范村级债务风险。统筹城镇和村庄布局，科学确定村庄分类，加快推进有条件有需求的村庄编制村庄规划，严格规范村庄撤并。开展传统村落集中连片保护利用示范，健全传统村落监测评估、警示退出、撤并事前审查等机制。保护特色民族村寨。实施"拯救老屋行动"。推动村庄小型建设项目简易审批，规范项目管理，提高资金绩效。总结推广村民自治组织、农村集体经济组织、农民群众参与乡村建设项目的有效做法。明晰乡村建设项目产权，以县域为单位组织编制村庄公共基础设施管护责任清单。

（二十二）接续实施农村人居环境整治提升五年行动。从农民实际需求出发推进农村改厕，具备条件的地方可推广水冲卫生厕所，统筹做好供水保障和污水处理；不具备条件的可建设卫生旱厕。巩固户厕问题摸排整改成果。分区分类推进农村生活污水治理，优先治理人口集中村庄，不适宜集中处理的推进小型化生态化治理和污水资源化利用。加快推进农村黑臭水体治理。推进生活垃圾源头分类减量，加强村庄有机废弃物综合处置利用设施建设，推进就地利用处理。深入实施村庄清洁行动和绿化美化行动。

（二十三）扎实开展重点领域农村基础设施建设。有序推进乡镇通三级及以上等级公路、较大人口规模自然村（组）通硬化路，实施农村公路安全生命防护工程和危桥改造。扎实开展农村公路管理养护体制改革试点。稳步推进农村公路路况自动化检测。推进农村供水工程建设改造，配套完善净化消毒设施设备。深入实施农村电网巩固提升工程。推进农村光伏、生物质能等清洁能源建设。实施农房质量安全提升工程，继续实施农村危房改造和抗震改造，完善农村房屋建设标准规范。加强对用作经营的农村自建房安全隐患整治。

（二十四）大力推进数字乡村建设。推进智慧农业发展，促进信息技术与农机农艺融合应用。加强农民数字素养与技能培训。以数字技术赋能乡村公共服务，推动"互联网+政务服务"向乡村延伸覆盖。着眼解决实际问题，拓展农业农村大数据应用场景。加快推动数字乡村标准化建设，研究制定发展评价指标体系，持续开展数字乡村试点。加强农村信息基础设施建设。

（二十五）加强基本公共服务县域统筹。加快推进以县城为重要载体的城镇化建设。加强普惠性、基础性、兜底性民生建设，推动基本公共服务供给由注重机构行政区域覆盖向注重常住人口服务覆盖转变。实施新一轮学前教育行动计划，多渠道加快农村普惠性学前教育资源建设，办好特殊教育。扎实推进城乡学校共同体建设。深入推进紧密型县域医疗卫生共同体建设，实施医保按总额付费，加强监督考核，实现结余留用、合理超支分担。推动农村基层定点医疗机构医保信息化建设，强化智能监控全覆盖，加强医疗保障基金监管。落实对特殊困难群体参加城乡居民基本医保的分类资助政策。有条件的地方可提供村卫生室运行经费补助，分类落实村医养老保障、医保等社会保障待遇。提升县级敬老院失能照护能力和乡镇敬老院集中供养水平，鼓励在有条件的村庄开展日间照料、老年食堂等服务。加强乡镇便民服务和社会工作服务，实施村级综合服务设施提升工程。健全分层分类的社会救助体系，切实保障困难农民群众基本生活。健全基层党员、干部关爱联系制度，经常探访空巢老人、留守儿童、残疾人。完善未成年人关爱保护工作网络。

六、突出实效改进乡村治理

（二十六）加强农村基层组织建设。强化县级党委抓乡促村职责，深化乡镇管理体制改革，健全乡镇党委统一指挥和统筹协调机制，加强乡镇、村集中换届后领导班子建设，全面开展农村基层干部乡村振兴主题培训。持续排查整顿软弱涣散村党组织。发挥驻村第一书记和工作队抓党建促乡村振兴作用。完善村级重要事项、重大问题经村党组织研究讨论机制，全面落实"四议两公开"制度。深入开展市县巡察，强化基层监督，加强基层纪检监察组织与村务监督委员会的沟通协作、有效衔接，强化对村干部的监督。健全党组织领导的自治、法治、德治相结合的乡村治理体系，推行网格化管理、数字化赋能、精细化服务。推进村委会规范化建设。深化乡村治理体系建设试点示范。开展村级议事协商创新实验。推广村级组织依法自治事项、依法协助政府工作事项等清单制，规范村级组织机构牌子和证明事项，推行村级基础信息统计"一张表"制度，减轻村级组织负担。

（二十七）创新农村精神文明建设有效平台载体。依托新时代文明实践中心、县级融媒体中心等平台开展对象化分众化宣传教育，弘扬和践行社会主义核心价值观。在乡村创新开展"听党话、感党恩、跟党走"宣传教育活动。探索统筹推动城乡精神文明融合发展的具体方式，完善全国文明村镇测评体系。启动实施文化产业赋能乡村振兴计划。整合文化惠民活动资源，支持农民自发组织开展村歌、"村晚"、广场舞、趣味运动会等体现农耕农趣农味的文化体育活动。办好中国农民丰收节。加强农耕文化传承保护，推进非物质文化遗产和重要农业文化遗产保护利用。推广积分制等治理方式，有效发挥村规民约、家庭家教家风作用，推进农村婚俗改革试点和殡葬习俗改革，开展高价彩礼、大操大办等移风易俗重点领域突出问题专项治理。

（二十八）切实维护农村社会平安稳定。推进更高水平的平安法治乡村建设。创建一批"枫桥式公安派出所"、"枫桥式人民法庭"。常态化开展扫黑除恶斗争，持续打击"村霸"。防范黑恶势力、家族宗族势力等对农村基层政权的侵蚀和影响。依法严厉打击农村黄赌毒和侵害农村妇女儿童人身权利的违法犯罪行为。加强农村法治宣传教育。加强基层社会心理服务和危机干预，构建一站式多元化矛盾纠纷化解机制。加强农村宗教工作力量。统筹推进应急管理与乡村治理资源整合，加快推进农村应急广播主动发布终端建设，指导做好人员紧急转移避险工作。开展农村交通、消防、安全生产、自然灾害、食品药品安全等领域风险隐患排查和专项治理，依法严厉打击农村制售假冒伪劣农资、非法集资、电信诈骗等违法犯罪行为。加强农业综合行政执法能力建设。落实基层医疗卫生机构疾病预防控制责任。健全农村新冠肺炎疫情常态化防控工作体系，严格落实联防联控、群防群控措施。

七、加大政策保障和体制机制创新力度

（二十九）扩大乡村振兴投入。继续把农业农村作为一般公共预算优先保障领域，中央预算内投资进一步向农业农村倾斜，压实地方政府投入责任。加强考核监督，稳

步提高土地出让收入用于农业农村的比例。支持地方政府发行政府债券用于符合条件的乡村振兴公益性项目。提高乡村振兴领域项目储备质量。强化预算绩效管理和监督。

（三十）强化乡村振兴金融服务。对机构法人在县域、业务在县域、资金主要用于乡村振兴的地方法人金融机构，加大支农支小再贷款、再贴现支持力度，实施更加优惠的存款准备金政策。支持各类金融机构探索农业农村基础设施中长期信贷模式。加快农村信用社改革，完善省（自治区）农村信用社联合社治理机制，稳妥化解风险。完善乡村振兴金融服务统计制度，开展金融机构服务乡村振兴考核评估。深入开展农村信用体系建设，发展农户信用贷款。加强农村金融知识普及教育和金融消费权益保护。积极发展农业保险和再保险。优化完善"保险+期货"模式。强化涉农信贷风险市场化分担和补偿，发挥好农业信贷担保作用。

（三十一）加强乡村振兴人才队伍建设。发现和培养使用农业领域战略科学家。启动"神农英才"计划，加快培养科技领军人才、青年科技人才和高水平创新团队。深入推行科技特派员制度。实施高素质农民培育计划、乡村产业振兴带头人培育"头雁"项目、乡村振兴青春建功行动、乡村振兴巾帼行动。落实艰苦边远地区基层事业单位公开招聘倾斜政策，对县以下基层专业技术人员开展职称评聘"定向评价、定向使用"工作，对中高级专业技术岗位实行总量控制、比例单列。完善耕读教育体系。优化学科专业结构，支持办好涉农高等学校和职业教育。培养乡村规划、设计、建设、管理专业人才和乡土人才。鼓励地方出台城市人才下乡服务乡村振兴的激励政策。

（三十二）抓好农村改革重点任务落实。开展第二轮土地承包到期后再延长30年整县试点。巩固提升农村集体产权制度改革成果，探索建立农村集体资产监督管理服务体系，探索新型农村集体经济发展路径。稳慎推进农村宅基地制度改革试点，规范开展房地一体宅基地确权登记。稳妥有序推进农村集体经营性建设用地入市。推动开展集体经营性建设用地使用权抵押融资。依法依规有序开展全域土地综合整治试点。深化集体林权制度改革。健全农垦国有农用地使用权管理制度。开展农村产权流转交易市场规范化建设试点。制定新阶段深化农村改革实施方案。

八、坚持和加强党对"三农"工作的全面领导

（三十三）压实全面推进乡村振兴责任。制定乡村振兴责任制实施办法，明确中央和国家机关各部门推进乡村振兴责任，强化五级书记抓乡村振兴责任。开展省级党政领导班子和领导干部推进乡村振兴战略实绩考核。完善市县党政领导班子和领导干部推进乡村振兴战略实绩考核制度，鼓励地方对考核排名靠前的市县给予适当激励，对考核排名靠后、履职不力的进行约谈。落实各级党委和政府负责同志乡村振兴联系点制度。借鉴推广浙江"千万工程"经验，鼓励地方党委和政府开展现场观摩、交流学习等务实管用活动。开展《乡村振兴战略规划（2018－2022年）》实施总结评估。加强集中换届后各级党政领导干部特别是分管"三农"工作的领导干部培训。

（三十四）建强党的农村工作机构。各级党委农村工作领导小组要发挥"三农"工作牵头抓总、统筹协调等作用，一体承担巩固拓展脱贫攻坚成果、全面推进乡村振兴议事协调职责。推进各级党委农村工作领导小组议事协调规范化制度化建设，建立健全重点任务分工落实机制，协同推进乡村振兴。加强各级党委农村工作领导小组办公室建设，充实工作力量，完善运行机制，强化决策参谋、统筹协调、政策指导、推动落实、督导检查等职责。

（三十五）抓点带面推进乡村振兴全面展开。开展"百县千乡万村"乡村振兴示范创建，采取先创建后认定方式，分级创建一批乡村振兴示范县、示范乡镇、示范村。推进农业现代化示范区创建。广泛动员社会力量参与乡村振兴，深入推进"万企兴万村"行动。按规定建立乡村振兴表彰激励制度。

附录三： 中共中央 国务院

关于做好2023年全面推进乡村振兴重点工作的意见

（2023年1月2日）

党的二十大擘画了以中国式现代化全面推进中华民族伟大复兴的宏伟蓝图。全面建设社会主义现代化国家，最艰巨最繁重的任务仍然在农村。世界百年未有之大变局加速演进，我国发展进入战略机遇和风险挑战并存、不确定难预料因素增多的时期，守好"三农"基本盘至关重要、不容有失。党中央认为，必须坚持不懈把解决好"三农"问题作为全党工作重中之重，举全党全社会之力全面推进乡村振兴，加快农业农村现代化。强国必先强农，农强方能国强。要立足国情农情，体现中国特色，建设供给保障强、科技装备强、经营体系强、产业韧性强、竞争能力强的农业强国。

做好2023年和今后一个时期"三农"工作，要坚持以习近平新时代中国特色社会主义思想为指导，全面贯彻落实党的二十大精神，深入贯彻落实习近平总书记关于"三农"工作的重要论述，坚持和加强党对"三农"工作的全面领导，坚持农业农村优先发展，坚持城乡融合发展，强化科技创新和制度创新，坚决守牢确保粮食安全、防止规模性返贫等底线，扎实推进乡村发展、乡村建设、乡村治理等重点工作，加快建设农业强国，建设宜居宜业和美乡村，为全面建设社会主义现代化国家开好局起好步打下坚实基础。

一、抓紧抓好粮食和重要农产品稳产保供

（一）全力抓好粮食生产。确保全国粮食产量保持在1.3万亿斤以上，各省（自治区、直辖市）都要稳住面积、主攻单产、力争多增产。全方位夯实粮食安全根基，强化藏粮于地、藏粮于技的物质基础，健全农民种粮挣钱得利、地方抓粮担责尽义的机制保障。实施新一轮千亿斤粮食产能提升行动。开展吨粮田创建。推动南方省份发展多熟制粮食生产，鼓励有条件的地方发展再生稻。支持开展小麦"一喷三防"。实施玉米单产提升工程。继续提高小麦最低收购价，合理确定稻谷最低收购价，稳定稻谷补

贴，完善农资保供稳价应对机制。健全主产区利益补偿机制，增加产粮大县奖励资金规模。逐步扩大稻谷小麦玉米完全成本保险和种植收入保险实施范围。实施好优质粮食工程。鼓励发展粮食订单生产，实现优质优价。严防"割青毁粮"。严格省级党委和政府耕地保护和粮食安全责任制考核。推动出台粮食安全保障法。

（二）加力扩种大豆油料。深入推进大豆和油料产能提升工程。扎实推进大豆玉米带状复合种植，支持东北、黄淮海地区开展粮豆轮作，稳步开发利用盐碱地种植大豆。完善玉米大豆生产者补贴，实施好大豆完全成本保险和种植收入保险试点。统筹油菜综合性扶持措施，推行稻油轮作，大力开发利用冬闲田种植油菜。支持木本油料发展，实施加快油茶产业发展三年行动，落实油茶扩种和低产低效林改造任务。深入实施饲用豆粕减量替代行动。

（三）发展现代设施农业。实施设施农业现代化提升行动。加快发展水稻集中育秧中心和蔬菜集约化育苗中心。加快粮食烘干、农产品产地冷藏、冷链物流设施建设。集中连片推进老旧蔬菜设施改造提升。推进畜禽规模化养殖场和水产养殖池塘改造升级。在保护生态和不增加用水总量前提下，探索科学利用戈壁、沙漠等发展设施农业。鼓励地方对设施农业建设给予信贷贴息。

（四）构建多元化食物供给体系。树立大食物观，加快构建粮经饲统筹、农林牧渔结合、植物动物微生物并举的多元化食物供给体系，分领域制定实施方案。建设优质节水高产稳产饲草料生产基地，加快苜蓿等草产业发展。大力发展青贮饲料，加快推进秸秆养畜。发展林下种养。深入推进草原畜牧业转型升级，合理利用草地资源，推进划区轮牧。科学划定限养区，发展大水面生态渔业。建设现代海洋牧场，发展深水网箱、养殖工船等深远海养殖。培育壮大食用菌和藻类产业。加大食品安全、农产品质量安全监管力度，健全追溯管理制度。

（五）统筹做好粮食和重要农产品调控。加强粮食应急保障能力建设。强化储备和购销领域监管。落实生猪稳产保供省负总责，强化以能繁母猪为主的生猪产能调控。严格"菜篮子"市长负责制考核。完善棉花目标价格政策。继续实施糖料蔗良种良法技术推广补助政策。完善天然橡胶扶持政策。加强化肥等农资生产、储运调控。发挥农产品国际贸易作用，深入实施农产品进口多元化战略。深入开展粮食节约行动，推进全链条节约减损，健全常态化、长效化工作机制。提倡健康饮食。

二、加强农业基础设施建设

（六）加强耕地保护和用途管控。严格耕地占补平衡管理，实行部门联合开展补充耕地验收评定和"市县审核、省级复核、社会监督"机制，确保补充的耕地数量相等、质量相当、产能不降。严格控制耕地转为其他农用地。探索建立耕地种植用途管控机制，明确利用优先序，加强动态监测，有序开展试点。加大撂荒耕地利用力度。做好第三次全国土壤普查工作。

（七）加强高标准农田建设。完成高标准农田新建和改造提升年度任务，重点补上土壤改良、农田灌排设施等短板，统筹推进高效节水灌溉，健全长效管护机制。制定逐步把永久基本农田全部建成高标准农田的实施方案。加强黑土地保护和坡耕地综合治理。严厉打击盗挖黑土、电捕蚯蚓等破坏土壤行为。强化干旱半干旱耕地、红黄壤耕地产能提升技术攻关，持续推动由主要治理盐碱地适应作物向更多选育耐盐碱植物适应盐碱地转变，做好盐碱地等耕地后备资源综合开发利用试点。

（八）加强水利基础设施建设。扎实推进重大水利工程建设，加快构建国家水网骨干网络。加快大中型灌区建设和现代化改造。实施一批中小型水库及引调水、抗旱备用水源等工程建设。加强田间地头渠系与灌区骨干工程连接等农田水利设施建设。支持重点区域开展地下水超采综合治理，推进黄河流域农业深度节水控水。在干旱半干旱地区发展高效节水旱作农业。强化蓄滞洪区建设管理、中小河流治理、山洪灾害防治，加快实施中小水库除险加固和小型水库安全监测。深入推进农业水价综合改革。

（九）强化农业防灾减灾能力建设。研究开展新一轮农业气候资源普查和农业气候区划工作。优化完善农业气象观测设施站网布局，分区域、分灾种发布农业气象灾害信息。加强旱涝灾害防御体系建设和农业生产防灾救灾保障。健全基层动植物疫病虫害监测预警网络。抓好非洲猪瘟等重大动物疫病常态化防控和重点人兽共患病源头防控。提升重点区域森林草原火灾综合防控水平。

三、强化农业科技和装备支撑

（十）推动农业关键核心技术攻关。坚持产业需求导向，构建梯次分明、分工协作、适度竞争的农业科技创新体系，加快前沿技术突破。支持农业领域国家实验室、全国重点实验室、制造业创新中心等平台建设,加强农业基础性长期性观测实验站(点)建设。完善农业科技领域基础研究稳定支持机制。

(十一)深入实施种业振兴行动。完成全国农业种质资源普查。构建开放协作、共享应用的种质资源精准鉴定评价机制。全面实施生物育种重大项目,扎实推进国家育种联合攻关和畜禽遗传改良计划,加快培育高产高油大豆、短生育期油菜、耐盐碱作物等新品种。加快玉米大豆生物育种产业化步伐,有序扩大试点范围,规范种植管理。

(十二)加快先进农机研发推广。加紧研发大型智能农机装备、丘陵山区适用小型机械和园艺机械。支持北斗智能监测终端及辅助驾驶系统集成应用。完善农机购置与应用补贴政策,探索与作业量挂钩的补贴办法,地方要履行法定支出责任。

(十三)推进农业绿色发展。加快农业投入品减量增效技术推广应用,推进水肥一体化,建立健全秸秆、农膜、农药包装废弃物、畜禽粪污等农业废弃物收集利用处理体系。推进农业绿色发展先行区和观测试验基地建设。健全耕地休耕轮作制度。加强农用地土壤镉等重金属污染源头防治。强化受污染耕地安全利用和风险管控。建立农业生态环境保护监测制度。出台生态保护补偿条例。严格执行休禁渔期制度,实施好长江十年禁渔,巩固退捕渔民安置保障成果。持续开展母亲河复苏行动,科学实施农村河湖综合整治。加强黄土高原淤地坝建设改造。加大草原保护修复力度。巩固退耕还林还草成果,落实相关补助政策。严厉打击非法引入外来物种行为,实施重大危害入侵物种防控攻坚行动,加强"异宠"交易与放生规范管理。

四、巩固拓展脱贫攻坚成果

(十四)坚决守住不发生规模性返贫底线。压紧压实各级巩固拓展脱贫攻坚成果责任,确保不松劲、不跑偏。强化防止返贫动态监测。对有劳动能力、有意愿的监测户,落实开发式帮扶措施。健全分层分类的社会救助体系,做好兜底保障。巩固提升"三保障"和饮水安全保障成果。

(十五)增强脱贫地区和脱贫群众内生发展动力。把增加脱贫群众收入作为根本要求,把促进脱贫县加快发展作为主攻方向,更加注重扶志扶智,聚焦产业就业,不断缩小收入差距、发展差距。中央财政衔接推进乡村振兴补助资金用于产业发展的比重力争提高到60%以上，重点支持补上技术、设施、营销等短板。鼓励脱贫地区有条件的农户发展庭院经济。深入开展多种形式的消费帮扶，持续推进消费帮扶示范城市和产地示范区创建，支持脱贫地区打造区域公用品牌。财政资金和帮扶资金支持的经营性帮扶项目要健全利益联结机制，带动农民增收。管好用好扶贫项目资产。深化东西部劳务协作，实施防止返贫就业攻坚行动，确保脱贫劳动力就业规模稳定在3000万人以上。持续运营好就业帮扶车间和其他产业帮扶项目。充分发挥乡村公益性岗位就业保障作用。深入开展"雨露计划+"就业促进行动。在国家乡村振兴重点帮扶县实施一批补短板促振兴重点项目，深入实施医疗、教育干部人才"组团式"帮扶，更好发挥驻村干部、科技特派员产业帮扶作用。深入开展巩固易地搬迁脱贫成果专项行动和搬迁群众就业帮扶专项行动。

（十六）稳定完善帮扶政策。落实巩固拓展脱贫攻坚成果同乡村振兴有效衔接政策。开展国家乡村振兴重点帮扶县发展成效监测评价。保持脱贫地区信贷投放力度不减，扎实做好脱贫人口小额信贷工作。按照市场化原则加大对帮扶项目的金融支持。深化东西部协作，组织东部地区经济较发达县（市、区）与脱贫县开展携手促振兴行动，带动脱贫县更多承接和发展劳动密集型产业。持续做好中央单位定点帮扶，调整完善结对关系。深入推进"万企兴万村"行动。研究过渡期后农村低收入人口和欠发达地区常态化帮扶机制。

五、推动乡村产业高质量发展

（十七）做大做强农产品加工流通业。实施农产品加工业提升行动，支持家庭农场、农民合作社和中小微企业等发展农产品产地初加工，引导大型农业企业发展农产品精深加工。引导农产品加工企业向产地下沉、向园区集中，在粮食和重要农产品主产区统筹布局建设农产品加工产业园。完善农产品流通骨干网络，改造提升产地、集散地、销地批发市场，布局建设一批城郊大仓基地。支持建设产地冷链集配中心。统筹疫情防控和农产品市场供应，确保农产品物流畅通。

（十八）加快发展现代乡村服务业。全面推进县域商业体系建设。加快完善县乡村电子商务和快递物流配送体系，建设县域集采集配中心，推动农村客货邮融合发展，大力发展共同配送、即时零售等新模式，推动冷链物流服务网络向乡村下沉。发展乡村餐饮购物、文化体育、旅游休闲、养老托幼、信息中介等生活服务。鼓励有条件的地区开展新能源汽车和绿色智能家电下乡。

（十九）培育乡村新产业新业态。继续支持创建农业产业强镇、现代农业产业园、优势特色产业集群。支持国家农村产业融合发展示范园建设。深入推进农业现代化示范区建设。实施文化产业赋能乡村振兴计划。实施乡村休闲旅游精品工程，推动乡村民宿提质升级。深入实施"数商兴农"和"互联网+"农产品出村进城工程，鼓励发展农产品电商直采、定制生产等模式，建设农副产品直播电商基地。提升净菜、中央厨房等产业标准化和规范化水平。培育发展预制菜产业。

（二十）培育壮大县域富民产业。完善县乡村产业空间布局，提升县城产业承载和配套服务功能，增强重点镇集聚功能。实施"一县一业"强县富民工程。引导劳动密集型产业向中西部地区、向县域梯度转移，支持大中城市在周边县域布局关联产业和配套企业。支持国家级高新区、经开区、农高区托管联办县域产业园区。

六、拓宽农民增收致富渠道

（二十一）促进农民就业增收。强化各项稳岗纾困政策落实，加大对中小微企业稳岗倾斜力度，稳定农民工就业。促进农民工职业技能提升。完善农民工工资支付监测预警机制。维护好超龄农民工就业权益。加快完善灵活就业人员权益保障制度。加强返乡入乡创业园、农村创业孵化实训基地等建设。在政府投资重点工程和农业农村基础设施建设项目中推广以工代赈，适当提高劳务报酬发放比例。

（二十二）促进农业经营增效。深入开展新型农业经营主体提升行动，支持家庭农场组建农民合作社、合作社根据发展需要办企业，带动小农户合作经营、共同增收。实施农业社会化服务促进行动，大力发展代耕代种、代管代收、全程托管等社会化服务，鼓励区域性综合服务平台建设，促进农业节本增效、提质增效、营销增效。引导土地经营权有序流转，发展农业适度规模经营。总结地方"小田并大田"等经验，探索在农民自愿前提下，结合农田建设、土地整治逐步解决细碎化问题。完善社会资本投资农业农村指引，加强资本下乡引入、使用、退出的全过程监管。健全社会资本通过流转取得土地经营权的资格审查、项目审核和风险防范制度，切实保障农民利益。坚持为农服务和政事分开、社企分开，持续深化供销合作社综合改革。

（二十三）赋予农民更加充分的财产权益。深化农村土地制度改革，扎实搞好确权，稳步推进赋权，有序实现活权，让农民更多分享改革红利。研究制定第二轮土地承包到期后再延长30年试点工作指导意见。稳慎推进农村宅基地制度改革试点，切实摸清底数，加快房地一体宅基地确权登记颁证，加强规范管理，妥善化解历史遗留问题，探索宅基地"三权分置"有效实现形式。深化农村集体经营性建设用地入市试点，探索建立兼顾国家、农村集体经济组织和农民利益的土地增值收益有效调节机制。保障进城落户农民合法土地权益，鼓励依法自愿有偿转让。巩固提升农村集体产权制度改革成果，构建产权关系明晰、治理架构科学、经营方式稳健、收益分配合理的运行机制，探索资源发包、物业出租、居间服务、资产参股等多样化途径发展新型农村集体经济。健全农村集体资产监管体系。保障妇女在农村集体经济组织中的合法权益。继续深化集体林权制度改革。深入推进农村综合改革试点示范。

七、扎实推进宜居宜业和美乡村建设

（二十四）加强村庄规划建设。坚持县域统筹，支持有条件有需求的村庄分区分类编制村庄规划，合理确定村庄布局和建设边界。将村庄规划纳入村级议事协商目录。规范优化乡村地区行政区划设置，严禁违背农民意愿撤并村庄、搞大社区。推进以乡镇为单元的全域土地综合整治。积极盘活存量集体建设用地，优先保障农民居住、乡村基础设施、公共服务空间和产业用地需求，出台乡村振兴用地政策指南。编制村容村貌提升导则，立足乡土特征、地域特点和民族特色提升村庄风貌，防止大拆大建、盲目建牌楼亭廊"堆盆景"。实施传统村落集中连片保护利用示范，建立完善传统村落调查认定、撤并前置审查、灾毁防范等制度。制定农村基本具备现代生活条件建设指引。

（二十五）扎实推进农村人居环境整治提升。加大村庄公共空间整治力度，持续开展村庄清洁行动。巩固农村户厕问题摸排整改成果，引导农民开展户内改厕。加强农村公厕建设维护。以人口集中村镇和水源保护区周边村庄为重点，分类梯次推进农村生活污水治理。推动农村生活垃圾源头分类减量，及时清运处置。推进厕所粪污、易腐烂垃圾、有机废弃物就近就地资源化利用。持续开展爱国卫生运动。

（二十六）持续加强乡村基础设施建设。加强农村公路养护和安全管理，推动与沿线配套设施、产业园区、旅游景区、乡村旅游重点村一体化建设。推进农村规模化供水工程建设和小型供水工程标准化改造，开展水质提升专项行动。推进农村电网巩固提升，发展农村可再生能源。支持农村危房改造和抗震改造，基本完成农房安全隐患排查整治，建立全过程监管制度。开展现代宜居农房建设示范。深入实施数字乡村发展行动，推动数字化应用场景研发推广。加快农业农村大数据应用，推进智慧农业发展。落实村庄公共基础设施管护责任。加强农村应急管理基础能力建设，深入开展乡村交通、消防、经营性自建房等重点领域风险隐患治理攻坚。

（二十七）提升基本公共服务能力。推动基本公共服务资源下沉，着力加强薄弱环节。推进县域内义务教育优质均衡发展，提升农村学校办学水平。落实乡村教师生活补助政策。推进医疗卫生资源县域统筹，加强乡村两级医疗卫生、医疗保障服务能力建设。统筹解决乡村医生薪酬分配和待遇保障问题，推进乡村医生队伍专业化规范化。提高农村传染病防控和应急处置能力。做好农村新冠疫情防控工作，层层压实责任，加强农村老幼病残孕等重点人群医疗保障，最大程度维护好农村居民身体健康和正常生产生活秩序。优化低保审核确认流程，确保符合条件的困难群众"应保尽保"。深化农村社会工作服务。加快乡镇区域养老服务中心建设，推广日间照料、互助养老、探访关爱、老年食堂等养老服务。实施农村妇女素质提升计划，加强农村未成年人保护工作，健全农村残疾人社会保障制度和关爱服务体系，关心关爱精神障碍人员。

八、健全党组织领导的乡村治理体系

（二十八）强化农村基层党组织政治功能和组织功能。突出大抓基层的鲜明导向，强化县级党委抓乡促村责任，深入推进抓党建促乡村振兴。全面培训提高乡镇、村班子领导乡村振兴能力。派强用好驻村第一书记和工作队，强化派出单位联村帮扶。开展乡村振兴领域腐败和作风问题整治。持续开展市县巡察，推动基层纪检监察组织和村务监督委员会有效衔接，强化对村干部全方位管理和经常性监督。对农村党员分期分批开展集中培训。通过设岗定责等方式，发挥农村党员先锋模范作用。

（二十九）提升乡村治理效能。坚持以党建引领乡村治理，强化县乡村三级治理体系功能，压实县级责任，推动乡镇扩权赋能，夯实村级基础。全面落实县级领导班子成员包乡走村、乡镇领导班子成员包村联户、村干部经常入户走访制度。健全党组织领导的村民自治机制，全面落实"四议两公开"制度。加强乡村法治教育和法律服务，深入开展"民主法治示范村（社区）"创建。坚持和发展新时代"枫桥经验"，完善社会矛盾纠纷多元预防调处化解机制。完善网格化管理、精细化服务、信息化支撑的基层治理平台。推进农村扫黑除恶常态化。开展打击整治农村赌博违法犯罪专项行动。依法严厉打击侵害农村妇女儿童权利的违法犯罪行为。完善推广积分制、清单制、数字化、接诉即办等务实管用的治理方式。深化乡村治理体系建设试点，组织开展全国乡村治理示范村镇创建。

（三十）加强农村精神文明建设。深入开展社会主义核心价值观宣传教育，继续在乡村开展听党话、感党恩、跟党走宣传教育活动。深化农村群众性精神文明创建，拓展新时代文明实践中心、县级融媒体中心等建设，支持乡村自办群众性文化活动。注重家庭家教家风建设。深入实施农耕文化传承保护工程，加强重要农业文化遗产保护利用。办好中国农民丰收节。推动各地因地制宜制定移风易俗规范，强化村规民约约束作用，党员、干部带头示范，扎实开展高价彩礼、大操大办等重点领域突出问题专项治理。推进农村丧葬习俗改革。

九、强化政策保障和体制机制创新

（三十一）健全乡村振兴多元投入机制。坚持把农业农村作为一般公共预算优先保障领域，压实地方政府投入责任。稳步提高土地出让收益用于农业农村比例。将符合条件的乡村振兴项目纳入地方政府债券支持范围。支持以市场化方式设立乡村振兴基金。健全政府投资与金融、社会投入联动机制，鼓励将符合条件的项目打捆打包按规定由市场主体实施，撬动金融和社会资本按市场化原则更多投向农业农村。用好再贷款再贴现、差别化存款准备金、差异化金融监管和考核评估等政策，推动金融机构增加乡村振兴相关领域贷款投放，重点保障粮食安全信贷资金需求。引导信贷担保业务向农业农村领域倾斜，发挥全国农业信贷担保体系作用。加强农业信用信息共享。发挥多层次资本市场支农作用，优化"保险+期货"。加快农村信用社改革化险，推动村镇银行结构性重组。鼓励发展渔业保险。

（三十二）加强乡村人才队伍建设。实施乡村振兴人才支持计划，组织引导教育、卫生、科技、文化、社会工作、精神文明建设等领域人才到基层一线服务，支持培养本土急需紧缺人才。实施高素质农民培育计划，开展农村创业带头人培育行动，提高培训实效。大力发展面向乡村振兴的职业教育，深化产教融合和校企合作。完善城市专业技术人才定期服务乡村激励机制，对长期服务乡村的在职务晋升、职称评定方面予以适当倾斜。引导城市专业技术人员入乡兼职兼薪和离岗创业。允许符合一定条件的返乡回乡下乡就业创业人员在原籍地或就业创业地落户。继续实施农村订单定向医学生免费培养项目、教师"优师计划""特岗计划""国培计划",实施"大学生乡村医生"专项计划。实施乡村振兴巾帼行动、青年人才开发行动。

(三十三)推进县域城乡融合发展。健全城乡融合发展体制机制和政策体系,畅通城乡要素流动。统筹县域城乡规划建设,推动县城城镇化补短板强弱项,加强中心镇市政、服务设施建设。深入推进县域农民工市民化,建立健全基本公共服务同常住人口挂钩、由常住地供给机制。做好农民工金融服务工作。梯度配置县乡村公共资源,发展城乡学校共同体、紧密型医疗卫生共同体、养老服务联合体,推动县域供电、供气、电信、邮政等普遍服务类设施城乡统筹建设和管护,有条件的地区推动市政管网、乡村微管网等往户延伸。扎实开展乡村振兴示范创建。

办好农村的事,实现乡村振兴,关键在党。各级党委和政府要认真学习宣传贯彻党的二十大精神,学深悟透习近平总书记关于"三农"工作的重要论述,把"三农"工作摆在突出位置抓紧抓好,不断提高"三农"工作水平。加强工作作风建设,党员干部特别是领导干部要树牢群众观点,贯彻群众路线,多到基层、多接地气,大兴调查研究之风。发挥农民主体作用,调动农民参与乡村振兴的积极性、主动性、创造性。强化系统观念,统筹解决好"三农"工作中两难、多难问题,把握好工作时度效。深化纠治乡村振兴中的各类形式主义、官僚主义等问题,切实减轻基层迎评送检、填表报数、过度留痕等负担,推动基层把主要精力放在谋发展、抓治理和为农民群众办实事上。全面落实乡村振兴责任制,坚持五级书记抓,统筹开展乡村振兴战略实绩考核、巩固拓展脱贫攻坚成果同乡村振兴有效衔接考核评估,将抓党建促乡村振兴情况作为市县乡党委书记抓基层党建述职评议考核的重要内容。加强乡村振兴统计监测。制定加快建设农业强国规划,做好整体谋划和系统安排,同现有规划相衔接,分阶段扎实稳步推进。

第二篇
新时代乡村振兴战略
策划与实施

第一章 由农村转型升级为乡村

改革开放以来，我国农村发生了翻天覆地的变化，农民生活有了显著改善。但与城市相比，农村还存在经济发展滞后，贫困人口多，城乡收入差距大等各种社会问题。实施乡村振兴战略，就是让农村向乡村转变升级。为实现这一升级，应建立系统发展理念、互补理念、"小而美、小而优"理念、熟人社会理念、互助合作理念和亲情关系理念这六大新理念，让乡村振兴在这六大理念的引领下实现快速发展。

第一节 中国农村发展现状

一、人口总量庞大，贫困人口比率高

虽然改革开放这么多年，随着中国经济的发展，城镇化率不断提高，我国城镇人口数量不断增加，但总体来讲，我国农村人口依然非常庞大。根据国家统计局的数据，2017 年全国农村人口57661万人，占比41.48%，这其中有不少人是贫困人口。2017年末农村贫困人口 3046 万人，比上年末减少 1289 万人，贫困发生率3.1%，比上年下降1.4个百分点。所以，乡村振兴首先不得不解决的就是贫困人口问题。

二、城乡差距较大，农民收入增长潜力大

2014 年我国农村居民人均可支配收入首次突破万元，达到 10489 元。2017 年农村居民人均可支配收入 13432元，比上年增长 8.6%，农民人均可支配收入 11969 元，比上年增长 7.4%。

2017 年城镇居民人均可支配收入 36396 元，比上年增长8.3%，城镇居民人均可支配收入比农村高22964 元。

从数据来看，城镇居民收入明显高于农村居民收入，城乡收入结构存在较大差距。但从增长速度来看，农村居民人均可支配收入的增长速度高于城镇居民，这说明农村居民的收入增长潜力很大。

农民收入少，消费支出就有限。随着消费理念的改变，农民消费支出在不断增加。特别是农民的恩格尔系数，明显高于城镇居民。这说明农村消费市场的潜力巨大。因此，乡村振兴，必须将农民粮食消费、生活消费逐渐向教育、娱乐、服务等消费方向转移。

城乡差异的另一个表现是基础设施的差距明显。农村人均公园绿化面积少，用水普及率低，污水和生活垃圾处理率较低。在教育和医疗资源分配上表现更为不均衡，各地有很大的差异性，乡村振兴战略任重道远。

三、农村环境较差，政府投入比例低

环境是人类赖以生存和发展的前提，良好的环境不仅能够为人类的生存与发展提供必要的条件、资源，同时也可以促进社会经济的持续发展。尤其对我国农村地区来讲，农民对环境的依赖程度更高。虽然在中国经济高速发展的大背景下，我国农村地区的经济发展质量和农村居民的生活水平都有了很大提高，但是，对资源、能源的巨大消耗，也在很大程度上破坏了农村的生态环境。

（1）环境管理体系和农业技术推广体系难以应对环境污染问题。我国的环境管理体系是建立在城市和重要点源污染防治上的，对农村面源污染重视不够，加之农村环境治理体系的发展滞后于农村现代化进程，导致其在解决农村环境问题上不仅力量薄弱，而且适用性不强。

（2）财政渠道的资金来源不够，导致治理污染不给力。城乡地区在获取资源、利益与承担环保责任上严重不协调。长期以来，中国污染防治投资几乎全部投到工业和城市，城市环境污染向农村扩散，而农村从财政渠道几乎得不到污染治理和环境管理能力建设的资金，也难以申请到用于专项治理的排污费。

（3）农村环保意识薄弱，地方领导没有树立正确的政绩观，片面追求经济效益，在招商引资过程中没有把环境和生态优先考虑，没有将科学发展观真正落实到具体工作中。在处理环境与经济关系时，片面强调眼前和局部利益，以致在决策时，以牺牲环境为代价求一时的经济增长，仍走"先污染、后治理"的老路。还有些企业在经济利益的驱使下，对环境保护消极对待，有的企业甚至偷偷排放污染物质。再加上农民群众的环保意识不强，不能维护自己的环境，对别人和自己的行为都难以产生约束性的影响。

（4）农业本身的生产污染比较严重。主要体现在化肥、农药的流失渗漏，还有地膜污染严重。就拿使用化肥来说，由于农民盲目追求农产品的产量，使用化肥不科学，过量使用，使得农产品质量降低，土壤也在这一过程中被严重污染，重金属含量较高，一些蔬菜所含硝酸盐超标。过度使用化肥、农药，不仅使农产品本身受到污染，还牵扯到有益生物和生物多样性的保护，致使生态失去平衡。地膜的使用也是如此，大量地膜的使用，虽然能够增加农产品产量，但是对土壤十分有害，从长期来讲，并不利于农业的持续发展。

（5）生活垃圾和畜禽粪便处理不当。农村没有垃圾处理场，对生活生产垃圾，也没有合理的处理方法。这就导致田间地头、水塘沟渠，到处都是随意乱倒的垃圾，这些垃圾又成了新的污染源。另外，随着农业产业结构的调整，农村的养殖专业户越来越多，随着规模的增大，禽畜产生的粪便也越来越多。但是，大多数养殖专业户对畜禽场排放废弃物的处理和储运能力不足，随意露天堆放，不能进行及时有效的无害化处理，臭气四溢，粪水横流，导致农民生产和生活环境污染加剧。

四、农村问题很多，解决渠道不畅通

（1）农民收入比较单一。我国农村大多数农民的主要经济来源包括传统农业种植和外出打工两个方面。除此之外，几乎没有其他增收方法和创收途径。最终结果就是很多农民工，在年纪大了之后，没有办法再从事重体力的劳动，生活也就没有了保障。那么，农村在养老和生活条件方面，将面临巨大的挑战和压力。所以，乡村振兴一定是有效促进农业和其他产业融合，比如说将粮食生产和粮食加工以及相应的生产加工相融合，就会给农民提供更多就业机会。还有发展旅游产业，让农民在家乡，即便不外出打工，也能通过自己的劳动获得一份收入。

（2）留守老人、留守儿童和留守妇女问题。我国已经进入老龄化社会，在农村这一问题尤为突出。因为农民外出打工，农村出现了老人、儿童、妇女留守的普遍现象。留守农村的老人，因为年龄和身体健康问题，已经无法从事重体力劳动，缺乏足够的经济来源和社会保障，养老就成为一大难题。农村留守妇女，因为长期得不到家人的关怀，家庭不稳固的因素陡然增多，逃婚、出走的现象非常多。

（3）农村基础设施和教育问题。由于大量农村劳动力外流，我国农村留守儿童的成长和教育成为一大普遍问题。农村地区的基层教育不好，有的孩子，在未成年以前，跟随父母四处打工漂泊，没有固定的良好的成长环境，他们最终成为新一代农民工。想要实现阶层跨越，可谓更加困难。由于很多农民，对知识改变命运的认识不足，这就阻碍了他们对下一代的教育投入。再加上农村地区的基础教育设施，包括师资力量和教学水平，都和城市有巨大差异，使得农村孩子失去了和城里孩子平等的教育机会。

总体来讲，我国农村自改革开放以来，虽然发生了巨大变化，但是和城市相比，无论从收入水平、消费水平、生态环境，还是从养老保障、教育水平上来讲，都有巨大差异。如何缩小这些差距，正是实施乡村振兴战略的主要目标之一。因此，乡村振兴提出了美丽乡村的概念，就是要将我们的农村发展成经济发展、生态美好、产业平衡、农民美满和谐的新乡村，实现从农村到乡村的转型升级。

第二节　乡村和农村一字之差谬之千里

看中国农村发展现状，它还是一个农村的概念。但是到乡村，虽和农村只有一字之差，其背后含义却千变万化。乡村的关键问题是不再把"乡村"视为一个单纯的生产部门，而更多地把它看作一个社会组织载体、文化主体、伦理主体。

我国乡村振兴战略的实施预示着我国社会经济发展将面临一系列转折：一是由重视城市发展转变为城乡融合发展，重点是发展乡村。二是由经济的脱实向虚转变为脱虚向实，重点是发展乡村实体经济。三是由单纯一二三产业割裂发展转变为一二三产业融合发展，重点打造乡村产业融合体。四是由产业依赖转变为生产生态、生活生态、人文生态、环境生态并重，重点是打造产、镇、人、文、治兼备的乡村新生活载体。

在发生一系列转折之后，我国未来农村将呈现新的形态——乡村。通过城乡融合发展，调整城市形态，我国未来的城市将会是科技、高端产业、先进生产的聚集地；而乡村，将会是文化、乡土、休闲的根据地。我国乡村将出现新的田园综合体，实现城乡一体化，推动供给侧改革，促进土地流转，促进精准扶贫，这才是乡村的真正面貌。它不仅体现在对农业的贡献，而且在生态、文化、环境等方面都发挥了巨大作用。

一、乡村是新时代田园综合体

事实上，乡村并不是只有农业，只提供农产品。把非农产业视为乡村的副业，这在中国大多数乡村的经济结构中是实际情况。乡村振兴着眼于整个社会的发展，而不只着眼于其中的产业，也并不拘泥于农业。"乡村"这个词，还体现出这里应该是人民安居乐业、生活美好的地方。

所以，乡村振兴战略的提出，会在城乡融合发展中创造新的田园综合体。2017 年中央1号文件首次提出了"田园综合体"这一新概念，"支持有条件的乡村建设以农民合作社为主要载体、让农民充分参与和受益，集循环农业、创意农业、农事体验于一体的田园综合体，通过农业综合开发、农村综合改革转移支付等渠道开展试点示范"。

田园综合体是"现代农业+休闲旅游+田园社区"为一体的特色小镇和乡村综合发展模式，是在城乡一体格局下，顺应农村供给侧结构改革促进中国乡村现代化、推动新型城镇化及乡村社会经济全面发展的一种可持续发展模式。

二、乡村是产业链互助复合体

产业经济结构多元化，要由单一产业向一二三产业联动发展，从单一产品到综合休闲度假产品开发升级，从传统住宅到田园体验度假、养老养生等为一体的休闲综合地产土地开发模式升级。在一定的地域空间内，将现代农业生产空间、居民生活空间、游客游憩空间、生态涵养发展空间等功能板块进行组合，并在各部分间建立一种相互依存、相互裨益的能动关系，从而形成一个多功能、高效率、复杂而统一的田园综合体。而现代农业无疑是田园综合体可持续发展的核心驱动。

三、乡村是开发运营空间园区

乡村为原住民、新移民、游客提供新的共同活动空间，在充分考虑原住民持续增收的同时，还要保证外来客群源源不断地输入，既要有相对完善的内外部交通条件，又要有充裕的开发空间和有吸引力的田园景观和文化等。乡村产业的方式、选址方式、产业之间关联度、项目内容、要有统筹；运营模式、物质循环、产品关联度、品牌形象都需要考虑。

四、乡村是参与主体多元化的平台

乡村的出发点是主张以一种可以让企业参与、城市元素与乡村结合、多方共建的"开发"方式，创新城乡发展，促进产业加速变革、农民收入稳步增长和新农村建设稳步推进，重塑中国乡村的美丽田园、美丽小镇。一方面强调跟原住民的合作，坚持农民合作社的主体地位，农民合作社利用其与农民天然的利益联结机制，使农民不仅参与乡村建设过程，还能享受现代农业产业效益、资产收益的增长等；另一方面强调城乡互动，秉持开放、共建理念，着力满足"村民""游客""政府""投资者""开发者""运营者"及其他利益相关者等几类人群的需求。

五、乡村是城乡一体的组成部分

要实现"新四化"，农业是最薄弱的一方面，也是农村全面建成小康社会的短板。"中国要强，农业必须强；中国要美，农村必须美；中国要富，农民必须富。"城镇化与农业现代化是同步发展的，以城带乡，以城促乡，形成城乡一体化的新格局，乡村建设将会成为新引擎，成为农村地区发展的新支点。乡村集聚了休闲、旅游、农业等多种经济生产要素，多元集聚功能会实现农村的现代化更新，成为城乡一体化的重要组成部分。

六、乡村是供给侧改革的驱动引擎

"乡村"是顺应新常态发展需求而提出的新型旅游发展及乡村建设的可持续性发展模式，是基于乡村的生态环境、产业基础、景观资源等，主要面向城市居民，促进乡村建设的新型乡村建设方式。乡村集循环农业、创意农业、农事体验于一体，有助于一二三产业融合发展，实现原有产业的转型升级，打造具有鲜明特色与竞争力的产业形式，这有助于推动农业供给侧结构性改革，形成乡村社会产业发展的广阔空间，有效解决三农问题。

七、乡村是精准扶贫的助力器

乡村是集聚产业与居住功能为一体的社区，让农民充分参与并且获得收益，是培育新型乡村农民的新途径，为乡村农民的发展提供了平台，而这一功能有效地对接了精准扶贫政策，赋予了乡村农民以及从事农业生产的劳动者的"造血"功能，让农民自己能参与其中并获得相应成果，获得幸福感。总之，乡村将推动农业发展方式、农民增收方式、农村生活方式、治理方式的深刻变化，实现新型城镇化、城乡一体化、农业现代化更高水平的良性互动，奏响"三农"发展全面转型、乡村全面振兴的"乡村交响曲"。

八、乡村是促进土地流转的市场

乡村将会成为促进土地流转的强大市场和改革动力。土地经过长期的演变，现如今土地供应机制、开发模式、营销渠道都面临转型发展，而乡村在盘活土地资源、转变发展方式等方面都在探索变革，土地资源的利用将会释放巨大的能量，将会带来农村土地规模化流转，使土地流转进入新时代，而土地流转机制的盘活、规范的建立，又将进一步增强农业经营主体的积极性和创造性。

第三节 农村变乡村六大新理念

迈向新时代的乡村振兴战略，是一个基于新理念、新思路的长期战略。所以，在思考乡村振兴战略的具体实施方法时，也一定要用全新的理念去解决现实问题。

一、确立系统发展理念

乡村是一群人共同生活，而不是一个单纯从事农业生产的地方。中国古代的乡村，是具有血缘关系、互助关系的人聚集在一起，并形成了共同的风俗习惯、文化习俗和共同价值观的居民生活团体及区域，这才叫乡村。所以，乡村是携带了中国五千年文明基因的一个概念和形态，它是集生活与生产、社会与文化、历史与政治多元素为一体的人类文明体。

我国在探索乡村发展之路上走了一段弯路。改革开放这么多年来，我们按照西方国家的现代化标准，认为农村人口越少越好。结果，千百年来在乡村世代相传的教育模式、生活模式、文化习俗等，都被打乱了。依照产业分类的理念，21世纪以来，我国出现了把教育从乡村撤走、各种生产要素向城市流动的情况，几乎丢掉了我们承载了几千年文明的传统基因。

所以、乡村振兴战略回到这个问题上来，从哲学上来讲，是一种系统整体的理念，它把乡村重新还原为一个政治、经济、文化与历史的中华文明载体。党的十九大报告提出"产业兴旺、生态宜居、乡风文明、治理有效、生活富裕"这个关于乡村振兴的二十个字总体要求，就是着眼于中国乡村的整体振兴，要实现乡村一二三产业融合发展的系统性发展振兴，绝非单纯追求单一的农业经济振兴。

正是在这种理念指引下，我国才通过了国务院机构改革方案，把原来的农业部改革为农业农村部，为系统解决乡村问题提供机制保证。中国乡村社会的全面振兴发展，绝不能延续简单"就经济搞经济"的工业化理念，而应从政治、经济、文化、生态、历史的整体角度系统性加以解决。

二、确立城乡融合的互补理念

我们以前讲城乡统筹，在这个理念框架中，城市和乡村并不平等，城市高高在上，统筹着乡村。所以，乡村在我们脑海中的印象，是不文明的，是落后的，而城市才是文明的载体。这就导致在新农村建设中，很多农村建设得跟城市一样，结果乡村自身的传统文化和历史价值遭到了破坏。这种现象的出现，就是城市和乡村的关系不对等造成的。这也导致了城市化进程变成了城市替代乡村的过程。党的十九大报告提出了城乡融合的理念，包含着党中央对城市与乡村关系的新定位、新认识。所谓"融合"，就是建立在城市与乡村价值对等、功能互补基础上的良性互动关系，这是在对等基础上的互补理念。

按照党中央提出的城乡融合的新理念，我们可以看到，城市和乡村的关系，就像一棵大树一样，城市是大树的树冠，乡村是大树的根。而不是以往理解的"城市富大哥"和"乡村穷小弟"的关系。在这种对等关系背景下，我们才能认识到乡村的价值所在。近几年来，从城市到乡村，一种"新回乡运动"正在悄悄改变着中国的城镇化发展模式。以前的城镇化，主要体现在农村人口和资源向城市流动。近年来，则出现了城乡的双向流动，双向驱动的城镇化模式正在浮出水面。这正是城乡对等互补理念。

伴随城镇化发展，城市病爆发，空气污染问题、城市生活成本提高，以及城市审美疲劳等问题出现，城市人口成批成组织下乡的现象已经蔚然成风。比如，艺术家将工作室建在乡下，退休的老人回归乡里，城市居民组团在乡村养老，等等，这种逆城市化现象的出现变得很自然。

在逆城镇化推动下，很多城里人回到郊区买房，到农村办农家乐，或者到风景优美的山区做旅游项目。这些向农村流动的要素，进而会催生城市资本下乡，投资有机农业、旅游业、古村落改造等。正是这种对等的互补关系，让乡村和城市双向流动、优势互补，各自发挥不可替代的功能，共生发展。

三、确立小农经济理念

我国在发展乡村经济这个问题上，一直受到工业经济理念的影响，并且在一段时间内否定了小农经济的重要作用，甚至要把小农经济改造为大规模的现代农业。但是在现实中，我们发现，其实小农经济是顺应我国大多数地区农村经济发展要求的经济模式，这一几千年农耕文明遗留下来的生产方式，如何被正确理解和应用，是影响乡村发展的重要因素。

过去我们学习美国，是想复制美国大规模农业现代化发展之路。但是反观美国国情，美国仅有3亿左右人口却拥有30亿亩耕地，人均粮食1吨，而中国拥有14亿人口，却只有18亿亩地。更何况我国土地有2/3分布在丘陵地带，想要全面发展大规模的农业现代化是不现实的。另外，和美国以追求商业效率为目标不同，我国的农业依然以满足国计民生为基本需要。我国作为人多地少的国家，为满足人民的粮食食用需求，追求的是提高土地产出率。实践证明，小农经济的人均效率虽然低，但是能提高土地产出率。

以上两点，证明中国不能按照工业化理念，像美国那样搞大规模农业。中国农业的功能定位也决定了农业必须走有利于提高土地利用率的小农经济道路。

党的十九大报告明确强调："确保国家粮食安全，把中国人的饭碗牢牢端在自己手中。"要实现这个目标，小农经济是确保中国粮食安全的重要经济方式。小农经济首先满足的是农民自身的消费需求，剩余的才进入市场流通，这种半商业化的经济模式，保证了中国的粮食安全，以便应付市场失灵的情况。

但是随着乡村建设的步伐加快，很多企业通过流转土地来到农村发展，希望用工厂化的生产方式来管理农业，这种理念下，很有可能导致当年在生产队模式中的出工不出力的现象再次出现。为了走出这个管理困境，针对我国土地实际情况，可以在新疆和东北地区进行大规模农业生产经营，在广大丘陵地带，依然采用小农经济为主导的经济模式，但是要注意将小农经济与现代化规模生产相衔接，提高产品的质量和数量，走小而美、小而优的思路。

四、确立熟人社会理念

走乡村振兴之路，我们强调要建立自治、法治、德治相结合的治理体系。在这个体系之下，要清醒地认识到，城市社会和乡村社会最大的区别是什么。城市是生人社会，乡村是熟人社会。要探讨乡村治理，一定要先把握好这个大前提。如果不考虑这个前提，就会将城市治理模式生搬硬套到乡村治理上，从而导致失效现象的发生。

1998 年，第九届全国人大常委会第三次会议上通过《中华人民共和国村民委员会组织法》，将民主选举制度在农村普遍推广。

党的十九大报告提出将自治、法治、德治相结合。同时，在这个过程中，一定要优先考虑乡村的熟人社会现状，建立起熟人社会理念，才能有效探索出一条符合乡村实际情况的治理之路。

与西方国家以法治为主导的民主自治制度不同的是，我国农村在几千年的文明演化中，走出了一条符合我国传统文化和治理实践的、以德治为主导的推举制度之路，这条路正是建立在熟人社会的基础之上。

在中国乡村，人与人之间的关系，以血缘关系为纽带，秉承的是"人之初，性本善"的伦理道德观。在这种关系之下，私人空间与公共空间没有边界，每个人的信息都比较透明。所以，让谁成为管理者，并不需要优胜劣汰或者自由竞争来决定，而是由村中最有威望的长者推荐。这种形式的管理制度，称为民主协商推荐制，经过千百年的历史检验，已经被证明非常有效。

同时，并不是说乡村依靠熟人关系就不需要民主，相反，乡村治理依然需要民主。因为民主、法治、公平、正义是任何一个社会组织都追求的目标，只不过，乡村治理在达到这个目标的路径上，与西方国家是不一样的，与城市也是有区别的。虽然我国当代的乡村社会，并不是纯粹的熟人社会，相比以前更加开放，但是，乡村熟人社会的基本特征依然没有变。

所以，在"自治、法治、德治"三位一体的治理体系下，遵循熟人社会的理念模式，对乡村进行治理，才能达到治理有效。

五、确立互助合作理念

党的十九大报告特别强调，壮大乡村集体经济是乡村振兴的重要内容。改革开放以来，我国在全方位实行家庭联产承包责任制以后，人民公社时期的集体经济已不复存在。按照城市治理的理念和模式，要维系一个城市的秩序，只需要保证做到个人财产不受侵害、依法治理城市公共关系空间及以城市公共财政解决好城市公共事务投资这三点，但是这一理念并不适合乡村。

如今、我国很多乡村的公共基础设施虽然改善很多，也按照城市治理的模式，进行着法制建设，但是乡村治理并没有出现善治的状态。所以，要探索乡村治理之路，必然和城市治理有所区别。在这种背景下，以互助合作为基础、以仁爱为核心价值的乡村集体经济，就必须跟上。

目前，我国出现很多无钱办事的集体经济空壳村。如何壮大集体经济和提升集体经济的自我发展能力，是我们迫切需要考虑的问题。这就要求我们要建立起互助合作的理念模式，推进农村集体经济制度的改革，管理好集体资产，激活农村和生产要素的潜能，建立符合市场经济要求的集体经济运营新机制。

如何壮大？就是因地制宜，从实际出发，靠山吃山，靠水吃水，采取多种形式，不搞"一刀切"。比如，可以集体开发林场、果园、养殖场，个人承包增加集体收入；可以采取"公司+合作社+农户""基地+品牌+市场"等经营模式，开展有偿服务，提供苗木资源、技术培训、管理、销售一条龙服务，按照比例从收入中分成，增加集体收入；可以集体兴办农副产品加工企业或收购公司，使农副产品在加工、储藏、运销等环节中实现多次增值，实现集体收入与农民收入同步增长；可以依托资源优势，开发农田林网、矿山资源、光伏发电等产业，把资源优势转化为集体收入，等等。

总之，壮大集体经济体制，不仅要加强其在经济方面的功能，也要加强其在乡村互助合作关系重建方面的重要作用，还要加强其在培养社会资本方面的潜能。

六、确立亲情关系理念

党的十九大报告提出了最有新意的要求："培养造就一支懂农业、爱农村、爱农民的'三农'工作队伍。"充分说明了党对乡村治理中亲情理念的重要性的肯定。因为我国的乡村，主要源于血缘关系和熟人社会，是以亲情关系为纽带形成的。淳朴、本分、热情好客、注重亲情，都融入了广大农民的骨血中，成为中国农民特有的理念方式。我们在乡村建设过程中，要想更好地与农民主体打交道，交朋友，就必须依赖这种亲情理念。

亲情理念，是开启乡村振兴之路的第一道大门。只有全党、全社会，依靠亲情理念来开展乡村振兴工作，才能调动广大农民朋友的积极性和主动性，给乡村振兴带来原生动力。只有亲情理念，能够预防政府成为孤家寡人、一家独抓的现象，让广大农民发自内心地参与到这一战略中来。

乡村振兴，不仅需要资本的投入、技术的创新、政府和社会的广泛参与，更需要实施者的人文关怀，真正做到爱农村、爱农民，才能真正发挥"人"这一重要生产要素的作用，让那些硬性的基本投入有效地为乡村振兴服务。

因为乡村和城市最大的不同就在于，城市可以依靠高度理性的法律来治理，但是乡村社会正好相反。如果不带着亲情理念，去和农民朋友打交道，就不会得到他们内心的支持和行动上的配合，很难让他们对这一举措心怀感恩。

尽管党中央历来高度重视农业、农村、农民问题，每年的中央1号文件都是重点关注"三农"问题，但广大学界和媒体，在学术和宣传工作中所用的"语言"依然是广大农民听不懂的语言。有的干部到农村开展驻村工作时，仍然会表现出一些农民看不懂也很难接受的行为和做法，这都需要我们在乡村振兴战略的具体实施过程中予以深刻反思与认真纠正。

回想革命战争年代，我们的党员干部和农民兄弟，坐在一个热坑头上聊天，帮助农民朋友挑水、扫地、种地。这种亲情理念下的行动，迎来广大农民对共产党的支持。如今，这种精神依然没有过时，要想搞好乡村振兴，首先和农民兄弟做朋友，和他们打成一片。这是基础，是根源。

第二章 面对现实，挑战自我

实施乡村振兴战略将面临十大痛点、四大难点等诸多经济、社会问题。要从根本上破解这些经济、社会矛盾，就必须在坚持农业农村优先发展的基础上，加快推进农业现代化进程，勇于挑战自我，建立乡村振兴与新型城镇化的联动机制，构建农民增收的长效机制，明确乡村全面振兴的目标和实现路径，针对不同区城、不同类型的村庄，分步推进，鼓励探索多种形式的乡村振兴模式。

第一节 面临的十大痛点

乡村振兴是一项长跑运动，不能一蹴而就。因为，在实施这一战略之前，我们的战略主体面临很多痛点。自2018 年中央1号文件公布到现在，很多问题已经凸显出来。

一、组织协调难度大

乡村振兴战略的顶层统筹策划、设计、实施难度很大。因为乡村振兴涉及乡村的产业、文化、管理、制度、组织、经济等多方面因素。涉及的部门数量更是庞大，这就导致工作过程中，工作量大，过程复杂，统筹起来相当困难，出现纰漏、不协调的现象在所难免。

另外，乡村振兴战略需要大量的建设资金，依靠政府财政资金无法满足，在调动社会资金，让工商资本下乡过程中，融资的门槛增高，造成融资困难。

二、转变振兴理念难

乡村振兴战略要求我们确立六大新理念。但是，对于实施主体来讲，大部分乡村干部的思想观念陈旧，故步自封，不敢冒险，缺乏求新、求变、求异的理念。而广大农民本身知识学历都跟不上，如果没有引导实施主体转变理念，更加无法开启突破性的想法。想要使人们转变发展观念，是难上加难。

三、产业结构不合理

（1）我国农村一二三产业的融合程度比较低。有的地方产品过剩，但有的地方产品短缺，信息不对称，导致农产品要么供不应求，要么卖不出去。安全、绿色产品供不应求与低质产品产量过剩的现象时有发生。

（2）乡村的土地、劳动力、技术等生产要素的流动性很弱，资源的转化能力不强，这就导致产业发展同质化严重，同类产品出现恶性竞争的现象。

四、缺乏科学技术创新力

农村缺乏科技创新人才，农民本身的创新意识薄弱，创新的内生动力已然不足。另外，即便有新的科技成果，能实际应用于农业生产或者牲畜养殖的也很少，转化率很低。尤其在绿色生产、休闲农业等这些新兴的业态方面，发展困难。由于资金。人才、政策等各种因素的影响，农业企业的自主研发能力普遍较低。

五、乡村文化资源利用率低

我国传统的乡村其实有很多值得传承的文化，无奈在过去几十年的发展过程中，已经渐渐淡去光环，有的地方甚至将传统文化和乡村文化丢得一干二净。本来已有的文化资源，利用率相当低。如今想把这些文化资源转化为文化产业或者以此来吸引资本，变得非常困难。另外，也造成群众参与度极低，乡村文化变成了没有体验性和带入感的空壳子。

六、农民无产品品牌意识

我国农产品普遍没有品牌效应，各自为政，没有一个大品牌。产品品牌多而散乱，没有形成完整的产品品牌体系，因此，很难大批量打入市场。另外，产品在设计、包装上明显落后，营销意识更是欠缺，致使产品走的是低端化运营的路子，有好产品但没有好品位。在这种情况下，地方性的产品整合度不高，很难形成整体的竞争力。

近年来，我国的农产品区域品牌建设取得了一些成果，一些具有传统优势的特色农产品打出了自己的品牌，但还是存在很多问题，比如叫好不叫座，抱着金碗却吃不饱甚至没饭吃。

七、治理机制复杂难健全

随着乡村的发展，群众对公共服务的需求日益增多，但是政府供给的公共服务并不能满足，致使矛盾日益突出；大量劳动力外出打工，造成乡里的生产建设主体严重缺乏；有的行政村，有权力但是不会使用，甚至将其转化成了资本，脱离了原有的目标；还有的村建立了大规模社区，但是村民难以适应，很难从心理上认同，没有社区意识；如果有地方宗族、黑社会干扰，改革、建设很难正常进行；即便是有发展成果，如何公平、有效地让参与主体分享，也没有合理的利益共享机制来实施。所有这些，都有赖于治理机制的逐步健全，但是现在很多农村都没有完整的机制。

八、开发和保护关系把握难

乡村振兴、既要讲生产开发，又要讲生态保护，这两者在现实中往往难以平衡。如果规划不科学，很难保证整体的协调发展。目前乡村建设，普遍存在生态保护和修复成本很高的问题，再加上生态补偿机制不健全，就很难持续做好保护。由于保护意识薄弱、资金人才欠缺，对乡村历史文化、非遗和传统技艺的传承和保护的难度不断增大。

九、构建盈利商业模式难

信息的不对称和人才的缺乏，使得乡村的很多产业运营模式早已过时，对新的运营模式，又很难及时进行探索和实践，产业的后续发展受阻，很难发挥全产业链的优势。在短时间内，不能形成有持续盈利能力的商业模式。

十、各方利益均衡保障难

乡村振兴涉及多方面利益，不仅包括集体经济利益、土地规模化流转利益、村民利益，还包括投资者利益、人才利益。这些利益共同体之间的协调和保障机制还不健全，利益分配不均的问题很突出。如果没有一个公平、公正的利益分配体系做保障，即便有好的产业项目，也很难落地生根。

第二节　面对的四大难点

中国社会科学院农村发展研究所、中国社会科学出版社联合发布的《中国农村发展报告》（2018）（以下简称《报告》）称，自改革开放以来，在快速城镇化的进程中、乡村发展受到思想观念阻碍、国家支农体系相对薄弱、城市偏向政策长期延续等因素的影响，在实施乡村振兴战略的过程中，面临着四大难点。

一、农民增收难

近年来，我国农村居民收入增长明显乏力，农业生产对增收的贡献变得越来越小，农民收入的增长依靠国家财政和二、三产业的支撑，这种现象越来越多。另外，从收入绝对水平来看、农村居民依然很低，城乡收入差距不断拉大，高于改革开放初期的水平，比1983 年高近50%。

在乡村，私营企业是最活跃的主体，但是这些乡村企业的发展也存在极大的地域差异。作为市场活动的重要载体，私营企业成为农村企业的主要组成部分，比村办和乡办企业吸引更多的劳动力。《报告》显示，样本村的私营企业吸纳职工数平均为 66人，乡办企业为6人，村办企业为6人，个体户为 27 人；而从吸纳本村劳动力就业水平看，村办企业最高，其吸纳本村劳动力就业比例是 90%，其次是个体户，为 83%，私营企业是45%，乡办企业是 42%。特色产业在乡村的发展规模不大，需要政府政策支持和成熟的产业规划引领。从样本村来看，村均特色农产品种植面积 784.1 亩，西北地区种植面积最大，涉及户数也最多，分别是 2031 亩和 173 户。西北地区特色产业以特色养殖为主，村均养殖牲畜 4179 头（只），远超其他各区，村均涉及户数 42 户。水面养殖以华北、华南、华中地区为主，村均户数较少。

二、政府投入难

基础设施建设是实现乡村振兴和乡村全面发展的重要基础。当前，乡村基础设施建设还有较多欠账，距离城乡基础设施和公共服务均等化目标还有较大差距。

2016 年，城市的燃气普及率是村庄的 4.26 倍，城市的生活污水处理率是村庄的4.67倍。从生、养老等公共服务角度看，2016 年，城市居民的人均医疗保健支出是农村居民的 1.8 倍，城市最低生活保障平均标准和平均支出水平分别是农村的1.6 倍和2.1倍。这说明，城乡二元经济结构的不对等依然制约着乡村振兴的实施。

作为乡村基础设施的重要组成部分，乡村道路的状况不容乐观。调查发现，乡村道路获得的政府投入不足，村庄基础设施的主要供给方是村集体。其支出的主要内容就是基础设施建设。集资和负债的主要用途也是公共基础设施修建，包括乡村路桥和水利等。样本村村均集体开支 66万元，以基础设施建设支出最多，平均41.9万元，占总支出的 64%；其次是公共福利事业支出，平均 16.9 万元，占总支出的 26%；村干部年度工资及补贴平均5.7 万元，办公费支出平均 1.5 万元。

三、生态修复难

农村生态环境遭到破坏，实现农业农村绿色发展的任务艰巨。农村生态环境恶化，一个重要原因是农业面源污染。2016 年，中国化肥使用强度高达每公顷 359.1千克，比世界平均水平高3 倍，农药使用强度则是世界平均水平的 2.5 倍，流失的化肥、农药给大气、水、土壤等带来严重污染。

到2018 年，我国粮食产量实现"十一连增"，农业快速发展，工业化和城镇化加快推进，我国农业农村资源和要素条件约束更加趋紧，持续稳定增长的压力越来越大。水资源短缺与浪费并存，我国人均水资源占有量 2240 立方米，约为世界人均水平的1/4。水资源的时空分布非常不均匀，大约有 80%的水资源集中在长江以南地区，该地区耕地占 35%：20%的水资源分布在长江以北广大地区，该地区耕地占 65%，特别是黄、淮、海、辽河四个流域，耕地面积占全国 43%，而水资源仅占 9.8%。

近年来，我国耕地总量不断减少，2016 年人均耕地面积为 1.46 亩，是世界平均水平的40%，远远低于世界发达国家水平。一方面，经济的快速发展，建设用地的扩展，导致耕地面积持续下降，耕地资源严重不足；另一方面，我国的耕作模式很长一段时间都是资源掠夺式的，这就导致耕地土壤用养失衡、土壤肥力下降，土壤有机质平均含量不足 1%，远低于发达国家 3%的水平。农业生产生活产生的污水灌溉、农药残留、废弃农膜对耕地质量影响严重，全国大约有 1/6 的耕地遭受到不同程度的污染。同时，乱砍森林、草原过度放牧、盲目开垦等造成水土流失、沙漠化土壤次生盐渍化问题严重。截至 2016 年，全国由于水土流失、盐碱化等质量退化的耕地面积已占全国总耕地面积的40%。

很长一段时间以来，我们一直以"直线理念"进行常规的农业生产，也就是投入各种生产资料，然后等待产出农产品。在这个过程中，我们忽略了生产中废弃物的重新利用、污染物减排、能源消耗和环境安全问题。

这就造成我们的资源和环境受到制约，可持续发展和生产的目标很难实现，因此，推动绿色生产方式迫在眉睫。绿色生产就是将农业生产作为一个生态系统运作的过程来对待，在这个过程中，坚持资源节约、污染控制、废弃物循环、生态协调、环境友好的原则，建立一套绿色生产的技术体系。

我们要以可持续发展的理念看待农业生产，让农业生产在一个相互联系的生态体系中进行。为此，乡村振兴的一个重要任务就是更好地认识农业的整体性，倡导生态循环运作模式，重新设计、布局和整合农业生产体系，推行能够协调农业经济效益、社会效益和生态效益的绿色生产方式。

"绿水青山就是金山银山"，从这个意义上讲，保护生态环境就是保护生产力，改善生态环境就是发展生产力。农业与自然融合得最为紧密，绿色是农业的本色。所以乡村要振兴，必须坚持生态优先，保护好自然资源和生态环境，走绿色发展之路。

四、培养人才难

提高农民素质和科学文化水平是关键。在农村，教育和医疗这两项重要的公共服务长期供给不足，造成我国农民的整体人力资本水平偏低，这种状况一直持续到现在，还有很大改善空间。全国91.8%的农业从业人员仅具备初中及以下文化程度，西部和东北地区接受高中及以上教育的农业从业人员比重不超过 7%。另外，我国农村人口的科学文化水平、年龄构成都不能满足农业农村现代化发展的需要，这个难题亟待解决。另外，从事乡村建设的领导主体，能力还达不到要求。一是村内党员人数较少，年轻党员的占比低。二是现任村干部受教育水平即便高于前任，但学历水平仍然较低。三是村"两委"干部有异地工作经历的比重较低，经营管理经验不丰富，个人拥有的资源有限。大部分村领导个人所拥有的资源与一般村民相差不大。当前乡村带头人的各项素质虽有所提高，但是有致富经验、有能力、有资源的村干部还相当缺乏。

没有高知识、高文化水平的领导干部，农民的文娱生活，自然是相当缺乏的。在样本村中，由村里举办的公益性、群众性文体活动有限。近两年举办过戏剧活动的村只占38.9%，有电影或录像活动的占 54.6%，有球类比赛活动的占 18.3%，春节时有全村集体活动的占 38.8%。一方面是因为资金缺乏，另一方面是因为农村"空心化"严重，没有人气。

第三章　以"三变"作为乡村振兴的突破口

第一节　"三变"的内涵和意义

一、"三变"的内涵

农村"三变"改革，是农村产权制度的一次重大变革，是一项重要的理论创新、实践创新、机制创新，其内涵是"资源变资产、资金变股金、农民变股东"，核心是实行"股份制合作"，让农民拥有股份，打造"股份农民"，在"耕者有其田"的基础上，实现"耕者有其股"。

（1）资源变资产。是指村集体以集体土地、森林、草地、荒山、滩涂、水域等自然资源性资产和房屋、建设用地（物）、基础设施等可经营性资产的使用权评估折价变为资产，通过合同或者协议的方式，以资本的形式投资入股企业、合作社、家庭农场等经营主体（以下简称"经营主体"），享有股份权利。

（2）资金变股金。是指包括财政资金变股金、村集体资金变股金及村民自有资金变股金。其中财政资金包含各级财政投入农村的发展类、扶持类资金等（补贴类、救济类、应急类资金除外），在不改变资金姓"农"的前提下，原则上可量化为村集体或农民持有的股金，通过民主议事和协商等方式，投资入股经营主体，享有股份权利。主要包括生产发展类资金、农村设施建设类资金、生态修复和治理类资金、财政扶贫发展类资金、支持村集体发展类资金等。

（3）农民变股东。是指农民自愿以自有耕地、林地的承包经营权，宅基地的使用权，以及资金（物）、技术等，通过合同或者协议方式，投资入股经营主体，享有股份权利。有两种改变的方式，一是个人自助变。对于有土地、有资源、有资金的贫困户，可以通过自助入股的形式让他们参与到"三变"中脱贫。二是组织协助变。

"三变"的内涵是"股",关键是"变",重点是"产业"。"三变"无论怎样变,都万变不离其宗,就是实行"股份制合作",第一药方是治贫,第二药方是致富。在"耕者有其田"的基础上实现"耕者有其股",全力打造股份农民,做到无物不股、无企不股、无事不股、无资不股、无人不股。

二、"三变"的意义

推进"三变"改革对破解当前"三农"发展瓶颈具有"牵一发而动全身"的重大效应,对深化农村改革、推进农业转型升级、增强脱贫稳定性、激活农村要素资源、推动农村社会治理具有重要意义。其核心要义是通过盘活农村三资,激活农民三权,进而增加农民财产性收入,推进农业增效、农民增收和农村集体经济增值。

为实施乡村振兴,就有必要把壮大集体经济提升到与家庭承包经营同等重要的地位,一家一户的分散经营已经不能适应当前的发展需要,因此我们要补齐农村集体经济比较薄弱的短板。

长期以来,我国农村资源分散、资金分散、农民分散的状况十分严重,难以适应农村经济规模化、组织化、市场化发展需要,统分结合双层经营体制的优越性没有得到充分发挥。而"三变"改革恰恰抓住了"统"得不够的农村改革症结,通过股权纽带,让农村沉睡的资源活起来,让各类分散的资金聚起来,让农民增收的渠道多起来,促进农业生产经营的集约化、专业化、组织化、社会化程度的提高,推动农村改革由过去的"裂变"转向"聚变",实现个人生产力与社会生产力相互配合、协调发展,让统分结合的双层经营体制的优越性得到更加有效的发挥,这就是农村改革的生动实践。

"三变"改革还可以解决农村集体经济不强的问题。"三变"改革就是实现"三个激活",即激活市场、激活主体、激活要素,从而发展壮大农村集体经济。激活市场,就是要通过清产核资等基础性工作把集体的产权明晰化,赋予集体经济组织的市场主体地位,创造条件让集体经济发展壮大。集体经济搞上去了,"大河水涨小河满",贫困人口自然也就脱贫了。

"三变"改革还可以解决农民收入低的问题。"三变"改革是盘活农村"三资",即资源、资产、资金的一项具体做法。农村改革不管怎么改,不管改什么,如果农民的腰包没有鼓起来,任何改革都是没有意义的,都不会得到广大农民的支持。"三变"改革就是为了增强农民的财产性收入。

三、"三变"的导向

"三变"的政策导向是"五个优先"。

（1）针对土地进不来的问题。对贫困户的土地承包经营权、林权、房产权等进行优先确权，让他们提前参与"三变"。

（2）针对资金进不来的问题。将财政投入农村的可变资金以集体名义投入经营主体，产生的收益在集体内部优先分配给贫困农户。

（3）针对企业进不来的问题。对吸纳贫困户参与"三变"的企业，政府进行优先担保。

（4）针对企业融资难的问题。对吸纳贫困户入股企业的，政府要协调银行优先给贫困户提供贷款，并建立风险补偿。

（5）针对贫困户参与意识不强的问题。优先对他们进行教育引导，让他们更加真切地了解有关政策，主动参与"三变"。

第二节　"三变"的策划模式

一、以风景资源为核心模式

（1）资源内涵。乡村风景资源丰富，特别是尚待商业用途开发的自然风景更加丰富多彩。因此，凡是蕴含独特魅力的自然风景资源的乡村，应当积极探索"乡村风景+振兴模式"。

乡村风景不同于旅游景区，是集人文、风土、产业、居住、景色、气候、地理为一身的具有农村特色的生态体系。每一个村庄都有独特的土壤、空域、河流、池塘、山丘、沟壑、森林等资源，成为村庄的独有魅力风光资源。

乡村风景资源可以促进农业产业链延伸和价值链提升，可以带动农民增收，农村发展，农业升级。乡村风景资源利用有利于乡村振兴战略实施，通过整合、开发乡村风景资源，焕发乡村发展活力，催生更多新功能和新业态。

（2）"三变"路径。将乡村风景资源通过策划、规划，升级转换成具有本地特色的一种"特色品牌"，将风景元素分类资产化，分别进行登记和保护。再将资产评估作价注入农民成立的合作社，然后以合作社为经营主体，申请政府补贴、信用贷款或引入社会资本入股，注册农业生产经营类公司，以此类方式解决流动资金问题，扩大再生产资金。

（3）"三变"目标。一变是将乡村风景资源通过资产化方式变为农民合作社或农业公司的资产。二变是将通过合作社取得的资金变成股金。三变是农民以风景资源要素出资成为产业经营主体的股东。

二、以土地资源为核心模式

我国乡村中土地资源表现形态有四类：高标准农田、集体建设用地、增减挂钩用地、四荒地。以"四类"土地资源为抓手，以土地升值为导向，以闭合发展为目标，带动乡村振兴的实施。这四类土地的利用形成了乡村投资发展的核心基础，由此形成基金投资、PPP 投资等多种投资的结构。

1.高标准农田

（1）资源内涵。以高标准农田建设项目为依托，以补充耕地指标跨省交易机制为契机，通过高标准农田建设获得补充耕地国家统筹经费，所得资金用于支撑乡村振兴项目建设。

（2）"三变"路径。高标准农田项目可以采用 PPP 模式，以国家支持高标准农田建设资金为背书，引入社会资本和金融资本，导人上市企业和新兴产业。通过 PPP 方式大规模推进循环农业发展，建设高标准农田。在实施过程中既将高标准农田资源盘活，又将资金引入，同时农民土地承包权、经营权均可变为项目公司股份。有效地解决乡村振兴"三变"问题，不仅能引入新兴产业，还能为乡村人才提供就业和创业的机会，有效地推进乡村产业、人才的振兴和生态宜居进程，结合乡村文化、组织振兴，最终实现乡村全面振兴。

（3）"三变"目标。一变是高标准农田通过将承包经营权资产化，变为农民合作社或农业公司的资产。二变是通过 PPP 合作模式，引入社会投资人的资金变成股金。"三变"是高标准农田的承包农户以土地经营权要素出资成为高标准农田产业公司的股东。

2.集体建设用地

（1）资源内涵。集体建设用地包括宅基地、公共设施用地和经营性用地。在实施乡村振兴战略下，农村的大量闲置和低效建设用地，将面临盘活的机遇。尤其是宅基地作为农村集体建设用地的大头，将成为农村地产的核心载体。集体建设用地是乡村振兴规划中"价值连城"的地块。

最近两年在实行的集体经营性建设用地入市、宅基地制度改革等措施，正在加速实现城乡之间的对等，也为建设用地的取得提供了更多的途径与法律依据。通过集体建设用地的有效整合，实现乡村一级土地开发，形成乡村土地资源的再利用结构，这就需要把产居融合发展与二、三产业发展结合在一起，形成乡村地产开发新模式。

集体建设用地资源通过"三变"后，一方面可以解决农村宅基地和经营建设用地的大量闲置问题；另一方面可以整治、拆并、调整大量散落的、规模小的村庄，形成聚集化、现代化的社区居住结构，便于管理和提高生产效率，成为不动产聚集和农村现代化的支撑点。

（2）"三变"路径。乡村地产不同于城市地产，不是以国有建设用地为基础，而是以农村集体建设用地（宅基地、集体建设经营性用地、公益性公共设施用地）为基础形成的地产形态。乡村振兴下的乡村地产不是简单的农村房地产开发或农业新村等纯居住地产，而是要站在产业服务的出发点，成为一种渗透产业发展、乡村文化的新地产模式。

集体建设用地资源通过三权分置，将土地使用权从集体、农户手中分置出来，演变为集体和农户的资产，再将资产变为股权与社会资本合资设立产业公司，形成公司资本、以乡村振兴核心产业与农民生态宜居开发进行综合性规划。

（3）"三变"目标。一变是将建设用地资源通过土地使用权资产化，变为产业公司资产。二变是通过与社会资本合作引入开发资金或金融贷款，资金变成股金。三变是具有宅基地使用权的农户和集体成为产业经营主体的股东。

3.增减挂钩用地

（1）资源内涵。城乡建设用地增减挂钩节余指标从省内交易到跨省域调剂，实现了把深度贫困地区节余的建设用地指标流转到经济发达地区，同时，将经济发达地区的土地增值收益转移到深度贫困地区。在建设用地总量不增加、耕地不减少的前提下，优化了用地结构和布局，实现了资金资源的双向流动和优势互补。通过建新拆旧和土地复垦，实现建设用地总量不增加、耕地面积不减少、质量不降低、用地布局更加合理。

（2）"三变"路径。将零星分散的集体建设用地，通过复垦后再异地调整入市，形成建设用增加挂钩资源，该资源属于有价资源，将预期价值收益直接评估注入企业股本金。跨省补充耕地指标交易和城乡建设用地增减挂钩节余指标省域调剂所得收益，可以全部用于巩固脱贫攻坚成果和实施乡村振兴战略，形成多元化的投融资渠道。

（3）"三变"目标。一变是将增减挂钩资源通过核算、策划、评估变为集体土地所有权和农民土地使用权递延资产。二变是通过土地指标跨省交易变为资金。三变是将农户腾出的建设用地使用权变为产业公司股金，农户成为产业经营主体的股东。

4.未利用地

（1）资源内涵。未利用地是指除农用地和建设用地以外的土地，主要包括荒草地、盐碱地、沼泽地、沙地、裸土地、裸岩等。随着用地指标的吃紧，国家出台了一系列政策鼓励对未利用地的有效利用，并对基础设施的建设给予一定补贴。未利用地一般可以通过承包、租赁或拍卖获得使用权，然后进行治理。但对一些条件差、群众单户治理有困难的"四荒地"（荒山、荒沟、荒丘、荒滩），可先由集体经济组织做出规划并完成初步治理。

《关于积极开发农业多种功能大力促进休闲农业发展的通知》鼓励利用"四荒地"发展休闲农业，对中西部少数民族地区和集中连片特困地区利用"四荒地"发展休闲农业的，其建设用地指标给予倾斜。《关于支持旅游业发展用地政策的意见》支持使用未利用地、废弃地、边远海岛等土地建设旅游项目。

"四荒地"是乡村产业发展的重要资源，跨二、三产业用地在耕地使用上是难以做到的、但可以利用"四荒地"、非耕农地和集体建设用地，所以，"四荒地"是"三变"中的重要资源。

（2）"三变"路径。将适合做产业项目的未利用地，通过设立旅游景区、休闲娱乐、健康养老、机械制造、电子通信、智能物联等二、三产业项目，将未利用地直接用于项目，变为集体建设用地，集体建设用地具有资产性，从而可完成资源变资产过程。

（3）"三变"目标。一变是将未利用土地资源通过二、三产业项目建设变为集体建设用地，形成土地使用权递延资产。二变是通过土地资产转让、入股、经营等渠道形成资金收益。三变是将农户未利用地承包经营权变为产业股份，使农户成为产业股东.

三、以文化资源为核心模式

（1）资源内涵。乡村文化源于乡村，是乡村居民在长期从事农业生产和生活过程中创造出来的物质成果和精神成果的总和。乡村文化带有浓厚的乡土气息，是农村社会的重要组成部分，是建立在农村社会生产方式基础上的基层文化形式，是农民群众文化素质、价值观、交往方式、生活方式的集中反映。乡村文化不仅仅是一种文化的形式，更多的是代表一种内涵——乡村居民淳朴敦厚、勤劳善良的价值观。

乡村文化有物质与非物质之分，乡村文化的物质方面包括房屋住所、劳动工具、生活器具、服饰风格等。乡村文化非物质方面包括风俗、习惯、信仰、道德、伦理、语言等。这些物质与非物质的乡村文化蕴含着深刻内涵，是乡村居民共同价值观的体现。

中国作为一个传统的农业大国，乡村存在的历史极为悠久。在这深厚的历史积淀下，乡村文化逐渐形成和发展起来，中华民族传统文化也与此同时慢慢形成和发展。因而，中华民族传统义化是以乡村文化为核心的文化，是在乡村文化的基础上诞生的。

（2）"三变"路径。将适合做产业的项目，以具有市场价值的乡村文化作为载体，与其他文化资源融合，形成知识产权。一是梳理乡村特色文化资源，加大无形文化资源的转化，培育有民族特色和地域特色的传统工艺产品和产业。二是将乡村的生产、生活、民俗、休闲、养生等系统融合联结，形成具有乡村特色文化的完整的产业链条，推动乡村向综合性产业发展。三是加大资本创新力度，助力特色文化产业发展，致力于创新资本的参与，扶持乡村文化产业的发展。

（3）"三变"目标。"推动资源变资产、资金变股金、农民变股东"，其最终目标是实现"多赢"。一是通过激活农村多种经济主体活动，促进农民增收和农村集体经济发展，为农村经济发展蹚出一条新路。二是让企业转变发展思路，将长远眼光放在农村，把发展资金留给农村，通过租用土地种植、养殖特色农产品等路径，得到质优价廉的原材料，也可以致力于文化旅游产业，在转型中获得新的发展。三是通过文化产业的发展，实现家门口就业、务工，提高农民整体素质，实现经济社会的全新发展。

四、以旅游资源为核心模式

（1）资源内涵。旅游资源作为乡村振兴的产业核心，可以推动乡村振兴的实施。旅游资源开发，能解决农民增收困难的问题，是脱贫致富的有效途径。旅游资源也是社会投资者的投资热点，丰厚的回报吸引更多的热衷于生态环境优化整合的企业家。旅游资源开发是乡村振兴实现人文环境、自然生态、产业发展、居民生活全面振兴的最佳途径。

旅游资源要向以观光、考察、学习、参与、康养、休闲、度假、娱乐等为一体的综合型方向发展，同时，旅游资源开发还要向高质量的旅游产品方向发展，不能停留在"住农家屋、吃农家饭、干农家活、享农家乐"民俗风情旅游、以收获各种农产品为主要内容的务农采摘旅游、以民间传统节庆活动为内容的乡村节庆旅游层面，应着重从乡村振兴角度重新策划旅游资源的利用。

（2）"三变"路径。将旅游资源通过项目投资备案，形成项目预期收益资产。再用项目预期收益资产与社会资本合作，注册旅游开发运营公司，以项目占用农民的耕地、宅基地、荒地使用权来组建旅游产业合作社，合作社作为旅游公司的股东，形成股权收入。

（3）"三变"目标。一变是将旅游资源通过投资项目备案变为旅游开发经营权预期收益资产。二变是利用预期收益进行融资，实现资产变资金。三变是农户将项目占用的土地使用权分置，农民变为旅游公司或关联公司的股东。

五、以产品资源为核心模式

（1）资源内涵。所谓产品资源专指农产品资源，即农业生产的物品，如高粱、稻子、花生、玉米、小麦以及各个地区的土特产等。国家规定初级农产品是指农业活动中获得的植物、动物及其产品，不包括经过加工的各类产品。

我国农村地大物博，幅员辽阔，气候多样，物种丰富，每个地区都有不同的农产品资源，如五常水稻、吕梁红高粱、夏邑富硒小麦等，这些 IP 资源往往集中在几个自然村或一个流域、一条沟范围。农产品加 IP 形成特有品质的产品，即可成为乡村振兴的资源优势。

（2）"三变"路径。将本地农产品 IP 化、品牌化形成资源预期收益资产，再用项目预期收益资产与社会资本合作，注册农产品种植、养殖公司，将项目占用农民的耕地经营权组建农产品合作社，再以合作社入股农产品种植、养殖公司成为股东，形成股权。

（3）"三变"目标。一变是将农产品资源通过品牌化、地理标志化变为农产品经营权预期收益资产。二变是利用预期收益进行融资，实现资产变资金。三变是农户将项目占用的土地经营权分置，农民变为农业公司或关联公司的股东。

六、以农耕资源为核心模式

（1）资源内涵。农耕是指非机械化、工业化作业的农业生产方式，现阶段我国尚有部分农村仍然停留在牛拉犁耕的生产状态，称之为农耕。我国是由农业国家转型为工业化国家的典型生产方式变革的国家。随着工业化的不断深入，农耕资源越来越缺乏。因此，可以将农耕作为文化资源保留和开发。

农耕资源包括耕地、耕畜、耕具、耕式、耕种、把式等组成，因各地耕种不同、把式不同，形成不同的耕畜、耕具等特色。

（2）"三变"路径。将农耕资源通过提炼、升级，转换成具有本地特色的"农耕文化"，作为知识产权进行登记、保护，再将知识产权评估作价注入农民成立的合作社，农民以耕技（把式股）、耕力（劳动股）、耕畜（资产股）、耕具（使用股）、耕地（流转股）入股成为合作社股东。再以合作社为经营主体，申请政府补贴、信用贷款可引入社会资本入股、注册农业生产经营类公司等方式解决流动资金问题、扩大再生资金。

（3）"三变"目标。一变是将传统农耕资源通过知识产权方式变为农民合作社或农业公司的资产。二变是将通过合作社取得的资金变成股金。三变是农民出劳、出权、出资成为产业经营公司的股东。

第三节　"三变"的基本流程

第一步：挖掘、找到可变资源

"三变"的基础是资源，确立具有核心竞争力、有别于其他村的特殊资源优势，才能找到"三变"的路径和目标。挖掘资源主要是挖掘可变资源。推进乡村振兴，就得让乡村资源要素自由流动，资源必须符合变资产的要件。有了资源这个基础，农村集体经济组织才能和工商资本对接，才能实现"三变"。

在挖掘资源中，重点挖掘自然资源和人文资源。当然作为农村的主要可见资源，只有土地最容易挖掘，这在 2019 年的清产核资中已经核实，但资源利用是需要挖掘、比较、分析的，因此，不能认为已经做完了清产核资就等于挖掘、寻找完了资源。可变资源往往埋藏得比较深，不认真研究、比较、分析是很难挖掘、找到的。一般情况下需要专业人士提供帮助。

通过"三变"最重要的是壮大集体经济，重头戏是搞好资源挖掘、清产核资、量化资产、发展合作经济，激活"沉睡"的乡村资源，实现农村集体资源、资产、资金等要素的有效利用。

从"三资"中科学合理地划分出可变的资源性资产、经营性资产、非经营性资产、流动性资产（资金）以及财政投入村的发展类资金，采取协商或第三方评估等方式确定可变资源资产的价值，建立投资入股的可变资本台账。

第二步：讨论、制订"三变"模式

通过宣传、动员和引导，带动农户参与到变革中来。首先要加强宣传。通过党员大会、村民大会等形式，加大"三变"改革政策的宣传力度，把政策、好处、可能存在的风险都给群众讲清楚说明白。其次要广泛动员农民群众。村组干部要一家一户、深入细致地做好群众思想工作，让"三变"改革的内容传遍村中每一户人家，甚至每一个村民。最后是要积极引导。积极引导广大农户以土地经营权、自有资金等投资入股到经营主体，主动参与"三变"改革。

通过群策群力、民主表决，最终确定适合本村的"三变"模式，按照既定方案逐步推进。

第三步：考察、定位产业方向

村集体要结合自身实际，深入开展调查研究，结合市场、乡情、村情实际，在挖掘出自身的发展优势和特色后，将基础好、潜力大的产业作为发展方向。

可以组织专家和技术人员进行实地考察、论证，指导和帮助村集体进行分析、研究，找到适合本地区发展的主导产业。

在确定产业发展方向的前提下，组织人力、物力编制本村的产业发展规划。本着依托资源优势，以市场为主导，进行科学的产业发展规划编制，即编制出既符合自身特色、又有科学发展依据的规划。

在科学编制产业规划的基础上，以此为依据确定项目，坚持因地制宜、适度超前的原则。将技术含量高、发展前景好、又有建设基础的项目，率先征得政府和政策支持，吸引社会资本的参与。在编制产业项目规划的过程中，注意明确项目的主体、建设规模、资金来源、完成时间，做好效益分析。

第四步：协商、确定股权结构

（1）确定股权的受益对象，明确股权归属。所有权虽然都属于集体，但属于哪个集体需要明晰。不能说村就是集体，组就不是集体。集体有村与组的区别，就有所有权的区别。在进行这项工作时，要综合考虑集体经济形成的历史以及发展的现实，根据实际情况对农村集体股权进行合理的划定，明确股权归属，做好股权确权登记。要宜村则村，宜组则组，把农村集体股权所有权确权到不同的农村集体经济组织，并依法由农村集体经济组织代表集体行使股权。

（2）根据可变资本权属关系和类别确定受益对象，主要有三类：①属于村集体资产入股的，通过村民会议或者村民代表大会，明确入股受益的范围对象。②属于财政可变资金入股的，按照政府财政部门制定的资金变股金操作办法，财政资金入股经营主体，除合理确定村集体股金所占份额及收益分配办法外，应明确村集体内部对入股资金收益在村集体、贫困农户及全体村民之间的收益分配方案。③属于个人资本入股的，其收益归个人支配。

（3）确定商股比。就是协商合作的股权结构等事项。①确定合作内容。根据协商意见确定的合作项目、合作方式明确合作股份、股值、股比及利润分配等事项。②协商股比。村集体、农民及承接经营主体相互之间按照股权设置、股份量化和股比分配的相关要求，通过协商，达成一致意见。③公开公示。以集体资产或财政资金入股的，由村委会进行公示，接受监督。

第五步：设立、登记股权法人

出资方式、出资金额、股权价值、股权比例确定后，法人形式、章程就基本完成了。按照合作社或公司登记要求依法进行法人登记，登记中将股东名册登记清楚明确。

第六步：印制、签发股权证书

成立后的法人印制统一格式的股权证书，公司法人签发给所有股东。股东持有了股权证明后就完成了"三变"程序。

第七步：协调、保障"三变"实施

在"三变"过程中，县乡政府或主管部门要提供必要的支持和服务，给予专业的指导和帮助。

（1）建立全县产权交易平台，让资产流动起来，确保资源变资产、资产变资金顺利进行。

（2）要制订"三变"所需《入股合同》示范文本。

（3）实施必要的合同管理，制订入股合同管理办法和备案办法，明确监督管理的内容、程序、方法以及法律责任，保障"三变"依法依规进行，维护合作各方的权益和社会公共利益。

（4）提供法律服务保障。通过法律援助服务或聘请法律顾问等方式，对合同的签订及"三变"涉及的相关法律问题提供指导和帮助。

第四节　　"三变"构建新乡村

一、贫困村"三变"，变富裕村

河北丰宁县某村是一个国家级贫困村，为了改变贫穷落后的面貌，通过社会资本投资建设村民楼，让全村贫困户集中到楼上居住。利用贫困户流转出来的土地和宅基地，规划发展养殖业、有机蔬菜、乡村休闲旅游业三大产业，再通过招商引资引进专业企业，实行"企业+集体+农户"的股份合作型经营模式，不仅壮大了集体经济，还让贫困户彻底脱贫。

村里引进北京某集团公司投资肉牛养殖业，其中，北京某集团公司占51%的股份，村集体以土地入股占14%的股份，村民占35%的股份。这种股份合作型发展模式，大大提高了土地利用价值，带动了周边村民就业，实现村集体和群众"双致富"。增加的集体经济收入，可以用来支付村里的公共卫生、村民取暖、用电、修理村公路等公益类服务费用，以及用作村里低收入困难户的帮扶资金。

二、城中村"三变"，变城里人

浙江安吉县某村，通过土地置换、房屋出租、项目资金整合、用政府投资撬动社会资本等一系列创新举措，获得了发展壮大集体经济的"第一桶金"。为了壮大集体经济，村委会构建了"公司+集体+家庭农场"的经营模式，成立村经济股份合作社，与某旅游公司共同出资成立了乡土农业发展有限公司，引进社会资本建设了 21 个各具特色的家庭农场。通过市场化运作，村集体经济不断发展壮大，2017 年，村集体资产达1.2 亿元。

第五节　"三变"构建产业链

一、产业联合体，促进乡村振兴

所谓产业联合体，是指由一家龙头企业牵头，多个农民合作社和家庭农场参与，用服务和收益连成一体的联合体形态。这为在新形势下创新完善利益联结机制、构建农户参与并分享现代农业发展成果、促进乡村振兴开辟了一条新途径。

农业农村部颁发的《关于促进农业产业化联合体发展的指导意见》指出，发展农业产业化联合体是促进乡村振兴的重要举措之一。农业产业化联合体是构建现代农业经营体系、促进乡村产业兴旺的重要载体，也是实现小农户和现代农业有机衔接的有效形式。

近年来，我国农业产业化快速发展，龙头企业实力稳步增强，利益联结机制日益完善，带农惠农成效不断凸显，进入了推进农村一二三产业融合发展的新阶段。

从理论和实践来看，农业产业化联合体依托"公司+农民合作社+家庭农场""公司+家庭农场"，围绕龙头企业构建产业链，在合理分工基础上开展一体化经营，可以发挥各类经营主体的独特优势，有效配置各类资源要素，在降低内部交易成本和违约风险、提高综合竞争力的同时，更有助于农户获得长期、稳定、更多的经营收益。对此，中共中央办公厅、国务院办公厅《关于加快构建政策体系培育新型农业经营主体的意见》明确提出，要培育和发展农业产业化联合体。发展农业产业化联合体既是实践发展的需要，又体现了中央的最新要求。

一方面，农业产业化联合体是构建现代农业经营体系、促进乡村产业兴旺的重要载体。实施乡村振兴战略，首要的是产业兴旺。产业兴旺离不开新型农业经营主体的带动，离不开现代农业经营体系的支撑。目前，我国各类新型农业经营主体快速发展，成为建设农业农村现代化的重要力量。同时各类主体的短板也逐渐显现，相互联合起来有助于进一步做大做强。发展农业产业化联合体，为新型农业经营主体的联合合作提供了二个制度框架，通过"公司+农民合作社+家庭农场"组织模式，让各类经营主体分工协作，优势互补，促进家庭经营、合作经营、企业经营协同发展，进一步提高组织化程度，激发农业农村发展的内生动力。

另一方面，农业产业化联合体是实现小农户和现代农业发展有机衔接的有效形式。农业产业化在我国萌芽探索之初，就是为了解决"千家万户小生产"与"千变万化大市场"不能有效对接的难题。农业产业化联合体作为农业产业化理念的最新实践探索，更是牢牢把握了这一关键导向。发展农业产业化联合体，通过龙头企业、农民合作社、家庭农场等紧密合作，打通从农业生产向加工、流通、销售、旅游等二三产业连接的路径，推进农村一二三产业融合发展。更为重要的是通过提升农业产业价值链，完善订单保底收购、二次利润返还、股份分红等利益联结机制，示范带动普通农户共同发展，将其引入现代农业的发展轨道，同步分享农业现代化的成果。

二、农业产业联合体的基本特征

农业产业化联合体是龙头企业、农民合作社和家庭农场等新型农业经营主体以分工协作为前提，以规模经营为依托，以利益联结为纽带的一体化农业经营组织联盟，具有以下基本特征。

（1）独立经营，联合发展。农业产业化联合体一般由一家龙头企业牵头、多个农民合作社和家庭农场等组成。各成员产权明晰，保持着运营的独立性和自主性，通过签订合同、协议或制订章程等形式，协同开展农业生产经营。从现阶段来看，联合体不是独立法人，与联合社、行业协会等有很大不同。联合社是农民合作社之间的联合，协会更加注重的是沟通、服务和自律，属于社团类组织，没有上下游产业的深度经济往来。为引导、支持和监督，农业部门将开展示范创建活动，明确联合体名称、章程、成员等信息，建立和发布示范联合体名录。

（2）龙头带动，合理分工。联合体以龙头企业为引领、家庭农场为基础、农民合作社为纽带，各成员具有明确的功能定位。与家庭农场相比，龙头企业管理层级多，生产监督成本较高，不宜直接从事农业生产，但在人才、技术、信息、资金等方面优势明显。适宜负责研发、加工和市场开拓。与龙头企业相比，合作社作为农民的互助性服务组织，在动员和组织农民生产方面具有天然的制度优势，而且在其中的服务环节可以形成规模优势，主要负责农业社会化服务。家庭农场、种养大户拥有土地、劳动力以及一定的农业技能，主要负责农业种养生产。多种组织形式的联合互助共享，可以最大限度地实现共赢发展。

（3）要素融通，稳定合作。长期稳定的合作关系和多元要素的相互融通，是联合体与传统的订单农业或"公司+农户"模式的重要区别。一方面，联合体各方不仅通过合同契约实现产品交易的联结，更重要的是通过资金、技术、品牌、信息等融合渗透，实现"一盘棋"配置各类资源要素的整体联动局面。另一方面，尽管联合体不是独立法人，但联合体成员之间建立了共同章程，形成了对话机制，并且成员相对固定，实质上建立了一个长期稳定的联盟。这种制度安排增强了联合体成员的组织意识和合作意识，让各成员获得更高的身份认同感和归属感，有助于降低违约风险和交易成本。

（4）产业增值，农民受益。产业发展壮大了没有，农民的钱袋子鼓起来没有，是检验农业产业化联合体发展实效的一个重要尺度。联合体通过产业链条的延伸，提高了资源配置效率，从而具有产业增值、农民受益的组织特征。各成员之间以及与普通农户之间必须建立稳定的利益联结机制，实现全产业链增值增效，使农民有更多获得感。

三、发展农业产业联合体的总要求

以帮助农民、提高农民、富裕农民为目标，以发展现代农业为方向，以创新农业经营机制为动力，积极培育发展一批带农作用突出、综合竞争力强、稳定可持续发展的农业产业化联合体，成为引领我国农村一二三产业融合和现代农业建设的重要力量，为农业农村发展注入新动能。

促进农业产业化联合体发展，要坚持市场主导，尊重农户和新型农业经营主体的市场主体地位。政府主要是做好扶持引导，重点在三个方面下功夫：

（1）建立多元主体分工协作机制。要着眼于不同主体的优势和定位，增强龙头企业的带动能力，提升农民合作社的服务能力，强化家庭农场的生产能力，并在充分协商的基础上，鼓励制订共同章程，探索治理机制，制定成员统一标识，增强成员的归属感和责任感。

（2）健全多类资源要素共享机制。包括土地、资金、科技、信息、品牌等在联合体内互联共通，完善产业链，提升价值链，增强联合体的凝聚力和竞争力。

（3）完善多种形式利益共享机制。鼓励农业产业化联合体探索成员相互入股、组建新主体等新型联结方式，引导联合体内部形成服务、购销等方面的最惠待遇，让各成员分享联合体机制带来的好处。

四、发展产业联合体构建产业链

当今市场的竞争已不是单个主体、单个企业的竞争，而是整个产业链的竞争。农业产业化从20世纪80年代初开始探索，90 年代形成共识，再到 21 世纪后的快速发展，一直突出强调构建产业链，促进农产品供应与需求有效对接、农民与市场有效对接。在这一过程中，龙头企业从最初的发展订单农业、指导农户种养，到自己建设基地、保障高品质原料的供应，其发展逐渐趋向完善的态势，但受农业生产监督成本较高的制约，难以快速扩大规模。

发展农业产业化联合体，能够让逐渐发育起来的家庭农场从事生产，农民合作社提供社会化服务，龙头企业专注于农产品加工流通，从而形成一个紧密联系的整体和完整的产业链条。市场信息经由龙头企业判断分析转化为生产决策，沿着产业链传导至农业生产环节，引导农民合作社、家庭农场按需发展标准化生产，向市场供应优质安全的农产品。可以说，农业产业化联合体是市场的选择，也是农业产业化发展到新阶段的必然产物。

五、如何推进发展农业产业联合体

（1）加强组织领导。各地要结合本地实际研究制订具体措施和办法，并做好相关指导、扶持和服务工作。

（2）完善支持政策。地方可结合本地实际，将现有支持龙头企业、农民合作社、家庭农场发展的农村一二三产业融合、农业综合开发等相关项目资金，向农业产业化联合体内符合条件的新型农业经营主体适当倾斜。加大金融支持，鼓励地方采取财政贴息、融资担保、扩大抵（质） 押物范围等综合措施，积极发展产业链金融，支持农业产业化联合体设立内部担保基金，解决融资难题。要落实用地保障，对于引领农业产业化联合体发展的龙头企业所需建设用地，应优先安排、优先审批。

（3）开展示范创建。各级农业产业化主管部门要牵头开展农业产业化联合体示范创建活动，建立和发布农业产业化联合体示范名录。目前，已经有一些地方开展了省级联合体示范创建活动，并取得了明显成效。

（4）加大宣传引导。及时总结好经验、好做法，充分运用各类新闻媒体加强宣传，营造良好的社会氛围。对此，农业农村部也组织开展了全国农业产业化联合体发展经验交流活动，通过现场考察、典型发言等形式交流发展联合体的做法经验，统一思想，提高认识，明确思路，对农业产业化联合体发展工作进行总体部署。

第四章　以根本问题为导向实施乡村振兴

哪些问题是阻止我们实施乡村振兴的根本问题，要通过梳理、分析，群策群力找准这些根本问题。我国大多数村委会面临的普遍根本问题，一是人才，二是资金，三是土地问题，这三大短板是农村普遍存在的根本问题。从这三个方面着手，以解决这三个根本问题为导向，乡村振兴就能向前推进。

第一节　解决根本问题的策略

一、开放封闭资源，与社会共享

乡村有很多可以开发利用的资源，比如土地、森林、山川、河流等，很多处于闲置或休眠的状态。如何把这些资源转化为自身优势，吸引企业和社会资金投入乡村建设，就需要我们有共享理念，让资源共享，实现共同发展。

二、确定农民产权，引入市场机制

要坚持市场的主体是企业，要以企业为主导，以企业带动乡村的市场化道路，实现可持续发展，而不是单靠政府单打独斗。政府的作用仅仅是引导和政策扶持。这里有一个非常重要的问题，就是要分清楚产权的归属，要培养起一个企业法人式的市场经营主体。只有解决好经营主体的问题，其他问题才会迎刃而解。

三、依靠产业政策，定位产业方向

乡村振兴依靠产业发展，所以政府要以产业扶持、金融政策扶持和人才培育为主，助力产业，同时依靠产业辐射带动其他相关业态的发展。产业发展了，乡村的造血功能才会变强大，农民的建设积极性才会更高，乡村振兴才有内生动力。

四、吸引人才入村，靠科学谋发展

人才是乡村振兴不可避免的需要解决的大问题，也是当前面临的一大困难。目前，吸引创业人才、科技人才、管理人才、文化人才，已经是乡村发展的标配，更是一种智力理念的建立。

五、必须做好策划，明确顶层设计

乡村发展的新思想，要注重策略规划的引领，要有顶层设计的理念，从乡村原本的资源、文化、人才优势做起，尊重乡村自身的山脉、水脉和文脉，在顶层设计的高度，既要依托传统，又要有所创新，加入时元素，优化乡村的功能布局，让乡村更有特色，更有乡土气息和人文气息。

六、一二三产链接，产业必须融合

真正的农业现代化，必然是一二三产业相互融合发展的结果。因此，一定要发挥农业多功能性的优势，在传统农业的基础上，发展创意农业、休闲农业、循环农业等多种业态，探索镇园融合、村同融合等多种发展模式，打造农业全产业链，促进产业转型升级，提升土地价值，提升农业效益。

七、用足土地政策，积累第一桶金

土地是农民的根本，也是农民最宝贵的资源。因此，要带动农民参与乡村振兴的积极性，就必须在土地上下功夫。土地改革是必不可少的一环，一定要在不改变土地用途的前提下，也即在保障农民应有的合法权益的前提下，活用集体土地、四荒地，采用增减挂钩、异地置换等系列政策，适当调整农业、旅游、康养等项目建设用地指标，为产业发展提供保障。

八、改变经营主体，适应金融政策

乡村振兴的现实问题是金融供给不足，以农业为主体的经营者获得信贷的可能性比较小，贷款困难。所以，政府要推动构建联合银行、合作社、经营主体的农村金融服务机制，制定各项鼓励政策，确保经营主体有款可贷，为实体经济注血。

九、开创数字乡村，启动品牌营销

我国互联网、自媒体、App 等通信手段非常发达，可以充分利用互联网的优势，打破城乡沟通的阻碍，宣传乡村的生态农业，推广乡村的农产品品牌，通过电商、体验店、社区直营等形式，线上线下相结合，为乡村产品提供更多销售渠道。

第二节　解决人才问题的策略

党的十九大报告上指出，农业、农村、农民问题是关系同计民生的根本性问题，必须始终把解决好"三农"问题作为全党工作的重中之重。要促进农村一二三产业融合发展，支持和鼓励农民就业创业，拓宽增收渠道。培养造就一支懂农业、爱农村、爱农民的"三农"工作队伍。

这段话透露出了未来农业人才的一个方向，这其中包含了两个信息：一是促进农村一二三产业融合的问题，也就是在农村发展与农业相结合的工业及服务业，让一部分农民或者不太适合做农业的人们转移到这个上而来，为他们寻找出路，增加收入。二是提出要求，希望建立懂农业，也就是有专业知识的人才；爱农村，也就是能够深耕基层，接地气的人才；爱农民，也就是对农业有情怀，不只是谋个人利益，而且能带动农民一起致富的人才。可以总结出，未来农业的人才一定要懂技术、接地气、有情怀。

一、强化领导核心，提升乡村振兴领导力

在乡村，部分群众不知道村党总支才是村里的领导核心，村级党组织没有发挥应有的领导核心作用，导致群众在认识上有偏差。在任何时候、任何情况下，农村基层党组织都必须是引领和推动乡村振兴的领导核心，基层党组织在引领和推动乡村振兴过程中的领导作用绝不能虚化弱化。

因此，必须站在巩固党的执政地位的高度，加强农村基层党组织建设，突出政治功能，提升组织力，着力解决领导核心弱化虚化等问题，要拓宽视野选任基层党组织领导班子成员，努力打造一支政治素质过硬、理念超前、担当意识强烈的乡村干部队伍，真正把关心、关注、关爱农村的返乡创业人员、优秀大学毕业生、退休干部、退伍军人、致富能人选拔到村级组织领导岗位上来，加大对农村基层干部的教育培训力度，提高基层干部的能力和水平。

二、精选村级带头人，解决能人缺失问题

纵观全国文明村庄，基本都有一个全国文明的带头人，他是地方发展的精神领袖。一个地方的发展，关键看领头人。可能选好一个支部书记，就能带好一支队伍，带富一方水土。这就是社会主义市场经济条件下的名人效应和能人经济。这些能人之所以成为领头人，是因为他们敢打敢拼，有思想、有头脑、不盲从。

在乡村振兴的道路上，除了党和国家的指导方针，除了各级各部门的惠民政策和资金支持，还要寻找有战略眼光、有领导才能、有实干精神、有无私情怀的领头人物，来因地制宜谋划乡村振兴，有激情有魄力地推动乡村振兴，着力解决兴村强村能人缺失的问题，有计划地为这类能人谋划出路，拓宽出口，为他们搭建更高灭好的发展平台、打破他们成长进步的"天花板"，让他们始终保持干劲、有盼头、激情满满，为乡村振兴注入强大的带动力。

三、储备乡土人才，解决内生创造力不足问题

习近平总书记强调："让愿意留在乡村、建设家乡的人留得安心，让愿意上山下乡、回报乡村的人更有信心，激励各类人才在农村广阔天地大施所能、大展才华、大显身手，打造一支强大的乡村振兴人才队伍。"

所以，从现在起，一定要以"等不起慢不得"的态度，按照"发现一批""培养一批""储备一批"的要求，对内抓培养选用，对外抓引进聚集，大力培养储备乡土人才，有序推进农村致富能手、专业技能人才、新型职业农民、经营管理人才队伍建设，不断扩大乡土人才的存量，满足乡村振兴的人才需求，着力解决创新创业动力不足的问题，为乡村振兴提供源源不断的驱动力。

四、提高村干待遇，调动乡村振兴主动性

稳步提高村组干部待遇一直是广大村民关注的焦点，但因村组干部队伍庞大、地方财力十分有限，目前在解决村组干部待遇的问题上还与现实期待有较大差距。客观地讲，村组干部不是编制内公务人员，但他们是与基层群众接触最多、为基层群众服务最多的人。

各个基层干部必须认识到，村组干部身处乡村振兴第一线，如果他们干事创业精神不振、履职尽责敷衍懈怠、为民服务消极应付，把村干部这一职位完全当成"兼职"，

一如既往坚持"走读",那么势必会让乡村振兴战略的推进落实大打折扣,"最后一公里"问题最终难以很好解决。

因此,无论是地方财力的分级投入,还是集体经济的补助奖励,在提高村组干部待遇这一问题上,都应有所行动并使之卓有成效。要千方百计稳步提高村组干部待遇,更好地激励他们干事创业激情,推动村组干部由不愿管事、不愿干事向主动作为、主动担责转变,进一步激发出乡村振兴的内动力。

五、提升凝聚力,推动群众利益互相联结

多年来,我国家庭联产承包责任制的优势被逐渐丢弃,农民"一盘散沙",无法释放他们的主动性和积极性,这就是农村产业难以发展的原因,也最终导致产业的小、散、零、弱。这种现状已经跟不上时代发展的要求,"各人自扫门前雪"的农村土地利用模式已不能适应现代农业发展步伐,向土地要聚集、向产业要规模、向农业要效益,成为现代农业产业发展的最大呼声。

因此,要解决产业发展各自为政的问题,就必须坚持在村级党组织的领导下,规范农民专业合作社发展,提升专业合作社的运行质量和管理水平,引进企业、鼓励能人领办合作社,形成"党支部+合作社""企业+合作社""能人+合作社"等模式,支持农民通过土地、资金、技术等多种方式入股合作社发展。

把农村土地聚合起来,把群众利益联结起来,提高农民组织化程度,让农民在专业合作组织中分工有差别、收入有保障,推动农村劳动力从传统农业中解放出来,让传统农民成长为新型农民,让传统农业转型为现代农业。

第三节 解决资金问题的策略

一、筑巢引凤,吸引社会资本

社会资本现已成为推动乡村振兴的重要力量,引导好、服务好、保护好社会资本下乡的积极性是加快实施乡村振兴战略的重要措施。但由于"不知怎么投、想投不敢投、困于建设用地、资金需求大、回报周期长"这5大难点痛点,投资并非坦途。

乡村振兴,需要引导各类社会资本投向农村。2018 年中央1号文件明确提出了要"加快制定鼓励引导工商资本参与乡村振兴的指导意见,落实和完善融资贷款、配套设施建设补助、税费减免、用地等扶持政策",《乡村振兴战略规划 (2018—2022 年)》

明确提出了要"放开搞活农村经济，合理引导工商资本下乡""优化乡村营商环境，吸引社会资本参与乡村振兴"。这都为社会资本进入农业农村铺就了道路。如何抓住乡村振兴投资问题的"牛鼻子"?需要利用土地、金融、税收等方面的政策手段，有针对性地指导社会资本参与到实施乡村振兴这个大战略中来。

江苏省出台《关于引导社会资本更多更快更好参与乡村振兴的意见》(以下简称江苏省的《意见》)中细化了支持政策。比如，提出高质量实施乡村振兴 PPP 项目，"鼓励乡村振兴 PPP 项目申报省级试点，符合条件的优先选人，对民营企业作为主要社会资本方、绿色环保领域的乡村振兴类项目，奖补标准在现有基础上提高 10%，奖补上浮政策可同时享受。"在土地问题上，强化建设用地供给保障，推进农村土地集约化利用，"发挥土地利用总体规划引领作用，鼓励支持有条件的地区开展村土地利用规划编制"，"鼓励社会资本通过 PPP、委托代建、先建后补等模式，参与农村人居环境改善和高标准农田建"等。同时，加大财政资金奖补力度，降低投资运营成本，强化金融支持，"鼓励农业企业在资本市场挂牌上市，对总部注册地在江苏的农业龙头企业，在主板上市、新三板挂牌的，由省财政分别给予 300 万元、40 万元奖励，在江苏股权中心挂牌的，省财政给予 20 万元普惠金融补助。"

在江苏省的《意见》中，强调要全面加强政府服务农业农村领域项目平台建设，为社会资本投资乡村振兴提供项目信息、规划、融资、建设、运营等一揽子服务，提高社会资本投资效率，降低社会资本投资风险。同时，提高组织保障水平。

江苏省的《意见》明确鼓励支持国内外社会资本、各类市场主体在江苏境内重点投资8大产业——美丽宜居乡村、乡村加工业、乡村旅游业、乡村生活服务业、农业生产服务业、优质高效农业、绿色循环产业、科技装备业。

这8大产业是农民、合作组织和村集体干不了，但又投亟须资建设的领域，同时也是带动农民增收、改善农村人居环境最重要的领域。这 8 大产业中，有传统产业，但更多的是引领未来、促进一二三产业融合的新产业，也是具备盈利条件、很有发展潜力的领域。比如，随着苏北农民住房条件改善，在乡村发展加工业这样的劳动密集型产业就比在城镇更有优势，因为农民相对集中居住后，劳动力资源也会相对集中。还有，相对集中居住后会带来农村服务业发展的机会，比如围绕提升农民生产生活水平的商业、物业、教育等生活性服务业，以及围绕增强农业生产能力、提供农业社会化服务的生产性服务业等。在坚持"共享共荣、互利互惠"的基础上,这些领域必将成为社会资本新的投资方向。

解决乡村振兴投资问题,利用好社会资本是重要渠道。在社会资本参与乡村振兴的过程中,引导好、服务好、保护好社会资本下乡的积极性是加快实施乡村振兴战略的重要措施。要实现两者双赢,乡村振兴才有强大的生命力;要能够可持续振兴,才有数量更多、质量更优的社会资本愿与、能与乡村振兴"组团"。

二、盘活土地,以土地换资金

我国农村长期实行"一户一宅、无偿取得、长期使用"的宅基地制度。而在实践中,宅基地使用权退出不畅,导致"建新不拆旧"普遍存在,"空心村"背后是大量土地的闲置。通过"宅改"节省用地指标,并建立土地流转市场,可以在美化村容村貌、合理化村庄格局的基础上,帮助农民增收,刺激大众消费。

因此,土地改革是解决农民问题的根本,一定要保证农民利益不受侵犯,让农民对自己的土地安心、放心。

(1)放开集体土地市场,实行"三权分置"。农村土地使用制度改革的方向应是在坚持集体土地所有制的基础上,在保障农村土地生产功能的前提下,有限度地放开集体土地市场。

我国区域差异较大,耕地制度改革没有采取"一刀切",而是充分尊重农民意愿,由广大农民自主选择适合当地特点与生产水平的耕地使用制度。但绝大多数农民集体都实行了家庭承包责任制。因此,"三权分置"改革是为促进耕地流转、发展规模经营提供灵活选择的空间,并非无条件地强制推行。从实践看,"三权分置"改革在适合规模经营的平原地区进展较好,但在大部分地区特别是耕地自然细碎化、适合小规模经营的山区,仍存在数量巨大的自包自种农户。因此,"三权分置"改革后,土地承包经营权没有湮灭,仍作为一项独立权利广泛存在。对这项权利,应继续给予有效保护,并借鉴"三权分置"改革思想改进其中不科学的环节。

土地承包经营权的权能可划分为农户的承包权与经营权,耕种收益也可划分为承包权的保障性收益与经营权的经营收益。如果说土地承包权强调公平、土地经营权强调效率的话,则土地承包经营权既要承担公平也要负责效率,而这在实践中往往难以做到,容易顾此失彼。

"三权分置"改革后，土地承包经营权能够分离出土地承包权和土地经营权，借以实现效率目标，但不考虑家庭成员数量变化而简单以农户为单位确定承包权有失公平。对此，可探索利用"三权分置"改革思想予以改进，如在征得集体成员同意的基础上，要求人少地多的农户就多余耕地向集体缴纳土地承包权对应的收益，人多地少的农户按照多余人口分享相应收益。这种方式可避免部分集体为追求公平而不断对承包地进行调整的行为。

"三权分置"改革后，进城农户处置手中土地承包经营权主要有两种选择：首先，有偿退出土地承包经营权；其次，保留农户承包权，把土地经营权流转出去。两者相较，土地承包经营权有偿退出能够减少农业人口，促进规模经营，也有利于简化耕地权利体系，减少权利冲突，是耕地制度改革的长远选择。但当前社会保障体系仍不健全，完全退出土地承包经营权可能产生失地失业农民，影响社会稳定。为平稳有序地实现土地承包经营权退出，应将土地承包经营权有偿退出与推进完善社会保障制度有机衔接。首先，应设置退出的前置条件，明确只有具备稳定的非农职业或者有稳定的收入来源、具有相应社会保障的农民才可退出土地承包经营权。其次，应建立退出补偿与社保缴费的制度安排，明确退出补偿资金优先充实社保账户，超出部分归农民所有，仍存在社保缺口的可由农民自主补缴。在退出补偿资金来源方面，应明确土地承包经营权必须退给发包方即"集体"，由集体对土地统筹整理后再次发包，用发包收入抵充退出补偿金。

纵观我国农村耕地制度沿革，公平与效率始终是不容回避且在不断权衡的两种导向，"统"与"分"是土地经营的两种方式，耕地制度改革的历史就是两种导向与两种方式间的矛盾发展史。在现代农业加快发展的历史条件下，应突出土地作为生产要素的属性，做实做大土地经营权，打破土地经营权流转的"小圈子"，增加土地经营权抵押价值量，促进耕地流转与优化配置；进一步强化土地承包权的社会保障属性，采用"确权不确地"的方式打破人地捆绑关系，并实现集体成员间完全公平均等；进一步利用好集体所有制的制度优势，完善集体产权治理方式，通过更好地发挥集体作用，促进土地经营权与承包权的有效实现。同时，鉴于土地承包经营权在大部分地区仍将长期存在，应继续给予有效保护，并利用"三权分置"改革思想更清晰地界定土地承包经营权，解决其内在的公平与效率矛盾。长期内，应继续完善社会保障制度，引导和推动土地承包经营权的有偿退出。

（2）通过土地流转实现经营规模。实施乡村振兴战略，涉及农业、农村和农民发展的方方面面，其中，在构建现代农业产业体系、生产体系、经营体系过程中，发展多种形式适度规模经营，对于中国这样一个人均土地面积少、资源禀赋多样化、区域发展差异性比较大的国家的现代农业发展和实现小农户与现代农业发展的有机衔接至关重要。

把发展多种形式适度规模经营纳入三大体系建构中，其原因是多种形式的农业适度规模经营体系的建立涉及土地、劳动、资本、技术这些生产要素的优化配置，以及产业组织形式的合理选择和专业化分工的效率呈现，这些问题都是现代农业要解决的问题。与工业的规模经营不同，农业的规模经营不但与经营者投入资本的有机构成有关联，而且与农业的自然再生产和经济再生产的特性，与农业的经营方式和农产品的特性有关联。发展多种形式的农业规模经营，首先需要明确这种规模经营究竟是谁的规模经营。实践中，我们所强调的农业规模经营，主要是指农业经营者的规模经营。毫无疑问，农业的规模经营是提高农业劳动生产率的基本途径，但现代农业的规模经营并非规模越大越好，而是要从具体的农业产业技术、经营方式和产品的特点出发，注重农业规模经营的适度性和类型多样性。

近年来，越来越多的村子在保护耕地的基础上开始探索灵活用地方式，以满足日益增长的乡村旅游开发需要。"农牧渔业种植、养殖用地"用于开发观光、采摘等旅游项目的情况越来越多，而这些项目主要是通过土地流转实现的。

土地流转是发展乡村旅游的重要条件。一是乡村旅游开发需要旅游基础设施，如停车场、厕所、住宿、餐饮等，这些都需要流转土地；二是乡村旅游企业需要突破单一农户限制，达到一定规模。目前，国内比较好的休闲农业与旅游企业流转的土地大多在 300 亩以上，规模最大的可以达到数千亩。

从我们目前城乡用地格局来看，农业用地制度管理是改变用地效率的关键。党的十九大报告中"深化农村土地制度改革，完善承包地"三权'分置制度。保持土地承包关系稳定并长久不变，第二轮土地承包到期后再延长 30 年"，更确立了农村发展的重要性。不管是国家经济发展还是旅游发展，乡村都是一块亟待开发利用的宝地，给农户更多生产方式的选择，高效发展乡村经济，保障用地的公平性、效益性，才能将乡村建设得更加美好，城镇化的目标才能更快实现。

第五章　政府统筹实施

第一节　盘活土地资源"三剑客"

一、搭建产权交易平台，助力资源变资产

资源变资产要采取县级政府搭台、市场运作的方式，率先建立市场化的农村产权交易平台，引导农村产权进入平台流转交易，专门招募评估公司、专业拍卖机构和律师事务所，提供各类专业服务，为农村经济量身定做竞价方案，让农村产权财产属性发挥最大作用，为资源变资产铺平道路。

条件成熟的县，可将农村产权交易平台与农村"三资"智慧监管系统进行融合，建立村级集体资产资源交易超市，让所有拍卖资源在更加透明、公正的信息环境下进行，实现最大限度的增值。

为了解决农村资产利用不足的问题，县政府还可以通过农村产权制度改革，引入中介摸清家底，为乡村提供资产清算和价值评估的一整套服务，对于引进的项目，实行属地乡镇、中介机构、村两委"三堂会审"，将农村产权交易的所有关口同时打通。通过资金补助、项目挂钩等形式，将农村产权全部导入平台进行交易，把资产转变成实实在在的资金。

二、指导农宅三权分置，助力资产变资金

县政府应在农村土地这个最大的资源上面下功夫，在健全农村承包地"三权分置"的基础上，大胆开展农宅"三权分置"，让农房具有融资抵押功能，使农宅资源尽快释放能量，拓宽农民增收途径。鼓励农民通过租赁、入股、合作等多种方式，进行创业或就业，从而提高自身财产和经营收入。

一个重要举措就是把闲置的农宅流转起来，开发民宿、休闲、养生、养老等特色产业，让农民当上房东或股东，把旧房、老房变成聚宝盆。要专门制定针对农村宅基地"三权分置"的政策体系，盘活农民手中的现有资产。

三、鼓励成片土地流转，助力农民变股东

低效闲置的承包地作为农民的重要资源，长期以来没有被充分利用。县政府应当基于这一点，将农村的土地承包经营权通过政策扶持的方式，实现规模化、成片流转，打破村与村、乡与乡的行政界线，按照产业需求成片流转。县财政每年要安排专项基金支持土地流转。同时，制定引入工商资本的政策，实行规模化和集约化经营，发展新型农业经营主体，将第一产业和第二、三产业进行融合，打造一批具有龙头作用的诸如田园综合体、旅游度假区、现代农业园区和特色农业强镇等项目。

第二节　开发乡村旅游"新思路

生态资源是乡村得天独厚的优势，也是乡村不可多得的天然氧吧和疗养胜地。空气质量优良、饮用水水质优良是乡村旅游的热点和卖点。无论是旅游大县还是旅游短板县，都应该对"旅游兴县"有深刻认识。因此，县市政府以乡村生态休闲"产业带"建设为引领，大力推进景区品牌化建设，增强景区整治提升力度，推动旅游产业从量变向质变飞跃，逐渐从跟跑向领跑转型；将"旅游+林业"、养生、体育、农业、观光等产业融合起来，推动其发展，形成生态休闲产业的裂变式发展。

近几年，各地政府相继召开不同规模的旅游发展大会，纷纷提出了建设国际化休闲度假旅游城市的发展目标，在旅游发展方面提出了很多清晰的思路和规划。

随着大众旅游新趋势的到来，各地县委、县政府要秉持"旅游兴县""旅游富民"的发展战略，不断探索开发休闲旅游产业。对于确定旅游发展思路，将生态资源尽快转变成经济发展新动力。具体讲如下几点：

一、聚焦"大发展"定位

锁定"领先全省、领跑全市"的目标，以建设精品景区、打造精致产品、实施精准营销为路径，努力打造2小时交通圈、一流的山水田园休闲度假旅游目的地。

二、实施"国字号"创建

以创建引领旅游发展提速提质,全力推进国家5A级旅游景区、国家全域旅游示范县两大创建,带动旅游软硬件水平全面提升。

三、做好"大品牌"文章

精心谋划实施一批引领性强的大项目、好项目。围绕文化名镇、知名景区等品牌景区,统筹抓好产业规划、产品设计、业态升级,全力打造文化旅游、时尚运动、康养旅游三大主题板块,加快形成全城旅游的核心吸引力。坚持高端品牌引入和本土品牌培育两手抓,全力谋划建设游客集散中心、重点景区接待分中心、主要节点游客接待站,加快构筑"点面结合、高低搭配"的接待体系。

四、建设"大体系"支撑

县级政府应当切实解决当前旅游发展产业链条延伸不足、产品不够丰富的问题,进一步激发旅游催化和集成作用,实现"以人气做大流量,以流量推动发展"的经营格局。在全县开展十大民宿村、十大旅游宣传营销活动、十大文旅融合项目、十大体旅融合项目、十大农旅休闲项目、十大康旅融合项目、十大研学基地、十大美食名品名店、十大旅游购物场所、十大旅游龙头企业等大体系建设,并进行项目支撑,营造乡村旅游的氛围,并以此为突破口,实现乡村旅游产业的长足发展。

五、唤醒"沉睡中"古村

乡村旅游资源中还有一个重要的旅游资源,就是古村落。这些古村落长期以来,一直处于沉睡的状态。在新形势下,应当重点开发这些古村落资源,为乡村振兴提供另一条路径,也为新政策注入新的活力。

为了重点保护和开发这些古村落,应当在"保护为主、抢救第一、合理利用、加强管理"的原则下,主要做三件事:

(1)高标准规划。委托有关专业机构参与指导,并且对旅游重镇的城镇规划进行修编,对风景名胜区与城镇重叠区的道路网、绿化带、建筑景观进行规划控制,为古村落的保护和开发利用提供明确的管理目标和依据。

(2)多类型推进。根据古村落的不同情况,因地制宜地开发多种经营模式。比如,做足文旅文章,通过植入文化业态复活古村,打造集古村复活、文化影视、多彩森林、创意田园于一体的文旅综合体项目，还可以大力发展民宿、农家乐，发展特色美食产业。

（3）大力度扶持。县政府为古村落安排的基础配套设施建设资金要落实到位，积极调动社会资本参与投资。为解决资金困难，还可推出"古村保护开发贷款"，实行利率下浮的政策优惠，惠及古村落居民。好多古村落，体量大，但都没有进行过商业开发，处于沉睡状态，没有在当地形成强劲的产业。这些优质的资源处于闲置状态，不能给当地农民带来收入，面临着人气不兴旺、财气不发达的难题。这就需要探索开发出既能保护古村落又能产生持续收入的新模式。

六、改造"白化山"生态

农村丧葬陋习，"青山白化"问题日益严重，困扰着乡村振兴的发展。在践行习近平总书记"两山"理论的今天，必须彻底改变农民根深蒂固的丧葬观念，进行全面彻底的生态化改造，让青山恢复本色。县乡政府要积极推出移风易俗的行动方针，针对婚丧礼俗大操大办的问题，积极顺应民情民意，采取"婚事新办制度、丧事简办治理、便民惠民服务"等具体措施。各乡要推广"生态墓地"建设，必须消除"椅子坟"对发展旅游的不良影响，刹住"死人与活人争绿地"的风气，逐步试点"互联网+移风易俗"的坟墓生态化改造项目，彻底摆脱"拆坟圈、留坟样"传统私坟改造模式，将原先占地几十平方米、一米多高的坟墓全部拆平，铺上绿草皮，可用一块鹅卵石代替墓碑，并在鹅卵石墓碑上刻上二维码，通过手机扫一扫，就能详细了解墓主的音容笑貌和生平故事，实现"隔空文明祭拜"，打造坟墓生态化改造范本。

县乡政府要全力推进"归根园"模式，按照"先建公园后建墓园"的思路，政府主导规划选址和设计标准，在村集体的荒山荒地上建造融合生死文化、生态自然、追思祭祖于一体的生态陵园，再由村民以成本价认购墓地，这不仅能初步解决农村"死不起"的问题，而且可有力破解生者与逝者共享空间的难题，较好地实现逝者安息、生者减负、移风易俗三者的统一。

七、污染"零准入"项目

（1）下最大决心。实施最严格的污染项目"零准入"制度，落实环境保护一票否决机制，从源头解决污染防治问题，实现农村污水处理和农污处理设施"两个全覆盖"。

（2）立最高标准。将生态保护区域范围划分为核心保护区域、重点保护区域和一般保护区域，分等级、分类别实施针对性的法律保护。

（3）用最严举措。对于破坏生态环境的行为，政府应采取高压严打的措施。

第三节　开发乡村旅游"新类型"

乡村旅游的发展逐渐呈现出产业的规模化和产品的多样化。国外一些与乡村旅游相关的旅游主题主要有：农业旅游、农庄旅游、绿色旅游、民俗文化旅游等。综合国内乡村旅游的现状和其他学者的研究成果，市县政府应当积极探索下列乡村旅游新类型：

（1）　以绿色景观和田园风光为主题的观光型乡村旅游。

（2）　以农庄或农场旅游为主，包括休闲农庄、观光果园、茶园、花园、休闲渔场、农业教育园、农业科普示范园等体现休闲、娱乐和增长见识为主题的乡村旅游。

（3）　以乡村民俗、乡村民族风情以及传统文化为主题的民俗文化、民族文化及乡土文化乡村旅游。

（4）　以康体疗养和健身娱乐为主题的康乐型乡村旅游。

第六章 两委主抓实施

第一节 管理模式创新，实现治理有效

实现乡村有效治理是乡村振兴的重要内容，2019年6月23日，中共中央办公厅、国务院办公厅还专门印发《关于加强和改进乡村治理的指导意见》，对当前和今后一个时期的全国乡村治理工作做了全面部署安排。农村的社情民意相对复杂，基层治理也面临着巨大的挑战。为此，要坚持新时代发展理念，全力打造共建共治共享的社会治理新格局。

一、实行"三资"智慧监管

"三资"管理不规范、不透明，是引起农村矛盾纠纷多发的一个很重要的原因，这是困扰乡村振兴的一个实际问题。为此，全国大多数县级政府都推出了农村"三资"智慧监管系统。要逐步构建"数字化运行+全流程监管+无盲区覆盖"的农村"三资"智慧监管体系。通过"三资"监管 App 系统，实现"三资"交易信息的 App 提前发布、网络在线审批、实时在线监管、无现金交易、无现金支付的监管措施，彻底解决农村"三资"监管难题，也将从严治党的"最后一公里"向前推进了一步。

二、多村建立联合党委

在多村抱团发展的过程中，大家的思想和行动很难一致，这是普遍存在的问题。为此，各县应当采用联合党委模式，通过公共事务共商、党员队伍共管、重大项目共建、发展成果共享的机制，整合多地区资源，助推共同发展。将一批党员干部、村民代表、乡贤能人、工作室大师等人才吸收进来，共同建立"网格提议、自治委员会商议、联合党委会决议"三级议事制度。

三、构建"4+1"人民调解

所谓"4+1",是指建立4个不同层面的人民调解机制:乡镇建联调中心、村级建联片调委会、重点村居调委会、个人品牌调解室;就是由一批专家组成的业务支撑平台。在"4+1"基层人民调解模式下,镇村矛盾纠纷的解决能力得到很大提高,基层农民由此更有干劲,真正实现"小事不出村、大事不出乡"的治理结构。

第二节 优化分享模式,吸引资本入村

乡村振兴包括一二三产业项目,每个项目都有不同的利益分享模式,充分发挥村民属地优势,放开项目分享方式,吸引更多的社会资本人村,是最佳的选择。目前,从项目管理角度看,主要有直接经营管理模式和市场化经营管理模式两种。

一、直接经营管理模式

直接经营管理模式是指集所有者和经营者于一身,项目的管理、开发由村集体承担,项目收益、分配由村民决定。这种模式导致资源得不到有效配置,其经济价值得不到应有的体现,严重阻碍了乡村振兴战略的实施。

二、市场化经营管理模式

将所有权和经营权分离,真正把项目作为一项产业来对待,将其作为独立的主体推向市场。存在的市场化方式主要有两种:一种是以项目的形式招商引资,由多个投资主体行使经营权;另一种是垄断经营权,以一家公司(机构) 作为投资主体,进行垄断经营。

第三节 撬动乡村旅游,抓住市场未来

大力发展乡村旅游,是乡村振兴的重要组成部分,是加快城乡经济融合发展、实现产业联动和以城带乡的重要途径,对加快推进新农村建设、增加农民就业机会、拓宽农民增收渠道、促进农村精神文明建设和满足游客旅游文化消费需求都具有十分重要的意义。同时,科学保护和合理开发各类乡村风光,宣传乡村文化和乡村休闲生活风貌,开展乡村观光、休闲、度假和体验性旅游活动,对进一步保护生态环境和弘扬民族文化,丰富和优化我国旅游产品结构、产业结构、区域结构和市场结构都将发挥

积极的作用。要营造一个生态、人文、经济、生活等各个要素均衡配置，大多数人能在此享受舒适生活的"轻城市"。

一、乡村旅游发展方向

乡村旅游必须沿着与文化旅游紧密结合的方向发展，明确这一发展的方向是使之规范化、健康、高速发展的根本保证。文化因素本来就是乡村旅游得以兴起的根基。乡村旅游开展所依托的资源，不是先人遗留下来的、死气沉沉的、被称作凝固乐章的静景观，不是靠恢复、模仿而再现的历史场景，不是失去原有自然环境的高度浓缩在有限空间中的民俗风情，而是世代伴随人类繁衍进化，充满生气与兴旺景象的，能使游人融于其中的环境、氛围的活动。中国传统的"天人合一"的哲学思想给我们指出了一个深刻的道理，即只有贴近自然的才是永久属于人类的。

二、坚定乡村旅游目标

通过大力发展乡村旅游，形成种类丰富、档次适中的乡村旅游产品体系，把乡村旅游业培育发展成为繁荣和壮大我国农村经济的特色优势产业，把乡村旅游业发展成为旅游业新的主要力量，通过发展乡村旅游业，着实启动乡村旅游消费市场，形成社会消费热点。最终，把广大乡村建设发展成为国内旅游的重要目的地和客源输出地.，建成统筹城乡的同民旅游消费大市场。

三、明确乡村旅游内涵

因地制宜，大力开发体验性、知识性农业旅游项目，挖掘其文化内涵。观光农业是一种文化性很强的产业，发展农业旅游不能只以田园风光、农事活动等作为吸引物，必须发掘农村文化中丰富的内涵，做到文化、乡情、景观三者的和谐统一。如果说文化是"根"，乡情是"叶"，那么景观则是"花"。有文化内涵的产品将是 21 世纪旅游产品的基本特色，只有在内容和形式上充分体现出与城市生活不同的文化特色和民族色彩，具有鲜明的地域特色和文化内涵，才能最大限度地激发旅游者的需求动机。

四、结合宜居开发旅游

乡村旅游不能理解为是一种纯粹的农业资源开发，而要与生态宜居开发结合起来，借助旅游吸引力，争取客源，以进行资源共享，优势互补。要与小城镇建设相结合，小城镇的建设要按旅游城镇的风貌进行控制，使小城镇本身就成为旅游目的地之一；

也可以依托小城镇发展乡镇企业、旅游商业，如农副产品的深加工、旅游纪念品的生产等。

第四节　发挥交通优势，实现要素流动

乡村交通地形复杂，便利的交通是乡村振兴的基础大事。交通兴旺，则百业兴旺。交通不仅是老百姓的进出路，还是实现乡村振兴要素流动的主要通道，交通先行，要成为村两委最为重要的发展理念。在交通投入上面，积极谋划各级政府的支持，争取线路项目，提高线路等级。在占用土地、林地等资源上要提供可行的补偿方式。

村两委要有依托就近交通枢纽的战略思路，从实际问题出发，提出谋划本村交通改造、建设的思路和建议。具体来讲，就是重点打造"三个圈"。第一个圈是努力融入所在城市的1小时交通圈；第二个圈是融入就近中心镇的半小时交通圈；第三个圈是形成城乡微循环圈。

第五节　做好脱贫攻坚，壮大集体经济

要想振兴乡村，前提是脱贫。发展村级集体经济是推动农村、农民实现全面小康的重要举措。

脱贫致富是村两委的永恒主题，应当列入两委的核心工作范围，单靠国家补贴不能彻底解决脱贫问题，自力更生才是硬道理。因此，村两委应当结合自身实际选择不同的脱贫路径。项目潜力村，可以选择村企合作路径；城中村，可以选择集体物业路径；生态强村，可以选择农旅融合路径；农业规模村，可以选择农特品牌路径；山区偏远村，可以选择特色产业路径；经济空壳村，可以选择劳务合作路径等等。

第七章　社会资本实施

乡村振兴的重要投资者是社会资本，社会资本实施乡村振兴的途径，包括自主投资和合作投资。无论是自主投资还是合作投资，投资的目的都是助力乡村振兴。社会资本自主实施乡村振兴的最佳方式应该是选择投资建设田园综合体项目作为项目的主体公司、带动周边村实施乡村振兴。因此本章就实施田园综合体项目做重点介绍。

第一节　田园综合体概念

田园综合体是以农业为主导，以农民充分参与和受益为前提，以农业合作社为主要建设主体，以农业和农村用地为载体，融合工业、旅游、创意、地产、会展、博览、文化、商贸、娱乐等三个以上的相关产业与支持产业，形成多功能、复合型、创新性的地域经济综合体。

田园综合体是基于乡村地域空间的概念，以农业、农村用地为载体，以功能复合化、开发园区化、主体多元化为特征，融合"三生"功能，推动农村三次产业融合，促进区域经济转型升级发展的新型复合载体。因此，田园综合体项目符合乡村振兴战略，社会资本投资应以田园综合体项目立项实施。

第二节　田园综合体规划要点

一、符合"国家政策"原则

（1）创新土地开发模式。田园综合体要保障增量、激活存量，解决现代农业发展的用地问题。2017 年中央 1 号文件专门强调提出，要完善新增建设用地的保障机制，将年度新增建设用地计划指标确定一定比例，用于支持农村新产业、新业态的发展，允许通过村庄整治、宅基地整理等节约建设用地，通过入股、联营等方式，重点支持乡村休闲旅游、养老等产业和农村三产融合发展。

（2）创新项目融资模式。田园综合休解决了现代农业发展、美丽乡村和社区建设中的"钱从哪儿来和怎么来"的问题。经济社会发展必须要有经济目标，工商资本需要盈利，农民需要增收，财政需要税收，GDP 需要提高，多主体利益诉求决定了田园综合体的建设资金来源渠道的多样性；同时又需要考虑各路资金的介入方式与占比，比如政府提供撬动资金，企业做投资主体，银行给贷款融资，第三方融资担保，农民土地产权入股，等等，这样就形成田园综合体开发的"资本复合体"。田园综合体需要整合社会资本，激活市场活力，但要坚持农民合作社的主体地位，防止外来资本对农村资产的侵占。

（3）增强科技支撑力度。科技是现代农业生产的关键要素，同时还是品质田园生活、优美生态环境的重要保障，全面渗透、支撑田园综合体建设的方方面面。为降低资源和环境压力，秉持循环、可持续发展理念，以科技手段增强对生态循环农业的支撑，构建农居循环社区，在确保产业发展、农业增收的条件下，改善生态环境，营造良好的生态居住和观光游憩环境。

在田园综合体里面，科技要素的关键作用已经由现代农业园区生产力提升的促进剂，转变为产业融合的黏合剂，这是科技地位本质性改变的地方。传统的科技是促进生产效率提升，产品质量和效益提高，现代的科技则能够促进业态效率提升和业态融合。如物联网技术的应用，在降低生产成本、提高生产效率的同时，更能促进与消费者之间的互动，有助于建立良好的信任关系。因而，从这个意义上说，科技的出发点和要素作用已经发生了改变。

（4）培育区域经济主体。通过田园综合体模式，解决几大主体之间的关系问题，包括政、企、银、社、研等不同主体。以往的农业园区只能解决其中 2~3 个主体之间的关系，现在通过复合体的利益共享模式结构，可将各个主体的关系完全捆绑融合到一起。

（5）放大农村产业价值。农业生产是发展的基础，通过现代高新技术引入提升农业附加值；休闲旅游产业需要与农业相融合，建设具有田园特色的可持续发展的休闲农业园区；休闲体验、旅游度假及相关产业的发展又依赖于农业和农副产品加工产业，从而形成以田园风貌为基底并融合现代都市时尚元素的田园社区。

（6）有效推动城乡统筹。以乡村复兴为最高目标，让城市与乡村各自都能发挥其独特禀赋，实现和谐发展。以田园生产、田园生活、田园景观为核心组织要素，多产业多功能有机结合的空间实体，其核心价值是满足人们回归乡土的需求，让城市人流、信息流、物质流真正做到反哺乡村，促进乡村经济的发展。

（7）创新农民参与模式。开发、管理与经营基本模式为多主体开发经营，分摊风险。田园综合体一般是多主体开发的。由于功能多样、地域广阔，一般一个主体开发就会力不从心，即使以一个主体为主，也会以小区域或主体采取招标或承包的方式分散风险，因此，多主体是田园综合体的显著特征。一般来说，田园综合体会有一个类似于开发区管委会性质的组织进行管理，就各项具体业务进行招标或者管理，但具体业务的经营需要具体的组织，或者是企业，或者是合作社，也可以委托给农民个人。

在多主体开发中，核心的主体是农民专业合作社。2017 年中央1号文件提出"支持有条件的乡村建设以农民合作社为主要载体、让农民充分参与和受益……的田园综合体"，说明中央的主旨是以农民或由农民组成的专业合作社为主体开发田园综合体，而不是企业或者其他主体。

以农民为主体，保障农民利益，才能保障乡村发展源动力。在近年来的农业开发中，尤其是在土地流转和新型经营主体建设中，各地重企业轻合作社的倾向一直存在。以土地流转招商引资的现象在一些地方还比较严重，这些做法在一定程度上忽视了农民的利益，甚至给农业的长期发展带来负面影响。从长远看，能否真正保证农民的主体地位，是田园综合体开发建设能否成功的关键。当然，中央提出以农民为主体的思路，并不排斥地方政府在开发中引进经济实力雄厚的企业，而是强调要保护农民的利益，在开发中不能忽视农民的诉求，要以农民为基础。

二、采用"龙头企业"模式

由于一家一户的小农户是分散的，由其集合而成的主体就是农民专业合作社。因此，田园综合体最合适的开发模式就是"龙头企业+合作社+农户"。在其构成方式中，龙头企业可以是多个，合作社也可以是多个。组建合作社、引进龙头企业，可以以田园综合体内的不同区域为开发单元，也可以以开发内容为单元。例如：在田园综合体内，需要改造原有农房以承接度假、旅游等项目，可以动员农民以农房入股合作社，合作社出资或引进资金对农房进行改造。通用改造模式，外观上保持村落原始风貌，内部装修星级化，设施一应俱全。对于农作物需要连片种植的，可以流转土地，也可以通过土地入股的方式进行，后者更有利于调动区域内农民参与的积极性和主动性，有利于田园综合体项目的顺利推进。

三、明确"禁止使用"土地

作为乡村振兴战略的重要抓手，田园综合体于2017年、2018年连续两年被写进中央1号文件。田园综合体概念的提出，势必对农业增值增效、农民创业增收、农村繁荣稳定发挥重要的推动作用。而要发挥农业休闲、观光、旅游等功能，必须建设配套的商业和服务设施，就必定涉及农村土地问题。我国实行严格的基本农田保护和建设用地管理制度，因此，在田园综合体项目投资时应注意以下几点：

（1）禁止在基本农田上建设。基本农田俗称"吃饭田""保命田"，其重要程度不言而喻。对于基本农田有"五不准"：不准占用基本农田进行植树造林、发展林果业和搞林粮间作以及超标准建设农田林网；不准以农业结构调整为名，在基本农田内挖塘养鱼、建设用于畜禽养殖的建筑物等严重破坏耕作层的生产经营活动；不准违法占用基本农田进行绿色通道和城市绿化隔离带建设；不准以退耕还林为名违反土地利用总体规划、将基本农田纳入退耕范围；不准非农建设项目占用基本农田。

（2）不得超越土地利用规划。各地区自然资源部门都会制订土地利用总体规划，规划会规定土地用途，明确土地使用条件，土地所有者和使用者必须严格按照规划确定的用途和条件使用土地。此外还会确定土地利用年度计划，对年度内新增建设用地数量，土地开发整理中心会就补充耕地量和耕地保有量等做出具体安排。

（3）严禁随意扩大设施农用地范围。以农业为依托的休闲观光等用地须按建设用地进行管理。以农业为依托的休闲观光度假场所、各类庄园、酒庄、农家乐，以及各类农业园区中涉及建设永久性餐饮、住宿、会议、大型停车场、工厂化农产品加工、展销等用地，必须依法依规按建设用地进行管理。建设用地管理就必然涉及农用地转用审批手续，农业设施兴建之前为耕地的，非农建设单位还应依法履行耕地占补平衡义务。

四、可选"项目用地"来源

（1）集体经营建设用地。指用于生产、经营的集体建设用地，包括村集体和个人投资的各项非农业建设所使用的土地。主要包括农贸市场用地、乡镇企业用地、私营企业租赁用地等。

（2）农户宅基地。农业农村部等部门《关于积极开发农业多种功能大力促进休闲农业发展的通知》中明确规定，支持农民发展农家乐，闲置宅基地整理节余的建设用地可用于休闲农业。因此，在进行休闲农业开发建设中可以利用农民住宅、闲置宅基地。

（3）四荒地。即荒山、荒沟、荒丘、荒滩等未利用的土地，属于现行经济环境中未得到充分、合理、有效利用的土地。

（4）城乡建设用地增减挂钩。是指休闲农业项目建设确有必要占用耕地时先行在异地垦地，数量和质量验收合格后，再置换成建设用地。异地可以是非本乡镇、非本区县，经国家相关主管部门批准也可跨省区实施。

（5）其他方式用地。国务院办公厅《关于推进农村一二三产业融合发展的指导意见》（国办发【2015】93号） 提出，对社会资本投资建设连片面积达到一定规模的高标准农田、生态公益林等，允许在符合土地管理法律法规和土地利用总体规划、依法办理建设用地审批手续、坚持节约集约用地的前提下，利用一定比例的土地开展观光和休闲度假旅游、加工流通等经营活动。

五、获取"项目用地"方式

（1）土地银行方式。在完成农村土地确权工作的地区，可采用"土地银行"的方式，实现农村集体土地指标的自由流转、质押和融资。这对于农户获取启动资金自营个体旅游项目和企业规模化获取土地用于开发大型旅游项目而言都具有现实意义。

（2）土地股份合作。农村集体可以建立合作社，农户以承包的土地入股，进行股份合作。这样可以使土地集中经营、高效经营，从而形成规模化、产业化。

（3）宅基地流转方式。城镇化的快速发展，大量农民进城买房，农村房屋闲置，田地疏于管理。实际上，在农村集中居住后，闲置下来的村庄农舍、废弃林园等恰好是休闲农业与乡村旅游的良好发展空间。对这些农村集体土地进行指标整理和农林复垦，并根据旅游产业经营需求合理配置建设用地指标，有助于提高休闲农业与乡村旅游的招商效率与质量。

（4）土地流转方式。对经济效益不理想的集体用地，可采取土地置换、租赁、入股联营等流转方式，统筹盘活存量集体土地。一方面可以解决在旅游开发过程中，需要迁移部分农户的住宅、承包地的问题；另一方面可以充分发挥土地的使用价值，进行集约化发展，便于个人或企业经营管理。

第三节　田园综合体用地误区

一、"无址可选也要选"的误区

土地并不像普通商品，有充分的选择空间。在选址的过程中，土地往往独此一家，让你别无选择。例如，在投资者的家乡有有限的土地资源，而作为开发者，又急切地想去开发，以至于无址可选的时候也要去选。这种选址方式最终效果必然不会理想。

二、"取得土地再策划"的误区

田园综合体，许多人对此并没有深刻的理解，在没有做好充分的休闲农业策划前，就匆匆决定先拿下土地再说，到手之后再去为它量身定做合适的"衣服"，这样的方式由于效果很难保障，就存在较大的风险。

三、"投资跟着感觉走"的误区

做农业、田园类项目不能跟着感觉走，不仅要了解土地如何开发与利用，还要对未来的发展有远见，尤其是对目标客户及将来市场情况的判断，还要有项目与市场的对接手段。唯有具备这些，才不至于陷入误区。

第四节　案例分享

一、以亲子为核心的主题农场

Mokumoku 农场位于日本伊贺市郊区，是一个联合产业农场。这个农场以亲子教育为出发点，主要受众群体为家庭，形成了以"自然、农业、猪"为主题的经营联合体。多年以来，这个农场已经形成"有机产品+工坊式生产+观光旅游体验+智慧型"的成熟运营模式，农场年产值 54 亿日元，是"第六产业化"亲子农场的典范。

Mokumoku 农场主要分为餐饮、住宿、购物和休闲娱乐四大区域，游客除了观光游览，还可以在这里品尝农场美食，小朋友可以学习农产品知识，还可以购买有机农产品。另外，这里的住宿体验也非常不错。

特别是体验环节，是亲子主题的主要活动内容，也是小朋友们的最爱。农场把农业产业的生产环节延伸到体验环节，让孩子们跟着饲养员听课，学习给小动物喂食、手工制作香肠、自己挤牛奶等有趣的内容。

餐饮更是农场的一大特色，游客食用的蔬果和肉类都是当地农家自己生产的有机产品。在购物区，周边的农户可以将自家生产的产品、培养种植的蔬果放在这个交易平台上供游客采购，每件产品都有种植户的照片、姓名等信息，游客可以放心购买。

Mokumoku 农场的例子值得从以下几个方面进行借鉴：

（1）立足农业。将农业产业环节与旅游产品无缝对接，形成一个较为完整的"农业+旅游"产业链，打造了一个可持续发展的商业模式。

（2）积极调动了孩子们的参与性和体验快乐，让孩子们在学习知识的同时，亲身感受农业生产的乐趣和艰辛，学会用心感恩大自然的馈赠，同时处理和父母的亲子关系。

（3）增添了乡村旅游的独特韵味。丰富的农业生产体验活动，以及独具特色的乡间住宿环境，大自然营造的舒适氛围，都是城市里的人们渴望享有，又特别新鲜的。

（4）通过与农民合作开发农产品的模式，极大地调动了农民参与的积极性，不仅增加了农民收入，也实现了农民身份的转变，从而带动整个乡村的经济发展。

二、以"奇"为突破口的手工制作

江原道，位于韩国东北部，是韩国首屈一指的旅游区。旌善郡坐落于太白山脉之间，空气清新，自古文人士子多隐居于此，因而这里传承着历史悠久、丰富多彩的民俗文化。

大酱汤作为韩国的代表菜之一，常常是韩国家庭餐桌上的必备菜肴。在韩国有很多地方都出产大酱，其中有一地很有名，名字是江原道旌善郡大酱村。不同于别处制作大酱汤的地方，旌善郡大酱村是由和尚和大提琴艺术家共同经营的。该村利用当地原生材料，采用韩国传统手艺制作养生食品的方式制造大酱，既符合现代人的养生学，又可以让游客亲自体验原生态下的大酱村，非常具有民俗文化特色。

大酱村不仅生产大酱，还开发了一系列养生体验的产品，比如绿茶冥想体验、赤脚漫步树林及美味健康的大酱拌饭等，充分满足游客的养生需求，还增加了体验的乐趣。

在大酱村，最有吸引力的一项体验活动就是和女主人一起制作大酱，感受传统的制作手艺。这是一种场景化的营销，通过游客的自发传播，让大酱村驰名全国。

另外一个非常别致的地方是，大酱村将三千个大酱缸作为背景，搭建了演奏会的现场，这个有创意的点子，又让大酱村与别的村庄不同，成为游客们静静欣赏音乐的绝佳场所。

大酱村值得我们学习的地方有两个：

（1）大酱村抓住游客好奇心，以"奇"为突破口，与大提琴家共同经营，是创意的奇特。开展三千个大酱缸为背景的大提琴演奏会，是实践的奇特。另外，以韩国泡菜、大酱拌饭为核心招牌来突出乡土气息也是乡村旅游发展的灵魂。

（2）用传统文化结合现代人生活方式进行产品体系的创新开发，是乡村旅游和田园综合体做出特色化的有力选择和最佳方式。

三、以农耕为依托的农业旅游

Fresno 市位于美国加利福尼亚州，开车3小时可到达旧金山、该市自然条件优越，交通便利，农业产业非常发达。而 Fresno 农业旅游区就是由 Fresno 市东南部的农业生产区和休闲观光景点构成的，这里面有美国重要的葡萄种植园和产业基地。

依托 Fresno 市，以及到达旧金山的便利交通，Fresno 农业旅游区形成了"综合服务镇+农业特色镇+十大特色项目+主题游线"的立体架构。其中，综合服务小镇是 Sanger，该镇是四个特色镇的服务中心，其交通区位优势突出，因为这里是由市中心去往东部国家公园及南部农业景点的重要中转站，并拥有完善的商业配套，Sanger 里有 26家餐厅和多家旅馆等。

其中的四个农业特色镇分别是 Reedlley，Selma，Kingsburg 和 Orange Cove。四个农业特色镇都有主要经营项目，其中 Reedlley 作为花齐苗木基地，被誉为"世界的水果篮"；Selma 被誉为"世界葡萄干之都"，同时也是著名的水蜜桃之乡；Kingsburg 主要作物包括葡萄、西瓜、苹果、棉花等，是世界上最大的水果加工中心；Orange Cove 主要种植橙子、柠檬、橄榄等作物，并以成熟的家庭水果作坊而闻名。

此外，Fresno 还有以"观光科普+体验+生产销售+度假村"为模式的十大项目。Fresno 农业旅游区的十大项目类型全面，功能各有侧重，能够满足各种人群的需求，并形成了以"赏花+品果"为主题内容的游览线路。

在 Fresno，还有两条很好玩的主题游览路线，一条是 Fresno Bloom Trail，另一条是 Fresno Fruit Trail，这两条游览路线将农业旅游区的重点项目串联起来，并且举办 Selma 葡萄干节与嘉年华、Kingsburg 瑞典节等节庆活动，让整个小镇活跃起来。这样的路线设计使游客既能身临其境，又能休闲娱乐。

Fresno 的经验借鉴有三条：

（1）依托城区，打造"综合服务镇+农业特色镇+十大特色项目+主题游线"的立体架构，从而形成独特的城乡经济共同体的生态网络。

（2）以资源为依托，因地制宜地确定片区的发展方向。

（3）通过设置赏花品果等主题线路以及举办丰富的节庆活动，从而串联重点项目，形成集聚优势，最终实现品牌影响力的提升。

四、以生态为优势的谷地景区

猎人谷（Hunter Valley）位于澳大利亚新南威尔士州东北部，距离悉尼约 160 千米，是澳洲乃至世界有名的葡萄酒产区，被世界著名的葡萄酒杂志评为"世界十大最佳葡萄酒旅游胜地"。

猎人谷的游客主要来自经济繁荣、人口密集的悉尼都市区，以及来自世界各地以品酒、购酒为首要诉求的高端美酒爱好者。

猎人谷的品牌定位为"忘忧之旅"或者"逃离之旅"。因为居住在城市的人们，在劳碌的工作过后，都渴望回归自然，忘记工作和生活的烦忧，逃离都市的高压和人群的纷扰，猎人谷正是一个理想的选择地。正是基于此，猎人谷将本地旅游品牌打造为"Escape Travel"忘忧之旅，通过各种媒体和形式向外界展示自己的形象。

在猎人谷，葡萄酒是一个重要的产业。猎人谷的生态环境和水土气候，特别适合葡萄的生产以及葡萄酒的制作，这里培育出了超过 120 个酒庄和酒客，出产的葡萄酒闻名全国。在葡萄酒产业的基础上，猎人谷还将品酒赏鉴、观光采摘、康体养生、休闲旅游、娱乐教育进行了巧妙融合，打造出了满足多元化需求的业态。

猎人谷的旅游度假产品多种多样。其中的植物园，总共有12个独立园区，这些园区彼此间距约8 千米，景观营造、主要物种和主题活动各具特色，已经成为酒庄、住宿场所之间的观光休闲场所，可以供游客观光游览、购物休闲。景区之间以绿廊步道连通，令游客流连其间，乐而忘返。

此外，猎人谷的葡萄园还兼营多样种养殖门类，游客除了欣赏葡萄园的美景，参观、体验红酒的制作工序之外，还能亲手打造属于自己的定制化美酒，最吸引人的，还有轻抚牲畜幼崽、试驾各种农机、制作纯正奶酪……

体育运动也是猎人谷的一大特色，在这里，各种运动项目花样繁多，强调亲近自然，完全依赖猎人谷的天然优势。在这里，可以徒步、骑山地自行车、骑马、打猎、皮划艇漂流、玩滑翔伞、打高尔夫球、观鸟、拓展等，一应俱全。

在历史文化方面，猎人谷的 Wollombi 保留了原汁原味的英式古典建筑和街巷空间，Maitland 以重犯监狱讲述澳大利亚的殖民地历史，Morpeth 则聚集了众多画廊、古董店和餐饮场所，展现地道的英式小镇生活场景。如此，三地串联成完整的澳洲英式人文画卷。

此外，在各城镇和酒庄聚集区还会定期举办一系列的现代、古典音乐集会和运动、文艺表演，这些活动与传统民俗节庆活动相得益彰，共同构成本地区极富魅力的娱乐活动体系。

不光田园综合体，一般景区内部交通建设也是非常重要的。猎人谷建立起了水陆空立体交通体系，这里的慢节奏交通方式，使交通兼具旅游和健身功能，成为一种产品。游客可以借由热气球、直升机、蒸汽火车、皮划艇、自行车、马车等多种交通工具观览葡萄园美景。

猎人谷的住宿设施具有多元化特点，满足了客人在住宿选择上的实际需求。依托酒庄房舍，由业主自主经营，保持传统风貌，基本上房间内仅提供简单卧室家具和早餐服务，相当于高端农家乐。此外还有高级度假村、小型精品酒店、高级租住屋等。

猎人谷的经验有以下三条可供借鉴：

（1）以葡萄酒为核心产品，利用良好的生态环境，构建出涵盖农业及其加工业、旅游业、商贸业、房地产业等多产业门类的完善产业体系，实现了"都市田园产业体系"的经济效益最优化。

（2）从整体上打造优势品牌，使澳洲美酒成为世界名酒中的强势品牌，而猎人谷则是澳洲优质酒品的代名词，从而迅速扩大本地特色农产品市场认知度与潜在市场规模，刺激相关产业的顺势发展。

（3）在充分发挥核心产品优势的同时，并未拘泥于此，而是积极培育和发展酒店业、农牧业、运动产业和康疗业等对应外来访客特征需求的延伸产业和配套产业，使各类人群都能在本地个性化选择和体验到完整而难忘的旅游经历。

五、以体验为主题的市民田园

在德国，有一家以体验为主的生活生态型市民田园，叫施雷伯田园，它是德国首创的为市民提供体验农家生活的田园。在这里，生活在城市的市民可以尽情享受田园之乐。在德国，没人不知道施雷柏，因为它已经是德国近郊区田园木屋度假的代名词，主要分布在德国大中城市的近郊区，在德国东部和西部都有相当大的规模和数量。

施雷伯田园的各家各户，如同微缩的露天民居博物馆，都是独门独院，各具风格，向人们展示着各家的杰作。在每一户的小田园里，美观精致的小木屋让人仿佛置身于童话世界，这些小木屋是小田园里的主体建筑。院子里有象征时代的辘铲井或泵水井，地上摆放着精美可爱的小风车和各种家禽模型作为"农舍"的装饰。

小木屋门前，都有蔬菜园，长满了奇花异草，景色美丽。这些蔬菜和鲜花，仅供观赏，游客不能采摘。而菜园里的田埂上，还装点了许多色彩斑斓的鲜花，非常漂亮。

每逢周末，人们便走出喧闹的都市，以家庭为单位出行来到施雷柏田园，和大自然亲密接触，从事一些山间劳动，不仅能享受美景，也能休闲健身。孩子们可以在院前屋后奔跑嬉戏，在田间劳作体验农民的辛苦，大人们则可放心地躺在木屋前享受静谧的阳光。

值得注意的是，施雷伯田园从规划设计到管理都被纳入了国家的社会整体管理体系中，其租赁协议内容也都是根据德国《民法》《公园法》和《邻居法》而制定的。

施雷柏田园可借鉴的经验有两条：

（1）施雷伯田园建在城市近郊区，将生态农业与旅游业完美结合，不仅为田园租户带来经济收益，为都市居民提供休闲场所，同时输送大量新鲜空气，改善了整个生态环境，形成良性生态循环，让周边及城市居民都大受裨益。这是一种可持续的发展模式，也是促进城乡联合发展的好方法。

（2）施雷伯田园强大的法律支撑、专业的规划建设、完善的设施配套，大大增强了市民田园的生命力，使其得以规范化发展，一切井然有序，有条不紊。

六、以亮化为特点的乡村之夜

韩国自1962年开始实施《经济开发5年计划》，工业化和城市化进程加快，无数年轻人涌向城市，城乡发展差距随之扩大，乡村生产生活条件落后，自然环境状况差。20 世纪 70 年代，韩国还有 80%的农户住在茅草屋，家里点油灯，生活条件很差。

为了改善乡村面貌，韩国倡导了"新村运动"。第一阶段是改造乡村基础设施，第一年按村民的意愿无偿提供近 20 种环境建设项目费用与物资，用于全体村民受益的亟须基础设施建设及村庄整治；第二年制订了"支援优秀乡村"计划，按照基础、自助、自立3个类型有区别性地支援乡村建设。政府还推出"增加农渔民收入计划"，支持调整农业结构、发展乡村经济，鼓励发展畜牧业、特产农业，兴办乡村工厂。

第二阶段政府支持发展"新村运动"的各类民间组织，成立"新村庄建设中央会"，提供财政、物质、技术支持和协调服务等，出台扶持奖励措施，大力发展乡村金融业、流通业、加大调整农业结构，改善乡村生产生活环境，加强乡村人文环境建设，倡导农民自觉抵制各种社会不良现象，加强乡村民主法制教育、国民伦理道德建设。通过持续的努力，韩国乡村人居环境得到了改善，农民收入有所提高，文化素质也随之提高。

七、以田园为核心的顶层设计

2017年2月5日，由田园东方的基层实践，源于阳山的"田园综合体"一词被正式写入中央1号文件，文件解读"田园综合体"模式是当时乡村发展新型产业的亮点举措。

原文为：支持有条件的乡村建设以农民合作社为主要载体，让农民充分参与和受益，集循环农业、创意农业、农事体验于一体的田园综合体，通过农业综合开发、农村综合改革、转移支付等渠道开展试点示范。

田园东方，位于江苏省无锡市阳山镇，是国内首个田园综合体，也是中国首个田园主题旅游度假区。

在不到5 年的时间内，不仅实现了项目的有效运转，还以此为样板在全国范围内进行了5 个城市的铺点建设，组成了内涵丰富的功能群落，完整呈现了田园人居生活，已成为长三角最具特色的休闲旅游度假目的地。

田园东方项目规划总面积约为 416.4 公顷，由东方园林产业集团投资 50亿元，于2013 年4 月初启动建设，计划于 5 年内全面完成。

无锡阳山田园东方项目位于"中国水蜜桃之乡"阳山镇核心区域，区内交通发达。无锡市阳山镇拥有桃园、古刹、大小阳山、地质公园等生态自然景观。位于长三角经济圈的阳山镇近郊区域，交通便捷且拥有丰富的农业资源和田园风光。

该项目的核心理念是"复兴田园，寻回初心"。项目以"美丽乡村"的大环境营造为背景，以"田园生活"为目标核心，将田园东方与阳山的发展融为一体，贯穿生态与环保的理念。项目包含现代农业、休闲文旅、田园社区三大板块，主要规划有乡村旅游主力项目集群、田园主题乐园、健康养生建筑群、农业产业项目集群、田园社区项目集群等，旨在打造成以生态高效农业、农林乐园、园艺中心为主体，体现花园式农场运营理念的农林、旅游、度假、文化、居住综合性园区。

八、以互融为方向的产业开发

江苏无锡阳山田园分为现代农业、休闲文旅、田园社区三大板块，主要包括乡村旅游主力项目集群、田园主题乐园、健康养生建筑群等项目，形成了典型的互融开发模式。

1.现代农业板块：四园+四区+一中心

——四园。是指有机农产示范园、果品设施栽培示范园、水蜜桃示范园、蔬菜水产种养示范园。

有机农产示范园包括科技研发与成果孵化中心，标准化育苗中心，智慧果园，有机水蜜桃种植示范区，富硒桃种植示范区，新品种水蜜桃种植示范区，水蜜桃标准化种植区。

果品设施栽培示范园包括水蜜桃设施栽培示范区，优质蜜梨果园，优质枇杷果园，特色柑橘果园，优质猕猴桃、葡萄果园。

水蜜桃示范园包括水蜜桃生产示范园，水蜜桃标准化种植果园。

蔬菜水产种养示范园包括设施蔬菜园，露天蔬菜园，水产养殖区。

——四区。是指农业休闲观光示范区、苗木育苗区、产品加工物流园区、现代农业展示区。

农业休闲观光示范区包括蜜梨采摘园，枇杷采摘园，柑橘采摘园，猕猴桃葡萄采摘园，水蜜桃采摘园。

苗木育苗区包括设施大棚，露天育苗区。

产品加工物流园区包括成品仓库，物流管理中心。

现代农业展示区包括高标准农田（果园）示范区，景观农业示范区，生态环境规划之水循环氨磷拦截池。

————中心。是指园区综合服务中心和资源再生中心。

园区综合服务中心包括管理服务、信息、教育中心，专家院士研究工作室。

资源再生中心包括生态有机肥生产基地，有机栽培基质种苗繁育基地，公用设备和设施。

2.休闲文旅板块

休闲文旅板块以"创新发展"为思路，已引入清境拾房文化市集、华德福教育基地等顶级合作资源。其中，清境拾房文化市集是田园东方携手清境集团共同打造的一座田园创意文化园，以重新梳理阳山的自然生态和重拾拾房村的历史记忆为主，让人们重温乡野情趣，回归童年的田园生活。

休闲文旅板块主要由自然体验区、生活体验区和文化展示区三个部分组成，包括拾房书院、绿乐园、井咖啡、面包坊、主题民宿、主题餐厅等活动项目。

3.田园社区板块

田园社区板块的产品以"新田园主义空间"理论为指导，将土地、农耕、有机、生态、健康、阳光、收获理念与都市人的生活体验交融在一起，打造出现代都市人的梦里桃花源。

九、以特色为服务的运营模式

特色专业的旅游服务和会员制度假体验服务，提供全面的生活和度假服务，是长三角最具特色的休闲旅游度假目的地之一。主要表现如下：

（1）打造特色文旅产业，包括婚庆公园、露天剧场、桃花源商业街、汤泉花语客栈等丰富的文旅产业，提供包括采摘、垂钓、庭院中的小型游憩设施、生物动力有机农场等服务，提供特色的个性化旅游服务。

（2）加强慢行系统建设，包括步行系统、非机动车系统和水上观光系统三部分。沿景区内道路、主要河道驳岸均设置人行通道，形成宜人的步行网络系统。自行车通道沿景区道路设置，景区内还设置公共自行车系统。

（3）建设亲子活动基地，绿乐园包括白鹭牧场、蚂蚁餐厅、蚂蚁农场、蚂蚁王国、蚂蚁广场，以及窑烤区和 DIY 教室等。完整呈现田园人居生活，打造长三角最具特色的休闲旅游度假目的地。

这一项目的运营模式是打造生态、生产、生活的"三生"的产品功能，通过农业、加工业、服务业的有机结合与关联共生，实现生态农业、休闲旅游、田园居住复合功能。

项目以区域开发的思路来展开，前期通过小尺度配套物业确保持久运营。首先以文旅板块顶级资源引入提升土地价值，开展旅游消费和住房销售同步进行的"旅游+地产"综合盈利模式。后期进行配套完善，做到良性循环和可持续发展，并采取开放式的运营模式。

第五节　经验启示

一、立足本地乡情

在进行乡村规划和建设时，都从当地自然环境、资源禀赋、经济水平、制度环境、人文历史和发展机遇等方面加以考虑。美国和英国以立法为主，采取温和、渐进的方式，对乡村进行规划和建设；韩国力求政府主导，采取激进发展方式，促进乡村整体发展。尽管各国发展道路略有不同，但在尊重农民主体地位，发挥政府扶持功能，改善农民生产条件上是一致的。

二、准确定位主体

明确了政府与乡村内部职能界限，双方在各自职责范围内密切协作，共同促进农村繁荣、同时明确农民为乡村建设的主体，切实发挥政府的主导作用，通过各种措施，发挥农民积极性。政府既不能越位，也不能缺位。

三、注重基础建设

前述列举的一些国家都十分重视完善基础设施，乡村社区普遍建有学校、医院、图书馆、博物馆、公园、教堂、广场、运动场以及菜场、购物中心等商业区，社区的基础设施能够满足居民的日常生活需要，保证老人有去处，小孩有地方玩，闲人有书看。

四、注重产业融合

产业融合，尤其重视发展乡村旅游业。没有产业发展就没有就业，这样的乡村也就无法振兴。英国、美国、韩国等发达国家普遍重视一二三产业融合发展，尤其注重发展乡村旅游业。在乡村规划与建设中，充分注重对自然人文资源的保护和利用，利用生态文化优势，培育生态经济理念，保持自然的原真性，变生态资源为生态效益，大力发展休闲农业和乡村旅游业，把乡村打造成都市"后花园"，将农业打造成旅游农业，农田改造为景观农业，农产，品升级为旅游纪念品，以生态项目提升居民生活环境，提高农民收入。

五、注重制度保障

在乡村振兴战略实施中，注重规划和各项制度配套建设，在政策、资金、制度等方面为其提供大力支持。

六、鼓励公众参与

在英国、美国和韩国的乡村振兴战略中，公众不仅可以在规划阶段参与，还可以通过座谈会、规划展示论证等多种方式参与规划的前期研究。为了鼓励公众参与，各国均十分注重公众参与的立法，为公众参与提供了法律保障，没有经过公众论证的规划得不到主管部门审批。公众在规划执行和建设阶段，能积极履行监督责任，必要时可以对不合乎规划要求的行为进行申诉。

总之、在乡村振兴中有很多的奇招妙计。如韩国的休闲农业的周末型农场、"观光农园"；日本的生态交流型旅游；欧洲的乡野农庄型的民宿农庄、度假农庄、露营农场，适应欧洲居民习俗的骑马农场、教学农场、探索农场和狩猎农场等；法国普罗旺斯鲜花主题型乡村度假胜地；澳洲葡萄酒庄型乡村产业与乡村旅游等，既可以作为衍生品的开发地，又具有丰富的观光旅游价值。这些都值得中国在乡村振兴战略实施、特色小镇建设中汲取和借鉴。

七、统筹田园开发

"田园综合体"是指综合化发展产业和跨越化利用农村资产,是当前乡村发展创新突破的一种新理念,是实现乡村现代化和新型城镇化联动发展的一种新模式,是培育和转换农业农村发展新动能,推动现有农庄、农场、合作社、农业特色小镇、农业产业园以及农旅产业、乡村地产等转型升级的新路径,具有广阔的发展前景。

首先,田园综合体需要有自己的产业链。田园综合体的经济学理论支撑,是让企业和地方主体合作共赢,利用乡村社会的资源、土地,进行大规模、整体的综合规划与开发,在保证农民主体经济利益的基础上,进行合法化的经营。这一开发并不针对某一家一户,而是要整合整个村落的资源,在进行优势、劣势分析对比的基础上,对乡村进行统一的规划设计。

田园综合体是多方共赢的发展模式,主要以企业为主,政府搭桥,农民参与,三方共建。并不是以往的"划定一个产业园区,进行招商引资,等项目上马就完事儿"的模式。田园综合体的项目之间,是互相联系的,不是互相割裂的。这种开发方式,有利于农业产业形成规模化、集约化效应,有助于乡村建立培育起自己的基础产业,然后再以基础产业带动二三产业的发展,从而形成良性循环。

其次,留得住人的综合体,才是成功的。众所周知,乡村现在面临的最大难题,是人的问题。不仅乡村的人口老龄化、儿童留守问题严重,乡村的人才也是极度缺乏。而田园综合体的出现,为乡村人口回流创造了条件。

田园综合体的初心是发展经济,发展经济的路径是产业。上而我们提到的如何发展产业,如何将田园综合体打造成一个反磁极中心,吸引人们尤其是青壮年来乡村安家落户,是解决乡村发展问题的核心。

田园综合体会培育自己的产业链,产业发展起来了,提供的就业岗位多了,前来工作的人自然而然就会积聚起来。

值得注意的是,原住民、新住民还有一些流动人口,有可能引发矛盾和纠纷,是开发田园综合体时必须面对的问题,要正确处理三者之间的矛盾,就需要加快完善配套服务设施。配套服务设施主要分为两块,一块是居住发展带,一块是社区发展网。总而言之,要想留住人才,就得展开人居环境建设。

人居环境建设，主要关心人们的物质基础和精神需求，这是乡村自下而上城镇化的基础，也是促进"人的城镇化"的基础。通过产业融合与产业聚集，形成人员聚集、人口相对集中居住的格局，以此建设居住社区，实现小型城镇化。

对于常年工作和生活在田园综合体中的居民来说，需要一整套的工作、生活服务设施，来满足定居者的物质文化需求。配套社会发展网必须要有服务于农业、休闲产业的金融、医疗、教育、商业等，这些都称为产业配套。而与此结合，服务于有居住需求的居民，同样需要金融、医疗、教育、商业等公共服务，由此，形成了产城一体化的公共配套网络。田园综合体最终形成的是一个新的社会、新的社区。

最后，文创是内涵。当前社会，随着城市的过度发展，"城市病"逐渐凸显出来，千篇一律的城市建设，也使得人们开始逐渐将目光投向乡村，希望从乡村的留存中寻找在城市中早已消失不见的中国传统文化。也就是人们常说的，"盛世中国需要盛世乡愁"。

反观乡村，越是偏僻的地方，留存的东西越多。云南的丽江、山西的平遥因荒僻而存留，又因为存留而成为人们寄托心灵的地方。乡村作为中国农耕文明的精华，它的选址、布局以及整个机理和历史文脉都承载着中国传统哲学"天人合一"的思想。

可以说，一个充满活力的传统村落，生活习俗、建筑风貌、生产方式就构成了一部活的历史。我国地人物博，不同地方的农村，有着自己不同的文化传承和民俗风情，正是有了这个文化，农村才会拥有自己的灵魂，成为无形的文化组带，将世代生活在这片土地上的人凝聚在一起。

在开发田网综合体时，通过挖掘历史文化元素，与新产业进行融合，用新的创意加持，在传承的基础上，不断延续新的东西，与时俱进，用文化内领来提升产业价值.既延伸了产业链条，又形成了自己的独特魅力，使整个村落真正地"活"了起来。

田园综合体其实就是农业特色小镇和美丽乡村建设的升级版，是其理念的进一步深化和拓展。从以上论述的几点不难看出，田园综合体就是"宜业+宜居+文创"的综合发展模式，它不单单是物质环境规划，更是体现以人为本理念，以生活、就业为导向的现代化的新型社区。

附录一： 中共中央、国务院
乡村振兴战略规划 （2018—2022 年）

前 言

党的十九大提出实施乡村振兴战略，是以习近平同志为核心的党中央着眼党和国家事业全局，深刻把握现代化建设规律和城乡关系变化特征，顺应亿万农民对美好生活的向往，对"三农"工作作出的重大决策部署，是决胜全面建成小康社会、全面建设社会主义现代化国家的重大历史任务，是新时代做好"三农"工作的总抓手。从党的十九大到二十大，是"两个一百年"奋斗目标的历史交汇期，既要全面建成小康社会、实现第一个百年奋斗目标，又要乘势而上开启全面建设社会主义现代化国家新征程，向第二个百年奋斗目标进军。为贯彻落实党的十九大、中央经济工作会议、中央农村工作会议精神和政府工作报告要求，描绘好战略蓝图，强化规划引领，科学有序推动乡村产业、人才、文化、生态和组织振兴，根据《中共中央、国务院关于实施乡村振兴战略的意见》，特编制《乡村振兴战略规划（2018－2022年）》。

本规划以习近平总书记关于"三农"工作的重要论述为指导，按照产业兴旺、生态宜居、乡风文明、治理有效、生活富裕的总要求，对实施乡村振兴战略作出阶段性谋划，分别明确至2020年全面建成小康社会和2022年召开党的二十大时的目标任务，细化实化工作重点和政策措施，部署重大工程、重大计划、重大行动，确保乡村振兴战略落实落地，是指导各地区各部门分类有序推进乡村振兴的重要依据。

第一篇 规划背景

党的十九大作出中国特色社会主义进入新时代的科学论断，提出实施乡村振兴战略的重大历史任务，在我国"三农"发展进程中具有划时代的里程碑意义，必须深入贯彻习近平新时代中国特色社会主义思想和党的十九大精神，在认真总结农业农村发展历史性成就和历史性变革的基础上，准确研判经济社会发展趋势和乡村演变发展态势，切实抓住历史机遇，增强责任感、使命感、紧迫感，把乡村振兴战略实施好。

第一章 重大意义

乡村是具有自然、社会、经济特征的地域综合体，兼具生产、生活、生态、文化等多重功能，与城镇互促互进、共生共存，共同构成人类活动的主要空间。乡村兴则国家兴，乡村衰则国家衰。我国人民日益增长的美好生活需要和不平衡不充分的发展之间的矛盾在乡村最为突出，我国仍处于并将长期处于社会主义初级阶段的特征很大程度上表现在乡村。全面建成小康社会和全面建设社会主义现代化强国，最艰巨最繁重的任务在农村，最广泛最深厚的基础在农村，最大的潜力和后劲也在农村。实施乡村振兴战略，是解决新时代我国社会主要矛盾、实现"两个一百年"奋斗目标和中华民族伟大复兴中国梦的必然要求，具有重大现实意义和深远历史意义。

实施乡村振兴战略是建设现代化经济体系的重要基础。农业是国民经济的基础，农村经济是现代化经济体系的重要组成部分。乡村振兴，产业兴旺是重点。实施乡村振兴战略，深化农业供给侧结构性改革，构建现代农业产业体系、生产体系、经营体系，实现农村一二三产业深度融合发展，有利于推动农业从增产导向转向提质导向，增强我国农业创新力和竞争力，为建设现代化经济体系奠定坚实基础。

实施乡村振兴战略是建设美丽中国的关键举措。农业是生态产品的重要供给者，乡村是生态涵养的主体区，生态是乡村最大的发展优势。乡村振兴，生态宜居是关键。实施乡村振兴战略，统筹山水林田湖草系统治理，加快推行乡村绿色发展方式，加强农村人居环境整治，有利于构建人与自然和谐共生的乡村发展新格局，实现百姓富、生态美的统一。

实施乡村振兴战略是传承中华优秀传统文化的有效途径。中华文明根植于农耕文化，乡村是中华文明的基本载体。乡村振兴，乡风文明是保障。实施乡村振兴战略，深入挖掘农耕文化蕴含的优秀思想观念、人文精神、道德规范，结合时代要求在保护传承的基础上创造性转化、创新性发展，有利于在新时代焕发出乡风文明的新气象，进一步丰富和传承中华优秀传统文化。

实施乡村振兴战略是健全现代社会治理格局的固本之策。社会治理的基础在基层，薄弱环节在乡村。乡村振兴，治理有效是基础。实施乡村振兴战略，加强农村基层基础工作，健全乡村治理体系，确保广大农民安居乐业、农村社会安定有序，有利于打造共建共治共享的现代社会治理格局，推进国家治理体系和治理能力现代化。

实施乡村振兴战略是实现全体人民共同富裕的必然选择。农业强不强、农村美不美、农民富不富，关乎亿万农民的获得感、幸福感、安全感，关乎全面建成小康社会全局。乡村振兴，生活富裕是根本。实施乡村振兴战略，不断拓宽农民增收渠道，全面改善农村生产生活条件，促进社会公平正义，有利于增进农民福祉，让亿万农民走上共同富裕的道路，汇聚起建设社会主义现代化强国的磅礴力量。

第二章　振兴基础

党的十八大以来，面对我国经济发展进入新常态带来的深刻变化，以习近平同志为核心的党中央推动"三农"工作理论创新、实践创新、制度创新，坚持把解决好"三农"问题作为全党工作重中之重，切实把农业农村优先发展落到实处；坚持立足国内保证自给的方针，牢牢把握国家粮食安全主动权；坚持不断深化农村改革，激发农村发展新活力；坚持把推进农业供给侧结构性改革作为主线，加快提高农业供给质量；坚持绿色生态导向，推动农业农村可持续发展；坚持在发展中保障和改善民生，让广大农民有更多获得感；坚持遵循乡村发展规律，扎实推进生态宜居的美丽乡村建设；坚持加强和改善党对农村工作的领导，为"三农"发展提供坚强政治保障。这些重大举措和开创性工作，推动农业农村发展取得历史性成就、发生历史性变革，为党和国家事业全面开创新局面提供了有力支撑。

农业供给侧结构性改革取得新进展，农业综合生产能力明显增强，全国粮食总产量连续5年保持在1.2万亿斤以上，农业结构不断优化，农村新产业新业态新模式蓬勃发展，农业生态环境恶化问题得到初步遏制，农业生产经营方式发生重大变化。农村改革取得新突破，农村土地制度、农村集体产权制度改革稳步推进，重要农产品收储制度改革取得实质性成效，农村创新创业和投资兴业蔚然成风，农村发展新动能加快成长。城乡发展一体化迈出新步伐，5年间8000多万农业转移人口成为城镇居民，城乡居民收入相对差距缩小，农村消费持续增长，农民收入和生活水平明显提高。脱贫攻坚开创新局面，贫困地区农民收入增速持续快于全国平均水平，集中连片特困地区内生发展动力明显增强，过去5年累计6800多万贫困人口脱贫。农村公共服务和社会事业达到新水平，农村基础设施建设不断加强，人居环境整治加快推进，教育、医疗卫生、文化等社会事业快速发展，农村社会焕发新气象。

同时，应当清醒地看到，当前我国农业农村基础差、底子薄、发展滞后的状况尚未根本改变，经济社会发展中最明显的短板仍然在"三农"，现代化建设中最薄弱的环节仍然是农业农村。主要表现在：农产品阶段性供过于求和供给不足并存，农村一二三产业融合发展深度不够，农业供给质量和效益亟待提高；农民适应生产力发展和市场竞争的能力不足，农村人才匮乏；农村基础设施建设仍然滞后，农村环境和生态问题比较突出，乡村发展整体水平亟待提升；农村民生领域欠账较多，城乡基本公共服务和收入水平差距仍然较大，脱贫攻坚任务依然艰巨；国家支农体系相对薄弱，农村金融改革任务繁重，城乡之间要素合理流动机制亟待健全；农村基层基础工作存在薄弱环节，乡村治理体系和治理能力亟待强化。

第三章　发展态势

从2018年到2022年，是实施乡村振兴战略的第一个5年，既有难得机遇，又面临严峻挑战。从国际环境看，全球经济复苏态势有望延续，我国统筹利用国内国际两个市场两种资源的空间将进一步拓展，同时国际农产品贸易不稳定性不确定性仍然突出，提高我国农业竞争力、妥善应对国际市场风险任务紧迫。特别是我国作为人口大国，粮食及重要农产品需求仍将刚性增长，保障国家粮食安全始终是头等大事。从国内形势看，随着我国经济由高速增长阶段转向高质量发展阶段，以及工业化、城镇化、信息化深入推进，乡村发展将处于大变革、大转型的关键时期。居民消费结构加快升级，中高端、多元化、个性化消费需求将快速增长，加快推进农业由增产导向转向提质导向是必然要求。我国城镇化进入快速发展与质量提升的新阶段，城市辐射带动农村的能力进一步增强，但大量农民仍然生活在农村的国情不会改变，迫切需要重塑城乡关系。我国乡村差异显著，多样性分化的趋势仍将延续，乡村的独特价值和多元功能将进一步得到发掘和拓展，同时应对好村庄空心化和农村老龄化、延续乡村文化血脉、完善乡村治理体系的任务艰巨。

实施乡村振兴战略具备较好条件。有习近平总书记把舵定向，有党中央、国务院的高度重视、坚强领导、科学决策，实施乡村振兴战略写入党章，成为全党的共同意志，乡村振兴具有根本政治保障。社会主义制度能够集中力量办大事，强农惠农富农政策力度不断加大，农村土地集体所有制和双层经营体制不断完善，乡村振兴具有坚强制度保障。优秀农耕文明源远流长，寻根溯源的人文情怀和国人的乡村情结历久弥深，现代城市文明导入融汇，乡村振兴具有深厚文化土壤。国家经济实力和综合国力日益增强，对农业农村支持力度不断加大，农村生产生活条件加快改善，农民收入持续增长，乡村振兴具有雄厚物质基础。农业现代化和社会主义新农村建设取得历史性成就，各地积累了丰富的成功经验和做法，乡村振兴具有扎实工作基础。

实施乡村振兴战略，是党对"三农"工作一系列方针政策的继承和发展，是亿万农民的殷切期盼。必须抓住机遇，迎接挑战，发挥优势，顺势而为，努力开创农业农村发展新局面，推动农业全面升级、农村全面进步、农民全面发展，谱写新时代乡村全面振兴新篇章。

第二篇　总体要求

按照到2020年实现全面建成小康社会和分两个阶段实现第二个百年奋斗目标的战略部署，2018年至2022年这5年间，既要在农村实现全面小康，又要为基本实现农业农村现代化开好局、起好步、打好基础。

第四章　指导思想和基本原则

第一节　指导思想

深入贯彻习近平新时代中国特色社会主义思想，深入贯彻党的十九大和十九届二中、三中全会精神，加强党对"三农"工作的全面领导，坚持稳中求进工作总基调，牢固树立新发展理念，落实高质量发展要求，紧紧围绕统筹推进"五位一体"总体布局和协调推进"四个全面"战略布局，坚持把解决好"三农"问题作为全党工作重中之重，坚持农业农村优先发展，按照产业兴旺、生态宜居、乡风文明、治理有效、生活富裕的总要求，建立健全城乡融合发展体制机制和政策体系，统筹推进农村经济建设、政治建设、文化建设、社会建设、生态文明建设和党的建设，加快推进乡村治理体系和治理能力现代化，加快推进农业农村现代化，走中国特色社会主义乡村振兴道路，让农业成为有奔头的产业，让农民成为有吸引力的职业，让农村成为安居乐业的美丽家园。

第二节　基本原则

——坚持党管农村工作。毫不动摇地坚持和加强党对农村工作的领导，健全党管农村工作方面的领导体制机制和党内法规，确保党在农村工作中始终总揽全局、协调各方，为乡村振兴提供坚强有力的政治保障。

——坚持农业农村优先发展。把实现乡村振兴作为全党的共同意志、共同行动，做到认识统一、步调一致，在干部配备上优先考虑，在要素配置上优先满足，在资金投入上优先保障，在公共服务上优先安排，加快补齐农业农村短板。

——坚持农民主体地位。充分尊重农民意愿，切实发挥农民在乡村振兴中的主体作用，调动亿万农民的积极性、主动性、创造性，把维护农民群众根本利益、促进农民共同富裕作为出发点和落脚点，促进农民持续增收，不断提升农民的获得感、幸福感、安全感。

——坚持乡村全面振兴。准确把握乡村振兴的科学内涵，挖掘乡村多种功能和价值，统筹谋划农村经济建设、政治建设、文化建设、社会建设、生态文明建设和党的建设，注重协同性、关联性，整体部署，协调推进。

——坚持城乡融合发展。坚决破除体制机制弊端，使市场在资源配置中起决定性作用，更好发挥政府作用，推动城乡要素自由流动、平等交换，推动新型工业化、信息化、城镇化、农业现代化同步发展，加快形成工农互促、城乡互补、全面融合、共同繁荣的新型工农城乡关系。

——坚持人与自然和谐共生。牢固树立和践行绿水青山就是金山银山的理念，落实节约优先、保护优先、自然恢复为主的方针，统筹山水林田湖草系统治理，严守生态保护红线，以绿色发展引领乡村振兴。

——坚持改革创新、激发活力。不断深化农村改革，扩大农业对外开放，激活主体、激活要素、激活市场，调动各方力量投身乡村振兴。以科技创新引领和支撑乡村振兴，以人才汇聚推动和保障乡村振兴，增强农业农村自我发展动力。

——坚持因地制宜、循序渐进。科学把握乡村的差异性和发展走势分化特征，做好顶层设计，注重规划先行、因势利导，分类施策、突出重点，体现特色、丰富多彩。既尽力而为，又量力而行，不搞层层加码，不搞一刀切，不搞形式主义和形象工程，久久为功，扎实推进。

第五章　发展目标

到2020年，乡村振兴的制度框架和政策体系基本形成，各地区各部门乡村振兴的思路举措得以确立，全面建成小康社会的目标如期实现。到2022年，乡村振兴的制度框架和政策体系初步健全。国家粮食安全保障水平进一步提高，现代农业体系初步构建，农业绿色发展全面推进；农村一二三产业融合发展格局初步形成，乡村产业加快发展，农民收入水平进一步提高，脱贫攻坚成果得到进一步巩固；农村基础设施条件持续改善，城乡统一的社会保障制度体系基本建立；农村人居环境显著改善，生态宜居的美丽乡村建设扎实推进；城乡融合发展体制机制初步建立，农村基本公共服务水平进一步提升；乡村优秀传统文化得以传承和发展，农民精神文化生活需求基本得到满足；以党组织为核心的农村基层组织建设明显加强，乡村治理能力进一步提升，现代乡村治理体系初步构建。探索形成一批各具特色的乡村振兴模式和经验，乡村振兴取得阶段性成果。

第六章　远景谋划

到2035年，乡村振兴取得决定性进展，农业农村现代化基本实现。农业结构得到根本性改善，农民就业质量显著提高，相对贫困进一步缓解，共同富裕迈出坚实步伐；城乡基本公共服务均等化基本实现，城乡融合发展体制机制更加完善；乡风文明达到新高度，乡村治理体系更加完善；农村生态环境根本好转，生态宜居的美丽乡村基本实现。

到2050年，乡村全面振兴，农业强、农村美、农民富全面实现。

第三篇　构建乡村振兴新格局

　　坚持乡村振兴和新型城镇化双轮驱动，统筹城乡国土空间开发格局，优化乡村生产生活生态空间，分类推进乡村振兴，打造各具特色的现代版"富春山居图"。

第七章　统筹城乡发展空间

　　按照主体功能定位，对国土空间的开发、保护和整治进行全面安排和总体布局，推进"多规合一"，加快形成城乡融合发展的空间格局。

第一节　强化空间用途管制

　　强化国土空间规划对各专项规划的指导约束作用，统筹自然资源开发利用、保护和修复，按照不同主体功能定位和陆海统筹原则，开展资源环境承载能力和国土空间开发适宜性评价，科学划定生态、农业、城镇等空间和生态保护红线、永久基本农田、城镇开发边界及海洋生物资源保护线、围填海控制线等主要控制线，推动主体功能区战略格局在市县层面精准落地，健全不同主体功能区差异化协同发展长效机制，实现山水林田湖草整体保护、系统修复、综合治理。

第二节　完善城乡布局结构

　　以城市群为主体构建大中小城市和小城镇协调发展的城镇格局，增强城镇地区对乡村的带动能力。加快发展中小城市，完善县城综合服务功能，推动农业转移人口就地就近城镇化。因地制宜发展特色鲜明、产城融合、充满魅力的特色小镇和小城镇，加强以乡镇政府驻地为中心的农民生活圈建设，以镇带村、以村促镇，推动镇村联动发展。建设生态宜居的美丽乡村，发挥多重功能，提供优质产品，传承乡村文化，留住乡愁记忆，满足人民日益增长的美好生活需要。

第三节　推进城乡统一规划

　　通盘考虑城镇和乡村发展，统筹谋划产业发展、基础设施、公共服务、资源能源、生态环境保护等主要布局，形成田园乡村与现代城镇各具特色、交相辉映的城乡发展形态。强化县域空间规划和各类专项规划引导约束作用，科学安排县域乡村布局、资源利用、设施配置和村庄整治，推动村庄规划管理全覆盖。综合考虑村庄演变规律、集聚特点和现状分布，结合农民生产生活半径，合理确定县域村庄布局和规模，避免随意撤并村庄搞大社区、违背农民意愿大拆大建。加强乡村风貌整体管控，注重农房单体个性设计，建设立足乡土社会、富有地域特色、承载田园乡愁、体现现代文明的升级版乡村，避免千村一面，防止乡村景观城市化。

第八章　优化乡村发展布局

坚持人口资源环境相均衡、经济社会生态效益相统一，打造集约高效生产空间，营造宜居适度生活空间，保护山清水秀生态空间，延续人和自然有机融合的乡村空间关系。

第一节　统筹利用生产空间

乡村生产空间是以提供农产品为主体功能的国土空间，兼具生态功能。围绕保障国家粮食安全和重要农产品供给，充分发挥各地比较优势，重点建设以"七区二十三带"为主体的农产品主产区。落实农业功能区制度，科学合理划定粮食生产功能区、重要农产品生产保护区和特色农产品优势区，合理划定养殖业适养、限养、禁养区域，严格保护农业生产空间。适应农村现代产业发展需要，科学划分乡村经济发展片区，统筹推进农业产业园、科技园、创业园等各类园区建设。

第二节　合理布局生活空间

乡村生活空间是以农村居民点为主体、为农民提供生产生活服务的国土空间。坚持节约集约用地，遵循乡村传统肌理和格局，划定空间管控边界，明确用地规模和管控要求，确定基础设施用地位置、规模和建设标准，合理配置公共服务设施，引导生活空间尺度适宜、布局协调、功能齐全。充分维护原生态村居风貌，保留乡村景观特色，保护自然和人文环境，注重融入时代感、现代性，强化空间利用的人性化、多样化，着力构建便捷的生活圈、完善的服务圈、繁荣的商业圈，让乡村居民过上更舒适的生活。

第三节　严格保护生态空间

乡村生态空间是具有自然属性、以提供生态产品或生态服务为主体功能的国土空间。加快构建以"两屏三带"为骨架的国家生态安全屏障，全面加强国家重点生态功能区保护，建立以国家公园为主体的自然保护地体系。树立山水林田湖草是一个生命共同体的理念，加强对自然生态空间的整体保护，修复和改善乡村生态环境，提升生态功能和服务价值。全面实施产业准入负面清单制度，推动各地因地制宜制定禁止和限制发展产业目录，明确产业发展方向和开发强度，强化准入管理和底线约束。

第九章　分类推进乡村发展

顺应村庄发展规律和演变趋势，根据不同村庄的发展现状、区位条件、资源禀赋等，按照集聚提升、融入城镇、特色保护、搬迁撤并的思路，分类推进乡村振兴，不搞一刀切。

第一节　集聚提升类村庄

现有规模较大的中心村和其他仍将存续的一般村庄，占乡村类型的大多数，是乡村振兴的重点。科学确定村庄发展方向，在原有规模基础上有序推进改造提升，激活产业、优化环境、提振人气、增添活力，保护保留乡村风貌，建设宜居宜业的美丽村庄。鼓励发挥自身比较优势，强化主导产业支撑，支持农业、工贸、休闲服务等专业化村庄发展。加强海岛村庄、国有农场及林场规划建设，改善生产生活条件。

第二节　城郊融合类村庄

城市近郊区以及县城城关镇所在地的村庄，具备成为城市后花园的优势，也具有向城市转型的条件。综合考虑工业化、城镇化和村庄自身发展需要，加快城乡产业融合发展、基础设施互联互通、公共服务共建共享，在形态上保留乡村风貌，在治理上体现城市水平，逐步强化服务城市发展、承接城市功能外溢、满足城市消费需求能力，为城乡融合发展提供实践经验。

第三节　特色保护类村庄

历史文化名村、传统村落、少数民族特色村寨、特色景观旅游名村等自然历史文化特色资源丰富的村庄，是彰显和传承中华优秀传统文化的重要载体。统筹保护、利用与发展的关系，努力保持村庄的完整性、真实性和延续性。切实保护村庄的传统选址、格局、风貌以及自然和田园景观等整体空间形态与环境，全面保护文物古迹、历史建筑、传统民居等传统建筑。尊重原住居民生活形态和传统习惯，加快改善村庄基础设施和公共环境，合理利用村庄特色资源，发展乡村旅游和特色产业，形成特色资源保护与村庄发展的良性互促机制。

第四节　搬迁撤并类村庄

对位于生存条件恶劣、生态环境脆弱、自然灾害频发等地区的村庄，因重大项目建设需要搬迁的村庄，以及人口流失特别严重的村庄，可通过易地扶贫搬迁、生态宜居搬迁、农村集聚发展搬迁等方式，实施村庄搬迁撤并，统筹解决村民生计、生态保护等问题。拟搬迁撤并的村庄，严格限制新建、扩建活动，统筹考虑拟迁入或新建村庄的基础设施和公共服务设施建设。坚持村庄搬迁撤并与新型城镇化、农业现代化相结合，依托适宜区域进行安置，避免新建孤立的村落式移民社区。搬迁撤并后的村庄原址，因地制宜复垦或还绿，增加乡村生产生态空间。农村居民点迁建和村庄撤并，必须尊重农民意愿并经村民会议同意，不得强制农民搬迁和集中上楼。

第十章　坚决打好精准脱贫攻坚战

把打好精准脱贫攻坚战作为实施乡村振兴战略的优先任务，推动脱贫攻坚与乡村振兴有机结合相互促进，确保到2020年我国现行标准下农村贫困人口实现脱贫，贫困县全部摘帽，解决区域性整体贫困。

第一节　深入实施精准扶贫精准脱贫

健全精准扶贫精准脱贫工作机制，夯实精准扶贫精准脱贫基础性工作。因地制宜、因户施策，探索多渠道、多样化的精准扶贫精准脱贫路径，提高扶贫措施针对性和有效性。做好东西部扶贫协作和对口支援工作，着力推动县与县精准对接，推进东部产业向西部梯度转移，加大产业扶贫工作力度。加强和改进定点扶贫工作，健全驻村帮扶机制，落实扶贫责任。加大金融扶贫力度。健全社会力量参与机制，引导激励社会各界更加关注、支持和参与脱贫攻坚。

第二节 重点攻克深度贫困

实施深度贫困地区脱贫攻坚行动方案。以解决突出制约问题为重点，以重大扶贫工程和到村到户到人帮扶为抓手，加大政策倾斜和扶贫资金整合力度，着力改善深度贫困地区发展条件，增强贫困农户发展能力。推动新增脱贫攻坚资金、新增脱贫攻坚项目、新增脱贫攻坚举措主要用于"三区三州"等深度贫困地区。推进贫困村基础设施和公共服务设施建设，培育壮大集体经济，确保深度贫困地区和贫困群众同全国人民一道进入全面小康社会。

第三节 巩固脱贫攻坚成果

加快建立健全缓解相对贫困的政策体系和工作机制，持续改善欠发达地区和其他地区相对贫困人口的发展条件，完善公共服务体系，增强脱贫地区"造血"功能。结合实施乡村振兴战略，压茬推进实施生态宜居搬迁等工程，巩固易地扶贫搬迁成果。注重扶志扶智，引导贫困群众克服"等靠要"思想，逐步消除精神贫困。建立正向激励机制，将帮扶政策措施与贫困群众参与挂钩，培育提升贫困群众发展生产和务工经商的基本能力。加强宣传引导，讲好中国减贫故事。认真总结脱贫攻坚经验，研究建立促进群众稳定脱贫和防范返贫的长效机制，探索统筹解决城乡贫困的政策措施，确保贫困群众稳定脱贫。

第四篇 加快农业现代化步伐

坚持质量兴农、品牌强农，深化农业供给侧结构性改革，构建现代农业产业体系、生产体系、经营体系，推动农业发展质量变革、效率变革、动力变革，持续提高农业创新力、竞争力和全要素生产率。

第十一章 夯实农业生产能力基础

深入实施藏粮于地、藏粮于技战略，提高农业综合生产能力，保障国家粮食安全和重要农产品有效供给，把中国人的饭碗牢牢端在自己手中。

第一节　健全粮食安全保障机制

坚持以我为主、立足国内、确保产能、适度进口、科技支撑的国家粮食安全战略，建立全方位的粮食安全保障机制。按照"确保谷物基本自给、口粮绝对安全"的要求，持续巩固和提升粮食生产能力。深化中央储备粮管理体制改革，科学确定储备规模，强化中央储备粮监督管理，推进中央、地方两级储备协同运作。鼓励加工流通企业、新型经营主体开展自主储粮和经营。全面落实粮食安全省长责任制，完善监督考核机制。强化粮食质量安全保障。加快完善粮食现代物流体系，构建安全高效、一体化运作的粮食物流网络。

第二节　加强耕地保护和建设

严守耕地红线，全面落实永久基本农田特殊保护制度，完成永久基本农田控制线划定工作，确保到2020年永久基本农田保护面积不低于15.46亿亩。大规模推进高标准农田建设，确保到2022年建成10亿亩高标准农田，所有高标准农田实现统一上图入库，形成完善的管护监督和考核机制。加快将粮食生产功能区和重要农产品生产保护区细化落实到具体地块，实现精准化管理。加强农田水利基础设施建设，实施耕地质量保护和提升行动，到2022年农田有效灌溉面积达到10.4亿亩，耕地质量平均提升0.5个等级（别）以上。

第三节　提升农业装备和信息化水平

推进我国农机装备和农业机械化转型升级，加快高端农机装备和丘陵山区、果菜茶生产、畜禽水产养殖等农机装备的生产研发、推广应用，提升渔业船舶装备水平。促进农机农艺融合，积极推进作物品种、栽培技术和机械装备集成配套，加快主要作物生产全程机械化，提高农机装备智能化水平。加强农业信息化建设，积极推进信息进村入户，鼓励互联网企业建立产销衔接的农业服务平台，加强农业信息监测预警和发布，提高农业综合信息服务水平。大力发展数字农业，实施智慧农业工程和"互联网+"现代农业行动，鼓励对农业生产进行数字化改造，加强农业遥感、物联网应用，提高农业精准化水平。发展智慧气象，提升气象为农服务能力。

第十二章 加快农业转型升级

按照建设现代化经济体系的要求，加快农业结构调整步伐，着力推动农业由增产导向转向提质导向，提高农业供给体系的整体质量和效率，加快实现由农业大国向农业强国转变。

第一节 优化农业生产力布局

以全国主体功能区划确定的农产品主产区为主体，立足各地农业资源禀赋和比较优势，构建优势区域布局和专业化生产格局，打造农业优化发展区和农业现代化先行区。东北地区重点提升粮食生产能力，依托"大粮仓"打造粮肉奶综合供应基地。华北地区着力稳定粮油和蔬菜、畜产品生产保障能力，发展节水型农业。长江中下游地区切实稳定粮油生产能力，优化水网地带生猪养殖布局，大力发展名优水产品生产。华南地区加快发展现代畜禽水产和特色园艺产品，发展具有出口优势的水产品养殖。西北、西南地区和北方农牧交错区加快调整产品结构，限制资源消耗大的产业规模，壮大区域特色产业。青海、西藏等生态脆弱区域坚持保护优先、限制开发，发展高原特色农牧业。

第二节 推进农业结构调整

加快发展粮经饲统筹、种养加一体、农牧渔结合的现代农业，促进农业结构不断优化升级。统筹调整种植业生产结构，稳定水稻、小麦生产，有序调减非优势区籽粒玉米，进一步扩大大豆生产规模，巩固主产区棉油糖胶生产，确保一定的自给水平。大力发展优质饲料牧草，合理利用退耕地、南方草山草坡和冬闲田拓展饲草发展空间。推进畜牧业区域布局调整，合理布局规模化养殖场，大力发展种养结合循环农业，促进养殖废弃物就近资源化利用。优化畜牧业生产结构，大力发展草食畜牧业，做大做强民族奶业。加强渔港经济区建设，推进渔港渔区振兴。合理确定内陆水域养殖规模，发展集约化、工厂化水产养殖和深远海养殖，降低江河湖泊和近海渔业捕捞强度，规范有序发展远洋渔业。

第三节 壮大特色优势产业

以各地资源禀赋和独特的历史文化为基础，有序开发优势特色资源，做大做强优势特色产业。创建特色鲜明、优势集聚、市场竞争力强的特色农产品优势区，支持特色农产品优势区建设标准化生产基地、加工基地、仓储物流基地，完善科技支撑体系、品牌与市场营销体系、质量控制体系，建立利益联结紧密的建设运行机制，形成特色农业产业集群。按照与国际标准接轨的目标，支持建立生产精细化管理与产品品质控制体系，采用国际通行的良好农业规范，塑造现代顶级农产品品牌。实施产业兴村强县行动，培育农业产业强镇，打造一乡一业、一村一品的发展格局。

第四节　保障农产品质量安全

实施食品安全战略，加快完善农产品质量和食品安全标准、监管体系，加快建立农产品质量分级及产地准出、市场准入制度。完善农兽药残留限量标准体系，推进农产品生产投入品使用规范化。建立健全农产品质量安全风险评估、监测预警和应急处置机制。实施动植物保护能力提升工程，实现全国动植物检疫防疫联防联控。完善农产品认证体系和农产品质量安全监管追溯系统，着力提高基层监管能力。落实生产经营者主体责任，强化农产品生产经营者的质量安全意识。建立农资和农产品生产企业信用信息系统，对失信市场主体开展联合惩戒。

第五节　培育提升农业品牌

实施农业品牌提升行动，加快形成以区域公用品牌、企业品牌、大宗农产品品牌、特色农产品品牌为核心的农业品牌格局。推进区域农产品公共品牌建设，擦亮老品牌，塑强新品牌，引入现代要素改造提升传统名优品牌，努力打造一批国际知名的农业品牌和国际品牌展会。做好品牌宣传推介，借助农产品博览会、展销会等渠道，充分利用电商、"互联网+"等新兴手段，加强品牌市场营销。加强农产品商标及地理标志商标的注册和保护，构建我国农产品品牌保护体系，打击各种冒用、滥用公用品牌行为，建立区域公用品牌的授权使用机制以及品牌危机预警、风险规避和紧急事件应对机制。

第六节　构建农业对外开放新格局

建立健全农产品贸易政策体系。实施特色优势农产品出口提升行动，扩大高附加值农产品出口。积极参与全球粮农治理。加强与"一带一路"沿线国家合作，积极支持有条件的农业企业走出去。建立农业对外合作公共信息服务平台和信用评价体系。放宽农业外资准入，促进引资引技引智相结合。

第十三章　建立现代农业经营体系

坚持家庭经营在农业中的基础性地位，构建家庭经营、集体经营、合作经营、企业经营等共同发展的新型农业经营体系，发展多种形式适度规模经营，发展壮大农村集体经济，提高农业的集约化、专业化、组织化、社会化水平，有效带动小农户发展。

第一节　巩固和完善农村基本经营制度

落实农村土地承包关系稳定并长久不变政策，衔接落实好第二轮土地承包到期后再延长30年的政策，让农民吃上长效"定心丸"。全面完成土地承包经营权确权登记颁证工作，完善农村承包地"三权分置"制度，在依法保护集体所有权和农户承包权前提下，平等保护土地经营权。建立农村产权交易平台，加强土地经营权流转和规模经营的管理服务。加强农用地用途管制。完善集体林权制度，引导规范有序流转，鼓励发展家庭林场、股份合作林场。发展壮大农垦国有农业经济，培育一批具有国际竞争力的农垦企业集团。

第二节　壮大新型农业经营主体

实施新型农业经营主体培育工程，鼓励通过多种形式开展适度规模经营。培育发展家庭农场，提升农民专业合作社规范化水平，鼓励发展农民专业合作社联合社。不断壮大农林产业化龙头企业，鼓励建立现代企业制度。鼓励工商资本到农村投资适合产业化、规模化经营的农业项目，提供区域性、系统性解决方案，与当地农户形成互惠共赢的产业共同体。加快建立新型经营主体支持政策体系和信用评价体系，落实财政、税收、土地、信贷、保险等支持政策，扩大新型经营主体承担涉农项目规模。

第三节　发展新型农村集体经济

深入推进农村集体产权制度改革，推动资源变资产、资金变股金、农民变股东，发展多种形式的股份合作。完善农民对集体资产股份的占有、收益、有偿退出及抵押、担保、继承等权能和管理办法。研究制定农村集体经济组织法，充实农村集体产权权能。鼓励经济实力强的农村集体组织辐射带动周边村庄共同发展。发挥村党组织对集体经济组织的领导核心作用，防止内部少数人控制和外部资本侵占集体资产。

第四节　促进小农户生产和现代农业发展有机衔接

改善小农户生产设施条件，提高个体农户抵御自然风险能力。发展多样化的联合与合作，提升小农户组织化程度。鼓励新型经营主体与小农户建立契约型、股权型利益联结机制，带动小农户专业化生产，提高小农户自我发展能力。健全农业社会化服务体系，大力培育新型服务主体，加快发展"一站式"农业生产性服务业。加强工商企业租赁农户承包地的用途监管和风险防范，健全资格审查、项目审核、风险保障金制度，维护小农户权益。

第十四章　强化农业科技支撑

深入实施创新驱动发展战略，加快农业科技进步，提高农业科技自主创新水平、成果转化水平，为农业发展拓展新空间、增添新动能，引领支撑农业转型升级和提质增效。

第一节　提升农业科技创新水平

培育符合现代农业发展要求的创新主体，建立健全各类创新主体协调互动和创新要素高效配置的国家农业科技创新体系。强化农业基础研究，实现前瞻性基础研究和原创性重大成果突破。加强种业创新、现代食品、农机装备、农业污染防治、农村环境整治等方面的科研工作。深化农业科技体制改革，改进科研项目评审、人才评价和机构评估工作，建立差别化评价制度。深入实施现代种业提升工程，开展良种重大科研联合攻关，培育具有国际竞争力的种业龙头企业，推动建设种业科技强国。

第二节　打造农业科技创新平台基地

建设国家农业高新技术产业示范区、国家农业科技园区、省级农业科技园区，吸引更多的农业高新技术企业到科技园区落户，培育国际领先的农业高新技术企业，形成具有国际竞争力的农业高新技术产业。新建一批科技创新联盟，支持农业高新技术企业建立高水平研发机构。利用现有资源建设农业领域国家技术创新中心，加强重大共性关键技术和产品研发与应用示范。建设农业科技资源开放共享与服务平台，充分发挥重要公共科技资源优势，推动面向科技界开放共享，整合和完善科技资源共享服务平台。

第三节　加快农业科技成果转化应用

鼓励高校、科研院所建立一批专业化的技术转移机构和面向企业的技术服务网络，通过研发合作、技术转让、技术许可、作价投资等多种形式，实现科技成果市场价值。健全省市县三级科技成果转化工作网络，支持地方大力发展技术交易市场。面向绿色兴农重大需求，加大绿色技术供给，加强集成应用和示范推广。健全基层农业技术推广体系，创新公益性农技推广服务方式，支持各类社会力量参与农技推广，全面实施农技推广服务特聘计划，加强农业重大技术协同推广。健全农业科技领域分配政策，落实科研成果转化及农业科技创新激励相关政策。

第十五章　完善农业支持保护制度

以提升农业质量效益和竞争力为目标，强化绿色生态导向，创新完善政策工具和手段，加快建立新型农业支持保护政策体系。

第一节　加大支农投入力度

建立健全国家农业投入增长机制，政府固定资产投资继续向农业倾斜，优化投入结构，实施一批打基础、管长远、影响全局的重大工程，加快改变农业基础设施薄弱状况。建立以绿色生态为导向的农业补贴制度，提高农业补贴政策的指向性和精准性。落实和完善对农民直接补贴制度。完善粮食主产区利益补偿机制。继续支持粮改饲、粮豆轮作和畜禽水产标准化健康养殖，改革完善渔业油价补贴政策。完善农机购置补贴政策，鼓励对绿色农业发展机具、高性能机具以及保证粮食等主要农产品生产机具实行敞开补贴。

第二节　深化重要农产品收储制度改革

深化玉米收储制度改革，完善市场化收购加补贴机制。合理制定大豆补贴政策。完善稻谷、小麦最低收购价政策，增强政策灵活性和弹性，合理调整最低收购价水平，加快建立健全支持保护政策。深化国有粮食企业改革，培育壮大骨干粮食企业，引导多元市场主体入市收购，防止出现卖粮难。深化棉花目标价格改革，研究完善食糖（糖料）、油料支持政策，促进价格合理形成，激发企业活力，提高国内产业竞争力。

第三节　提高农业风险保障能力

完善农业保险政策体系，设计多层次、可选择、不同保障水平的保险产品。积极开发适应新型农业经营主体需求的保险品种，探索开展水稻、小麦、玉米三大主粮作物完全成本保险和收入保险试点，鼓励开展天气指数保险、价格指数保险、贷款保证保险等试点。健全农业保险大灾风险分散机制。发展农产品期权期货市场，扩大"保险+期货"试点，探索"订单农业+保险+期货（权）"试点。健全国门生物安全查验机制，推进口岸动植物检疫规范化建设。强化边境管理，打击农产品走私。完善农业风险管理和预警体系。

第五篇　发展壮大乡村产业

以完善利益联结机制为核心，以制度、技术和商业模式创新为动力，推进农村一二三产业交叉融合，加快发展根植于农业农村、由当地农民主办、彰显地域特色和乡村价值的产业体系，推动乡村产业全面振兴。

第十六章　推动农村产业深度融合

把握城乡发展格局发生重要变化的机遇，培育农业农村新产业新业态，打造农村产业融合发展新载体新模式，推动要素跨界配置和产业有机融合，让农村一二三产业在融合发展中同步升级、同步增值、同步受益。

第一节　发掘新功能新价值

顺应城乡居民消费拓展升级趋势，结合各地资源禀赋，深入发掘农业农村的生态涵养、休闲观光、文化体验、健康养老等多种功能和多重价值。遵循市场规律，推动乡村资源全域化整合、多元化增值，增强地方特色产品时代感和竞争力，形成新的消费热点，增加乡村生态产品和服务供给。实施农产品加工业提升行动，支持开展农产品生产加工、综合利用关键技术研究与示范，推动初加工、精深加工、综合利用加工和主食加工协调发展，实现农产品多层次、多环节转化增值。

第二节 培育新产业新业态

深入实施电子商务进农村综合示范，建设具有广泛性的农村电子商务发展基础设施，加快建立健全适应农产品电商发展的标准体系。研发绿色智能农产品供应链核心技术，加快培育农业现代供应链主体。加强农商互联，密切产销衔接，发展农超、农社、农企、农校等产销对接的新型流通业态。实施休闲农业和乡村旅游精品工程，发展乡村共享经济等新业态，推动科技、人文等元素融入农业。强化农业生产性服务业对现代农业产业链的引领支撑作用，构建全程覆盖、区域集成、配套完备的新型农业社会化服务体系。清理规范制约农业农村新产业新业态发展的行政审批事项。着力优化农村消费环境，不断优化农村消费结构，提升农村消费层次。

第三节 打造新载体新模式

依托现代农业产业园、农业科技园区、农产品加工园、农村产业融合发展示范园等，打造农村产业融合发展的平台载体，促进农业内部融合、延伸农业产业链、拓展农业多种功能、发展农业新型业态等多模式融合发展。加快培育农商产业联盟、农业产业化联合体等新型产业链主体，打造一批产加销一体的全产业链企业集群。推进农业循环经济试点示范和田园综合体试点建设。加快培育一批"农字号"特色小镇，在有条件的地区建设培育特色商贸小镇，推动农村产业发展与新型城镇化相结合。

第十七章 完善紧密型利益联结机制

始终坚持把农民更多分享增值收益作为基本出发点，着力增强农民参与融合能力，创新收益分享模式，健全联农带农有效激励机制，让农民更多分享产业融合发展的增值收益。

第一节 提高农民参与程度

鼓励农民以土地、林权、资金、劳动、技术、产品为纽带，开展多种形式的合作与联合，依法组建农民专业合作社联合社，强化农民作为市场主体的平等地位。引导农村集体经济组织挖掘集体土地、房屋、设施等资源和资产潜力，依法通过股份制、合作制、股份合作制、租赁等形式，积极参与产业融合发展。积极培育社会化服务组织，加强农技指导、信用评价、保险推广、市场预测、产品营销等服务，为农民参与产业融合创造良好条件。

第二节 创新收益分享模式

加快推广"订单收购+分红"、"土地流转+优先雇用+社会保障"、"农民入股+保底收益+按股分红"等多种利益联结方式，让农户分享加工、销售环节收益。鼓励行业协会或龙头企业与合作社、家庭农场、普通农户等组织共同营销，开展农产品销售推介和品牌运作，让农户更多分享产业链增值收益。鼓励农业产业化龙头企业通过设立风险资金、为农户提供信贷担保、领办或参办农民合作组织等多种形式，与农民建立稳定的订单和契约关系。完善涉农股份合作制企业利润分配机制，明确资本参与利润分配比例上限。

第三节 强化政策扶持引导

更好发挥政府扶持资金作用，强化龙头企业、合作组织联农带农激励机制，探索将新型农业经营主体带动农户数量和成效作为安排财政支持资金的重要参考依据。以土地、林权为基础的各种形式合作，凡是享受财政投入或政策支持的承包经营者均应成为股东方。鼓励将符合条件的财政资金特别是扶贫资金量化到农村集体经济组织和农户后，以自愿入股方式投入新型农业经营主体，对农户土地经营权入股部分采取特殊保护，探索实行农民负盈不负亏的分配机制。

第十八章 激发农村创新创业活力

坚持市场化方向，优化农村创新创业环境，放开搞活农村经济，合理引导工商资本下乡，推动乡村大众创业万众创新，培育新动能。

第一节 培育壮大创新创业群体

推进产学研合作，加强科研机构、高校、企业、返乡下乡人员等主体协同，推动农村创新创业群体更加多元。培育以企业为主导的农业产业技术创新战略联盟，加速资金、技术和服务扩散，带动和支持返乡创业人员依托相关产业链创业发展。整合政府、企业、社会等多方资源，推动政策、技术、资本等各类要素向农村创新创业集聚。鼓励农民就地创业、返乡创业，加大各方资源支持本地农民兴业创业力度。深入推行科技特派员制度，引导科技、信息、资金、管理等现代生产要素向乡村集聚。

第二节　完善创新创业服务体系

发展多种形式的创新创业支撑服务平台，健全服务功能，开展政策、资金、法律、知识产权、财务、商标等专业化服务。建立农村创新创业园区（基地），鼓励农业企业建立创新创业实训基地。鼓励有条件的县级政府设立"绿色通道"，为返乡下乡人员创新创业提供便利服务。建设一批众创空间、"星创天地"，降低创业门槛。依托基层就业和社会保障服务平台，做好返乡人员创业服务、社保关系转移接续等工作。

第三节　建立创新创业激励机制

加快将现有支持"双创"相关财政政策措施向返乡下乡人员创新创业拓展，把返乡下乡人员开展农业适度规模经营所需贷款按规定纳入全国农业信贷担保体系支持范围。适当放宽返乡创业园用电用水用地标准，吸引更多返乡人员入园创业。各地年度新增建设用地计划指标，要确定一定比例用于支持农村新产业新业态发展。落实好减税降费政策，支持农村创新创业。

第六篇　建设生态宜居的美丽乡村

牢固树立和践行绿水青山就是金山银山的理念，坚持尊重自然、顺应自然、保护自然，统筹山水林田湖草系统治理，加快转变生产生活方式，推动乡村生态振兴，建设生活环境整洁优美、生态系统稳定健康、人与自然和谐共生的生态宜居美丽乡村。

第十九章　推进农业绿色发展

以生态环境友好和资源永续利用为导向，推动形成农业绿色生产方式，实现投入品减量化、生产清洁化、废弃物资源化、产业模式生态化，提高农业可持续发展能力。

第一节　强化资源保护与节约利用

实施国家农业节水行动，建设节水型乡村。深入推进农业灌溉用水总量控制和定额管理，建立健全农业节水长效机制和政策体系。逐步明晰农业水权，推进农业水价综合改革，建立精准补贴和节水奖励机制。严格控制未利用地开垦，落实和完善耕地占补平衡制度。实施农用地分类管理，切实加大优先保护类耕地保护力度。降低耕地开发利用强度，扩大轮作休耕制度试点，制定轮作休耕规划。全面普查动植物种质资源，推进种质资源收集保存、鉴定和利用。强化渔业资源管控与养护，实施海洋渔业资源总量管理、海洋渔船"双控"和休禁渔制度，科学划定江河湖海限捕、禁捕区域，建设水生生物保护区、海洋牧场。

第二节　推进农业清洁生产

加强农业投入品规范化管理，健全投入品追溯系统，推进化肥农药减量施用，完善农药风险评估技术标准体系，严格饲料质量安全管理。加快推进种养循环一体化，建立农村有机废弃物收集、转化、利用网络体系，推进农林产品加工剩余物资源化利用，深入实施秸秆禁烧制度和综合利用，开展整县推进畜禽粪污资源化利用试点。推进废旧地膜和包装废弃物等回收处理。推行水产健康养殖，加大近海滩涂养殖环境治理力度，严格控制河流湖库、近岸海域投饵网箱养殖。探索农林牧渔融合循环发展模式，修复和完善生态廊道，恢复田间生物群落和生态链，建设健康稳定田园生态系统。

第三节　集中治理农业环境突出问题

深入实施土壤污染防治行动计划，开展土壤污染状况详查，积极推进重金属污染耕地等受污染耕地分类管理和安全利用，有序推进治理与修复。加强重有色金属矿区污染综合整治。加强农业面源污染综合防治。加大地下水超采治理，控制地下水漏斗区、地表水过度利用区用水总量。严格工业和城镇污染处理、达标排放，建立监测体系，强化经常性执法监管制度建设，推动环境监测、执法向农村延伸，严禁未经达标处理的城镇污水和其他污染物进入农业农村。

第二十章　持续改善农村人居环境

以建设美丽宜居村庄为导向，以农村垃圾、污水治理和村容村貌提升为主攻方向，开展农村人居环境整治行动，全面提升农村人居环境质量。

第一节　加快补齐突出短板

推进农村生活垃圾治理，建立健全符合农村实际、方式多样的生活垃圾收运处置体系，有条件的地区推行垃圾就地分类和资源化利用。开展非正规垃圾堆放点排查整治。实施"厕所革命"，结合各地实际普及不同类型的卫生厕所，推进厕所粪污无害化处理和资源化利用。梯次推进农村生活污水治理，有条件的地区推动城镇污水管网向周边村庄延伸覆盖。逐步消除农村黑臭水体，加强农村饮用水水源地保护。

第二节　着力提升村容村貌

科学规划村庄建筑布局，大力提升农房设计水平，突出乡土特色和地域民族特点。加快推进通村组道路、入户道路建设，基本解决村内道路泥泞、村民出行不便等问题。全面推进乡村绿化，建设具有乡村特色的绿化景观。完善村庄公共照明设施。整治公共空间和庭院环境，消除私搭乱建、乱堆乱放。继续推进城乡环境卫生整洁行动，加大卫生乡镇创建工作力度。鼓励具备条件的地区集中连片建设生态宜居的美丽乡村，综合提升田水路林村风貌，促进村庄形态与自然环境相得益彰。

第三节　建立健全整治长效机制

全面完成县域乡村建设规划编制或修编，推进实用性村庄规划编制实施，加强乡村建设规划许可管理。建立农村人居环境建设和管护长效机制，发挥村民主体作用，鼓励专业化、市场化建设和运行管护。推行环境治理依效付费制度，健全服务绩效评价考核机制。探索建立垃圾污水处理农户付费制度，完善财政补贴和农户付费合理分担机制。依法简化农村人居环境整治建设项目审批程序和招投标程序。完善农村人居环境标准体系。

第二十一章　加强乡村生态保护与修复

大力实施乡村生态保护与修复重大工程，完善重要生态系统保护制度，促进乡村生产生活环境稳步改善，自然生态系统功能和稳定性全面提升，生态产品供给能力进一步增强。

第一节　实施重要生态系统保护和修复重大工程

统筹山水林田湖草系统治理，优化生态安全屏障体系。大力实施大规模国土绿化行动，全面建设三北、长江等重点防护林体系，扩大退耕还林还草，巩固退耕还林还草成果，推动森林质量精准提升，加强有害生物防治。稳定扩大退牧还草实施范围，继续推进草原防灾减灾、鼠虫草害防治、严重退化沙化草原治理等工程。保护和恢复乡村河湖、湿地生态系统，积极开展农村水生态修复，连通河湖水系，恢复河塘行蓄能力，推进退田还湖还湿、退圩退垸还湖。大力推进荒漠化、石漠化、水土流失综合治理，实施生态清洁小流域建设，推进绿色小水电改造。加快国土综合整治，实施农村土地综合整治重大行动，推进农用地和低效建设用地整理以及历史遗留损毁土地复垦。加强矿产资源开发集中地区特别是重有色金属矿区地质环境和生态修复，以及损毁山体、矿山废弃地修复。加快近岸海域综合治理，实施蓝色海湾整治行动和自然岸线修复。实施生物多样性保护重大工程，提升各类重要保护地保护管理能力。加强野生动植物保护，强化外来入侵物种风险评估、监测预警与综合防控。开展重大生态修复工程气象保障服务，探索实施生态修复型人工增雨工程。

第二节　健全重要生态系统保护制度

完善天然林和公益林保护制度，进一步细化各类森林和林地的管控措施或经营制度。完善草原生态监管和定期调查制度，严格实施草原禁牧和草畜平衡制度，全面落实草原经营者生态保护主体责任。完善荒漠生态保护制度，加强沙区天然植被和绿洲保护。全面推行河长制湖长制，鼓励将河长湖长体系延伸至村一级。推进河湖饮用水水源保护区划定和立界工作，加强对水源涵养区、蓄洪滞涝区、滨河滨湖带的保护。严格落实自然保护区、风景名胜区、地质遗迹等各类保护地保护制度，支持有条件的地方结合国家公园体制试点，探索对居住在核心区域的农牧民实施生态搬迁试点。

第三节　健全生态保护补偿机制

加大重点生态功能区转移支付力度，建立省以下生态保护补偿资金投入机制。完善重点领域生态保护补偿机制，鼓励地方因地制宜探索通过赎买、租赁、置换、协议、混合所有制等方式加强重点区位森林保护，落实草原生态保护补助奖励政策，建立长江流域重点水域禁捕补偿制度，鼓励各地建立流域上下游等横向补偿机制。推动市场化多元化生态补偿，建立健全用水权、排污权、碳排放权交易制度，形成森林、草原、湿地等生态修复工程参与碳汇交易的有效途径，探索实物补偿、服务补偿、设施补偿、对口支援、干部支持、共建园区、飞地经济等方式，提高补偿的针对性。

第四节　发挥自然资源多重效益

大力发展生态旅游、生态种养等产业，打造乡村生态产业链。进一步盘活森林、草原、湿地等自然资源，允许集体经济组织灵活利用现有生产服务设施用地开展相关经营活动。鼓励各类社会主体参与生态保护修复，对集中连片开展生态修复达到一定规模的经营主体，允许在符合土地管理法律法规和土地利用总体规划、依法办理建设用地审批手续、坚持节约集约用地的前提下，利用1-3%治理面积从事旅游、康养、体育、设施农业等产业开发。深化集体林权制度改革，全面开展森林经营方案编制工作，扩大商品林经营自主权，鼓励多种形式的适度规模经营，支持开展林权收储担保服务。完善生态资源管护机制，设立生态管护员工作岗位，鼓励当地群众参与生态管护和管理服务。进一步健全自然资源有偿使用制度，研究探索生态资源价值评估方法并开展试点。

第七篇　繁荣发展乡村文化

坚持以社会主义核心价值观为引领，以传承发展中华优秀传统文化为核心，以乡村公共文化服务体系建设为载体，培育文明乡风、良好家风、淳朴民风，推动乡村文化振兴，建设邻里守望、诚信重礼、勤俭节约的文明乡村。

第二十二章　加强农村思想道德建设

持续推进农村精神文明建设，提升农民精神风貌，倡导科学文明生活，不断提高乡村社会文明程度。

第一节　践行社会主义核心价值观

坚持教育引导、实践养成、制度保障三管齐下，采取符合农村特点的方式方法和载体，深化中国特色社会主义和中国梦宣传教育，大力弘扬民族精神和时代精神。加强爱国主义、集体主义、社会主义教育，深化民族团结进步教育。注重典型示范，深入实施时代新人培育工程，推出一批新时代农民的先进模范人物。把社会主义核心价值观融入法治建设，推动公正文明执法司法，彰显社会主流价值。强化公共政策价值导向，探索建立重大公共政策道德风险评估和纠偏机制。

第二节　巩固农村思想文化阵地

推动基层党组织、基层单位、农村社区有针对性地加强农村群众性思想政治工作。加强对农村社会热点难点问题的应对解读，合理引导社会预期。健全人文关怀和心理疏导机制，培育自尊自信、理性平和、积极向上的农村社会心态。深化文明村镇创建活动，进一步提高县级及以上文明村和文明乡镇的占比。广泛开展星级文明户、文明家庭等群众性精神文明创建活动。深入开展"扫黄打非"进基层。重视发挥社区教育作用，做好家庭教育，传承良好家风家训。完善文化科技卫生"三下乡"长效机制。

第三节　倡导诚信道德规范

深入实施公民道德建设工程，推进社会公德、职业道德、家庭美德、个人品德建设。推进诚信建设，强化农民的社会责任意识、规则意识、集体意识和主人翁意识。建立健全农村信用体系，完善守信激励和失信惩戒机制。弘扬劳动最光荣、劳动者最伟大的观念。弘扬中华孝道，强化孝敬父母、尊敬长辈的社会风尚。广泛开展好媳妇、好儿女、好公婆等评选表彰活动，开展寻找最美乡村教师、医生、村官、人民调解员等活动。深入宣传道德模范、身边好人的典型事迹，建立健全先进模范发挥作用的长效机制。

第二十三章　弘扬中华优秀传统文化

立足乡村文明，吸取城市文明及外来文化优秀成果，在保护传承的基础上，创造性转化、创新性发展，不断赋予时代内涵、丰富表现形式，为增强文化自信提供优质载体。

第一节　保护利用乡村传统文化

实施农耕文化传承保护工程，深入挖掘农耕文化中蕴含的优秀思想观念、人文精神、道德规范，充分发挥其在凝聚人心、教化群众、淳化民风中的重要作用。划定乡村建设的历史文化保护线，保护好文物古迹、传统村落、民族村寨、传统建筑、农业遗迹、灌溉工程遗产。传承传统建筑文化，使历史记忆、地域特色、民族特点融入乡村建设与维护。支持农村地区优秀戏曲曲艺、少数民族文化、民间文化等传承发展。完善非物质文化遗产保护制度，实施非物质文化遗产传承发展工程。实施乡村经济社会变迁物证征藏工程，鼓励乡村史志修编。

第二节　重塑乡村文化生态

紧密结合特色小镇、美丽乡村建设，深入挖掘乡村特色文化符号，盘活地方和民族特色文化资源，走特色化、差异化发展之路。以形神兼备为导向，保护乡村原有建筑风貌和村落格局，把民族民间文化元素融入乡村建设，深挖历史古韵，弘扬人文之美，重塑诗意闲适的人文环境和田绿草青的居住环境，重现原生田园风光和原本乡情乡愁。引导企业家、文化工作者、退休人员、文化志愿者等投身乡村文化建设，丰富农村文化业态。

第三节　发展乡村特色文化产业

加强规划引导、典型示范，挖掘培养乡土文化本土人才，建设一批特色鲜明、优势突出的农耕文化产业展示区，打造一批特色文化产业乡镇、文化产业特色村和文化产业群。大力推动农村地区实施传统工艺振兴计划，培育形成具有民族和地域特色的传统工艺产品，促进传统工艺提高品质、形成品牌、带动就业。积极开发传统节日文化用品和武术、戏曲、舞龙、舞狮、锣鼓等民间艺术、民俗表演项目，促进文化资源与现代消费需求有效对接。推动文化、旅游与其他产业深度融合、创新发展。

第二十四章　丰富乡村文化生活

推动城乡公共文化服务体系融合发展，增加优秀乡村文化产品和服务供给，活跃繁荣农村文化市场，为广大农民提供高质量的精神营养。

第一节　健全公共文化服务体系

按照有标准、有网络、有内容、有人才的要求，健全乡村公共文化服务体系。推动县级图书馆、文化馆总分馆制，发挥县级公共文化机构辐射作用，加强基层综合性文化服务中心建设，实现乡村两级公共文化服务全覆盖，提升服务效能。完善农村新闻出版广播电视公共服务覆盖体系，推进数字广播电视户户通，探索农村电影放映的新方法新模式，推进农家书屋延伸服务和提质增效。继续实施公共数字文化工程，积极发挥新媒体作用，使农民群众能便捷获取优质数字文化资源。完善乡村公共体育服务体系，推动村健身设施全覆盖。

第二节　增加公共文化产品和服务供给

深入推进文化惠民，为农村地区提供更多更好的公共文化产品和服务。建立农民群众文化需求反馈机制，推动政府向社会购买公共文化服务，开展"菜单式"、"订单式"服务。加强公共文化服务品牌建设，推动形成具有鲜明特色和社会影响力的农村公共文化服务项目。开展文化结对帮扶。支持"三农"题材文艺创作生产，鼓励文艺工作者推出反映农民生产生活尤其是乡村振兴实践的优秀文艺作品。鼓励各级文艺组织深入农村地区开展惠民演出活动。加强农村科普工作，推动全民阅读进家庭、进农村，提高农民科学文化素养。

第三节　广泛开展群众文化活动

完善群众文艺扶持机制，鼓励农村地区自办文化。培育挖掘乡土文化本土人才，支持乡村文化能人。加强基层文化队伍培训，培养一支懂文艺爱农村爱农民、专兼职相结合的农村文化工作队伍。传承和发展民族民间传统体育，广泛开展形式多样的农民群众性体育活动。鼓励开展群众性节日民俗活动，支持文化志愿者深入农村开展丰富多彩的文化志愿服务活动。活跃繁荣农村文化市场，推动农村文化市场转型升级，加强农村文化市场监管。

第八篇　健全现代乡村治理体系

把夯实基层基础作为固本之策，建立健全党委领导、政府负责、社会协同、公众参与、法治保障的现代乡村社会治理体制，推动乡村组织振兴，打造充满活力、和谐有序的善治乡村。

第二十五章　加强农村基层党组织对乡村振兴的全面领导

以农村基层党组织建设为主线，突出政治功能，提升组织力，把农村基层党组织建成宣传党的主张、贯彻党的决定、领导基层治理、团结动员群众、推动改革发展的坚强战斗堡垒。

第一节　健全以党组织为核心的组织体系

坚持农村基层党组织领导核心地位，大力推进村党组织书记通过法定程序担任村民委员会主任和集体经济组织、农民合作组织负责人，推行村"两委"班子成员交叉任职；提倡由非村民委员会成员的村党组织班子成员或党员担任村务监督委员会主任；村民委员会成员、村民代表中党员应当占一定比例。在以建制村为基本单元设置党组织的基础上，创新党组织设置。推动农村基层党组织和党员在脱贫攻坚和乡村振兴中提高威信、提升影响。加强农村新型经济组织和社会组织的党建工作，引导其始终坚持为农民服务的正确方向。

第二节　加强农村基层党组织带头人队伍建设

实施村党组织带头人整体优化提升行动。加大从本村致富能手、外出务工经商人员、本乡本土大学毕业生、复员退伍军人中培养选拔力度。以县为单位，逐村摸排分析，对村党组织书记集中调整优化，全面实行县级备案管理。健全从优秀村党组织书记中选拔乡镇领导干部、考录乡镇公务员、招聘乡镇事业编制人员机制。通过本土人才回引、院校定向培养、县乡统筹招聘等渠道，每个村储备一定数量的村级后备干部。全面向贫困村、软弱涣散村和集体经济薄弱村党组织派出第一书记，建立长效机制。

第三节　加强农村党员队伍建设

加强农村党员教育、管理、监督，推进"两学一做"学习教育常态化制度化，教育引导广大党员自觉用习近平新时代中国特色社会主义思想武装头脑。严格党的组织生活，全面落实"三会一课"、主题党日、谈心谈话、民主评议党员、党员联系农户等制度。加强农村流动党员管理。注重发挥无职党员作用。扩大党内基层民主，推进党务公开。加强党内激励关怀帮扶，定期走访慰问农村老党员、生活困难党员，帮助解决实际困难。稳妥有序开展不合格党员组织处置工作。加大在青年农民、外出务工人员、妇女中发展党员力度。

第四节　强化农村基层党组织建设责任与保障

推动全面从严治党向纵深发展、向基层延伸，严格落实各级党委尤其是县级党委主体责任，进一步压实县乡纪委监督责任，将抓党建促脱贫攻坚、促乡村振兴情况作为每年市县乡党委书记抓基层党建述职评议考核的重要内容，纳入巡视、巡察工作内容，作为领导班子综合评价和选拔任用领导干部的重要依据。坚持抓乡促村，整乡推进、整县提升，加强基本组织、基本队伍、基本制度、基本活动、基本保障建设，持续整顿软弱涣散村党组织。加强农村基层党风廉政建设，强化农村基层干部和党员的日常教育管理监督，加强对《农村基层干部廉洁履行职责若干规定（试行）》执行情况的监督检查，弘扬新风正气，抵制歪风邪气。充分发挥纪检监察机关在督促相关职能部门抓好中央政策落实方面的作用，加强对落实情况特别是涉农资金拨付、物资调配等工作的监督，开展扶贫领域腐败和作风问题专项治理，严厉打击农村基层黑恶势力和涉黑涉恶腐败及"保护伞"，严肃查处发生在惠农资金、征地拆迁、生态环保和农村"三资"管理领域的违纪违法问题，坚决纠正损害农民利益的行为，严厉整治群众身边腐败问题。全面执行以财政投入为主的稳定的村级组织运转经费保障政策。满怀热情关心关爱农村基层干部，政治上激励、工作上支持、待遇上保障、心理上关怀。重视发现和树立优秀农村基层干部典型，彰显榜样力量。

第二十六章　促进自治法治德治有机结合

坚持自治为基、法治为本、德治为先，健全和创新村党组织领导的充满活力的村民自治机制，强化法律权威地位，以德治滋养法治、涵养自治，让德治贯穿乡村治理全过程。

第一节　深化村民自治实践

加强农村群众性自治组织建设。完善农村民主选举、民主协商、民主决策、民主管理、民主监督制度。规范村民委员会等自治组织选举办法，健全民主决策程序。依托村民会议、村民代表会议、村民议事会、村民理事会等，形成民事民议、民事民办、民事民管的多层次基层协商格局。创新村民议事形式，完善议事决策主体和程序，落实群众知情权和决策权。全面建立健全村务监督委员会，健全务实管用的村务监督机制，推行村级事务阳光工程。充分发挥自治章程、村规民约在农村基层治理中的独特功能，弘扬公序良俗。继续开展以村民小组或自然村为基本单元的村民自治试点工作。加强基层纪委监委对村民委员会的联系和指导。

第二节　推进乡村法治建设

深入开展"法律进乡村"宣传教育活动，提高农民法治素养，引导干部群众尊法学法守法用法。增强基层干部法治观念、法治为民意识，把政府各项涉农工作纳入法治化轨道。维护村民委员会、农村集体经济组织、农村合作经济组织的特别法人地位和权利。深入推进综合行政执法改革向基层延伸，创新监管方式，推动执法队伍整合、执法力量下沉，提高执法能力和水平。加强乡村人民调解组织建设，建立健全乡村调解、县市仲裁、司法保障的农村土地承包经营纠纷调处机制。健全农村公共法律服务体系，加强对农民的法律援助、司法救助和公益法律服务。深入开展法治县（市、区）、民主法治示范村等法治创建活动，深化农村基层组织依法治理。

第三节 提升乡村德治水平

深入挖掘乡村熟人社会蕴含的道德规范，结合时代要求进行创新，强化道德教化作用，引导农民向上向善、孝老爱亲、重义守信、勤俭持家。建立道德激励约束机制，引导农民自我管理、自我教育、自我服务、自我提高，实现家庭和睦、邻里和谐、干群融洽。积极发挥新乡贤作用。深入推进移风易俗，开展专项文明行动，遏制大操大办、相互攀比、"天价彩礼"、厚葬薄养等陈规陋习。加强无神论宣传教育，抵制封建迷信活动。深化农村殡葬改革。

第四节 建设平安乡村

健全落实社会治安综合治理领导责任制，健全农村社会治安防控体系，推动社会治安防控力量下沉，加强农村群防群治队伍建设。深入开展扫黑除恶专项斗争。依法加大对农村非法宗教、邪教活动打击力度，严防境外渗透，继续整治农村乱建宗教活动场所、滥塑宗教造像。完善县乡村三级综治中心功能和运行机制。健全农村公共安全体系，持续开展农村安全隐患治理。加强农村警务、消防、安全生产工作，坚决遏制重特大安全事故。健全矛盾纠纷多元化解机制，深入排查化解各类矛盾纠纷，全面推广"枫桥经验"，做到小事不出村、大事不出乡（镇）。落实乡镇政府农村道路交通安全监督管理责任，探索实施"路长制"。探索以网格化管理为抓手，推动基层服务和管理精细化精准化。推进农村"雪亮工程"建设。

第二十七章 夯实基层政权

科学设置乡镇机构，构建简约高效的基层管理体制，健全农村基层服务体系，夯实乡村治理基础。

第一节 加强基层政权建设

面向服务人民群众合理设置基层政权机构、调配人力资源，不简单照搬上级机关设置模式。根据工作需要，整合基层审批、服务、执法等方面力量，统筹机构编制资源，整合相关职能设立综合性机构，实行扁平化和网格化管理。推动乡村治理重心下移，尽可能把资源、服务、管理下放到基层。加强乡镇领导班子建设，有计划地选派省市县机关部门有发展潜力的年轻干部到乡镇任职。加大从优秀选调生、乡镇事业编制人员、优秀村干部、大学生村官中选拔乡镇领导班子成员力度。加强边境地区、民族地区农村基层政权建设相关工作。

第二节　创新基层管理体制机制

明确县乡财政事权和支出责任划分，改进乡镇财政预算管理制度。推进乡镇协商制度化、规范化建设，创新联系服务群众工作方法。推进直接服务民生的公共事业部门改革，改进服务方式，最大限度方便群众。推动乡镇政务服务事项一窗式办理、部门信息系统一平台整合、社会服务管理大数据一口径汇集，不断提高乡村治理智能化水平。健全监督体系，规范乡镇管理行为。改革创新考评体系，强化以群众满意度为重点的考核导向。严格控制对乡镇设立不切实际的"一票否决"事项。

第三节　健全农村基层服务体系

制定基层政府在村（农村社区）治理方面的权责清单，推进农村基层服务规范化标准化。整合优化公共服务和行政审批职责，打造"一门式办理"、"一站式服务"的综合服务平台。在村庄普遍建立网上服务站点，逐步形成完善的乡村便民服务体系。大力培育服务性、公益性、互助性农村社会组织，积极发展农村社会工作和志愿服务。开展农村基层减负工作，集中清理对村级组织考核评比多、创建达标多、检查督查多等突出问题。

第九篇　保障和改善农村民生

坚持人人尽责、人人享有，围绕农民群众最关心最直接最现实的利益问题，加快补齐农村民生短板，提高农村美好生活保障水平，让农民群众有更多实实在在的获得感、幸福感、安全感。

第二十八章　加强农村基础设施建设

继续把基础设施建设重点放在农村，持续加大投入力度，加快补齐农村基础设施短板，促进城乡基础设施互联互通，推动农村基础设施提挡升级。

第一节 改善农村交通物流设施条件

以示范县为载体全面推进"四好农村路"建设，深化农村公路管理养护体制改革，健全管理养护长效机制，完善安全防护设施，保障农村地区基本出行条件。推动城市公共交通线路向城市周边延伸，鼓励发展镇村公交，实现具备条件的建制村全部通客车。加大对革命老区、民族地区、边疆地区、贫困地区铁路公益性运输的支持力度，继续开好"慢火车"。加快构建农村物流基础设施骨干网络，鼓励商贸、邮政、快递、供销、运输等企业加大在农村地区的设施网络布局。加快完善农村物流基础设施末端网络，鼓励有条件的地区建设面向农村地区的共同配送中心。

第二节 加强农村水利基础设施网络建设

构建大中小微结合、骨干和田间衔接、长期发挥效益的农村水利基础设施网络，着力提高节水供水和防洪减灾能力。科学有序推进重大水利工程建设，加强灾后水利薄弱环节建设，统筹推进中小型水源工程和抗旱应急能力建设。巩固提升农村饮水安全保障水平，开展大中型灌区续建配套节水改造与现代化建设，有序新建一批节水型、生态型灌区，实施大中型灌排泵站更新改造。推进小型农田水利设施达标提质，实施水系连通和河塘清淤整治等工程建设。推进智慧水利建设。深化农村水利工程产权制度与管理体制改革，健全基层水利服务体系，促进工程长期良性运行。

第三节 构建农村现代能源体系

优化农村能源供给结构，大力发展太阳能、浅层地热能、生物质能等，因地制宜开发利用水能和风能。完善农村能源基础设施网络，加快新一轮农村电网升级改造，推动供气设施向农村延伸。加快推进生物质热电联产、生物质供热、规模化生物质天然气和规模化大型沼气等燃料清洁化工程。推进农村能源消费升级，大幅提高电能在农村能源消费中的比重，加快实施北方农村地区冬季清洁取暖，积极稳妥推进散煤替代。推广农村绿色节能建筑和农用节能技术、产品。大力发展"互联网+"智慧能源，探索建设农村能源革命示范区。

第四节 夯实乡村信息化基础

深化电信普遍服务，加快农村地区宽带网络和第四代移动通信网络覆盖步伐。实施新一代信息基础设施建设工程。实施数字乡村战略，加快物联网、地理信息、智能设备等现代信息技术与农村生产生活的全面深度融合，深化农业农村大数据创新应用，推广远程教育、远程医疗、金融服务进村等信息服务，建立空间化、智能化的新型农村统计信息系统。在乡村信息化基础设施建设过程中，同步规划、同步建设、同步实施网络安全工作。

第二十九章　提升农村劳动力就业质量

坚持就业优先战略和积极就业政策，健全城乡均等的公共就业服务体系，不断提升农村劳动者素质，拓展农民外出就业和就地就近就业空间，实现更高质量和更充分就业。

第一节　拓宽转移就业渠道

增强经济发展创造就业岗位能力，拓宽农村劳动力转移就业渠道，引导农村劳动力外出就业，更加积极地支持就地就近就业。发展壮大县域经济，加快培育区域特色产业，拓宽农民就业空间。大力发展吸纳就业能力强的产业和企业，结合新型城镇化建设合理引导产业梯度转移，创造更多适合农村劳动力转移就业的机会，推进农村劳动力转移就业示范基地建设。加强劳务协作，积极开展有组织的劳务输出。实施乡村就业促进行动，大力发展乡村特色产业，推进乡村经济多元化，提供更多就业岗位。结合农村基础设施等工程建设，鼓励采取以工代赈方式就近吸纳农村劳动力务工。

第二节　强化乡村就业服务

健全覆盖城乡的公共就业服务体系，提供全方位公共就业服务。加强乡镇、行政村基层平台建设，扩大就业服务覆盖面，提升服务水平。开展农村劳动力资源调查统计，建立农村劳动力资源信息库并实行动态管理。加快公共就业服务信息化建设，打造线上线下一体的服务模式。推动建立覆盖城乡全体劳动者、贯穿劳动者学习工作终身、适应就业和人才成长需要的职业技能培训制度，增强职业培训的针对性和有效性。在整合资源基础上，合理布局建设一批公共实训基地。

第三节　完善制度保障体系

推动形成平等竞争、规范有序、城乡统一的人力资源市场，建立健全城乡劳动者平等就业、同工同酬制度，提高就业稳定性和收入水平。健全人力资源市场法律法规体系，依法保障农村劳动者和用人单位合法权益。完善政府、工会、企业共同参与的协调协商机制，构建和谐劳动关系。落实就业服务、人才激励、教育培训、资金奖补、金融支持、社会保险等就业扶持相关政策。加强就业援助，对就业困难农民实行分类帮扶。

第三十章　增加农村公共服务供给

继续把国家社会事业发展的重点放在农村，促进公共教育、医疗卫生、社会保障等资源向农村倾斜，逐步建立健全全民覆盖、普惠共享、城乡一体的基本公共服务体系，推进城乡基本公共服务均等化。

第一节　优先发展农村教育事业

统筹规划布局农村基础教育学校，保障学生就近享有有质量的教育。科学推进义务教育公办学校标准化建设，全面改善贫困地区义务教育薄弱学校基本办学条件，加强寄宿制学校建设，提升乡村教育质量，实现县域校际资源均衡配置。发展农村学前教育，每个乡镇至少办好1所公办中心幼儿园，完善县乡村学前教育公共服务网络。继续实施特殊教育提升计划。科学稳妥推行民族地区乡村中小学双语教育，坚定不移推行国家通用语言文字教育。实施高中阶段教育普及攻坚计划，提高高中阶段教育普及水平。大力发展面向农村的职业教育，加快推进职业院校布局结构调整，加强县级职业教育中心建设，有针对性地设置专业和课程，满足乡村产业发展和振兴需要。推动优质学校辐射农村薄弱学校常态化，加强城乡教师交流轮岗。积极发展"互联网+教育"，推进乡村学校信息化基础设施建设，优化数字教育资源公共服务体系。落实好乡村教师支持计划，继续实施农村义务教育学校教师特设岗位计划，加强乡村学校紧缺学科教师和民族地区双语教师培训，落实乡村教师生活补助政策，建好建强乡村教师队伍。

第二节　推进健康乡村建设

深入实施国家基本公共卫生服务项目，完善基本公共卫生服务项目补助政策，提供基础性全方位全周期的健康管理服务。加强慢性病、地方病综合防控，大力推进农村地区精神卫生、职业病和重大传染病防治。深化农村计划生育管理服务改革，落实全面两孩政策。增强妇幼健康服务能力，倡导优生优育。加强基层医疗卫生服务体系建设，基本实现每个乡镇都有1所政府举办的乡镇卫生院，每个行政村都有1所卫生室，每个乡镇卫生院都有全科医生，支持中西部地区基层医疗卫生机构标准化建设和设备提挡升级。切实加强乡村医生队伍建设，支持并推动乡村医生申请执业（助理）医师资格。全面建立分级诊疗制度，实行差别化的医保支付和价格政策。深入推进基层卫生综合改革，完善基层医疗卫生机构绩效工资制度。开展和规范家庭医生签约服务。树立大卫生大健康理念，广泛开展健康教育活动，倡导科学文明健康的生活方式，养成良好卫生习惯，提升居民文明卫生素质。

第三节　加强农村社会保障体系建设

按照兜底线、织密网、建机制的要求，全面建成覆盖全民、城乡统筹、权责清晰、保障适度、可持续的多层次社会保障体系。进一步完善城乡居民基本养老保险制度，加快建立城乡居民基本养老保险待遇确定和基础养老金标准正常调整机制。完善统一的城乡居民基本医疗保险制度和大病保险制度，做好农民重特大疾病救助工作，健全医疗救助与基本医疗保险、城乡居民大病保险及相关保障制度的衔接机制，巩固城乡居民医保全国异地就医联网直接结算。推进低保制度城乡统筹发展，健全低保标准动态调整机制。全面实施特困人员救助供养制度，提升托底保障能力和服务质量。推动各地通过政府购买服务、设置基层公共管理和社会服务岗位、引入社会工作专业人才和志愿者等方式，为农村留守儿童和妇女、老年人以及困境儿童提供关爱服务。加强和改善农村残疾人服务，将残疾人普遍纳入社会保障体系予以保障和扶持。

第四节　提升农村养老服务能力

适应农村人口老龄化加剧形势，加快建立以居家为基础、社区为依托、机构为补充的多层次农村养老服务体系。以乡镇为中心，建立具有综合服务功能、医养相结合的养老机构，与农村基本公共服务、农村特困供养服务、农村互助养老服务相互配合，形成农村基本养老服务网络。提高乡村卫生服务机构为老年人提供医疗保健服务的能力。支持主要面向失能、半失能老年人的农村养老服务设施建设，推进农村幸福院等互助型养老服务发展，建立健全农村留守老年人关爱服务体系。开发农村康养产业项目。鼓励村集体建设用地优先用于发展养老服务。

第五节　加强农村防灾减灾救灾能力建设

坚持以防为主、防抗救相结合，坚持常态减灾与非常态救灾相统一，全面提高抵御各类灾害综合防范能力。加强农村自然灾害监测预报预警，解决农村预警信息发布"最后一公里"问题。加强防灾减灾工程建设，推进实施自然灾害高风险区农村困难群众危房改造。全面深化森林、草原火灾防控治理。大力推进农村公共消防设施、消防力量和消防安全管理组织建设，改善农村消防安全条件。推进自然灾害救助物资储备体系建设。开展灾害救助应急预案编制和演练，完善应对灾害的政策支持体系和灾后重建工作机制。在农村广泛开展防灾减灾宣传教育。

第十篇　完善城乡融合发展政策体系

顺应城乡融合发展趋势，重塑城乡关系，更好激发农村内部发展活力、优化农村外部发展环境，推动人才、土地、资本等要素双向流动，为乡村振兴注入新动能。

第三十一章　加快农业转移人口市民化

加快推进户籍制度改革，全面实行居住证制度，促进有能力在城镇稳定就业和生活的农业转移人口有序实现市民化。

第一节　健全落户制度

鼓励各地进一步放宽落户条件，除极少数超大城市外，允许农业转移人口在就业地落户，优先解决农村学生升学和参军进入城镇的人口、在城镇就业居住5年以上和举家迁徙的农业转移人口以及新生代农民工落户问题。区分超大城市和特大城市主城区、郊区、新区等区域，分类制定落户政策，重点解决符合条件的普通劳动者落户问题。全面实行居住证制度，确保各地居住证申领门槛不高于国家标准、享受的各项基本公共服务和办事便利不低于国家标准，推进居住证制度覆盖全部未落户城镇常住人口。

第二节　保障享有权益

不断扩大城镇基本公共服务覆盖面，保障符合条件的未落户农民工在流入地平等享受城镇基本公共服务。通过多种方式增加学位供给，保障农民工随迁子女以流入地公办学校为主接受义务教育，以普惠性幼儿园为主接受学前教育。完善就业失业登记管理制度，面向农业转移人口全面提供政府补贴职业技能培训服务。将农业转移人口纳入社区卫生和计划生育服务体系，提供基本医疗卫生服务。把进城落户农民完全纳入城镇社会保障体系，在农村参加的养老保险和医疗保险规范接入城镇社会保障体系，做好基本医疗保险关系转移接续和异地就医结算工作。把进城落户农民完全纳入城镇住房保障体系，对符合条件的采取多种方式满足基本住房需求。

第三节　完善激励机制

维护进城落户农民土地承包权、宅基地使用权、集体收益分配权，引导进城落户农民依法自愿有偿转让上述权益。加快户籍变动与农村"三权"脱钩，不得以退出"三权"作为农民进城落户的条件，促使有条件的农业转移人口放心落户城镇。落实支持农业转移人口市民化财政政策，以及城镇建设用地增加规模与吸纳农业转移人口落户数量挂钩政策，健全由政府、企业、个人共同参与的市民化成本分担机制。

第三十二章　强化乡村振兴人才支撑

实行更加积极、更加开放、更加有效的人才政策，推动乡村人才振兴，让各类人才在乡村大施所能、大展才华、大显身手。

第一节　培育新型职业农民

全面建立职业农民制度，培养新一代爱农业、懂技术、善经营的新型职业农民，优化农业从业者结构。实施新型职业农民培育工程，支持新型职业农民通过弹性学制参加中高等农业职业教育。创新培训组织形式，探索田间课堂、网络教室等培训方式，支持农民专业合作社、专业技术协会、龙头企业等主体承担培训。鼓励各地开展职业农民职称评定试点。引导符合条件的新型职业农民参加城镇职工养老、医疗等社会保障制度。

第二节　加强农村专业人才队伍建设

加大"三农"领域实用专业人才培育力度，提高农村专业人才服务保障能力。加强农技推广人才队伍建设，探索公益性和经营性农技推广融合发展机制，允许农技人员通过提供增值服务合理取酬，全面实施农技推广服务特聘计划。加强涉农院校和学科专业建设，大力培育农业科技、科普人才，深入实施农业科研杰出人才计划和杰出青年农业科学家项目，深化农业系列职称制度改革。

第三节 鼓励社会人才投身乡村建设

建立健全激励机制，研究制定完善相关政策措施和管理办法，鼓励社会人才投身乡村建设。以乡情乡愁为纽带，引导和支持企业家、党政干部、专家学者、医生教师、规划师、建筑师、律师、技能人才等，通过下乡担任志愿者、投资兴业、行医办学、捐资捐物、法律服务等方式服务乡村振兴事业，允许符合要求的公职人员回乡任职。落实和完善融资贷款、配套设施建设补助、税费减免等扶持政策，引导工商资本积极投入乡村振兴事业。继续实施"三区"（边远贫困地区、边疆民族地区和革命老区）人才支持计划，深入推进大学生村官工作，因地制宜实施"三支一扶"、高校毕业生基层成长等计划，开展乡村振兴"巾帼行动"、青春建功行动。建立城乡、区域、校地之间人才培养合作与交流机制。全面建立城市医生教师、科技文化人员等定期服务乡村机制。

第三十三章 加强乡村振兴用地保障

完善农村土地利用管理政策体系，盘活存量，用好流量，辅以增量，激活农村土地资源资产，保障乡村振兴用地需求。

第一节 健全农村土地管理制度

总结农村土地征收、集体经营性建设用地入市、宅基地制度改革试点经验，逐步扩大试点，加快土地管理法修改。探索具体用地项目公共利益认定机制，完善征地补偿标准，建立被征地农民长远生计的多元保障机制。建立健全依法公平取得、节约集约使用、自愿有偿退出的宅基地管理制度。在符合规划和用途管制前提下，赋予农村集体经营性建设用地出让、租赁、入股权能，明确入市范围和途径。建立集体经营性建设用地增值收益分配机制。

第二节 完善农村新增用地保障机制

统筹农业农村各项土地利用活动，乡镇土地利用总体规划可以预留一定比例的规划建设用地指标，用于农业农村发展。根据规划确定的用地结构和布局，年度土地利用计划分配中可安排一定比例新增建设用地指标专项支持农业农村发展。对于农业生产过程中所需各类生产设施和附属设施用地，以及由于农业规模经营必须兴建的配套设施，在不占用永久基本农田的前提下，纳入设施农用地管理，实行县级备案。鼓励农业生产与村庄建设用地复合利用，发展农村新产业新业态，拓展土地使用功能。

第三节　盘活农村存量建设用地

完善农民闲置宅基地和闲置农房政策，探索宅基地所有权、资格权、使用权"三权分置"，落实宅基地集体所有权，保障宅基地农户资格权和农民房屋财产权，适度放活宅基地和农民房屋使用权，不得违规违法买卖宅基地，严格实行土地用途管制，严格禁止下乡利用农村宅基地建设别墅大院和私人会馆。在符合土地利用总体规划前提下，允许县级政府通过村土地利用规划调整优化村庄用地布局，有效利用农村零星分散的存量建设用地。对利用收储农村闲置建设用地发展农村新产业新业态的，给予新增建设用地指标奖励。

第三十四章　健全多元投入保障机制

健全投入保障制度，完善政府投资体制，充分激发社会投资的动力和活力，加快形成财政优先保障、社会积极参与的多元投入格局。

第一节　继续坚持财政优先保障

建立健全实施乡村振兴战略财政投入保障制度，明确和强化各级政府"三农"投入责任，公共财政更大力度向"三农"倾斜，确保财政投入与乡村振兴目标任务相适应。规范地方政府举债融资行为，支持地方政府发行一般债券用于支持乡村振兴领域公益性项目，鼓励地方政府试点发行项目融资和收益自平衡的专项债券，支持符合条件、有一定收益的乡村公益性建设项目。加大政府投资对农业绿色生产、可持续发展、农村人居环境、基本公共服务等重点领域和薄弱环节支持力度，充分发挥投资对优化供给结构的关键性作用。充分发挥规划的引领作用，推进行业内资金整合与行业间资金统筹相互衔接配合，加快建立涉农资金统筹整合长效机制。强化支农资金监督管理，提高财政支农资金使用效益。

第二节　提高土地出让收益用于农业农村比例

开拓投融资渠道，健全乡村振兴投入保障制度，为实施乡村振兴战略提供稳定可靠资金来源。坚持取之于地，主要用之于农的原则，制定调整完善土地出让收入使用范围、提高农业农村投入比例的政策性意见，所筹集资金用于支持实施乡村振兴战略。改进耕地占补平衡管理办法，建立高标准农田建设等新增耕地指标和城乡建设用地增减挂钩节余指标跨省域调剂机制，将所得收益通过支出预算全部用于巩固脱贫攻坚成果和支持实施乡村振兴战略。

第三节　引导和撬动社会资本投向农村

优化乡村营商环境，加大农村基础设施和公用事业领域开放力度，吸引社会资本参与乡村振兴。规范有序盘活农业农村基础设施存量资产，回收资金主要用于补短板项目建设。继续深化"放管服"改革，鼓励工商资本投入农业农村，为乡村振兴提供综合性解决方案。鼓励利用外资开展现代农业、产业融合、生态修复、人居环境整治和农村基础设施等建设。推广一事一议、以奖代补等方式，鼓励农民对直接受益的乡村基础设施建设投工投劳，让农民更多参与建设管护。

第三十五章　加大金融支农力度

健全适合农业农村特点的农村金融体系，把更多金融资源配置到农村经济社会发展的重点领域和薄弱环节，更好满足乡村振兴多样化金融需求。

第一节　健全金融支农组织体系

发展乡村普惠金融。深入推进银行业金融机构专业化体制机制建设，形成多样化农村金融服务主体。指导大型商业银行立足普惠金融事业部等专营机制建设，完善专业化的"三农"金融服务供给机制。完善中国农业银行、中国邮政储蓄银行"三农"金融事业部运营体系，明确国家开发银行、中国农业发展银行在乡村振兴中的职责定位，加大对乡村振兴信贷支持。支持中小型银行优化网点渠道建设，下沉服务重心。推动农村信用社省联社改革，保持农村信用社县域法人地位和数量总体稳定，完善村镇银行准入条件。引导农民合作金融健康有序发展。鼓励证券、保险、担保、基金、期货、租赁、信托等金融资源聚焦服务乡村振兴。

第二节　创新金融支农产品和服务

加快农村金融产品和服务方式创新，持续深入推进农村支付环境建设，全面激活农村金融服务链条。稳妥有序推进农村承包土地经营权、农民住房财产权、集体经营性建设用地使用权抵押贷款试点。探索县级土地储备公司参与农村承包土地经营权和农民住房财产权"两权"抵押试点工作。充分发挥全国信用信息共享平台和金融信用信息基础数据库的作用，探索开发新型信用类金融支农产品和服务。结合农村集体产权制度改革，探索利用量化的农村集体资产股权的融资方式。提高直接融资比重，支持农业企业依托多层次资本市场发展壮大。创新服务模式，引导持牌金融机构通过互联网和移动终端提供普惠金融服务，促进金融科技与农村金融规范发展。

第三节　完善金融支农激励政策

继续通过奖励、补贴、税收优惠等政策工具支持"三农"金融服务。抓紧出台金融服务乡村振兴的指导意见。发挥再贷款、再贴现等货币政策工具的引导作用，将乡村振兴作为信贷政策结构性调整的重要方向。落实县域金融机构涉农贷款增量奖励政策，完善涉农贴息贷款政策，降低农户和新型农业经营主体的融资成本。健全农村金融风险缓释机制，加快完善"三农"融资担保体系。充分发挥好国家融资担保基金的作用，强化担保融资增信功能，引导更多金融资源支持乡村振兴。制定金融机构服务乡村振兴考核评估办法。改进农村金融差异化监管体系，合理确定金融机构发起设立和业务拓展的准入门槛。守住不发生系统性金融风险底线，强化地方政府金融风险防范处置责任。

第十一篇　规划实施

实行中央统筹、省负总责、市县抓落实的乡村振兴工作机制，坚持党的领导，更好履行各级政府职责，凝聚全社会力量，扎实有序推进乡村振兴。

第三十六章　加强组织领导

坚持党总揽全局、协调各方，强化党组织的领导核心作用，提高领导能力和水平，为实现乡村振兴提供坚强保证。

第一节　落实各方责任

强化地方各级党委和政府在实施乡村振兴战略中的主体责任，推动各级干部主动担当作为。坚持工业农业一起抓、城市农村一起抓，把农业农村优先发展原则体现到各个方面。坚持乡村振兴重大事项、重要问题、重要工作由党组织讨论决定的机制，落实党政一把手是第一责任人、五级书记抓乡村振兴的工作要求。县委书记要当好乡村振兴"一线总指挥"，下大力气抓好"三农"工作。各地区要依照国家规划科学编制乡村振兴地方规划或方案，科学制定配套政策和配置公共资源，明确目标任务，细化实化政策措施，增强可操作性。各部门要各司其职、密切配合，抓紧制定专项规划或指导意见，细化落实并指导地方完成国家规划提出的主要目标任务。建立健全规划实施和工作推进机制，加强政策衔接和工作协调。培养造就一支懂农业、爱农村、爱农民的"三农"工作队伍，带领群众投身乡村振兴伟大事业。

第二节 强化法治保障

各级党委和政府要善于运用法治思维和法治方式推进乡村振兴工作，严格执行现行涉农法律法规，在规划编制、项目安排、资金使用、监督管理等方面，提高规范化、制度化、法治化水平。完善乡村振兴法律法规和标准体系，充分发挥立法在乡村振兴中的保障和推动作用。推动各类组织和个人依法依规实施和参与乡村振兴。加强基层执法队伍建设，强化市场监管，规范乡村市场秩序，有效促进社会公平正义，维护人民群众合法权益。

第三节 动员社会参与

搭建社会参与平台，加强组织动员，构建政府、市场、社会协同推进的乡村振兴参与机制。创新宣传形式，广泛宣传乡村振兴相关政策和生动实践，营造良好社会氛围。发挥工会、共青团、妇联、科协、残联等群团组织的优势和力量，发挥各民主党派、工商联、无党派人士等积极作用，凝聚乡村振兴强大合力。建立乡村振兴专家决策咨询制度，组织智库加强理论研究。促进乡村振兴国际交流合作，讲好乡村振兴的中国故事，为世界贡献中国智慧和中国方案。

第四节 开展评估考核

加强乡村振兴战略规划实施考核监督和激励约束。将规划实施成效纳入地方各级党委和政府及有关部门的年度绩效考评内容，考核结果作为有关领导干部年度考核、选拔任用的重要依据，确保完成各项目标任务。本规划确定的约束性指标以及重大工程、重大项目、重大政策和重要改革任务，要明确责任主体和进度要求，确保质量和效果。加强乡村统计工作，因地制宜建立客观反映乡村振兴进展的指标和统计体系。建立规划实施督促检查机制，适时开展规划中期评估和总结评估。

第三十七章　有序实现乡村振兴

充分认识乡村振兴任务的长期性、艰巨性，保持历史耐心，避免超越发展阶段，统筹谋划，典型带动，有序推进，不搞齐步走。

第一节　准确聚焦阶段任务

在全面建成小康社会决胜期，重点抓好防范化解重大风险、精准脱贫、污染防治三大攻坚战，加快补齐农业现代化短腿和乡村建设短板。在开启全面建设社会主义现代化国家新征程时期，重点加快城乡融合发展制度设计和政策创新，推动城乡公共资源均衡配置和基本公共服务均等化，推进乡村治理体系和治理能力现代化，全面提升农民精神风貌，为乡村振兴这盘大棋布好局。

第二节　科学把握节奏力度

合理设定阶段性目标任务和工作重点，分步实施，形成统筹推进的工作机制。加强主体、资源、政策和城乡协同发力，避免代替农民选择，引导农民摒弃"等靠要"思想，激发农村各类主体活力，激活乡村振兴内生动力，形成系统高效的运行机制。立足当前发展阶段，科学评估财政承受能力、集体经济实力和社会资本动力，依法合规谋划乡村振兴筹资渠道，避免负债搞建设，防止刮风搞运动，合理确定乡村基础设施、公共产品、制度保障等供给水平，形成可持续发展的长效机制。

第三节　梯次推进乡村振兴

科学把握我国乡村区域差异，尊重并发挥基层首创精神，发掘和总结典型经验，推动不同地区、不同发展阶段的乡村有序实现农业农村现代化。发挥引领区示范作用，东部沿海发达地区、人口净流入城市的郊区、集体经济实力强以及其他具备条件的乡村，到2022年率先基本实现农业农村现代化。推动重点区加速发展，中小城市和小城镇周边以及广大平原、丘陵地区的乡村，涵盖我国大部分村庄，是乡村振兴的主战场，到2035年基本实现农业农村现代化。聚焦攻坚区精准发力，革命老区、民族地区、边疆地区、集中连片特困地区的乡村，到2050年如期实现农业农村现代化。

附录二： 中华人民共和国乡村振兴促进法

目 录

第一章 总则

第一条 为了全面实施乡村振兴战略，促进农业全面升级、农村全面进步、农民全面发展，加快农业农村现代化，全面建设社会主义现代化国家，制定本法。

第二条 全面实施乡村振兴战略，开展促进乡村产业振兴、人才振兴、文化振兴、生态振兴、组织振兴，推进城乡融合发展等活动，适用本法。

本法所称乡村，是指城市建成区以外具有自然、社会、经济特征和生产、生活、生态、文化等多重功能的地域综合体，包括乡镇和村庄等。

第三条 促进乡村振兴应当按照产业兴旺、生态宜居、乡风文明、治理有效、生活富裕的总要求，统筹推进农村经济建设、政治建设、文化建设、社会建设、生态文明建设和党的建设，充分发挥乡村在保障农产品供给和粮食安全、保护生态环境、传承发展中华民族优秀传统文化等方面的特有功能。

第四条 全面实施乡村振兴战略，应当坚持中国共产党的领导，贯彻创新、协调、绿色、开放、共享的新发展理念，走中国特色社会主义乡村振兴道路，促进共同富裕，遵循以下原则：

（一）坚持农业农村优先发展，在干部配备上优先考虑，在要素配置上优先满足，在资金投入上优先保障，在公共服务上优先安排；

（二）坚持农民主体地位，充分尊重农民意愿，保障农民民主权利和其他合法权益，调动农民的积极性、主动性、创造性，维护农民根本利益；

（三）坚持人与自然和谐共生，统筹山水林田湖草沙系统治理，推动绿色发展，推进生态文明建设；

（四）坚持改革创新，充分发挥市场在资源配置中的决定性作用，更好发挥政府作用，推进农业供给侧结构性改革和高质量发展，不断解放和发展乡村社会生产力，激发农村发展活力；

（五）坚持因地制宜、规划先行、循序渐进，顺应村庄发展规律，根据乡村的历史文化、发展现状、区位条件、资源禀赋、产业基础分类推进。

第五条 国家巩固和完善以家庭承包经营为基础、统分结合的双层经营体制，发展壮大农村集体所有制经济。

第六条 国家建立健全城乡融合发展的体制机制和政策体系，推动城乡要素有序流动、平等交换和公共资源均衡配置，坚持以工补农、以城带乡，推动形成工农互促、城乡互补、协调发展、共同繁荣的新型工农城乡关系。

第七条 国家坚持以社会主义核心价值观为引领，大力弘扬民族精神和时代精神，加强乡村优秀传统文化保护和公共文化服务体系建设，繁荣发展乡村文化。

每年农历秋分日为中国农民丰收节。

第八条 国家实施以我为主、立足国内、确保产能、适度进口、科技支撑的粮食安全战略，坚持藏粮于地、藏粮于技，采取措施不断提高粮食综合生产能力，建设国家粮食安全产业带，完善粮食加工、流通、储备体系，确保谷物基本自给、口粮绝对安全，保障国家粮食安全。

国家完善粮食加工、储存、运输标准，提高粮食加工出品率和利用率，推动节粮减损。

第九条 国家建立健全中央统筹、省负总责、市县乡抓落实的乡村振兴工作机制。

各级人民政府应当将乡村振兴促进工作纳入国民经济和社会发展规划，并建立乡村振兴考核评价制度、工作年度报告制度和监督检查制度。

第十条 国务院农业农村主管部门负责全国乡村振兴促进工作的统筹协调、宏观指导和监督检查；国务院其他有关部门在各自职责范围内负责有关的乡村振兴促进工作。

县级以上地方人民政府农业农村主管部门负责本行政区域内乡村振兴促进工作的统筹协调、指导和监督检查；县级以上地方人民政府其他有关部门在各自职责范围内负责有关的乡村振兴促进工作。

第十一条 各级人民政府及其有关部门应当采取多种形式，广泛宣传乡村振兴促进相关法律法规和政策，鼓励、支持人民团体、社会组织、企事业单位等社会各方面参与乡村振兴促进相关活动。

对在乡村振兴促进工作中作出显著成绩的单位和个人，按照国家有关规定给予表彰和奖励。

第二章　产业发展

第十二条 国家完善农村集体产权制度，增强农村集体所有制经济发展活力，促进集体资产保值增值，确保农民受益。

各级人民政府应当坚持以农民为主体，以乡村优势特色资源为依托，支持、促进农村一二三产业融合发展，推动建立现代农业产业体系、生产体系和经营体系，推进数字乡村建设，培育新产业、新业态、新模式和新型农业经营主体，促进小农户和现代农业发展有机衔接。

第十三条 国家采取措施优化农业生产力布局，推进农业结构调整，发展优势特色产业，保障粮食和重要农产品有效供给和质量安全，推动品种培优、品质提升、品牌打造和标准化生产，推动农业对外开放，提高农业质量、效益和竞争力。

国家实行重要农产品保障战略，分品种明确保障目标，构建科学合理、安全高效的重要农产品供给保障体系。

第十四条 国家建立农用地分类管理制度，严格保护耕地，严格控制农用地转为建设用地，严格控制耕地转为林地、园地等其他类型农用地。省、自治区、直辖市人民政府应当采取措施确保耕地总量不减少、质量有提高。

国家实行永久基本农田保护制度，建设粮食生产功能区、重要农产品生产保护区，建设并保护高标准农田。

地方各级人民政府应当推进农村土地整理和农用地科学安全利用，加强农田水利等基础设施建设，改善农业生产条件。

第十五条 国家加强农业种质资源保护利用和种质资源库建设，支持育种基础性、前沿性和应用技术研究，实施农作物和畜禽等良种培育、育种关键技术攻关，鼓励种业科技成果转化和优良品种推广，建立并实施种业国家安全审查机制，促进种业高质量发展。

第十六条 国家采取措施加强农业科技创新，培育创新主体，构建以企业为主体、产学研协同的创新机制，强化高等学校、科研机构、农业企业创新能力，建立创新平台，加强新品种、新技术、新装备、新产品研发，加强农业知识产权保护，推进生物种业、智慧农业、设施农业、农产品加工、绿色农业投入品等领域创新，建设现代农业产业技术体系，推动农业农村创新驱动发展。

国家健全农业科研项目评审、人才评价、成果产权保护制度，保障对农业科技基础性、公益性研究的投入，激发农业科技人员创新积极性。

第十七条　国家加强农业技术推广体系建设，促进建立有利于农业科技成果转化推广的激励机制和利益分享机制，鼓励企业、高等学校、职业学校、科研机构、科学技术社会团体、农民专业合作社、农业专业化社会化服务组织、农业科技人员等创新推广方式，开展农业技术推广服务。

第十八条　国家鼓励农业机械生产研发和推广应用，推进主要农作物生产全程机械化，提高设施农业、林草业、畜牧业、渔业和农产品初加工的装备水平，推动农机农艺融合、机械化信息化融合，促进机械化生产与农田建设相适应、服务模式与农业适度规模经营相适应。

国家鼓励农业信息化建设，加强农业信息监测预警和综合服务，推进农业生产经营信息化。

第十九条　各级人民政府应当发挥农村资源和生态优势，支持特色农业、休闲农业、现代农产品加工业、乡村手工业、绿色建材、红色旅游、乡村旅游、康养和乡村物流、电子商务等乡村产业的发展；引导新型经营主体通过特色化、专业化经营，合理配置生产要素，促进乡村产业深度融合；支持特色农产品优势区、现代农业产业园、农业科技园、农村创业园、休闲农业和乡村旅游重点村镇等的建设；统筹农产品生产地、集散地、销售地市场建设，加强农产品流通骨干网络和冷链物流体系建设；鼓励企业获得国际通行的农产品认证，增强乡村产业竞争力。

发展乡村产业应当符合国土空间规划和产业政策、环境保护的要求。

第二十条　各级人民政府应当完善扶持政策，加强指导服务，支持农民、返乡入乡人员在乡村创业创新，促进乡村产业发展和农民就业。

第二十一条　各级人民政府应当建立健全有利于农民收入稳定增长的机制，鼓励支持农民拓宽增收渠道，促进农民增加收入。

国家采取措施支持农村集体经济组织发展，为本集体成员提供生产生活服务，保障成员从集体经营收入中获得收益分配的权利。

国家支持农民专业合作社、家庭农场和涉农企业、电子商务企业、农业专业化社会化服务组织等以多种方式与农民建立紧密型利益联结机制，让农民共享全产业链增值收益。

第二十二条　各级人民政府应当加强国有农（林、牧、渔）场规划建设，推进国有农（林、牧、渔）场现代农业发展，鼓励国有农（林、牧、渔）场在农业农村现代化建设中发挥示范引领作用。

第二十三条　各级人民政府应当深化供销合作社综合改革，鼓励供销合作社加强与农民利益联结，完善市场运作机制，强化为农服务功能，发挥其为农服务综合性合作经济组织的作用。

第三章　人才支撑

第二十四条　国家健全乡村人才工作体制机制，采取措施鼓励和支持社会各方面提供教育培训、技术支持、创业指导等服务，培养本土人才，引导城市人才下乡，推动专业人才服务乡村，促进农业农村人才队伍建设。

第二十五条　各级人民政府应当加强农村教育工作统筹，持续改善农村学校办学条件，支持开展网络远程教育，提高农村基础教育质量，加大乡村教师培养力度，采取公费师范教育等方式吸引高等学校毕业生到乡村任教，对长期在乡村任教的教师在职称评定等方面给予优待，保障和改善乡村教师待遇，提高乡村教师学历水平、整体素质和乡村教育现代化水平。

各级人民政府应当采取措施加强乡村医疗卫生队伍建设，支持县乡村医疗卫生人员参加培训、进修，建立县乡村上下贯通的职业发展机制，对在乡村工作的医疗卫生人员实行优惠待遇，鼓励医学院校毕业生到乡村工作，支持医师到乡村医疗卫生机构执业、开办乡村诊所、普及医疗卫生知识，提高乡村医疗卫生服务能力。

各级人民政府应当采取措施培育农业科技人才、经营管理人才、法律服务人才、社会工作人才，加强乡村文化人才队伍建设，培育乡村文化骨干力量。

第二十六条　各级人民政府应当采取措施，加强职业教育和继续教育，组织开展农业技能培训、返乡创业就业培训和职业技能培训，培养有文化、懂技术、善经营、会管理的高素质农民和农村实用人才、创新创业带头人。

第二十七条　县级以上人民政府及其教育行政部门应当指导、支持高等学校、职业学校设置涉农相关专业，加大农村专业人才培养力度，鼓励高等学校、职业学校毕业生到农村就业创业。

第二十八条 国家鼓励城市人才向乡村流动，建立健全城乡、区域、校地之间人才培养合作与交流机制。

县级以上人民政府应当建立鼓励各类人才参与乡村建设的激励机制，搭建社会工作和乡村建设志愿服务平台，支持和引导各类人才通过多种方式服务乡村振兴。

乡镇人民政府和村民委员会、农村集体经济组织应当为返乡入乡人员和各类人才提供必要的生产生活服务。农村集体经济组织可以根据实际情况提供相关的福利待遇。

第四章　文化繁荣

第二十九条 各级人民政府应当组织开展新时代文明实践活动，加强农村精神文明建设，不断提高乡村社会文明程度。

第三十条 各级人民政府应当采取措施丰富农民文化体育生活，倡导科学健康的生产生活方式，发挥村规民约积极作用，普及科学知识，推进移风易俗，破除大操大办、铺张浪费等陈规陋习，提倡孝老爱亲、勤俭节约、诚实守信，促进男女平等，创建文明村镇、文明家庭，培育文明乡风、良好家风、淳朴民风，建设文明乡村。

第三十一条 各级人民政府应当健全完善乡村公共文化体育设施网络和服务运行机制，鼓励开展形式多样的农民群众性文化体育、节日民俗等活动，充分利用广播电视、视听网络和书籍报刊，拓展乡村文化服务渠道，提供便利可及的公共文化服务。

各级人民政府应当支持农业农村农民题材文艺创作，鼓励制作反映农民生产生活和乡村振兴实践的优秀文艺作品。

第三十二条 各级人民政府应当采取措施保护农业文化遗产和非物质文化遗产，挖掘优秀农业文化深厚内涵，弘扬红色文化，传承和发展优秀传统文化。

县级以上地方人民政府应当加强对历史文化名镇名村、传统村落和乡村风貌、少数民族特色村寨的保护，开展保护状况监测和评估，采取措施防御和减轻火灾、洪水、地震等灾害。

第三十三条 县级以上地方人民政府应当坚持规划引导、典型示范，有计划地建设特色鲜明、优势突出的农业文化展示区、文化产业特色村落，发展乡村特色文化体育产业，推动乡村地区传统工艺振兴，积极推动智慧广电乡村建设，活跃繁荣农村文化市场。

第五章　生态保护

第三十四条　国家健全重要生态系统保护制度和生态保护补偿机制，实施重要生态系统保护和修复工程，加强乡村生态保护和环境治理，绿化美化乡村环境，建设美丽乡村。

第三十五条　国家鼓励和支持农业生产者采用节水、节肥、节药、节能等先进的种植养殖技术，推动种养结合、农业资源综合开发，优先发展生态循环农业。

各级人民政府应当采取措施加强农业面源污染防治，推进农业投入品减量化、生产清洁化、废弃物资源化、产业模式生态化，引导全社会形成节约适度、绿色低碳、文明健康的生产生活和消费方式。

第三十六条　各级人民政府应当实施国土综合整治和生态修复，加强森林、草原、湿地等保护修复，开展荒漠化、石漠化、水土流失综合治理，改善乡村生态环境。

第三十七条　各级人民政府应当建立政府、村级组织、企业、农民等各方面参与的共建共管共享机制，综合整治农村水系，因地制宜推广卫生厕所和简便易行的垃圾分类，治理农村垃圾和污水，加强乡村无障碍设施建设，鼓励和支持使用清洁能源、可再生能源，持续改善农村人居环境。

第三十八条　国家建立健全农村住房建设质量安全管理制度和相关技术标准体系，建立农村低收入群体安全住房保障机制。建设农村住房应当避让灾害易发区域，符合抗震、防洪等基本安全要求。

县级以上地方人民政府应当加强农村住房建设管理和服务，强化新建农村住房规划管控，严格禁止违法占用耕地建房；鼓励农村住房设计体现地域、民族和乡土特色，鼓励农村住房建设采用新型建造技术和绿色建材，引导农民建设功能现代、结构安全、成本经济、绿色环保、与乡村环境相协调的宜居住房。

第三十九条　国家对农业投入品实行严格管理，对剧毒、高毒、高残留的农药、兽药采取禁用限用措施。农产品生产经营者不得使用国家禁用的农药、兽药或者其他有毒有害物质，不得违反农产品质量安全标准和国家有关规定超剂量、超范围使用农药、兽药、肥料、饲料添加剂等农业投入品。

第四十条 国家实行耕地养护、修复、休耕和草原森林河流湖泊休养生息制度。县级以上人民政府及其有关部门依法划定江河湖海限捕、禁捕的时间和区域，并可以根据地下水超采情况，划定禁止、限制开采地下水区域。

禁止违法将污染环境、破坏生态的产业、企业向农村转移。禁止违法将城镇垃圾、工业固体废物、未经达标处理的城镇污水等向农业农村转移。禁止向农用地排放重金属或者其他有毒有害物质含量超标的污水、污泥，以及可能造成土壤污染的清淤底泥、尾矿、矿渣等；禁止将有毒有害废物用作肥料或者用于造田和土地复垦。

地方各级人民政府及其有关部门应当采取措施，推进废旧农膜和农药等农业投入品包装废弃物回收处理，推进农作物秸秆、畜禽粪污的资源化利用，严格控制河流湖库、近岸海域投饵网箱养殖。

第六章　组织建设

第四十一条 建立健全党委领导、政府负责、民主协商、社会协同、公众参与、法治保障、科技支撑的现代乡村社会治理体制和自治、法治、德治相结合的乡村社会治埋体系，建设充满活力、和谐有序的善治乡村。

地方各级人民政府应当加强乡镇人民政府社会管理和服务能力建设，把乡镇建成乡村治理中心、农村服务中心、乡村经济中心。

第四十二条 中国共产党农村基层组织，按照中国共产党章程和有关规定发挥全面领导作用。村民委员会、农村集体经济组织等应当在乡镇党委和村党组织的领导下，实行村民自治，发展集体所有制经济，维护农民合法权益，并应当接受村民监督。

第四十三条 国家建立健全农业农村工作干部队伍的培养、配备、使用、管理机制，选拔优秀干部充实到农业农村工作干部队伍，采取措施提高农业农村工作干部队伍的能力和水平，落实农村基层干部相关待遇保障，建设懂农业、爱农村、爱农民的农业农村工作干部队伍。

第四十四条 地方各级人民政府应当构建简约高效的基层管理体制，科学设置乡镇机构，加强乡村干部培训，健全农村基层服务体系，夯实乡村治理基础。

第四十五条　乡镇人民政府应当指导和支持农村基层群众性自治组织规范化、制度化建设，健全村民委员会民主决策机制和村务公开制度，增强村民自我管理、自我教育、自我服务、自我监督能力。

第四十六条　各级人民政府应当引导和支持农村集体经济组织发挥依法管理集体资产、合理开发集体资源、服务集体成员等方面的作用，保障农村集体经济组织的独立运营。

县级以上地方人民政府应当支持发展农民专业合作社、家庭农场、农业企业等多种经营主体，健全农业农村社会化服务体系。

第四十七条　县级以上地方人民政府应当采取措施加强基层群团组织建设，支持、规范和引导农村社会组织发展，发挥基层群团组织、农村社会组织团结群众、联系群众、服务群众等方面的作用。

第四十八条　地方各级人民政府应当加强基层执法队伍建设，鼓励乡镇人民政府根据需要设立法律顾问和公职律师，鼓励有条件的地方在村民委员会建立公共法律服务工作室，深入开展法治宣传教育和人民调解工作，健全乡村矛盾纠纷调处化解机制，推进法治乡村建设。

第四十九条　地方各级人民政府应当健全农村社会治安防控体系，加强农村警务工作，推动平安乡村建设；健全农村公共安全体系，强化农村公共卫生、安全生产、防灾减灾救灾、应急救援、应急广播、食品、药品、交通、消防等安全管理责任。

第七章　城乡融合

第五十条　各级人民政府应当协同推进乡村振兴战略和新型城镇化战略的实施，整体筹划城镇和乡村发展，科学有序统筹安排生态、农业、城镇等功能空间，优化城乡产业发展、基础设施、公共服务设施等布局，逐步健全全民覆盖、普惠共享、城乡一体的基本公共服务体系，加快县域城乡融合发展，促进农业高质高效、乡村宜居宜业、农民富裕富足。

第五十一条　县级人民政府和乡镇人民政府应当优化本行政区域内乡村发展布局，按照尊重农民意愿、方便群众生产生活、保持乡村功能和特色的原则，因地制宜安排村庄布局，依法编制村庄规划，分类有序推进村庄建设，严格规范村庄撤并，严禁违背农民意愿、违反法定程序撤并村庄。

第五十二条 县级以上地方人民政府应当统筹规划、建设、管护城乡道路以及垃圾污水处理、供水供电供气、物流、客运、信息通信、广播电视、消防、防灾减灾等公共基础设施和新型基础设施，推动城乡基础设施互联互通，保障乡村发展能源需求，保障农村饮用水安全，满足农民生产生活需要。

第五十三条 国家发展农村社会事业，促进公共教育、医疗卫生、社会保障等资源向农村倾斜，提升乡村基本公共服务水平，推进城乡基本公共服务均等化。

国家健全乡村便民服务体系，提升乡村公共服务数字化智能化水平，支持完善村级综合服务设施和综合信息平台，培育服务机构和服务类社会组织，完善服务运行机制，促进公共服务与自我服务有效衔接，增强生产生活服务功能。

第五十四条 国家完善城乡统筹的社会保障制度，建立健全保障机制，支持乡村提高社会保障管理服务水平；建立健全城乡居民基本养老保险待遇确定和基础养老金标准正常调整机制，确保城乡居民基本养老保险待遇随经济社会发展逐步提高。

国家支持农民按照规定参加城乡居民基本养老保险、基本医疗保险，鼓励具备条件的灵活就业人员和农业产业化从业人员参加职工基本养老保险、职工基本医疗保险等社会保险。

国家推进城乡最低生活保障制度统筹发展，提高农村特困人员供养等社会救助水平，加强对农村留守儿童、妇女和老年人以及残疾人、困境儿童的关爱服务，支持发展农村普惠型养老服务和互助性养老。

第五十五条 国家推动形成平等竞争、规范有序、城乡统一的人力资源市场，健全城乡均等的公共就业创业服务制度。

县级以上地方人民政府应当采取措施促进在城镇稳定就业和生活的农民自愿有序进城落户，不得以退出土地承包经营权、宅基地使用权、集体收益分配权等作为农民进城落户的条件；推进取得居住证的农民及其随迁家属享受城镇基本公共服务。

国家鼓励社会资本到乡村发展与农民利益联结型项目，鼓励城市居民到乡村旅游、休闲度假、养生养老等，但不得破坏乡村生态环境，不得损害农村集体经济组织及其成员的合法权益。

第五十六条　县级以上人民政府应当采取措施促进城乡产业协同发展，在保障农民主体地位的基础上健全联农带农激励机制，实现乡村经济多元化和农业全产业链发展。

第五十七条　各级人民政府及其有关部门应当采取措施鼓励农民进城务工，全面落实城乡劳动者平等就业、同工同酬，依法保障农民工工资支付和社会保障权益。

第八章　扶持措施

第五十八条　国家建立健全农业支持保护体系和实施乡村振兴战略财政投入保障制度。县级以上人民政府应当优先保障用于乡村振兴的财政投入，确保投入力度不断增强、总量持续增加、与乡村振兴目标任务相适应。

省、自治区、直辖市人民政府可以依法发行政府债券，用于现代农业设施建设和乡村建设。

各级人民政府应当完善涉农资金统筹整合长效机制，强化财政资金监督管理，全面实施预算绩效管理，提高财政资金使用效益。

第五十九条　各级人民政府应当采取措施增强脱贫地区内生发展能力，建立农村低收入人口、欠发达地区帮扶长效机制，持续推进脱贫地区发展；建立健全易返贫致贫人口动态监测预警和帮扶机制，实现巩固拓展脱贫攻坚成果同乡村振兴有效衔接。

国家加大对革命老区、民族地区、边疆地区实施乡村振兴战略的支持力度。

第六十条　国家按照增加总量、优化存量、提高效能的原则，构建以高质量绿色发展为导向的新型农业补贴政策体系。

第六十一条　各级人民政府应当坚持取之于农、主要用之于农的原则，按照国家有关规定调整完善土地使用权出让收入使用范围，提高农业农村投入比例，重点用于高标准农田建设、农田水利建设、现代种业提升、农村供水保障、农村人居环境整治、农村土地综合整治、耕地及永久基本农田保护、村庄公共设施建设和管护、农村教育、农村文化和精神文明建设支出，以及与农业农村直接相关的山水林田湖草沙生态保护修复、以工代赈工程建设等。

第六十二条 县级以上人民政府设立的相关专项资金、基金应当按照规定加强对乡村振兴的支持。

国家支持以市场化方式设立乡村振兴基金，重点支持乡村产业发展和公共基础设施建设。

县级以上地方人民政府应当优化乡村营商环境，鼓励创新投融资方式，引导社会资本投向乡村。

第六十三条 国家综合运用财政、金融等政策措施，完善政府性融资担保机制，依法完善乡村资产抵押担保权能，改进、加强乡村振兴的金融支持和服务。

财政出资设立的农业信贷担保机构应当主要为从事农业生产和与农业生产直接相关的经营主体服务。

第六十四条 国家健全多层次资本市场，多渠道推动涉农企业股权融资，发展并规范债券市场，促进涉农企业利用多种方式融资；丰富农产品期货品种，发挥期货市场价格发现和风险分散功能。

第六十五条 国家建立健全多层次、广覆盖、可持续的农村金融服务体系，完善金融支持乡村振兴考核评估机制，促进农村普惠金融发展，鼓励金融机构依法将更多资源配置到乡村发展的重点领域和薄弱环节。

政策性金融机构应当在业务范围内为乡村振兴提供信贷支持和其他金融服务，加大对乡村振兴的支持力度。

商业银行应当结合自身职能定位和业务优势，创新金融产品和服务模式，扩大基础金融服务覆盖面，增加对农民和农业经营主体的信贷规模，为乡村振兴提供金融服务。

农村商业银行、农村合作银行、农村信用社等农村中小金融机构应当主要为本地农业农村农民服务，当年新增可贷资金主要用于当地农业农村发展。

第六十六条 国家建立健全多层次农业保险体系，完善政策性农业保险制度，鼓励商业性保险公司开展农业保险业务，支持农民和农业经营主体依法开展互助合作保险。

县级以上人民政府应当采取保费补贴等措施，支持保险机构适当增加保险品种，扩大农业保险覆盖面，促进农业保险发展。

第六十七条 县级以上地方人民政府应当推进节约集约用地，提高土地使用效率，依法采取措施盘活农村存量建设用地，激活农村土地资源，完善农村新增建设用地保障机制，满足乡村产业、公共服务设施和农民住宅用地合理需求。

县级以上地方人民政府应当保障乡村产业用地，建设用地指标应当向乡村发展倾斜，县域内新增耕地指标应当优先用于折抵乡村产业发展所需建设用地指标，探索灵活多样的供地新方式。

经国土空间规划确定为工业、商业等经营性用途并依法登记的集体经营性建设用地，土地所有权人可以依法通过出让、出租等方式交由单位或者个人使用，优先用于发展集体所有制经济和乡村产业。

第九章　监督检查

第六十八条 国家实行乡村振兴战略实施目标责任制和考核评价制度。上级人民政府应当对下级人民政府实施乡村振兴战略的目标完成情况等进行考核，考核结果作为地方人民政府及其负责人综合考核评价的重要内容。

第六十九条 国务院和省、自治区、直辖市人民政府有关部门建立客观反映乡村振兴进展的指标和统计体系。县级以上地方人民政府应当对本行政区域内乡村振兴战略实施情况进行评估。

第七十条 县级以上各级人民政府应当向本级人民代表大会或者其常务委员会报告乡村振兴促进工作情况。乡镇人民政府应当向本级人民代表大会报告乡村振兴促进工作情况。

第七十一条 地方各级人民政府应当每年向上一级人民政府报告乡村振兴促进工作情况。

县级以上人民政府定期对下一级人民政府乡村振兴促进工作情况开展监督检查。

第七十二条 县级以上人民政府发展改革、财政、农业农村、审计等部门按照各自职责对农业农村投入优先保障机制落实情况、乡村振兴资金使用情况和绩效等实施监督。

第七十三条 各级人民政府及其有关部门在乡村振兴促进工作中不履行或者不正确履行职责的，依照法律法规和国家有关规定追究责任，对直接负责的主管人员和其他直接责任人员依法给予处分。

违反有关农产品质量安全、生态环境保护、土地管理等法律法规的，由有关主管部门依法予以处罚；构成犯罪的，依法追究刑事责任。

第十章 附则

第七十四条 本法自2021年6月1日起施行。

第三篇
新时代乡村五大振兴
实务探索

第一章　产业振兴

产业振兴是乡村振兴之本，而建立绿色安全、优质高效的乡村产业体系又是乡村产业振兴的基本遵循。《乡村振兴战略规划（2018—2022年）》明确提出，坚持质量兴农、品牌强农，深化农业供给侧结构性改革、构建现代农业产业体系、生产体系、经营体系，推动农业发展质量变革、效率变革、动力变革，持续提高农业创新力、竞争力和全要素生产率。如何按照党中央国务院的要求，把我国绿色安全优质高效的乡村产业体系打造好，是乡村振兴战略中一项举足轻重的任务。

一、产业振兴是实施乡村振兴战略的首要任务

在党的十九大报告中，习近平总书记提出了实施乡村振兴战略的总要求，即"产业兴旺、生态宜居、乡风文明、治理有效、生活富裕"。乡村振兴首先是产业振兴，通过实施乡村振兴战略需要激活的首先是乡村的经济价值。这是增强广大农民获得感、幸福感、安全感的坚实支撑，不仅有利于农民更好地实现就近就业增收，也有利于农民规避异地城镇化可能带来的家庭人口空间分离和留守儿童、留守妇女、留守老人问题，更好地实现就地就近城镇化。2018年3月8日，习近平总书记在参加东代表团审议时提出，实施乡村振兴战略要从产业振兴、人才振兴、文化振兴、生态振兴、组织振兴五个方面着手，产业振兴同样被放在首位。

在实施乡村振兴战略的总休要求中，实现乡村产业振兴，要以推进供给侧结构性改革为主线，用现代发展理念和组织方式改造乡村产业。如确保粮食安全是实施乡村振兴战略的前提，也是推进产业兴旺不可动摇的根基。在推进粮食产业兴旺的过程中，要求摒弃片面追求增产的传统粮食安全观，进一步落实以我为主、立足国内、确保产能、适度进口、科技支撑的国家粮食安全战略和确保谷物基本自给、口粮绝对安全的粮食安全战略底线，积极推进粮食产业，加快实现由生产导向向消费导向的转变，由

追求数量安全向追求数量、质量安全统筹兼顾转变。在此基础上，要按照增加有效供给、减少无效供给的要求，拓宽实现粮食安全的视野。

乡村产业振兴还要大力推进乡村产业多元化、综合化发展。以推进粮食生产为例，要结合完善质量兴粮、绿色兴粮、服务兴粮、品牌兴粮推进机制和支持政策，鼓励新型农业经营主体、新型农业服务主体带动小农户延伸粮食产业链、打造粮食供应链、提升粮食价值链，积极培育现代粮食产业体系，鼓励发展粮食加工业、流通业和面向粮食产业链的生产型服务业，促进粮食产业链创新力和竞争力的提升。要结合推进农业支持保护政策的创新和转型，深入实施藏粮于地、藏粮于技战略，通过全面落实永久基本农田特殊保护制度、加快划定和建设粮食生产功能区、大规模推进农村土地整治和高标准农田建设、加强农村防灾减灾救灾能力建设等举措，夯实粮食生产能力的基础，帮助粮食生产经营主体更好地实现节本增效和降低风险，将保障粮食安全建立在保护粮食生产经营主体种粮积极性的基础上。结合优化粮食仓储的区域布局和加强粮食物流基础设施建设等措施，全面提升粮食产业链和粮食产业体系的质量、效益和可持续发展能力，为把中国人的饭碗牢牢端在自己手中打下扎实基础。

二、建立绿色安全、优质高效的乡村产业体系

《乡村振兴战略规划（2018—2022年）》强调，要以推进供给侧结构改革为主线，按照质量兴农、绿色兴农、服务兴农、品牌兴农要求推进农业农村产业体系、生产体系和经营体系建设，为我国乡村产业振兴指明前进的方向。

（一）乡村产业体系应是绿色安全的产业体系

在党的十九大提出的五大发展理念中，绿色发展占据了非常重要的地位。长期以来，我国经济发展尤其是农业发展模式比较粗放，资源环境代价比较高，农业面源污染比较严重，农业农村的生态价值没有得到充分实现。强调乡村产业的绿色发展，实际上是对农业农村生态功能和生态价值的重新肯定。农业和乡村产业发展，要坚持绿色发展的理念不动摇，为我国整体的生态建设构筑起一个牢固的屏障。这不仅可以保障农业和乡村产业发展的可持续性，也为我国经济的绿色发展提供了牢固基础。

乡村产业体系的安全性也同样重要。农业为国民提供食物来源，也为农产品加工提供原料。农业产业体系的安全有两个层面，一是供给充足，即数量安全；二是质量可靠，即质量安全。随着我国农业生产力的持续提升，数量安全问题得到了较好的解

决。质量安全问题变得更加突出。化肥农药的过量使用,不仅造成了土壤污染和环境损害,也造成了农产品尤其是粮食蔬菜的质量安全隐患。因此,在乡村产业体系建设中,安全是我国乡村产业发展的一个底线和红线。

(二)乡村产业体系应是优质高效的产业体系

长期以来,我国乡村产业体系比较单一,农业分散粗放经营,质量和品牌意识不强,导致我国农业和乡村产业竞争力较弱,很难适应国际化市场竞争的新形势。强调发展质量农业和品牌农业,提高优质农产品比重,是提高我国农业竞争力的一个重要出路。同时,传统的以乡镇企业为代表的乡村产业,产业层次较低、污染较重,成为都市淘汰产业的接收站,不能很好地体现地方特色和区域比较优势。因此,要通过发展第三产业,提升第二产业的产业水平,改变乡村产业低质低效的现状,做到传统而不落后,小微而不弱势,是未来乡村产业的一个重要发展方向。

要发展绿色安全、优质高效的乡村产业体系,最重要的一条就是推进农业和乡村产业的供给侧结构性改革,用改革的办法解决供给侧的结构性问题,借此提高供给体系质量、效率和竞争力;其手段是通过深化体制机制改革和政策创新,增加有效供给和中高端供给,减少无效供给和低端供给;其目标是增强供给体系对需求体系和需求结构变化的动态适应性和灵活性。当然,这里的有效供给包括公共产品和公共服务的供给。推进乡村产业振兴,应坚持发展现代农业和推进农业农村经济多元化、综合化"双轮驱动"的方针。鉴于中国农业发展的主要矛盾早已由总量不足转变为结构性矛盾,突出表现为阶段性供过于求和供给不足并存,并且矛盾的主要方面在供给侧,在发展现代农业、推进农业现代化的过程中,要以推进农业供给侧结构改革为主线。

加快构建现代农业产业体系、生产体系、经营体系,在推进农业供给侧结构性改革中占据重要地位。积极发展农业生产性服务业和涉农装备产业在建立现代农业生产体系中发挥着重要作用。当前中国农业劳动生产率远不及美国、日本等发达国家。其原因固然很多,其中之一就是中国农业装备制造业不发达。实施质量兴农、绿色兴农甚至品牌兴农战略,必须推进涉农装备制造业的发展和现代化。无论是在农业生产领域还是在农业产业链,都是如此。

农业装备水平的提高和结构升级,是提升农业产业链质量、效率和竞争力的基础所在,也是增强农业创新力的重要依托。随着农产品消费需求升级,农产品/食品消费日益呈现个性化、多样化、绿色化、品牌化、体验化的趋势，但中国的农业装备较为单一，难以满足推进农产品/食品消费个性化、多样化、绿色化、品牌化、体验化的需求。近年来，我国部分涉农装备制造企业积极推进现代化改造和发展方式转变，推进智能化、集约化、科技化发展，成为从餐桌到田间的产业链问题解决方案供应商，也是推进质量兴农、绿色兴农的领头羊，对完善农业发展的宏观调控、农业供应链和食品安全治理也发挥了重要作用。

推进农业农村经济多元化综合化是个发展问题，在发展过程中要按照推进供给侧结构性改革的方向，把握增加有效供给、减少无效供给和增强供给体系对需求体系的动态适应、灵活反应能力的要求，创新相关体制机制和政策保障，防止一哄而上、一哄而散和大起大落问题。要尊重不同产业自身特性和发展要求，引导乡村优势特色产业适度集聚集群集约发展，并向小城镇、产业园区、中心村、中心镇适度集中；或依托资源优势、交通优势和临近城市的区位优势，实现连片组团发展，提升发展质量、效率和竞争力，夯实其在推进乡村产业振兴中的节点功能。

（三）乡村振兴，产业兴旺是重点

2018年3月8日，习近平同志在参加十三届全国人大一次会议山东代表团审议时强调，要推动乡村产业振兴，紧紧围绕发展现代农业，围绕农村一二三产业融合发展，构建乡村产业体系，实现产业兴旺。贯彻落实习近平同志重要讲话精神，必须坚持以农业供给侧结构性改革为主线，着力提高农业创新力、竞争力、全要素生产率，促进农村一二三产业融合发展，不断提高农村产业发展水平，加快实现产业兴旺。

以品牌引领产业优化。推行标准化生产、培育农产品品牌，是发展现代农业的必然选择，是推进农业质量变革的有效途径。农业对自然资源和生态环境的依赖性强，农产品品种和品质存在区域差异。实施农产品品牌战略，保护地理标志农产品，打造一村一品、一县一业发展新格局，有利于各具特色的地域资源优势转化为市场竞争优势，破解农产品同质竞争和增产不增收困境，从而促进农业区域结构、产业结构、品种结构全面优化。

以科技创新驱动产业提质。当前，我国农业发展处于由增产导向转向提质导向的关键时期，推动农业科技创新是提高农业发展质量效益和实现农业绿色发展的根本途径。要明确农业科技创新的目标和方向，把满足人民对优质农产品的需要摆在突出位置，建立产学研结合的农业科技创新体系，加强农业绿色生态、提质增效技术研发应用，推动农业发展质量、效益、整体素质全面提升，显著提高农业绿色化、优质化水平。

以城乡融合激发产业活力。城乡二元结构是影响城乡协调发展的主要障碍，制约城乡要素平等交换、收益合理分配，妨碍农业综合效益和竞争力提高。进一步破除城乡二元结构，需要建立健全城乡融合发展体制机制和政策体系。全面深化改革，清除阻碍要素下乡的各种障碍，推动城乡要素自由流动、平等交换，激发农业农村发展活力。坚持以城带乡、以工促农，用现代生产方式、信息技术改造提升农业，加快农业现代化步伐，促进农村一二三产业融合发展。

以适度规模经营补齐产业短板。小农户长期大量存在是我国农业发展的基本国情。补齐小农户小规模经营短板，是发展现代农业的必答题。随着小型农业机械的推广应用，丘陵地区、偏远山区也具备了实现农业机械化的条件，不少地方还通过卫星导航和互联网服务进行信息化田间管理，在一定程度上弥补了耕地规模小的局限。今后，要继续深化农村土地制度改革，推进农村承包地"三权分置"改革，发展多种形式适度规模经营，促进小农户和现代农业发展有机衔接。

以"园""区"建设促进产业集聚。所谓"园"，是指现代农业产业园、农业科技园、返乡创业园以及集循环农业、创意农业、农事体验于 体的田园综合体。所谓"区"，是指粮食生产功能区、重要农产品生产保护区、特色农产品优势区等。"园""区"能够聚集资金、科技、人才等要素，是实现乡村产业振兴的重要抓手。以"园""区"建设促进产业集聚，应注重"园""区"平台与特色村镇发展相结合，大力培育发展产业、生态、文化、旅游深度融合的特色村镇。引导农村一二三产业适度集中，建设产业、生活、生态一体化空间，创建一批农区、园区、镇区互动的产业融合发展先导区，为实现农业强、农村美、农民富探索和积累经验。

第一节　夯实农业生产能力基础

近年来，各地和有关部门认真贯彻落实中央要求，持续加强农业物质技术装备建设，不断创新政策举措，有力提升了我国农业综合生产能力、夯实了谷物基本自给、口粮绝对安全的战略基础，为经济发展、社会稳定、国家安全提供了重要支撑。

大力推进农业现代化，必须夯实农业生产能力基础，强化农业物质装备和技术支撑，加快构建现代农业产业体系、生产体系、经营体系，深入实施藏粮于地、藏粮于技战略，严守耕地红线，确保粮食安全，保障国家重要农产品有效供给，提高农业综合生产能力，推动粮经饲统筹、农林牧结合、种养加一体、一二三产业融合发展，把中国人的饭碗牢牢端在自己手中，为进一步加强农业生产能力建设指明了方向。

一、健全粮食安全保障机制

围绕实施国家粮食安全战略和乡村振兴战略、健康中国战略，守住安全底线，努力构建更高层次、更高质量、更有效率、更可持续的粮食安全保障体系。坚持以我为主、立足国内、确保产能、适度进口、科技支撑的国家粮食安全战略，建立全方位的粮食安全保障机制。按照"确保谷物基本自给、口粮绝对安全"的要求，持续巩固和提升粮食生产能力。

（一）鼓励加工流通企业、新型经营主体开展自主储粮和经营

目前我国粮食仓容压力巨大，"藏粮于民"是缓解仓容压力非常有效的途径。随着农民专业合作社、家庭农场、专业大户等新型农业经营主体种粮规模越来越大，粮食产量越来越多。每到粮食收获季节，如果没有粮食仓储设施，粮食不能及时出售，大量堆放容易导致发霉变质，致使付出的心血化为泡影。因此，新型农业经营主体对于建设粮食仓储设施有着越来越强烈的愿望。

但是随着粮食连续多年增产，一些地区存在仓容严重不足的问题。现在越来越多的合作社和种粮大户已经认识到存储环节对于提高种粮收益的重要性。存储环节是种植粮食的终端环节，也是种粮赚钱与否最关键的环节，粮食储存不了、储存不好，就没有办法实现种粮效益最大化。

鼓励合作社、种粮大户等建设带有烘干设备的粮库，可以一定程度上缓解仓容压力。提高粮食仓储能力，建设带有烘干设施的粮食仓储设施，就可以掌握销售时机和市场动向，实现种粮效益最大化。从自身经济效益来讲，有利于实现种粮收益最大化；从社会效益来讲，能够实现藏粮于民，缓解粮食仓容不足的难题。

政府要加大对新型农业经营主体的扶持力度，从提高粮食产量、减少粮食产后损失、提高粮食经济效益角度出发，为新型农业经营主体提供所需的资金、技术和服务。从粮食流通领域来说，大力推进农民专业合作社等经营主体建设"粮食银行"，为农民

提供统一烘干、统一加工、统一储存、统一销售的服务，可以较好地解决农民存储粮食难题。要大力推广科学储粮和粮食烘干技术，满足日益增长的储粮需求。

（二）加快完善粮食现代物流体系

目前我国粮食现代物流与供应链整合得到了进一步的发展，但同时也要清醒地看到我国粮食安全日益面临着许多问题，如：国内高成本"地板"和国外低价格"天花板"的双重挤压，社会性存粮不断减少与种突发事件频发的双重挑战，资源"红灯"和补贴"黄线"的双重约束，可能的粮食减产与局部战争的双重影响等，急需通过供给侧改革等提高粮食产能及生产的有效性。如何根据环境变化不失时机地适应我国粮食安全的战略调整与供应链整合，综合提高国内外粮食生产与进口的有效性、安全性与应急响应性，就成了未来粮食现代物流的关键。

1.强化现代粮食物流体系建设

按照"一带一路"、京津冀协同发展、长江经济带紧密结合要求以及国家粮食安全战略调整部署，加快完善"八大粮食物流通道"，优化"两横五纵"重点线路。合理布局粮食收购、仓储、加工、周转等不同环节基础设施，推动建设一批粮食接发设施，支持建设一批中转仓、铁路专用线、内河沿海码头以及重要物流节点项目和综合性物流园区。

2.突出科技作用

大力促进粮食科技成果转化，加强粮食物流新技术的研发应用，推广新型专用运输工具及装卸设备，着力打通粮油配送"最后一公里"。打通粮食科技与粮食产业经济结合的通道，加快推动粮食科技成果转化为现实生产力，进一步推进实施"科技兴粮"工程，切实增强粮食行业创新驱动能力，使粮食物流为粮食经济的发展提供必要支撑，把粮食物流效率的提高与粮食行业效益的提升结合起来。

3.进一步重视粮食信息化的引领作用

积极遵循并运用现代物流与供应链管理理念，全面推动行业信息化建设并加强其在业务管理、宏观调控等方面的引领作用。加快推进信息化和粮食行业发展深度融合，广泛运用大数据、云计算、物联网等现代信息技术手段改造传统粮食行业，加快推进"粮安工程"智能化升级改造，推动现代信息技术在粮食收购、仓储、物流、加工、供应、质量监测监管等领域的广泛应用，消除"信息孤岛"，实现互联互通。

（三）全面落实粮食安全省长责任制，完善监督考核机制

各地应该高度重视粮食安全省长责任制考核工作，坚持问题导向，层层压实责任，认真开展本地区考核工作。通过严格考核，增强粮食安全责任意识，进一步提高地方政府对粮食工作的重视程度，加大政策支持和财政投入力度，有效发挥考核"指挥棒"作用。

1. 落实属地管理责任

第一，厘清监管范围、内容和责任清单。按照《中华人民共和国食品安全法》等有关法律法规、文件要求，进一步明确部门监管内容与职责，落实人员，细化责任，做到既无监管盲区又避免交叉重复与职责不清。

第二，强化粮食质量安全属地监管责任落实与追责。制定并严格实行粮食质量安全监管责任制和责任追究制，完善责任体系。

第三，强化粮食质量安全监管体系建设。要明确或设立负责质量安全监管的职能处室，确保基层工作有人抓、有人管、有人负责。

第四，建立责任约谈机制。县级以上粮食部门要对本地区经营活动中存在质量安全隐患且未及时采取措施消除隐患的粮食经营者的法定代表人或者主要负责人进行责任约谈，要求其立即采取相应措施，杜绝和消除隐患。

第五，建立超标粮食处置长效机制。要明确超标粮食处置相关环节的监管部门及职责，加快研究重金属超标粮食退出最低收购价范围后的收购、处置等相关政策措施，逐步建立和完善超标粮食应急收购处置体系。

2. 督促企业履行粮食质量安全主体责任

第一，强化粮食经营企业主体责任。督促企业完善质量安全主体责任制度建设，强化企业主要负责人首问负责制，落实质量安全相关人员岗位责任，严格执行企业质量安全主体责任追究制度。

第二，加强企业各项规章制度建设，规范记录质量信息，明确粮食入库、储存、出库销售质量责任人，确保质量可追溯、责任可追究、问题可溯源。

第三，提升质量安全管控能力。粮食收储企业要加强粮食出入库质量安全检验和库存粮食质量安全监管。

第四，建立粮食经营者信用信息体系和守法诚信评价制度。构建守信激励、失信惩戒机制。

3.围绕"五个结合"，完善考核机制

坚持统一协调与分工负责、全面监督与重点考核、定量评价与定性评估、平时评价与年度考核、奖励先进与处罚落后相结合的原则，考核工作由地方政府牵头，有关部门既分工负责又密切配合。建议将粮食安全责任纳入省、市、县三级政府目标管理绩效考核体系，建立严格的奖惩机制，对得分排序靠前的地方，上级政府给予一定的政策倾斜、项目支持和资金奖励；对排序靠后的地方，提出限期整改措施；对在考核工作中弄虚作假、虚报瞒报情况的，进行通报批评，并对相关责任人进行追责问责；健全考核监督制度，形成长效机制。

（四）建设粮食质量安全监测体系

1.强化检验监测体系建设

各地要结合粮食质量安全监管与监测工作的政策性、专业性、特殊性，保持机构的相对独立。依托《粮食收储供应安全保障工程建设规划（2015—2020年）》，采取站库结合、站场结合、建设区域性质检中心等各种有效措施，保持粮食检验监测体系的系统性和完整性，确保粮食部门具备充足检验资源和力量，履行其法定职责，确保"机构成网络、监测全覆盖、监管无盲区"落到实处。

2.切实加强监测，提高预警预判能力

强化风险意识，建立健全监测预警体系，提升预警预判能力、应急处置能力和危机管控能力，切实做到突发事件"早发现、早报告、早研判、早处置、早解决"，严防发生区域性、系统性粮食质量安全风险。加强粮食质量安全风险监测，建立健全新收获粮食质量安全风险监测、质量调查、质量会检、品质测报制度，认真落实国家食品安全风险监测年度计划。

3.严格检查制度，优化检查方法

明确检查范围，要将国家临时存储粮、地方储备粮、政策性成品粮、纳入统计范围的多元市场主体收储的商品粮以及粮食部门认定（供应的"放心粮油""主食工程""应急保障"等涉及民生工程的粮油食品纳入抽查范围，加大抽查力度；强化应急反应能力。

4.制定《粮食质量安全突发事故（事件）应急处置预案》，健全快速反应机制

开展应急演练，对质量安全事件及早处置，最大限度地减少粮食损失，最大限度地降低人身健康危害和社会不良影响，将危害和影响控制到最低程度和最小范围。

5.加强超标粮食管控

各地要加强对检查中发现的库存粮食重金属、真菌毒素、农药残留超标粮食的管控，制定各类超标粮食的处置办法并依规处置，禁止不符合食品安全标准的粮食进入口粮市场。

二、加强耕地保护和建设

近年来，尽管我国耕地面积有所增加，粮食安全和耕地保护形势依然严峻，人均耕地少、耕地质量总体不高、耕地后备资源不足的基本国情没有改变。

耕地质量也因为以下原因有所下降：首先，建设用地存在一定程库的占优补劣问题，虽然从数字上看实现了占补平衡，但占优补优的原则在基层没有很好落实；其次，一些地方工业"三废"的任意排放和矿区开采，造成了一定范围的农田污染和损毁；再者，农业生产中对土地过度索取，为追求短期产量和效益，过量使用化肥、农药、地膜导致出现土壤板结、肥力下降等一系列问题；最后，一些特殊地区对因个别元素富集而发生的土壤地方病没有重视，导致治理难度越来越大。

为此，我们需要进行多方面的工作。

（一）严守耕地红线，全面落实永久基本农田特殊保护制度

完成永久基本农田控制线划定工作，确保到 2020 年永久基本农田保护面积不少于 15.46 亿亩。

1.守住永久基本农田控制线

对已经划定的永久基本农田，特别是城市周边永久基本农田，不得随意占用和调整。因重大建设项目、生态建设、灾毁等经国务院批准占用或依法认定减少永久基本农田的，按照《中共中央 国务院关于加强耕地保护和改进占补平衡的意见》要求，在原县域范围内补划永久基本农田。按照永久基本农田划定有关要求，补划数量和质量相当的永久基本农田。

2.统筹永久基本农田保护与各类规划衔接

协同推进生态保护红线、永久基本农田、城镇开发边界 3 条控制线划定工作。按照《中共中央 国务院关于加强耕地保护和改进占补平衡的意见》要求，将永久基本农田控制线划定成果作为土地利用总体规划的规定内容，在规划批准前先行核定并上图入库、落地到户。各地区各有关部门在划定生态保护红线、城镇开发边界工作中，要与已划定的永久基本农田控制线充分衔接，原则上不得突破永久基本农田控制线。

3.开展永久基本农田整备区建设

国土资源主管部门要在划定永久基本农田控制线基础上，结合当地实际，组织开展零星分散耕地的整合归并、提质改造等工作。对整治后形成的集中连片、质量提升的耕地，经验收评估合格后，划入永久基本农田整备区。

4.完善永久基本农田保护补偿机制

国土资源主管部门要会同相关部门，按照"谁保护、谁受益"的原则，探索实行耕地保护激励性补偿和跨区域资源性补偿。鼓励有条件的地区建立耕地保护基金，与整合有关涉农补贴政策、完善粮食主产区利益补偿机制相衔接，与生态补偿机制相联动，对承担永久基本农田保护任务的农村集体经济组织和农户给予奖补。

5.构建永久基本农田动态监管机制

建立永久基本农田监测监管系统，完善永久基本农田数据库更新机制，省级国土资源主管部门负责组织将本地区永久基本农田保护信息变化情况，通过监测监管系统汇交到国家国土资源主管部门，并对接建设用地审批系统，及时更新批准的永久基本农田占用、补划信息。结合土地督察、全天候遥感监测、土地卫片执法检查等，对永久基本农田数量和质量变化情况进行全程跟踪，实现永久基本农田全面动态管理。

（二）大规模推进高标准农田建设

确保到 2022 年建成 10 亿亩高标准农田，所有高标准农田实现统一上图入库，形成完善的管护监督和考核机制。

高标准农田是增强农业综合发展能力、建设现代农业的重要基础和保障。

1.加快工程建设步伐

要优化高标准农田建设布局，合理确定建设优先顺序，优先在粮食主产区建设确保口粮安全的高标准农田，积极支持贫困地区建设高标准农田；加强中低产田改造，切实提高农田集中连片程度和产出能力；积极支持种粮大户、家庭农场、农民专业合作组织和农业企业等新型经营主体建设高标准农田，增加资金投入，充实建设内容，实行连片治理，推进规模化、集约化、专业化和机械化生产，提高土地产出率，促进土地有序流转和适度规模经营。

2.加强建设资金整合

整合新增资金，集中开展高标准农田建设。同步推进耕地质量建设、高效农田节水建设、农业新技术推广与高标准农田建设，分区域、分类型开展中低产田改造和盐碱地、沙化地治理。积极推进高标准农田建设资金整合试点工作，积累经验，完善政策，建立健全统筹安排建设资金的长效机制。建立"以补代投、以补促建"的投入机制，完善社会资本和金融资金投入高标准基本农田建设的激励机制，形成以社会资本为主、政府补贴为辅的高标准农田建设和中低产田改造新模式。

3.科学设计建设内容

要按照各标准的要求，科学合理地设计高标准农田建设内容，组织开展田、水、路、林综合治理。以畅通骨干灌排渠系为基础，协调推进土地平整、灌排沟渠、田间道路、农田林网与生态环境保护等基础设施建设。树立可持续发展理念，重视土壤改良和地力培肥，大力推广土地深耕和节水灌溉，同步采取农艺和工程技术措施。

4.强化工程建设监管

要进一步完善高标准农田建设和管理制度，梳理和规范项目申报、勘察设计、招标投标、工程施工、工程监理、竣工验收、监督检查等各个环节的操作规程，实现项目建设管理精细化。项目建设地点、建设内容和规模、项目批复文件、竣工验收报告等相关信息，要及时公开、公示，接受社会监督。依托国土资源遥感监测"一张图"和综合监管平台，利用农村土地整治监测监管等有关部门的管理系统，建立信息化管理机制、对高标准农田实现全程监控、精准管理。

5.健全建后管护机制

按照先建机制、后建工程的原则，推动建立健全高标准农田建后管护长效机制。高标准农田建设竣工验收后，要及时登记造册。通过签订协议等方式，明确工程设施所有权和使用权。落实管护责任主体和管护经费，确保管护到位。强化用途管控，及时将建成的高标准农田划为永久基本农田，实行特殊保护。对于建成后的高标准农田，要防止高标准农田非农化。在开展粮食生产功能区和重要农产品生产保护区划定工作时,要优先将高标准农田建设区域纳入范围。

(三)加快"两区"的具体落实,实现精准化管理

1.突出生产能力建设

各地要按照统筹规划、因地制宜、集中连片、旱涝保收、稳产高产、生态友好的要求,切实加强粮食生产功能区和重要农产品生产保护区综合生产能力建设。要以高标准农田建设和土地整治为依托,加大粮食生产功能区和重要农产品生产保护区(以下简称"两区")范围内的骨干水利工程和小型农田水利设施建设力度,因地制宜兴建"五小水利"工程(小水窖、小水池、小泵站、小塘坝、小水渠),大力发展节水灌溉。"两区"实现田成方、渠相连、路相通、涝能排、旱能灌,地力等级较高,适合大中型农业机具作业,成为稳定提升粮食产能和保障重要农产品供给的有力支撑。

2.突出发展规模经营

以"两区"为平台,大力培育种粮大户、家庭农场、农民合作社、产业化龙头企业等新型农业经营主体,健全农村经营管理体系,加强对土地经营权流转和适度规模经营的管理服务,鼓励采用土地股份合作、土地托管、代耕代种等多种方式发展适度规模经营。支持新型农业经营主体按项目管理规定申报和实施财政支农项目,优化生产结构,增加绿色优质农产品供给。

3.突出服务综合配套

大力发展农业经营性社会化服务主体,抓紧构建覆盖全程、综合配套、便捷高效的农业社会化服务体系,提升农技推广和综合服务能力。重点加强育秧中心、粮食收储中心、加工中心和社会化服务主体建设,推动粮油产业向前端延伸推进规模经营、结构调整,向后端延伸配套烘干、物流仓储等设施,走精品路线、高端路线、品牌路线,将"两区"建设成为引领现代农业全产业链发展和转变农业发展方式的驱动引擎。

4.突出产业结构调整

根据市场需求,加快"两区"粮油结构调整,不断优化粮油产品供给结构和质量,满足城乡居民消费升级和加工转化需求。水稻生产功能区应加大国标 II 级优质稻的种植;小麦生产功能区要大力发展中筋或中强筋小麦,在适宜优势区适当发展优质弱筋小麦;玉米生产功能区要适度调减普通籽粒玉米,因地制宜发展青贮饲用玉米和甜糯

玉米；油菜籽生产保护区要大力推广双低油菜品种，提高油菜种植机械化水平，改善油菜籽品质。通过"两区"建设，有力改善粮油结构矛盾，为农业供给侧结构性改革树立示范标杆。

5.切实强化"两区"监管

各地要根据法律法规要求，完善"两区"保护相关制度，保护水土资源；严格永久基本农田管理，确保"两区"范围内耕地数量不减少、质量不降低；严格落实"两区"农业基础设施保护责任，积极创新农田水利工程建管模式，鼓励农民、农村集体经济组织、各类新型经营主体参与建设、管理和运营；加强资产管护制度建设，依法依规推进资产管护工作；建立激励约束机制，将各地资产管护情况作为分配财政支农相关专项资金的重要依据，激励各地切实做好资产管护工作。

（四）加强农田水利基础设施建设

实施耕地质量保护和提升行动，到 2022 年农田有效灌溉面积达到10.4 亿亩，耕地质量平均提升 0.5 个等级（别）以上。

把农田水利建设作为现代农业发展的基础优先推进，着力构建配套完善、综合效益明显的农田水利体系。

1.突出抓好农田灌排工程建设

进一步完善农村供水设施，积极开展集中式供水工程建设，加强饮用水源保护，重点解决污染水和局部区域严重缺水等问题。继续实施大中型灌区续建配套和改造，充分发挥灌区的整体效益； 以排涝站、桥、涵、闸建设为重点，加大涝区治理改造力度，提高治涝标准。

2.切实加强蓄水工程建设

按照分级管理、分级负责的原则，全面推进病险水库除险加固，加速提升防御洪涝灾害能力，做到大中型水库主体工程全部消险，附属设施进行相应的完善和配套，小（一）型病险水库实现主体消险。同时，努力开辟小（二）型水库投资渠道，搞好整修加固，消除病险隐患，提高蓄水能力。

3.全面抓好节水灌溉工程建设

要继续抓好大型灌区节水改造，降低水田灌溉用水定额，提高渠系水利用系数和水田灌溉保证率；大力推广和普及先进的旱田节水灌溉技术，降低投入成本，提高农民节水意识；鼓励农民应用先进的节水灌溉技术，引导和扶持农民发展节水农业；加强水源工程建设管理，科学规划农民打井，坚持发展与保护并重。

4.狠抓小型农田水利设施建设

整体推进小型农田水利工程建设和管理。充分发挥中央和省级财政小型农田水利"民办公助"专项补助资金和农业综合开发专项资金的示范辐射带动作用，调动农民参与小型农田水利工程建设的积极性，促进农田水利建设全面展开。

5.建立农田水利基本建设投入新机制

各地要进一步探索政府和全社会联合办水利的路子，根据市场经济的要求，逐步建立以政府、农民、社会各界共同参与的多层次、多渠道、多元化的投入新机制，提高农田水利基本建设的总体投入水平。

6.完善小农水资金使用办法，建立引导激励机制和"以奖代补"机制

对于自愿开展的小型农田水利工程建设、效益明显的项目，给予重点扶持和补贴。要采取"多干多补、少干少补、先干后补"等形式，对小型农田水利工程建设实行"民办公助"。通过对机制好、管理严、效益高的项目实行"以奖代补"的方式，将有限的财政资金重点用于农田水利项目建设的奖励性补助，充分发挥好财政资金的导向作用。

三、提升农机装备水平

保障粮食安全，关键是保生产能力，必须守住耕地红线，把高标准农田建设好，把农田水利搞上去，把现代农业、农业机械等技术装备水平提上来，确保需要时能产得出、供得上。中共中央、国务院印发的《乡村振兴战略规划（2018—2022年）》提出要加快农业现代化步伐，其中重点提到了提升农业装备和信息化水平。

提升农机装备水平是实施乡村振兴战略的必经之路：实施乡村振兴战略的重要一环是夯实农业生产能力基础，加快农业现代化步伐。《乡村振兴战略规划（2018—2022年）》明确指出，要推进我国农机装备和农业机械化转型升级，加快高端农机装备的生产研发和推广应用，同时要加快主要作物生产全程机械化，提高农机装备智能化水平。

（一）推进我国农机装备和农业机械化转型升级

完善以企业为主体、市场为导向的农机装备创新体系，支持农机装备产业链上下游企业共同攻克基础材料、基础工艺、电子信息和软件互联网等卡脖子问题，加快农业新技术、新装备、新设施的研发。针对农机行业存在的主要问题，通过实施主机产品创新、关键零部件发展、产品可靠性提升、公共服务平台建设、农机农艺融合 5 大专项，实现农机装备制造能力提升和促进现代农业发展的战略目标。

1.主机产品创新专项

以发展高能效、高效率、低污染的"两高一低"农机产品为目标，以完善农机产品品种为重点，提高农机产品的信息感知、智能决策和精准作业能力。鼓励农机主机生产企业由单机制造为主向成套装备集成为主转变。研制新型高效拖拉机、播种移栽机械、高效能收获机械、种子加工与繁育机械、烘干机械、畜牧业机械、渔业机械、农产品初加工机械、山地丘陵农机、节水灌溉与水肥一体化装备等。

2.关键零部件发展专项

加快关键零部件试验研究与生产制造过程质量监测检验系统等试验计量检测设施与设备的建设，为高水平、高精度、高质量零部件的研制与生产提供保障。开发生产新型农用柴油机、转向桥及其悬浮系统、农业机械专用传感器、农业机械导航及智能化控制作业装置、大型拖拉机智能作业电液控制单元、高性能传动带、静液压驱动装置等。

3.产品可靠性提升专项

通过建立健全农机装备可靠性环境试验测试体系，加大试验验证技术的应用力度；加快建设零部件性能检测认证平台，逐步发展区域性综合农机检验检测认证机构，提高检测的有效性和便利性；以"互联网 +"技术为支撑，在农机行业推广先进的质量管理技术和方法，鼓励企业开展可靠性控制和监督活动，提高生产效率和产品质量，缩短生产周期；建设现代化农业装备智能工厂，有效提高产品的制造精度和稳定性。

4.公共服务平台建设专项

鼓励地方创建有地区特色的省级农机制造业创新中心，在此基础上筹建农机领域国家级制造业创新中心，以研发设计、测试验证、中试孵化和行业服务为主要任务，结合行业发展的关键需求，推动"产、学、研、用"协同创新；完善农机产品质量标准体系,加快制(修)订农机产品技术标准,实现标准化、系列化和通用化开发生产,鼓励农机企业制定内控标准,用标准提升推动产业升级。

5.农机农艺融合专项

针对作物品种、耕作制度、种植养殖等技术不适应农机作业要求,农机装备物化农艺不足、适用性不强以及种养标准化程度低等突出问题,强化需求引导,加强"产、学、研、用"联合攻关、多学科一体化技术集成示范,建立完善农机化生产技术体系,引导促进农机装备、农业技术融合发展。提升农机农艺融合技术研发能力,加快融合型装备和技术研发应用,加强农机装备技术评价和创新引导。

(二)加快高端农机装备的生产研发和推广应用

尽管我国农机装备发展不断加快,但与发达国家相比,与农业生产的需求相比,高端农业装备研发制造还存在较大差距。各部门须充分发挥农机购置补贴等政策的引导作用,进一步加大农机新产品购置补贴试点力度,指导各省探索实施贴息贷款、融资租赁、信贷担保等金融扶持措施。同时,积极推进农机试验鉴定制度改革,提升农机新产品鉴定能力,支持和引导农机企业研发制造高效、节能和符合市场需求的高端农机装备,共同促进我国农机工业健康快速协调发展。

1.持续优化补贴范围,适度提高补贴标准

以绿色生态为导向,加大对绿色增产技术应用所需的中高端、先进适用机具的购置补贴力度,率先实现全面敞开补贴。各地逐步将一些低端、低值、需求量小和监管难度大的机具剔除出补贴范围。一般机具单机补贴额不超过 5 万元,对大型、高性能及复式作业机具补贴标准予提高。100 马力以上拖拉机、高性能青饲料收获机、大型免耕播种机大型联合收割机、水稻大型浸种催芽程控设备单机补贴额可达 15 万元;200 马力以上拖拉机、大型甘蔗收获机、大型棉花采摘机单机补贴额分别可提高到 25 万元、40 万元、60 万元。

2.开展农机新产品购置补贴试点

在 2017 年安排 10个省份开展农机新产品购置补贴试点的基础上,进一步围绕农业供给侧结构性改革和绿色生态导向,统筹考虑我国农析产品创新现状与地方主导产业农机产品需求,选取具有先进性、适用性和安全性的农机具开展试点,加速新型农机产品推广应用。

3.支持农机化科技创新

国家重点研发计划《智能农机装备》专项设置了大型拖拉机、谷物联合收获机、棉花收获机、甘蔗收获机等研创项目，已启动实施。工业和信息化部、农业部（现为农业农村部，下同）、国家发展改革委员会联合制定的《农机装备发展行动方案（2016—2025）》，明确主机产品创新、关键零部件发展、产品可靠性质量提升、公共服务平台建设、农机农艺融合 5 大专项，推进大型高端农机装备制造。农业部、国家发展改革委员会、财政部、工业和信息化部联合制定《推进广西甘蔗生产全程机械化行动方案（2017—2020 年)》，加快解决甘蔗机械化收获瓶颈难题。

（三）加快主要作物生产全程机械化，提高农机装备的智能化水平

目前，我国农业机械多种产品产量已经跃居世界第一，成为名副其实的农业机械制造大国，但是我们整体的制造水平还不高，在农业机械领域还处于国际农机产业的中下游，特别是在智能农业机械方面，差距比较明显，智能化机具的种类很少，农业机械智能化程度比较低。

1.加快主要作物生产全程机械化

围绕转变农业发展方式的总要求，以提高主要农作物生产全程机械化水平为目标，以粮棉油糖主产区为重点区域，以耕整地、播种、植保、收获、烘干、秸秆处理为重点环节，以推广先进适用农机化技术及装备、培育壮大农机服务市场主体、探索全程机械化生产模式、改善农机化基础设施为重点内容，积极开展全程机械化示范区创建，努力构建上下联动、协调推进农业机械化的新机制，共同打造我国农业机械化发展的升级版。着力提升双季稻地区的水稻机械化种植、长江中下游地区的油菜机械化种植收获和马铃薯、花生、棉花主产区的机械化采收水平，加强绿色高效新机具新技术示范推广。

2.加强现有智能化农业装备成果转化和示范推广

"十二五"实施的国家"863 计划"项目"智能化农机技术与装备"重大项目，目前已在秧苗高速栽插与精密播种技术研究、瓜菜田间生产智能化关键技术与装备研究、茶园智能化关键技术与装备开发等方面取得了许多研究成果。为使智能化农机技术与装备对农业现代化的发展确实起到支撑作用，应加快建立若干以智能化技术为引领的智能农机装备产业化示范基地，推进成果的转化与应用。

3.进一步加大对智能化农机装备领域的支持力度

需要国家进一步加大扶持力度，按照《中国制造 2025》重点领域技术路线图中有关农业装备的发展要求，加快农业生产中急需而短缺的智能化农机装备研发，同时加大智能化农机装备补贴与推广力度，促进智能化农机装备研发与应用。

4.加快构建智能化农机装备制造体系

未来几年我国农机装备工业将进入以智能化、自动化为标志的集约化发展与制造业转型升级阶段。由于智能化装备与传统装备在制造体系方面有着巨大差异，因此要充分利用农业机械被列为智能制造试点的有利时机，按照智能制造试点示范所包含的智能工厂、数字化车间、智能装备、智能新业态、智能化管理、智能化服务 6 个维度的要求来构建智能化农机装备制造体系，为智能化农机发展提供支撑与保障。

四、提升农业信息化水平

信息化是农业现代化的制高点。"十三五"时期，大力发展农业农村信息化，是加快推进农业现代化、全面建成小康社会的迫切需要。《中华人民共和国国民经济和社会发展第十三个五年规划纲要》提出推进农业信息化建设，加强农业与信息技术融合，发展智慧农业：《国家信息化发展战略纲要》提出培育互联网农业，建立健全智能化、网络化农业生产经营体系，提高农业生产全过程信息管理服务能力。

（一）加强信息技术与农业生产融合应用

生产信息化是农业农村信息化的短板，急需加快补齐。应加快物联网、大数据、空间信息、智能装备等现代信息技术与种植业（种业）、畜牧业、渔业、农产品加工业生产过程的全面深度融合和应用，构建信息技术装备配置标准化体系，提升农业生产精准化、智能化水平。

1.突破大田种植业信息技术规模应用瓶颈

在大宗粮食和特色经济作物规模化生产区域，应构建"天—地—人—机"一体化的大田物联网测控体系，大力推广智能化技术和装备，加强遥感技术应用，加快基于北斗系统作业的大中型农机物联网技术推广，加快建立种子生产、经营、流通可追溯体系等。

2.推进设施农业信息技术深化应用

在设施农业领域大力推广温室环境监测、智能控制技术和装备，重点加快水肥一体化智能灌溉系统的普及应用；加强分品种温室作物生长知识模型、阈值数据和知识库系统的开发与应用；加强果蔬产品分级分选智能装备、花果菜采收机器人、嫁接机器人的研发示范，应用推广智能化的植物工厂种植模式。

3.强化畜禽养殖业信息技术集成应用

以主要畜禽品种的规模化养殖场站为重点，加强养殖环境监控、畜禽体征监测、精准饲喂、废弃物自动处理、粪便和病死畜禽无害化处理设施等信息技术和装备的应用；加强二维码、射频识别等技术应用，检建畜禽全生命周期质量安全管控系统；加强动物疫病监测预警，提升重大动物疫病防控能力。

4.推动渔业信息技术广泛应用

加快渔业物联网示范应用，在水产养殖重点区域推广应用信息技术和装备；加强陆基工厂、网箱、工程化池塘养殖的信息技术应用；开展深远海养殖平台的研发与应用；大力推广北斗导航技术在渔船监测调度和远洋捕捞中的应用；升级改造渔业通信基站和中国渔政管理指挥信息平台；完善全国海洋渔船渔港动态监控管理系统，保障渔业生产安全。

5.引导农产品加工业信息技术普及应用

完善农产品产地初加工补助政策管理信息系统，探索建立初加工设施大数据平台，加强农产品产地储藏、加工情况监测，鼓励农产品加工企业推进信息化建设，加强自动化设备的研发应用，推广普及智能报警的安全生产风险控制系统，加快建立生产全过程的质量安全追溯体系。

（二）加快农业农村电子商务发展

加快发展农业农村电子商务，创新流通方式，打造新业态，培育新经济，重构农业农村经济产业链、供应链、价值链，促进农村一二三产业融合发展。

1.统筹推进农业农村电子商务发展

注重提高农村消费水平与增加农民收入相结合，建立农产品、农村手工制品上行和消费品、农业生产资料下行双向流通格局，扩大农业农村电子商务应用范围。积极配合商务、扶贫等部门，加强政企合作，大力推进农产品特别是鲜活农产品电子商务，重点扶持贫困地区利用电子商务开展特色农业生产经营活动。鼓励发展农业生产资料电子商务，开展农业生产资料精准服务。创新休闲农业网上营销和交易模式，推动休闲农业成为农业农村经济发展新的增长点。加强农业展会在线展示、交易。

2.破解农业农村电子商务发展瓶颈

加强产地预冷、集货、分拣、分级、质检、包装、仓储等基础设施建设，强化农产品电子商务基础支撑。以鲜活农产品为重点，加快建立农业农村电子商务标准体系。完善动植物疫病防控体系和安全监管体系，建立全国农产品质量安全监管追溯体系，提升信息化监管能力和水平。加强电子商务领域信息统计监测，推动建立企业与监管部门数据共享机制和标准。开展农产品、农业生产资料和休闲农业试点示范，探索一批可复制可推广的发展模式。

3.大力培育农业农村电子商务市场主体

开展新型农业经营主体培训，鼓励建立电商大学等多种形式的培训机构，提升新型农业经营主体电子商务应用能力。发挥农业农村部门的牵线搭桥作用，组织开展电商产销对接活动，推动农产品上网销售。鼓励综合型电商企业拓展农业农村业务，扶持垂直型电商、县域电商等多种形式电商的发展壮大，支持电商企业开展农产品电商出口交易，促进优势农产品出口。大力推进农产品批发市场电子化交易和结算，鼓励新型农业经营主体应用信息管理系统等。

（三）推动农业政务信息化提档升级

政务信息化是提升政府治理能力、建设服务型政府的重要抓手。加强农业政务信息化建设，深化农业农村大数据创新应用，全面提高科学决策、市场监管、政务服务水平。

1.大力推进政务信息资源共享开放

完善政务信息资源标准体系；推动业务资源、互联网资源、空间地理信息、遥感影像数据等有效整合与共享，形成农业政务信息资源"一张图"；制定农业政务信息资源共享管理办法和数据共享开放目录，建设政务信息资源共享开放服务平台； 推进部省农业数据中心云化升级；推动形成跨部门、跨区域农业政务信息资源共享共用格局；

逐步实现农业农村历史资料数据化、数据采集自动化、数据使用智能化、数据共享便捷化。

2.加快推动农业农村大数据发展

加强农业农村大数据建设，完善村、县相关数据采集、传输、共享基础设施，建立农业农村数据采集、运算、应用、服务体系，统筹国内国际农业数据资源，强化农业资源要素数据的集聚利用。加快完善农业数据监测、分析、发布、服务制度，建立健全农业数据标准体系，提升农业数据信息支撑宏观管理、引导市场、指导生产的能力。推进各地区、各行业、各领域涉农数据资源的开放共享，加强数据资源挖掘应用。

3.强化农业政务重要信息系统深化应用

建设智能化、可视化政务综合管理（应急指挥）大厅，升级完善全国农业视频会议系统；加快研发运行移动办公系统；深化农业行业重要电子政务业务系统建设；建设高效、集约、统一的农业门户网站与新媒体平台、"三农"舆情监测和"三农"综合信息服务系统，提升对外宣传、舆论引导和政务服务能力。构建农业电子政务一体化运维管理体系，实现运维管理由被动向主动转变，确保安全稳定运行、持续可靠服务。

4.加强网络安全保障能力建设

加快构建农业系统关键信息基础设施安全保障体系，完善网络和信息安全保障管理制度，建立信息安全通报机制；加强信息系统等级保护定级、测评和整改，强化重要信息系统和数据资源安全保护；实行数据资源分类分级管理；强化网络信息安全设备和安全产品配备，完善安全防护手段，建设信任服务、安全管理和运行监管等系统，科学布局灾备中心；增强网络安全防御能力，坚决防止重大网络安全事件的发生。

（四）推进农业农村信息服务便捷普及

加快建立新型农业信息综合服务体系，集聚各类信息服务资源，创新服务机制和方式，大力发展生产性和生活性信息服务，提升农村社会管理信息化水平，加快推进农业农村信息服务普及速度

1.全面推进信息进村入户

将信息进村入户打造成"互联网 +"在农村落地的示范工程；加快益农信息社"整省推进"建设速度，构建信息进村入户组织体系；强化制度规范建设，研究制定管理办法和标准体系，探索将其纳入地方党委政府绩效考核；建立政府补贴制度，研究出

台政府购买服务政策，积极引导电信运营商、电商、IT 企业、金融机构等共同推进信息进村入户，健全市场化运营机制，推动组建信息进村入户全国和省级运营实体；突出公益性服务，协同推进经营性服务，不断完善以"12316"为核心的公益服务体系；上线运行移动终端应用系统，支持各省市区建设区域性数据平台；强化益农信息社的数据采集功能；加大涉农信息资源整合共享力度，协调推动各领域的信息化建设和应用。

2.加强农民信息化应用能力建设

开展农业物联网、电子商务等信息化应用能力培训；加强新型职业农民培育的信息化建设；加快提升农业技能开发工作信息化水平；动员企业、行业协会等社会各界力量广泛参与，开展农民手机应用技能培训；组织农民手机使用技能竞赛，推介适合农民应用的 APP 和移动终端，为农民和新型农业经营主体构建支持生产、提升技能、学习交流的平台和工具；加强农技推广服务信息化，开展农技人员专业化培训，实现科研专家、农技人员、农民的互联互通，提升农技人员的业务素质，为农民提供精准、实时的指导服务。

3.促进农业信息社会化服务体系建设

支持农业社会化服务组织信息化建设，支持市场主体发展生产性服务，并积极利用现代信息技术开展农业生产经营全程托管、农业植保、病虫害统防统治等服务；鼓励农民基于互联网开展创业创新，参与产业基础环节服务；利用"互联网 +"创新农业金融、保险产品，增强信贷、保险支农服务能力；推进农业信息服务业态发展，拓展农业信息服务领域；加强农业博物馆现有实体陈列和馆藏农业文物数字化展示。

（五）夯实农业农村信息化发展支撑基础

加强农业农村信息化发展基础设施建设，加大科技创新与应用基地建设力度，大力培育农业信息化企业，支撑农业农村信息化跨越发展。

1.加强农业农村信息技术研发创新

完善农业农村信息化科研创新体系，壮大农业农村信息技术学科群建设，科学布局一批重点实验室，加快培育领军人才和创新团队，加强农业农村信息技术人才培养储备；提升农业农村信息化关键核心技术的原始创新、集成创新和引进消化吸收再创新能力，加快研发性能稳定、操作简单、价格低廉、维护方便的适用信息技术产品，逐步实现重点领域的自主、安全、可控；搭建农业科技资源共享服务平台，提高农业农村信息化资源的共享水平，实现跨区域、跨部门、跨学科协同创新；加快农业农村信息化技术标准体系建设，强化物联网、大数据、电子政务、信息服务等标准的制定修订工作，为深入推进农业农村信息技术应用奠定基础。

2.培育壮大农业农村信息化产业

构建农业农村信息化产业联盟，推动科技创新与农业生产经营有效对接；积极探索农业农村信息化应用新机制、新模式，培育和壮大农业农村信息化产业；推动建立农业软件与农业电子产品质量检测机构，加强农业农村信息化软硬件产品市场监管；加大试点示范力度，强化全国农业农村信息化示范基地和农业农村信息经济示范区建设，发布适宜推广的农业农村信息技术和产品目录，引导信息技术在农业生产、经营、管理、服务等领域的应用创新。

3.加强农业农村信息化基础设施建设

加强农业农村信息化装备建设，不断提升农田水利基础设施、畜禽水产工厂化等基础设施信息化水平，加快推进北斗系统在农业农村中的应用；推动智慧城市农业领域的试点示范，加强智慧农业生产、农产品冷链物流与电子商务、休闲农业等的信息化基础设施建设；推动"宽带中国"战略在农村深入实施，通过多种方式实现全覆盖，尽快落实农村地区网络降费政策，探索面向贫困户的网络资费优惠。

第二节 加快农业转型升级

按照建设现代化经济体系的要求，加快农业结构调整步伐，着力推动农业由增产导向转向提质导向，提高农业供给体系的整体质量和效率，加快实现由农业大国向农业强国转变。以满足市场需求为导向，以提高农业供给体系的质量效益为主攻方向，深入推进结构调整，优化生产力布局，不断提升产品质量和产业水平，使农业供需关系在更高水平上实现新的平衡。

一、优化农业生产力布局

以全国主体功能区划确定的农产品主产区为主体，立足各地农业资源禀赋和比较优势，构建优势区域布局和专业化生产格局，打造农业优化发展区和农业现代化先行区。东北地区重点提升粮食生产能力，依托"大粮仓"打造粮肉奶综合供应基地。华北地区着力稳定粮油和蔬菜、畜产品生产保障能力，发展节水型农业。长江中下游地区切实稳定粮油生产能力，优化水网地带生猪养殖布局，大力发展名优水产品生产。华南地区加快发展现代畜禽水产和特色园艺产品，发展具有出口优势的水产品养殖。西北、西南地区和北方农牧交错区加快调整产品结构，限制资源消耗大的产业规模，壮大区域特色产业。青海、西藏等区域坚持保护优先、限制开发，发展高原特色农牧业。

农业主体功能和空间布局是实现绿色发展的重要基础和前提。要优化农业主体功能和空间布局，构建科学适度有序的农业空间布局体系。应紧紧围绕统筹推进"五位一体"总体布局和协调推进"四个全面"战略布局，牢固树立和贯彻落实新发展理念，合理区分农业空间、城市空间、生态空间，进一步优化农业生产力区域布局，以资源环境承载力为基准，坚持山水林田湖草是生命共同体，规范农业发展空间秩序，推动形成与资源环境承载力相匹配、生产生活生态相协调的农业发展格局。

（一）优化农业空间与城镇空间布局

国土空间是宝贵资源，是人类赖以生存和发展的家园。在城乡统筹发展的大背景下，国土空间开发要满足人口增加、人民生活改善、工业化城镇化发展的需求，更要保障国家粮食安全和重要农产品有效供给。要坚持最严格的耕地保护制度，严格控制城市空间总面积的扩张，控制各类建设占用耕地，特别要保护好平原和城市周边的永久基本农田，促进城乡空间优化和统筹发展。坚决打赢脱贫攻坚战，破解城乡二元结构，努力实现生态环境保护、生产力布局优化、城镇居民安居乐业、经济社会可持续发展的城镇新格局。

深入实施主体功能区战略，一要根据市区及各县区的主体功能定位，细化区域空间功能布局，逐步形成科学合理、边界清晰的城镇空间、农业空间和生态空间；二要推进"多规合一"，完善空间规划体系，整合优化经济社会发展、土地利用、城乡建设、交通、海洋开发、生态环保、林业、水利等空间性规划；三要建立健全适应主体功能区建设的财政、投资、产业、土地、人口、环境、绩效评价等配套政策。

（二）促进农业空间与生态空间协调布局

生态空间是维护国家生态安全的基础和保障，应坚持保护优先。农业生产是自然再生产的过程，与绿色发展最具相融性。要充分认识农业的重要生态功能，积极发挥农业的生态、景观和间隔功能,大幅提升农业的生态效能。在农业生产中要扎牢绿色发展的生态功能保障基线,充分考虑对自然生态系统的影响,不能造成生态环境的不可逆转,而是要促进生产生态协调发展。建立最为严格的生态保护制度,严守生态保护红线,对生态功能保障、环境质量安全和自然资源利用等方面提出更高的监管要求,从而促进入口资源环境相均衡、经济社会生态效益相统一,促进农业空间与生态空间协调分布。

生态保护红线观念一定要牢固树立起来,划定后全党全国就要一体遵行,决不能逾越。严格按照优化开发、重点开发、限制开发、禁止开发的主体功能定位,遵循生态保护红线由生态功能红线、环境质量红线和资源利用红线构成的基本思路,研究编制关于构建国家生态保护红线的指导意见,划定并严守生态红线。抓紧推进试点城市环境总体规划编制。研究提出城市之间最小生态安全距离,减少城镇化进程中的生态环境问题。

(三)坚持农业生产与自然条件相配

农业绿色发展要尊重自然、顺应自然、保护自然,将绿色导向贯穿于农业发展全过程,推行绿色生产方式,严禁侵占水面、湿地、林地、草地等生态空间的农业开发活动,构建田园生态系统。要遵循生态系统整体性、生物多样性规律,立足空间均衡和稳定,加快划定粮食生产功能区、重要农产品生产保护区,认定特色农产品优势区,明确区域生产功能,保障国家粮食安全和重要农产品有效供给。

贫困地区大多处于江河上游、湖库水系源头、农牧交错地带,生态地位极为重要,生态系统又十分脆弱。建立农业绿色开发机制,就是要统筹推进产业发展和生态保护,将贫困地区生态环境优势转化为产业优势、经济优势、后发优势。这既是当前治贫之举,也是长远固本之策,事关脱贫和发展的可持续性,事关国家生态安全。

要让绿水青山成为脱贫靠山,给扶贫产业插上腾飞翅膀。要将生态保护放在优先位置,科学编制农业产业发展规划,划定生态保护红线;发挥贫困地区比较优势,发展绿色产业、生态产业、循环产业,发展休闲农业和乡村旅游,推进一二三产业融合发展;抓住农业供给侧结构性改革的有利机遇,在贫困地区大力发展绿色、有机和地理标识优质绿色农产品,支持打造品牌,提升特色优势产业的核心竞争力,带动农民群众脱贫致富。

要按照自然资源利用上线的要求，立足各地水、土等资源现状，按照优化发展区、适度发展区、保护发展区的布局，引导农业发展向优势区聚集，减轻非优势区发展农业的压力，防止和解决空间布局上资源销配和供给错位的结构性矛盾，努力建立反映市场供求与资源稀缺程度的农业生产力布局。强化资源环境管控，建立农业产业准入负面清单制度，因地制宜制定禁止和限制发展产业名录，控制种养业发展规模和强度。

耕地是农业发展之基，水是农业生产之要。我国用世界 10% 的耕地和 6% 的淡水资源，养活了世界 20% 的人口。但长期的超强度开发利用，使得资源利用的弦绷得越来越紧，生态环境也亮起了"红灯"。对此，在资源保护与节约利用上，要建立耕地轮作休耕、节约高效农业用水等制度，健全农业生物资源保护与利用体系。

（四）促进农业生产力的可持续发展

1.加强农业建设，增强农业可持续发展能力

牢固树立低碳、绿色发展理念，加快转变农业发展方式，促进农业增长由粗放型向集约型转变，着力提高农业发展质量。加强农业资源保护。继续实行最严格的耕地保护制度，加强耕地质量建设；科学保护和合理利用水资源，大力发展节水增效农业；加大水生生物资源养护力度，扩大增殖放流规模，强化水生生态修复和建设；加强畜禽遗传资源和农业野生植物资源保护，大力发展节约型农业。

2.加强农业基础设施建设，提升农业综合生产能力

坚持把农业基础设施建设摆在更加突出的位置，按照统筹规划、整合资源、集中投入、连片推进的思路，围绕产业布局重点基地，配套完善农田水利、道路林网、农田林网等基础设施建设，提高农业水利化、设施化、机械化、信息化水平。全面加强农田水利建设，以灌区为单元，加强灌溉设施的更新改造及节水灌溉体系建设，恢复提高灌溉能力，提高节水灌溉率；以排涝泵站、涵闸为枢纽，重点实施港渠疏浚，完善骨干工程和田间二三级排涝体系；加强农村小型水利设施建设，逐步形成水源与干渠、支渠、斗渠、农渠相衔接的渠系网络，切实解决农田灌溉"最后一公里"的问题。加强基地路网建设，确保大型基地与区域主干道连通，合理布局基地路网和田间道路工程，形成通畅的路网结构。加快防护林网（带）建设，以田块为单元，科学布局。

3.加强农业科技人才支撑，提高农业整体素质

深入实施科教兴农和人才强农战略，增强农业自主创新能力，壮大农业人才队伍，推动农业转型发展、创新发展。实施农业科技创新工程，加强基础性、前沿性、公益性重大农业科学技术研究，强化技术集成配套，着力解决一批影响现代都市农业发展全局的重大科技问题，抢占农业科技制高点。大力发展农业职业教育，加快技能型人才培养，培育一批种养业能手、农机作业能手、科技带头人等新型职业农民。

4. 加强农业产业化规模化经营，提高农业组织化水平

创新农业经营体制机制，推进农业产业化经营跨越式发展，增强农业应对市场风险能力。深化农业结构战略性调整，继续调减传统低质低效作物，加快发展绿色蔬菜、优质畜禽、名特水产、特色林果等优势特色产业，实行差异化布局。创新农业经营模式，大力推广农村企业化、"龙头企业 +专业合作社 + 基地 + 农户""土地股份合作社"等农业经营发展模式，完善利益联结机制。

二、推进农业结构调整

加快发展粮经饲统筹、种养加一体、农牧渔结合的现代农业，促进农业结构不断优化升级。统筹调整种植业生产结构，稳定水稻、小麦生产，有序调减非优势区籽粒玉米，进一步扩大大豆生产规模，巩固主产区棉油糖胶生产，确保一定的自给水平。大力发展优质饲料牧草，合理利用退耕地、南方草山草坡和冬闲田拓展饲草发展空间。推进畜牧业区域布局调整，合理布局规模化养殖场，大力发展种养结合循环农业，促进养殖废弃物就近资源化利用。优化畜牧业生产结构，大力发展草食备牧业，做大做强民族奶业。加强渔港经济区建设，推进渔港渔区振兴。合理确定内陆水域养殖规模，发展集约化、工厂化水产养殖和深远海养殖，降低江河湖泊和近海渔业捕捞强度，规范有序发展远洋渔业。

（一）统筹调整种植业生产结构与转型升级

2016 年以来，农业部（现为农业农村部） 紧紧围绕"提质增效转方式，稳粮增收可持续"的工作主线，聚焦重点，精准发力，扎实推进种植业结构调整和转型升级，开局之年实现好开头。

1.加强顶层设计，注重规划引领

2016年初，农业部（现为农业农村部）制定印发了《全国种植业结构调整规划（2016—2020年）》，提出了2016 年至2020年种植业结构调整的思路目标、重点任务、品种结

构和区域布局，指导各地因地制宜推进种植结构调整，加快构建粮经饲统筹、农牧结合、种养加一体、一二三产业融合的农业发展格局。

加力做"减法"。针对当前玉米出现阶段性供过于求的情况，将玉米作为这一轮结构调整的重点，聚焦"镰刀弯"地区的玉米非优势产区，力争到 2020 年至少调减玉米种植面积 5000 万亩。

努力做"加法"。针对近年来国内大豆缺口逐年扩大的情况，制定并印发《关于促进大豆生产发展的指导意见》，大力发展优质食用大豆生产，力争到 2020 年大豆种植面积增至 1.4 亿亩，增加 4000 万亩。同时，发展有市场需求的杂粮杂豆、优质饲草等作物。

打好"组合拳"。实施米改豆，改变"一粮独大"局面；实施粮改饲，以养带种、以种促养。

2.加强政策扶持，助力结构调整

农民种什么，主要看效益，有收益就愿意种。根据玉米等作物种植效益差的现状，落实扶持政策，加强市场信息引导。配合有关部门落实玉米收储制度改革政策，实行"市场化收购 + 补贴"的新机制；落实大豆目标价格政策，科学采价、合理测算。会同财政部安排资金支持农业结构调整，开展耕地轮作休耕制度试点。

3.加强指导服务，搞好示范引导

根据实际情况召开种植结构调整会议，动员部署对接任务。根据结构调整的需要，组织专家分区域、分作物制定种植业结构调整技术意见。派出由司局级干部带队的工作组赴结构调整重点地区开展工作督导和技术指导。选择生产基础好、产业带动能力强的重点县市，开展整建制绿色高产高效创建，率先推广应用结构调整关键技术。

4.聚焦重点发力，调整产业结构

根据粮食供求现状和可持续发展要求，扎实推进种植业结构调整。按照《全国种植业结构调整规划 （2016 —2020 年)》，努力构建粮经饲统筹、农牧结合、种养加一体、一二三产业融合发展的格局。2016 年结构调整的重点是调减"镰刀弯"等非优势区的籽粒玉米种植面积，扩种市场需求大的大豆、马铃薯、青贮玉米和优质饲草等作物。2016 年非优势区玉米种植面积调减 3000 万亩，超过年初 1000 万亩的预期。

5.着眼提质增效，增强产业竞争力

推动棉油糖提质增效和果菜茶绿色发展。优化生产布局，引导经济作物适区适种。推进标准化生产，组装推广一批区域性、标准化、高产高效、可持续技术模式，整建制开展园艺作物标准园创建和棉油糖绿色高产高效创建，扩大示范效应。继续在果菜茶重点产区开展高毒农药定点经营和低毒生物农药示范试点，保障鲜活农产品质量安全。

6.坚持生态为重，让绿色发展稳步推进

深入实施到 2020 年化肥、农药使用量零增长行动，选择 200 个县开展化肥减量增效试点，示范带动科学施肥技术和新型肥料的推广应用，建设600个统防统治与绿色防控融合示范片，大规模开展统防统治和绿色防控。扎实抓好地下水超采综合治理试点，集成节水技术，推广水肥一体化技术，提高水资源利用率。印发《探索实行耕地轮作休耕制度试点方案》，在东北冷凉区、北方农牧交错区开展轮作试点，在地下水漏斗区、重金属严重污染区和生态严重退化区开展休耕试点，使耕地得到休养生息。

（二）大力发展新产业——草业

长期以来，作为一种间接产品，牧草一直是畜牧业的附属，没有发挥其应有的功能。到了近代，受工业革命的惠及，在西方发达国家开始出现了加工的草产品，并进入市场销售，与传统的牧草种植业和新兴的环境绿化相耦合，于是具有相对独立功能的草产业开始从传统畜牧业中分离出来。在党的十一届三中全会上，为了加速畜牧业的发展，第一次提出了新的产业——草业，即把发展饲料与发展农业、畜牧业与其他的产业摆在同一个位置上相提并论。草业是一种知识密集型产业，包括生产、加工、销售甚至消费等很多方面。

1.依靠高新技术，加大对牧草和饲料作物研发的支撑力度

加强对牧草与饲料作物生长发育规律、产量形成与环境控制技术的研究，合理安排种植结构，做到布局合理化、种植区域化、管理规范化，逐步建立起高产、优质、低耗的综合栽培技术体系。要利用现代化的电子信息技术，建立牧草与饲料作物栽培专家系统和自动化管理系统。采用精密播种，适时适量施肥、浇水、喷药，准确收割等精准农业技术，提高牧草与饲料作物产量，降低生产成本，实现高产、优质、高效。积极开展国际合作和交流，引进国外优良牧草与饲料作物品种、先进生产技术、先进

种植收割技术、先进加工机械设备和先进管理经验，经消化吸收，为我所用，促进我国牧草与饲料作物向规模化、集约化、商品化方向发展，逐步与国际接轨。

2.健全社会化服务体系，实现产、加、销一体化

第一，健全社会化服务机构。坚持强化县级、健全乡级、完善村级的原则，健全和完善层次性服务网络，市、县、乡、村要形成上下相通、左右相连的一套服务体系和网络。

第二，建设信息服务体系。依托农业信息网络平台，通过各种方式，将生产牧草与饲料作物所需良种、化肥、农药、病虫害预测预报等准确地提供给生产者，以便有目的地安排生产，减少盲目性。

第三，强化科技服务体系建设，加大科技推广力度。在服务体系建设中，要重点加强基层服务体系建设，乡一级技术服务站要逐步建立试验示范基地、培训基地，实行科研、生产、培训和技术推广相结合的综合性、全方位的指导和服务。

（三）推进畜牧业区域布局调整，优化畜牧业生产结构

牢固树立"创新、协调、绿色、开放、共享"发展理念。根据我国资源条件和环境承载能力，严格按照禁限养区划定标准，有保有压，因地制宜确定养殖区域和养殖种类，积极推进全国农牧结合发展，实现畜牧业发展与生态环境保护良性循环。

1.调整产业布局

根据我国水环境保护要求和土地承载能力，科学确定各区域适宜养殖规模，应减则减，宜调则调，协调发展畜牧业。统筹考虑全国经济社会发展规划，畜禽产品供给安全和环境承载等因素，调整优化养殖结构。根据土地利用整体规划，规范畜禽养殖设施用地行为。

2.优化产业结构

遵循"种养结合、畜地平衡"原则，优化养殖品种结构，逐步打造和提升优质禽、优质山羊、生猪等畜禽养殖产业。

3.优化畜禽养殖方式

推广种养结合、生态平衡的循环农业利用发展模式。根据资源特征，推进养殖业与种植业合理配套，在全国规模化畜禽养殖场推广生态健康养殖新技术、新模式。

三、壮大特色优势产业

壮大提升特色优势农业产业，是促进农民致富增收的有效途径。壮大提升特色优势农业产业，一是实现科学发展、转型跨越、民族团结发展新目标的有效途径，有利于大幅度提高农村地区的自我发展能力；二是能有效推动农民收入大提升、农业经济大发展和农村社会大繁荣；三是对于推动全国经济社会发展、加快实现转型跨越战略目标至关重要。

以各地资源禀赋和独特的历史文化为基础，有序开发优势特色资源，做大做强优势特色产业。创建特色鲜明、优势集聚、市场竞争力强的特色农产品优势区，支持特色农产品优势区建设标准化生产基地、加工基地、仓储物流基地，完善科技支撑体系、品牌与市场营销体系、质量控制体系，建立利益联结紧密的建设运行机制，形成特色农业产业集群。按照与国际标准接轨的目标，支持建立生产精细化管理与产品品质控制体系，采用国际通行的良好农业规范，塑造现代顶级农产品品牌。实施产业兴村强县行动，培育农业产业强镇，打造"一乡一业""一村一品"的发展格局。

（一）以高质量发展为核心培育壮大特色优势产业

培育壮大特色优势产业，高质量发展是关键，是推动发展的核心。任何发展都必须因地制宜、高质量发展，培育壮大特色优势产业更应如此，只有根据各地的实际情况、分析自身发展的优势劣势、找到适合自己的产业发展之路，才能培育壮大特色优势产业。而在发展过程中，必须坚持高质量发展。

特色优势产业，特色是基础，是产业发展的根基；优势是根本，是产业发展的目标。一个产业既有特色，又形成了优势，才能成为一个好的产业，才能真正助力经济、造福一方。挖掘特色不是目的，只是为形成优势奠定基础，只有高质量发展才能最终做优做大产业。一旦脱离了高质量发展，再有特色的产业也会逐渐丧失优势。

高质量发展需要清晰的发展思路、科学的发展措施来保障。"一产上水平、二产抓重点、三产大发展"为高质量发展特色优势产业确立了方向。各地在发展中都应牢牢遵循这一原则，牢牢坚持一产上水平、推动农业提质增效，大力推进农业产业化经营，发展农副产品精深加工；牢牢坚持二产抓重点、推动工业转型升级，加快改造提升传统产业，着力发展新兴产业；牢牢坚持三产大发展、推动服务业做大做优，突出发展旅游业，加快发展商贸物流业，着力培育消费新增长点要紧紧围绕高质量发展，加大调整结构、转变方式力度，着力培育壮大特色优势产业，这样才能构建起具有中国特色的现代产业体系，为实现总目标作出更大贡献。

（二）加快县域经济发展，培育壮大优势特色产业

1.加快发展特色产业，培育壮大县域经济实力

培育壮大县域经济，最核心的问题就是如何精准选择县域产业。在主导产业培育集聚上，各县区要发挥区域比较优势，加快区域布局调整，依据各自的区位、自然和资源条件，围绕提高农业产业化发展水平，培育壮大工业产业集群，培育发展现代服务业，促进三次产业融合发展。每个县区集中形成 1~2 个支柱产业或产业集群，集聚生产要素，加大投入力度，实行重点开发，培育特色经济，打造特色产业和品牌产品，把具有明显优势产业和产品做大做强。

2.加快基础设施建设，提升县域发展保障水平

推进重大交通项目建设，着力实施交通提升行动，以畅通对外联络和物流运输通道为重点，推进市区至县城二级以上公路连通，加快具有通县功能的高速公路建设，提级改造普通国省干线公路，提升农村路网保障通行能力。加快重要节点县铁路站场集散功能建设，大力发展通用航空。提升城乡基础设施保障能力，加快城镇道路、供水供暖、电力燃气、垃圾污水处理、公共交通场站等基础设施建设，大力推进城镇棚户区和城中村改造。持续实施水利保障行动，加快灌区续建配套与节水改造、泵站更新改造等工程建设，增强农业水利保障能力。

3.加快城乡融合发展，促进县域经济协调发展

提升基本公共服务水平，推进义务教育均衡化发展，加快城乡义务教育公办学校标准化建设，实现县域城乡义务教育一体化改革发展。加快完善覆盖城乡、制度健全、管理规范的社会保障体系，逐步提高低保对象补助水平，健全城乡社会救助体系。加强县级医院建设，促进医疗资源向基层、农村流动，提升县乡医疗服务能力和水平。大力实施乡村振兴战略，以"产业兴旺、生态宜居、乡风文明、治理有效、生活富裕"为总要求，加快乡村现代化建设步伐。大力推进农村人居环境改善行动，整合各类涉农资金，统筹推进乡村田、水、路、林、村等生产生活要素建设、改善乡村基础设施条件和风貌环境。持续加强生态环境保护修复治理，加快生态文明建设，增强县域经济可持续发展能力。

（三）夯实发展基础，着力强化现代农业支撑体系

1.强化政策支撑

强化关于壮大特色产业的政策支撑，认真落实各项特色农业产业的政策，计划整合资金，协调金融机构提供基准利率贷款，发放妇女小额担保贷款。集中流转土地，扶持发展联户经营、专业大户和家庭农场。

2.强化生态支撑

把加快特色开发区建设作为推进生态文明建设、培育特色优势产业的重要举措和惠民工程，巩固提高示范村成果，积极推进"三农"综合试验示范乡镇和新一轮美丽乡村建设，深入实施防护林、重点公益林保护、湿地修复与治理等生态治理工程。

3.强化基础设施支撑

大力实施农村"一事一议"财政奖补项目，不断加快农村公益事业发展。扎实推进高标准农田建设示范工程、小型农田水利重点县等农业及生态建设项目，全力抓好重大项目前期工作。认真实施农村饮水安全工程，基本解决村民的饮水安全问题，为壮大特色优势农业打下坚实的基础。

4.强化科技支撑

确定行政村开展新型农业社会化服务体系建设试点工作，着力构建特色优势的农业社会化服务体系。采取聘请知名专家、选聘专职农民技术员等有效方式，推广先进实用技术，良种良法配套，不断提升农业科技含量，创新农民职业教育和技能培训机制，使特色优势农业可以顺利进行。

5.强化园区支撑

围绕特色优势产业，大力发展辐射带动能力强的农业产业化龙头企业。鼓励农业产业化龙头企业、农民专业合作社、能人大户新建现代农业示范园和"农民创业园"。县财政可以提供贴息贷款，用于支持农产品流通贩运和冷链设施建设，进一步提高农产品附加值和市场竞争力，让特色优势产业成为一个产业链。

第三节　提高农产品质量安全

近年来，各级农业农村部门全力推进农产品质量安全监管工作，取得了积极进展和成效，农产品质量安全保持总体平稳、逐步向好的态势。但是由于现阶段农业生产经营仍较分散，农业标准化生产比例低，农产品质量安全监管工作基础薄弱，风险隐患和突发问题时有发生，确保农产品质量和食品安全的任务十分艰巨。在新一轮国务院机构改革和职能调整中，强化了农业农村部门农产品质量安全监管职责，农产品质量安全监管链条进一步延长，任务更重、责任更大。

各级农业农村部门要把农产品质量安全工作摆在更加突出的位置，坚持严格执法监管和推进标准化生产两手抓、"产"出来和"管"出来两手硬，用最严谨的标准、最严格的监管、最严厉的处罚、最严肃的问责，落实监管职责，强化全程监管，确保不发生重大农产品质量安全事件，切实维护人民群众"舌尖上的安全"。

一、保障农产品质量安全

2018 年 11 月 19 日，农业农村部部长韩长赋主持召开部常务会议，传达国务院食品安全委员会第一次全体会议精神，审议并原则通过《国家质量兴农战略规划（2018—2022 年）》，研究部署农产品质量安全工作。会议强调，党的十八大以来，习近平总书记对质量兴农和农产品质量安全工作做出了一系列重要指示。各级农业农村部门要充分认识质量兴农和农产品质量安全工作的极端重要性，牢固树立质量兴农意识，提高政治站位，强化责任担当，主动人位，积极作为，从严抓好农产品质量安全工作，加快形成质量兴农工作合力，把农产品质量安全工作抓实抓好、抓出成效。

（一）进一步完善农产品质量相关体系

实施食品安全战略，加快完善农产品质量和食品安全标准、监管体系，加快建立农产品质量分级及产地准出、市场准入制度。

1.完善农产品质量安全标准体系

实施《加快完善农兽药残留标准体系行动方案》，加快制定农兽药残留、畜禽屠宰、饲料安全、农业转基因、林产品等国家标准，完善促进农业产业发展和依法行政的行业标准，基本实现农产品生产有标可依、产品有标可检、执法有标可判。支持地方加强标准集成转化，制定与国家标准、行业标准相配套的生产操作规程，让农民易学、易懂、易操作。鼓励规模生产主体制定质量安全内控制度，实施严于食品安全国家标准的企业标准。积极参与或主导制定国际食品法典等国际标准，开展技术性贸易措施官方评议，加快推进农产品质量安全标准和认证标识国际互认。

2. 完善农产品质量安全监管体系

加快市县两级农业农村部门建立专门农产品质量安全监管机构的速度，依法全面落实农产品质量安全监管责任。依托农业综合执法、动物卫生监督、渔政管理和"三品一标"队伍，强化农产品质量安全执法监督和查处。对乡镇农产品质量安全监管服务机构，要进一步明确职能。充实人员，尽快把工作全面开展起来。按照国务院部署，大力开展农产品质量安全监管示范县（市）创建，探索有效的区域监管模式，树立示范样板，全方位落实监管职责和任务。

3.完善农产品质量分级及产地准出、市场准入制度

根据《中华人民共和国食品安全法》《中华人民共和国农产品质量安全法》等法律法规和文件规定，明确产地准出和市场准入的实施范围，在原有的基础上进一步完善和明悉产地蔬菜、食用菌、果品、水产品、畜禽及畜禽产品等食用农产品准出条件以及市场准入条件。因地制宜建立农产品产地安全证明制度，加强畜禽产地检疫，督促农产品生产经营者加强生产标准化管理和关键点控制。通过无公害农产品产地认定、"三品一标"产品认证登记、生产自查、委托检验等措施，把好产地准出质量安全关。加强对产地准出工作的指导服务和验证抽检，做好与市场准入的有效衔接，实现农产品合格上市和顺畅流通。

（二）建立健全农产品质量安全风险评估、监测预警和应急处置机制

1，强化农产品质量安全风险评估

大力推进农产品质量安全风险评估，将"菜篮子"和大宗粮油作物产品全部纳入评估范围，切实摸清危害因子种类、范围和危害程度，跟进实施科学研究和技术攻关，提出各类农产品全程管控的关键点及技术规范和标准制修订建议。

推动建立农产品质量安全风险评估机构，提升专业性和区域性风险评估实验室评估能力，各地结合产业实际，逐个对品种开展风险隐患摸底排查，有针对性地采取管控措施，推动风险评估服务于产业发展和执法监管。

依托农产品主产区（基地、企业、合作社、家庭农场、种养大户），规划设定一批农产品质量安全风险评估观测点，动态观测农产品质量安全风险隐患消长变化情况及趋势。全面开展农产品营养功能和品质规格评价，为优势农产品区域布局和绿色优质农产品品牌创建提供技术支撑，指导优质农产品品牌化发展，引导居民科学膳食和健康消费。

2.强化检验监测预警

细化各级农业农村部门在农产品检验监测方面的职能分工，倡导部省以风险监测为主，省地以监督抽查为主，县乡以速测筛查为主，避免上下一般粗、监测指标重叠、监测对象重复；依法推进政府购买第三方检测服务；在全国统一的农产品质量安全监测计划下，形成以国家为龙头、省为骨干、地市为基础、县乡为补充的农产品质量安全监测网络。

不断扩大例行监测的品种和范围，加强监测结果的会商分析，建立监测信息报告制度，逐步实现全国农产品质量安全监测信息互联互通、监测数据统一共享、监测结果互认共用，确保农产品质量安全得到有效控制。强化农产品质量安全监督抽查，突出对生产基地（企业、合作社）及收储运环节的执法检查和产品抽检，加强检打联动，对监督抽检不合格的农产品，依托农业综合执法机构及时依法查处，做到抽检一个产品、规范一个企业。建立监督抽查发现问题、查处问题的激励机制。

3.强化应急处置

完善各级农产品质量安全突发事件应急预案，落实应急处置职责任务，建立快速反应、信息通畅、上下协同、跨区联动的应急机制，提高应急处置能力。制定农产品质量安全舆情信息处置预案，强化预测预警，构建舆情动态监测、分析研判、信息通报和跟踪评价机制，及时化解和妥善处置各类农产品质量安全舆情，严防负面信息扩散蔓延和不实信息恶意炒作。着力提升快速应对突发事件的水平，做到第一时间掌握情况，第一时间采取措施，依法、科学、有效进行处置，最大限度地将各种负面影响降到最低程度，保护消费安全，促进产业健康发展，强化指挥调度能力建设，经常性开展演练和培训，切实提升全系统应急保障水平。

高度重视并妥善应对农产品质量安全虚假信息和谣言传言，及时进行科普辟谣，研究建立健全谣言治理机制。针对公众关注的热点、敏感问题，积极利用微信、网络、电台、报纸、图书等形式，开展常态化、多样化的风险交流和科普宣传，提升公众质量安全意识和科学识别判断能力。加强农产品质量安全专家组建设，组织开展政策咨询、产地调研、技术指导、科普解读等工作，将专家组打造成监管工作的重要智囊和"外脑"。建立稳定有效的风险交流机制，畅通政府、企业、公众、媒体和专家之间的风险交流渠道。

（三）完善农产品质量安全监管追溯系统

我国农业生产主体多、链条长，农产品质量安全监管必须围绕薄弱环节、重点领域，出重拳、求突破，切实把安全管起来。要严格对投入品使用监管，推进农药追溯体系建设。

1.推进平台建设

实施农产品质量安全追溯管理信息平台建设项目，完善追溯管理核心功能。按照"互联网 + 农产品质量安全"理念，拓宽追溯信息平台应用，扩充监测、执法、舆情、应急、标准、诚信体系和投入品监管等业务模块，建设高度开放、覆盖全部区域、共享共用、通查通识的智能化监管服务信息平台。率先将国家级和省级龙头企业、"三品一标"获证企业以及农业农村部门支持建设的示范基地纳入，鼓励有条件的省尽快和国家平台互联互通。

2.出台农产品质量安全追溯管理办法

建立统一的编码标识、信息采集、平台运行、数据格式、接口规范等关键技术标准和主体管理、追溯赋码、索证索票等追溯管理制度。组织部分基础条件好的省市开展追溯信息平台试运行工作。优先将国家级和省级龙头企业以及农业农村部门支持建设的各类示范基地纳入追溯管理。推动各地、各行业已建的追溯平台与国家追溯信息平台实现对接，实现追溯体系上下贯通、数据融合。

鼓励农产品生产企业、农民专业合作社、家庭农场、种养大户等规模化生产，尤其是对生产苹果、茶叶、生猪、生鲜乳、大菱鲆等农产品的经营主体统一开展追溯试点，带动追溯工作全面展开，实现农产品派头可追溯、流向可跟踪、信息可查询、责任可追究。开展追溯试点，抓紧依托农业产业化龙头企业和农民专业合作社启动创建一批追溯示范基地（企业、合作社 ）和产品，以点带面，逐步实现农产品生产、收购、储藏、运输全环节可追溯。

积极推行食用农产品合格证制度，强化生产经营主体责任。探索追溯工作与项目支持相挂钩的工作机制，鼓励社会资本介入，为规模生产经营主体配备追溯必需的信息化设备，调动其开展追溯的积极性。发挥追溯机制倒逼作用，推动生产经营者增强自律意识，自觉落实安全控制措施，更好地树立品牌形象，提高市场竞争力，促进产业提质增效。

3.推动智慧监管

利用互联网、大数据、云计算与智能手机等新型信息技术成果，探索运用"机器换人""机器助人"等网络化、数字化新技术和新型监管方法，推动农产品质量安全监管方式改革创新。借助互联网监管服务平台、手机终端 APP、手持执法记录仪和移动巡检箱等设施设备，实现实时监管和风险预警，切实提升监管效能。加强数据收集挖掘和综合分析，探索农产品质量安全大数据分析决策，研判趋势规律，锁定监管重点，实行精准监管。

（四）落实生产经营者主体责任，强化农产品生产经营者的质安全意识

各级农业行政主管部门督促生产经营主体落实诚信责任，强化自律意识、实行质量安全承诺制度，严格遵守农产品质量安全相关法律法规，依法建立生产记录和进销货台账，实行索证索票制度，规范生产经营行为，提高自我约束能力，建立内部职工诚信考核与评价制度。

深入开展农产品质量安全专项整治，加强对于各农产品的抽样检测力度，对于出现问题的农产品生产经营者进行约谈，确保生产出来的农产品质量安全。要从源头抓起，督促农产品生产经营者提高生产管理水平，查找并消除存在的农产品安全隐患。对拒不整改或整改不到位以及再次出现问题的生产经营主体，将严格按照有关法律法规进行顶格处罚，同时建议列入农产品质量安全黑名单，并向社会公布。

农检站技术人员深入各种植基地，宣传党和国家有关农产品质量安全工作的方针、政策、法律法规和相关规章制度。结合当前农业生产，对田间管理生产技术、农业标准化生产、农药规范使用、生产记录档案、包装标识等方面进行指导、培训，强化农产品生产经营者主体责任，积极为生产经营主体和农民群众做技术咨询服务，使其了解掌握农产品质量安全相关知识，提高农产品生产质量安全意识。

（五）建立农资和农产品生产企业信用信息系统

1.深入推进信用信息系统建设

利用现有的农业信息化项目，完善、整合农产品质量安全信用信息，与本地统一的信用信息共享平台加强数据对接，及时传送农产品质量安全信用信息，加快构建信用信息共享机制。以数据标准化和应用标准化为原则，进一步充实完善相关信用信息，实现信用记录电子化存储，推进行业间信用信息互联互通，提高主体信用信息的透明度。

2. 完善信用信息记录

把行政处罚、行政许可和监管情况作为信用信息的重点内容，实行信用信息动态管理、专人记录、及时更新，保证所采集信用信息的真实性和及时性，提升信息的严肃性和权威性。依法做好农产品质量安全领域的征信工作，及时公布农资生产经营主体及产品的审批、撤销、注销、吊销等有关信息。鼓励和指导第三方征信机构、行业协会依法开展征信工作。

3.引导农资和农产品生产经营主体成立行业协会，健全组织体系和治理结构

督促行业协会加强自律，进一步完善组织章程，制定行业自律规则并监督会员遵守，加强会员诚信宣传教育和培训，在自愿基础上通过各种方式征集会员的信用信息，积极开展非营利性信用等级评价。

4.努力营造诚信守法的良好氛围

各级农业行政主管部门把诚信教育与行业管理有机结合，在工作中强化对主体的诚信教育和宣传引导。充分利用农村实用人才培训、基层农业技术推广和其他专业培训等途径，加大诚信教育力度。引导农资和农产品生产经营主体树立诚信文化理念，提高管理者的诚信文化素质，形成以诚实守信为核心的质量安全文化。

充分发挥电视、广播、报纸、网络等媒体的宣传引导作用，树立诚信典范，使全行业学有榜样、赶有目标。重点组织开展"放心农资下乡进村宣传周""3·15"国际消费者权益日、"12·4"全国法制宣传日公益活动，突出诚信主题，努力营造"诚信光荣，失信可耻"的舆论氛围，让诚实守信的意识和观念深入人心。

二、培育提升农业品牌、

农业品牌建设既是农业高质量发展的重要引领，也是农业高质量发展的重要标志。农业高质量发展必须要以品牌建设为引领，从顶层设计到各个环节系统地部署推动，最终将资源优势转化为产业优势和市场优势。实施农业品牌提升行动，需要加快形成以区域公用品牌、企业品牌、大宗农产品品牌、特色农产品品牌为核心的农业品牌格局，推进区域农产品公共品牌建设，加强品牌宣传推动品牌市场营销，构建我国农产品品牌保护体系，建立区域公用品牌的授权使用机制以及品牌危机预警、风险规避和紧急事件应对机制。

（一）形成农业品牌新格局

加快形成以区域公用品牌、企业品牌、大宗农产品品牌、特色农产品品牌为核心的农业品牌格局。

各级农业农村部门应加强组织领导，多渠道整合资源，围绕当地的优势主导产业，制定并实施具有战略性、前瞻性的当地农业品牌发展规划。加快"一县一业""一村一品"步伐，把品牌战略落到实处，引导农业品牌发展合理布局，进行统筹规划，因地制宜，以突出地方农业资源特色、品质特色、功能特色，体现历史沿革和文化内涵。

搭建培育农业品牌创建主体平台，发展壮大农业品牌建设人才队伍。扶持或引进一批具有较强开发、加工及市场拓展能力的重点龙头企业，对特色农业进行深度开发，并帮助农民合作组织及农业行业协会与中小农业企业建立起紧密的利益联系，形成共同打造农业名牌的利益共同体。建立农业品牌发展的整体工作运行机制，权责明确，避免出现职能交叉。

培育差异化竞争优势的品牌战略实施机制，构建特色鲜明、互为补充的农业品牌体系，提升产业素质和品牌溢价能力。建设和管理农产品区域公用品牌是各级政府的重要职责，以县域为重点加强品牌授权管理和产权保护，有条件的地区要与特色农产品优势区建设紧密结合，一个特优区塑强一个区域公用品牌。结合粮食生产功能区、重要农产品生产保护区及现代农业产业园等园区建设，积极培育粮棉油、肉蛋奶等"大而优"的大宗农产品品牌。以新型农业经营主体为主要载体，创建地域特色鲜明"小而美"的特色农产品品牌。农业企业要充分发挥组织化、产业化优势，与原料基地建设相结合，加强自主创新、质量管理、市场营销、打造具有较强竞争力的企业品牌。

（二）加强品牌宣传，推动品牌市场营销

做好品牌宣传推介，借助农产品博览会、展销会等渠道，充分利用电商、"互联网+"等新兴手段，加强品牌市场营销。

1.构建多媒体、多载体、多形式的品牌宣传体系

注重媒体传播的多元性，在用好电视、电台、报纸等传统媒体传播的同时，加大互联网媒体的传播力度，以通俗易懂、喜闻乐见的形式，提高品牌知名度；利用国家级大型农业展会和区域性重要特色展会、主要出口区域的知名农产品博览会、展销会等平台，向消费者传播品牌形象、传递品牌理念、展销品牌产品。

对生产基地、产品包装、专卖体验店、配送车辆、工作服装、电商平台、销售终端、农旅线路等进行专业化品牌设计包装，成为展示品牌视觉形象的广告载体；通过线上广告、线下广告、软性广告提高品牌影响力；深入挖掘特色产品、品牌企业背后引人入胜的故事，编撰品牌故事，丰富品牌文化内涵，推动品牌故事化，使其成为吸引消费者的卖点。

立足品牌目标消费者特点，通过创意设计，在充分凸显产品基因的基础上，推动品牌故事、品牌理念、品牌元素、产品特色向衍生品过渡，打造品牌衍生品系列产品线，以此提升消费者用户黏性，形成品牌"粉丝效应"；打造集战略研讨、论坛交流、评选颁奖、形象展示、合作对接于一体的品牌论坛，使其逐步在全国甚至在国际上具有影响力。

2.打造多元化品牌营销工程

以消费需求为导向，以优质优价为目标，推动传统营销和现代营销相融合，创新品牌营销方式，实施精准营销服务。利用电商平台旗舰店、官网旗舰店开设集销售推广和展示宣传为一体的农产品旗舰店或官网，争取平台的免费流量推广，开辟网上销售渠道。

积极与大型连锁商超、企事业单位、中高端酒店和餐饮集团进行洽谈合作，对标集团客户的需求、标准，整合产品资源，签订战略合作协议，争取品牌农产品入驻更多的连锁商超；建设大型的品牌专卖体验店，集聚全部特色知名农产品品牌，吸引市民进行体验式消费，同时为游客创造舒心、可信的特产首选购物平台。通过自营与合

作相结合的形式，自建或租用中心冷藏库，将冷链物流与顺丰速运、京东快递、宅急送等合作建设，保证配送服务的便捷性和时效性。

（三）构建我国农产品品牌保护体系

加强农产品商标及地理标志商标的注册和保护，构建我国农产品品牌保护体系，打击各种冒用、滥用公用品牌行为。

1.完善商标注册和专利申请的相关法律法规，维护品牌合法权益

明确商标注册内容、商标注册的领域、商标注册的范围；制订品牌使用管理办法，由品牌管理主体科学确定品牌精细化管理评价指标体系，作为品牌授权及动态准入准出管理依据。

2.开展农产品地理标志资源普查

各级农业主管部门要开展本地区农产品地理资源普查，深入了解符合地理标志保护要求的农产品资源状况、数量、类型、分布、品质特征、生产、加工、流通等情况。各级工商行政管理机关和农业主管部门要共同开展对已注册地理标志农产品的市场发展情况的调查；要根据调查的实际情况，因地制宜，制定本地区农产品地理标志和商标的发展规划及推进措施

3.发挥专业协会和中介组织的服务功能

农产品行业协会、农技推广机构、农民专业合作组织可以作为农产品地理标志或商标的申请主体。农产品地理标志证明商标注册人依法享有地理标志使用的管理权，承担对地理标志农产品的生产指导和质量管理的责任

4.加强技术指导

各级农业主管部门要积极组织农产品行业协会、农技推广机构和农民专业合作组织，引导生产者严格按照特定的生产规程生产地理标志农产品，及时制定地理标志农产品标准和生产规程，开展地理标志标示产地条件的评价和相关产品的检验检测工作，引导和支持农业龙头企业和农民生产、经营地理标志农产品。

5.强化市场监管

各级农业主管部门要积极配合工商行政管理机关，加大对农产品地理标志和商标的保护力度，加强市场监管，切实保护注册人和农产品生产者的利益。对于侵犯已注

册农产品地理标志和商标权益的违法行为，各级工商行政管理机关要充分发挥职能作用，加大查处力度，适时开展专项整治行动，切实保护农产品地理标志和商标权利人的合法权益。探索成立品牌保护举报投诉服务中心，举报投诉有奖，为品牌创建发展营造良好环境。

三、构建农业对外开放新格局

党的十九大报告明确提出，中国开放的大门不会关闭，只会越开越大。中国积极推动农业对外开放，农产品市场开放程度不断提高，农业利用国外市场和资源已达到相当的规模和水平，已全面深度融入世界贸易体系。在世界经济复苏乏力、国际金融市场跌宕起伏、贸易保护主义加剧的背景下，我国农产品贸易发展面临的环境和形势更为复杂，必须统筹建立健全我国农业贸易政策体系，提高农业国际竞争力和应对风险的能力。

（一）加快推进农产品尤其是特色优势农产品出口

进入新时代，扩大农业对外开放，要充分发挥农产品进口对提高资源配置效率和结构优化的促进作用，更好满足国内农业要素和产品需求；要通过农产品出口消化国内产能、减少粮食"高库存"，提升国内供给与国外需求的匹配度

1.强化农产品质量安全管理，提高农产品出口的竞争力

质量安全问题是现阶段制约我国农产品出口的主要障碍。加强质量安全管理是提高农产品出口竞争力的有效手段。今后，应逐步实施动植物病虫害区域化管理，加强无规定动物疫病区示范区建设，切实提高动植物卫生水平；进一步推广"公司 + 基地"的农产品出口经营模式，支持农产品出口企业建立自有种植、养殖基地，开展农产品和食品认证，进一步推进标准化生产，建立质量监控体系；鼓励出口企业获得符合进口市场要求的有机产品认证和其他国际认证，取得卫生注册和原产地标记注册，建立农产品种植、养殖履历和质量可追溯体系；进一步完善出口农产品的检验检测、安全监测体系，鼓励检验检测机构取得实验室国家认可，重点加强和完善出口优势农产品及相关农业投入品的检验检测工作，加快农业生态环境检验检测中心的建设，提高我国农产品的国际市场竞争力。出口绿色、有机、无公害、特色、高档次高附加值和以"技术、品牌、质量、服务"为核心的农产品。

2.优化出口商品结构，培育农产品出口品牌

鼓励企业发展深加工农产品出口，提高农产品附加值；支持企业培育农产品出口品牌、优先支持农产品出口品牌建设；推动企业以引进国外先进技术和优良品种与国内自主研发并重的方式，开发自主知识产权产品，提高核心竞争力；积极推进农产品原产地标记注册制度，对符合出口免检有关规定的原产地标记保护的农产品依法优先予以免检；对信誉良好的原产地标记保护的农产品出口企业实行便捷通关。

3.培育农产品出口重点企业，加快出口农产品的行业组织建设

在我国具有比较优势的农产品领域培育一批国际竞争力较强、出口规模大、效益好、带动农民就业、促进农民增收效果明显的农产品出口企业；适应农产品国际贸易的新形势，选择水产品、禽肉、蔬菜、水果等重点出口产品建立健全行业组织和商品协会；支持各地建立特色农产品出口行业组织；推动企业在自愿基础上组建行业协会，实行企业自主管理、自我服务和自我监督；充分发挥行业组织的作用，提高行业组织化程度，规范农产品出口秩序，积极应对国际贸易纠纷。

（二）积极支持有条件的农业企业走出去

1.充分利用国际信息，拓展贸易范围

积极关注国家在国际上，尤其是"一带一路"的农业合作，积极参与和"一带一路"沿线及周边国家和地区的农业贸易合作。按照重点区域、重点产品和主要国家进行信息汇总，进一步拓展进口的来源渠道，推动共建"一带一路"农产品贸易通道，合作开展运输、仓储等农产品贸易基础设施一体化建设，提升贸易便利化水平，扩大贸易规模，拓展贸易范围。同时，鼓励建设多元稳定农产品贸易渠道，发展农产品跨境电子商务。积极参与其他国家农产品检验检疫合作，共建安全、高效、便捷的进出境农产品检验检疫监管措施和农产品质量安全追溯系统，规范市场行为。

2.积极地支持本地农业走出去，支持本地的农业企业开展跨国经营，培育具有国际竞争力的中国大粮商和农业企业集团

要着眼实现农业资源全球配置，以推动农业走出去为契机，加强农业产业链整合，依托贸易、资本和技术优势，形成对全球农业产业链的支配力，巩固提升对国际农产品贸易的掌控力。积极支持有条件的企业开展跨国经营，重点在农产品加工、仓储、

物流、贸易等产业链关键环节上加大支持力度。通过海外投资、并购、资本运作，提升在全球农业价值链中的地位。

支持在国外种植的、有条件的企业在境外利用混合贷款、银团贷款、资产证券化等多种手段，采用境内外发行股票、债券以及项目融资等多种方式筹集资金；继续深化境外投资的外汇管理改革；引导企业借鉴器国农业公司与当地农民合作的方式，通过提供融资、农资、技术培训等生产性服务，与当地农民建立稳定的合作关系。完善支持企业境外投资的风险保障机制等，以指引中国企业更好地走出去。

（三）进一步加强农业合作交流

争取农业农村部、外交部、商务部等部委支持，举办"博整亚洲论坛"农业分论坛、中非农业合作研讨会等国际农业成果交流、贸易合作会议活动，建立和优化提升农业公园、乡村振兴示范区等休闲农业外交基地，加强农业双向投资合作、农产品国际贸易、对外农业援助、多双边农业技术合作、人力资源合作以及全球经济治理中的涉农领域合作等多种合作形式，努力打造具有全球影响力的农业对外交流合作中心。

1.加强境外农业全产业链开发

从全产业链布局角度出发，在农业科研、农资研发、生产、加工、物流、仓储、销售等诸环节合理布点，长远谋划，形成全产业链的掌控能力。可以布点到农业生产相关领域，为当地生产者提供技术培训及服务，以技术和服务换产品与市场；延展到农产品加工领域，实现农产品价值增值；延伸到基础设施建设，布局农产品运输的物流体系。政府要积极支持我国农业企业布局全球农业产业链关键节点，形成以资源开发和农业全产业链合作为核心的多元化共赢局面。引导和支持农业企业向加工、物流、仓储、码头等资本和技术密集型行业以及研发等科技含量较高的关键领域倾斜。

2.加强服务类农业对外合作

打造境外农业投资带动平台，开展技术培训、科研成果示范、品牌推广等服务，在土地厂房租售、法律政策咨询、原料供应、产品销售、质量安全、安全保护、员工培训、产业与生活设施等方面，提升对企业的服务能力，使缺乏境外合作经验的企业能够专注于自身核心优势开发。建立技术咨询服务平台。认定考核技术支持机构，加强与国际化咨询企业的合作对接，帮助完善国际化发展战略和资本运作方案，引导企业树立全球视野，采用国际主流发展模式实现跨越发展。

3.加强境外农业示范园区建设

打造境外农业产业集群，支持境外同区域的产业链关联企业建设名有特色的产业园区。围绕主导产业，促进产业链对接联合，集成各环节企业强项，提升产业链效率，降低交易成本。引导企业共建、共享涉农基础设施。鼓励建区企业制定运作高效的管理委员会制度。提升示范区组织化程度，强化企业抱团应对政治、经济、自然风险的能力，增强企业的谈判优势和争取扶持政策的能力。打造境外政策试验田和模式创新基地，创设一套针对性扶持政策。将示范区建设纳入多双边投资谈判、政策协调、交流研讨框架中，协助争取所在国优惠政策，积极联合所在国政府和企业共建示范区，强化对示范区的支持、宣介和保护。

（四）放宽农业外资准入，促进引资引技引智相结合

利用外资是我国对外开放基本国策的基本内容，也是构建开放型经济新体制的重要内容。应该贯彻落实中共中央、国务院关于推动形成全面开放新格局的决策部署，进一步促进外商投资稳定增长，实现以高水平开放推动农业经济高质量发展。

第一，完善境外资本融通渠道。在依法合规、风险可控、商业可持续的前提下，引导金融资本支持农业对外合作，创新投资审批制度，简化程序、提高效率，建立符合国际惯例的商事登记制度，主动适应外商投资准入前国民待遇加负面清单管理模式，引导外资更好地服务我国现代农业发展。

第二，吸引外商直接投资建设集种植、养殖、加工、销售、物流和休闲观光为一体的现代农业园区，发挥示范带动作用；创造条件，积极引导外商投资向"三个方面"延伸，即从农产品加工领域向农业综合开发领域延伸，从农业生产领域向农业社会化服务领域延伸，从农业产中环节向产前、产后环节延伸。

第三，制定招商办法和奖惩政策，充分发挥现代农业园区和产业化龙头企业的平台和载体作用，通过展会招商、产业招商、网上招商、代理招商等多种形式，引进一批引领性农业项目；支持外商采取独资、合资、租赁、承包、收购和 BOT（即建设—经营—转让）等方式开发农业项目，鼓励外商参与开发建设现代农业项目，从事农业基础设施建设开发项目；支持外商投资参与新农村建设，在农民自愿的前提下，允许外资参与村庄整治，对在村庄整治中产生的废旧宅基地，在国家政策范围内，允许外

商投资开发与农业相关的各种项目，并积极争取国际农业科技组织重大科技项目的引进与合作。

第四，围绕现代农业建设重点领域和关键环节，加大国外先进技术、经营模式、管理方式和现代服务的引进力度；重点引进农业安全生产、标准化生产、病虫害综合防治等方面的关键技术，有选择地引进农产品加工、储藏、保鲜等领域的关键技术；力争在高效种养技术、农产品精深加工、农产品交易、动植物遗传育种、动植物疫病防控等方面实现新突破；充分利用国际开发性金融资本，引进节水农业、设施农业、农村新能源等方面的先进技术和装备。

第五，建立农业对外开放专业人才成长、引进、使用和激励机制。有重点地引进农业科技关键领域的外国专家，密切国内外农业科技合作，为加快推进农业对外开放和招商引资提供专业人才支撑和智力储备。加强与目标国家的农业科研院所交流合作，组织科技人员赴境外联合开展农业技术研发推广和培训，多形式、多渠道培养具有操作技能和管理知识的农业科技队伍，为农业对外合作提供人才保障。

第四节　建立现代农业经营体系

中共中央、国务院印发的《乡村振兴战略规划（2018—2022年）》指出：坚持家庭经营在农业中的基础性地位，构建家庭经营、集体经营、合作经营、企业经营等共同发展的新型农业经营体系，发展多种形式适度规模经营，发展壮大农村集体经济，提高农业的集约化、专业化、组织化、社会化水平，有效带动小农户发展。因此，建立现代农业经营体系是实现农业现代化机制的保障。从传统的农业耕作形式转向如今的以无土栽培、精准栽培、观光农业等为主的现代化农业，将人们从"晨兴理荒秽，带月荷锄归"的模式中解放了出来。

一、巩固和完善农村基本经营制度

党的十九大报告强调要"巩固和完善农村基本经营制度"，它是各项农村政策的基石。深入贯彻这一重大决策，对于促进农村经济的持续发展和稳固农村生产关系，对于建设中国特色社会主义新农村，具有十分重要的意义。因此，要在原有的政策基础上完善承包地"三权"分置制度，深化农村土地制度改革，全面完成土地承包经营权确权登记颁证工作，为实施乡村振兴战略打下坚实的基础。

（一）完善承包地"三权"分置制度

党的十八届五中全会明确要求，完善土地所有权、承包权、经营权分置办法，依法推进土地经营权有序流转。习近平总书记在党的十九大报告中强调要"完善承包地'三权'分置制度"。"完善承包地 '三权'分置制度"这项政策极大地调动了亿万农民积极性，有效地解决了温饱问题，更有效地保障了农村集体经济组织和承包农户的合法权益，同时也更有利于现代农业发展。

1.做好农村土地确权登记颁证工作

成立工作领导小组，做好宣传工作，通过多种渠道向广大群众宣传确权登记颁证工作的重要意义，充分调动广大群众的积极性和自主性；坚持"归属明晰、权责明确、保护严格、流转顺畅"的原则，完成对集体耕地的确权登记颁证工作，着重解决农户承包地块面积不准、"四至不清"、空间位置不明、登记簿不健全等问题；根据确权登记颁证工作结果，按单位构建数据库和登记业务系统。

2.建立健全土地流转规范管理制度

明确农村集体土地流转管理职责，明确土地流转管理的主体，加强组织协调、监督检查；凡发生违反农村集体土地流转管理相关规定的，对相关当事人进行责任追究；家庭承包取得的农村集体土地须遵守"依法、自愿、有偿"的原则，农户流转土地需向村委会提交申请报告；做好历史与现实的衔接，对过去已经健康流转的，要依法维持原流转关系；手续不完备的应当依法完备，相关资料由流转市场的管理和服务机构保管，维护流转关系的稳定。

3.构建新型经营主体政策扶持体系

坚持因地制宜、因业制宜，鼓励新型农业经营主体按照依法自愿有偿原则，通过流转土地经营权，发展适度规模连片经营；引导新型农业经营主体多模式完善利益分享机制，将新型农业经营主体带动农户数量和成效作为相关财政支农资金和项目审批、验收的重要参考依据。

（二）落实农村集体产权制度改革的政策

党的十九大报告指出，要"深化农村集体产权制度改革，保障农民财产权益，壮大集体经济"。农村集体所有制是我国基本经济制度的重要组成部分，是中国特色农业现代化道路的制度基础。农村集体产权制度改革是中央部署的又一项管根本、管全局、管长远的重大改革。

第一，成立农村集体产权制度改革领导小组，成员由具有集体经济组织成员身份的人组成（原则上每个村民都要有代表参加）。邀请专家进行专题培训，结合实际情况，集中组织群众代表学习相关文件，全面了解改革的目的和政策要求，准确把握改革方向。

第二，确认农村集体经济组织成员的身份。以公安部门提供的户籍为基础，组织工作组逐户进行成员摸排登记。重点摸排因务工经商、就学参军、投靠子女、婚丧嫁娶等户籍迁出的原住人员，解决成员边界不清问题。确认身份后，按照制度的条例对成员进行管理。

第三，进行实地考察，加快"清产核资，摸清家底规范管理"。根据《中华人民共和国公司法》《中华人民共和国会计法》等法律法规，重点解决家底不清、产权不明、欠款难收等问题。在开展日常清产核资中，要对各类资产、负债和所有者权益进行全面清理、登记、核对和查实，要做到见物就点、是账就清，不重不漏、不留死角；对查出的问题。不打埋伏，如实上报；对清查出的各种资产的盘盈、盘亏、报废等，在按规定进行必要技术鉴定后，及时提出处理意见，按规定权限申报审批。加强农村集体产权制度改革培训督察，开展关于清产核资工作的具体操作流程的培训工作，使集体资产管理制度化、规范化。

第四，清产核资后，在尊重农民意愿的前提下，进行股份量化和管理。按照成员的出资比例分配股权，并按照"量化到人，权能到户"的原则进行管理。最后由相关部门颁发股权证书。

（三）落实农村土地制度改革的政策

我国是个农业大国，如何处理好农民和土地的关系，一直是我国农村改革的根本性问题。我国在农村土地上的矛盾和问题必须通过深化改革来解决。党的十九大报告强调："农业农村农民问题是关系国计民生的根本性问题，必须始终把解决好'三农'问题作为全党工作重中之重。"

第一，全面落实党的十九大精神，坚持以习近平新时代中国特色社会主义思想为指导，必须要以"处理好农民和土地的关系"为出发点，稳妥推进农村土地制度改革。

在完成好改革的"规定动作"的同时又要创造性地开展工作，并且加大对低产田的改造力度，在不破坏当地生态系统和符合当地农业生产条件的前提下，实现"中高产"的目标。

第二，着力推动集体经营性建设用地、宅基地入市。严格界定公共利益项目用地类型，结合集体经营性建设用地、宅基地入市达到缩小征地范围、缩减征地规模的试点要求，通过宅基地有偿使用、自愿有偿推出、扩大流转范围等措施，统筹推进新村建设、生态保护、产业空间布局调整，构建多元化的投资机制，推动多要素的跨界融合，打造美丽乡村、特色小镇。同时结合精准扶贫工作，激发贫困村的发展动力，带动广大群众脱贫致富。

第三，围绕"缩小征地范围、规范征地程序、完善合理规范多元保障机制"的目标，研究制定土地征收目录、社会稳定风险评估办法、争议调处办法等配套政策，在征前、征中和征后等环节形成民主协商、风险评估、补偿安置、纠纷调处、后续监管等措施，完善多元保障方式，形成土地增值收益分配办法。为被征地农民开展就业创业培训，培训合格后推荐其从事园区绿化、物业管理、保安等工作，对从事种植养殖、交通运输、购买商业用房的被征地农民给予创业补贴。通过留用地就近开发商业建筑或为被征地农民安排留用地指标，引导农民转变生产、生活方式，增加失地农民收入，发展壮大农村集体经济实力。

二、壮大新型农业经营主体

2017年，中共中央办公厅、国务院办公厅印发的《关于加快构建政策体系培育新型农业经营主体的意见》指出：加快培育新型农业经营主体，加快形成以农户家庭经营为基础、合作与联合为纽带、社会化服务为支撑的立体式复合型现代农业经营体系，对于推进农业供给侧结构性改革、引领农业适度规模经营发展、带动农民就业增收、增强农业农村发展新动能具有十分重要的意义。

当前，我国新型农业经营主体正处在成长的关键时期。通过多种形式开展适度规模经营，不断壮大农林产业化龙头企业，加快培育新型农业经营主体，鼓励发展农民专业合作社联合社，鼓励工商资本下乡，已经成为推进农业农村现代化、实施乡村振兴战略的时代使命。

（一）鼓励通过多种形式开展适度规模经营

多种形式的农业适度规模经营的问题涉及劳动力、投入资本、土地、技术等生产要素的最优配置以及组织形式的选择，这些问题都是现代农业所要解决的问题。从长远看，推动农业从传统农户分散经营向集约化、专业化、组织化、社会化相结合的新型经营体系转变，是我国建设现代化农业强国的必由之路。

第一，以提高农业要素配置效率为目标，以培育新型农业经营主体为载体，以体制机制创新为动力，以健全农业生产社会化服务体系为支撑，合理利用相关的资金，充分调动小农户的生产积极性，为农业现代化注入新活力。要牢牢把握好"适度"，经营规模不能太小但也不能太大，制定的相关政策要干预到位、精准，重点解决同类经营主体之间收入过度失衡和过度分化的问题，完成公平与效率、发展与稳定双赢下的模式创新。

第二，通过土地流转积聚土地资源，形成土地规模经营，开展形式多样的土地流转。鼓励农户依法采取转包、出租、互换、转让、股份合作等形式流转土地。引导同一集体经济组织内的承包农户通过土地互换等方式使经营地块相对集中连片。对业主需要连片开发而部分承包农户不愿流转土地的，可由集体经济组织协调，在自愿的基础上通过互换等方式协调解决。创新农村土地流转模式，支持农民以土地承包经营权作价出资或入股的方式设立土地专业合作社，从事农业生产经营。

第三，扶持加强适度规模经营主体物资装备建设。对专业大户、农民专业合作社购买农机具给予累加补助，为适度规模经营提供便捷高效、质优价廉的专业服务。加强基础设施和特色农旅融合发展规划，以普通干线公路网改造和农村联网公路建设为重点，扩大机耕道宽度，便于大型农业机械通行，为机械化创造条件。

第四，根据农民的意愿，统一连片整理耕地，将土地折股量化、确权到户，经营所得收益按股分配，也可以引导农民以承包地入股组建土地股份合作社。鼓励承包农户开展联户经营，发展多种形式的农民合作组织。立足差异化功能定位，积极培育和发展家庭农场联盟、合作社联合社、产业化联合体等。

第五，加快农业生产社会化服务体系发展，加快形成财政优先保障、金融重点倾斜、社会积极参与的多元投入格局，落实相关税收优惠政策，加快设立融资担保基金，不断拓宽筹资渠道，以便为农户提供资金上的支持，建立健全专项基金制度，注入农合社资互助会，提高资金互助会规模与质效，切实解决当下农业经营主体融资难、融资贵的问题。

（二）不断壮大农业产业化龙头企业

农业产业化是我国农业经营体制机制的创新，是现代农业发展的方向。农业产业化龙头企业与一般的工商企业不同，它具有开拓市场、创新科技、带动农户的作用，能够带动农业和农村经济结构调整，推动农业增效和农民增收。《国务院关于支持农业产业化龙头企业发展的意见》指出：支持龙头企业发展，对于提高农业组织化程度、加快转变农业发展方式、促进现代农业建设和农民就业增收具有十分重要的作用。

第一，充分发挥农业龙头企业的引领示范作用，通过实施财税、金融、人才等配套设施，优先突出扶持培育一批、引进一批起点高规模大的龙头企业，建立"龙头企业＋基地＋合作社＋农户"的模式。坚持"扶优、扶大、扶强"的原则，支持做大做强龙头企业。支持具有比较优势的龙头企业以资本运营和优势品牌为纽带，盘活资本存量，整合资源要素，开展跨区域、跨行业、跨所有制的合作。

第二，因地制宜、因业制宜，通过政策扶持和资金补助使当地优势强、收益高、见效快、市场需求量较大的农产品得到长足发展，在农产品空间布局上逐渐向某一地区集中，形成具有区域特色的主导产品和支柱产业，不断增加名特优新品，形成产业类型多头并举的产业结构。

第三，支持龙头企业引进先进的生产加工设备，开展技术创新，重点引进改造升级育种、生产、加工、包装、储藏、流通等关键设施装备，提升农产品加工能力。支持龙头企业开展废弃物再利用、节能、节水、节电等项目，充分发挥龙头企业在构建绿色经济中的领头作用，实现当地经济的可持续发展。

第四，围绕主导产业，加强基地建设。健全土地承包经营权流转市场，支持龙头企业依法合理流转土地，允许打破行政区域，优化产业布局、提高生产规模化水平。鼓励龙头企业使用先进适用的农机具，提升农业机械化水平。建立健全投入品使用管理制度和生产操作规程，完善农产品质量安全全程控制和可追溯制度，提高农产品质量安全水平。

（三）鼓励发展农民专业合作社联合社

《中华人民共和国农民专业合作社法》颁布以来，我国农民合作社数量日益增加，农民合作社联合社的成立与发展逐渐具备了稳固的成员基础。农民合作社是带动农户家庭经营进入市场的一种重要组织创新，它有利于解决单个农户家庭解决不了的问题，发展农民专业合作社联合社是实现农业现代化发展，实现乡村振兴的一种重要途径。

第一，在鼓励发展农民专业合作社时，首先要解决农民合作社普遍存在的规模小、发展不规范、抗风险能力差的问题，积极引导农民专业合作社扩大合作领域，从单一合作走向联合合作。同时要成立工作小组，派专人负责指导，给予农民专业合作社政策保障、业务培训、科技引导，如农资供应、农机辅导、病虫害防治等，促进合作社之间的交流，发挥资源共享、优势互补、学习提升的作用，在各个方面给予农户最大的支持。

第二，鼓励业务和产品相近的农民合作社组建联合社，形成规模效应。同时利用好地理标志等区域性品牌，以共同打造品牌为契机，实现农民合作社的联合，如通过"一村一品""一乡一业"使各农民合作社进行联合。同时，要鼓励农业服务型企业领办联合社，促进农业服务的社会化。

第三，在资金问题上，要建立健全专项基金制度，制定资金互助章程，注入农合社资金互助会，提高资金互助会规模与质效，切实解决当下农业经营主体融资难、融资贵的问题。《国民经济和社会发展第十三个五年规划纲要》提出："稳妥开展农民合作社内部资金互助试点。"

第四，引导合作社树立品牌意识，加强品牌的培育，通过举办专题培训、发送宣传资料等方式进一步普及有关商标的法律法规知识，通过商标的注册及使用，提高产品及合作社的知名度和信誉度，进而提升合作社的市场竞争力，形成具有当地特色的组织群体。

第五，鼓励农民合作社利用物联网等现代信息技术开展生产经营、技术培训、财务社务管理，积极发展电子商务；鼓励农民合作社建立网站、短信平台，公布重大事项和日常运行情况，探索运用短信、网络等方式进行民主决策，为促进合作社规范化建设、指导合作社开展生产经营活动提供多样化、时效性的信息服务。

（四）引导工商资本下乡

实施乡村振兴战略，要确保资金的充足。工商资本下乡，指的是城镇工商企业向农业农村投资，带动人力、财力、物力以及先进技术、理念、管理等进入农业农村，从而推动乡村振兴。

1.建立严格的工商资本准入制度，预防"非农化"倾向

制定优惠政策引导工商资本涉农，建设有效整合农业生产要素的平台，完善土地、资金、人才、技术等生产要素整合机制，为工商资本下乡、发展规模化的种养业、技术门槛较高的绿色农业提供绿色通道；在土地流转、贴息贷款等方面给予扶持，放大工商资本投资农业的"洼地"效应；支持工商资本进入产业链长、价值链宽、可实现企业增产增效增值的产业；鼓励工商资本从特色产业着手，用现代化的市场化思维、企业化思维推动传统农业转型升级。

工商资本下乡租赁农地的情况越来越多，在鼓励这种行为的同时要防范耕地"非农化"，限制长时间大面积租赁农地，对当地现阶段新增工商资本租赁农地实施控制，即单个企业租赁农地规模原则上不得超过当地农户户均承包面积的 200 倍，确有良好经营业绩的可适当扩大规模。

2.建立工商资本下乡情况的定期报告制度

安排专人及时收集、统计本地区、本系统推动工商资本下乡的情况，并于每季度末及时上报。建立定期督察机制。成立工作小组定期组织相关处室和人员开展专项督促检查。对检查中发现的各类问题，及时通报，限期整改，确保此项工作取得实效。

三、发展新型农村集体经济

发展壮大新型农村集体经济是实施乡村振兴战略的重要抓手，是推进农业农村现代化的重要内容，是实现共同富裕目标的重要保证。党的十九大报告指出："深化农村集体产权制度改革，保障农民财产权益，壮大集体经济。"习近平总书记也曾多次强调，要充分认清集体经济的重要性，努力增强自身的"造血功能"。发展壮大农村村级集体经济，需要在农村改革和发展的过程中不断解放思想，打破旧有思维桎梏，通过开放共享、产业融合、模式再造等，积极探索集体经济的多种实现形式，特别要积极探索发展村级集体经济的多种途径。

（一）推进农村集体资产股份合作制改革

为进一步深化农村改革，创新农村集体经济组织的管理体制和运行机制，增加农民财产性收入，促进农村经济社会持续健康发展，完善对集体资产股份的管理方法是必然要求。现阶段重点是用好并管好集体资产，既要防止在改革中集体经济被少数人控制和占用，也要防止集体经济被社会资本所吞噬。

1.界定成员资格

通过调查摸底、民主讨论、结果公示等程序，准确界定成员资格，对成员进行造册登记，依法保障集体经济组织成员的合法权利。

2.赋予财产权利

将农村集体资产折股量化到人、落实到户，建立农村集体资产股权证书管理制度和台账管理制度，纳入农村"三资"信息化管理平台，保障成员对农村集体资产股份的占有权。完善收益分配制度，明确范围，确定比例，兑现分配，落实成员对农村集体资产股份的收益权。在保障落实成员对农村集体资产股份占有权和收益权的基础上，探索成员对集体资产股份的有偿退出权和继承权的实现形式。

3.完善法人治理

建立与股份合作制产权制度相适应的法人主体，制定相应的章程，设立股东（代表） 大会、理事会、监事会等法人治理结构。出具集体绍济组织的法人证明，确认法人资格，股份合作社办理银行开户、工商注册等相关手续。

4.坚决守住改革底线

坚决守住改革底线，即坚守住集体所有制的底线，防止把集体经济改弱了、改小了、改垮了；坚守住农民利益底线，防止把农民利益改虚了、改少了、改没了。开展集体资产股份占有权、收益权试点，对已经完成改革的，要求建立健全股权证书登记管理制度，股权证书应详细记载成员的信息，为未来实行股权继承创造条件。

5.坚持"农民自愿、民主决策"原则

要坚持"农民自愿、民主决策"原则，充分保障农民群众的知情权、决策权、参与权和监督权，尊重农民群众的选择，不搞"一刀切"。根据当地的实际情况和发展方向，由农民群众自主选择改革方式和股改模式，因地制宜制定改革试点方案，正确处理改革、发展和稳定的关系，稳妥有序推进农村集体经济组织产权制度改革工作。

（二）探索多种有效路径盘活农村集体经济

我国农村集体经济组织资产大多处于分散和闲置的状态，平时无法调用出来。因此，要探索多种有效的途径，盘活农村集体经济，这对推进农业现代化进程、实现乡村振兴战略具有深远而重大的意义

第一，要加快建设农村集体资产监管管理平台，解决存在的农村集体产权虚设、分配不公开、管理不透明的问题，从制度上遏制小官巨贪等情况的发生。促进农村集体资产的保值增值，激活农村各类生产要素，增加农民财产性收入。支持在集体资产的折股量化、股权设置、收益分配，整合利用集体积累的资金，政府的帮扶资金等方面。通过入股或者参股一些企业、村与村的合作、村企联建共建等多种形式来增加集体经济收入。

第二，发展集体经济可以是资产租赁型、生产服务型，也可以是企业股份型、联合发展型等多种形式。通过股份制、股份合作制等多种形式，让农民以土地入股，盘活用好集体的各种资源资产，鼓励发展多利形式股份合作，更多分享一二三产业增值收益，实现先富带后富。发挥经营性资产优势，突出发展物业经济，发挥自然资源优势，因地制宜发展资源经济。利用人文的、历史的良好生态资源优势发展休闲农业和乡村旅游，支持发展农业特色产业、乡村旅游、特色小镇。

第三，在合理规划的前提下，利用闲置的宅基地和各类设施，将闲置资产变为培育新型产业的摇篮。对于租用农户承包土地建设农产品生产基地的，按照其使用原集体投入的基础设施，收取一定的租赁费用。

（三）全面开展农村集体资产清产核资

《中共中央 国务院关于稳步推进农村集体产权制度改革的意见》明确指出，各省级政府要对清产核资工作作出统一安排，从 2017 年开始，按照时间服从质量的要求逐步推进，力争用 3 年左右时间基本完成。习近平总书记强调，深化农村产权制度改革，开展清产核资，明晰农村集体产权归属，赋予农民更加充分的财产权利。这是推进农村集体产权改革的基础，也是实现乡村振兴战略的重要组成部分。

第一、在进行清产核资时要坚持"实事求是、客观公正、过程透明、结果公开"的原则，明确集体资产产权归属，将集体资产确权到乡镇、村、组集体经济组织成员

集体，不能打乱原集体所有的界限，保持集体资产的完整性，维护集体经济组织及其成员财产权益，让农民共享集体经济发展成果，构建农村集体经济运行新机制。

第二，严格遵守相关政策法规和财经制度，对清产核资工作进行再动员、再部署。按照"查清、摸准、核实、亮明"的工作要求，建立农村集体"三资"监督管理系统平台，完善工作措施，加大工作力度。组织开展监督检查和成果验收工作，编写清产核资结果的总结报告，并要向全体农村集体经济组织成员公示，接受人民的监督和检查，做到不重不漏，杜绝所谓"假账"的出现。

第三，清产核资结束后，加强相关问题查处，认真查处清产核资工作中发现的问题。结合此次清产核资工作，组织力量对集体财务管理混乱的单位进行集中清理整顿。建立健全年度资产清产核资制度和报告公示制度，以后每年定期展开一次清产核资，结果要及时上报和公示。

四、促进小农户生产和现代农业发展有机衔接

自古以来，小农户始终是我国农业生产的主导力量，小农户生产一直是我国农业生产的主要形式。但小农户的生产效率不高，需要农民投入大量的精力，并且受天气、自然灾害、人为因素的影响较大。而且小农户难与大市场进行对接，缺乏市场竞争力。小农户成了农业现代化进程中的一个旁观者，幸福感和参与感不高。2018 年 9 月 20 日，习近平总书记主持召开中央全面深化改革委员会第四次会议并发表重要讲话，会议指出，促进小农户和现代农业发展有机衔接，对巩固完善农村基本经营制度、实施乡村振兴战略具有重要意义。

（一） 推进农业生产社会化服务

农业生产社会化服务是引领小农户开展适度规模经营、发展现代农业的重要途径，对于实现乡村振兴战略发挥着重要的作用。

第一，通过政策资金引导小农户接受农业生产托管、机械化烘干等社会化服务，与小农户签订农业生产"耕、种、管、收、卖"全程社会化服务协议。加强对先进机具的推广，重视对操作手的培训。与小农户签订作业协议，扩大服务面积，合理安排机具的使用。加快研发和推广适合小农户的农业装备、技术应用，对各试点农机化服务作业环节进行定额补助。

第二，大力发展农业生产性服务业，引导和支持市场化服务组织更多为小农户服务，如农业产前产后市场服务、金融互助合作服务、内部规范管理服务。通过补贴试点，引导小农户广泛接受农业生产托管等低成本、便利化、全方位服务，促进农业生产方式由传统农业向现代农业转变，着力实现农业增效、小农户增收。

第三，成立专项小组或聘请专家，对农作物种子质量进行专项检查，避免农户买到假劣种子；对农作物出现的症状进行确诊；根据农作物种植特点，专门选派农技专家对农作物开展技术服务，对症下药并通过培训的方式告诉小农户农产品可能出现的症状以及预防措施。

（二）改善小农户生产设施条件

从古至今，人们的生产工具经历了一系列的变化，从木制、石制、青铜制到现在的铁制工具。但耕作方式大部分依然是人力完成，少数劳作靠备力完成。在科技高速发展的今天，改善小农户生产设施条件，实现小农户与现代农业发展连接起来，将人们从传统的耕种方式中解放出来，提高人们的生活质量，这也是实现乡村振兴战略的重要组成部分。

1.为小农户引进先进的农机设备

通过新闻媒介如广播、报纸、短信平台等，向农民群众宣传当前最新的先进设备。组织几家小农户联合起来成立农机合作社，为农机合作社配备新的装备，如引人动力强大的拖拉机、最新的无人机打药设备等。聘请专家，举办培训班，为农户讲解生产设备的操作流程。定期进行走访、收集农户对生产设备的反馈，并安排专人定期对设备进行检修。成立专项基金用于购买农机设备。

2.加大农业水利电力等基础设施的扶持力度

进行周密的实地调研，采集相关信息，修建水库，清理灌溉渠道，成立专业的小组，进行实地考察，选择喷灌模式，如固定管道式喷灌模式、全移动式喷灌模式等。引导资金投入到水利电力的发展项目上。

3.加快仓储物流设施的建设

根据仓储环境的特殊要求，如温度和湿度、光强等，选择合适的粮库位置。吸引第三方物流企业参与其中，减少仓储物流中的不必要环节。引导小农户与大型连锁超市合作，形成"直销"模式。加快粮库智能化升级改造进度，推动粮库广泛运用大数据、物联网等技术，提升粮食仓储管理信息化水平。

（三）提升小农户的抗风险能力

农产品的生产周期较长，受气候的影响较大，同时也受市场供求关系的影响。气候异常，极端天气频发，增加了防范的难度；在经济全球化的大背景下，市场风险的不确定性增强。小农户在这一系列的变化当中，抵挡风险的能力较差，往往预测不到即将发生的灾害。因此，提升小农户的抗风险能力，保护小农户的利益是必要的。

1.建立预警机制

对于自然风险，可通过广播、报纸、短信、互联网等新闻媒介，及时提醒农民群众。

对于市场风险，可聘请专家，开展培训活动，向小农户解释当前的市场环境和供求关系的波动。

2.推广农业保险

可通过传单、广播、报纸、短信或者培训向小农户解释农业保险对于分散和转移农业风险的重要性，提高农户参加农业保险的覆盖面和受益度。成立专项基金，对保费予以补助。鼓励保险机构针对贫困地区开发保价格、保收入的农产品价格保险和特色农险产品，切实提高对小农户生产力保护。

农业保险一般分为两类：

种植业保险

农作物保险。农作物保险以水稻、小麦等粮食作物和棉花、烟叶等经济作物为对象，以各种作物在生长期间因自然灾害或意外事故使收获量价值或生产费用遭受损失为承保责任的保险。

收获期农作物保险。收获期农作物保险以粮食作物或经济作物收割后的初级农产品价值为承保对象，是作物处于晾晒、脱粒、烘烤等初级加工阶段时的一种短期保险。

森林保险。森林保险是以天然林场和人工林场为承保对象，以林木生长期间因自然灾害和意外事故、病虫害造成的林木价值或营林生产费用损失为承保责任的保险。

经济林、园林苗圃保险。这种险种承保的对象是生长中的名种经济林种。保险公司对这些树苗、林种及其产品由于自然灾害或病虫害所造成的损失进行补偿。

养殖业保险

牲畜保险。牲畜保险是以役用、乳用、肉用、种用的大牲畜，如牛、马、骡、驴、骆驼等为承保对象，承保在饲养使役期，因牲畜疾病或自然灾害和意外事故造成的死亡、伤残以及因流行病而强制屠宰、掩埋所造成的经济损失。牲畜保险是一种死亡损失保险。

家畜保险、家禽保险。以商品性生产的猪、羊等家畜和鸡、鸭等家禽为保险标的，承保在饲养期间的死亡损失。

水产养殖保险。以商品性的人工养鱼、养虾、育珠等水产养殖产品为承保对象，承保在养殖过程中因疫病、中毒、盗窃和自然灾害造成的水产品收获损失或养殖成本损失。

其他养殖保险。以商品性养殖的鹿、貂、狐等经济动物和蜂、蚕等为保险对象，承保在养殖过程中因疾病、自然灾害和意外事故造成的死亡或产品的价值损失。

3.开展农业补贴

补贴主要用于耕地地力保护，鼓励小农户采取科学施肥用药、病虫害绿色防控和统防统治等综合措施，切实加强农业生态资源保护，自觉提升耕地地力质量，实现"藏粮于地"的目标。设立专项基金，对符合条件的小农户贷款给予适当贴息，对所扶持的小农户根据其经济能力确定贷款期限和贴息期限。

第五节　强化农业科技支撑

党的十九大报告指出："从现在到2020年，是全面建成小康社会决胜期。"然而从发展现状来看，农村仍是发展最不平衡、最不充分的地方。党的十九大报告首次提出乡村振兴战略，以发展和创新的眼光推进现代农业建设。在 2018 年全国农业农村科技工作会议上，科技部副部长徐南平表示：实施乡村振兴战略，就是推进农业农村的现代化。创亲是农业经济发展的战略支撑，必须发挥科技创新在实施乡村振兴战略中的关键作用，以创新驱动乡村振兴发展。

一、提升农业科技创新水平

创新是引领发展的第一动力，加快推进农业现代化，关键在科技进步和创新。因此，要立足我国国情、农情，遵循农业科技规律，找准农业科技突破方向，着力破解制约农业创新发展的突出科技难题，以此带动我国农业科技水平整体跃升。要紧紧围绕农业现代化发展需要，大力推进农业科技产业创新，充分发挥企业在创新决策、研发投入、科研组织、成果转化等方面的主体作用，促进产学研一体化发展，加快把农业科技创新成果转化为现实生产力。要完善农业科研评价机制，引导广大科研人员把论文写在田间地头，把成果应用在农村产业发展上。要深化农业科技体制改革，加大政策、投入等支持保障力度，为加快农业科技创新营造良好条件和环境。

（一）加快农业科技新主体培育

农业科研院校和龙头企业是农业科技创新最重要的两类创新主体。当前，农业科研院校依然是农业科技创新的第一主体，集中了绝大部分创新人才、成果、设施、资本等创新资源，包袱沉重、机制不活、动力不强等是制约其创新能力的主要藩篱。给农业科研院校减负、给科技人员松绑，是激活创新要素的关键所在，因此，要加强并赋予农业科研院校在人员管理、收入分配、直接经费、横向经费支出方面的自主权。

龙头企业终将成为科技创新主体，这是方向，必须坚定地培育龙头企业的创新主体地位。在现阶段，人才缺失、投入不足、重利润轻研发是企业创新的短板和限制因子。所以要大力支持企业与农业科研院校联合建设工程技术研究中心、院士工作站等研发平台，推进高新技术企业税收优惠、企业研发费用加计扣除和普惠性财政奖励等政策在农业企业的落实。

（二）创新种植业生产模式

加强以稻田综合种养、水稻"一种两收"等为主的"粮食作物+"绿色高效生态模式创新，开展饲用农作物生产和转化利用技术研究推广。落实藏粮于地、藏粮于技战略，开展耕地质量监测保护，实施果茶菜有机肥替减化肥、中低产田改良、绿肥种植等地力培肥技术措施。开展以物理防治、生物防治为主的农作物绿色防控技术模式创新推广。推进农机科技创新，突破玉米、油菜、马铃薯全程机械化生产瓶颈，研发适宜丘陵山区的多功能中小型农机具和适宜设施农业装备的配套机具。

（三）推进养殖业转型升级

加强畜禽养殖废弃物资源化利用技术创新和集成，推进规模养殖污染治理。加强渔业科技创新，提高河蟹、黄鳝、鳜鱼、小龙虾等优势品种的繁育能力，集中力量解决健康养殖模式、疾病防控、养殖自动化等现代养殖的关键问题，依托科研院所建设一批科技创新示范养殖基地。加强畜产品、水产品深加工技术创新，延长产业链，提高附加值，增强竞争力。到 2020 年，全国养殖业效率和水平再上一个台阶。

（四）突出种业创新

1.强化种质资源的保护与利用

具体来说，要不断修订《农作物种质资源管理办法》，做到该管的管住、该放的放活，并简化审批程序、提高审批效率；要健全农作物种质资源保护体系，按照"以国家保护为主，社会保护为辅"的原则，认定一批国家级种质资源库（圃）；加大第三次全国农作物种质资源普查与收集力度；要鼓励社会资本参与种质资源鉴定创制与开发利用，探索建立有条件共享、利益按比例分配的种质资源挖掘与利用机制。

2.全面推进良种重大科研联合攻关

深化 4 大作物良种攻关，加快优势特色作物良种攻关，联合开展种质资源、品种特性鉴定与品种试验示范，强化"产学研用"深度融合，打通上中下游链条，形成全产业链一体化的种业创新模式，加快高产稳产、绿色生态、优质专用、适宜全程机械化新品种研发与推广；针对科研育种和种子生产需要，加快专用机械、仪器设备等技术装备研发和应用，实现种、管、收、测、检、评全程机械化和智能化。

3.做强做大创新企业

强化企业主体地位，发挥金融、社会资本作用，支持企业兼并重组、投资合作，整合优势资源，优化要素配置，提高企业育繁推一体化水平。增强企业自主创新能力，扶持企业改善科研育种条件，引进优异育种材料，开展新品种、新技术、新方法研究。支持领军企业开展水稻、玉米、大豆等种质资源鉴定挖掘工作，鼓励种业企业参与国家农作物种质资源库建设和基因测序工作。对于育繁推一体化企业，将绿色通道政策由品种审定拓展到品种保护、种质资源进出境交换等领域。

4.强化知识产权保护

加快《植物新品种保护条例》修订，建立实质性派生品种制度、举证倒置制度，提升保护水平和效率；以水稻等作物为试点，探索实施 EDV 制度；针对模仿育种和品种井喷问题，研究提高品种 DNA 鉴定及 DUST 测试标准，建立审定品种、登记品种后评价机制，撤销缺陷品种的审定、登记；加强标准样品管理，健全国家品种标准样品 DNA 指纹图谱数据库，推进 DNA 指纹图谱技术在品种权保护、品种审定和品种登记中的应用；推动侵犯品种权等违法行为入刑，加大查处和打击力度。

5.加快种业大数据建设

整合品种审定和登记、品种权保护、种子生产经营许可、市场监管等信息，建立全国统一的种业大数据平台，强化品种试验、展示示范、种子生产等环节物联网数据采集，与互联网技术集成、大数据系统分析相统一，构建空天地一体化种业数据网络，实现种子全程可追溯，管理数据化、信息化、智能化。

（五）完善政策支持和成果评价机制

要对立足于各地优势和地方特色产业发展的研究项目，予以优先保障支持。对农业应用技术研究和成果转化项目推行第三方评价，政府以竞争性项目购买服务的方式给予支持。对于易于物化的成果，采取"以奖代补"等方式给予支持。逐步建立健全以企业投入为主体，政府投入为引导，金融信贷和风险投资为支撑的多元化、多渠道、多层次的农业科技创新投入体系。

二、打造农业科技创新平台基地

农业是立国之本，更是其他经济产业和部门能够独立存在和继续发展的基础。创新经济背景下，构建农业科技创新平台已成为促进现代农业发展的必然趋势。但从建设现状看，科技创新平台仍存在诸多问题有待改进，如科研投入不足、资源配置不均衡、产学研合作不紧密等，应加快建设国家农业高新技术产业示范区、国家农业科技园区、省级农业科技园区，吸引更多的农业高新技术企业到科技园区落户，培育国际领先的农业高新技术企业，形成具有国际竞争力的农业高新技术产业。新建一批科技创新联盟，支持农业高新技术企业建立高水平研发机构。利用现有资源建设农业领域国家技术创新中心，加强重大共性关键技术和产品研发与应用示范。建设农业科技资源开放共享与服务平台，充分发挥重要公共科技资源优势，推动面向科技界开放共享，整合和完善科技资源共享服务平台。

（一）加强农业科技示范园区建设

1.加强技术培训，利用高科技发展外向型经济

以中青年农民为主要培训对象，增强农民依靠科技增收致富的能力，对乡镇企业技术人员和农户的专业技能、环保知识以及质检、营销、标准化等方面的知识进行专业技术培训。科学利用高科技、现代化手段，充分利用计算机信息网络中心，加强园内外农业的信息交流，开拓园内外市场，发展外向型经济。有效利用高科技装备，优化产业结构调整，依靠科研院所技术人才优势加快园区的建设步伐，形成区域的示范、带动、支柱产业。

2.引进新技术，提高农产品的科技含量

在棚室生产中引进无土栽培技术和工厂化育苗等技术，节省棚室的生产空间、提高育苗质量，减少病虫害发生，使有限的棚室空间得到最大限度的利用，同时也能节省农产品生产的成本、提高产量。

3.成立农产品合作经济组织，提高农民组织化程度

如成立农民蔬菜生产协会等中介组织，由农民自发组织或由政府相关部门牵头形成农产品协会，对农业科技园区棚室的农户进行统一管理、统一规划，实现"产供销"一条龙，为农户谋求最大限度的经济效益，确保农民增收。

（二）加大财政支出中对农业创新技术投入占比

近年来，我国对农业科研投资不断加强，投资额不断增加。然而，与农业发达国家相比仍有较大差距。因此，在今后较长一段时期内，国家应重视农业科技发展，加强农业人才培养和资金投入政策，加大资金拨付力度，完善各项环节，使农业科技创新平台建设工作能够健康有序进行。

在农业人才培养水平方面，农业教育培训需要明确提高农业创新技术和农业经济效益的高回收率这一核心目标，加强农业教育培训体系建设，建立健全农业创新技术教育培训体系，还要加大政府对农业教育培训的投入。我国农业创新技术的研究，应该按照政府对三农政策的指导思想，利用科技下乡、科技讲座、科普宣传、开展培训

等各种方式来实施农业科技教育培训，建立与完善以政府资金为主导、多元化、覆盖全国的农业科教体系，建立健全农业教育、科研和创新服务相互融合渗透的综合服务体系。

另外，采用政策倾斜的方式促进农业科技创新平台建设的构建。政府需要建立财政专款进行资助补贴并且采用减少税收等方式，帮助农业科技创新平台的建设和农业创新项目的多元化发展。同时，通过各种渠道为农业科技创新平台的完善提供便利，如创建专业的信息平台帮助农业信息的传递，采用专业评估机制为平台的建设提供基础措施，提供一个有利于农业科技创新平台建设与运作的良好环境。

（三）加强农业技术创新平台团队建设

我国农业科技创新人才总量不足，结构不合理，创新型人才匮乏。要扭转这一不利局面，就必须大力推进农业科技平台创新人才的建设。一要着力培育农业科技领先人才和科技创新队伍，努力搞好农业科技创新平台建设；二要加强人才引进，重金吸引具有世界领先优势的高端科研人才；三要建立人才激励机制。科研人员的收入应以提高工资分配的激励为基础，突出岗位绩效激励，真正按照科研人员的贡献取酬。同时，科研奖励制度的建立也应为真正从事科学研究并取得科技成果的高科技人员而服务。在对农业创新科技平台的不断探索与思考中，不断对农业创新技术的研发工作进行深入改革，提升农业科研人员对农业创新理念的普及程度，提高农业科研人员和农产品种植者的适应能力。

（四）完善农业科技平台政策制定，创建良好运作环境

就目前来看，我国在农业发展的法律法规方面已有较为完善的政策体系，这对我国农业的可持续发展具有较大的推动作用。然而，由于农业科技工作自身的特点，农业科技创新在整个农业体系的发展中具有重要地位和特殊作用，其自身的特殊性决定了不能将我国农业科技创新的发展作为一般的农业资源看待，我国的农业科技创新的发展必须要有独立的政策体系。在政策制定方面，要扩大农民、专家、学者及民间力量在地方（特别是县级以下科研机构 ）的参与作用，充分发挥他们的主体作用，形成各方利益表达充分、利益诉求充分考虑的结果，改变以往基本由政府主导制定科技政策的格局。

（五）增强各方资源共享、协同创新能力

首先，要在政府主导下加大对农业科研资金的投入，逐年加大政府财政支出中农业科技投入的比重，建立完善的研究课题，完善现有监察机制，进行有效的资源整合，建立资源共享、协作创新机制。根据现代农业发展的新阶段和新形势，构建农业科研院所、涉农院校、涉农企业联合经营的多元化农业技术创新体系。通过多种形式、多渠道开展农业科技创新活动。

其次，要通过构建农业科技创新平台，发挥现代农业科技示范园区的示范、辐射和带动作用，促进现代农业的推广应用，从而提高现代农业科技含量，促进现代农业发展。农业科技创新技术平台还应重视第三方机制的使用。因此，在政府主导的前提下，也可以采用第三方推荐机制。通过第三方机制将科技资源和信息进行集中和共享，这样就在拓宽了研究方向的基础上降低了科研成本。第三方机制成为院校企的监察管理机构，可以在农业科技创新主体在项目开展之前进行知识产权的明确化，同时可以对知识产权中的利益进行合理分配，可以充分调动高校和科研机构研究构建农业科技创新平台积极性，实现科研机构和高校间的深度合作，真正实现各创新主体之间的资源共享、协同创新。

（六）丰富农业科技创新平台构建组织形式

在"三农"问题中，我国一直把科技创新当成解决问题的根本方法，农业科技创新平台建设是我国科技创新体系的重要组成部分之一。在政府的指导下，加大农业科技研究中的资金投入，营造良好的农业创新技术研究氛围，提高专业人员素养，加强科研团队建设，完善监管体系，加快农业科技创新平台的构建进程，有利于优化整合农业科技资源、推进农业产业经济可持续发展、提高我国农业科技创新能力，对增强国家农业科学技术综合实力具有十分重要的意义。

丰富农业科技创新平台构建组织形式，一方面要搭建企业、社会组织和农民个体户为创新主体的农业科技创新平台，建立政府科研单位、大中专农业院校和企业研发单位为主的科技创新平台及建立集约化的农业科技推广平台，以此来建立社会组织为主体，政府农业研发部、大中专院校及农业推广部为两翼的农业科技创新体系；另一方面要建立产学研相结合的农业科技创新平台，产学研相结合是促进农业科技与农业经济相结合的良好形式，产学研平台的建立有助于更好地建立农业科技创新体系、更好地促进农业科技创新平台的建设工作。

农业科技园建设的基本原则

深入贯彻落实党的十九大报告关于实施乡村振兴战略精神和2017 年中央一号文件关于提升农业科技园区建设水平要求，落实《"十三五"国家科技创新规划》和《"十三五"农业农村科技创新专项规划》要求，进一步加快国家农业科技园区创新发展，科技部、农业部（现为农业农村部 ）、水利部、国家林业局、中国科学院、中国农业银行共同制定了《国家农业科技园区发展规划（2018——2025 年)》，其中规定了农业科技园建设的基本原则。

坚持创新引领

深入实施创新驱动发展战略，以科技创新为核心，大力强化农业高新技术应用，培育农业高新技术企业，发展农业高新技术产业、建设一批农业高新技术产业集聚的园区，统筹推进科技、管理、品牌、商业模式等领域全面创新。

加强分类指导

根据各地区的资源禀赋与发展阶段，立足区域农业生态类型和产业布局，对园区进行分类建设和指导，促进区域特色优势产业集聚升级。

强化示范带动

创新完善园区核心区、示范区、辐射区之间的技术扩散和联动机制，增强园区科技成果转移转化和辐射带动能力，提高农业生产的土地产出率、资源利用率和劳动生产率。

发挥"两个作用"

更好地发挥政府的引导作用，集成科技、信息、资本、人才、政策等创新要素，加大对园区支持。更好地发挥市场在资源配置中的决定性作用，调动园区与高等院校、科研院所、企业、新型经营主体等各方面的积极性。

三、加快农业科技成果转化应用

当前，我国的农业发展方向已经从主要追求产量和依赖资源消耗转变为质量效益并重、注重提高竞争力和可持续发展上来。为此，中共中央、国务院印发的《乡村振兴战略规划（2018—2022年)》指出深入实施创新驱动发展战略，加快农业科技进步，提高农业科技自主创新水平、成果转化水平，为农业发展拓展新空间、增添新动能，引领支撑农业转型升级和提质增效。

（一）加快建立技术转移机构，实现科技成果市场价值

改革开放以来，我国科技迅速发展，技术交易日趋活跃，但也面临着技术欠缺、人才缺失等问题。为此，2017年9月，国务院印发了《国家技术转移体系建设方案》，指出建设和完善国家技术转移体系，对于促进科技成果资本化产业化、提升国家创新体系整体效能、激发全社会创新创业活力、促进科技与经济紧密结合具有重要意义。

农业科技成果转化资金的支持对象和支持方式

农业科技成果转化资金的支持对象主要为农业科技型企业。根据农业科技成果转化项目和项目承担单位的特点，转化资金分别以贷款贴息、无偿资助、资本金注入方式给予支持。

贷款贴息：对已具备一定产业化能力，具有市场前景，有望形成一定规模、取得一定效益，并已落实银行贷款的转化资金项目，采取贷款贴息方式给予支持。转化资金贴息金额原则上不超过第一年到位贷款所应支付银行利息的总额，并视不同情况予以贴息。

无偿资助：对具有较大社会和生态效益或不易直接取得市场回报的农业科技成果的转化资金项目，采取无偿资助方式给予支持。转化资金资助总额一般不超过 200 万元，重大项目不超过 300万元。申请无偿资助的转化资金项目，申请单位应匹配一定的自筹资金。

资本金注入：主要用于支持有较高技术水平和后续创新能力，对农业和农村经济结构调整及行业技术进步有较大促进作用，有望形成新兴产业的项目。有关资本金注入项目的申请、立项及管理，可参照科技部、财政部关于科技型中小企业技术创新基金资本金投入的有关规定。

对申请贷款贴息和无偿资助的转化资金项目，项目实施周期一般不超过 2 年。

在技术研发方面，要充分发挥企业、高等院校、科研院所等创新主体在技术转移中的作用，鼓励企业、高校、科研机构等创办或者联办具有企业法人实体、实行市场化运作的新型产业技术研发机构，着力解决科技成果产业化的瓶颈问题。以统一开放

的技术市场为纽带，以技术转移机构和平台为支撑，通过研发合作、技术转让、技术许可、作价投资等多种形式，建成技术转移体系的基础构架，实现科技成果市场价值。

同时要增强技术转移体系的辐射和扩散功能，推动科技成果有序流动、高效配置，引导技术与人才、资本、企业、产业有机融合，加快亲技术、新产品、新模式的广泛渗透与应用。在此基础上，拓展国际技术转移空间，在技术引进、技术孵化、消化吸收、技术输出和人才引进等方面加强国际合作，加快推进国际农业科技协作网络建设，建立中国—国际农业科技交流与合作的长效机制，积极拓展中国—国际技术转移协作网络，探索建立面向全球的网上技术市场运营模式。

在人才培育方面，要完善多层次的技术转移人才发展机制。加强技术转移管理人员、技术经纪人、技术经理人等人才队伍建设，畅通职业发展和职称晋升通道。支持和鼓励高等院校、研究开发机构设置专职从事技术转移工作的创新型岗位，绩效工资分配应当向有突出贡献的技术转移人员倾斜，鼓励退休专业技术人员从事技术转移服务。

（二）加快农业绿色技术的发展，加强集成应用和示范推广

2018年7月，农业农村部印发的《农业绿色发展技术导则（2018—2030年）》指出，推进农业绿色发展是农业发展观的一场深刻革命，对农业科技创新提出了更高更新的要求。在新技术下培育农产品的过程是纯绿色、无污染的，不存在化肥污染和水污染的现象。因此，面向绿色兴农重大需求，要加大绿色技术供给。

首先，要坚持空间优化、资源节约、环境友好、生态稳定的原则，把农业绿色发展摆在生态文明建设全局的突出位置，全面建立以绿色生态为导向的制度体系，加快形成与资源环境承载力相匹配、生产生活生态相协调的农业发展新格局。

其次，要加强科学研究，加大绿色技术研发投入力度，各级政府要制定相应的政策，引导工商资本和社会资本流向绿色技术的研究与开发，支持具有较强自主创新能力和高增长潜力的科技特派员入驻企业进入资本市场融资，鼓励引导专业技术人员到开发岗位中去。创新绿色农业技术的推广体制机制，遴选推广绿色环保、节本高效的重大关键共性技术，提高农业绿色发展技术应用水平。

最后，要推进监测预警。建立完善农业面源污染监测网络，实现农业环境监测的常态化和制度化运行，构建长效的监测预警机制，及时掌握农业面源污染动态变化。加强农业资源环境监测体系能力建设，提升例行监测、应急处理能力。

（三）健全基层农业技术推广体系，创新公益性农技推广服务方式

在对基层农业进行推广的过程中，首先要解决的是经费问题。各个地区单位要根据当地农技推广工作的需要，将基层农技推广机构的人员和工作经费列入财政预算，并随财政经常性收入的增长而同步增长。同时要对农业技术进行一定程度培训，要确保培训活动有足够的经费，对农户进行资金上的支持。

随着科学技术的不断进步，农业也在不断发展，各级政府要根据不同地区的需求，探索不同的农业推广模式，提高农民的参与程度。通过建设一批区域代表性强、科技水平高、辐射范围广、运行机制顺畅的示范基地，充分发挥集成创新、集中示范、物化推广、教育培训、引领带动等作用。

此外，还要建立健全管理和考核制度，各个地区要制定科学合理的考评办法和绩效考评制度，负责指导各地组织实施。各地要建立健全县级农业主管部门、乡镇政府、服务对象三方共同参与的考评机制，将基层农技推广人员的工作量和入户推广技术实绩作为主要考评指标，将农民群众对农技人员的评价作为主要考核内容。

（四）落实农业科研成果转化的相关政策

根据 NASA（美国国家航空航天局）的统计数据，从 2000 年到2011 年，我国有 6 万多项农业科技成果产生，但达到成熟应用阶段的只有2万项左右。为促进科技成果转化为现实生产力，规范科技成果转化活动，加速科学技术进步，推动经济建设和社会发展，各级政府要制定和落实农业科研成果转化的相关政策。

首先，要强化政策的落实，全面贯彻落实相关农业政策，推进全面创新改革试验点，及时总结推广激励科技成果转化政策方面的成功经验。科技成果转化活动应当有利于加快实施创新驱动发展战略，并且应当尊重市场规律，在转化中的知识产权要受到法律的保护。

其次，要批准企业建立国家级和省级工程技术研究中心、企业重点实验室、企业技术中心及工程中心，由企业据实报送相关资料，其科技人员实际发放的工资额在计算应纳税所得额时可据实扣除。鼓励和允许企业从科研成果转化产生的经济效益中，

按比例提成奖励核心技术和自主知识产权所有人。对核心技术、自主知识产权研发有重大贡献的科技和管理人员，企业委托省外或与省外合作开发先进技术的相关费用，可按规定享受加计扣除的税收优惠政策。

农业科技成果的最终使用者是农民，农民科学素质的高低，也直接影响农业科技成果的转化，因此还要不断刺激农民对农业科技成果的需求。地方政府一方面应当根据农村和农民实际需要，发展农村职业技术教育，建立完善的农民教育与培训体系，加强农村科技知识的普及力度；另一方面要采取形式多样的组织方式，对新技术、新知识进行广泛有效地宣传，培养农民对新技术、新知识的认知能力，逐步提高他们对新技术、新知识的采纳能力。

第六节　完善农业支持保护制度

中共中央、国务院高度重视"三农"问题，按照工业反哺农业、城市支持农村和多予少取放活的基本方针，逐步加大对农业农村的财政投入，中央出台实施了一系列强农惠农富农政策，取得了粮食连年增产、农民收入连续增长的显著成效，对推进我国农业农村经济发展、促进农业增效和农民增收都发挥了很好的作用。但随着形势的发展，项目分散、财政资金使用效益不显著等问题越来越突出。完善农业支持保护制度，更大限度地发挥政策的积极作用，避免消极作用，达到保护农民种粮积极性，促进农民增收、农业增产、农村和谐的目标，是政府和社会关心的重大问题。

一、加大支农投入力度

党的十八大以来，财政部始终把"三农"作为支出的重中之重，不断加大投入力度，拓宽投入渠道，健全政策体系，创新体制机制，强化资金管理，为农业农村经济发展作出了积极贡献，为完成党的十九大报告中提出的实施乡村振兴战略目标任务打下了坚实基础。

（一）　加大财政对农业的投入力度

1.确保财政支农投入稳定增长

要认真贯彻落实《中华人民共和国农业法》的相关规定，确保各级财政每年对农业总投入的增长幅度高于财政经常性收入的增长幅度；落实中央经济工作会议提出的各项政策，促进各级财政加大对农业和农村的投入。各级政府的新增财力要向农业倾斜；要认真搞好农业项目前期准备工作，积极利用国债资金，争取国家投资支持。

2.合理划分中央和地方政府财政在农业和农村发展中的事权

在投资责任方面，总的原则是按照项目规模和性质实行分类管理凡属地方项目或中央补助投资的地方性项目，其投资、建设、管理和职责完全下放给地方；属于中央项目的，其投资、建设和管理均由中央政府或有关部门负责，也可通过某种方式委托地方建设或管理。各地要建立规范的政府财政支农资金管理制度，包括项目的立项、选择、实施、竣工、后续管理等整个资金运行全过程管理的规范化。

3.理顺农业投入管理体制，提高投入效率

打破现行多部门分散管理的体制，重新整合资金管理部门，按资金使用类别适当集中，统一事权和财政，尽可能减少同一项目多头投入局面的出现，利用有限财力对农业进行高效率的支持和保护。

（二）建立多元化农业投入体系

第一，充分发挥财政支持和导向功能。为了提高农业对社会资本投资的吸引力，需要通过发挥农业财政支持和导向功能，进一步建立农业投入的激励机制。

第二，深化农村金融体制改革，使农业信贷增长率高于各项贷款平均增长速度，增加对农田水利等基础设施建设的中长期信贷投入。组织落实为农业综合开发服务的加工、储藏、运输等售后服务项目，特别是兴办龙头企业和高新技术项目的各项专项贷款，并根据农业投资项目风险大小和利润高低，给予相应的利率优惠。

第三，政府可以通过担保、政策优惠等方式，按照谁投资谁受益的原则、积极引导农村集体经济组织和广大农民增加投入，继续实行以了补农、以工建农。

第四，优化农业发展环境，积极开展招商引资。采用政府财政补助、财政贴息以及在税收、土地、信贷方面对农业投资给予优惠等政策和办法，吸引民间资本、工商资本、外商资本投向农业领域。

（三）优化财政支农资金结构，提高政府财政支农效率

1.加强农业基础设施和生态工程建设，提高农业综合生产能力和可持续发展能力

推进防洪保安工程体系建设，继续抓好大中型水库的除险加固工程，加快骨干河道、堤防治理，提高防洪能力；抓好以改善农村生产生活条件和增加农民收入为重点的农村中小型基础设施建设。以全面建成小康社会为目标，扩大以工代赈规模，通过国家出钱、农民出力的方式，加大对节水灌溉、旱作农业、人畜饮水、乡村道路、农村水电、农村沼气、草场围栏等农村中小型基础设施建设的支持，组织和发动亿万农民投身到改善自身生产生活环境的事业中来。

2.注重对农业科技研究、引进和推广的投入

农业科技进步与创新是新时代农业发展的第一推动力，也是提高我国农产品竞争力、促进农民增收的关键。农业科技投入具有公共物品的性质，政府财政投入在很多情况下比私人投资更为有效。因此，政府应注重对农业科技的研究、引进和推广的投入，大幅度增加农业科技投入，尤其是基础研究和应用研究方面。要广泛开展农业科技创新与应用推广，提高农业生产技术水平，促进农业生产方式转变。农业科技推广的重点是加强县级推广部门建设，构建起以县为主的基层体系，充分发挥县级站承上启下的作用。

3.增加对教育等公共事业的投资，促进农村社会事业全面发展

适应农村税费改革后的新形势，按照公共财政原则，明确政府在农村社会事业发展方面的责任，把农村公共领域的事业建设纳入政府支持的范围。省、市、县财政每年新增的教育、卫生、文化等事业发展经费，主要用于农村，进一步加大对农村基础教育、文化设施、农村公共卫生和基本医疗服务设施的支持力度，加快建立起以人为本的公平、合理、有效的农村公共物品供给机制，逐步缩小城乡差距，推进农村小康建设。

4.加快农产品质量标准、检验检测和认证体系建设

安排财政专项资金，抓好农业标准的制定修订工作，加快与国际标准接轨，形成较为完善的农产品生产、加工、流通全过程的质量标准体系；整合资金，合理布局，加快省、市、县三级农产品质量检验中心和速测站建设，尽快建成专业齐全、分工明确、方便快捷的检验检测网络，实现农产品质量全程控制；加强有机食品、绿色食品认证管理和服务机构建设，搞好宣传培训和认证服务，引导和帮助更多的企业申报有机食品和绿色食品。大力推进无公害农产品产地认定工作，切实搞好无公害农产品认证。

（四）完善我国农业补贴政策，建立有效的农业支持机制

1.增加对农民和优势农产品生产的直接补贴，调动农民的生产积极性

直接补贴方式具有操作简便易行、受益面广、公开透明、政策成才较低等特点。当前，对农民的补贴要以保护粮食综合生产能力为政策目标，重点对粮食主产区种植粮食、对社会提供商品粮食的农户实施补贴，避免按地亩补。切实增加对优势农产品的生产性补贴，包括良种推广补贴、标准化生产补贴、农业生产保险补贴、生产贷款贴息、农业专业合作经济组织补贴等。对从事优势农产品生产、加工和营销的农民专业合作经济组织给予一定的运行补贴。增加退耕还林、退牧还草、小流域治理等生态环境的保护性补贴，加大农业机械更新、动物疫病防治等农业生产性补贴。

2.着眼于我国农业整体素质和国际竞争力的提高，加大"绿箱政策"支持力度

"绿箱政策"是世界贸易组织（WTO）《农业协议》中免于减让承诺的各种不会导致农产品价格扭曲的支持政策，包括政府的一般农业服务、农业基础设施、粮食安全储备设施、粮食援助补贴、与生产不挂钩的收入补贴、收入保险计划、自然灾害救济补贴、农民退休或转业补贴、农业资源储备补贴、农业结构调整补贴、农业环保补贴及地区援助补贴，共 12 大项，有几百条细类。美国等发达国家和地区十几年来充分运用"绿箱政策"，提高了农业的竞争力。

3.建立有效的"黄箱政策"保护机制，构建农民收入安全网

"黄箱政策"是世界贸易组织（WTO）《农业协议》限制使用的政府对本国农业的保护性补贴，包括：农产品的价格干预和补贴，种子、肥料、灌溉等投入品的补贴，农产品营销贷款补贴等。近几年国家对农业的"黄箱"补贴有所上升，但补贴的空间仍很大。

4.建立农业灾害保障机制

农业生产在很大程度上依赖于自然条件，特别是地理和气候条件，同时在一定程度上依赖于当地的经济和技术发展水平。作为支持与保护农业的重要手段，政府需建立与完善农业保险法规制度，应采取以政府组建农业保险公司为主的政策性农业保险经营模式。农业保险基金由政府财政补贴和农户投保费构成，对农业保险公司的经营管理费用和保险费给予财政补贴，并实行免税政策。

二、深化重要农产品收储制度改革

农产品收储制度的核心是粮食收储制度，而粮食收储制度改革的方向，简单来说就是 8 个字——市场定价、价补分离。要让价格真正反映供求关系的变化，让稻谷、小麦等主要农产品的价格由市场定，形成以市场为主导的粮食价格体系。我国农业政策也会由过去的以价格支持和干预为主，逐步转向以直接补贴的"绿箱政策"为主，从而使生产出来的农产品都是有效供给，与农产品的需求结构相匹配。

（一）落实粮食补贴政策，确保"有人种粮"

1.构建粮食优势主产区，稳定粮食生产能力

坚持藏粮于地、藏粮于技，严守耕地保护红线，加强粮食优质高产技术的研究和推广，推广良种良法配套、测土配方施肥等新技术应用，不断提升农产品单产和品质。

2.建立"优质优补"粮食补贴机制，保障种粮农民合理收益

按照供需紧平衡原则，当地政府下达粮食种植指导计划，种植指导计划与市场需求和粮食库存水平相挂钩，实行动态调整，实现供需动态平衡。按照优质优补原则，在现行耕地地力保护补贴基础上，提高指导计划内种植粮食耕地的地力保护补贴标准，新增资金从原粮食直补资金渠道中调剂解决

3.加强粮食生产保险工作，创新粮食收入保险

坚持把粮食作物作为农业保险的保障重点，按照种粮农民愿保尽保与投保标的应保尽保有机结合的原则，不断提高粮食保险参保率。试点推广粮食完全成本保险，将人工成本、土地流转成本等纳入保险保障范畴，有效提升保险保障水平。创新开展粮食收入保险，推动保险保障覆盖生产灾害风险、市场价格风险，积极助力种粮农民稳收增收。

（二）鼓励多元主体入市收购，确保"有人收粮"

1.发挥国有粮食企业的主导作用

支持国有粮食收储企业带头执行收购政策，积极入市收购，坚决守住不发生大面积"卖粮难"底线，维护粮食流通秩序。稳定市场价格，保护粮农利益，保障粮食供应，确保粮食安全。

2.积极引导多元市场主体入市收购

积极采取有效措施，支持具有粮食收购许可证的加工企业入市收购，并出台融资担保、贷款贴息等政策，支持企业通过订单收购、预约收贩等方式，与种粮农民、种粮大户、农民合作社、家庭农场等经营主体建立长期稳定的合作关系，推动形成多元主体积极参与收购的粮食流通新格局。

3.优化粮食仓储资源配置，做到"有仓收粮"

全面实施粮食收储供应安全保障工程，帮助企业积极争取粮食仓储设施建设资金，对"危仓老库"进行全面维修改造和功能提升，加大晒场、清理等设施设备投资力度，加快粮库智能化升级改造，推广普及粮情自动监测、机械通风、内环流等先进储粮技术和信息化手段。引导国有粮食企业通过参股、融资等多种形式，发展混合所有制经济，放大国有资本功能，扩展粮食仓储服务范围。鼓励粮食企业按品种分等级分仓储存，支持经营企业建立一批集收购、烘干、加工、配送、销售等于一体的产后服务中心，为种粮农民提供服务，促进粮食提质减损和农民增收。充分利用现有国有粮食企业仓储设施，为新型农业经营主体和农户提供粮食产后服务，为粮食加工企业提供仓储保管服务，为"互联网+粮食"经营模式提供交割仓服务，为城乡居民提供粮食配送服务。

4.大力发展粮食产业经济，促进全产业链发展

粮食企业要积极参与发展"产购储加销"一体化模式，构建从田间到餐桌的全产业链。大力实施优质粮食工程，发展主食产业化，抓好"中国好粮油"行动，推进粮食质量安全检验监测体系建设和粮食产后服务体系建设、促进粮食产业创新发展、转型升级和提质增效。

（三）建立粮食市场化收购信贷资金保障机制，确保"有钱收粮"

1.发挥中国农业发展银行保障粮食收购贷款供应主渠道作用

积极支持中国农业发展银行履行政策性银行职能，做强粮油贷款主业，发挥粮食收购资金供应主力军作用，坚决守住粮食收购资金保障底线，防止因收购资金不到位而出现大面积"卖粮难"和"打白条"问题。

2.严格落实粮食收购贷款利息补贴制度

为鼓励订单农业发展，对国有粮食企业和规模加工企业与农民或新型农业经营主体签订粮食种植订单合同，并按照合同履行收购义务的，对收购贷款利息给予补贴。贴息方式包括地方财政向承贷银行支付利息和向企业兑付利息补贴两种方式。具体补贴标准和方式由地方粮食、财政、中国农业发展银行等部门研究确定。

3.推动建立粮食收购多元化融资机制

按照粮食安全县长责任制要求，引导和支持政府性融资担保公司、金融机构加大对粮食收购企业的信贷支持力度，解决市场化条件下粮食收购资金保障问题。在做好风险防范的前提下，积极引导辖区银行业金融机构开展粮食收购企业厂房、土地抵押和存单、订单、仓单、应收账款质押等融资业务。

（四）加强粮食宏观调控，确保"有人管粮"

1.严格落实粮食安全县长责任制

压实县人民政府保障粮食安全的主体责任，发挥考核指挥棒作用，将落实粮食种植指导计划情况列入粮食安全县长责任制，对落实播种面积、生产者补贴进行考核，提高考核权重。完善粮食扶持政策，抓好粮食收购，保护种粮农民积极性；健全粮食质量安全保障体系，落实监管责任；大力推进节粮减损，引导城乡居民健康消费。

2.加快信息化建设，提升市场信息服务水平

强化粮食预警监测，建立数据精准、监测及时、运转高效的粮食监测预警体系。健全粮食生产、流通、加工和消费调查统计体系，落实粮食经营企业统计报告制度，建立经营台账，定期报送统计数据。加强对农民、经纪人、收储及加工企业等多元市场主体的信息服务，积极发挥市场信息在实施供给侧改革、服务宏观调控中的引导作用，切实提高信息服务水平。

3.压实粮食流通属地监管责任

加快建立以信用监管为核心、企业自我约束为目标的行政监管体制，构建以粮食行政管理部门监管为主导、市场自律为基础、协作协同监管为补充、社会共治为保障的多元化粮食市场监管新格局。推广"双随机一公开"工作机制和"四不两直"工作方法，加强粮食收购、储存、运输、加工和销售等环节及经营活动中粮食质量安全以及执行国家粮食流通统计制度的监督管理。组织实施收购和储存环节粮食质量安全监

测，排查粮食质量安全隐患，适时发布粮食质量安全信息。建立粮食经营者粮食质量安全信用档案和粮食质量安全追溯制度。加强对药剂残留、真菌毒素、重金属超标粮食的管控，建立超标粮食处置长效机制，防止不符合食品安全标准的粮食进入口粮市场。

4.严格执行粮食经营及加工企业最低、最高库存制度，鼓励企业保持合理商品库存

对粮食经营和加工企业根据其生产经营条件，核定最低、最高库存量标准。在粮食市场供大于求、价格下跌幅度较大时，从事粮食收购的粮食经营企业最低库存量标准为上年度月均收购量的 10%，从事粮食加工的粮食经营企业的原粮最低库存量标准为上年度月均加工量的 10%，成品粮最低库存量标准为上年度月均销售量的 5%；在粮食市场供不应求、价格上涨幅度较大时，从事粮食收购的粮食经营企业最高库存量标准为上年度月均收购量的 20%，从事粮食加工的粮食经营企业的原粮最高库存量标准为上年度月均加工量的 20%，成品粮最高库存量标准为上年度月均销售量的 10%。粮食行政管理部门依法对企业执行政策情况进行监督检查，防止囤积居奇、恶意炒作。

三、提高农业风险保障能力

党的十九大报告坚持问题导向，正视我国农业农村发展的阶段性特征和面临的突出问题，在系统总结和升华以往重要农村战略的基础上，明确提出要坚持农业农村优先发展，实施乡村振兴战略。实现乡村振兴首先京要解决农业风险保障问题，建立以农业保险为主体，以灾害救助为辅助，以风险预警、干预、教育等风险管理方式为补充的农业风险管理体系，是促进农业生产持续稳定发展和农民收入保持稳定增长的重要举措。

（一）完善农业保险制度

1.调整和明确政府职能，真正发挥市场的资源配置作用

在坚持市场决定资源配置的导向下，政府逐渐减少直接干预农产品价格的行为。政府应强化职能转变，简政放权，激活有效市场，加强宏观调控能力，发挥好政策"指挥棒"和"导航仪"的作用，建立健全政策执行体系和保障措施，形成支撑有力、保障有效的农业保险政策支撑体系。

首先，要加大财政补贴农业保险的力度，不断完善农业保险补贴制定。要在现有农业保险补贴政策下，加大补贴力度，提高保险补贴比例，扩大保险补贴范围，以激

励保险机构提高农业保险产品的保障额度和丰富农业保险产品种类。还要创新农业保险补贴方式，向农业保险机构提供经营费用补贴，提高农业保险机构经营的积极性，增强农业保险产品供给能力。

其次，要提高政府的基础信息服务提供能力。大数法则是农业保险经营的基础，而大量、翔实的基层信息数据是实现大数法则的基础，由于基础信息服务是准公共物品，所以要不断增强地方政府提供基础信息服务的能力，促进地方农业保险水平提升。

最后，地方政府所属各部门要通力协作，共同搞好农业保险的经营工作，不断强化政府提供基础信息服务的能力。

2.搭建以产品和经营模式创新为主的农业保险创新体系

农业保险创新要沿着解决农业风险的系统性和信息不对称问题以及保障农民收入的思路开展。

首先，要探索"新型经营主体 + 直销"模式。该模式以新型农村经营主体为重要的目标客户，农业保险的供给基于真实的需求，建立直销模式，提高对渠道的掌控力，在很大程度上回避了因政府与市场边界不清而诱发的诸多违规现象。另外，规模化的新型农村经营主体也使农业保险的交易成本降低，可支撑保险公司在直销模式方面的创新。

其次，要搭建"扶贫 +农业保险"模式。利用农业保险的精准属性开展"扶贫 + 农业保险"的试点工作，使保险与扶贫工作相结合，以小农户尤其是农村贫困户为目标客户，构建普惠性的农业保险体系，推进扶贫攻坚战略的有效开展。

最后，要启动"社会治理 +农业保险"模式。充分发挥农业保险社会治理与产业引导功能，使农业保险积极参与到农村社会治理和农村发展建设中，通过政府和保险的优势互补，创新具有社会公益性和社会治理性的保险业务，助力解决"三农"传统管理中的难点问题。

3.重视农业保险创新型人才的培养

创新型人才是农业保险持续发展的动力源泉，应重视农业保险创新型人才的培养。如积极引导高校保险专业人才投向农业保险领域，使更多的院校和企业共同投入到农业保险创新型人才的培养工作中；拓宽人才引进渠道，高度重视人才培养，定期开展农业保险讲座，提供外出教育学习的机会，进而不断提高农业保险经营管理技能，为农业保险的发展奠定优质人才基础；以加快农民职业化为目标，实施新型职业农民资格证书管理，完善职业农民管理体系和教育培训体系，培育一大批以家庭农场主、种养大户、农民合作社骨干为重点，有文化、懂技术、会经营、立志扎根农村的新型职业农民，为农业保险发展提供人才保障；重视农业保险创新型人才的培养，不仅要注重专业能力和实践能力的提升，同时还应加强创新型人才的自身素养，时刻坚守以德为先、德才兼备的用人标准，培养能够服务"三农"发展的创新型人才。

（二）建立农业风险管理体系

在我国农产品市场风险管理体系建设过程中，政府长期发挥主导作用。无论是基于产量风险还是收入风险，现有政策均简化为依靠最低收购价和临时储备来兜底风险。这导致农产品价格支持政策越来越多地扭曲市场价格信号，企业和农民主动管理风险的能力越来越弱，使农产品市场面临更大的价格下跌压力和风险。在我国农业市场化和国际化迅速发展背景下，加快建立适合国情的农业风险管理体系，全面提升农户和企业管理风险的能力，已成为农业经济调整的重要方向。

1.形成以农产品分类为基础的多层次农业风险管理体系

多层次风险防控体系是一个牵涉多部门的复杂的整体性工程。其总体思路是：分类调整现行农产品价格支持政策，逐步建立以"政府支持价格 + 保险补偿农业风险损失 + 衍生工具对冲价格风险"为基础架构、宏微观相结合的农业风险管理体系。具体地说，农业风险管理体系建设应分 3 个层次。第一层次是基础层，主要指政府价格支持政策，包括目标价格补贴、目标价格收购、目标价格保险等。第二层次是利用农产品期货和期权，探索新型远期合同，以此规避购销合同双方的潜在风险。第三层次是创新和推广价格保险与收入保险，为农业经营主体提供风险补偿。第二层次和第三层次以成熟完善的期货和现货市场体系为基础，需要较长时间实现，且需要与第一层次紧密衔接，形成改革联动效应。

2.分类推进价格支持政策的市场取向改革

在农业风险管理体系建设和调整过程中，分类推进价格支持政策的市场取向改革至关重要，应有保有放，统筹考虑主粮和非主粮品种的价格支持政策调整。对于大米、小麦，可继续沿用传统最低收购价、临时收储价等价格支持政策，但应逐步引入目标价格补贴；对于国内外市场体化程度高的品种（如大豆、棉花 ）、价格倒挂和库存压力大的品种（如玉米），应尽快完善目标价格补贴政策。同时，通过鼓励市场创新、给予适当补贴和加强信息推广等方式，推动农业企业和农户（合作社）签订有利于农户灵活定价的远期订单合同。

3.在农业组织和期货市场两方面加大改革力度

在引导农业企业加强风险管理的基础上，大力支持和鼓励合作社利用现代金融工具开展风险管理活动。为此，政府不仅需要给予合作社足够的发展空间，还应提供培训资金支持，提高合作社的风险管理能力。同时，应深入发展农产品期货和期权市场。全面开展针对农户、合作社和农业企业的专项培训，加强期货价格信息推广工作。消除不合理的金融抑制、税收约束和制度阻碍，优化期货市场的交易者结构，提升期货市场价格发现和套期保值功能。稳步推出农产品期货期权，为远期购销合同、收入或价格保险提供低成本的风险管理工具。

第七节　推动农村产业深度融合

党的十九大报告提出实施乡村振兴战略，而农村产业融合发展是实现产业兴旺、乡村振兴的有效途径。农村产业融合发展是市场经济发展的自然产物，推进农业供给侧结构性改革和农村一二三产业融合发展，不仅是促进农业增效、农民增收和农村繁荣，为国民经济持续健康发展和全面建成小康社会的重要支撑，也是拓宽农民增收渠道、构建现代农业产业体系的重要举措，还是加快转变农业发展方式、形成城乡一体化农村发展新格局、探索中国特色农业现代化道路的必然要求。

一、优化乡村产业体系

建设适应现代化经济发展要求的乡村产业体系是实现农村产业兴旺的经济基础，也是实现乡村全面振兴的关键所在。2018 年3 月8日，习近平总书记参加全国人大山东代表团审议时强调，要推动乡村产业振兴，紧紧围绕发展现代农业，围绕农村一二三产业融合发展，构建乡村产业体系。根据乡村产业体系的基本内涵，应从种植业、畜牧业以及渔业等各方面优化乡村产业体系，对种养业、加工业以及农村服务业实行供给侧结构性改革，提高供给质量，增加乡村生态产品和服务供给。

（一）优化种养业

种养业是乡村的基础产业，主要包括粮食产业、畜牧业和渔业。现代种养业超越了原始传统农业的粗放型的生产经营方式，党的十九大报告对农业供给侧结构性改革提出了根本要求，必须坚持质量第一、效益优先，把提高供给体系质量作为主攻方向，显著增强我国经济质量优势。要确保农产品安全，也要以市场需求为导向提高农产品的供给质量，还要优化种养业结构、做大做强基础产业、全面提升种养业的质量水平。

1.粮食产业

粮食产业始终是关系国计民生、社会稳定和国家安全的全局性重大战略问题，因此，要稳定粮食的生产、提高粮食的供给质量、确保粮食安全，这也是我们国家发展的重中之重。目前，我国粮食供求已从总量不足转变为结构性矛盾，亟待通过构建现代粮食产业体系，实现高质量发展，优化粮油产品供给，首尾一体、全链提升，以在更高层次上达到粮食产品供需动态平衡。也要优化粮食产业的生产结构，调动广大农民种植优质品种粮食的积极性，扩大优质品种的种植面积。还要推进先进科技的应用，鼓励农户或者农场主进行规模化生产经营，以便对于种植的粮食进行专业化以及机械化管理，提升粮食的生产经营效益，增加绿色粮食的供给。

2.畜牧业

目前畜牧业的发展不仅在规模上呈现了扩大化的趋势，发展速度也相当可观，对提高农村的整体经济有一定的贡献作用。随着经济的发展，我们应推进畜牧业的规模化、生态化、特色化和产业化发展。一方面，要积极引导养殖户转变观念，改变饲养方式，加快推进农牧结合生态循环的养殖，通过生态循环不仅可以大大节约生产成本，还符合无公害绿色食品产地环境质量要求；另一方面，要积极推动大规模生产，对生产经营进行统一管理，注重畜产品的质量，发展优质畜牧业，大力打造品牌，提高市场竞争力，引导向生产无公害、绿色畜产品的方向发展。

3.渔业

我国已经成为世界渔业第一大国，"十三五"期间我国推进渔业供给侧结构性改革，加快渔业转方式调结构，建设现代渔业成为主要目标。按照养殖业提质增效、捕捞业压减产能、远洋渔业拓展、一二三产业融合发展的方针，引领渔业转型升级。

我国内陆地区要大力推广循环水养殖等节能减排、环境友好的方式，而沿海地区要利用好海洋资源发展碳汇渔业和深海围网建设。要推进鱼塘生态养殖，严厉整治乱使用药物等行为。要加大政府的支持力度，规范渔业的发展，增加我国渔业的竞争力。

优化农村种养结构，最重要的还是要促进粮食业、渔业和畜牧业内部融合，要推进农村种养结合、农牧结合、农林结合，推动发展高效、生态、循环种养模式。这样可以促进农业资源的节约利用、循环利用和可持续利用，可以促进农业内部的紧密协作发展和联动发展的格局，还可以实现生态循环发展、节约生产成本。

（二）推进农村工业化

推动农业现代化与发展农村工业化是相辅相成、相互促进的，为此要大力推进乡村工业，加速我国农村现代化的进程。应走新型工业化道路、用信息化、产业化促进农村工业化，用农村工业化带动农业现代化，加快一二三产业的融合。以充分高效利用有限资源为基础，以充分挖掘人力资源潜能为前提，以充分运用先进科技为动力，着力提高综合生产和对环境的控制能力，大幅度提高劳动生产率和整体效益，大幅度提高农村居民的生活质量，促进生态环境改善和协调发展。

1.引进农村农产品加工业

引导加工企业向主产区、优势产区、产业园区集中，在优势农产品产地打造食品加工产业集群。要加快发展农产品产业，加大农产品加工业技术创新与改造，开发拥有自主知识产权的加工设备，政府应鼓励企业内部设置研发部，根据市场需求研发新产品。要推进发展绿色加工体系，加强国家发展农产品加工技术研发体系的建设，建造一批农产品加工技术集成基地，提倡支持发展绿色加工厂，倡导低碳、低耗、高效以及循环的绿色加工体系，对加工设备进行改造，使用节能高效环保的技术设备。通过支持开展农产品生产加工、综合利用关键技术研究与示范，推动初加工、精深加工，实现农产品多层次、多环节转化增值。

2.创新发展饲料工业

饲料工业是连接种养的重要产业，既是将种植业产品进行加工的产业，又是生产渔业与畜牧业投入品的产业。我国的饲料工业经过 30 多年的快速发展，现在需要进行供给侧结构性改革，实现新旧动能转换。一方面，要综合考虑养殖业和种植业的发展趋势，种养业的区位优势和现有的产业基础，调整饲料工厂的分布，促进不同区域饲料工业和种养业的协调发展；另一方面，要鼓励饲料工厂绿色生产，生产安全高效环保的饲料产品，生产能够改善动物健康水平的饲料产品。

3.推进农机装备产业

我国是世界第一农机使用和装备大国，《国务院关于加快推进农业析械化和农机装备产业转型升级的指导意见》提出，农业机械化和农机梦备是转变农业发展方式、提高农村生产力的重要基础。要以服务乡村拆兴战略、满足亿万农民对机械化生产的需要为目标，以农机农艺融合、机械化信息化融合、农机服务模式与农业适度规模经营相适应、机械化生产与农田建设相适应为路径，以科技创新、机制创新、政策创新为动力、补短板、强弱项、促协调，推动农机装备产业向高质量发展转型，推动农业机械化向全程全面高质高效升级。

4.适度使用化肥和农药

目前，大多数农产品的农药和化肥使用量过大，造成农产品微毒。为解决这一问题，要支持环境友好、经济高效的化肥和农药的研发，推进使用超高效、低用量以及无公害的绿色农药和化肥。要强化监管标准，建立公平公正的行业准入，对化肥厂、农药厂进行监督；在使用方面科学配置、因地制宜，对土壤和农作物进行充分了解后有针对性地科学生产化肥与农药。另外，化肥厂和农药厂可以通过合作实现施肥用药一博化，提供精准化的便利服务。

（三）引进农村服务业

农村服务业是指服务于农业再生产和农村经济社会，通过多种经济形式、多种经营方式、多层次多环节发展起来的一大产业，是现代服务业的重要组成部分。服务业的发展水平是衡量现代社会经济发达程度的重要标志。加快发展农村服务业，是推进农村经济结构调整、加快转变经济增长方式的必由之路。因此，要鼓励多种融合方式的探索，发展农资配送、农业科技创新与推广、仓储物流以及农产品的托管等市场化服务、规范服务行为，推动乡村服务业的有序健康发展。

1.推进农资配送服务

农资配送服务包括作物与畜禽水产种子、种苗及化肥、农药等的配送服务。农业生产资料供应是连接工业与农业生产的桥梁，是发展现代农业的重要物资保障和基础，而农资配送是农资供应的重要环节。但目前，我国农资配送渠道还不完善，各地发展不平衡，配送服务方式、方法、流程不统一，缺乏顶层设计，标准化程度低，农资配送方式、服务水平、规模与现代农业和现代市场体系的要求还有较大差距。应引进生产商或者与农村合作社、供销社合作，促进农资配送服务的完善，提高配送的质量水平和效率水平，确保农资的有效供给，保障农业生产持续、稳定、健康发展。

2.引进农业技术的创新推广服务

农技推广服务涉及广大人民群众粮食的生产技术问题，一般是政府农业公共服务机构直接提供或者通过购买服务的方式由经营性的机构提供。要加强企业与科研院所之间的沟通合作，完善育种体系，提高育种技术，培育优质种苗。要建立起生态循环的农业发展模式，减少化肥和农药的使用，提高农产品质量，实现农产品绿色、生态、健康发展。要加强农业生产过程中的技术和装备的研发，建立高效、安全、持续的农机装备体系。要促进公益性的农技推广机构和经营性的农技推广机构的合作，引进创新型的研究人才，为农业提供精准化、个性化和全程化的服务、满足实现农业现代化的迫切需要。

3.推进农业生产托管

农业生产托管是农户等经营主体在不流转土地经营权的情况下，将农业生产中的耕、种、防、收等全部或者部分环节委托给服务组织完成或协助完成的一种农业经营方式。农业生产托管是农业生产性服务直接服务农户和农业生产最具时代意义的方式，是农业生产性服务业联结小农户的有效机制，是服务规模经营的主要形式。这是一种多方面服务的综合体，具有广泛的适用性和强大的发展潜力。

4.培育现代农业物流中心

农产品的物流服务就是专业的经济技术部门、乡村合作经济组织为农业提供的综合性的配套服务，包括绿色产品的直供、连锁配送、定点销售等营销机制，提供农产品的加工配送、包装仓库、信息服务、标准交易等服务。培育现代农业物流中心，一方面要完善物流服务，需要引入农产品商品生产基地建设，从政策、资金和技术上加大对农产品加工企业的扶持力度，在一定程度上，扶持龙头企业的发展，就是扶持农村、扶持农业；另一方面要加强农产品市场体系的建设，提高农产品生产设备水平等，进而提高乡村综合服务的集约化水平。

二、培育新产业新业态

党的十九大报告指出，我国社会主要矛盾已经转化为人民日益增长的美好生活需要和不平衡不充分的发展之间的矛盾。乡村振兴促进了么济跨越发展，使我们得到物质上的满足，但是我们的精神和灵魂也必须得跟上经济发展的脚步。遵循一二三产业的融合发展，我们必须充分按掘农村自然资源、生态环境、民俗文化和特色产业的优势，打造乡村旅游的景观，发展农耕体验、户外拓展等农业旅游发展的新产业、新业态。新产业、新业态是现代生产技术及管理要素与产业深度融合和创新的产物，通过要素聚合、叠加衍生和交互作用生成新的经济形态，创造出新产品、新服务供给和增量效益。要充分发挥农村自然资源、生态环境、民俗文化和特色产业等的优势，培育壮大新产业、新业态，为农村经济发展、农业转型升级和农民创业增收注入持久活力。

（一）大力发展乡村休闲旅游产业

近年来，随着人民生活水平的提高，全国各省的乡村旅游建设如火如荼，乡村旅游发展已经成为农村发展、农业转型、农民致富的重要渠道。党的十九大报告提出的乡村振兴战略无疑成为乡村旅游发展的又一剂催化剂，乡村旅游业将会有更大作为、更大担当。旅游产业的发展为乡村带来了新的发展机遇，让"乡村"以"旅游"的方式再次跃入了人们的视线，应通过以下3项举措来助力乡村旅游发展。

一要充分利用田园景观、自然生态以及资源条件的优势，结合农林渔业的生产经营活动、农村的乡土文化以及农家乐的生活，为广大的人民群众提供休闲娱乐的体验，增加人民群众对乡村生活的体验与了解。首先，发挥乡村各类物质与非物质资源的独特优势，利用"旅游 +""生态+"等模式，推进农业、畜牧业、渔业与旅游、文化、康养等产业深度融合。其次，丰富乡村旅游业态和产品，打造各类主题乡村旅游目的地和精品线路，发展富有乡村特色的民宿和养生养老基地。

二要通过乡村旅游增加农民收入，带动传统产业的发展，推动一二三产业的融合。首先，乡村旅游推动传统农业的发展，让农产品商品化培育地方农产品成为特色产品，打造具有地方特色的旅游品牌，让农特产品成为旅游产品，通过电子商务平台，让乡村生态产品以全新的方式走进入民的视线，增加农产品的附加值。其次，让农业资源旅游化，利用农村的田园风光和山水景观，发展创意农业，将旅游与休闲相结合，体现"住农家屋、吃农家饭、干农家活、享农家乐"的农家味道。最后，鼓励全民创业，把村民的利益绑在一条生产链上，支持农村集体办理乡村旅游合作社或旅游企业，将优势项目进行股份化管理，形成规模化的餐饮、住宿和体验活动。

三要发展乡村旅游产业。乡村旅游是乡村振兴的一条有效路径，我们必须要抓住机遇，大力推动旅游业的发展，依托农业主体产业，延伸农业的生产功能以及配套服务设施，使自然风光和农村产业生产融合，打造一批美丽田园，提高农业的综合效益。首先，促使老百姓以现有资源参与乡村旅游发展，通过农村产权流转、入股获得租金分红或提供土特产品等方式，分享旅游经济红利。其次，让老百姓回归自己的家乡，投入到乡村旅游建设中，利用田园风光与绿色景观等生态环境为广大人民群众提供乡村生产生活休闲体验，通过发展"农家乐园、花果人家、生态鱼庄、养生山庄、创意文苑"的旅游产业新模式取得收益。此外，要利用农村秀丽的自然风光、深厚的文化底蕴、浓郁的人文风情，通过"旅游 + 大农业""旅游+文化""旅游+康养""旅游+智慧"等产业模式，形成全方位、多次的乡村旅游发展新格局。最后，要促进乡村旅游发展带动就业，让老百姓可以通过就近务工等方式直接增加收入。但是，发展旅游业的同时，还要注意处理好保护与开发的关系，加强生态环境的保护。

（二）打造智慧农业

智慧农业是农业中的智慧经济，或者说智慧农业是智慧经济形态在农业中的具体表现。智慧农业集互联网、移动互联网、云计算和物联技术于一体，依托农业生产现场的各种传感节点和无线通信网络，实现农业生产环境的智能感知、智能预警、智能决策、智能分析、专家在线指导，为农业的生产提供精准化种植、可视化管理、智能化决策，从而使农业具有"智慧"。智慧农业应重点对农业生产经营和管理活动进行改造，使之呈现新业态。对于发展中国家而言，智慧农业是智慧经济主要的组成部分，是发展中国家消除贫困、实现后发优势、经济发展后来居上、实现赶超战略的主要途径。

1.升级生产领域，由人工走向智能

在种植、畜牧以及渔业的生产作业环节，要摆脱人力依赖，构建集环境生理监控、作物模型分析和精准调节为一体的农业生产自动化系统，根据自然生态条件改进农业生产技术，进行农产品差异化生产；在乡村工业生产环节，要将农产品生产、加工等过程的各种相关信息进行记录并存储，并能通过加工产品的识别号在网络上对农产品进行查询认证，追溯全程信息。在生产管理环节，特别是一些农垦垦区、现代农业产业园、大型农场等单位，要将智能设施与互联网广泛应用于农业测土配方、茬口作业计划以及农场生产资料管理等生产计划系统，提高生产效能。

2.升级经营领域，突出个性化与差异性营销方式

物联网、云计算等技术的应用打破了农业市场的时空与地理限制，农资采购和农产品流通等数据将会得到实时监测和传递，有效解决信息不对称问题。同时，应在主流电商平台开辟专区，拓展农产品销售渠道，有实力的龙头企业通过自营基地、自建网站、自主配送的方式打造一体化农产品经营体系，促进农产品市场化营销和品牌化运营，预示农业经营将向订单化、流程化、网络化转变，个性化与差异性地定制农产品营销方式。

3.升级服务领域，提供精确、动态、科学的全方位信息服务

要升级服务领域，提供精确、动态、科学的全方位信息服务，如基于北斗的农机调度服务系统，通过室外大屏幕、手机终端等这些灵活便捷的信息传播形式向农户提供气象、灾害预警和公共社会信息服务，可有效地解决"信息服务最后一公里"问题；可为农业经营者传播先进的农业科学技术知识、生产管理信息以及农业科技咨询服务，提高农业生产管理决策水平，增强市场抗风险能力，做好节本增效、提高收益；可推进云计算、大数据等技术的应用，它们不仅可以促进农业管理数字化、现代化及农业管理高效和透明，而且还能提高农业农村部门的行政效能。

（三）发展创意农业

创意农业起源于 20 世纪 90 年代后期，是指有效地将科技和人文要素融入农业生产，进一步拓展农业功能、整合资源，把传统农业发展为融生产、生活、生态为一体的现代农业。要拓展农业的多种功能，发展提升农产品附加值的农业新型业态。要将创意农业作为农业战略性发展中的新兴产业进行培育，实现农业发展方式的转变。要传承农业文化，挖掘新的农业文化，促进人类社会的文明发展。

1.发展创意农业，就要推进乡村经济建设的投融资活动

我国农村地区长期以来面临着资金匮乏的问题，应激活乡村的投融资活动，为乡村发展创意农业提供资金支持。通过政府引导、政策支持、市场激励等方式，加快创

意农业市场的建立，鼓励农村商业银行和小农业贷款机构等乡村金融机构向农户或者农场主提供贷款，从投融资体系上支持创意农业的发展。

2.发展创意农业，就要嵌入专业知识，激发创意理念

创意农业是知识密集型和文化创意型的集合成果，在发展创意农业时，无论是产业规划、品牌策划、生态设计，还是文化的嵌入、功能的创新，都需要有"创意知识"的融入。同时通过相关专业的介入，可带来时代前沿创意艺术及科技知识，培育乡土"创意社会"的环境氛围，激发民众的创意思维，为创意农业的发展提供厚实的土壤环境。

3.发展创意农业，就要构建规模化、组织化的运作机制

创意农业既可以是家庭小单位的经营模式，也可以是乡村集体的经营模式，无论哪种经营模式，生产经营都要规模化和组织化。从创意农业开发的产业链来看，过于分散的经营方式将会造成投入产出比的偏离，还会导致缺少规模化的企业等市场力量的跟进，创意农业将很难投放市场和树立高端品牌，从而将大大限制其资本运作的潜力。

另外，创意产品的研发、生态田园的设计、创意产业的经营，都需要统一研发、统一规划、统一管理。因此，真正实现创意农业全景产业链开发和社会主义新农村的建设，应采用以"规模化、企业化、组织化、品牌化"为主导、以"家庭化、个体化"为补充的运营方式，这样才符合创意农业的产业化开发规律。

4.发展创意农业，就要构建营销体系

中国创意农业的未来发展，最关键的是落实以市场需求为导向，走出一条创新型的市场开发之路。一方面，应完善促进创意农业政策，以政府引导、政策支持、市场激励等方式，加快创意农业发展资本市场的建设，通过文化传播增强创意农业的吸引力，赢得大众的支持，用创意文化推动农业品牌的建设；另一方面，可通过资本、技术、人才、运作机构的充分培育，打通创意农业的全景产业链的各个环节，从而形成具备国际竞争力的创意农业市场体系。

三、打造新载体新模式

近年来、我国一二三产业融合发展的趋势日趋明显，各地的探索和实践也层出不穷。这其中，一些新载体和新模式发挥的作用日益显著。全国农业产业融合发展的"园

区"队伍正在不断壮大，农业产业园、农业科技园区、农产品加工园等在各地陆续建设起来并发挥作用。在搭建新平台的同时，特色村镇、农业产业化联合体以及农产品电商等平台应运而生，改变着全国农业产业化的面貌。

（一）推进农产品电商发展

农产品电子商务是农产品生产、销售、管理等环节全面导人电子商务系统，利用信息技术，收集发布供求、价格等信息，并以网络为媒介，依托农产品生产基地与物流配送系统，推动电商发展，促进新型农业经营主体、加工流通企业与电商企业全面对接融合，推动线上线下互动发展。农产品电商须与顾客建立良好的购物体验，以迎来持续消费力及带动相关消费群体。近年来，我国农产品电子商务进入高速增长阶段，农产品网络零售商增加，交易种类日益丰富，农业生产资料、休闲农业及民宿旅游电子商务平台和模式大量涌现。根据《全国农产品加工业与农村一二三产业融合发展规划（2016—2020 年)》，预计到 2020 年，农产品电子商务交易额将达到 8000 亿元，年均增速保持在 40%左右。为此，要在以下几个方面不断努力。

1.加快建立健全适应农产品电商发展的标准体系

应建设好农村信息化基础设施，改善农村公路、物流、信息等基础条件，加快农村地区宽带网络和移动通信的覆盖步伐。同时，针对农产品的生产布局和季节性的特点，合理规划初加工、分拣、包装以及仓储等基础设施。

2.鼓励政府联合大型电商平台企业共同推进农业标准化进程

各级政府要积极与大型电商平台企业开展合作，优先推进农产品标准化，建议农业农村部、商务部和国家标准委建立和完善农产品电子商务标准体系，率先从线上销售占比高的农产品开始，研究实施财政资金支持的"农产品标准化"项目。同时，支持特色食品类农产品上线销售，支持土特产食品加工实行"共享制造"，在土特产食品丰富、加工企业不发达的地区，支持县域电商产业园区建立土特产主要食品"共享制造"车间。

3.增强农产品物流配送的"硬件"和"软件"能力

加大冷链物流设施财政支持力度，增加中央和省级以及有条件的县市财政奖补冷链物流设施的资金，重点支持产地冷库、冷藏车等冷链设施装备。推动县域配送车资源共享，依托县级电商运营中心和电商园区，搭建县域物流配送信息和车辆资源共享平台，鼓励物流配送企业共享车辆、集中配送。

4.利用科技产品和互联网

智能手机的普及正在推动着我国农业信息化的总体进程。对于产地农民来说，与农业相关的 APP 可以帮助农业企业商家整合资源、提高效率，率先布局农业移动互联网是农业企业商家站稳农业经济市场的捷径。中国的农业需要及时转变传统观念，要开拓创新，加快信息化建设，好地适应政府提出的建设社会主义新农村的要求。

（二）培育宜居宜业特色村镇

要培育宜居宜业特色村镇，围绕有基础、有特色、有潜力的产业，建设一批农业文化旅游"三位一体"、生产生活生态同步改善、一二三产业深度融合的特色村镇。为此，要支持加强特色村镇的基础设施、公共服务、生态环境以及产业建设，发展各具特色的乡村，打造"一村一品"升级版；要鼓励有条件的乡村以农村合作社为载体，积极发展自己乡村以循环农业及创意农业于一体的田园综合体；国家可以先行开发几个富有特色的村镇作为试点示范，在试点村镇，深入实施乡村产业融合发展试点示范工程，建设一批农业工业服务业融合发展的示范园。

特色村镇是发达国家乡村振兴的主要载体，近年来，它也成为中国乡村产业升级的重要载体之一。高端产业在大中城市和乡村协同发展，提高了一个国家的核心竞争力，标志着一个国家的成熟。《国家发展改革委办公厅关于建立特色小镇和特色小城镇高质量发展机制的通知》指出，立足各地区比较优势，全面优化营商环境，引导企业扩大有效投资，发展特色小镇投资运营商，打造宜业宜居宜游的特色小镇和特色小城镇，培育供给侧小镇经济。

关于建设特色村镇，我们需要做好以下4方面的工作。

1.注重本村镇的文化挖掘和创新

调动村民以及基层文化工作者的积极性，加强对本土文化的保护。政府应该加强与文化行业的专家和学者的合作，充分挖掘本土的历史义化，在此基础上进行创新。村镇应设立特色村镇的研发资金，用来支持文化的发展与创新。

2.加强文化资源保护

进一步加强文化资源保护意识，积极保护古建筑和历史文化遗迹等，尊重历史，大力支持以非物质文化遗产为代表的文化的传承和发展，密切关注文化项目的发展状况，鼓励企业文化创新的发展，做好文化的传承工作，促进历史文化资源的保护。扶持旅游文化，推出富有感染力的文艺作品，使历史文化保护传承与旅游业发展相得益彰。

3.大力推进乡村旅游标准化工作

特色村镇规范发展、提高管理水平和服务水平的关键是实现特色小镇标准化发展。从乡村发展的经营场地、设施设备、住宿餐饮、特色创意、环境卫生、接待服务等诸多软件与硬件方面进行标准化检验，使特色小镇走上标准化发展之路。大力发展标准化、规模化、现代化的乡村旅游产业体系。大力完善交通网络，提高村镇道路通达条件，加快城乡公交建设。

4.提升特色小镇管理水平

政府应该强化特色小镇管理和创新管理模式，加大对特色小镇从业人员的培训力度，推进智慧旅游建设，构建智慧旅游平台，形成以旅游电子信息屏、旅游网站、手机客户端、旅游热线、咨询服务网点等配套的旅游信息服务系统，提升旅游信息化水平。

（三）推广农业产业化联合体

农业产业化联合体是龙头企业、农民合作社和家庭农场等新型农业经营主体以分工协作为前提，以规模经营为依托，以利益联结为纽带的一体化农业经营组织联盟，是全产业链基础上乡村产业深度融合的有效载体。一方面，各成员保持产权关系不变、开展独立经营，在平等、自愿、互惠互利的基础上，通过签订合同、协议或制定章程，形成紧密型农业经营组织联盟，实行一体化发展；另一方面，各成员之间以及与普通农户之间建立稳定的利益联结机制，促进土地流转型、服务带动型等多种形式规模经营协调发展，提高产品质量和附加值，实现全产业链增值增效，让农民有更多获得感。

1.要增强龙头企业带动能力，发挥龙头企业在农业产业化联合体中的引领作用

支持龙头企业应用新理念，建立现代企业制度，发展精深加工，建设物流体系，健全农产品营销网络，主动适应和引领产业链转型升级。鼓励龙头企业强化供应链管

理，制定农产品生产、服务和加工标准，示范引导农民合作社和家庭农场从事标准化生产。鼓励县级以上农业产业化主管部门开展重点龙头企业认定和运行监测，引导龙头企业发挥产业组织优势，联手农民合作社、家庭农场组建农业产业化联合体，实行产加销一体化经营。

2.要提升农民合作社服务能力，发挥其在农业产业化联合体中的纽带作用

鼓励普通农户、家庭农场组建农民合作社，积极发展生产、供销、信用"三位一体"综合合作，引导农民合作社依照法律和章程加强民主管理、民主监督，保障成员物质利益和民主权利，发挥成员积极性，其同办好合作社。支持农民合作社围绕产前、产中、产后环节从事生产经营和服务，引导农户发展专业化生产，促进龙头企业发展加工流通，使合作社成为农业产业化联合体的"黏合剂"和"润滑剂"。

3.要注重家庭农场生产能力，发挥其在农业产业化联合体中的基础作用

按照依法自愿有偿原则，鼓励农户流转承包土地经营权，培育发展适度规模经营的家庭农场。鼓励家庭农场使用规范的生产记录和财务收支记录，提高经营管理水平，健全家庭农场管理服务，完善家庭农场名录制度，建立健全示范家庭农场认定办法。引导家庭农场与农民合作社、龙头企业开展产品对接、要素联结和服务衔接，实现节本增效。

4.要完善内部组织制度，引导各成员高效沟通协作

坚持民主决策、合作共赢，农业产业化联合体成员之间地位平等，引导各成员在充分协商基础上制定共同章程，明确权利、责任和义务，提高运行管理效率。鼓励农业产业化联合体探索治理机制，制发成员统一标识，增强成员归属感和责任感。鼓励农业产业化联合体依托现有条件建立相对固定的办公场所，以多种形式沟通协商涉及经营的重大事项，共同制定生产计划，保障各成员的话语权和知情权。

第八节　完善紧密型利益联结机制

紧密型利益联结机制是以广大农民分享增值收益为基本出发点，实现群众共同富裕、打造共创共享局面的重要机制，是乡村振兴的重要途径和方略，在乡村振兴过程中具有重大意义。因此，需要不断完善这一有效的重要机制，通过农民的广泛参与、

农企之间的收益分享模式的开成及政策的引导，不断增强农民参与融合能力，创新收益分享模式，进而让农民更多分享产业融合发展的增值收益和红利，共同致富。

一、提高农民参与度

农民是乡村振兴的主体，在农村建设和发展过程中具有重要作用，我们要不断提高农民的参与程度，确立他们的主体地位，让农民有参与感和获得感。为此，要提高农民自主创业与合作经营的积极性和能力，让他们愿意创业、有能力创业，这是重要的工作内容；要促进新型农业经营主体发展，促进新型农业经营主体的合作与联合，带动和促进农民创业或参与经营过程；还要壮大农村集体经济，让农民在集体经济中获得红利，实现平衡发展。

（一）提高农民自主创业与合作经营的积极性和能力

实现农民的共同富裕，不仅要靠国家的体制机制，更需要农民自主创业与合作经营，需要广大农民用辛勤的劳动和智慧创造价值。《乡村振兴战略规划（2018—2022 年)》提出，鼓励农民以上地、林权，资金、劳动、技术、产品为纽带，开展多种形式的合作与联合。为加快新农村建设、实现乡村振兴和百姓美好生活，眼下的一项重要工作就是提高农民自主创业与合作经营的积极性和能力，促使他们参与乡村建设，共同致富，为农村经济和乡村振兴贡献力量。为提高农民自主创业与合作经营的积极性和能力，要做好以下几项工作

1.向农民群众广泛宣传乡村振兴战略和党的各项农村政策

政策对于农村发展具有一定的导向作用，要让农民熟知我国各项农村发展政策，明白国家发展方向，帮助他们利用国家政策给予的各项扶持和帮助，自主创业或相互之间进行合作，不断成为新兴农业经营主体。同时也要建立和完善农村民意表达机制，把他们的合理意愿和要求体现到乡村振兴的决策中。要充分尊重农民生产经营自主权，切实维护农民的主体地位，使他们能够完全自主地根据市场情况从事生产经营活动，让乡村振兴变成农民的自觉行为。

2.鼓励农民围绕乡村振兴勇于探索和实践

在乡村振兴的道路上，很多农民缺乏探索精神和勇气，这就需要加大对创新创业的宣传力度，营造鼓励农民创新创业、帮助农民干成事业的社会氛围，激发广大农民

自主创业的潜能和精神。同时，要做好创业的服务和指导培训工作，不仅要帮助他们解决一些问题、打消他们的顾虑，而且要提高他们创新创业的兴趣。

3.大力提高农民的综合素质，增强农民振兴乡村的本领和能力

当下，我们生活在一个科技和经济发展腾飞的时代，农村经济要实现快速发展就必须要与时代相接轨，要利用先进的科学技术，同时要培养新型农民。然而，当前一些农村居民在科技文化素质、农业科技水平及从业技能方面普遍有待大幅提高，对新技术、新成果、新信息的吸取、消化、接受能力还远远不能适应乡村建设的需要。因此，要大力提高农民的综合素质，增强农民振兴乡村的本领和能力，以各种培训为载体，培养管理型、服务型、技能型、文化型、经营型等新型农民，增强农民增收致富本领，推动农民向城镇和二三产业转移。同时，可在广大农民中广泛开展学文化、学技术、学政策、学法律、学知识等活动，大力提高农民的文化、科技和经营素质，促使农民跟上乡村振兴的步伐，为建设美丽富饶乡村贡献力量。

（二）促进新型农业经营主体发展

新型农业经营主体与承包农户不同，其本质是实行农业的适度规模经营，主要形式有专业大户、家庭农场、农民合作社及龙头企业。新型农业经营主体是完善农村基本经营制度的重要途径，促进其发展可以加快现代农业经营体系的形成，而且在一定程度上也是农民参与农业经营程度的体现，对于更多农民参与也可起到极大的带动作用。2017年5月、中共中央办公厅、国务院办公厅印发了《关于加快构建政策体系培育新型农业经营主体的意见》，该意见指出，在坚持家庭承包经营基础上，培育从事农业生产和服务的新型农业经营主体是关系我国农业现代化的重大战略。加快培育新型农业经营主体，加快形成以农户家庭经营为基础、合作与联合为纽带、社会化服务为支撑的立体式复合型现代农业经营体系，对于推进农业供给侧结构性改革、引领农业适度规模经营发展、带动农民就业增收、增强农业农村发展新动能具有十分重要的意义。

1.引导新型农业经营主体多元融合发展

要引导新型农业经营主体多元融合发展，需要在以下几个方面做出努力：其一，依法组建农民合作社联合社，积极发展生产、供销、信用"三位一体"综合合作；其二，支持农业产业化龙头企业和农民合作社开展农产品加工流通和社会化服务，带动

农户发展规模经营；其三，培育社会化农业服务主体，鼓励建立和培育农技指导、信用评价、保险推广、产品营销于一体的公益性、综合性农业公共服务组织；其四，培育和发展农业产业化联合体，鼓励建立产业协会和产业联盟，以促进各类新型农业经营主体融合发展；其五，支持新型农业经营主体带动普通农户连片种植、规模饲养，并提供专业服务和生产托管等全程化服务，提升农业服务规模水平；其六，鼓励农民按照依法自愿有偿原则，通过流转地经营权，引导新型农业经营主体多路径提升规模经营水平，以土地、林权、资金、劳动、技术、产品为纽带，开展多种形式的合作与联合。

2.引导新型农业经营主体多模式完善利益分享机制

关于操作性目标或前进方向，农业农村部部长韩长赋在解读《关于加快构建政策体系培育新型农业经营主体的意见》时提出建议和措施：进一步完善订单带动、利润返还、股份合作等新型农业经营主体与农户的利益联结机制；鼓励地方将新型农业经营主体带动农户数量和成效作为相关财政支农资金和项目审批、验收的重要参考依据；引导新型农业经营主体多形式提高发展质量；鼓励农户家庭农场提升标准化生产和经营管理水平，引导农民合作社依照章程加强民主管理、民主监督，鼓励龙头企业建立现代企业制度，提升农产品质量安全水平和市场竞争力；鼓励各类社会化服务组织按照生产作业标准或服务标准，提高服务质量水平。

（三）壮大农村集体经济

当前，中国特色社会主义进入新时代，农村发展不平衡、农业农民发展不充分是当前社会主要矛盾不平衡、不充分的重大体现。为解决这一重大问题，我们要全面贯彻落实乡村振兴战略，不断发展壮大农村集体经济，让所有农民搭上乡村振兴的列车，决胜脱贫攻坚和全面建成小康社会。习近平总书记指出，要坚持党在农村的基本经济制度和基本政策，把发展壮大村级集体经济作为基层党组织一项重大而紧迫的任务来抓，着力破解村级集体经济发展难题，增强基层党组织的凝聚力，提高村级组织服务群众的能力。

1.壮大农村集体经济，要深化农村集体产权制度改革

党的十九大报告指出，要深化农村集体产权制度改革，保障农民财产权益、壮大集体经济。2018 年中央一号文件进一步指出，深入推进农村集体产权制度改革，加快

推进农村集体经营性资产股份合作制改革。深化集体产权制度改革的重点工作内容是，推进农村集体经营性资产的股份合作制改革，通过稳妥有序、由点及面推进改革工作，实现逐步构建"归属清晰、权能完整、流转顺畅、保护严格"的中国特色社会主义农村集体产权制度的基本目标。推进农村集体经营性资产的股份合作制改革，重点是加强股权管理，要建立起现代经营管理制度，尤其是对于经济相对发达、村集体资产较多的地区，但是对经济、资产相对落后、较少的地区来说，改革重点是还权赋能。对于推不推进股份合作、怎么推进还是要尊重民意，集体资产清产结果、改制方案的确定、社员资格界定与劳龄核实等重大问题都要经过民主讨论、民主决策。

2.壮大农村集体经济，要增强农村"造血"能力

要实实在在谋划建设项目，切实加大财政、金融、税收等政策的综合支持力度，不断增加农村经营性收入，防止财政兜底现象。同时，根据各村的经济基础、资源禀赋等特征，拓宽村里发展路径。具体来说有4点，其一是要飞地抱团驱动，针对位置偏远、经济薄弱村单兵作战能力弱的实际，由县乡统筹整合资金资源，抱团发展物业经济，获取固定租金收益；其二是要盘活资金撬动，采取村镇联建、村村合建等方式，抱团成立运营公司，整合盘活区域内优质资源资产实现收益，村集体通过股份分红持续稳定增收；其三是要发挥特色产业带动的作用，通过直接发展或间接服务效益农业、乡村旅游、农村电商、仓储物流等特色产业创收；其四是要加强规范管理，坚持开源与节流并举，编制农村"小微权力"清单，注重"三资"管理，强化节支节流，减少村级非生产性支出，"抠"下资金投资优质项目，提高村集体经济收益。

二、创新收益分享模式

促进农民持续增收是乡村产业振兴的重点任务，接下来，中央和地方包含农民增收的多项新政策将会得到逐步落实，尤其是在利益联结方式和利润分配机制方面。就目前的收益分享模式来说，推广多种利益联结方式能够让农户从合作中获得更多利益和技术经验；鼓励共同营销模式可以让农户的产品"走出去"，赢得更多市场份额，增加客户认可度和品牌吸引力；农户与企业之间建立稳定的订单和契约关系，能够促进农民增收的长效机制的形成；完善涉农企业的利润分配机制，对农户土地经营权入股部分采取特殊保护，有利于农民负盈不负亏的分配机制的探索和形成。未来，还需创新更加高效高收益的模式，促使农民得到更多的收益。

（一）推广多种利益联结方式

设法增加农民收入是当下的重要课题，加快推广"订单收购 + 分红""土地流转 + 优先雇用+社会保障""农民入股 + 保底收益 + 按股分红"等多种利益联结方式，能够让农民分享到更多的产业融合发展的增值收益，促进农村经济实现多元化，有利于乡村经济振兴、提高农民收入。

在"订单收购 +分红"方面，需求单位与各村要加强沟通协调，确保订单按时保量完成。有关需求单位可以根据对农产品的需求量，向签订协议的贫困村下订单，各村根据订单组织种植，需求单位可以按订单收购相应农产品，农民从收入中获得分红。采取这种"订单收购"的模式，可以有效避免农产品种植的重复、过剩，做到合理规划、合理种植。用"订单收购"的方式来建立农产品收购长效机制。

在"土地流转+优先雇用+社会保障"方面，需要遵循农民自愿和保护耕地的原则。对于仍想继续种地的农民，《乡村振兴战略规划（2018—2022年）》提出，要在农村加速推广"土地流转+优先雇用+社会保障"的收益分享模式。农民如果把土地流转给合作社或者农企等新型主体，那么这些新型主体就有义务优先雇用流出土地的农户，并且给予社会保障。

在"农民入股+保底收益 +按股分红"方面，出台的措施旨在保障流转土地后不再种地、转向从事其他行业农民的利益。推广"农民入股+保底收益 +按股分红"的收益分享模式，要尽力保证就业保障与农业劳动力转移进程相适应。只要合作社、农企等新型主体流转了农民的地，不管盈利还是亏损，都至少要保障农民有一份保底收入，如果实现盈利就要分红。这样的政策设计使在种植大户主导农业生产的未来，散户农民的生活水平仍然能够得到保障。其中在农民入股的问题上，要对农户土地经营权入股部分采取特殊保护，探索实行农民负盈不负亏的分配机制。农户土地经营权入股要作为一种特殊的资产和特殊权益，不能像般的农民资金入股一样承担风险，让农民负亏会打击农民入股的积极性，不能给农民带来收益，也会影响到农民收入的稳定性增长。

除上述3 种利益联结方式外，农村电商也逐渐成为利益联结机制的组成部分。目前农村电商发展较快，将广大分散的小农户通过合作社、协会等社会化组织与电商平台形成利益联结机制，在此过程中加快三产业融合也是促进乡村产业振兴的有效途径。

（二）鼓励共同营销模式

《乡村振兴战略规划（2018—2022年）》指出，鼓励行业协会或龙头企业与合作社、家庭农场、普通农户等组织共同营销，开展农产品销售推介和品牌运作，让农户更多分享产业链增值收益。采取共同营销模式，有利于扩大农产品的宣传力度，打造有地方特色的品牌。为了建立有效的共同营销模式，增加农民收入，可以从以下两方面入手。

一方面，可以鼓励农民以土地、林权、资金、劳动、技术、产品等既有资源吸引企业或合作社平台，根据不同合作主体的经营业务和不同特点，开展多种形式的合作与联合，有关部门也应依法组建运营规范、管理科学的农民专业合作社联合社，让农民在共同营销的模式中有主动性和话语权，强化农民作为市场主体的公平地位。

另一方面，引导农村集体经济组织合理开发利用集体土地、房屋、设施等资源和资产，做到科学开发、合理规划，充分利用各种资源，让资源成为吸引客户购买、平台合作的有效法宝。灵活组合运用股份制、合作制、股份合作制、租赁等多种合作形式，通过这些形式鼓励更多农村产业和企业主体积极参与农村产业的转型融合与发展。在实践过程中，根据农民的反馈和行动经验，监管部门要具体完善农民对集体资产股份的占有、收益、有偿退出及抵押、担保、继承等权能制度和管理办法。营销模式与配套措施共同发展，形成有吸引力的农产品品牌，让农产品走出去，让营销有实效，真正惠农利农，增加农民收入，振兴相关农村产业。

（三）农企间建立稳定的订单和契约关系

要想实现乡村振兴，增加农民财富、提高农民生活水平是关键。如何"促进农民持续增收""不断拓宽农民增收渠道"是农村产业振兴的重要课题。在推广和鼓励新利益联结方式和共同营销模式后，须探索让农民收入实现稳定增长的机制。《乡村振兴战略规划（2018—2022年）》指出，鼓励农业产业化龙头企业通过设立风险资金、为农户提供信贷担保、领办或参办农民合作组织等多种形式，与农民建立稳定的订单和契约关系。该措施旨在解决乡村振兴"人、地、钱"难题，让农业用地实现增值、农民种植实现增收。

1.形成分工合理的农民合作组织

由农业产业化龙头企业领头或参与办立农民合作组织，引进先进的农业技术和管理经验，在实现科学生产、保证农产品供应的基础上，分享营销理念，促进农产品的加工和销售，形成稳定的收入来源。在这个过程中，要注重对农业专业合作社和农业产业化龙头企业两个主体的培育。

对农业专业合作社，要形成运营有效的经营方式。它是企业与农户的纽带，不仅有利于提升农户在产业发展中的组织化程度，也有利于农户和企业之间利益的协调。当前部分农业专业合作社还存在规模较小、内部管理不够规范、管理人员缺乏等问题，无法发挥农业专业合作社的重要作用。为了解决这些问题，要根据不同合作社存在的不足对症下药，在法律制度方面，要在法律上规定农业专业合作社的权利与义务，为有效培育专业合作社提供保障；在政府优惠政策上，政府可以为专业合作社提供必要的优惠贷款，支持专业合作社的发展；在合作社人才管理方面，通过培训，提高专业合作社管理人员的综合素质，规模小的专业合作社可合聘技术人员、财务人员和法务人员，引导专业合作社向规范化、法制化方向发展。

对农业产业化龙头企业，要围绕主导产业培养带动性强的农业产业化龙头企业。引人和培育产业链长、产品附加值高、品牌影响力大的农业产业化龙头企业，有利于实现优势资源向优势产业、企业、品牌集中，实现集约化经营。为此，要加强农地整理、灌溉等生产性基础设施建设，创造良好基础条件；也要通过产业扶贫子基金优惠贷款、补贴，对申报驰名、著名商标、名牌产品与原产地认证企业给予奖励补助等方式培育龙头企业；还要支持龙头企业通过到贫困地区设厂、收购贫困地区农产品等方式与贫困地区农户或组织建立利益联结，保障贫困地区农业产业链顺利甚至高效实现利益生产。

2.发挥农业产业化龙头企业资金支持的作用

通过设立风险资金、给农民提供信贷担保的方式，为农户提供必要的资金支持。在风险资金方面，龙头企业可以考察村民的种植产品特点、创业意愿，根据农产品的生产加工特点设立相应风险资金，协助具有农业种植经验和缺乏资金的农民，支持农民创新创业，分担部分风险。

3.培育和发展家庭农场

自家庭联产承包责任制实行以来，我国主要以家庭为单位进行农业生产。人多地少、地势崎岖、耕地零散的实际决定了一些地方不具备发展大规模机械化农业生产的可能性，只能坚持发展适度规模的家庭农场。对此，可通过培训，提升家庭农场标准化生产和经营管理水平；可加强合作，通过优惠贷款和荣誉授予等方式鼓励家庭农场与农户进行利益联结，带动农户共同发展特色种植业、畜牧业、渔业和观光农业；还可让家庭农场根据基础设施建设的情况，进行土地确权登记、互换、并地、流转，村委会要为之提供方便。

（四）完善涉农股份合作制企业利润分配机制

在乡村振兴规划中，涉农股份合作制企业要完善企业利润分配机制，健全多元投入保障机制、加大金融支农力度，详细部署资本要素供给，系统解决乡村振兴中"钱"的难题。乡村振兴计划要顺利开展离不开有力的资金投入，要让农民从产业振兴中真正获利，也要明确资本参与利润分配的上限，保证农民能够从利润中获取正常合理的报酬，从而保障农民利益。企业利润分配机制可以由专家主导，公众参与，采纳多方意见，科学论证，形成合理公平的利润分配机制。涉农企业作为参与乡村产业振兴的重要主体，其利润分配机制的完善关系着农民群体的利益和收益分享模式的有效性，是保证创新收益模式实行效果的具体措施。另外，完善利润分配机制也可以从宏观、微观以及激励政策和引人培育组织几个方面入手。

1.宏观层面

从宏观农村金融改革来看，合理配置金融资源是乡村产业振兴中的重要金融配套改革措施。《乡村振兴战略规划 （2018—2022年)》中对几十项重大工程都予以明确资金配套，将给农民和农村带来实际利益，含金量较高。国家支农体系相对薄弱，农村金融改革亟待落实，城乡之间的要素合理流动机制亟待健全。《乡村振兴战略规划（2018—2022年)》还提出，把更多金融资源配置到农村经济社会发展的重点领域和薄弱环节，更好满足乡村振兴多样化金融需求。这些金融资源配置措施包括健全金融支农组织体系、创新金融支农产品以及服务和完善金融支农激励政策。

2.微观层面

从微观农村金融改革来看，农民财产权抵押和集体产权制度是改革重点。《乡村振兴战略规划（2018 —2022 年)》提出，要稳妥有序推进农村承包土地经营权、农民住房财产权、集体经营性建设用地使用权抵押贷款试点。探索县级土地储备公司参与农村承包土地经营权和农民住房财产权"两权"抵押试点工作。《乡村振兴战略规划（2018

—2022年)》还提出，要结合农村集体产权制度改革，探索利用量化的农村集体资产股权的融资方式。为此，可提高直接融资比重，支持农业企业依托多层次资本市场发展壮大；可创新服务模式，引导持牌金融机构通过互联网和移动终端提供普惠金融服务，促进金融科技与农村金融规范发展。

3.采用激励政策和引入培育组织

要通过采用激励政策、引人多种组织等方式进一步完善利润分配机制。从激励政策来看，《乡村振兴战略规划（2018—2022年)》提出，要抓紧出台金融服务乡村振兴的指导意见；制定金融机构服务乡村振兴考核评估办法；发挥再贷款、再贴现等货币政策工具的引导作用，将乡村振兴作为信贷政策结构性调整的重要方向。引入和培育科技组织、专业市场、集体经济组织、农业园区和基地，延伸产业链，高效进行利益生产，也将提升价值链的整体价值，利益联结的利益相关主体也同时获得更高收益。

三、强化政策扶持引导

为了积极探索中国特色农业现代化道路，加快现代农业建设进程，推动乡村产业振兴，《乡村振兴战略规划（2018—2022年)》提出，要发挥政府扶持资金作用，强化龙头企业、合作组织联农带农激励机制，探索将新型农业经营主体带动农户数量和成效作为安排财政支持资金的重要参考依据。以土地、林权为基础的各种形式合作，凡是享受财政投入或政策支持的承包经营者均应成为股东方。鼓励将符合条件的财政资金特别是扶贫资金量化到农村集体经济组织和农户后，以自愿入股方式投入新型农业经营主体，对农户土地经营权入股部分采取特殊保护，探索实行农民负盈不负亏的分配机制。

要加大政府对乡村产业经营主体发展扶持政策的宣传力度，使广大经营者、业主熟悉各项扶持政策，切实感受扶持政策带来的发展机遇，增强其带动普通农户发展现代农业的信心和决心。

（一）制定、落实乡村产业振兴的相关法律法规

推动乡村产业振兴，需要制定相关的法律法规，要坚持正确的指导思想及立法原则，以促进和保障农村产业发展作为法律法规制定的基本原则。为此，可通过法律法规明确龙头企业、集体经济组织、合作组织、科技组织、专业市场、家庭农场、农业园区、基地等利益相关主体在农业产业化发展中的权利与义务。同时，完善农产品质

量安全法规，对农产品质量进行严格把关。建立生产前、中、后全产业链的检验，坚持从农户获得种子到消费者买到农产品全过程的监督，保证农产品优质、高产、安全和生态。完善法律法规，明确农村市场经营主体的权利和义务、保障农村市场正常运行、维护农民的权益，为农村产业发展提供制度保障。

完善的法律法规是乡村产业振兴计划的强有力保障，但是其效用的发挥还需要有效的执行作为支撑。相关法律法规的实施需要来自乡村产业振兴主体的支持，即农民的支持。为此，首先要培养与提升农民的法律意识，只有懂法才能更好地运用法律去维护自己的权益。这需要相关法律政府部门的配合，针对农民群众组织相应的培训教育活动，以法律知识的基础讲解作为主要培训内容，并在教育实践过程中，加强农民法治思想建设。将有关农民利益的法律教育及宣传作为重要工作任务，从乡村产业振兴、维护农民利益等要求出发，加大对农民法律素质的培养，以便提升维护其自身权益的能力。更为重要的是加强对农村基层干部的教育培训，激发基层干部学习的主动性，并实行考核机制，对农村基层干部法律知识掌握情况、法律素质等进行评价，以便为其提供专门的法律知识指导、发挥他们在乡村产业建设中的重要作用。其次，需要法务部门加大对农村的法律服务支持，增加法律服务点的建设。基层法律服务主要是农民学习法律知识、利用法律手段维护自身权益的途径。为了实现这一目标，需要完善法律服务工作体系，提高基层法律服务人员的工作主动性，使他们能做好法律顾问，提供法律咨询等服务，以便更好地服务于乡村产业振兴。

（二）创新融资机制，拓宽企业融资渠道

实践证明，贷款难、融资难是制约农村产业发展的一个"老大难"问题。为破解资金瓶颈，政府应认真研究政策，通过政策扶持，进一步创新抵押模式和金融产品，积极拓宽融资渠道，加大资金投入力度，推动龙头企业与农牧户的关系由松散的买卖型向紧密的利益共同体转变，促进龙头企业和农民形成"风险共担、利益均沾"的利益共同体，把企业与农民的利益连在一起、抱成一团，形成一个整体，走向市场，实现共赢。

要是充分发挥农信社和农投公司等融资平台作用，通过政府担保公司提供担保或质押的形式，获取银行贷款支持，并将贷款支持投入乡村龙头企业，解决经营良好、风险较小的龙头企业及合作社资金不足问题。对于政府投入的项目资金，不无偿直接投放给企业，可由政府委托相关部门组织实施，项目建成后租赁给龙头企业经营或将

- 360 -

资产与企业合作入股，租金利润为老百姓分红。同时，要整合项目资金，抓住和用好允许贫困县整合使用项目资金的机遇，充分发挥政府扶持引导作用，研究制定管用的奖补扶持政策，在龙头企业基地建设、贷款融资、提质增效等方面进行扶持，扶持成长领军企业，扩大示范带动作用。

政府与金融机构要积极探索动产质押等多种担保形式，扩展抵质押品范围，为金融机构信贷产品创新提供条件。对大额度以及大项目的农户资金需求，可以通过创新"合作社联保"和"农牧民专业合作社联姻"贷款品种，破解企业融资难、担保难的问题。

政府要合理使用扶贫资金和产业扶贫子基金，使扶贫资金和扶贫产业子基金在打赢产业扶贫硬仗中发挥更好作用，产生更大更多扶贫效益。扶贫资金和产业扶贫子基金应遵循"政府主导、企业主体、市场运作、风险可控"的原则，按照"强龙头、创品牌、带农户"的思路组织实施，为各个地区脱贫攻坚投资基金的规范管理提供了全新政策保障。为了确保扶贫资金和产业扶贫子基金扶持项目成功和产业增收效益到户，可以采取以资折股、入股分红、租赁使用等形式，提升资金使用效率和效益。同时，要充分发挥政府投入在扶贫开发中的主体引导作用。加大扶贫资金投入力度，拓宽扶贫融资渠道，充分发挥贫困户在产业发展中的主体地位，引导贫困户根据自身条件和能力自主选择发展产业，加快脱贫致富步伐。

（三）政府完善农业社会化服务体系

新型农业社会化服务体系是以公共服务机构为依托、合作经济组织为基础、龙头企业为骨干、其他社会力量为补充，公益性服务和经营性服务相结合、专项服务和综合服务相协调，是为农业生产提供产前、产中、产后全过程综合配套服务的体系。建设覆盖全程、综合配套、便捷高效的社会化服务体系，是发展现代农村产业的必然要求。农业服务社会化是农业现代化的重要标志，构建新型农业社会化服务体系本身就是现代农业建设的应有之义，是完善紧密型利益联结机制的必然要求。

农业社会化服务体系，是指与农业相关的经济组织为满足农业生产发展的需要，为直接从事农业生产的经营主体提供各种服务而构成的一个网络体系。它是运用社会各方面的力量，使各类农业生产经营单位适应市场经济的需要、克服自身规模狭小的弊病、获得专业化分工和集约化服务规模效益的一种社会化的农业经济组织形式，是在商业性农业发展的基础上围绕农业生产部门而形成的一种现代农业分工体系，其所涵盖的内容相当广泛。从服务的内容看，有供应服务、销售服务、加工服务、信息服务等。从服务的组织看，有乡村集体经济内部的服务组织、农业技术部门的服务组织、大中专院校和科研单位等。从服务的类型看，有服务风险型、政府引导型、龙头带动型等。农业社会化服务体系是否完善，是衡量一个国家农业商品化和现代化程度的重要指标。

从本质上说，农业社会化服务体系，就是农业的分工体系和市场体系。随着农业生产力的发展和农业商品化程度的不断提高，传统上由农民直接承担的农业生产环节越来越多地从农业生产过程中分化出来，发展成为独立的新兴涉农经济部门。这些部门同农业生产部门通过商品交换相联系，其中有不少通过合同或其他组织形式，在市场机制作用下，同农业生产结成了稳定的相互依赖关系，形成一个有机整体。

农业社会化服务体系也是实现农业现代化的重要支撑，是加强政府与农村各经营主体之间利益联结关系的重要保障。通过提供社会化服务，可以有效地把各种现代生产要素注入家庭经营之中，不断提高农业的物质技术装备水平；可以在家庭经营的基础上发展规模经营、集约经营，不断推进农业生产专业化、商品化和社会化。同时，通过政府购买、定向委托、奖励补助等方式，政府可重点扶持贫困村集体经济组织发挥社区服务功能，组建各类农业专业服务社，协调农户与企业之间的利益关系。开展代耕代管代收、病虫害统防统治、农资连锁经营、农机作业、水利灌溉等专业化、社会化服务，为新型农业经营主体提供低成本、一体化、全产业链服务，使农民与经营机构之间的利益关系更加紧密。

（四）建立长效利益协调机制

自改革开放以来，我国农村农业结构发生了深刻变化，各种利益关系也出现了多元化，在产业振兴过程中的经营主体之间形成了许多新的利益矛盾。因此，要调整这种利益关系，协调利益矛盾，政府应遵循统筹兼顾的原则，建立长效利益协调机制，解决各经营主体之间的矛盾关系，使新型农业经营主体与农户之间形成紧密型的利益联结关系。

关于加强新型农业经营主体之间的紧密的利益联结关系，有 4 点需要注意。

其一，要建立产业链利益相关主体沟通平台、信息平台和诚信监督平台，降低合作组织的管理经营成本、订立契约的制度成本和履约成本等合作成本，解决大部分新型农业经营主体与农户之间多为松散型的合作关系或口头合作关系这一现象，使其在技术、信息和产前、产中、产后服务各方面真正有效落实。

其二，要制定农业利益补偿政策，这样可以通过建立农业保险或者国家补贴政策，有效弥补农产品生产投资力度大、周期长、生产成果不稳定特点带来的风险，保障利益相关主体在合作中的利益，加强政府和农民之间的利益联结关系。

其三，政府对新型农业经营主体要建立惩罚机制，通过限制进入、不良信息公开、进入负面清单等方式严厉惩罚因农业生产周期长、农产品价格波动大而违反合同契约的机会主义。

其四，对于区域内新型农业经营主体尤其是龙头企业和贫困户的利益联结情况，政府在每个季度都应进行更新和存档，及时跟踪调研利益联结紧密、效益突出的龙头企业、合作社以及所涉及的农户，并对其给予宣传与奖励。

第九节　激发农村创新创业活力

农村发展与国家繁荣富强息息相关，是我国社会主义发展的重点作。当下，在我国推进实施乡村振兴战略、全面建成小康社会的过程中，还存在着一些重点难点问题，较为突出的一点就是创新创业活力不足。为此，要紧跟"大众创业，万众创新"的时代浪潮，通过创新和创业个重要抓手，积极寻找农村发展机遇，不断激发农村创新创业活力，过政府、企业、人才及社会的多方参与和合作，共同致力于对农村的发和再造，增强乡村经济发展的旺盛活力，形成全民双创的生动局面，早日实现全国人民共同富裕。

一、培育壮大创新创业群体

创新创业需要多方参与，需要政府的扶持和指引，需要企业的创造，需要有关机构的技术研发和服务，更需要人才等生产要素及主体间的进力合作。目前，我国创新创业群体还不够庞大，农村劳动力流失严重，农业企业数量少且与组织、机构等主体合作力度有待加大，急需更多的人才下乡返乡、加强各主体间的通力合作，形成强大合力，共促农村发展。为培育壮大创新创业群体，以下几个方面是重要工作内容。

（一）鼓励农民及大学生就地创业、返乡创业

农民工是乡村发展的重要力量，虽然目前有很多村民由于各种各样的原因离开故乡在外打拼，在社会上形成了庞大的农民工群体，但是相信他们永远心系家乡，都有一颗奉献家乡的热忱之心。大学生同样如此，绝大多数大学生都心怀抱负，也有着为家乡奉献的思想和决心。通过各种政策鼓励这些农民工和大学生就地创业、返乡创业，不仅可以满足他们归乡发展、为故乡贡献力量的愿望，而且对于区域经济发展也具有重要意义。

返乡创业人员经过在外的学习和经历，自身有一定的经验积累、能力提升和理论知识基础，因此会有较好的自身创业基础，再加上对本土资源、文化等各方面的了解及当地的特色，返乡创业的成功率更高一些，创业的成功可以带动当地更多村民参与进来，形成产业，进而促进当地尤其是贫困地区的发展。另外，农民就地创业、返乡创业对于经济结构具有良好的调整、优化作用。目前我国有很多返乡农民工将本土产业和农产品与旅游、物流、互联网等相结合，推动了农业的商品化、规模化，丰富和完善了经济结构。总而言之，我们要大力吸引、鼓励和倡导农民和大学生就地创业、返乡创业。

1.加大对农民和大学生就地创业、返乡创业的宣传力度

既可以充分利用电视、网络、报刊等媒介，也可以在乡村举办就地创业、返乡创业的动员大会，通过各种形式广泛宣传政府对于就地创业、返乡创业的各种优惠政策。同时，也可列举一些回乡创业的成功案例，对先进创业者、回乡就业模范等进行表彰，通过舆论和形式烘托，在思想和精神层面提高在外务工人员"返乡创业，回乡就业"的积极性。

2.加大政府对农民和大学生就地创业、返乡创业的政策和资金支持

在政策方面，要从各个方面对回乡返乡人员给予各种奖励或补贴政策，如对回乡就业、返乡创业大学生给予一些奖励政策，对回乡就业、返乡创业农民在子女教育、医疗保险等各方面给予保障政策。另外，对于返乡创业要制定完善专项扶持政策，要考虑就业带动因素，激励就业创造效应明显的创业项目。对区位条件较差的地方，采取创业支持的倾斜政策，主要从创业就业信息、从业培训、项目申请等方面给予支持；对于区位条件较好的地区，鼓励农村创新创业园、农村创客基地等形式争取聚集发展。在资金支持方面，可以适当扩大小额信贷扶持范围，政府也可对特殊创业项目贷款予

以贴息。另外，政府用于开发性生产经营项目的资金，在使用方面可向返乡创业农民和大学生倾斜。

3.对返乡农民工和大学生的政治地位给予重视和帮助

为更加吸引农民和大学生返乡创业，还要提升返乡农民工和大学生（尤其是返乡农民工）的政治地位，如在人大代表或政协委员选举中对返乡创业的特别优秀人员给予特别关注，也可让部分优秀人员在本村或社团组织担任职务，增强他们创新创业共同体的归属感和荣誉感，带动更多的农民和大学生就地创业、返乡创业。

（二）培育以企业为主导、多主体协同的农业产业技术创新战略联盟

农业产业技术创新战略联盟通过开展成果转化及产业发展促进、联合攻关和技术研发、标准化工作等，可对地方百姓及周围区域的经济效益及辐射产生巨大影响。参与农业产业技术创新联盟各项工作开展的主体主要有农业龙头企业、农业合作组织等农业实体以及高等院校、科研院所、社会中介组织等，企业在联盟中无疑是至关重要的，它是创造利润、带动农业产业发展的主力军。其他主体也是不可或缺的，扮演着重要角色、承担着重大责任。因此，我们要努力培育和发展以企业为主导、多主体协同的农业产业技术创新战略联盟，加强科研机构、高校、企业、返乡下乡人员等主体协同，推动农村创新创业群体更加多元，推动产学研合作，提高资金、技术和服务的扩散速度，进而带动和支持返乡创业人员依托相关产业链创业发展。

1.加强政府对联盟的引导作用

政策和经济杠杆是政府可利用的有效手段，政府可对联盟发展给予一定的资金和物力支持，促进联盟的长效稳定发展。在制度方面，要建立健全市场进入退出机制。对于联盟内外在技术、创新等各方面发展较好的企业或其他主体机构，要给予重点扶持，同时引导和促进联盟外的较好主体加入联盟；但是对于一些发展落后、效益差、竞争力不强的弱势企业、机构或其他参与主体，要及时淘汰，将其退出联盟。在财政、税收方面，政府要加大对农业产业创新联盟的资金支持力度，加大农业科研经费投入。另外，还可通过降低行政收费、税收优惠、完善土地使用权流转制度等优惠政策吸引投资主体投资农业产业企业

2.促进联盟各主体发展及深度合作

科技中介机构对于科研成果的示范、推广、转化及为农业产业实体提供技术服务等各方面都具有重要作用，因此，要加强中介服务机构建设，建立健全各大中介服务机构，打造功能社会化、组织网络化、服务产业化的科技中介服务体系。同时，要促进产学研深度融合。高校及科研机构要加大创新和研发力度，为农业产业提供更多优秀科研成果；中介机构要做好服务和联通作用，积极促进成果转化；企业要将高校及科研机构的优秀科研成果实际加入企业产品加工过程中，生产出更多优质、畅销、具有特色的农产品，真正带动农业产业发展，真正利好于农民。

3.建立健全农业产业技术创新战略联盟政策和法律法规

农业产业技术创新战略联盟将社会中各种生产要素聚集起来。联盟成员间以契约的方式联合起来，充分利用联盟内各成员的资源,研发新技术,降低生产成本,开拓新市场,提升产品市场竞争力。农业产业技术创新战略联盟的组成成员一般包括农业龙头企业、农业合作组织等农业实体、高等院校、科研院所、社会中介组织等，其特征如下：

1.联盟以技术为核心，各主体广泛参与

农业技术创新战略联盟涉及多个主体，联盟以农业技术为核心，联合攻关农业关键技术，大力提高农业科技成果转化效率，提升农业生产力水平，对于发展周边地区农业农村经济起到很好的示范和带动作用。

2.农业企业在联盟中发挥主导作用

农业技术创新战略联盟一般由企业自行发起和组织规划，联盟以产业利益为出发点，以产业技术创新为基础，以农业产业技术进步、农业实体市场竞争力的提升为最终目标。因此，农业企业在农业技术创新战略联盟中发挥主导作用。

3.联盟承担的风险较大

农业作为一种弱质产业，生产周期长、回报慢、受环境影响大，会面临严重的自然灾害，不可控因素多。另外，还存在供给弹性大、需求弹性小，在买方市场条件下容易形成过度竞争。农业技术创新战略联盟相较于其他产业技术创新联盟承担的风险更大。

联盟要想健康稳定发展，离不开各项政策和法律法规的约束和保护。完善的制度可以为联盟有效运行提供良好的外部环境，增强联盟内生动力，健全的法律法规可以为联盟带来法律保障。在农业产业技术创新战略联盟运行中，对于研发项目产生的技术创新成果和知识产权需要事先制定许可使用和转化收益分配办法，明确权利归属；对联盟中违法违规行为要加大惩罚力度，保护联盟成员的合法权益，促进联盟长远稳定健康发展。

【延展阅读】

联盟的建设与管理

（一）联盟分类

联盟实行分类建设与管理制度，国家农业科技创新联盟框架包括专业性联盟、产业性联盟和区域性联盟。

专业性联盟是指围绕科技资源共建共享、解决专业领域重大共性问题的创新联盟。产业性联盟是指解决重大产业发展问题、实现产业链上中下游紧密衔接的创新联盟。区域性联盟是指通过协同解决区域重大关键问题，促进区域农业农村高质量、可持续发展的创新联盟，以及各省（自治区、直辖市）政府组织本省（自治区、直辖市）各级各类农业科技创新机构开展协同攻关而成立的省级农业科技创新联盟。

（二）联盟创建

除政府部门外，凡承认国家农业科技创新联盟章程，认可联盟定位、职责及义务，并符合相应条件的农业科研机构、高校、企业、新型研发机构等单位，均可提出创建联盟的申请。

1.建设条件

（1）专业性联盟一般由中央或地方科研单位、涉农高校、新型研发机构等牵头组建。牵头单位应在基础前沿领域具有显著优势，或在产业关键共性技术研究领域具有显著优势，或在基础性长期性科技工作方面具有深厚积累。

（2）产业性联盟一般由省级以上农业产业化龙头企业、中央或地方科研单位、涉农高校，新型研发机构等牵头组建。牵头单位在研发投入、研发团队、条件平台及发明专利等方面，在全国具有显著优势，或在本产业领域具有领先的市场竞争优势、显著的品牌影响力或国际竞争力。

（3）区域性联盟一般由中央或地方科研单位、涉农高校牵头组建。牵头单位应在我国主要农业生态或生产区域重大问题研究方面具有显著优势。省级联盟以省级农业

（农牧、农林）科学院、涉农高校牵头组建，重点解决本省（自治区、直辖市）农业农村发展重大科技问题。

2.建设申请

（1）各拟组建联盟牵头单位严格对照建盟条件，向国家农业科技创新联盟办公室（以下简称"联盟办"）提交联盟创建申请，通过联盟办形式审查后提交国家农业科技创新联盟秘书处审核。

（2）通过审核的联盟与联盟办签订联盟创建协议后开展试运行。创建协议应有明确的创新任务、创新目标、创新团队、创新资金和考核机制，并提出核心任务评估指标。创建协议及相关材料须报农业农村部相关司局备案。

（3）各联盟要建立有效的决策、咨询与执行机制，明确其对外承担责任的主体。联盟执行机构应配备专职人员，负责有关日常事务。

（4）试运行期间的联盟，可使用"国家×××农业科技创新联盟"的名称和标识开展相关活动，但须严格遵守创建协议相关条款。

（三）联盟管理

联盟办按照创建协议，对各联盟的组织建设与运行管理进行监督考核。

1.联盟评估

（1）联盟办委托第三方评估机构，依据联盟章程和创建协议等，对各联盟建设和运行情况进行评估。

（2）试运行联盟组建两年内须参加评估。评估结果分为认定、整改和退出三类，并报国家农业科技创新联盟理事会审议。无故不参加评估的联盟将视为自动退出。

（3）通过评估的联盟，由农业农村部发文予以认定，并纳入国家农业科技创新联盟序列正式运行，可使用"国家×××农业科技创新联盟"的名称和标识开展相关活动。认定联盟原则上每三年评估一次，每年底须向联盟办提交建设运行进展报告。

（4）经评估退出的联盟，不得以国家农业科技创新联盟名义开展任何活动，不得使用"国家×××农业科技创新联盟"名称和标识。

（5）经评估需整改的联盟，一年后须参加下次评估，根据评估结果予以认定或退出。

2.联盟机制

（1）运行发展机制。联盟应根据其不同类型特点，以强化深度协同协作、提高共建共享效率、推进联盟实体化运行、提供一体化解决方案为核心目标，大胆探索、积极创新联盟高效运行机制。

（2）利益保障机制。联盟协同创新产生的成果（技术、产品和模式等知识产权）应按照联盟章程或协议约定的权利归属、使用许可和收益分配办法执行，要强化违约责任追究，保护联盟成员的合法权益。

（3）开放合作机制。联盟应根据自身发展需要，及时吸纳新成员，定期开展与外部组织的交流与合作，并将联盟通过协同攻关形成的各类成果向联盟外扩散。

（三）引导和推动生产要素向农村创新创业集聚

生产要素是指进行社会生产经营活动时所需要的各种社会资源，是维系国民经济运行及市场主体生产经营过程中所必须具备的基本因素，主要包括劳动力、土地、资本、技术、信息等。生产要素是创新创业的基础，是最宝贵的资源。然而，在一些农村地区，各生产要素非常缺乏，尤其是技术、信息、资金等现代生产要素，在拥有、利用生产要素方面处于先天的弱势地位，一些较为偏僻和封闭的乡村的生产要素更加稀缺，这阻碍了乡村发展、乡村振兴的进程。因而，要积极引导和推动生产要素向农村创新创业集聚，有了生产要素，就有了发展的筹码、武器和方向、一些当地农民才能利用生产要素创新创业、发家致富，才能吸引更多的农民返乡创业，壮大创新创业群体。

1.引导和推动生产要素向农村创新创业集聚，离不开政府的努力

在土地资源方面，政府要合理规划土地开发与充分利用，建立健全各项土地制度，给予就业创业者更多利用土地发展的机会；在劳动力方面，政府要出台一系列优惠和保障政策，提高创新创业者在农务农的积极性，留住在村农民、吸引在外人才；在资本方面，政府要促进农村与金融机构的合作，鼓励金融机构对农业项目的贷款，对农民贷款给予一定的贴息补助，鼓励农民创新创业：在技术、信息、管理等方面，要深入推行科技特派员制度，不断壮大科技特派员队伍、完善科技特派员选派政策、健全科技特派员选派机制，使农业科技创新支撑水平切实得到提升、新型农业社会化科技服务体系得到完善、农村科技创业和精准扶贫工作取得丰硕成果。

2.引导和推动生产要素向农村创新创业集聚，离不开企业、社会各组织的参与和支持

企业作为具有规模性的主体，可以为农村创业提供先进的组织方式和管理经验；也可通过具有的资金、技术等优势对农村创新创业进行投资，开发更多创新性的项目，带动农村农业的相关发展。学校及科研机构要加大对农业农村的研究和开发，创新出越来越多的技术和方法并应用于农业，提高农业生产效率和质量。社会各阶层要加大对农村创新创业的关注度和宣传，鼓励在外农民、大学生及技术人员投身乡村，发挥自身才能，为乡村发展贡献力量。同时，要提高社会资本对乡村创新创业的信心，将闲置资本投资农业项目，为农村发展注入资金活力。

二、完善创新创业服务体系

创新创业不是一蹴而就的，成功率也不是百分之百，它是一个循序渐进的过程，需要有关主体的指引和帮助，而创新创业体系为创新创业者提供了所需的信息、指导和培训。因此，要不断完善创新创业服务体系，通过加强乡村创新创业服务平台建设、建立农村创新创业园区（基地）、建设"星创天地"等做法，经过专业的指导、培训和管理来细化和规范创新创业过程，提高创新创业成功率。

（一）加强乡村创新创业服务平台建设

乡村创新创业服务平台对致力于乡村创新创业的人员具有重要作用，它如一座桥梁，将创新创业者和创新创业项目连接起来，帮助创新创业者成功创业，带动乡村发展。同时，平台又可为创业者指明方向，创业者不仅可通过平台了解各类创业机会和信息，还能得到专业的咨询和指导，享受各方面的帮助和支持。因此，要不断加强和完善这一集咨询服务、培训服务等内容为一体的乡村创新创业服务平台的建设，不断满足创新创业者关于项目的合理需求，为他们提供指引和方便。为促进平台的完善发展，要在人才队伍建设、服务内容建设、管理建设、监督检查与考核评价建设等方面努力。

1.人才队伍建设

要严格执行人员招聘标准，大力招募服务平台工作人才。执行从事乡村创新创业服务平台工作的人员，要在管理、技术、服务等方面有一定的专业知识和素养，为在实际培训和工作学习中出色完成各项工作任务奠定扎实的基础。还要接受严格的岗前

培训，要对乡村创新创业相关法律法规、政策文件及当地乡村发展现状达到一定的熟悉和了解程度，达到考核标准才能正式上岗。另外，平台服务人员要能严格遵守各项管理制度，具有良好的职业道德和服务"三农"意识及对服务工作的热爱。

2.服务内容建设

要及时收集整理发布与金融、培训、财政、社会保障等相关的政策，通过报纸、专栏等形式做好政策的相关解读、咨询等服务，以加大政策宣传。还要加强创新创业的指导工作，如提供创业能力测试和涉农创新创业项目推介服务，提供风险评估、开业指导、信息咨询、跟踪扶持等服务，提供法律、会计、评估、知识产权、科技申报、金融等服务。另外，要丰富创新创业培训形式，如定期邀请相关领域专家开展相关创新创业技能培训，联合知名企业、高等院校和科研院所等为乡村创业人员提供实习、实训和见习服务，定期组织创业人员参加创业创新沙龙、创业创新大讲堂、创业创新训练营等创业辅导活动等。在线上服务方面，可具备信息发布、网上咨询、专题讲座等多种功能。

3.管理建设

要做好以运营、项目、制度、经营、档案为主的管理工作。在运营管理上，要定期对办公秩序进行维护，不能出现不良及违法现象；在项目管理上，要按照相关标准，做好项目的入驻和退出，促进平台项目健康发展；在制度管理上，不仅要建立完善的创业实体评估准入与退出、服务帮扶等规章制度，还要制定健全的经营管理、信用管理、财务制度等管理制度和基础资料台账，保障各项工作有序稳定进行；在经营管理上，应做好创业实体报表和数据收集、统一管理与指导等各项工作，加强对创业实体的各项管理，同时对创业实体在经营过程中遇到的问题邀请专家团进行指导；在档案管理上，要对创业实体的档案信息、政策文件、创业产品宣传推广等进行定期管护。

4.监督检查与考核评价建设

要同时做好对创业实体的监察和考核评价工作。一方面，要定期或不定期对创业实体的项目、产品、卫生、环境等进行监督和检查，对于存在的问题要及时指正；另一方面，要建立考核评价机制，对创业实体项目进行定期考核评价，并建立档案，对考核不及格、整改不合格的创业实体不给予相关政策优惠或者终止在平台的服务协议。

（二）建立农村创新创业园区（基地）

2016 年，《国务院办公厅关于支持返乡下乡人员创业创新 促进农村一二三产业融合发展的意见》中提出创建创业园区（基地）这一政策措施，指明要按照政府搭建平台、平台聚集资源、资源服务创业的思路，依托现有开发区、农业产业园等各类园区以及专业市场、农民合作社、农业规模种养基地等，整合创建一批具有区域特色的返乡下乡人员创业创新园区（基地），建立开放式服务窗口，形成合力。2017 年，国务院办公厅印发《关于促进农村创业创新园区（基地）建设的指导意见》，就推进农村创业创新园区（基地）建设，从重要意义、总体要求、重点任务、保障措施提出具体意见，即加快农村创业创新园区（基地）建设，有利于整合市场准入、金融服务、财政支持、用地用电、创业培训、社会保障、信息技术等政策措施，有利于聚集土地、资金、科技、人才、信息等资源要素，有利于开展见习、实习、实训、创意、演练等实际操作，形成统一的政策服务窗口、便捷的信息服务平台和创业创新孵化高地，吸引更多有一定资金技术积累、较强市场意识和丰富经营管理经验的返乡下乡人员到园区（基地）开展生产经营活动。建设好农村创业创新园区（基地），推动形成以创新促创业、以创业促就业、以就业促增收的良性互动格局，为现代农业发展注入新要素，为增加农民收入开辟新渠道，为社会主义新农村建设注入新动能具有重要意义。

建立农村创新创业园区（基地），政府将承担着重大责任。

政府要充分认识促进农村创业创新园区（基地）建设的重要意义，可依托现有产业园、开发区、合作社等，为返乡下乡人员创建一批具有区域特色的返乡下乡人员创业创新园区（基地）。同时，发现园区（基地）存在的各种问题，如人才、技术、市场等的缺失，并通过加大沟通协调力度、推出具体办法和配套方案，使各项问题得到解决。此外，要创建一批重点面向初创期"种子培育"的孵化园（基地），为鼓励返乡人员到孵化园（基地）创业，政府可给予一定的租金补贴。

同时，政府要发挥和加强发展较好的农村创新创业园区（基地）的示范带动作用，并加强对进行宣传的力度。如推出一批全国农村创新创业示范园区（基地）样板，鼓励和促使更多农村创新创业园区（基地的建立，吸引更多人才走向创新创业园区（基地）。要充分利用网络媒体等各种方式，加强对创新创业园区（基地）的宣传推介，对其多加报道，将园区（基地）基本信息、优惠政策、设施建设等情况向公众发布，营造良好的发展氛围，加快农村创新创业发展。此外，举办农村创新创业园区（基地）

实体参观活动，由有关部门组织，加深创新创业者对园区的了解和学习，积累创新创业经验

（三）推进"星创天地"建设，促进农村创新创业

"星创天地"可以理解为"星火燎原"、创新创业、科技顶天、服务天是乡村振兴的动力源泉，对于农业产业发展具有重大意义。

它极大地满足了农村领域创新创业需求。"星创天地"不仅可为创客提供创业示范场所、培训基地、企业孵化场所、研发和检验平台，而且还有对农业产业较为熟悉且经验丰富的服务团队和老师对创客进行专门和专业的指导，满足创客个性化需求，这样可以有效降低和规避农村创业周期长、风险大、利润低的问题。另外，"星创天地"可以有效带动人才、技术等生产要素涌向农村和农业。创业主体把先进的组织方式引入农村，带动现代生产要素逆向流到农村地区，通过创客的示范，带动农民经济发展，即"做给农民看、带着农民干、领着农民赚"。因此，要不断建设和发展"星创天地"，推进农村创新创业。

1.要加快农业科技成果转移转化

农业要实现真正的腾飞，必须要有实际可行的科技成果及应用，为此、要培育一批能够支撑实体经济发展和产业转型升级的农业高新技术企业，同时要注重能汇集各种生产要素、信息及科技产品的平台的搭建，集聚农业科技成果研发机构、创新创业人才、重大创新成果等创新资源，将农业科技成果转化为实际生产力，提升农业产业竞争力。

2.要培育壮大一批新型职业农民

目前，有很多农民对于技术性、理论性的要领和知识不精通，可凭借"星创天地"专业化的优势，对农民进行多层次、多形式、广覆盖、经常性、制度化的培训，如邀请或安排专业老师以讲座或实地培训的方式对农民进行讲解和指导，提高他们的能力和综合素质，将他们打造成新型职业农民，以适应市场和社会变化形态，真正与科技、技术接轨。

3.要创新驱动，精准扶贫，精准脱贫

治贫先治愚，扶贫先扶智。一味地寻求政府补贴或政府带动等方式，只能起到"输血"作用，真正要使农村地区脱贫，还需将"扶志"与"扶智"相结合，发挥其"造

血功能"。因此，要在贫困地区建设"星创天地"，创客根据当地优势主导产业，结合当地资源禀赋和环境，利用区位优势及自身独特优势，发展"农业 +各类行业"，带动更多的村民加入，做大做强农业，共同致富。

4.要加大政府支持

作为一种开放性综合服务平台，"星创天地"特别需要政府的各项支持和帮扶。具体方式上，政府可对"星创天地"培训基地（场所）、平台等提供服务者给予一定的补贴，也可通过设立"星创天地"有关基金，鼓励创客创新创业。另外，政府还可通过金融方式为"星创天地"企业、平台等提供资金（如以股权投资方式）支持"星创天地"在农村创新创业，也可对创客、企业给予一定的金融贷款贴息，减缓在"星创天地"建设和发展过程中参与者与提供服务者的资金难题，加强金融与农业的合作。

三、建立创新创业激励机制

激发农村创新创业活力，还需要建立创新创业激励机制，要让创新创业者"想干、敢干"。要在思想上提高他们的认识，让他们认识到农村是一块发挥自我才能的风水宝地，意识到进入农村创新创业是一个重大机遇。要在政策上给予支持和鼓励，通过各项优惠政策，减小创新创业者的阻力，为他们带来更多的希望。还要落实对创新创业者所需条件的支持措施，为他们提供各种方便和好处，减小他们的创新创业难度，以此对他们起到一定的激励作用。

（一）提高青年对留乡、返乡创新创业的思想认识

2018年3月8日，习近平总书记在参加山东代表团审议时强调，要推动乡村人才振兴，把人力资本开发放在首要位置，强化乡村振兴人才支撑，加快培育新型农业经营主体，让愿意留在乡村、建设家乡的人留得安心，让愿意回报乡村的人更有信心，激励各类人才在农村广阔天地大施所能、大展才华、大显身手，打造一支强大的乡村振兴人才队伍，在乡村形成人才、土地、资金、产业汇聚的良性循环。

确实，人才是乡村振兴和乡村发展的根本，创新创业也只有经过人才的探索和实践才能得以实现。针对目前部分乡村成为"703861 部队"老人妇女儿童）留守地，广大农村呈现边缘化状态，乡村衰败，沦头"回不去"的故乡，很多人才倾向于走向大城市而不愿涌向乡村等现实问题，必须要加强对青年留乡、返乡的思想认识，尤其是

对现有农村青年及城市一些具有技术、知识的广大青年，要让他们意识到乡村与城市一样，都有着可以发挥自我优势、实现理想和抱负的广阔舞台。

提高青年留乡、返乡创新创业的思想认识，离不开对青年人展开思想教育和加大宣传推广。农村需要有才有识之人，更需要热爱农村、愿意奉献农村、为农村作贡献的人，为此，要提高青年投身农村的意愿，引导他们树立正确的就业观，鼓励他们走进农村、留在农村创新创业。对于现有农村广大青年，村里领导要及时做好他们的思想工作，鼓励他们利用对本土文化和资源的了解进行创新创业，提高他们为家乡作贡献的热情；对于高校大学生，有关部门要积极宣传乡村优势及下乡创新创业的各项优惠政策，激发他们对于农村的情感，鼓励他们走进农村，实现自我价值；对于在外已工作人员，更要向他们介绍农村存在的众多机遇、好处及对他们的需求，希望他们能投身乡村，利用自身经验、技术、技能等为乡村贡献力量。

另外，要加大农村创新创业的宣传推广，激发青年创新创业的热情。要宣传各项优惠政策，宣传各种典型案例，尤其是注重成功创新创业人员的经验分享。除利用有关媒介进行宣传报道外，还可以开展农村创亲创业的参观和体验活动，也可开展创业培训。把对农村创新创业感兴趣的人群组织起来，实地参观创新创业园区（基地）、"星创天地"等，分享创新创业成果，通过有关人员的讲解和他们的实际参观了解和体验，提高他们的热情和积极性。也可让他们实际参与，采取线上学习与线下培训、自主学习与教师传授相结合的方式，开辟培训新渠道，在实际培训中，提高他们对创新创业的兴趣。

（二）在政策上对创新业者给予支持和鼓励

提高创新创业者下乡创业的思想认识，从精神层面来说具有很强的激励作用、同时，政策激励的作用也举足轻重。近年来，国家和地方政府也相继出台各种促进创新创业的相关政策，带动了一大批有识青年走进乡村、服务乡村。从国家政策来看，2015年政府工作报告中提出"大众创业，万众创新"，随后国务院办公厅发布相关指导意见。同年10月国务院常务会议决定以减税助力创新创业，包括企业免税、奖励、分期缴纳个人所得税等。2016年，国务院办公厅印发《关于支持返乡下乡人员创业创新 促进农村一二三产业融合发展的意见》，在市场准入、金融服务、财政支持等方面，明确列出很多详细政策措施，并分别明确负责落实监管部门。2017年，农业部（现为农业农村部）办公厅、中国农业发展银行办公室印发《关于政策性金融支持农村创业创新的通知》，明确和重点把握了政策性金融支持农村创业创新的目标任务和重点范围，并确定了加快健全政策性金融支持农村创业创新的推进机制。

在地方政策方面，各地也纷纷出台了很多促进农村创新创业的政策文件，在融资、创业培训和指导、补贴等方面制定了一系列优惠财税政策。如，2018 年吉林省发改委会同财政厅、人社厅、农委联合印发了《进一步推进农民工等人员返乡下乡创业的政策措施》，从充分发挥财政资金支持引导和带动作用、加大融资支持力度、加强用地保障、注重人才培养培训、强化公共服务、建立健全风险防范机制、推进政策落实个方面，制定了 22 条具体政策措施，对农民工、高校毕业生和退役士兵等各类人员返乡下乡创业，更多人才、技术、资本等资源要素向农村汇聚和开辟就业新渠道具有很大的促进和推动作用，更为培育"三农"发展新动能奠定了良好的基础。

在各项政策中，补贴对创新创业者来说尤为关键，可极大地激励他们自主创业创新。不同地区、不同层级政府的补贴政策有所不同，其衣贴政策制定视情况而定。但是补贴无非有两种：税收减免和现金奖励2019年，财政部、国家税务总局发布的《关于进一步支持和促进重点群体创业就业有关税收政策的通知》指出，建档立卡贫困人口、持《就业创业证》或《就业失业登记证》的人员，从事个体经营的，自办理个体工商户登记当月起，在3年内按每户每年 12000 元为限额依次扣减其当年实际应缴纳的增值税、城市维护建设税、教育费附加、地方教育附加和个人所得税。限额标准最高可上浮 20%，各省、自治区、直辖市人民政府可根据本地区实际情况在此幅度内确定具体限额标准。补贴政策除税收补贴外，还有创业基金、免费租房等各种补贴形式，国家和地方也都有所规定。

（三）落实各项支持措施

创新创业者进行创新创业的过程中，还需要一些必备的条件，如土地、电力等，因此，落实创新创业者的实际使用问题，是对他们的一种巨大支持和鼓舞，也会极大地提高创新创业者的成功率。《国务院办公厅关于支持返乡下乡人员创业创新 促进农村一二三产业融合发展的意见》（以下简称《意见》），就落实用地、用电给出了以下具体的支持措施。

在用地方面，《意见》提出，在符合土地利用总体规划的前提下，通过调整存量土地资源，缓解返乡下乡人员创业创新用地难问题。支持返乡下乡人员按照相关用地政策，开展设施农业建设和经营。落实大众创业万众创新、现代农业、农产品加工业、休闲农业和乡村旅游等用地政策。鼓励返乡下乡人员依法以入股、合作、租赁等形式使用农村集体土地发展农业产业，依法使用农村集体建设用地开展创业创新。各省（区、市）可以根据本地实际，制定管理办法，支持返乡下乡人员依托自有和闲置农房院落发展农家乐。在符合农村宅基地管理规定和相关规划的前提下，允许返乡下乡人员和当地农民合作改建自住房。县级人民政府可在年度建设用地指标中单列一定比例专门用于返乡下乡人员建设农业配套辅助设施。城乡建设用地增减挂钩政策腾退出的建设用地指标，以及通过农村闲置宅基地整理新增的耕地和建设用地，重点支持返乡下乡人员创业创新。支持返乡下乡人员与农村集体经济组织共建农业物流仓储等设施。鼓励利用"四荒地"（荒山荒沟、荒丘、荒滩）和厂矿废弃地、砖瓦窑废弃地、道路改线废弃地、闲置校舍、村庄空闲地等用于返乡下乡人员创业创新。因此，各地政府可就以上各项用地规定，结合本地自身特点，最大可能地为创新创业者提供土地需要。

在用电方面，《意见》指出，返乡下乡人员发展农业、林木培育和种植、畜牧业、渔业生产、农业排灌用电以及农业服务业中的农产品初加工用电，包括对各种农产品进行脱水、凝固、去籽、净化、分类、晒干、剥皮、初烤、沤软或大批包装以供应初级市场的用电，均执行农业生产电价。这是对农业的一项巨大支持，可以节约创新创业人员的创业成本，增大他们的利润空间，增强他们的持续创新创业的积极性。

第十节　典型案例

案例1：　广西抓产业促就业推进乡村振兴

眼下正值春耕备耕好时节，记者在全州县才湾镇南一村委毛竹山自然村看到，葡萄种植户们正抢抓农时，对葡萄园实施小棚改大棚作业。"今年我们村将继续推进80亩葡萄改良工作，趁当前晴好天气，把钢架结构的大棚安装好，确保不误农时不负春。"村民王德利介绍。

毛竹山村因葡萄而闻名。2022年，该村先后投入300万元完成27户39亩葡萄改良，有效推动村集体经济发展，村民人均可支配收入从去年3.5万元提高至3.8万元，高于全区乃至全国平均水平。这是我区大力推进产业振兴的生动实践。

民族要复兴，乡村必振兴。产业振兴是乡村振兴的重中之重，今年中央农村工作会议明确要求做好"土特产"文章，中央一号文件对乡村产业高质量发展作出了具体部署。今年以来，我区早部署、早落实、早行动，强化科技支撑和要素保障，聚焦产业发展和稳岗就业两大发力点，持续巩固拓展脱贫攻坚成果，扎实推进乡村振兴迈向更高层次发展。

今年以来，我区持续出台政策措施，加大资金支持乡村产业特别是"土特产"等主导产业的发展力度，积极用好产业发展平台，推动特色产业全链条升级。按部署计划，2023年，中央财政衔接推进乡村振兴补助资金的60%、自治区财政衔接推进乡村振兴补助资金的50%要投入产业发展。

近年来，我区农业农村经济持续保持较快增长势头，粮食和重要农产品实现稳产保供，粮食连续3年保持面积、单产、总产三增长。2022年，园林水果产量突破3000万吨大关、连续5年全国第一，蚕茧产业连续18年全国第一，产业帮扶措施助力乡村振兴成效十分明显。

就业是民生之本，也是增强脱贫地区和脱贫群众内生发展动力的关键环节。自治区农业农村厅相关负责人表示，今年，我区将按照"一稳两拓两创两提升"就业帮扶工作思路，积极扩大脱贫人口稳岗就业。

为促进高质量充分就业，我区分三阶段持续开展2023年农民工"点对点"送工服务专项行动。1—3月，重点针对已有工作岗位和新确定工作岗位的农民工，特别是脱贫人口、易地搬迁劳动力，开展"点对点"送工服务，保障广西重点企业、重点园区、重点行业以及用工集中地区用工需求，引导就近就地就业和返乡就业创业。

记者从有关部门获悉，2023年，我区将持续开展实施防止返贫就业攻坚行动，全面落实交通补助、劳务补助等各项就业补助政策，确保脱贫人口（含监测对象）务工规模稳定在268.21万人以上，帮助脱贫群众实现增收，持续巩固拓展脱贫攻坚成果。（广西日报）

案例2： 湖南加快产业振兴促进农民持续增收

12月8日，记者从国家巩固拓展脱贫攻坚成果同乡村振兴有效衔接考核评估省级对接会上获悉，今年前三季度，全省脱贫地区农村居民人均可支配收入同比增长9%，高于全国平均水平1.3个百分点。

产业兴旺，农民才能持续增收。近年来，湖南将脱贫产业融入全省产业大布局，稳基础、扬特长、补短板，以脱贫攻坚精神推动脱贫产业发展，为脱贫地区农民持续增收、确保不发生规模性返贫提供有力支撑。

紧贴实际，构建脱贫产业发展支撑体系

今年，面对新冠肺炎疫情和罕见旱情的双重挑战，湖南出台一系列举措，巩固拓展脱贫攻坚成果，深入推进产业帮扶。

加大财政投入。今年中央衔接资金用于产业的比重达到55%以上，继续安排5亿元衔接资金支持脱贫地区特色产业做大做强。建立全省巩固拓展产业扶贫成果重点项目库，储备项目3011个，投资额42.9亿元。

拓宽融资渠道。与人保财险、农业银行等16家金融机构签订战略合作协议，上半年累计向脱贫地区发放贷款96.32亿元。强化小额信贷支持，今年全省力争新发放脱贫人口小额贷款50亿元以上。

开展"万名干部联万企"行动，为企业送政策、解难题、优服务，促进企业稳定发展。推进就业协作帮扶等行动，全省创办就业帮扶车间6035个，吸纳脱贫劳动力6.85万人。

同时，出台《推进脱贫地区特色产业可持续发展的实施意见》，支持重点由贫困村、贫困户向产业集中连片发展、农户普遍受益转变，支持环节由种养向全产业链转变。

发挥优势，强化科技支撑开展产业帮扶

秋去冬来，新宁县"崀山脐橙"热度不减，线上、线下订单络绎不绝。近年来，新宁县大力发展脐橙产业，全县脐橙种植面积超50万亩，年产值超50亿元，脐橙成了当地脱贫群众的"致富果"。

产业振兴，发挥优势、突出特色是关键。按照"端稳端牢中国粮、做优做香湖南饭"的发展思路，湖南着力打造粮猪蔬、油茶果、鱼药竹、种业等10大优势特色千亿产业，指导51个脱贫县确定"一特两辅"脱贫主导特色产业，带动脱贫地区产业做大做强。

强化农业科技支撑，充分发挥8位在湘农业院士作用，每两个月开展一次"农业院士说三农"讲座活动，组建12个现代农业产业技术体系。

实施"千企兴村万社联户"脱贫产业帮扶行动，带动117.9万脱贫户发展产业。发展壮大全产业链，以脱贫地区为重点，每年支持培育100家左右龙头企业、10个省级现代农业产业园，累计创建6个国家级优势特色产业集群、19个农业特色小镇，打造6个省级区域公用品牌和20个"一县一特"品牌。

同时，湖南建立了脱贫地区优质农产品产销对接综合服务中心，在北上广等地建立展销馆，推动脱贫地区优质农产品"出湘出境"。

突出重点，补齐脱贫地区产业发展短板

"全村通过'飞地'模式，异地流转土地1000亩发展猕猴桃产业，累计分红604万元。"11月22日，驻花垣县双龙镇十八洞村乡村振兴帮扶工作队队长田晓告诉记者，近几年，十八洞村发挥品牌引领优势，"借"地种植，有效克服耕地不足的短板。

促进脱贫地区增产增收，突出重点帮扶、补齐产业短板是基础。今年，湖南出台《关于支持十五个乡村振兴重点帮扶县跨越发展的意见》，加快缩小县域产业发展差距。

建立省级领导联系乡村振兴重点帮扶县制度。实施"湘伴而行"产业协作行动，依托省内对口帮扶为每县建设1个产业"飞地园区"，组织引导150家民营企业和15家商会结对帮扶。

此外，湖南还以"一县一团"方式组建科技专家服务团，向每县选派1名科技副县长、200名以上科技特派员和"三区"科技人才，补齐脱贫地区人才不足的短板。（湖南日报）

案例3： 山西省计划培育3000名乡村产业振兴"领头雁"

记者从山西省农业农村厅获悉，山西省近日启动实施全省乡村产业振兴带头人培育"头雁"项目，计划每年培育600名左右乡村产业振兴带头人，力争用5年时间培育一支3000人规模的乡村产业振兴带头人——"头雁"队伍。

据了解，山西每年培育600名左右乡村产业振兴带头人，由公开遴选的1—3所培育机构承担培育任务。培育机构采取累计一个月集中授课、一学期线上学习、一系列考察互访、一名导师帮扶指导的培育模式，对带头人开展为期1年的定制化、体验式、孵化型培育。根据疫情防控需要和农事农时，自行安排集中培育时间。

根据项目要求，山西将针对乡村产业振兴带头人从事的产业类型和自身需求，量身定制培训内容和培训方式。同时，注重培育工作与生产经营相结合，在开展知识教授的同时，通过实地考察省级示范家庭农场、省级及国家级农民合作社示范社、省级以上农业产业化龙头企业等进行深度体验学习。同时，山西将为每名乡村振兴带头人配备一名专业指导老师，持续开展帮扶指导，为其提供扩大视野、更新知识的平台机会，增强其创业创新创造能力。支持协助领办或联合创办企业，指导其做大做强产业，引领和带动当地产业提质增效、集体经济持续发展和农民增收致富。（新华社）

案例4： 青海农牧产业转型升级 建现代企业生态发展之路

青海省加快农牧业结构调整，发展青藏高原特色种植、智慧农牧业和电子商务，整合农产品种植、畜牧产品养殖、生态旅游、休闲观光、健康食品直营的农业全产业链，实现农牧产业转型升级，构建"产出高效、绿色优质、资源节约、环境友好"的农牧业现代企业发展道路。

在青海省海南州共和县倒淌河镇湖东种羊场，智慧农牧业发展得到了充分体现。由青海省三江集团有限责任公司开发的"原牧求娱"手机终端 APP，在手机上建造一个实体的"开心牧场"，用线上认养、线下代养的模式，实现用户与牧场的零距离接触。同时，用户可以通过 GPS 项圈和实时定位监控精确掌握羊的位置和运动轨迹，并实时获知青海湖的水文、土壤等变化。"原牧求娱"手机终端 APP 在满足都市人亲近自然的同时，也探索了青海牧区的牛羊放羊新模式。

随着"互联网 +"的不断完善，青海农牧业呈现科学化、体系化、智能化的发展态势。青海三江原牧农业股份有限公司董事长贺永平说："通过'互联网 +'，把青海湖包括青海的生态环境的修复，让更多人参与其中，做了公益又做了生态环境保护项目。"

青海省门源种马场是一个以农牧业为主的农牧场。近年来，种马场加强种植业结构调整，在场属四牙合农业站种植青稞，在药草梁、乌兰两个农业站种植油菜，打造一站一业种植品牌。同时推广牛羊高效养殖模式，加快牲畜出栏，有效缓解草场承载压力。

距离海北州门源县浩门镇 36 公里处的花海，位于有"黄金草原"之称的皇城大草原内，是中国最美丽的六大草原之一——祁连山草原的重要组成部分，是高山珍稀水禽的自然保护区，有近百只鸳鸯随波嬉戏，也被称为"爱情鸟的乐园"。

正是由于特殊的地理位置，花海鸳鸯承担着重要的生态功能，被称为祁连山草原之肺。景区在不搞大开发、大利用的前提下，将原生态景象呈现给游客。

青海三江生态旅游有限责任公司总经理王国萍表示："立足本景区的自然生态特点和文化生态内涵，以自然生态景观和文化生态体验为依托，通过景区建设和生态保护，衔接省内农牧旅游产业链，促进全域旅游快速发展。"（央广网）

案例5： 台湾清境农场： 田园综合体 + 农业特色小镇

休闲农业的发展促进了台湾农业的成功转型，甚至可以说对其转型产生了至关重要的作用。"三产"融合促进了台湾农业旅游经济的发展。目前台湾的休闲农业已经走红国际市场，中国各地及新加坡、马来西亚等地的游客不断增多。

清境农场是台湾休闲农业的经典项目之一，创建于 1961 年，位于台湾南投县仁爱乡，临近合欢山，面积 700公顷，海拔 1748米，有"雾上桃源"的美名，是台湾最优质的高山度假胜地。清境乡村农场利用优质的草场和山地景观资源，打造特色农场和风情民宿，吸引游客远离城市，体验独特的山地田园风光。清境乡村花园——来自世界各地的花花草草所交织成的百花风貌，让人仿佛置身于欧洲世界，清境农场也因此而有"小瑞士"之美名。登高远眺清境云雾，山岚徐徐弥漫，如梦如幻，"小瑞士"花园又有了"雾上桃源"这一美称。

清境农场整体规划如下。

线：车行路、六大步道意境深远

清境6大步道最能让人深刻感受清境真实面貌。坐落在青青草原四周的 6大步道：大片的茶园，碧绿青翠就像是湖泊般的"翠湖步道"；近距离接触羊群牛群是农场畜牧中心"畜牧步道"；柳杉群林，清幽静谧，享受森林浴最佳去处的是"柳杉步道"；最佳观落日美景的"落日步道"；拾级而上的"步步高升步道"；最具人气指数，遍布白色法国菊玛格丽特，欧洲风情十足的"玛格丽特步道"。一路由北到南相互连接的步道群，是踏青、健行、赏景的连接网脉。

点：游客中心、休闲中心、特色民宿相辅相成

清境农场著名民宿区的建筑各有特色，令人感觉仿佛漫步在欧洲，加上新兴景点摆夷文化风情观览、云端上喝咖啡、高山上听民歌、游酒馆等，清境农场创造出了大量的奇观、风景和主题，吸引众人前往。

清境民宿通过策略联盟经营的方式，成立了清境观光发展促进会，共同进行营销活动推广，在对外事务的利益争取、地区发展的规范、地区的资源分配与协调等方面取得了很大的进展，进一步推动了当地乡村民宿的健康发展。

面：草场、牧场、花园、茶园浑然一体

将景区节点离散化，在草场、牧场、花园和茶园等各个片区打造不同主题的景观和休闲娱乐活动。

在这片偌大的仙境之中，最受欢迎的景点莫过于清境农场青青草原的招牌"羊咩咩脱衣秀"（剪羊毛）。绵延不尽的草地上有着成群的牛羊不时穿梭其中，徜祥其中不但可近距离地接触到牛羊，还能欣赏到可爱的"绵羊秀"

清境农场成功经验在于：

第一，依托先天山地草场资源禀赋，打造独特的城郊休闲农场风光，而非传统景区大规模开发植入。

第二，建立了完善的功能体系，依山就势，分散景点布局，通过交通串联景区各个节点，形成"线、点、面"彼此联动的内部格局。

第三，将创意文化植入关联活动中。少数民族文化的植入，融入各种主题活动中，成为大众游客的核心吸引力之一。

第四，创新盈利模式，统一经营管理。核心设施全部自持运营少量民宿和商业本地村民自营，有利于统一管理和服务的提高。（"全球产业小镇"微信公众号 ）

案例6： 河北：夯实乡村全面振兴的产业基础

产业振兴是乡村振兴的重中之重。从省政府新闻办4月7日召开的河北省2022年全面推进乡村振兴重点工作新闻发布会上获悉，今年，我省将以项目为牵引，狠抓园区建设，集中力量打造产业集群，全面提升农业质量效益和竞争力，进一步夯实乡村全面振兴的产业基础。

大抓农业项目建设。今年省委一号文件部署了"农业产业项目突破年"行动，要求各地持续开展农业大招商，实行招商项目、在建项目"双目录""双包联"，精准引进一批产业链头部企业，新建一批牵引力大的标志性项目，全年全省农业招商签约引资额要达到1700亿元，同比增长20%以上，农业产业项目当年完成投资800亿元，比上年实现倍增，促进农业产业化跨越发展。

推动农业园区提档升级。今年省委一号文件部署了重点园区崛起行动，提出每个县重点抓1至2个农业园区，每个市重点抓7至10个农业园区，全省重点抓100个农业示范园区。当前已明确了创建清单，逐园区列出了年度发展目标、重点建设项目、实施主体、包联领导，着力推动土地、资本、科技、人才等各类先进要素向园区集聚，集中力量建设一批特色突出、成方连片、龙头带动、三产融合的现代农业发展高地，示范带动全省农业高质量发展。

做大做强特色优势产业集群。省委一号文件明确，按照"规模化、集约化、融合化"的思路，集中力量打造优质专用小麦、优质谷子、优质油料、精品蔬菜、高端乳品、道地中药材等15个特色优势产业集群，全面推进"一县一业、一村一品"，力争到年底完成新增优质粮油作物100万亩、新增和改造提升特色作物100万亩，促进全省农业提质增效。

推动农业绿色发展。大力发展节水农业，稳定黑龙港地区季节性休耕200万亩，扩大旱作雨养种植规模到230万亩，新增浅埋滴灌240万亩，优先在蔬菜、果树等高耗水作物上推广应用滴灌、膜下滴灌、微喷灌、浅埋滴灌等高效节水灌溉技术。同时，加大畜禽粪污治理力度，确保白洋淀流域养殖场粪污处理设施全部达到二级以上水平，全省粪污综合利用率达到81%。深入实施化肥农药减量增效行动，化肥、农药使用量继续保持负增长。大力推进农业品种培优、品质提升、品牌打造和标准化生产提升行动，新发展"两品一标"绿色有机等农产品120个，进一步提升农业生产绿色化水平。

（河北日报）

案例7： 我国加大政府采购政策促进乡村产业振兴

近日，财政部、农业农村部和国家乡村振兴局联合下发通知明确，自2021年起，各级预算单位应当按照不低于10%的比例预留年度食堂食材采购份额，通过脱贫地区农副产品网络销售平台（以下简称"832平台"）采购脱贫地区农副产品。

通知指出，运用政府采购政策，组织预算单位采购脱贫地区农副产品，通过稳定的采购需求持续激发脱贫地区发展生产的内生动力，促进乡村产业振兴，有助于推动脱贫地区实现更宽领域、更高层次的发展。

长期研究数字化赋能乡村振兴的大连理工大学教授崔淼表示，运用政府采购政策，通过稳定的采购需求可让各地脱贫群众享受到"真金白银"的劳动收入，将持续激发脱贫地区发展生产的内生动力，同时还将推动产业提升和机制创新，可进一步激发全社会参与的积极性，接续推进脱贫地区产业发展，促进农民群众持续增收。

由财政部、农业农村部、国家乡村振兴局和中华全国供销合作总社牵头，中国供销电子商务有限公司建设运营的"832平台"目前累计交易额近百亿元，平台已入驻活跃供应商超过1.1万个。

据了解，今年"832平台"将聚焦832个脱贫县，促进脱贫地区农副产品销售，根据预算单位采购需求优化创新农副产品产销模式，促进脱贫地区特色产业发展，推动脱贫地区农副产品进一步融入全国大市场，为巩固拓展脱贫攻坚成果同乡村振兴有效衔接提供有力支撑。（新华社）

案例8： 围绕产业、就业、消费帮扶等领域创新举措 央企助力乡村振兴

经过多年持续奋斗，脱贫攻坚目标如期实现。站在新起点，"全面推进乡村振兴"的号角聚合起多方力量。近日，第六届安仁论坛举行。论坛围绕"新发展格局下的乡村振兴"展开，其间，国资央企输出一系列富有特色、行之有效的实践案例和经验，展示了助力乡村振兴的新成效、好做法。

"国家队"彰显责任担当

今年以来，中央企业在246个定点帮扶县已直接投入帮扶资金75.95亿元，其中无偿帮扶资金25.35亿元，购买和帮助销售脱贫地区农产品33.5亿元，培训基层干部和各类技术人员10.15万名，帮助脱贫人口转移就业1.23万人，有力帮助脱贫地区和脱贫群众打牢基础、巩固成果。

国务院国资委党委委员、副主任任洪斌介绍："国资央企将继续大力投入各类帮扶资源，并向国家乡村振兴重点帮扶县倾斜支持，确保'十四五'时期投入帮扶资金不低于'十三五'时期。"

"乡村振兴战略实施以来，国资委党委高度重视，对央企乡村振兴工作作出全面部署。"国务院国资委科技创新和社会责任局副局长张晓红表示，"各中央企业结合实

际、积极作为，围绕产业、就业、消费帮扶等领域，持续创新帮扶举措，提高帮扶实效，在开局起步阶段取得了良好成效。"

"新发展格局下，必须破除产业发展的难题。"国务院发展研究中心公共管理与人力资源研究所研究员李佐军认为，新发展格局带来了乡村文化旅游发展机遇。华侨城集团聚焦主责主业，通过文旅融合赋能乡村振兴，华侨城集团有限公司董事、总经理、党委副书记刘凤喜表示，目前华侨城建设和运营成都安仁南岸美村、三亚中廖村、昆明呈贡乌龙古渔村等近30个特色小镇和美丽乡村项目，所形成的开放式景区年接待游客量达4000万人次。

国家电网聚焦乡村建设行动，"十四五"期间规划投资7552亿元，进一步提升农村供电能力，加快传统农村电网向能源互联网转型升级，保障农村经济社会发展用电需要。

"主力军"赋能产业振兴

科技赋能、模式赋能、资源赋能，这是中国中化的助农关键词。"我们提供土壤检测、品种规划、农机服务、品质订单、金融服务等现代农业综合解决方案。"中国中化旗下先正达集团有关负责人刘剑波介绍，截至2020年末，该方案已在13个省份的64个县实现复制推广，联农带农约84.5万户，助农增收超过4亿元。

给农业插上科技的翅膀，国资委架起市场和农民之间的"惠民桥"，组织推动进一步优化央企消费帮扶电商平台，更好连接脱贫地区产品和央企内部消费市场，已上架产品8800多款、累计交易额4亿元。今年，针对一些脱贫地区的农民对市场信息了解不够、科学种粮储粮节粮意识不强等问题，中国储备粮管理集团有限公司推出"惠三农"APP，让农民网上预约、"踩点儿"卖粮，少排队、多增收。中储粮集团董事、党组副书记宋致远介绍："目前该应用已注册用户70余万，预约售粮超3500万吨。"

中国移动通信集团有限公司推出7项数智化工程，以信息化、数字化、智能化全面推动乡村振兴进程，加快5G、人工智能、大数据、区块链等新一代信息技术与农业生产深度融合。中国移动乡村振兴办公室主任李重严表示："'十四五'末在全国打造智慧农业标杆项目260个，助力乡村产业振兴。"

科技、专业人才是对乡村振兴的有力托举。据了解，国资委将继续选派优秀干部投身帮扶一线，在246个定点帮扶县选派央企帮扶干部535人，在全国各类帮扶点派出上万人。（人民日报）

案例9： 挖掘产业优势 推进乡村振兴

2022年，我国农产品加工转化率达72%，网络零售额同比增长9.2%

建设冷链物流等基础设施，拓展农村电商等新兴业态，发挥返乡入乡创业人群联农带农优势……近年来，各地区各部门依托农业农村特色资源，因地制宜选准产业发展的突破口，为全面推进乡村振兴打下坚实基础。

产业振兴是乡村振兴的重中之重。形形色色的农副产品，山清水秀的田园风光，耕读传家的文化传统，都是乡村产业发展的独特土壤。

记者从农业农村部了解到，2022年我国乡村产业培育壮大，农民增收渠道持续拓宽。新建40个优势特色产业集群、50个国家现代农业产业园、200个农业产业强镇，乡村产业基础进一步夯实，乡村产业呈现稳中向好发展态势。在产业带动、就业拉动下，去年全年农村居民人均可支配收入达到20133元、实际增长4.2%。

全环节升级、全价值提升、全产业融合……近年来，各地区各部门依托农业农村特色资源，开发农业多种功能，挖掘乡村多元价值，因地制宜选准产业发展的突破口，把乡村资源优势、生态优势、文化优势转化为产品优势、产业优势，为全面推进乡村振兴打下坚实基础。

补齐基础短板，延长产业链条

春暖花开，江西省鹰潭市上清镇上清村板栗种植基地，乡亲们正忙着清理杂草、施肥作业。"上清板栗个头大，口感脆甜。"正在施农家肥的种植大户童庆锋介绍，目前他种植板栗260多亩，年产量超10万斤。

据介绍，上清镇板栗种植面积达5000多亩，累计带动1200多户农民增收，其中包括53户脱贫户。"当地的小板栗成长为大产业，一路走来并非一帆风顺。"童庆锋坦言，原先出村的路不好走，运输时间长，加上没有冷链物流车，好多板栗烂在半路上，损耗很大。加上板栗在11月份集中成熟，保鲜期很短，储运压力很大。

"政府积极协调，解了我们的燃眉之急。"童庆锋介绍，近年来，上清镇加快补齐道路、物流等基础短板，不断增加冷库库容，让板栗"住"进了安全舱。随着仓储冷藏设备不断完善，板栗销售期从"一季卖"拓展到了"全年卖"。

基础不断夯实，链条持续延长。今年的中央一号文件提出，"加快粮食烘干、农产品产地冷藏、冷链物流设施建设""做大做强农产品加工流通业"。2022年，我国农产品加工转化率达72%，规模以上农产品加工企业营业收入超过19.14万亿元、增长3.6%左右，支持各类经营主体建设1.6万多个农产品产地冷藏保鲜设施。

延长农业产业链，农产品加工是关键。在江苏省泗阳县国家现代农业产业园，每天都有一辆辆满载食用菌的货车，开往上海、北京等地。去年，华绿公司江苏基地的7家菌菇工厂共销售鲜菌菇约12.5万吨。以占地1平方公里的精深加工板块为核心，当地持续开发科技含量高、附加值高的农产品，到2022年，累计10家以上企业入驻精深加工板块。

"延链、补链、壮链、强链，是发展乡村产业的主攻方向。"中国农业科学院农产品加工研究所所长王凤忠认为，未来应当向前端延伸带动农户建设原料基地，向后端延伸建设物流营销和服务网络，推动农产品加工业进一步向产地下沉，加工产能向县域布局。

应用前沿技术，拓展新兴业态

"大家好，瞧瞧这刚摘下来的西红柿，口感酸甜，营养丰富，现在下单，下午就能发货咯……"手机这头，主播边品尝、边讲解；屏幕那头，消费者纷纷点赞下单。振东电子商务有限责任公司负责人黄杰能介绍，借助直播带货，这段时间特色农产品的日均发货量达3000件，年产值预计达到500多万元。

在黄杰能的家乡广西壮族自治区田东县，大部分农村地处偏远山区，以往特色农产品一直面临销售难、价格低的困境。"把山里的果子卖出去，是我一直以来的愿望。"黄杰能说。

改变源自一根网线。最初，黄杰能在手机上做微商，有时一天纯收入能有1000多元。尝到甜头后，他开始学习电商运营。公司一步步壮大，员工增加到现在的20多人，实现了芒果、西红柿等特色农产品的网上销售，助力田东农产品的销量和价格都提高了不少。

当前，订单农业、农村电商、视频直播等农业新业态方兴未艾，各类涉农电商超过3万家。2022年，全国农产品网络零售额达5313.8亿元，同比增长9.2%，增速较2021年提升6.4个百分点，为农民增收创收、农村发展创新等提供了动力。

新技术促进新业态，新产业催生新融合。近年来，随着文旅、康养等产业与农业的跨界融合，共享农业、体验农业、创意农业等也大量涌现。

融融春光里，湖北省武汉市黄陂区杜堂村木兰花乡田园综合体人气正旺。据统计，综合体建成开园以来，累计接待游客380万人次，旅游总收入突破5亿元，带动就业3000余人。杜堂村第一书记葛天才介绍，下一步，还将辐射带动周边村共同打造村景融合示范区，带动更多乡亲共同发展。

党的十八大以来，全国休闲农庄、观光农园、农家乐等达到30多万家，年营业收入超过7000亿元。"融合农文旅，做精做优乡村休闲旅游业，不断拓展农业多种功能。"中国社会科学院农村发展研究所研究员胡冰川说，突出绿水青山特色、做亮生态田园底色、守住乡土文化本色，推动乡村休闲旅游业高质量发展。

推动人才创新，积极联农带农

春意盎然，山东省金乡县高创农业科技示范园的连栋温室大棚内，黄瓜、辣椒、茄子等长势喜人。示范园负责人刘海方正给前来购苗的菜农介绍："黄瓜苗嫁接到南瓜砧木上，种苗抗病力强，采摘期还会延长，产量也会提高。"

聚焦蔬菜育苗、精品采摘，建设高标准苗床及精品蔬菜种植、采摘体验基地；发起标准化农业技术管理培训教室，每年开展高素质农民培训达1300余人次，直接带动周边300余户农民成为专业蔬菜种植户……近些年，刘海方探索多种方式带动乡亲致富。"未来我们计划建设高标准的研学游基地，通过植物认养、采摘休闲、研学体验等方式，带动更多乡亲分享农业增值效益。"刘海方告诉记者。

"乡村产业振兴要在联农带农上下功夫。"北京师范大学中国乡村振兴与发展研究中心主任张琦说，应当引导企业、新型经营主体等，发挥自身优势，在带动农户、服务农户中发展壮大自己，加快形成和农户在产业链上优势互补、分工合作的格局。目前全国每个脱贫县都培育了2—3个特色主导产业，近3/4的脱贫人口与新型经营主体建立紧密利益联结关系。

产业兴、人气旺。返乡入乡创业的各类人才，也是积极带动农户致富的力量之一。

今年是新农人陆文婷直播卖蜂蜜的第四年。大学毕业后，陆文婷被浙江省丽水市的生态环境吸引，和丈夫一起奔赴山区，创办了绿谷土蜂专业合作社，走出了一条"蜂农+合作社+公司+蜂旅融合+销售"的路子。在拥有众多野生花卉资源的丽水，经过多年坚持，陆文婷养殖土蜂4000多群，建设蜂场30余个，遍布莲都区老竹畲族镇周边，带动1360余户农户开展中蜂养殖、蜜源植物种植、蜂箱制作、土蜂蜜销售等，户均增收万元以上。

"作为新农人，要用新的理念、技术，让更多乡亲品尝'甜蜜的滋味'。"陆文婷表示，"我们计划将直播带货扩展应用到更多农产品，带动更多农户共享数字红利。"

据统计，2012年至2022年底，全国返乡入乡创业人员数量累计达到1220万人。大学毕业生到乡、能人回乡、农民工返乡、企业家入乡，各类人才创业创新，乡村产业发展动能不断增强，带动农村就业空间和农民增收渠道进一步拓展。（人民日报）

附录： 国务院关于促进乡村产业振兴的指导意见

国发〔2019〕12号

各省、自治区、直辖市人民政府，国务院各部委、各直属机构：

产业兴旺是乡村振兴的重要基础，是解决农村一切问题的前提。乡村产业根植于县域，以农业农村资源为依托，以农民为主体，以农村一二三产业融合发展为路径，地域特色鲜明、创新创业活跃、业态类型丰富、利益联结紧密，是提升农业、繁荣农村、富裕农民的产业。近年来，我国农村创新创业环境不断改善，新产业新业态大量涌现，乡村产业发展取得了积极成效，但也存在产业门类不全、产业链条较短、要素活力不足和质量效益不高等问题，亟需加强引导和扶持。为促进乡村产业振兴，现提出如下意见。

一、总体要求

（一）指导思想。以习近平新时代中国特色社会主义思想为指导，全面贯彻党的十九大和十九届二中、三中全会精神，牢固树立新发展理念，落实高质量发展要求，坚持农业农村优先发展总方针，以实施乡村振兴战略为总抓手，以农业供给侧结构性改革为主线，围绕农村一二三产业融合发展，与脱贫攻坚有效衔接、与城镇化联动推进，充分挖掘乡村多种功能和价值，聚焦重点产业，聚集资源要素，强化创新引领，突出集群成链、延长产业链、提升价值链，培育发展新动能，加快构建现代农业产业体系、生产体系和经营体系，推动形成城乡融合发展格局，为农业农村现代化奠定坚实基础。

（二）基本原则。

因地制宜、突出特色。依托种养业、绿水青山、田园风光和乡土文化等，发展优势明显、特色鲜明的乡村产业，更好彰显地域特色、承载乡村价值、体现乡土气息。

市场导向、政府支持。充分发挥市场在资源配置中的决定性作用，激活要素、市场和各类经营主体。更好发挥政府作用，引导形成以农民为主体、企业带动和社会参与相结合的乡村产业发展格局。

融合发展、联农带农。加快全产业链、全价值链建设，健全利益联结机制，把以农业农村资源为依托的二三产业尽量留在农村，把农业产业链的增值收益、就业岗位尽量留给农民。

绿色引领、创新驱动。践行绿水青山就是金山银山理念，严守耕地和生态保护红线，节约资源，保护环境，促进农村生产生活生态协调发展。推动科技、业态和模式创新，提高乡村产业质量效益。

（三）目标任务。力争用5—10年时间，农村一二三产业融合发展增加值占县域生产总值的比重实现较大幅度提高，乡村产业振兴取得重要进展。乡村产业体系健全完备，农业供给侧结构性改革成效明显，绿色发展模式更加成熟，乡村就业结构更加优化，农民增收渠道持续拓宽，产业扶贫作用进一步凸显。

二、突出优势特色，培育壮大乡村产业

（四）做强现代种养业。创新产业组织方式，推动种养业向规模化、标准化、品牌化和绿色化方向发展，延伸拓展产业链，增加绿色优质产品供给，不断提高质量效益和竞争力。巩固提升粮食产能，全面落实永久基本农田特殊保护制度，加强高标准农田建设，加快划定粮食生产功能区和重要农产品生产保护区。加强生猪等畜禽产能建设，提升动物疫病防控能力，推进奶业振兴和渔业转型升级。发展经济林和林下经济。（农业农村部、国家发展改革委、自然资源部、国家林草局等负责）

（五）做精乡土特色产业。因地制宜发展小宗类、多样性特色种养，加强地方品种种质资源保护和开发。建设特色农产品优势区，推进特色农产品基地建设。支持建设规范化乡村工厂、生产车间，发展特色食品、制造、手工业和绿色建筑建材等乡土产业。充分挖掘农村各类非物质文化遗产资源，保护传统工艺，促进乡村特色文化产业发展。（农业农村部、工业和信息化部、文化和旅游部、国家林草局等负责）

（六）提升农产品加工流通业。支持粮食主产区和特色农产品优势区发展农产品加工业，建设一批农产品精深加工基地和加工强县。鼓励农民合作社和家庭农场发展农产品初加工，建设一批专业村镇。统筹农产品产地、集散地、销地批发市场建设，加强农产品物流骨干网络和冷链物流体系建设。（农业农村部、国家发展改革委、工业和信息化部、商务部、国家粮食和储备局、国家邮政局等负责）

（七）优化乡村休闲旅游业。实施休闲农业和乡村旅游精品工程，建设一批设施完备、功能多样的休闲观光园区、乡村民宿、森林人家和康养基地，培育一批美丽休闲乡村、乡村旅游重点村，建设一批休闲农业示范县。（农业农村部、文化和旅游部、国家卫生健康委、国家林草局等负责）

（八）培育乡村新型服务业。支持供销、邮政、农业服务公司、农民合作社等开展农资供应、土地托管、代耕代种、统防统治、烘干收储等农业生产性服务业。改造农村传统小商业、小门店、小集市等，发展批发零售、养老托幼、环境卫生等农村生活性服务业。（农业农村部、国家发展改革委、财政部、商务部、国家邮政局、供销合作总社等负责）

（九）发展乡村信息产业。深入推进"互联网+"现代农业，加快重要农产品全产业链大数据建设，加强国家数字农业农村系统建设。全面推进信息进村入户，实施"互联网+"农产品出村进城工程。推动农村电子商务公共服务中心和快递物流园区发展。（农业农村部、中央网信办、工业和信息化部、商务部、国家邮政局等负责）

三、科学合理布局，优化乡村产业空间结构

（十）强化县域统筹。在县域内统筹考虑城乡产业发展，合理规划乡村产业布局，形成县城、中心镇（乡）、中心村层级分工明显、功能有机衔接的格局。推进城镇基础设施和基本公共服务向乡村延伸，实现城乡基础设施互联互通、公共服务普惠共享。完善县城综合服务功能，搭建技术研发、人才培训和产品营销等平台。（国家发展改革委、自然资源部、生态环境部、住房城乡建设部、农业农村部等负责）

（十一）推进镇域产业聚集。发挥镇（乡）上连县、下连村的纽带作用，支持有条件的地方建设以镇（乡）所在地为中心的产业集群。支持农产品加工流通企业重心下沉，向有条件的镇（乡）和物流节点集中。引导特色小镇立足产业基础，加快要素聚集和业态创新，辐射和带动周边地区产业发展。（国家发展改革委、住房城乡建设部、农业农村部等负责）

（十二）促进镇村联动发展。引导农业企业与农民合作社、农户联合建设原料基地、加工车间等，实现加工在镇、基地在村、增收在户。支持镇（乡）发展劳动密集型产业，引导有条件的村建设农工贸专业村。（国家发展改革委、农业农村部、商务部等负责）

（十三）支持贫困地区产业发展。持续加大资金、技术、人才等要素投入，巩固和扩大产业扶贫成果。支持贫困地区特别是"三区三州"等深度贫困地区开发特色资源、发展特色产业，鼓励农业产业化龙头企业、农民合作社与贫困户建立多种形式的利益联结机制。引导大型加工流通、采购销售、投融资企业与贫困地区对接，开展招商引资，促进产品销售。鼓励农业产业化龙头企业与贫困地区合作创建绿色食品、有机农产品原料标准化生产基地，带动贫困户进入大市场。（农业农村部、国家发展改革委、财政部、商务部、国务院扶贫办等负责）

四、促进产业融合发展，增强乡村产业聚合力

（十四）培育多元融合主体。支持农业产业化龙头企业发展，引导其向粮食主产区和特色农产品优势区集聚。启动家庭农场培育计划，开展农民合作社规范提升行动。鼓励发展农业产业化龙头企业带动、农民合作社和家庭农场跟进、小农户参与的农业产业化联合体。支持发展县域范围内产业关联度高、辐射带动力强、多种主体参与的融合模式，实现优势互补、风险共担、利益共享。（农业农村部、国家发展改革委、财政部、国家林草局等负责）

（十五）发展多类型融合业态。跨界配置农业和现代产业要素，促进产业深度交叉融合，形成"农业+"多业态发展态势。推进规模种植与林牧渔融合，发展稻渔共生、林下种养等。推进农业与加工流通业融合，发展中央厨房、直供直销、会员农业等。推进农业与文化、旅游、教育、康养等产业融合，发展创意农业、功能农业等。推进农业与信息产业融合，发展数字农业、智慧农业等。（农业农村部、国家发展改革委、教育部、工业和信息化部、文化和旅游部、国家卫生健康委、国家林草局等负责）

（十六）打造产业融合载体。立足县域资源禀赋，突出主导产业，建设一批现代农业产业园和农业产业强镇，创建一批农村产业融合发展示范园，形成多主体参与、多要素聚集、多业态发展格局。（农业农村部、国家发展改革委、财政部、国家林草局等负责）

（十七）构建利益联结机制。引导农业企业与小农户建立契约型、分红型、股权型等合作方式，把利益分配重点向产业链上游倾斜，促进农民持续增收。完善农业股份合作制企业利润分配机制，推广"订单收购+分红"、"农民入股+保底收益+按股分红"等模式。开展土地经营权入股从事农业产业化经营试点。（农业农村部、国家发展改革委等负责）

五、推进质量兴农绿色兴农，增强乡村产业持续增长力

（十八）健全绿色质量标准体系。实施国家质量兴农战略规划，制修订农业投入品、农产品加工业、农村新业态等方面的国家和行业标准，建立统一的绿色农产品市场准入标准。积极参与国际标准制修订，推进农产品认证结果互认。引导和鼓励农业企业获得国际通行的农产品认证，拓展国际市场。（农业农村部、市场监管总局等负责）

（十九）大力推进标准化生产。引导各类农业经营主体建设标准化生产基地，在国家农产品质量安全县整县推进全程标准化生产。加强化肥、农药、兽药及饲料质量安全管理，推进废旧地膜和包装废弃物等回收处理，推行水产健康养殖。加快建立农产品质量分级及产地准出、市场准入制度，实现从田间到餐桌的全产业链监管。（农业农村部、生态环境部、市场监管总局等负责）

（二十）培育提升农业品牌。实施农业品牌提升行动，建立农业品牌目录制度，加强农产品地理标志管理和农业品牌保护。鼓励地方培育品质优良、特色鲜明的区域公用品牌，引导企业与农户等共创企业品牌，培育一批"土字号"、"乡字号"产品品牌。（农业农村部、商务部、国家知识产权局等负责）

（二十一）强化资源保护利用。大力发展节地节能节水等资源节约型产业。建设农业绿色发展先行区。国家明令淘汰的落后产能、列入国家禁止类产业目录的、污染环境的项目，不得进入乡村。推进种养循环一体化，支持秸秆和畜禽粪污资源化利用。推进加工副产物综合利用。（国家发展改革委、工业和信息化部、自然资源部、生态环境部、水利部、农业农村部等负责）

六、推动创新创业升级，增强乡村产业发展新动能

（二十二）强化科技创新引领。大力培育乡村产业创新主体。建设国家农业高新技术产业示范区和国家农业科技园区。建立产学研用协同创新机制，联合攻克一批农业领域关键技术。支持种业育繁推一体化，培育一批竞争力强的大型种业企业集团。建设一批农产品加工技术集成基地。创新公益性农技推广服务方式。（科技部、农业农村部等负责）

（二十三）促进农村创新创业。实施乡村就业创业促进行动，引导农民工、大中专毕业生、退役军人、科技人员等返乡入乡人员和"田秀才"、"土专家"、"乡创客"创新创业。创建农村创新创业和孵化实训基地，加强乡村工匠、文化能人、手工艺人

和经营管理人才等创新创业主体培训，提高创业技能。（农业农村部、国家发展改革委、教育部、人力资源社会保障部、退役军人部、共青团中央、全国妇联等负责）

七、完善政策措施，优化乡村产业发展环境

（二十四）健全财政投入机制。加强一般公共预算投入保障，提高土地出让收入用于农业农村的比例，支持乡村产业振兴。新增耕地指标和城乡建设用地增减挂钩节余指标跨省域调剂收益，全部用于巩固脱贫攻坚成果和支持乡村振兴。鼓励有条件的地方按市场化方式设立乡村产业发展基金，重点用于乡村产业技术创新。鼓励地方按规定对吸纳贫困家庭劳动力、农村残疾人就业的农业企业给予相关补贴，落实相关税收优惠政策。（财政部、自然资源部、农业农村部、税务总局、国务院扶贫办等负责）

（二十五）创新乡村金融服务。引导县域金融机构将吸收的存款主要用于当地，重点支持乡村产业。支持小微企业融资优惠政策适用于乡村产业和农村创新创业。发挥全国农业信贷担保体系作用，鼓励地方通过实施担保费用补助、业务奖补等方式支持乡村产业贷款担保，拓宽担保物范围。允许权属清晰的农村承包土地经营权、农业设施、农机具等依法抵押贷款。加大乡村产业项目融资担保力度。支持地方政府发行一般债券用于支持乡村振兴领域的纯公益性项目建设。鼓励地方政府发行项目融资和收益自平衡的专项债券，支持符合条件、有一定收益的乡村公益性项目建设。规范地方政府举债融资行为，不得借乡村振兴之名违法违规变相举债。支持符合条件的农业企业上市融资。（人民银行、财政部、农业农村部、银保监会、证监会等负责）

（二十六）有序引导工商资本下乡。坚持互惠互利，优化营商环境，引导工商资本到乡村投资兴办农民参与度高、受益面广的乡村产业，支持发展适合规模化集约化经营的种养业。支持企业到贫困地区和其他经济欠发达地区吸纳农民就业、开展职业培训和就业服务等。工商资本进入乡村，要依法依规开发利用农业农村资源，不得违规占用耕地从事非农产业，不能侵害农民财产权益。（农业农村部、国家发展改革委等负责）

（二十七）完善用地保障政策。耕地占补平衡以县域自行平衡为主，在安排土地利用年度计划时，加大对乡村产业发展用地的倾斜支持力度。探索针对乡村产业的省市县联动"点供"用地。推动制修订相关法律法规，完善配套制度，开展农村集体经营性建设用地入市改革，增加乡村产业用地供给。有序开展县域乡村闲置集体建设用地、闲置宅基地、村庄空闲地、厂矿废弃地、道路改线废弃地、农业生产与村庄建设

复合用地及"四荒地"（荒山、荒沟、荒丘、荒滩）等土地综合整治，盘活建设用地重点用于乡村新产业新业态和返乡入乡创新创业。完善设施农业用地管理办法。（自然资源部、农业农村部、司法部、国家林草局等负责）

（二十八）健全人才保障机制。各类创业扶持政策向农业农村领域延伸覆盖，引导各类人才到乡村兴办产业。加大农民技能培训力度，支持职业学校扩大农村招生。深化农业系列职称制度改革，开展面向农技推广人员的评审。支持科技人员以科技成果入股农业企业，建立健全科研人员校企、院企共建双聘机制，实行股权分红等激励措施。实施乡村振兴青春建功行动。（科技部、教育部、人力资源社会保障部、农业农村部、退役军人部、共青团中央、全国妇联等负责）

八、强化组织保障，确保乡村产业振兴落地见效

（二十九）加强统筹协调。各地要落实五级书记抓乡村振兴的工作要求，把乡村产业振兴作为重要任务，摆上突出位置。建立农业农村部门牵头抓总、相关部门协同配合、社会力量积极支持、农民群众广泛参与的推进机制。（农业农村部牵头负责）

（三十）强化指导服务。深化"放管服"改革，发挥各类服务机构作用，为从事乡村产业的各类经营主体提供高效便捷服务。完善乡村产业监测体系，研究开展农村一二三产业融合发展情况统计。（农业农村部、国家统计局等负责）

（二十一）营造良好氛围。宣传推介乡村产业发展鲜活经验，推广一批农民合作社、家庭农场和农村创新创业典型案例。弘扬企业家精神和工匠精神，倡导诚信守法，营造崇尚创新、鼓励创业的良好环境。（农业农村部、广电总局等负责）

第二章　人才振兴

中国特色社会主义进入新时代，我国社会主要矛盾已经转化为人民日益增长的美好生活需要和不平衡不充分的发展之间的矛盾，而我国发展最大的不平衡是城乡发展不平衡，最大的不充分是农村发展不充分，"一条腿长、一条腿短"问题比较突出。党的十九大提出实施乡村振兴战略，并作为七大战略之一写入党章，这是以习近平同志为核心的党中央对"三农"工作作出的重大决策部署，是决胜全面建成小康社会、全面建成社会主义现代化强国的重大历史任务，是新时代做好"三农"工作的总抓手。实施乡村振兴战略也是解决我国新时代主要矛盾的必然要求，是协调城乡发展的必然结果，在我国"三农"发展进程中具有划时代的里程碑意义。

实施乡村振兴战略，必须破解人才瓶颈制约。要把人力资本开发放在首要位置，畅通智力、技术、管理下乡通道，造就更多乡土人才，聚天下人才而用之。

第一节　准确把握乡村振兴中的人才振兴

千秋基业，人才为本。习近平总书记在十九届中央政治局第八次集体学习时的讲话中指出："实施乡村振兴战略，各级党委和党组织必须加强领导，汇聚起全党上下、社会各方的强大力量。"同时强调："人才振兴是乡村振兴的基础，要创新乡村人才工作体制机制，充分激发乡村现有人才活力，把更多城市人才引向乡村创新创业。"新时代，农村是充满希望的田野，是干事创业的广阔舞台。

一、人才振兴是乡村振兴的关键因素

乡村振兴，人才先行。人才振兴是乡村振兴的关键因素。俗话说戏好要看唱戏人，如果没有一批符合需要的乡村人才，实现乡村振兴只能是空话。因此，2018 年中央一

号文件以习近平新时代中国特色社会主义思想为指导，全面贯彻落实党的十九大精神，提出了"实施乡村振兴战略，必须破解人才瓶颈制约"的要求。加强懂农业、爱农村、爱农民的"三农"工作队伍建设，必须把人力资本开发放在首要位置，畅通智力、技术、管理下乡通道，造就更多乡土人才，聚天下人才而用之。2019 年中央一号文件再次指出，要建立"三农"工作干部队伍培养、配备、管理、使用机制，落实关爱激励政策，引导各类人才投身乡村振兴，并要求抓紧出台培养懂农业、爱农村、爱农民"三农"工作队伍的政策意见。

（一）推动乡村振兴需补齐"人才短板"

习近平总书记指出：即便我国城镇化率达到 70%，农村仍将有4亿多人口。如果在现代化进程中把农村 4亿多人落下，到头来"一边是繁荣的城市、一边是凋敝的农村"，这不符合我们党的执政宗旨，也不符合社会主义的本质要求。农村现代化既包括"物"的现代化，也包括"人"的现代化，还包括乡村治理体系和治理能力的现代化。我们要坚持农业现代化和农村现代化一体设计、一并推进，实现农业大国向农业强国跨越。

乡村兴则国家兴，乡村衰则国家衰。农业农村现代化是实施乡村振兴战略的总目标。没有农业农村现代化，就没有整个国家现代化。实施乡村振兴战略是新时代做好"三农"工作的总抓手。人才振兴是乡村振兴的基础、要创新乡村人才工作体制机制，充分激发乡村现有人才活力，把更多城市人才引向乡村创新创业，补齐"人才短板"。实施乡村振兴战略，必须从根本上树立"人才是第一资源"的理念，充分认识农民在乡村振兴中的主体地位，把乡村人才振兴放在乡村振兴的重要位置，培育产生一大批新型农民，打造一支强大的乡村振兴人才队伍，为加快推进农业农村现代化提供坚实人才支撑。

1.乡村振兴中人才队伍建设存在的问题

乡村振兴离不开人才队伍建设，但当前我国乡村人才队伍建设仍存在一些问题，比如人力资本短缺、乡贤群体流失、乡村人才培养机制不健全等。

一是人力资本短缺，综合素质不高。经济的快速发展和城镇化的快速推进，使城乡劳动生产率之间的差距日益显著。随着乡村大量有文化、有知识，懂技术、高素质的青壮年劳动力进城务工和安家落户，大量老人、妇女、儿童等留守乡村，成为乡村人口的代表，导致农村人口老龄化、村庄"空心化""三留守"等问题日益严重，出现了乡村人力资本短缺现象。当前我国乡村人才队伍主要是由乡村能人组建而成，一些乡村能人因为年龄偏大，无论是在知识更新速度、接受新事物能力还是发展视野等方面都具有一定的局限。乡村人力资本短缺、综合素质不高等问题，使得乡村振兴战略各项政策的落实以及各项工作的开展缺少有力的支撑。

二是乡村人才流失，回流难度大。乡村除了上面提到的留不住人才的问题，还存在引不来、返乡机制不畅的问题。当前，那些改革开放初期流出农村的人才已近退休年龄。这些人有阅历、有能力、有资源，能为乡村经济和文化复兴提供动力。同时他们也有强烈的乡土情结，向往绿水青山，但家园情怀无法顺利实现。"甘于清贫，乐于奉献"的观念不足以支撑他们留在农村。由于区位、交通、气候及经济发展、公共服务等劣势明显，政治待遇、经济待遇没有优势，人才更是引不进。此外，人才返乡在土地、户籍、医保、社保等制度方面的机制不畅也阻碍了乡村人才发展。

三是乡村人才培养机制不健全。乡村振兴的实现要紧紧依靠人才队伍的力量，但当前我国部分乡村地区的人才培养机制尚不健全，缺乏科学性、系统性的机制建设，导致乡村人才流失，影响了乡村振兴战略实施的质量与效率。比如，一些地区在进行基层机构改革之后，编制的数量有所减少，不易留住优秀人才，使人才队伍建设出现后继乏力情况。同时，还有部分乡村地区由于缺少经费，减少对人才培养的资金投入，导致乡村振兴人才队伍建设缺乏后劲。此外，部分乡村地区在人才培养上，不能够充分考虑受众群体的接受能力与理解能力，盲目追求高效、快速的培养效率，导致培养工作流于表面，无法真正发挥作用。

2.加大对乡村人才的培养与引进力度，补齐"人才短板"

我们应重视基层干部队伍建设，培养新型职业农民，引导乡村人才理性流动，加大对乡村人才的培养与引进力度。

首先，重视基层干部队伍建设，发挥引领作用。基层干部有两方面的优势：一是对国家政策了解多、领悟透，对本地区发展规划的掌握比较精准、执行比较到位。二是对本地区的资源禀赋、发展优势以及短板不足较为清楚。因此，各地应当充分发挥基层干部把脉定向的作用。基层干部是党的方针政策的执行者和传达者，只有提升基层干部能力，才能全面推进乡村振兴战略，促进乡村社会和谐发展。

其次，要培育农民自我发展能力，充分发挥农民群众在乡村振兴中的主体地位，培育新型职业农民。乡村振兴为了农民，同时也必须依靠农民，这就必须把坚持农民主体地位落实到位，充分调动广大农民群众的积极性、主动性，真正让他们成为乡村振兴的参与者、建设者和受益者。要把政府主导和农民主体有机统一起来，充分尊重农民意愿，激发农民内在活力，教育引导广大农民用自己的辛勤劳动实现乡村振兴。

最后，推进乡村振兴战略要引导乡村人才理性流动，加大对乡村人才的培养与引进力度。一是引导乡村人才理性流动，建立科学的人才机制，吸引乡贤回流。针对我国目前存在的乡贤群体流失且回流难度较大等问题，我们应着力吸引乡贤回流，使乡村振兴战略的实施获得乡贤的支持与帮助。二是加大对乡村人才的培养与引进力度。比如，通过健全乡村振兴人才制度，提供政策优惠，引进农村急需的人才，这就要求做好"筑巢引凤"工作，创造条件，吸引、留住更多的非本土、非乡村人才参与农村建设发展，还应落实人才引进专项编制，出台人才引进特殊补贴、创业支持等优惠政策，完善农村地区的住房、医疗、子女就学等配套服务建设，增强吸引力。

（二）要强化"人才为先"在乡村振兴全局中的战略定位

把培养人才和发挥人才作用纳入乡村振兴战略全局之中通盘考虑，努力形成人才队伍建设与农业农村经济社会发展相互促进、良性发展的有利局面；创造有利于各类人才成长和发挥作用的良好环境，形成科学合理的制度安排，把现有农村各类人才稳定好、利用好，充分发挥现有人才的作用；加大培养力度，因材施教，努力打造高水平的农业科研人才队伍，建设扎根服务基层的农技推广人才队伍，培养善于致富带富的农村实用人才队伍，开发富有工匠精神的农业技能人才队伍，壮大充满生机活力的农村创业创新人才队伍。要鼓励引导教育、卫生、科技、农业等专业技术人才"上山下乡"，支持农民工、农民企业家、大中专毕业生、退役军人等各类群体返乡下乡创业就业；全面实施新型农业经营主体带头人培训计划、新型职业农民培育工程和农村职业技能提升计划，挖掘培养一批"土专家""田秀才"；打好"乡情牌""乡愁牌"，引导支持退休干部、知识分子等"新乡贤"返乡归田，积极参与社会主义新农村的建设、发展和管理。

（三）要解决"人"的问题，需在"培育""引进"和"使用"上做文章

人才是乡村振兴的第一资源，要解决"人"的问题，《中共中央 国务院关于实施乡村振兴战略的意见》提出，要把人力资本开发放在首要位置，畅通智力、技术、管

理下乡通道，造就更多乡土人才，聚天下人才而用之。其关键就是要造就、引进更多服务乡村振兴的人才，要用好用活乡村各类人才。这就要在"培育""引进"和"使用"上做文章，下功夫，出实招。把人力资源开发放在首要位置，进一步整合资金资源，完善培训机制和内容，加快培育新型职业农民、壮大新型农业经营主体，加强农村专业人才队伍建设，按照懂农业、爱农村、爱农民的基本要求，加强对"三农"工作干部队伍培养、配备、管理、使用，培养一大批乡村本土人才；要以乡情乡愁为纽带，抓好"招才引凤"，建立有效的激励机制，把有志于农业农村发展的各类人才"引回来"，促进各路人才"上山下乡"投身乡村建设；要让城里想为振兴乡村出钱出力的人在农村有为有位、成就事业，让那些想为家乡做贡献的各界人士能够找到参与乡村建设的渠道和平台，在乡村振兴中大展身手。

二、准确把握乡村振兴对乡村人才提出的新要求

党的十九大提出了实施乡村振兴战略的总要求，就是坚持农业农村优先发展，按照产业兴旺、生态宜居、乡风文明、治理有效、生活富裕的总要求，建立健全城乡融合发展的体制机制和政策体系，加快推进农业农村现代化。产业兴旺、生态宜居、乡风文明、治理有效、生活富裕，每一个方面，都需要相应的乡村人才来支撑，对新时代"三农"工作和农业农村人才工作提出了新的更高要求。

（一）产业兴旺对乡村人才提出的新要求

产业兴旺，需要农业经营管理人才（农业职业经理人）、新型职业农民、农业科技人才和农村电商人才的支撑。产业要兴旺，就要大力发展家庭农场、新型农民合作社、农村专业技术协会等新型农业经营主体，这就需要一批知识型、技能型、创新型的农业经营管理人才来启动、协调和推动，还需要一批爱农业、懂技术、善经营的以农业为主业、以农业为主要收入来源，并且生产水平很高的新型职业农民来生产。产业要兴旺，就要加快农业转型升级，做大做强优势特色产业，这就离不开农业科技人才的支撑。农业科研人才，主要集中在农业高校和农业研究院所，他们人数不多，但作用巨大。产业要兴旺，还需要农村电商这种新业态的支撑力量。所以，农村电商人才，也是急需的特殊人才。农村电商人才，既要懂电商，更要懂农业和农产品，懂得农产品市场经营。

（二）生态宜居对乡村人才提出的新要求

建设生态宜居的美丽乡村，需要环境治理人才和乡村规划人才（具体包含规划、建筑、园林、景观、艺术设计等人才）的支撑。建设生态宜居的美丽乡村，就是要牢固树立和践行绿水青山就是金山银山的理念，坚持尊重自然、顺应自然、保护自然，统筹山水林田湖草系统治理，加强农村突出环境问题综合治理，建设生活环境整洁优美、生态系统稳定健康、人与自然和谐共生的生态宜居美丽乡村。而这关键就是要改善农村人居环境，重点做好垃圾污水处理、厕所革命、村容村貌提升。相应地，环境治理和乡村规划这两个方面的人才，必不可少。

（三）乡风文明对乡村人才提出的新要求

实现乡风文明，需要文化传播人才的支撑。中共中央 国务院印发的《乡村振兴战略规划（2018—2022年）》提出，要坚持以社会主义核心价值观为引领，以传承发展中华优秀传统文化为核心，以乡村公共文化服务体系建设为载体，培育文明乡风、良好家风、淳朴民风，推动乡村文化振兴，建设邻里守望、诚信重礼、勤俭节约的文明乡村。其关键就是要传承发展中华优秀传统文化，使之深入人心，落实到每个人的行动上。这就需要文化传播人才用有效的文化传播方式，进行文化熏陶。

（四）治理有效对乡村人才提出的新要求

构建乡村治理新体系，需要乡村管理人才的支撑。乡村振兴，治理有效是基础。乡村治理是国家治理的基石，必须坚持自治、法治、德治相结合，确保乡村社会充满活力、和谐有序。这就对以村"两委"干部为核心的乡村基层管理人才提出了新要求，要具备较高的促进乡村自治、法治、德治的能力。

（五）生活富裕对乡村人才提出的新要求

实施乡村振兴战略，是解决人民日益增长的美好生活需要和不平衡不充分的发展之间矛盾的必然要求，是实现"两个一百年"奋斗目标的必然要求。经济发展了、生活富裕了，人才的重要性愈发凸显，通过推动人才振兴，培育乡村振兴生力军。随着社会主要矛盾的变化，农民收入的不断提高，基础设施条件的不断改善，农民在物质生活方面的水平不断提高，在民主、法治、公平、正义、安全、环境等方面的要求日益增长，在就业、教育、医疗、居住、养老等方面的人才数量越来越多，在乡村振兴中对人才要求越来越高。因此，要发挥人才示范引领，把广大农民对美好生活的向往转化为推动乡村振兴的动力，把维护广大农民根本利益、促进广大农民共同富裕作为出发点和落脚点，让广大农民参与到乡村振兴战略实施中，将乡村振兴变成广大农民共同的责任和要求，乡村振兴才能行稳致远。

农村是整个社会的一个部分，所需要的各个方面的人才类型很多。以上几个方面的人才，应该是最主要的和最基本的。其中有些人才，是要根植于农业农村内部，而另外一些人才，则主要是来自于农业农村外部的支持，例如科研人员、环境治理人员、景观设计人员等。

三、创造有利于各类人才成长、发挥作用的良好环境

乡村人才振兴的关键，就是要让更多人才愿意来、留得住、干得好、能出彩，人才数量、结构和质量能够满足乡村振兴需要。为此，要创造有利于各类人才成长、发挥作用的良好环境，要有一个好的制度安排，把现有的农村各类人才稳定好、利用好，充分发挥现有人才的作用。

（一）培养过硬的乡村基层干部队伍

科技是第一生产力，人才是第一资源。着力推进乡村振兴跨越发展，关键在党，关键在人，关键在于锻造一支能够敢思敢闯、担当重任、勇立潮头的高素质基层干部队伍。让新时代的干部去引领新时代的社会发展，推动新时代乡村振兴，首要任务是培养乡村干部队伍。因此，要引导乡村基层干部有勇气、有担当；立足实际的踏实与勤奋；开放开拓的眼界与思维。乡村基层干部要抛弃"急功近利"的政绩观，不搞不切实际的面子工程；转变干部作风，切实为乡村百姓做好事、做实事。乡村基层干部只有不忘投身乡村振兴事业的初心，才能砥砺前行。

（二）全面建立职业农民制度，大力培育新型职业农民

全面建立职业农民制度，完善配套政策体系。实施新型职业农民培育工程、新型职业农民学历提升工程和新型职业农民培育信息化建设工程。支持涉农职业院校开展新型职业农民学历教育，面向专业大户、家庭农场经营者、农民合作社负责人、农业企业经营管理人员、农村基层干部、返乡下乡涉农创业者、农村信息员和农业社会化服务人员等，采取农学结合、弹性学制、送教下乡等形式开展农民中高等职业教育。创新培训机制，支持农民专业合作社、专业技术协会、龙头企业等主体承担培训。引

导符合条件的新型职业农民参加城镇职工养老、医疗等社会保障制度。同时，鼓励各地开展职业农民职称评定试点。

（三）加强农村专业人才队伍建设

2019年中央一号文件《中共中央国务院关于实施乡村振兴战略的意见》对"加强农村专业人才队伍建设"作出明确要求，具体指出：建立县域专业人才统筹使用制度，提高农村专业人才服务保障能力。推动人才管理职能部门简政放权，保障和落实基层用人主体自主权。推行乡村教师"县管校聘"。实施好边远贫困地区、边疆民族地区和革命老区人才支持计划，继续实施"三支一扶"、特岗教师计划等，组织实施高校毕业生基层成长计划。支持地方高等学校、职业院校综合利用教育培训资源，灵活设置专业（方向），创新人才培养模式，为乡村振兴培养专业化人才。扶持培养一批农业职业经理人、经纪人、乡村工匠、文化能人、非遗传承人等。

（四）发挥科技人才支撑作用

随着我国进入高质量发展阶段，全球新一轮科技革命和产业变革的浪潮奔腾而至，科技兴农需求紧迫、形势逼人。2018 年中央一号文件《中共中央 国务院关于实施乡村振兴战略的意见》明确要求，全面建立高等院校、科研院所等事业单位专业技术人员到乡村和企业挂职、兼职和离岗创新创业制度，保障其在职称评定、工资福利、社会保障等方面的权益。深入实施农业科研杰出人才计划和杰出青年农业科学家项目。健全种业等领域科研人员以知识产权明晰为基础、以知识价值为导向的分配政策。探索公益性和经营性农技推广融合发展机制，允许农技人员通过提供增值服务合理取酬。全面实施农技推广服务特聘计划。

（五）培育挖掘乡土文化本人才

乡土文化意蕴丰厚，源远流长。这一从泥土中生长出来的古老文化形态，有着独具特色的乡风乡俗，有着温暖淳朴的人情人性，有着历史悠久的古村古建，也有着惊艳时光的传统技艺。农村是我国传统文明的发源地，乡土文化的根不能断，农村不能成为荒芜的农村、留守的农村、记忆中的故园。在现代化进程中，乡土文化不仅没有随着农耕文明的逝去而成为过去。反而在人文、美学、经济等诸多方面都产生了深刻的影响、彰显出了璀璨的价值。乡土文化具有人文价值，催生人们对家乡的认同感、并塑造人们的价值观。乡土文化是一个精神原乡，呼唤着人们深情归依。乡土文化的人文价值中最值得一提的是它的审美价值，乡土文化中蕴含着丰富的美学价值，能够满足现代人多样化的审美需求，给予人美好的视觉享受和精神体验。乡土人才主要是指扎根和活跃在民间传统工艺、现代实用技术、古建园林技艺等领域，掌握特殊技艺的能工巧匠、善于开拓创新的经营能人、拥有一技之长的生产能手。要振兴乡村发展，需抓好本土人才这一丰富资源，着力培养发展本土人才的优势。是本土人才对本土乡村乡情风俗、人文历史都有深入的了解，培养本土人才热爱乡村、扎根乡村的热情，培养本土人才干事创业的激情；二是让培养本土人才在乡村振兴中发挥更大作用，需培养本土人才的理论知识和实践技能，发挥理论与实践相结合，共性与个性相结合的特点；三是在培养本土人才发挥作用的同时，还要积极想办法留住本土人才，通过完善相应机制，提高政策待遇，发挥乡土乡情的人文力量，更好地让本土人才"拿得出"且"留得住"。因此，加强农村公共文化建设，重要任务之一就是培育挖掘乡土文化本土人才。

（六）鼓励社会各界投身乡村建设

2018年中央一号文件《中共中央国务院关于实施乡村振兴战略的意见》明确提出要"鼓励社会各界投身乡村建设"，具体来说：建立有效激励机制，以乡情乡愁为纽带，吸引支持企业家、党政干部、专家学者、医生教师、规划师、建筑师、律师、技能人才等，通过下乡担任志愿者、投资兴业、包村包项目、行医办学、捐资捐物、法律服务等方式服务乡村振兴事业。研究制定管理办法，允许符合要求的公职人员回乡任职。吸引更多人才投身现代农业，培养造就新农民。加快制定鼓励引导工商资本参与乡村振兴的指导意见，落实和完善融资贷款、配套设施建设补助、税费减免、用地等扶持政策，明确政策边界，保护好农民利益。发挥工会、共青团、妇联、科协、残联等群团组织的优势和力量，发挥各民主党派、工商联、无党派人士等积极作用，支持农村产业发展、生态环境保护、乡风文明建设、农村弱势群体关爱等。实施乡村振兴"巾帼行动"。加强对下乡组织和人员的管理服务，使之成为乡村振兴的建设性力量。

（七）新乡村人才培育引进使用机制

建立自主培养与人才引进相结合，学历教育、技能培训、实践锻炼等多种方式并举的人力资源开发机制。建立城乡、区域、校地之间人才培养合作与交流机制。全面建立城市医生教师、科技文化人员等定期服务乡村机制。研究制定鼓励城市专业人才参与乡村振兴的政策，强化城乡人才流动的制度性供给。

（八）强化乡村振兴的人才支撑

乡村振兴要把人力资本开发放在首要位置。按照习近平总书记要求，让愿意留在乡村、建设家乡的人留得安心，让愿意上山下乡、回报乡村的人更有信心，激励各类人才在农村的广阔天地大施所能、大展才华、大显身手，打造一支强大的乡村振兴人才队伍，在乡村形成人才、土地、资金、产业汇聚的良性循环。

人才聚集，乡村振兴才有底气。人才再多也不嫌多，关键是如何把人才的心留在乡村。乡村振兴不仅要关注高精尖的农技、管理人才，也要重视"土专家"、"田秀才"等乡土人才。既要"筑巢引凤"引进外来人才，也要就地孵化本土人才，推动资本、技术等资源流向乡村建设，让乡村成为乡土人才干事创业的乐园。"一门手艺能带活一门产业，一个手艺人就能带活一片乡村。"要从人才的培养、职称评审和资金扶持等方面，拿出"政策干货"，为人才更好地在乡村发挥技能、带强产业、带动致富铺路架桥，使各类人才在乡村振兴中发光发热。

乡村振兴，人才是关键。实施乡村振兴战略，必须以习近平新时代中国特色社会主义思想为指导，全面贯彻党的十九大和十九届二中、三中全会以及中央经济工作会议精神，准确把握乡村振兴对乡村人才提出的新要求，创造有利于各类人才成长、发挥作用的良好环境，强化五级书记抓乡村振兴的制度保障，培养一支懂农业、爱农村、爱农民的"三农"工作队伍。

第二节 加强"三农"工作队伍建设，注重 "三农"干部培养配备

实施乡村振兴战略，是以习近平同志为核心的党中央从党和国家事业发展全局出发作出的重大决策，是统揽新时代"三农"工作的总抓手，具有极其重要而深远的意义。党的十九大报告指出，要"培养造就一支懂农业、爱农村、爱农民的'三农'工作队伍"，抓住了当前农村经济社会发展的主要矛盾，就如何进一步加强农业农村干部队伍和人才队伍建设，为实施乡村振兴战略提供了坚实的人力保障。

一、新时代对"三农"工作队伍的新要求

"三农"工作队伍是党的"三农"方针政策的宣传者和践行者,是党的"三农"事业的基础和支撑,是乡村振兴战略中的中坚力量。党的十九大报告提出要"培养造就一支懂农业、爱农村、爱农民的'三农'工作队伍",这既是立足农业农村改革发展实际提出的针对性要求,又是着眼新时代"三农"事业全局提出的战略性任务,为加强"三农"干部队伍建设指明了方向。

(一)重视"三农"工作队伍建设

务农重本,国之大纲。农业农村农民问题是关系国计民生的根本性问题,必须始终把解决好"三农"问题作为全党工作重中之重。要深化农村改革,活跃农村资源要素,汇聚全社会助农兴农力量,造就更多乡土人才,强化乡村振兴人才支撑。习近平总书记在党的十九大报告中指出,必须始终把解决好"三农"问题作为全党工作重中之重,强调培养造就一支懂农业、爱农村、爱农民的"三农"工作队伍。只有"懂农业,才能对农业发展有使命感,把握现代农业发展的方向,做现代农业的推动者;只有"爱农村",才能有深厚的农村情怀,能够扎根基层,做振兴乡村的实践者;只有"爱农民",才能心系民心,为农民谋福祉,做农民增收的助力者。"三农"工作队伍建设是推动乡村振兴战略的关键所在,也是实现乡村振兴的重要保障。

习近平总书记在党的十九大报告中指出,人才是实现民族振兴、赢得国际竞争主动的战略资源;要努力形成人人渴望成才、人人努力成才、人人皆可成才、人人尽展其才的良好局面,让各类人才的创造活力竞相迸发、聪明才智充分涌流。当前,我国主要社会矛盾发生变化,农业农村的发展进入了新的历史阶段,必然要求一支与之相适应的"三农"工作队伍。要坚持把"三农"工作队伍建设、发挥"三农"人才作用作为乡村振兴战略的核心要素,切实发挥"三农"工作队伍在推进现代农业供给侧结构性改革、助力农民增收以及推动"三农"事业发展、振兴乡村的创新驱动作用,促进形成"三农"工作队伍建设与农业农村经济发展互相助力的良好局面。

(二)当前"三农"工作队伍状况

随着城镇化的快速推进,大量农村劳动力向城市转移,农村人口老龄化日益严重,村庄呈衰落趋势。与实施乡村振兴战略的要求相比,我们的"三农"工作队伍还较弱

小，存在一定程度的人员不足、视野不宽、年龄老化、能力不足等问题，能适应新时代乡村振兴战略实施的职业型农民、专业化人才、复合型人才非常稀缺。

要全面振兴乡村，就要把"三农"工作队伍建设纳入乡村振兴战略的总体考虑中，必须发挥科技和人才的引领作用，激励更多的优秀人才到乡村创业，支持和鼓励农民创新创业，加强农村干部、农民和新型农业经营主体的教育培训，造就一支懂农业、爱农村、爱农民的"三农"工作队伍。具体来说，要从教育培养新型职业农民、教育培养农村专业人才队伍、加强"三农"干部队伍教育培训、积极引导社会人才投身乡村建设等方面着手，锻造一支攻坚队、战斗队，协同发挥作用，为实施乡村振兴战略提供人力保障。

（三）把懂农业、爱农村、爱农民作为基本要求

党的十九大报告中"懂农业、爱农村、爱农民"九个字完整地构成了新时代"三农"工作队伍的基本能力素养。实施乡村振兴战略，人是第一驱动力。随着我国农业农村发展进入新的历史阶段，全面振兴乡村战略的实施，对"三农"工作队伍提出了新的要求。这样一支队伍，要心随党心、心系民心，坚决把全面建成小康社会、不断增进农民福祉放在心上。这样一支队伍，要懂农业有担当，坚决做现代农业推动者；要爱农村守初心，坚决做振兴乡村实践者；要爱农民付真情，坚决做农民增收助力者。这样一支队伍，要作风优良、能打胜仗，有信心有能力在不断变化的国内国际环境中推动"三农"事业不断向前发展。

1.要懂农业

发展现代农业是农村摆脱落后状态，振兴乡村的根本出路。与传统农业相比，现代农业的关键是"发展多种形式的适度规模经营"，重点是"构建现代农业经营体系、生产体系和产业体系"，主要依靠"科技创新和提高劳动者素质"，追求农业"高效、产品安全、资源节约、环境友好"。现代农业的这些鲜明特征，对农村工作队伍提出了更高要求，特别是他们对新技术、新成果、新信息的接纳、消化、吸收能力。"三农"工作队伍，要善于学习理论和业务知识，深入学习党的十九大报告提出的新思想新观点新要求，深入学习习近平总书记"三农"思想和党中央关于"三农"工作的大政方针和决策部署，充分尊重基层和群众的首创精神，善于学习农业经济和技术知识，深

入农村一线，深入研究农业农村发展的新情况新问题，勤于到田间地头找解决问题的办法，积极为农业农村发展集众智、汇众力。

2.要爱农村

只有对农村深沉的爱，产生对农村的归属感，才能长期扎根农村，更好地服务农村。农村工作量大面广，涉及老百姓利益的事情包罗万象，每个村里大多有着深厚的"亲缘关系"和"感情基础"，这对"三农"工作者提出了更高的要求，既要准确把握党和国家关于"三农"工作的各项方针政策，又要真正沉下去，深入基层，耐心细致地做好服务。近年来，国家加大了对农村基础设施和公共服务体系建设的投入，公共服务设施和环境卫生状况显著改观，人居环境明显改善，交通和移动通讯等技术更加便捷，但从整体上看，城乡差距依然较大，农村面貌仍较落后，工作条件仍较艰苦，尤其是艰苦偏远地区，待遇仍然偏低，这对"三农"工作队伍的思想觉悟提出了更高的要求。只有保持对农村深沉的爱，产生对农村的归属感，才不会脱离"三农"工作的本质，才能愿意下基层，想下基层，能进基层。通过密切联系群众，破除对过去的路径依赖，破除以往存在的思维模式，真诚倾听群众心声、真情关心群众疾苦、真实反映群众意愿，从成绩中找问题，从问题中找缺陷，更好地指导、服务农村工作。

3.要爱农民

只有怀着对农民的深厚感情，对农民有亲近感，才能真正做到为农民服务，为农民办好事情，解决难事，一心造福农民。"三农"工作队伍与农民群众关系最密切、与农民群众打交道最直接、为农民群众服务最具。体近年来，随着农民接受教育培训力度的加大，虽然农民群众对政策的认知水平和法律意识普遍提高，但相比较而言，农民法律意识依旧谈薄，信息化程度较低，不能较快适应现代化农业发展，这就对"三农"干部工作能力提出了更高的要求。怀着一颗爱农民的心，想农民所想，急农民所急，深入基层了解农民的诉求和期盼，帮助农民解决生活中的实际问题，不断提升农民的获得感、幸福感、安全感，真正做农民群众的贴心人。学好新时代为人民群众的各项本领，提高为民服务的能力，干出成绩，干出亮点。

二、制订并实施培训计划，全面提升"三农"干部队伍能力和水平

近年来，"三农"工作队伍建设取得明显成效：转变作风服务群众意识不断增强。求真务实干事创业的氛围更加浓厚，带领农民致富的本领不断增强，但与实施乡村振

兴战略的要求相比,"三农"工作队伍还存在后备干部不足、工作队伍不稳、队伍整体素质和工作水平亟待提高等问题。为此,应从以下几方面予以加强。

(一)着眼于提高能力,强化"三农"干部教育培训

习近平总书记强调,农业农村人才是强农兴农的根本;建设现代农业,首先要解决好人的问题。当前,我国农业正处在从传统农业加快向现代农业转型的关键时期,农业发展的环境条件和内在动因正在发生深刻变化,农业农村的内在活力亟待增强,这对"三农"工作队伍提出了更高的要求。建设好"三农"工作队伍是推动乡村振兴战略的关键所在,也是实现乡村振兴的重要保障。制定并实施培训计划,使"三农"干部开阔眼界,提升把握大局、驾驭复杂局面的能力,深入把握农业供给侧结构性改革的内涵与要求,不断提升履行职责的能力,充分调动和发挥广大群众的积极性主动性创造性,顺应新形势新要求,坚定我们发展的目标和方向,始终保持在科学的轨道上推动"三农"工作。

要充分发挥党校的理论、宣教和科研优势,成为"三农"工作队伍的研究所、干修所、讲习所。党校姓党,是党员干部党性锻炼的大熔炉,是培养和提高党员干部为人民服务才干的大学校,主要任务是发挥培训党员领导干部的主渠道主阵地作用,培养一支忠诚于党、造福于民,研精于思、业精于勤,具有坚强党性修养的高素质干部队伍。乡村振兴战略是党中央面向"三农"工作的顶层设计,在实施过程中由于其长期性、艰巨性、复杂性等特点,仅仅依靠农民自身力量和农村自身资源是远远不够的,而是需要各类人才汇集智慧和力量共同努力。"三农"工作队伍作为乡村振兴的重要人才支撑,需要开阔眼界,提升把握大局、驾驭复杂局面的能力,这些均为党校系统服务大局、发挥作用提供了广阔空间。

(二)积极更新观念,不断提高引领市场和依法行政的能力

当前,农业农村正处在深刻变革之中,尤其在全球化、信息化、市场化的大背景下,"三农"工作的对象、内容、领域发生深刻变化,农业生产标准化、经营规模化、主体多元化,必须把"三农"工作放在国家经济社会发展大局和全球经济一体化格局中考量,着眼于农业供给侧结构性改革的要求,调整工作的侧重点、着力点,创新传统的工作思路、工作方法,开阔眼界,不断提高引领市场和依法行政的能力。

制订并实施培训计划，使"三农"干部积极更新观念，创新工作思路和方法、转变观念，认识到农业农村经济发展也需要尊重市场规律，追求经济效益，这样才能提高农民的积极性。推动农业供给侧结构性改革、核心的要求就是要坚持以市场为导向，发挥市场在资源配置中的决定性作用。作为"三农"工作者，要更多利用市场信号和价格传导机制引导农业发展、用市场手段调控供给消费，用好市场需求的导航灯。在推动现代农业发展中，还要更加注重以法治的方式推进工作，用法治的思维来凝聚共识、争取支持、解决问题，进一步深化农业领域行政审批制度改革，推进简政放权和政务公开，切实用法治激发市场活力，保障农村改革发展。

要努力创新手段，用典型引路的方式提高基层党员干部解决问题的能力。"一个榜样胜过书上二十条教诲"，让典型引路和指导工作，是最好的引导，最好的示范。农村工作最需要眼见为实、见物见人。随着产业结构升级的调整，农业农村经济的发展需要新的技术和模式，对于新的技术和模式的掌握，虽然农民有很多现代化途径，但多年的实践证明，典型引路是最为有效的方法之一。要鼓励和支持基层开展试点试验，对于好的经验和做法，要善于总结经验，积极推广，并上升为规范性、制度性的措施规定，发挥正面典型的辐射力，由点及面、顺势而为地推动工作。

（三）强化思想道德与价值观教育，全面提升"三农"干部队伍能力水平和思想境界

基层干部是农村精神文明建设最有力的倡导者和引导者，这些党员干部的思想、行为、作风的好坏直接影响着广大人民群众。他们只有自身具备良好的思想道德素质和正确的价值取向，科学的工作方法，才能保证农民思想政治教育的有效开展。

首先，农村基层干部要加强自身的先进性建设和纯洁性建设，树立正确的权力观、利益观和群众观，应当增强做群众工作的本领，改进工作作风，深入基层，认真倾听农民群众呼声，不断增进与农民群众的感情，坚决反对"四风"特别是形式主义、官僚主义，积极践行群众路线，在实践中提高自身思想道德素质，发挥率先示范作用。

其次，不断充实农村基层干部队伍，在推进乡村振兴进程中，要继续加强选调生选派工作，选派具有较高科学文化素质和思想道德素质的大学生到广大农村地区，为农村思想政治教育工作的展开注入新鲜血液。再次，要加强对基层干部队伍的定期培训，可以通过举办业务培训班和主题教育学习班来切实提高基层干部的管理素质和道德素质，使之全心全意为人民群众服务。当前要把学习习近平新时代中国特色社会主

义思想作为重要政治任务，以"不忘初心、牢记使命"主题教育为契机，引导农村工作干部坚定理性信念，践行社会主义核心价值观，把"立政德"作为信仰追求。

最后，建立定期的乡村基层干部道德考核机制，让广大群众参与其中以对基层干部队伍进行监督考核，从而激励基层干部不断提升思想道德素质。

打硬仗还是要有过硬的干部队伍，要优先把优秀干部充实到"三农"战线，优先把精锐力量充实到基层战斗一线，优先把熟悉"三农"工作的干部充实到地方各级党政班子，建立健全"三农"工作干部队伍培养、配备、管理、使用机制，打造一支能打硬仗、敢打硬仗的"三农"干部队伍。要把到农村一线锻炼作为培养干部的重要途径，注重提拔使用实绩优秀的"三农"干部。要着力打造高素质的农村人才队伍，把乡村人才培养纳入各级人才培养计划予以重点支持，创新培养、评价、激励等机制，引导各类人才投身农业农村。

三、拓宽"三农"干部来源渠道

与实施乡村振兴战略的内在要求相比，我国"三农"工作干部队伍还比较弱小，农村青年人才流失严重，"三农"工作队伍科学技术能力不足，尚不能适应快速发展的农村农业新产业新业态发展的要求，开拓市场、利用资源能力较弱，国际竞争力略显不足。当前，我们要把"三农"工作队伍建设纳入乡村振兴战略全局中通盘考虑，锻造一支攻坚队、战斗队来做好农业农村各项工作。

（一）注重提拔使用实绩优秀的部，引导人才向农村基层一线流动

人才是乡村振兴的源头活水。乡村没有人才，没有优秀人才，再好的政策也难以实施，再好的资源也难以利用。要把到农村一线工作锻炼作为培养干部的重要途径，注重提拔使用实绩优秀的干部，形成人才向农村基层一线流动的用人导向。切实把农业农村优先发展的要求落到实处，在干部配备上优先选派熟悉"三农"工作的干部进入乡镇领导班子，各级党委和主要领导干部任职时原则上要求有乡镇工作经历，懂得"三农"工作，会抓"三农"工作，分管领导必须成为"三农"工作的行家里手。严格落实"凡提必下"和干部挂职锻炼管理办法，全面贯彻省市新招录干部乡镇最低服务年限和干部在乡村脱岗挂职不低于两年的政策要求，完善乡镇领导班子优先从村或社区选拔的机制，拓宽"三农"工作部门和乡镇干部来源渠道，形成人才向农村基层一线流动的用人导向。

要从经费和制度保障层面，适当提高下乡补助标准，切实减少"三农"一线干部流失问题。在待遇、编制、社会保障等方面做好大学生村官计划的相关完善配套工作，解决他们的后顾之忧。建立高等院校、科研院所等事业单位专业技术人员到乡村和企业挂职、兼职和离岗创新创业制度，保障其在职称评定、工资福利、社会保障等方面的权益。强化政治激励、物质奖励、精神鼓励，建立完善农村基层干部与人才吸纳机制，充实"三农"工作队伍。

（二）配齐配强农村基层部，采取多种方式提高农村干部队伍素质

2018年7月3日，习近平总书记在全国组织工作会议上指出："我们要在选人用人上体现讲担当、重担当的鲜明导向，把敢不敢扛事、愿不愿做事、能不能干事作为识别干部、评判优劣、奖惩升降的重要标准，把干部干了什么事、干了多少事、干的事群众认不认可作为选拔干部的根本依据，激励各级干部撸起袖子加油干。要注重发挥榜样的激励作用，让干部对照找差距、努力有方向。要真情关爱干部，帮助解决实际困难，关注身心健康，让广大干部安心、安身、安业。对基层干部特别是困难艰苦地区和奋战在脱贫攻坚第一线的干部，要给予更多理解和支持，在政策、待遇等方面给予倾斜。"

要优选配强农业系统干部，突出政治标准，选用忠诚自律担当的干部，能力与潜力并重，既注重从艰苦环境和复杂局面中培养锻炼年轻干部，又注重从高层次人才中引进；要配齐配强农村基层干部，采取多种方式提高农村干部队伍素质，重视和丰富对农村基层干部的物质激励和精神鼓励，使想干事、能干事、干成事的基层干部脱颖而出。在人才管理方面，要形成以农业农村部门为主导、各部门积极配合、社会力量广泛参与，上下联动、协调配合的人才发展格局。在人才培养方面，要实现人尽其才、才尽其用的培养目标，完善符合各类农业人才特点的长期稳定培养支持机制，对象上向新型职业农民和新型农业经营主体倾斜、区域上重点向贫困地区倾斜、内容上重点向绿色发展主题集中。在人才评价方面，要体现服务乡村振兴战略的目标导向，对不同类型和层次的人才实行分类分级评价，将对农业农村现代化的实际贡献作为衡量人才的基本标准。

建立长效的"三农"干部队伍建设制度，注重在人员配置、资金投入、公共服务上优先安排保障，从农牧、科技、林业等部门选派优秀干部到农村一线担任科级特派员指导实践，有效提升"三农"干部队伍能力和水平。全面落实《关于进一步激励广

大干部新时代新担当新作为的意见》，结合乡镇领导班子和领导干部分析研判、年度考核、重点工作推进等情况，全面发现涉农优秀年轻干部，及时补充到科级后备干部库，切实加大对农村优秀干部的培养选拔力度，严格执行从村干部、大学生村官考录公务员和事业单位干部制度，鼓励干部下沉基层、一线锻炼，积极营造干部愿下基层、能下基层、适应基层、贡献基层的干事创业氛围，确保"三农"工作队伍充实、健康、稳定。

（三）拓宽"三农"干部队伍吸纳渠道，优化农村人才队伍结构

拓宽"三农"干部队伍选拔吸纳渠道，形成人才向农村基层一线流动的用人导向。大力引导和动员创业有成、有奉献精神的党员民营企业家、致富能手、回乡知识青年、复员退伍军人、务工经商人员参加村"两委"选举，切实把那些政治素质好、领富能力强、协调本领强的优秀人才选拔到班子中来。加大从优秀村干部中考录乡镇公务员、选任乡镇领导干部的力度。允许符合要求的公职人员回乡任职。要建立城乡、区域、校地之间人才培养合作与交流机制，为干部人才队伍"加油充电"，提升能力水平。面向全国大学生推出乡村振兴人才培养计划，由国家承担其相关学习费用，彻底解决"三农"工作队伍文化程度相对偏低、专业不对口以及后继乏人等问题。

在加强各类人才队伍和干部队伍建设的同时，应积极引导社会各类人才投身乡村建设。要大力营造乡村干事创业的良好氛围，要提出各类人才投身乡村建设的具体举措，确保人才愿意来、留得住、用得上、干得好，为乡村建设汇聚起源源不断的新生力量。按照《中共中央 国务院关于实施乡村振兴战略的意见》的要求，还要建立有效激励机制，"以乡情乡愁为纽带，吸引支持企业家、党政干部、专家学者、医生教师、规划师、建筑师、律师、技能人才等，通过下乡担任志愿者、投资兴业、包村包项目、行医办学、捐资捐物、法律服务等方式服务乡村振兴事业""发挥工会、共青团、妇联、科协、残联等群团组织的优势和力量，发挥各民主党派、工商联、无党派人士等积极作用，支持农村产业发展、生态环境保护、乡风文明建设、农村弱势群体关爱等"。虽然这些社会力量和各方人才积极投身乡村建设的机制还需要进一步完善，但是只有让全社会关注农村发展、投身农村发展，乡村振兴计划才能落到实处。

农民是农业农村发展的主体，也是实施乡村振兴战略的主体。培养造就一支懂农业、爱农村、爱农民的"三农"工作队伍，吸引各类优秀人才投身农村农业发展，真正把人才凝聚起来，形成人才队伍优势，真正做农民群众的贴心人。

第三节　大力培育新型职业农民

产业兴旺是乡村振兴的基石，培育新型职业农民就是培育产业振兴的骨干力量、培育中国农业的未来。习近平总书记指出，"就地培养更多爱农业、懂技术、善经营的新型职业农民"，这为当前我国农业和农村发展指明了一条新思路、新举措。《"十三五"全国新型职业农民培育发展规划》明确提出提高新型职业农民培育的针对性、增强新型职业农民培育的有效性、加强新型职业农民培育的规范性、提升新型职业农民的发展能力等主要任务。2019年4月底，农业农村部正式启动职业农民培育三年提质增效行动，推动职业农民培育转型升级，全面提升质量效能，服务乡村振兴战略实施。三年提质增效行动旨在推动职业农民培育转型升级，提升质量效能，由注重数量全面转向数量质量并重转变，并将凝聚多部门合力，发挥多渠道资源作用。主要聚焦四项重点任务：一是深入实施培育工程，逐步实现所有农业县市区全覆盖。二是推动制度建设，留住、吸引、储备更多高素质劳动者投身农业。三是强化培育体系，统筹农广校、农业院校等资源，健全完善"专门机构+ 多方资源+市场主体"培育体系。四是搭建发展平台，为职业农民成长发展提供更好的支持服务。

一、全面建立职业农民制度，完善配套政策体系

（一）职业农民制度建设是一项伟大创举

乡村振兴，关键在人。推进农业农村现代化，实现农业强、农村美、农民富，首先要推进入的现代化和农民的职业化。新型职业农民是发展壮大新型农业经营主体，构建农业社会化服务体系的重要力量，对于推动农村创新创业，促进一二三产业融合发展，带动小农户发展现代农业具有重要意义。培育新型职业农民是解决"谁来种地""如何种好地"问题的根本途径，是深化农村改革、构建新型农业经营体系的关键举措是统筹城乡发展、实现全面建成小康社会的重要保障。

2018 年2月5日，国务院新闻办公室就《中共中央国务院关于实施乡村振兴战略的意见》有关情况举行的发布会上，中央农村工作领导小组办公室原副主任吴宏耀在接受记者提问时表示，乡村振兴离不开资源的投入，也离不开要素的聚集，所以要通过改革打破乡村人才单向流入城市的格局，打通进城与下乡的通道，积极引导、吸引更多的城市要素，包括资金、管理、人才等向乡村流动。这明确说明了乡村振兴不但需

要资金，在实际推动过程中还缺"人"。要完成乡村振兴这个宏大战略，就要汇聚全社会的力量，强化乡村振兴的人才支撑，把人力资源开发放在首位，这需要做好两个方面的工作：一方面，要培养造就一支懂农业、爱农村、爱农民的"三农"工作队伍，要培育新型职业农民和乡土人才；另一方面，要以更加开放的胸襟引来人才，用更加优惠的政策留住人才，用共建共享的机制用好人才，掀起新时代"上山下乡"的新热潮。

农民职业制度化，是社会生产力发展到一定阶段，社会生产关系所面临的重大变革，是农民自身发展的需要，是实施乡村振兴战略的使命要求。职业农民给农业、农村、农民带来的变化是深刻的，承载了我国农业的希望和未来。一是职业农民通过生产经营，可获得较大经济效益，为更大规模、更高品质发展现代农业蓄积能量，极大地改变农村面貌；二是根据带动效应，先进的农场还能让大批适龄农民经培训后达到职业农民水平，用少数富裕带动多数富裕；三是职业农民使用现代化农机具能节约劳动力，让更多的农民群众从土地上解放出来，释放出生产力。

（二）在职业农民制度设过程中，须着力把握好四个方面的重点

1.制度基本定位要准确

职业农民制度是农村基本经营制度的补充和完善，是贯彻落实乡村振兴战略、增加制度供给的重大举措，制度应突出强调农民的职业属性，在职业认定、能力发展、政策扶持和社会保障方面作出规范性安排。

2.制度实施目标要明确

一方面，要畅通城乡间人才要素双向流通的渠道，吸引更多高素质的农业劳动者，壮大职业农民队伍，助力乡村振兴战略；另一方面，要提升农民的职业吸引力，创新乡村人才培育引进机制，形成人才向农村基层一线流动的用人导向，推动产业水平提升，真正让农业成为有奔头的产业，让农民成为有吸引力的职业，让农村成为安居乐业的美丽家园。

3.制度涵盖范围要准确

随着生产力和生产关系的不断发展，职业农民的内涵和外延也将是不断变化丰富的。从目的性、群体性、社会性、规范性、稳定性等职业特征来看，当前职业农民主要包括从事适度规模的生产经营者，涉农专业岗位从业人员和社会化服务组织从业人

员，主体是种养大户、农场主、农民专业合作社以及专业化服务组织的带头人、农业企业的骨干等。参照发达地区的经验，按照将来 18 亿亩耕地的80% 实现适度规模经营来进行测算，那么职业农民的总体规模大约需要 5000 万人，全面建立职业农民制度，应当基本涵盖这个群体。通过提升其综合素质、生产技能和经营能力，形成覆盖广泛的职业支持保障机制。

4.内涵把握要全面

职业农民制度作为一项开创性制度建设，应涵盖职业农民遴选、培养、发展全过程。同时按照乡村振兴战略部署安排，因地制宜，贯穿乡村振兴始终，逐步在全国范围推行普遍性的制度安排，并最终作为一项农村基本制度长期存在，这既需要着眼于现实需要，也要立足于长远，把握规律与趋势。

（三）职业农民制度框架建设

《乡村振兴战略规划 （2018—2022年)》明确提出实行更加积极、更加开放、更加有效的人才政策，推动农村人才振兴，让各类人才在农村大施所能、大展才华、大显身手。全面建立职业农民制度，是培育职业农民的首要任务。结合近年来实践探索和国外的有关做法，职业农民制度框架可以基本概括为"一明确，两建立，三到位"，即明确职业属性和分类，推动由农民户籍身份向职业身份转变，建立职业制度体系，建立职业能力提升通道，确保定向扶持政策到位，保险福利保障到位，制度实施配套到位。重点应包括六大任务。

1.构建职业农民职业分类体系

根据《国家职业分类大典》关于职业分类标准和职业特征基本要求，明确职业农民的分类标准。对现有行业领域进行创新，新增有关职业农民群体中的职业岗位或者工种，并将其纳入国家的职业资格的目录，真正建立面向城乡劳动者的职业体系。

2.开展农民职业认定评价

大力培养新型职业农民和农村实用人才，是党中央、国务院为加快农业农村发展，解决"谁来种地、怎样种好地"问题而提出的一项战略决策。为切实做好新型职业农民培育工作，农业部于2012 年启动新型职业农民培育试点，探索建立教育培训、认定管理、政策扶持"三位一体"培育制度，着力培养有文化、懂技术、会经营的新型职业农民，取得了积极成效。认定工作是衔接教育培训和政策扶持的关键环节，有利于引导新型职业农民和农村实用人才接受教育培训，有利于落实新型职业农民和农村实用人才扶持政策，有利于培养和壮大新型职业农民和农村实用人才队伍。开展新型职业农民认定工作应坚持的原则是：政府主导，农民自愿；突出重点，统筹推进；因地制宜，分类认定。针对各类职业农民职业资格标准和要求，对具有较高文化素质和农业生产经营管理技能的现代农业从业者，按照准入水平评价和登记注册等方式，开展职业农民认定工作。

3.提升新型职业农民的发展能力

（1）加强跟踪指导服务。依托新型职业农民培育工程项目，组织培训机构和实训基地对新型职业农民培育对象开展一个生产周期的跟踪指导；推动农技推广机构、农业科研院所、涉农院校等公益性机构将定向服务新型职业农民纳入绩效考核内容，建立跟踪服务长效机制；支持新型农业经营主体和农业社会化服务组织面向新型职业农民开展市场化服务。

（2）鼓励交流合作。总结各地新型职业农民自发组建合作组织和开展交流合作的经验，支持新型职业农民在产业发展、生产服务、营销促销等方面开展联合与合作，加强对新型职业农民协会、联合会、创业联盟等组织的指导和服务，帮助健全管理制度、完善运行机制，促进职业农民共同发展。鼓励支持新型职业农民参加多种形式的展览展示、创新创业项目路演和技术技能比赛。

4.推动职业农民就业创业

推动建立面向城乡劳动者的就业制度，拓宽农村就业创业空间，制定促进就业政策，建立精准台账，开发就业岗位；在产业发展基础条件、金融保险、金融保障、税费减免等方面给予扶持，支持职业农民创新创业；建设农民工创业园、农村基层就业服务平台、公共实训基地等载体，形成新主体、新就业的良性循环。

5.衔接社会保障和福利

毋庸讳言，新型职业农民队伍建设还面临不少困难。从外部环境来看，农村劳动力特别是青壮年劳动力留农务农的内生动力总体不足，新型职业农民队伍发展面临基础不牢、人员不稳定等问题。由于农民身份的限制，加上长期以来农村基础设施条件较差，教育、医疗等公共服务欠缺，使得有能力的青年大多想"跳出农门"。要对新型职业农民给予更多关怀，支持其享受创新创业扶持政策，包括产业扶持、财政补贴、金融保险、人才奖励激励等政策措施。有条件的地方，要支持新型职业农民参加城镇职工养老、医疗等社会保障制度，解决其后顾之忧。

6.强化制度的实施保障

（1）加强组织领导。进一步完善党委政府领导，农业农村部门牵头，教育、人力资源社会保障、财政等相关部门密切配合的工作机制，形成培育新型职业农民的合力。各级农业部门要把新型职业农民培育放在农业农村经济工作的突出位置，"一把手"抓"第一资源"，分管领导要具体抓，明确责任人、制定路线图、确定时间表，层层抓好落实。

（2）加大支持力度。树立人才投资优先理念，建立健全政府主导的多元化投入机制。中央财政继续通过专项补助支持新型职业农民培育工作，各地也要加大投入，提高标准，实行差异化补助。要建立公益性农民培养制度，推动农民职业教育纳入国家职业教育助学政策范畴，鼓励农民通过"半农半读"等方式就地就近接受职业教育。争取地方发展改革委等部门支持，将新型职业农民培育信息化条件建设列入基本建设规划，改善教育培训条件，提升教育培训能力。综合运用项目、信贷、保险、税收等政策工具，引导各类社会力量参与新型职业农民培育工作。

（3）强化督导考核。各地要将新型职业农民培育纳入农业现代化和粮食安全省长责任制、"菜篮子"市长负责制考核指标体系，建立工作督导制度，强化分类指导。制定新型职业农民培育工程项目绩效考核指标体系，建立中央对省、省对市县绩效考评机制，将培育对象的满意度作为考核的重要指标，采用信息化手段开展满意度考核。强化考评结果应用，当年考评结果和下年度任务资金安排直接挂钩。

（4）加大激励宣传。加大对新型职业农民的奖励激励和典型宣传力度，继续开展"全国十佳农民""风鹏行动——新型职业农民""全国农村青年致富带头人""优秀农村实用人才""全国农村创业创新优秀带头人"等评选资助活动，鼓励农业企业等市场主体对新型职业农民提供资助和服务。要及时总结各地的实践探索，形成一批好经验、好典型、好模式，树立发展标杆，充分利用广播、电视、报刊等传统媒体以及网络、微信、微博等新媒体，加大宣传力度，发挥示范带动作用，努力营造全社会关心支持新型职业农民发展的良好氛围。

二、实施新型职业农民培育工程，创新培训形式

（一）深入实施新型职业农民培育工程

中央高度重视新型职业农民培育工作。2012 年以来，中央连续多个一号文件，以及中央办公厅、国务院办公厅多个重要文件，都对职业农民培育作出了全面部署，特别是 2016 年中央一号文件单列一项，强调要"将职业农民培育纳入国家教育培训发展规划，基本形成职业农民教育培训体系，把职业农民培养成建设现代农业的主导力量"。2018 年中央一号文件提出，要实施新型职业农民培育工程，全面建立职业农民制度，完善配套政策体系。2019 年中央一号文件再次强调实施新型职业农民培育工程。《"十三五"全国新型职业农民培育发展规划》也明确提出推进教育培训、规范管理和政策扶持"三位一体"制度建设。这些一号文件及其他相关政策强化了新型职业农民培育工作在农业发展中所处的战略地位，为我们加快培育新型职业农民指明了方向、提供了遵循。

1.提高新型职业农民培育的针对性

开展新型职业农民培育应从"问需"入手，面向农民群体及其市场需求，想方设法提供多样化、高质量的教育培训服务。以"订单模式"来研发面向用户需求的定向性、小范围业务培训模块，推出灵活多变、针对性强的教育培训项目，开展面向一线生产与经营管理实际问题的项目培训与人员教育。培育新型职业农民应拓宽培育途径、创新培育机制，应支持新型职业农民通过弹性学制参加中高等农业职业教育，鼓励农民专业合作社、专业技术协会、龙头企业等组织和机构承担培训职能，帮助农业园区、农业企业建立新型职业农民实习实训基地和创业孵化基地。同时，还应逐步建立完善职业农民注册、信息档案登记等制度，以便对其进行管理、培训和支持。

2.突出农民教育培训的政治性

在培训内容上，要突出把理想信念教育、红色教育和道德教育作为教育培训的必修课。将培育与学习宣传贯彻党的"三农"政策密切结合起来，围绕实施乡村振兴战略和打赢脱贫攻坚战等内容，广泛宣传党的十九大精神和习近平总书记"三农"思想，深入解读乡村振兴战略的目标、内涵和要求，让党的强农惠农富农政策走进广大农村、落实到千家万户，让农民增添发展干劲。在教学安排上，注重实际、实用、实训，不

要把现场实践教学搞成乡村休闲旅游、游山玩水，也不能让培训班成为企业借机推销农资、营销自己的平台。

3，千方百计提高培训质量

当前，农民教育培训工作要研究解决的突出问题，就是基层重视不够，针对性、实效性不强，培训质量不高，培训管理难度大等，学与做脱节，搞形式、走过场等问题。这就要求我们要把握农民教育培训的特点和规律，积极改进方式方法，增强吸引力，提高针对性、实效性。比如，要坚持按需施教，针对不同产业的学员特点，统筹共性要求和个人需求，实施差别化、精准化培训。再比如，要创新培训形式，加大实训式、分段式、案例式、体验式教学力度，少些满堂灌、多些互动交流，善于用大白话讲大道理，用农民语言讲解农业技术，让农民启发思考、产生共鸣。

4.加强新型职业农民培育的规范性

（1）规范认定管理。原则上由县级（含）以上人民政府制定认定管理办法，主要认定生产经营型职业农民，以职业素养、教育培训情况、知识技能水平、生产经营规模和生产经营效益等为参考要素，明确认定条件和标准，开展认定工作。有条件的地方可探索建立按初、中、高三个等级开展分级认定。要充分尊重农民意愿，不得强制或限制农民参加认定。对于专业技能型和专业服务型职业农民，鼓励参加国家职业技能鉴定。

（2）规范培育管理。在各级农业行政主管部门的领导下，依托农民科技教育培训中心（农业广播电视学校）等专门组织管理机构，搭建新型职业农民培育工作基础平台，做好需求调研、培育对象遴选、培育计划和方案编制、认定管理事务、数据库信息维护和培训标准编制、师资库建设、教材开发、绩效评估等基础工作，连接多种资源和市场主体，对接跟踪服务和政策扶持，提高培育工作的专业化、规范化水平。比如，要积极推进规范化建设。一是规范教学流程，从学员遴选到培训需求调研，从教学组织到教学效果评估，建立一套科学系统的工作标准和操作规范；二是规范师资建设，建立适合不同产业、不同类别农民教育培训要求的师资队伍，完善选聘、培养、管理、考核办法，建立健全共建共享、动态管理的农民教育培训师资库；三是规范课程建设，提出课堂讲授、现场教学、网络教学的课程建设标准，注重开发富有时代特征、实践特色、简明管用的精品课程；四是规范经费使用，严格执行农民教育培训经费使用有关规定。

（3）规范信息管理。完善新型职业农民信息管理系统，健全新型职业农民培育信息档案和数据库，及时录入基本情况、教育培训、产业发展、政策扶持等信息，并根据年度变化情况及时更新相关信息，提高新型职业农民信息采集、申报审核、过程监控、在线考核等信息化管理服务水平。各地可结合实际，积极探索新型职业农民注册登记制度，鼓励新型职业农民到当地农业部门注册登记，建立新型职业农民队伍动态管理机制。

（二）创新培育方式，提升培育质量

1.整合资源，成立职业农民培育学院

新型职业农民培育工作是一项系统工程，需要构建政府主导、部门协作、统筹安排、产业带动的农民教育培训体系。整合农业、农经、人社、组织、妇联、共青团、扶贫、工会等部门的涉农培训资源，建立培育联盟，创新职业农民培育基础平台"1+N+X"模式，以相关高等职业学校为主体，成立职业农民培育学院，在政府的领导和省市农业、教育主管部门指导下，负责统筹规划、综合协调、模式研究、教材编写、学分认定、服务指导和组织实施新型职业农民培育项目、农民高等职业教育以及部分专业的农民中等职业教育工作；以各县区农广校或县级成人中心校为分院，承担省级新型职业农民培训项目和农民中等职业教育工作；以乡镇成人校或县区农广校为办学点，在各县区建立若干教学基地，将这些基地建设成为农民身边的田间学校，形成专业共设、师资共建、学员共选、基地共用、资源共享、优势互补的分类分层分级培育格局，达到由下向上输送优质学员、由上向下辐射师资技术的良性循环。

2.出台政策，加强农民学习成果补贴

新型职业农民中高等职业教育采取集中教学与个人自学相结合，课堂教学与生产实践相结合，远程教育与现场指导相结合，半脱产学习与短期脱产学习相结合等方式。课时要求上，既要考虑到农民职业教育的特点，认可农民的学习培训经历、生产技能等，可以折抵学分；又要把实验实习、专业见习、技能实训、岗位实践等多种实践学习方式均纳入学时认可范围。为鼓励农民接受中高等职业教育，减轻其误工损失和交通、餐饮等经济负担，对于认定学分实行农民学习成果补贴。学校成立由督导室、监察室、财务处、成教处、学生处以及相关系部人员组成的学分认定工作小组，出台学分认定管理办法，安排专人负责收集整理学分认定申报材料。坚持公开、公正、公平

的原则，对接受新型职业农民中高等职业教育的学员进行真实性认定，在每学期开学一个月内将学员名单、相关信息以及认定情况在学员所在村、学校及学校网站进行不少于 5个工作日的公示。

（三）创新新型职业农民培育模式

党的十八大以来，各级党委和政府及相关机构在新型职业农民教育培训、规范管理和政策扶持等方面进行了探索实践，形成了一批典型有效的新型职业农民培育模式，如产教融合校社（村、园） 联动型、创业兴业推动型、农民学院"七位一体"型、校地联动教产衔接型和青年农场主培养型。探索职业农民培育路径，完善总结新型职业农业培育模式，即"理论授课、网络辅导、基地实训、认定管理、帮扶指导、扶持发展"。可以将现代农业园区、农民专业合作社、农业龙头企业等新型经营主体的骨干和负责人打造成职业农民的领军群体；可以将具备职业农民雏形的种养大户通过系统教育培训转化为职业农民的核心群体；可以将农业大中专院校的毕业生、回乡青年通过培育，扶持发展成为职业农民的新生群体。

三、鼓励各地开展职业农民职称评定试点

（一）"身份"到"职业"的蜕变

农民，一场由"身份"到"职业"的变革，正在潜移默化地进行。中共中央国务院印发的《乡村振兴战略规划 （2018—2022年)》明确提出深化农业系列职称制度改革，鼓励各地开展职业农民职称评定试点。2018 年以来，山东、江西、浙江等地纷纷出台政策，把面向事业单位技术人员的职称评价体系拓展到新型职业农民。通过职称评定，激发农民的创造性、创新性，让"职称农民"大有作为。

职称是评价一个人是不是人才，是哪一领域、哪一级别人才的重要标志。但在过去，农业战线上的"土专家"评不了高级职称并非个案。究其原因，一方面，许多农民是个体户，没有挂靠单位，不少农民对职称评定反应冷淡；另一方面，国家人才评价体系在农业领域中缺乏系统性、针对性、精准性，对农民职称评价缺乏抓手。

在互联网、人工智能背景下，特色小镇、观光农业、生态旅游等快速崛起，加上高铁建设拉动了偏远落后地区的经济发展，这些都在把农民多少年来沉淀在心中尚未开发的智慧潜力激发出来。从事农业生产经营，同样需要知识和专业技能。打通职业

农民评定职称的渠道，能够激发农民认识自身在经济发展过程中的价值，增强他们的专业感，进而提升社会对职业农民的认知，增强具有专业性的新型农民的职业自信。这将对一二三产业融合发展具有巨大的拉动效应。

（二）突出产业特色、能力业绩，破除多道"门槛"

随着新型职业农民群体不断壮大，职业农民职称评定的作用也越来越明显。但此前，新型职业农民参与农业高级职称评审通过并取得证书的极少。其评价主要是通过职业技能鉴定并取得职业技能证书，以生产类、单项技能评价为主，如植保工、园艺工等。新型职业农民评定工作，应注意以下问题。

明确参评范围，突出产业特色。职业农民职称专业类别、等级设置、名称及申报资格条件力求切合本地农业产业发展、农村实用人才队伍状况实际。初步开展初级、中级职称评定，名称分别为农民助理农艺师、农民农艺师。评定对象主要是种养大户、家庭农场、农民合作社、农业企业及农业社会化服务组织中从事农业专业技术工作的骨干人员。评定专业上突出特色，包括种植、养殖、农产品加工等，重点对作物蔬菜、经济林果、畜禽养殖、水产养殖、农产品加工等特色农业专业开展评定。

明确评价条件，突出能力业绩。针对职业农民受教育经历长短不一、但长期精心从事农业生产经营的实际，放宽申报硬性条件，破除唯学历论文倾向，坚持能力业绩导向，重点考察业绩贡献、技术水平、经济社会效益和示范带动作用等。建立职称评审绿色通道，对确有特殊专长、示范带动能力强、业绩贡献突出、获得县级以上与农业相关荣誉称号的人员，不受资历等条件限制，可直接申报中级职称。

各地如何对职业农民开展评选？一些地方通过着手修订农业系列职称评审条件，建立适用于新型职业农民的职称评价体系，打破"唯学历、唯资历、唯论文"论，强化业绩导向，更加注重"把论文写在大地上"，将技术工作方案或总结、项目设计或实施方案、分析评估报告、示范试验报告等技术成果，以及对农户的带动效应和取得的经济社会效益作为评价的重要内容。例如，浙江省的做法是淡化职称论文数量要求，明确专题报告、发展规划、技术方案、试验报告等经有关部门认可采纳的可视同论文，并在科技奖励、发明专利、技术荣誉、表彰奖励等方面设立破格的绿色通道。

（三）创新评定形式，完善激励政策

创新评定形式，突出工作质量。发挥行业主管部门在职称评定中的作用，由各级农业局设立评委会具体负责实施工作，以此推进职称"业内评价"。评审委员会成员则由熟悉农业和农村经济社会发展情况，具有较高专业技术水平的人员担任。职称评定将采取实地考察、业绩展示、测试答辩和综合评议相结合的方式进行，切实提高评定结果的科学性和公信力。许多农民最关心的是评职称之后有哪些好处。地方政策可探索鼓励措施，对获得职称的职业农民，优先提供信息技术、融资支持、产品推介服务，优先安排学习培训，优先获得财政资金支持项目、政策补贴等。

完善激励政策，突出服务管理。本着"服务为主，程序简化"的原则，职业农民职称评定将简化表格填写和证明材料提报。为了激励职业农民，增加职业农民职称政策的吸引力和"含金量"。职业农民参加职称评定不仅不收取任何费用，而且还给予一定物质奖励，对取得初级、中级职称的个人，分别给予相应的一次性补助。新型农业经营主体，取得职业农民职称的人员达到一定比例的，可优先认定为一定级别的示范合作社、家庭农场、农业产业化重点龙头企业。取得职业农民职称的人员在获取项目、资金、政策等扶持方面，在参加培训、推优评先、发展党员、选拔村干部等方面都享有优先权。为确保权利与义务对等，明确要求获得职称的个人应承担相关义务，县级农业主管部门专门建立档案，将取得职业农民职称的人员，纳入职业农民培训师资库，切实发挥乡土专家的作用。

培育新型职业农民是转变农业发展方式的有效途径，是促进城乡统筹、社会和谐发展的重大制度创新，有助于全面提高劳动者素质，加快建设现代农业体系。应紧紧围绕推进农业供给侧结构性改革，紧跟发展新形势、满足农民新需求，推进新型职业农民培育再上新台阶，助力乡村振兴战略的实施。

第四节　加强乡村专业人才队伍建设

围绕中心、服务大局，是人才工作的使命和价值所在。中国特色社会主义进入新时代，社会主要矛盾已经转化为人民日益增长的美好生活需要和不平衡不充分的发展之间的矛盾。党的十九大鲜明提出实施乡村振兴战略，强调要坚持农业优先发展，按

照产业兴旺、生态宜居、乡风文明、治理有效、生活富裕的总要求，加快推进农业农村现代化，对新时代"三农"工作和农业农村人才工作提出了新的更高要求。

农村专业人才是乡村振兴的新动能，是农村经济发展的领路者、是文化传承的继承者、是生态环境的守护者、是社会秩序的维护者。"懂农业、爱农村、爱农民"是习近平总书记对"三农"工作队伍提出的新要求，也是对农业农村新型专业人才队伍的殷切期望，构成了农业农村专业人才队伍的本色特质和基本要求。贯彻落实党的十九大精神，做好新时代农业农村专业人才工作，要以习近平新时代中国特色社会主义思想为指导，坚持党管人才原则，紧紧围绕实施乡村振兴战略，坚定不移地实施人才强农战略，深入推进农业农村专业人才发展体制机制改革，按照"高端引领、分类开发、示范先行、整体推进"的原则，努力培养造就一支懂农业、爱农村、爱农民的农业农村专业人才队伍。

一、加大"三农"领域实用专业人才培育力度，提高农村专业人才服务保障能力

农村实用人才是"三农"工作队伍中懂农业、爱农村的主力军，是广大农民中的优秀代表，也是中国人才队伍中的重要组成部分。人才资源是第一资源，是构建和谐社会的重要基础与保证。当前农村专业技术人才相当匮乏，引进难、培养难、留住难的问题日益突出，呈现出青黄不接的"断层现象"，严重地制约了农业科技、农村医疗卫生及文化教育等事业的发展。

（一）健全实用专业人才培养机制，有效提供乡村复合型人才

健全以职业农民为主体的农村实用人才培养支持机制。要组织实施好新型职业农民培育工程，强化能力素质培训、生产经营服务、产业政策扶持等。要加快研究出台新型职业农民扶持政策清单，把强农惠农富农政策与高素质农业生产经营者挂起钩来。要继续完善农村实用人才带头人示范培训机制，把培训内容与培训基地的教学资源特色紧密结合起来，增强培训的针对性、实效性。

健全专业人培养机制。一是加快构建满足各类农业人才需求的培养体系。注重各涉农领域人才培养的均衡性，统筹安排好各涉农领域人才的培养。建立"政府主导 +高校 +社会力量"培育模式，由政府主导新型职业农民培育为主，培养不同层次乡村实用人才；涉农高校搭建学历型农村专业型人才培育平台，切实培养出更接地气的乡

村专业型人才；社会力量举办的专业培训机构通过政府购买培训服务的方式，参与到乡村人才培养中来。二是在培养机制建立过程中，注重培养手段的创新。通过建立农村人才培育师资库、调整培训时间、推行农民田间学校等方式，实现培训与需求有效对接。三是针对薄弱环节，强化培养方向的针对性。培养农村经营管理人才，切实提高其经营管理能力、市场开拓意识；培育农业职业经理人队伍，不断提升生产、营销和内部管理等水平。

（二）构建科学高效的人才发展机制，发挥实用专业人才能力

结合各地实际情况，制定切实可行的农村实用人才资源开发中长期规划和年度计划，量化分解农村实用人才队伍规模、质量、培训、教育、考核等指标。在实践中注重总结经验，完善相关政策措施；要形式多样，加强农村实用人才培训。遵循"大教育、大培训"的理念，按照"实际、实用、实效"的指导思想，紧扣农村林果、大棚蔬菜等特色种植养殖、小杂粮开发、基本农田高效开发利用等领域发展所需，利用县、乡、村三级党校（党员活动室），农村远程教育，中小学校等阵地，对农民进行阵地培训。要组织一批乡村干部、农民群众赴省、市、县、乡各级各类产业开发、龙头企业等先进典型示范基地，进行面对面、"手把手"式的基地培训。

严格把关，开展农村实用人才技术认证工作。把农村实用人才技术职称评审纳入专业技术人员职称评审工作范围。凡是具有一定知识或技能，有专业特长，在促进农村经济社会发展中作出积极贡献，群众公认的农村实用人才，经相关部门考察、考核，评定农民技术职称并由当地党政机关给予相应的资金奖励。要建立农村实用人才技能等级制度，对于农村实用人才所从事专业符合技能鉴定要求的，可申请技能鉴定，鉴定合格的由技能鉴定主管部门发给相应的技能等级证书并同时报当地党政机关部门给予相应的经济补贴或物质奖励。通过职称评定、技能鉴定，确实达到标准的再颁发农村实用人才证书，做到农村实用人才持证上岗。

（三）细化资助、扶持相统一的服务机制，服务农村实用人才

要加大对优秀农村实用人才的帮扶资助力度，调动广大农民务农种粮和带领农民群众共同致富的积极性，吸引更多优秀人才到农村创业兴业。一方面，实行项目资助，充分发挥农村实用人才的辐射带动作用。在全国范围内遴选生产技术先进、经营规模适度、生态环境可持续、示范带动作用显著的新型职业农民予以资助，通过资助活动，

树立重视农业、尊重农民的良好导向，营造重农抓粮的良好社会氛围，带动周围农村经济发展。另一方面，出台鼓励政策，扶持创业兴业。把强农惠农富农政策与农村实用人才挂起钩、向农村实用人才倾斜，逐步使农业支持保护措施由高素质的劳动者来承担，制定农村产业发展优惠政策，对农村实用人才领办或创办的各类农业经营组织、企业、基地和家庭农场，在项目申报、土地流转、技术培训、学习进修、税收、信贷、市场信息、生产资料等多方面予以支持，吸纳农村富余劳动力就业，增加农民收入，推进农业产业化进程。

（四）重视"用才"，发挥"激励"扶持力度，规范管理农村实用人才

要制定农村实用人才管理办法，确定农村实用人才等级标准，采取群众评议、实地查看、现场提问等多种形式，重点考核农村实用人才的技术水平和实际业绩，严格考核，优胜劣汰，动态管理。考核优秀的予以表彰奖励、考核不合格的应取消农村实用人才资格，注销农村实用人才证书；要建立农村实用人才数据库，对农村实用人才进行登记造册，建立健全省、县、乡、村级农村实用人才台账，按照农村实用人才的专业特长、技术等级分类立档建库；要完善农村实用人才表彰奖励制度，每年应对带领农民群众走向共同富裕道路，并作出突出贡献的农村实用人才，给予适当的表彰和奖励，并形成制度。对作出重大贡献的农村实用人才，及时推荐申报省、市先进评选；要通过各种新闻媒体、大力宣传农村实用人才学习科学、艰苦创业、勇于实践的先进事迹，形成崇尚科学文化、尊重农村实用人才的社会氛围。

要大力提升农村实用人才在农村经济社会发展中的地位和作用，在全社会形成鼓励农村实用人才干事业，支持农村实用人才干成事业，帮助农村实用人才干好事业的良好环境，促使更多的优秀农村实用人才脱颖而出。对于拔尖的农村实用人才，应打破身份的限制，聘请他们到乡镇农业综合服务站担任技术员，指导服务乡镇农村产业开发，充分发挥他们的一技之长，推动当地经济社会事业的发展。同时，对于那些农村实用人才中的社会管理型和经营管理型人才，要切实加强管理和引导，并且有组织、有意识地吸收他们到村"两委"领导班子中来，从而充分发挥他们的引领带动作用，全面推动农村经济发展、科技普及和社会进步。

二、加强农技推广人才队伍建设，探索公益性和经营性农技推广融合发展机制

农技推广人才是推广转化农业科技成果、开展生产服务的骨干力量，在科技引领农业农村现代化中发挥着桥梁纽带作用。要顺应新型农业经营主体和农业社会化服务组织蓬勃发展的新形势，继续深化基层农技推广体系改革，以农业产业需要、农民群众满意为评价基准，完善基层农技服务政策，探索建立公益性农技推广队伍与经营性技术服务队伍协调发展的新机制，打通科技下乡"最后一公里"。

（一）规范基层农技推广机构管理体制

基层农技推广机构是政府为普及推广种植业、林业、畜牧业、渔业、水利、农机等行业的科研成果和实用技术，在县乡两级设立的公益一类事业单位，其人员待遇、工作经费等纳入财政预算，实行全额预算管理。乡镇农技推广工作可实行县农口有关部门管理为主或者乡镇政府管理为主、县农口部门业务指导的体制，具体由县级政府确定，同一县域内机构设置的模式应保持一致。实行县农口有关部门管理为主体制的，乡镇农技推广人员要主动参加乡镇各项涉农工作会议，定期向乡镇主管农业的领导请示和汇报业务工作，征询乡镇政府对农技推广工作的意见和要求，对所服务乡镇农业发展和农技推广工作提出意见和建议。实行乡镇政府管理为主体制的，要加大县政府对乡镇政府农业工作的考核权重，确保乡镇农技推广人员主要时间和精力用于农技推广本职工作，切实解决乡镇农技推广人员管理缺位、经费无保障、推广工作行政化等问题。乡镇农技推广机构原则上按乡镇设置，也可跨乡镇按区域设置。

建立农技推广人才轮岗制度。乡镇农技推广工作实行县农口有关部门管理为主体制的，县农口有关部门根据工作需要，优化配置农技推广人力资源，保证农技推广人才在县乡之间、乡乡之间正常流动。

（二）创新完善基层农技推广人才引进培养机制

创新基层农技推广人才引进方式。基层农技推广人才的引进与配备，要综合考虑当地农业产业特点和规模、工作职责和任务、服务对象状况与分布、服务半径与手段、地域范围与交通等因素，且应当具有相应的专业技术水平，符合岗位职责要求。乡镇农技推广机构招聘硕士研究生或副高级职称以上的专业技术人才，可根据实际情况，由县（市、区）组织、人事和农业等部门采取面试、组织考察等方式公开招聘。积极

引导相关专业的"三支一扶"大学毕业生到乡镇农技推广机构服务。乡镇农技推广机构在编制和岗位空缺数额内招募"三支一扶"人员,"三支一扶"人员服务满 2 年且考核合格的,采取考核考察的方式公开招聘为乡镇事业单位工作人员;在聘用合同中约定 5 年的最低服务期限(含"三支一扶"计划服务年限),不得再报考"面向服务基层项目人员"招考职位、岗位。

完善基层农技推广人才定向培养机制。每年由省农业厅会同省直农口有关部门、省编办、省教育厅、省财政厅、省人力资源社会保障厅,依托省内高等院校,免学费定向培养一定数量的基层农技推广本科、专科生,加大向贫困地区倾斜力度。定向培养生的学费由省财政承担。

(三)健全基层农技推广人才服务保障机制

切实保障乡镇农技推广机构基础设施建设。乡镇农技推广机构的业务用房和必要的工作生活设施,由所服务乡镇提供。强化乡镇农技推广机构服务手段,制定乡镇农技推广机构仪器设备配备标准,配齐配足。配备必要的农技推广服务车辆,纳入公务车辆管理。设立一定规模和相对稳定的农业科技试验示范基地。保障乡镇农技推广机构日常业务经费,每人每年不低于县级一类部门预算水平,并给予重点保障。支持基层农技推广机构面向新型农业经营主体广泛开展农技推广服务。

深化农业系列职称制度改革,继续开展农技推广研究员(农业系列正高级职称)评审工作,并向基层一线倾斜,吸引和激励广大农技推广人才扎根农村开展服务。大力开展"寻找最美农技员"活动,宣传弘扬不畏艰苦、为民服务的高尚品德和务实重干、开拓创新的精神风貌。继续发挥"全国十佳农技推广标兵"资助项目的作用,树立正确导向。

(四)发展、壮大农技队伍

拓宽基层农技人员继续教育渠道,解决好知识更新跟不上需要的难题。基层农技人员工作任务重,时间精力有限,参加继续教育机会难得,因此必须不断创新继续教育培训方法,提高继续教育效率。要根据各地农业行业特点和基层农技人员的需求,因地制宜,开展各种行之有效的教育培训活动。可以采取学校深造、集中培训、学术交流、考察学习、科技攻关、实践锻炼等形式,既安排理论知识讲座,也安排实验实习活动。对先进的农业技术和管理方法,采取专题化教学,做到角度新一点、问题精一点、例证实一点、思路清一点、信息多一点。要结合农业生产实例进行深入浅出的示范讲解，增强培训的针对性、实效性和互动性，提高基层农技人员分析和解决问题的能力。要突破时空限制，积极利用现代传媒技术，采用互联网网络视频、卫星视频、多媒体课件等技术，利用广播电视远程教学、农业培训网等现代化手段，为基层农技人员继续教育提供自主灵活、便捷有效的服务。通过补充一批、培训一批、学历提升一批的方式，保持公益性农技推广人才队伍持续健康发展。

探索实施农技服务特聘计划。以习近平新时代中国特色社会主义思想为指导，结合贫困地区发展特色优势扶贫产业和其他地区农业产业发展需要，在全国贫困地区及其他有意愿地区实施农技推广服务特聘计划，通过政府购买服务等支持方式，从农业乡土专家、种养能手、新型农业经营主体技术骨干、科研教学单位一线服务人员中招募一批特聘农技员，培养一支精准服务产业需求、解决生产技术难题、带领贫困农户脱贫致富的服务力量，支撑贫困地区走出一条贫困人口参与度高、特色产业竞争力强、贫困农户增收可持续的产业扶贫路径，为打好打赢精准脱贫攻坚这场历史性决战提供有力支撑。

（五）新基层农技服务机制

根据市场经济的发展规律，对现阶段的基层农机服务体系进行公益性与经营性的合理划分。对基层农业技术思想统一行业管理制度，最大程度地整合业内资源，实现资源的优化管理。引导鼓励农民专业合作社、农业企业、农业科研机构、涉农院校、农业示范园区等开展农技推广服务。探索实施农技服务特聘计划，壮大农技服务人员队伍。

将现有的农业技术推广单位新创办的经济实体产业进行有机融合，创建为经营性的基层农技服务组织，并对其机构进行科学的延伸，完善其管理机制，围绕经营型展开基层农业技术的推广工作，实现利益共享，风险共担。同时，合理设置农业技术推广机构，实现推广运行新模式在实践过程中的发展与创新，推动农业机构的有效运行，促进农业技术的推广工作实现健康长久发展。

三、加强涉农院校和学科专业建设，大力培育农业科技科普人才

2019 年9月 5 日，习近平总书记在给全国涉农高校的书记校长和专家代表回信中指出："新中国成立 70 年来，全国涉农高校牢记办学使命，精心培育英才，加强科研

创新，为'三农'事业发展作出了积极贡献。""中国现代化离不开农业农村现代化，农业农村现代化关键在科技、在人才。新时代，农村是充满希望的田野，是干事创业的广阔舞台，我国高等农林教育大有可为。希望你们继续以立德树人为根本，以强农兴农为己任，拿出更多科技成果，培养更多知农爱农新型人才，为推进农业农村现代化、确保国家粮食安全、提高亿万农民生活水平和思想道德素质、促进山水林田湖草系统治理，为打赢脱贫攻坚战、推进乡村全面振兴不断作出新的更大的贡献。"农业科技、科普人才是推进农业科技创新的主体力量，代表农业科技发展的方向和核心竞争力。农业科研周期长、基础性工作多，需要长期稳定的支持。要根据农业科研规律设计人才培养选拔机制。

（一）建立农业系统与教育系统联合协作的新机制，共建一批农业院校

农业院校是我国农业科技研究、成果转化、技术推广和农业服务的重要力量，是农业人才培养的主要阵地。广大农业院校要切实立足我国农业生产主体、生产组织形式，充分认识我国农业发展的产业条件、体制环境、肩负任务和服务对象的国情特色，积极探索中国特色的高等农业教育发展之路；要坚持服务产业发展的根本方向，大力创新体制机制，努力探索发展模式，突出农科特色和优势，立足"三农"发展办好农业高等教育，立足产业需求推进强化农业科技创新和人才培养，立足农民需求搞好农业技术推广、服务和培训，发挥好农业院校在科技、教育、推广、培训方面的优势和作用；要创造条件，建立以解决实际问题、服务产业发展为导向的科技和人才评价制度，引导广大农业院校教师、专家深入实践，服务农民，把论文写在大地上，教育激励广大农业高校大学生坚定信念，深入基层，献身"三农"，为建设中国特色现代农业和社会主义新农村贡献聪明才智；要利用多种有效途径，大力推进农业高校之间、高校与科研单位之间、高校与基层科研生产单位之间的联合与协作，努力创造农业科技教育大联合、大协作的新机制、新局面，共同推动农业农村发展上一个新台阶。

近年来，高层次涉农人才培养基本保持稳定并略有增长。农业部与教育部合作共建8所农业大学，与省部共建17所农业大学，围绕农业农村发展和现代农业转型升级需要，指导共建高校及时调整学科专业设置，加强涉农重点专业群建设，推动农业院校培养涉农人才。

（二）新涉农人才培养模式

多措并举，积极创新涉农人才培养模式，不断提升涉农人才培养规模和质量。一是加快农林人才培养模式改革创新。2013 年，农业部联合有关部门启动实施卓越农林人才教育培养计划，批准改革试点高校 99所、改革试点项目 140 个，推进拔尖创新型、复合应用型、实用技能型农林人才培养改革，重点支持高等农林院校优化人才培养方案，优化通识教育、基础课程、专业课程等课程体系，强化实践教学和选修课、实训课，并根据课程体系及人才培养目标确定授课内容、授课方法，配置相应的师资队伍，构建适应农业现代化建设需要的复合应用型农林人才培养体系。如安徽农业大学开设"青年农场主班"，积极探索校政企合作、多学科专业交叉培养模式，培养复合型农业人才。二是着力优化技能型人才培养模式。政府部门以农业行业人才需求为导向，积极推进产教融合、校企合作，创新优化人才培养模式。三是大力实施新型职业农民培育工程。2014 年开始，联合财政部启动实施新型职业农民培育工程，重点面向种养大户、家庭农场主、农民合作社骨干、农业社会化服务人员和返乡涉农创业者，以提高生产经营能力和专业技能为目标，采取集中培训与现场实训相结合的方式，开展分层分类培训。截至 2017年，中央财政累计安排 50.9 亿元支持新型职业农民培育，培训超过400万人次。

农业农村部联合教育部成立中国现代农业校企联盟，下设现代农业、现代畜牧业、都市农业、现代农业装备和现代渔业等 5 个农业职教集团。截至 2017 年底，五大农业职教集团共吸纳涉农企业、职业院校、科研院所 500 余家，积极培养农业技术技能人才和新型职业农民，探索农学交替、弹性学制以及现代学徒制等产教融合、校企合作模式，加快构建现代农业职业教育体系。

比如，新疆农业大学构建"把论文写在天山南北的"创新型人才培养模式，开创"乡村领路人工程"，从当地选拔乡村干部，选派农牧民养殖户进入农业大学学习，提高了基层干部群众的科技素质和致富技能；石河子大学，建立服务"三农"实践教学模式，使服务兵团新农村建设与高等学校教学质量与教学改革工程"进行有机结合，建立了具有特色的服务"三农"实践教学模式。

（三）加强创业意识教育，强化农业创业能力培养

重视涉农人才创业意识教育，大力推进农村创业创新。一是加强创业创新人才培养。从2017年起，原农业部在全国开展为期3年的农产品加工业等百万人才培训行动，

通过理论与实践相结合、课堂讲授与现场实训相结合、线上培训与线下培训相结合等方式，围绕提升创业意识、创业素养和创业能力，在全国培训农产品加工业、农村创业创新、休闲农业和乡村旅游人才 100 万人次。二是加强就业指导拓展就业渠道。通过开展定向招生、定向培养、定向就业"三定向"政策，实施特聘农技员计划等措施，开展创新创业相关教育课程，推动高校成立创新创业教育协会、俱乐部，加强对涉农人才的就业指导，引导涉农院校毕业生到农业农村一线就业创业。据调查，近年来65%的农业院校毕业生在涉农企业或基层就业，有效地提升了服务"三农"发展能力。·积极推动各地加强农村创业创新人才培养，深入推进校企合作，加大对"一专多能"复合应用型人才的培养力度。通过加强就业指导，开展定向招生、定向培养、定向就业"三定向"培养，实施特聘农技员计划等措施，拓展涉农人才就业渠道，引导涉农院校毕业生到农业农村一线就业创业。各地在实践中积极探索，目前江西、浙江、山东等省依托涉农院校实行"三定向"政策，取得了良好成效。

比如，浙江大学开展了与湖州市合作共建省级社会主义新农村示范区的工作。学校提出了"聚焦湖州、立足浙江、服务西部、面向全国、走向世界"的指导思想，作为学校参与社会主义新农村建设的宗旨和目标，同时提出了要"举全校之力，全面参与社会主义新农村建设"的重要决策。

再比如，华中农业大学的"五个一"的服务社会主义新农村模式，围绕国家重大战略需求，既"顶天"又"立地"的科技发展战略，形成了"围绕一个领军人物，培植一个创新团队，支撑一个优势学科，促进一个富民产业，带动一方百姓致富"的服务模式，主动面向地方经济建设主战场，培养大批专门人才，提供急需的农业科技成果，推进农业产业发展。在服务地方经济社会发展的过程中，探索多元化服务"三农"的路径。或以科技创新为支撑点，引领广大农民脱贫致富；或以组织社会实践教育为着力点，培养服务"三农"的高素质创新人才；或以优化农村发展环境为契合点，推进校、市合作。

（四）优化实践教学环节，提升农科专业人才实践能力

积极推动优化农科专业教学环节，加强农科专业学生实践能力培养。一是加强人才培养基地建设。2012 年，联合教育部依托现代农业产业技术体系综合试验站，批准中国农业大学寿光蔬菜农科教合作人才培养基地等 100 个农科教合作人才培养基地，基地建设集人才培养、科学研究、成果转化及推广、大学生创新创业于一体，着力提

升农科专业学生解决农业领域生产实际问题的能力。二是强化实践教学环节。2018 年，教育部发布实施《普通高等学校本科专业类教学质量国家标准》，对农科专业学生的培养目标、课程设置、师资队伍建设等方面提出明确要求，强调农林院校要强化实践教学环节，加强学生的创新创业教育，并根据不同专业特点对实践教学占总学时的比例作出具体规定。联合教育部进一步优化实践教学环节，努力提升人才实践能力，为现代农业发展和乡村振兴战略源源不断输送高素质人才。

积极推动加强农业职业教育基础设施建设，尤其是实习实训基地建设，使教学与产业发展紧密对接，完善农学结合人才培养模式的督导运行机制。定期举办全国职业院校农业技能大赛，展示农业职业教育人才培养最新成果，树立培养技能型人才的办学价值取向。鼓励青年教师到农业基层挂职锻炼，支持农业院校开展多种形式的农业推广服务，优化农业院校人才评价体系。

南京农业大学实施"农业科技入户示范工程"，从服务和支撑社会主义新农村建设的战略高度出发，以整体推进农业科技入户工程为核心，以培育基层农技人员、科技示范户和新型农民为重点，围绕主导产业发展需求，以实施优势农产品主导品种的推广和主要技术的培训为重点，按照"整合资源、创新机制，力求实效、农民满意，以户带面、全面推进"的原则，努力提高广大农民的文化素质和科技应用能力，促进食品安全、粮食增产、农业增效和农民增收，更好地解决"三农"服务的实际问题。

四川农业大学通过专家大院模式，与地方政府、企业共同建立了"以科技为先导，以项目为核心，以企业为依托，以产业为基础，致富为目标"的农业科技示范专家大院，推动学校专家走向田间地头，博士、硕士、本科生走进寻常百姓家，有效地培育了龙头企业，促进了农村经济的发展，带动了农民致富增收。

农村专业人才是乡村振兴的新动能，是农村经济发展的领路者、是文化传承的继承者、是生态环境的守护者。加强新形势下农村实用人才队伍建设，大力开发农村实用人才资源，更好地发挥农村实用人才作用，是人才工作面临新形势的需要，也是实施乡村振兴战略的需要。充分激发农村实用人才创业活力，让农业真正成为有奔头的产业，让农民真正成为有吸引力的职业。

第五节　发挥科技人才支撑作用

实施乡村振兴战略是以习近平同志为核心的党中央着眼党和国家事业全局、顺应亿万农民对美好生活的向往，作出的重大战略决策，是新时代"三农"工作的新旗帜和总抓手。乡村振兴，关键在科技，希望在人才。要把科技人才建设放在首要位置，加快构建乡村振兴科技人才支撑体系，为全面实施乡村振兴战略提供坚实的科技支撑。

一、构建乡村振兴科技人才体系

科技是第一生产力、人才是第一资源、创新是引领发展的第一动力。人才强、科技强，才能带动产业强、经济强、国家强。乡村振兴，无论是农业强、农村美还是农民富，都离不开农业科技力量的支撑。目前我国农业科技人才队伍建设虽然取得了一些令人瞩目的成就，但农业科技人才发展依然面临诸多难题，农业科技人才支撑力量不足，必然会制约乡村振兴战略的实施。因此，必须统筹解决农业科技人才存在的系列问题。

（一）深化农业农村科技人才体制机制改革，坚持联合协作

要牢固树立人才优先发展理念，下大气力研究破解制约广大科技人员科技创新的体制机制弊端，进一步完善以政府为主导的农业农村科技人才管理体制，理顺各级业务部门管理体系，构建各级业务部门垂直体系，对各级农业技术人才实行"上对下"的"垂直式"管理，组织人事关系在同级单位，业务工作归口在上级相关部门。通过体制机制创新，统筹协调好中央与地方各级各类科技创新力量分工协作，充分发挥企业等各类农业新型生产经营主体的技术创新和市场主体作用，形成各方面共同发力、协调推进科技支撑乡村振兴的新局面。

建立农村科技人才培养长效机制，重视农业科技领军人才的培养。鼓励农业院校毕业生到基层农业推广机构工作，鼓励农村年轻创业能人、大学生村官进行农业科技创业，对其开展精准教育和培训；选派优秀农业科技人才到科研院所、高校等挂职学习，参与高层次农业科研工作，支持优秀农业骨干人才主持开展重大农业科技攻关。

（二）鼓励引导专业技术人才流向基层，助推乡村振兴

2018 年中央一号文件提出，全面建立高等院校、科研院所等事业单位专业技术人员到乡村和企业挂职、兼职和离岗创新创业制度，保障其在职称评定、工资福利、社会保障等方面的权益。目前我国农业科技人才队伍年龄结构不合理，呈现老龄化趋势，35 岁以下农业科技人才严重不足，出现断层现象；受教育程度整体偏低，多为大专本科，农业科技高层次人才严重缺乏；传统农业产业人员多，新兴产业的人员少。现代农业要发展，出路靠科技，关键靠人才。然而只靠科技文化水平较低的农民进行现代农业科技创新是远远不够的，需要高等院校、科研院所等事业单位专业技术人员的强力支撑。但目前存在的问题是高等院校、科研院所等事业单位的专业技术人员在深入农村一线，助推乡村振兴时持有犹豫态度，原因就在于与现有专业技术人员密切相关的切身利益得不到保障，尤其是在职称评定、工资福利、社会保障等方面。因此，要全面建立高等院校、科研院所等事业单位技术人员到乡村和企业挂职、兼职和离岗创新创业制度，保障其在职称评定、工资福利、社会保障等方面的权益，鼓励引导专业技术人才流向基层，助推乡村振兴。

（三）深化科技特派员制度，壮大科技特派员队伍

当前，我国正处在全面建成小康社会的决胜阶段，农村经济社会发展任务艰巨繁重，为充分发挥农业产业发展优势，深入实施创新驱动发展战略，通过推行科技特派员制度，培育新型农业经营和服务主体，健全农业社会化科技服务体系，加速农业科技成果转化，促进农村一二三产业深度融合，提升农业产业综合竞争力，补齐农业农村短板，统筹城乡一体化发展。

壮大科技特派员队伍。支持普通高校、科研院所、职业学校和企业的科技人员发挥职业专长，到农村开展创业服务。引导大学生、返乡农民工、退伍转业军人、退休技术人员、农村青年、农村妇女等参与农村科技创业。鼓励涉农企事业单位作为法人科技特派员带动农民创新创业，服务区域产业发展。结合各类人才计划实施，加强科技特派员的选派和培训，支持相关行业人才深入农村基层开展创新创业和服务。利用新农村发展研究院、科技特派员创业培训基地等，通过提供科技资料、创业辅导、技能培训等形式，提高科技特派员创业和服务能力。在鼓励科技特派员"走出去"开展科技创业和服务的同时，积极引进国际人才以科技特派员身份开展农村科技创业。

建立和完善科技特派员工作机制和激励机制。普通高校、科研院所、职业学校等事业单位对开展农村科技公益服务的科技特派员，要实行保留原单位工资福利、岗位、编制和优先晋升职务职称的政策，其工作业绩纳入科技人员考核体系；对深入农村开展科技创业的，要保留其人事关系，与原单位其他在岗人员同等享有参加职称评聘、岗位等级晋升和社会保险等方面的权利，期满后可以根据本人意愿选择辞职创业或回原单位工作。结合实施大学生创业引领计划、离校未就业高校毕业生就业促进计划，动员金融机构、社会组织、行业协会、就业人才服务机构和企事业单位为大学生科技特派员创业提供支持，完善人事、劳动保障代理等服务，对符合规定的要及时纳入社会保险。

利用好科技特派员的专业特长及派出单位的科研成果，鼓励高校、科研院所通过许可、转让、技术入股等方式支持科技特派员转化科技成果，开展农村科技创业，保障科技特派员取得合法收益。整合科技特派员资源，通过国家科技成果转化引导基金等，发挥财政资金的杠杆作用，以创投引导、贷款风险补偿等方式，推动形成多元化、多层次、多渠道的融资机制，加大对科技特派员创业企业的支持力度。引导金融机构在业务范围内加大信贷支持力度，开展对科技特派员的授信业务和小额贷款业务，完善担保机制，分担创业风险。吸引社会资本参与农村科技创业，鼓励银行与创业投资机构建立市场化、长期性合作机制，支持具有较强自主创新能力和高增长潜力的科技特派员企业进入资本市场融资。对科技特派员创办的农民专业合作社等农业经营主体，落实减税和奖补政策，使科技特派员能够下得去、留得住，使科技成果能够到田头、出效益，解决科技成果转化"最后一公里"问题。

（四）深入实施农业科研杰出人才培养计划和杰出青年农业科学家项目

乡村振兴离不开科技支撑。自2011年起，原农业部分两批组织实施农业科研杰出人才培养计划，给予每名杰出人才及其创新团队连续5年的专项经费支持，保证一大批农业科研杰出人才及其创新团队的迅速成长。该计划至2020年，将组建一支由300名杰出人才、3000名骨干组成的农业科技创新突击队，推动我国农业科技创新实力从"跟跑者"变为"同行者"乃至"领跑者"。农业科研杰出人才围绕现代农业发展需求，把握现代科学发展方向，紧密地围绕国家的重大需求开展科研攻关，积极进行成果转化，服务产业"顶天立地"

青年兴则国家兴，青年强则国家强。为进一步加强农业科研后备人才队伍建设，激发青年科研人员从事农业科学研究的热情，促进优秀青年科研人员脱颖而出，2016年，农业部启动实施"杰出青年农业科学家"资助项目，首批 25 名青年人才获得资助。

农业科研杰出人才计划和杰出青年农业科学家项目的实施，将有利于稳定和发展我国高层次农业科研人才队伍，形成一支学科专业布局合理、整体素质能力较强、自主创新能力较强的高层次农业科研人才队伍，促进农业领域学科建设赶超国际先进水平。

二、创新科技人才服务形式，完善政策体系

2016年5月30日，习近平总书记在全国科技创新大会、两院院士大会、中国科协第九次全国代表大会上发表重要讲话时强调，我国要建设世界科技强国，关键是要建设一支规模宏大、结构合理、素质优良的创新人才队伍，激发各类人才创新活力和潜力。

（一）强化制度创新，激发创新创业活力

推进科研机构和科技人员分类评价机制改革，核心是把科技与产业的关联度、科技自身的创新度、科技对产业的贡献度作为评价标准。完善协同创新机制，做强国家农业科技创新联盟，着力解决农业基础性、区域性和行业性重大关键问题。探索科技与人才、金融、资本等要素资源结合新机制，推进建设现代农业产业科技创新中心，打造区域农业经济增长极。

建立以增加知识价值为导向的分配机制，让科技人员"名利双收"，激发科技人员面向市场的创新活力。以兼职取酬、股权期权等多种形式，鼓励农业科研人员在企业和科研院校之间兼职兼薪、顺畅流动。促进公益性推广机构与经营性服务组织融合发展，激发农技人员推广活力。

建立健全科技成果评估机制，准确评价市场价值和应用前景，提高科技成果的供给质量和转化效率。搭建科技成果转化交易平台，打通成果供给与产业应用的通道。加快科技成果的集成配套、熟化应用，解决单一成果、单项技术用不了、用不好的问题。

（二）实施种业等领域科研人员以知识产权明晰为基础、以知识价值

为导向的分配政策

种业是国家战略性、基础性核心产业。2018 年中央一号文件明确提出，加快发展现代种业，提升自主创新能力，高标准建设国家南繁育种基地。政府工作报告也明确要求，要加快促进种业创新发展。在科研领域中，种业科研是与产业结合非常紧密的一个领域，长期以来，我国种业科技创新一直面临着许多深层次障碍，如科研与生产"两张皮"问题一直没有得到很好的解决，科研成果转化率偏低、科研人才流动不畅等问题。提升种业科技创新能力，要不断完善人才发展机制，激发科研人员的积极性和创造性。为推动种业科研体制改革，2013 年，国务院办公厅印发《关于深化种业体制改革提高创新能力的意见》，要求强化企业技术创新主体地位，调动科研人员积极性。2016 年 7 月 14 日，原农业部、科技部、财政部、教育部、人力资源和社会保障部联合下发《关于扩大种业人才发展和科研成果权益改革试点的指导意见》，指出："成果转移转化所获得的收入全部留归本单位，纳入单位预算，实行统一管理。给予成果完成人和转化人员奖励和报酬的支出，计入当年本单位工资总额，但不受当年本单位工资总额限制，不纳入本单位工资总额基数。成果完成单位应制定科研成果权益分配相关规定，明确权益分配方式、比例、时限等事项，细化程序要求。科研成果权益分配应当兼顾科研成果完成人、成果转化人员及科研单位等方面利益和事业发展。"种业科研成果权益改革试点，其核心正是通过改革调动科研人员的积极性，解决科研和生产"两张皮"、成果转化"肠梗阻"等问题，通过激发种业科研创新活力让农业插上科技的翅膀，为现代种业发展增加新动能，为我国农业供给侧结构性改革提供有力支撑。

（三）探索公益性和经营性农技推广融合发展机制

农业科技服务体系是将现代农业的创新科技成果转化为生产力的要载体，是实施农业科技创新驱动的重要内容之一。目前，我国基层农技推广组织薄弱，农技推广队伍不稳，人员流失严重；推广队伍知识结构、业务素质不适应现代农业科技的飞速发展。

2017 年8 月，农业部联合国家发展改革委、财政部印发的《关于加快发展农业生产性服务业的指导意见》提出，坚持市场导向，充分发挥市场配置资源的决定性作用，政府着力培育、支持、引导服务组织发展，为农业生产性服务业有序发展创造良好条件。鼓励农业科研人员参与农技推广服务，2017年12月，农业部和教育部联合发布《关于深入推进高等院校和农业科研单位开展农业技术推广服务的意见》，为推动农业科技人员投身"三农"工作主战场，强化农业科技成果转化，优化农业技术推广服务，加强农业农村人才培育提供了有力的政策支持。

加强农技推广体系建设与改革。农业农村部办公厅印发的《2019 年农业农村科教环能工作要点》明确指出，在改革中进一步强化基层农技推广体系建设，改善条件、创新手段，充分履行好公益性职能。建立公益性推广和经营性服务融合发展机制，支持农技人员进入家庭农场、合作社、农业企业，提供技术增值服务并合理取酬，提高人员收入。完善农技推广补助项目绩效管理，强化集中考评、网络直播、线上抽查、实地核查，实现全程全覆盖。充分发挥"中国农技推广"APP 作用，实现专家、农技人员和农民在线互动。

（四）全面实施农技推广服务特聘计划

针对多数贫困地区产业扶贫科技服务跟不上、农民生产技能水平低、市场信息渠道不通畅的现实情况，为增强基层农技推广服务供给能力，探索强化贫困地区产业扶贫工作科技支撑和人才保障的新途径，2018年中央一号文件提出"全面实施农技推广服务特聘计划"。2018 年6月，农业农村部办公厅下发的《关于全面实施农技推广服务特聘计划的通知》提出，以习近平新时代中国特色社会主义思想为指导，结合贫困地区发展特色优势扶贫产业和其他地区农业产业发展需要，在全国贫困地区及其他有意愿地区实施农技推广服务特聘计划，通过政府购买服务等支持方式，从农业乡土专家、种养能手、新型农业经营主体技术骨干、科研教学单位一线服务人员中招募一批特聘农技员，培养一支精准服务产业需求、解决生产技术难题、带领贫困农户脱贫致富的服务力量，支撑贫困地区走出一条贫困人口参与度高、特色产业竞争力强、贫困农户增收可持续的产业扶贫路径，为打好打赢精准脱贫攻坚这场历史性决战提供有力支撑。

特聘农技员的主要服务任务有：一是为县域农业特色优势产业发展提供技术指导与咨询服务；二是为贫困农户从事农业生产经营提供技术帮扶；三是与基层农技人员结对开展农技服务，增强农技人员专业技能和实操水平。

三、构建乡村振兴科技创新体系

科技进步是驱动现代农业发展的根本动力，农业科技创新能力条件是农业科技进步的物质基础和重要保障。加强促进农业农村现代化的科技创新服务、推动完善农村技术创新体系，为现代农业发展提供强有力的技术支撑，为更好实施乡村振兴战略提供有力抓手。对此，要不断夯实现有的农村科技创新基础，积极吸引多元主体协同参与农村技术创新工作，更好积聚农村科技创新体系的主体动能。

（一）吸引多元主体协同参与，实现有农村科技创新基础

党的十八大以来，农业农村科技工作不断取得新突破。科技体制改革纵深推进，农业高新技术产业长足发展，农业科技进步贡献率由 2012年的 53.5%提高到2017 年的 57.5%。然而，实现农业可持续发展，现代农业建设还有较长的路要走。科技创新服务农业农村现代化，必然要求以人才为核心的创新要素向乡村汇聚。目前，我国农业农村发展总体上还处于要素驱动阶段，实施以科技创新为核心的农业农村创新驱动发展尚存在诸多问题，农业科技创新体系不健全，突出表现在创新主体活力不足，多元化尚未形成，农技推广体系还有待完善。

为了促进农业科学技术的推广和农业现代化发展，我国已经初步建立起了一套覆盖范围广、受惠对象多的农村科技推广体系，但在农业技术推广发展过程中，由于受到诸多因素的影响，还存在诸多层面有待优化、农业技术推广管理体制不顺畅、推广队伍的结构方面还不完善，使得农业科学技术体系的发展缺少潜力。在这一问题上，主要体现在推广人员的综合素质有待提高、相关农业技术推广人员的专业技术知识老化，不能满足实际的需求。因而，要积极变革现有的农村科技推广体系，探索建立农技人员合理取酬新机制、强化绩效考评和队伍建设、健全"一主多元"推广体系，推动农技推广信息化、农技推广联盟和农业科技试验示范基地建设，支持基层农技人员进入合作社、龙头企业和专业服务组织开展农业技术推广服务，为农业转型升级、农业现代化发展提供科技保障。

与此同时，在推进农村科技创新工作时，应该实现多元主体的共同参与、协同行动，既要充分发挥各级政府和相关部门的支持引导作用，也要积极赢得农民和其他社会组织的全力参与和配合。吸引多元主体协同参与，应大力支持农民的自主创新和合作创新行为，并为其实现创新成果转化提供必要帮助；在农村尝试构建以农业龙头企业、农业生产合作社为主体的科技创新体系；充分发挥农业高等院校的外脑作用，鼓励这些高校和农业类科研机构深入农村基层，积极了解农民和现代农业的发展需求；涉农类社会组织也有望成为支持农村科技创新体系建设的重要外部力量，各地应积极引导、充分发挥这类组织的作用。

（二）打造农村科技新人才队伍，集聚农村科技新体系的主体动能

构建农村科技创新体系是一项系统性工程，建设环节多、工作任务重，为此必须为农村科技创新工作集聚起源源不断的主体动能。其中，最为关键的就是打造一支"懂农业、爱农村、爱农民"的农村科技创新人才队伍。既要关注对当前农村科技人才的挖掘、引导、教育工作，也要积极统筹未来对农村科技人才的持久培育计划。一要有国际眼光，放开视野选人才。要突出"高精尖缺"导向，以更宽广的眼界、思路和胸襟，加快引进高层次农业科技创新人才。二要有主体观念，持之以恒育人才。要把培养和支持现有人才放在重要位置，切实用好现有人才，稳定关键人才，培养未来人才。统筹好科研、科辅、支撑、管理等各类人才的培养，加快形成衔接有序、梯次配备的人才结构。三要有重点方向，聚焦青年强人才。要把青年人才作为培养重点，多提供平台和支持，激发他们的创新潜力，发挥他们的最大潜能。

建立以"以用为本"为导向的人才培养使用机制。要根据农业科研规律设计人才培养选拔机制，打破"以资历论英雄"的束缚，对看准了的人才，要多给他们"搭梯子""压担子"，对他们重点培养、大胆使用、委以重任。要突出重点，特别是要加大对优秀青年人才的支持力度。健全以"名利双收"为目标的人才评价激励机制。要建立分类科学、激励有效的人才遴选和评价考核机制，避免对科研人员的频繁过度考核，鼓励他们持续研究、长期积累。既要加大对科技人员的荣誉褒奖和联系关心力度，给科技人员以"名"；更要建立与岗位职责要求相统一、更加体现知识价值导向的收入分配激励机制，给科技人员以"利"。营造以"潜心科研"为追求的人才成长环境。要赋予人才充分的科研和管理自主权，落实为人才松绑的改革要求，形成灵活高效、各具特色的人才工作机制。要多与一线科研人员交朋友，听取他们的意见建议，搭建尽展所长的发展平台。

（三）优化农业科技新生态体系，完善农业科技创新激励机制

家庭农场主、合作社成员、专业大户及返乡创业人员等是农业科技创新的原动力，迫切需要通过农村职业技术教育和农业知识技能培训改善其知识结构和能力结构，率先成为拥有互联网思维、掌握农业物联网应用技能的"智慧农民"。应加快构建稳定的政策支持体系，整合涉农培训资金和机构，形成培训合力；各地要根据区域特色及资源禀赋，设置专业和课程，采取"农学结合、弹性学制"的教学方式；同时积极研发在线课堂、互动课堂及认证考试的新型职业农民培训教育平台，努力实现技术教育与

知识技能培训的移动化、智能化，促进广大农业从业者尽快成为懂科技、会经营、善创新的新型职业农民。

2015 年8月，农业部发布的《关于深化农业科技体制机制改革加快实施创新驱动发展战略的意见》指出，强化顶层设计，优化科技资源布局、拓展科技创新领域、壮大农业科技力量、完善农业科技管理，构建适应产出高效、产品安全、资源节约、环境友好农业发展要求的技术体系，提升农业科技创新能力，为中国特色农业现代化建设提供强有力的科技支撑。完善农业科技创新激励机制，要加快落实科技成果转化收益、科技人员兼职取酬等制度规定，通过"后补助"等方式支持农业科技创新，实施农业科研杰出人才培养计划，深入推进科研成果权益改革试点，发展面向市场的新型农业技术研发、成果转化和产业孵化机构，完善符合农业科技创新规律的基础研究支持方式，建立差别化农业科技评价制度，还要加强农业知识产权保护和运用。如何完善农业科技创新激励机制，具体来说，有以下几个方面的对策和建议。

1.深化体制改革，提高科研院所与高校农业科技成果质量

建立健全农业科研与高校技术开发、推广与生产应用相结合的管理机制，继续深化农业科技改革，根据市场需求调整农业科研院所与高校科研结构、专业设置、人才配置、机制转换，形成有技术、有活力、有特色的新型农业科技创新运行机制。优先批准技术先进，实用性强、对粮食生产有明显经济效益并能自创条件尽快完成研究任务的科研立项。改进和完善成果鉴定制度，以先进实用为评价导向，保证鉴定质量，不成熟的成果或没有任何价值的研究结果通过鉴定进行责任追溯。鼓励农业科研院所和高校实地考察，开发粮食生产主体真正需要的产品。尽快建立全国性的科技成果交易平台，遵从"市场定价、挂牌交易"的农业科技成果转让，提高成果转化个人或团队收益比例。

2.发挥农业职校优势，承上启下实现农业科技成果有效对接

高等农业院校可利用实验室推广基地，承担高产粮食作物的中试与成果展示，承担农业主管部门的粮食高产技术培训工作，抓好农民的技术培训方式创新，深化农民职业培训的改革与创新，与政府的农业推广部门合作及时地把市场需求的准确信息，把先进科学技术传递给农民。以种粮大户和科技示范户为载体，以点带面，农业职校可利用社会实践的机会，与粮食生产的主体进行实习合作，由学校老师对生产者进行

培训和指导推广新成果的配套技术，给农校学生提供接触粮食生产的机会，为其在将来进入该领域做好准备

3.完善科技特派员联运机制，整合农村科技资源

加强科技特派员与高校科研院所的合作，从科研院所聘请专家作为科技顾问，直接对农民进行科技指导，解决生产上遇到的各种难题。加强科技特派员与下派干部队伍的结合，互联互动，加强协作，共同进行农业科技人员驻乡镇。加强与农村技术员的合作，对村农技人员、有特长的乡土人才进行指导、培训，壮大农村基层科技工作力量。加强特派员参与行业科技服务组织和行业协会的建设，进一步发挥其在农业科技成果转化中的引导、服务、带动作用。鼓励科技特派员以"资金入股技术参股、技术承包、有偿服务"等形式，与农民尤其是与专业大户龙头企业结成经济共同体，进而增强农业科技成果的外力支撑和带动.构建以高校科研院所为依托，以科技特派员和产业带头人为主体，以乡土人才和农民为基础的宝塔型农业科技传导网络，增强科技特派员整体服务功能。

科学技术是第一生产力。以习近平新时代中国特色社会主义思想为指导，深入贯彻党的十九大精神，按照乡村振兴"产业兴旺、生态宜居、乡风文明、治理有效、生活富裕"总要求，加强农村科技服务体系建设，发挥科技人才支撑作用，促进"三农"发展深化农村供给侧结构性改革，支撑引领乡村全面振兴和农业农村现代化。

第六节　挖掘乡土文化本土人才

文化是一个国家、一个民族的灵魂。乡村文化是中华文明的源头，是劳动人民智慧的结晶，是中华民族最厚实和牢固的基础。《乡村振兴战略规划（2018—2022年）》中明确指出，加强规划引导、典型示范，挖掘培养乡土文化本土人才，建设一批特色鲜明、优势突出的农耕文化产业展示区，打造一批特色文化产业乡镇、文化产业特色村和文化产业群。培育挖掘乡土文化本土人才，加强基层文化队伍培训，培养一支懂文艺爱农村爱农民、专兼职相结合的农村文化工作队伍，引导企业家、文化工作者、退休人员、文化志愿者等投身乡村文化建设，丰富农村文化业态。

一、文化助力乡村振兴

乡村文化是中华传统文化的重要组成部分。改革开放以来，现代化生产模式给乡村传统发展模式带来了冲击，现代化的商业逻辑也消解着传统的乡村文化。许多乡村不仅流失了青壮年劳动力，陷入发展困境，更面临文化枯竭的难题。习近平总书记多次强调，小康不小康，关键看老乡。全面建成小康社会，乡村是关键；实施乡村振兴战略，文化是重点。文化引领是乡村振兴的内在驱动力，更可以转化为乡村振兴的物质基础。

为了建设可持续的良性文化生态环境，我国现代化文化农村建设需要从乡村文化产业体系、文化生产体系及文化经营体系这三个角度去着手。现代化产业体系的建设首先要明确当地农村具有独特性的文化资源包括自然风光、民风民俗、历史文化、民族文化等，与当地政府及管理部门做到规划上的协同，对当地文化资源进行高度整合，从产业发展的视角进行开发、规划。其次要在实际的操作中，要控制实践中相互之间的协调工作。对乡村文化产品的属性要具备精准的认识，从政策、资金、效益、市场等方面进行统筹规划，做到乡村文化商品的全面有机结合。传统农业生产体系主要是以农林牧渔生产资源为主，文化事业建设环境中的农业生产体系主要是以文化资源为产品，创意商品为内容，激发农业以外的乡村文化经济内活力。文化生产体系首先要做到发挥自然资源和生态环境的优势，提升农村的生活环境，为体验乡村文化产品的消费者提供一个舒适的娱乐休闲环境。再次要树立全新的乡村文化管理理念，对乡村文化市场的资源配置及乡村文化企业的进入提供有利的发展环境。文化经营体系要从产品传播和产业链增值及延长两个视角去分析。产品传播上要抓住当地具备的独特文化资源优势，利用现代化手段，制作专门宣传当地文化的 APP、微信公众号、短视频等充分利用媒体的传播性达到宣传作用。在产业链增值及延长上要深度挖掘文化产品的属性，找出在与其他产业进行交错和融合过程中所形成的衍生产品，并对其进行次开发和利用。

乡村中具有生产能力、文艺技能的人口正在减少，人口结构失调，乡村文化振兴能力进一步减弱。大部分乡村青年觉得乡村的生活方式是落伍的、单调的，对乡村文化与产业经济逐渐失去了自信心。乡村文化生活中除了缺乏基本的人力资源来运行公共生活外，更缺乏组织社会生活的有效载体和管理机制。一些优秀民俗活动形式失去了运行基础，如戏曲、舞龙、灯谜、划龙舟等优秀的民俗活动正在隐退，尽管在非遗保护中做了大量的工作，但依然难以复兴。乡村文化礼堂、乡村大舞台在植入性的文艺演出之后往往成了乡村文化展厅和酒宴场所。就目前而言，乡村文化的建设与振兴缺乏专业人才（包括文艺队伍），缺乏布局规划、缺乏品牌作品、缺乏相应的运作机制，更缺乏有推动能力的管理者，急需文化艺术资源下乡，让更多专业人士去规划、指导和引领乡村文化振兴。我们应通过建立完善乡村公共文化服务体系，培养文化人才，做好优秀传统文化的创造性转化，加强乡村思想道德建设，弘扬文明乡风，带动农民精神风貌提升，为乡村振兴提供源源不断的文化支撑、智力支持和精神动力。

二、健全乡村公共文化服务体系

按照有标准、有网络、有内容、有人才的要求，健全乡村公共文化服务体系。发挥县级公共文化机构辐射作用，推进基层综合性文化服务中心建设，实现乡村两级公共文化服务全覆盖，提升服务效能。深入推进文化惠民，公共文化资源要重点向乡村倾斜，提供更多更好的农村公共文化产品和服务。

（一）乡村公共文化服务体系建设的基本原则

我国的乡村具有多样性、地域性、民族性等多种复杂的特性，结合政府的扶持政策，因地制宜才是加强我国乡村公共文化建设的基本原则。乡村的文化建设环境相较于城市文化建设环境难度更大更艰巨。要通过突出乡村建设中的文化底蕴、本土的人文优势，找出乡村在转型升级的过程中既能保留传统文化基因又能吸收现代化的文化供给的积极因素；缩小整个文化体系建设的层次差距，改善和健全我国乡村在整个文化建设事业中薄弱的部分；探寻乡村文化建设中的共性问题，并结合乡村综合的环境条件，提出可行性建议，进而为全面建设良性文化生态提供一些支撑。

（二）乡村公共文化服务体系的建设途径

我国的城乡文化发展目前还存在着一定的差距，国家对乡村文化事业的投入资金及文化支持项目远远低于城市；乡村的文化活动匮乏，文化消费水平有限；文化设施设备落后贫乏，难以发挥载体的作用，都是乡村文化事业建设中目前急需解决的问题。乡村公共文化服务体系的建设主要从以下几个途径着手。

一要加大投入乡村文化建设的财政资金，设立针对乡村公共文化服务的专项资金，保证乡村的公共文化产品供给。

二要全方位培育市场资源，拓展和开发资金来源渠道，建立多元化的筹资机制，发挥非营利性组织的作用，吸引个人及家庭的闲散流动资金，既可以解决乡村公共文化服务建设中出现的财政问题，还可以有效解决乡村在建设公共文化服务的过程中出现的因财款流动不畅引起的文化产品供需问题。

三要充分了解农民群众的文化需求，以切实满足农民群众的文化需求为导向，建立与健全农民对文化产品的需求表达与反馈机制，了解和明确他们对文化产品的认知需求，提供相应使农民群众对于接收到的文化产品所反馈的信息能快速顺利地传达到当地的管理、决策部门，使当地的管理、决策部门能够更精准、更切实地接收到当地农民的文化需求，从而为当地的农民群众提供更有质量、更符合当地人文需求的文化服务。

四要加强当地文化管理干部的队伍建设，为乡村文化配备专业的管理和指导人员，保障乡村文化活动的组织、开展，并且可以确保乡村文化活动的内容质量。从农民群众的文化需求出发，积极组织群众喜爱或者农民群众所想充实文化要素的重点文化活动。

五要加强乡村文化体育的物资管理，建立统一的管理制度，由专门的管理及服务人员进行定期检查，健全乡村文化体育服务的建设。

六要当地文化管理部门对乡村文化遗产保护方面应该进一步进行加强和巩固，从内部上应该不断提升当地农民群众对家乡文化的保护意识。从外部上应该有效培育地方独特的公共文化品牌，打造具有当地文化特色及独特属性的文化品牌。

三、支持"三农"题材文艺创作生产

支持"三农"题材文艺创作生产，鼓励文艺工作者不断推出反映农民生产生活尤其是乡村振兴实践的优秀文艺作品，充分展示新时代农村农民的精神面貌。

（一） 用艺术点亮乡村

遍览中外特色乡村建设实例，可以发现：因为艺术，同样是世外桃源，可以有一百种演绎，同样是巴山蜀雨，可以有一百种形态。艺术可以让人们记住乡村生活之美，让人重拾不能割舍的乡愁，满足现代生活的精神诉求。它让乡村人找到自我，愿意住下来，让城市人得到心灵慰藉，愿意留下来。用艺术改变乡村，激发乡村的内在潜能，期造现代村庄风貌，不仅可以唤醒乡村文化的振兴，更能带动乡村的社会经济发展。

用艺术提升乡村价值魅力。艺术是提升产品文化价值的重要手段，建立以艺术体验感知为导引的产品品牌，用艺术设计包装乡村产品，注入体现地域特色的优秀设计元素，是加大力度促进农村产品品牌设计的有效手段。比如，四川蒲江的明月村，村民们世代守着 7000 亩雷竹园、3000 亩茶园，以及一口 300 多岁的古窑，过着制陶、种茶、农作的平凡日子。乡村建设者以纯手工制作和天然矿物釉为特色，在传承唐代平窑古风基础上，打造"明月窑"品牌。不过四五年间，古老的明月村已成为明月国际陶艺村，引无数人慕名而来。乡村文化品牌是农耕文化的精华和竞争优势，我们要集中挖掘整理当地村落文化和民俗文化，丰富和完善乡村文化内容，打造因地制宜、独具特色的艺术乡村品牌。

用艺术推动乡村融合发展。结合区位交通、生态资源、人文资源、旅游资源优势，利用乡村人文景观、民风民俗、生态农业、地域特色旅游、乡村风情探索、农家乐等特有资源，建设和发展一批新型复合型艺术乡村示范基地，让传统乡村重放光芒。比如，火爆"抖音"的浮云牧场视频。在视频中，推开窗是壮观的雪山，脚下是不断变幻的云彩，晚上抬起头是漫天的繁星。浮云牧场不是"单打独斗"的一处景点，如果从成都自驾，可以沿 317 国道顺路看桃坪羌寨、棉虎古镇、映秀等。这些规划建设，可以推进"文化创意、旅游创新、农民创收"相互渗透、相互促进、相互融合。采用"以点带面"的工作方式，把艺术乡村典型模式和典型做法通过不同类型的媒体宣传出去，能够促进艺术乡村先进经验及模式在乡村广泛传播。

（二）弘扬传统艺术，挖掘非物质文化遗产的多元价值，助力乡村振兴

非物质文化遗产是各族人民世代传承并将其视为精神宝库的传统文化表现形式，以及与此相关的实物与场所。在绵亘千年的悠久历史中，广大乡村地区形成了各具特色、形式丰富的非物质文化遗产，它们是历史的见证者，也是乡村文化的重要组成部分。从戏曲舞蹈到神话传说，从手工技艺到中医典藏，吸吮着中国人创造活力与历史养分的非物质文化遗产，在当代乡村发展进程中具有重要意义。挖掘、善用非物质文化遗产的多元价值，可以助推乡村振兴战略的开展。

非物质文化遗产是劳动者创造力的重要载体，是乡村文化精华的集中体现。乡村地区的非物质文化遗产世代传承，经过了历史的洗礼，展现出历久弥新的生机活力。作为祖祖辈辈传承的技艺与文化活动，非物质文化遗产在广大乡村地区具有极高的参与度，也带给乡村居民精神文化享受。保护和传承非物质文化遗产，是对乡村文化精华的继承与发扬，是丰富广大村民精神文化生活的有效方式，有利于改善乡村精神文化风貌，凝聚人心、共谋发展。

以非物质文化遗产为基础的产业发展为乡村群众致富提供了新渠道。长期以来，我国乡村地区产业模式单一且落后，生产投入大、附加值低的问题突出，影响农民收入与生活质量的提高，也制约着乡村地区的整体发展进程。乡村振兴归根结底是要找到一条可持续的创新发展道路，扭转乡村陈旧的发展模式，其中产业创新至关重要。文化引领乡村振兴，就是要充分发挥文化的作用，推动乡村产业升级，提高产业附加价值。而充分挖掘非物质文化遗产的产业价值，在此基础上形成特色化、集群化的产业类型，能够为村民提供致富渠道，适应乡村发展的实际需要。

（三）政策支持推出繁荣农村题材的文艺创作

为提升文化文艺工作服务乡村振兴战略的能力水平，繁荣新形势下农村现实题材文艺创作，唱响新时代农村建设赞歌，各地方纷纷出台意见繁荣农村现实题材文艺创作。

以戏曲、曲艺、音乐、舞蹈等群众喜闻乐见的艺术形式为载体，加大"三农"题材文艺创作生产力度，深入挖掘乡村振兴战略进程中的重大事件、重大成果、先进事迹、鲜活事例，创作推出一批展示当前乡村振兴重大成就、反映当代农民精神风貌的优秀文艺作品，努力丰富农民文化生活、改善农民精神风貌、提升农村文明程度。

各级文化部门、文艺单位进一步完善"深入生活、扎根人民"主题实践活动工作机制，落实活动经费，创新实现形式，支持文艺工作者带着题目、带着任务、带着目标深入乡村体验生活、采风创作。广大文艺工作者要自觉学习习近平总书记文艺工作座谈会重要讲话等以及关于文艺工作的系列重要指示精神，自觉走进基层、走进一线、走进群众，体验群众生活、体会百姓情感、体悟大众心声，创作推出更多正能量富集、感染力强、农民喜闻乐见的优秀文艺作品。

用好全国基层院团展演、文化艺术节、新创作小型剧（节）目评比展演等国家级、省级展演展示平台，多形式推动跨区域传播交流。鼓励各级各类文艺单位，以共同创作、参与创作、购买版权、学习移植等多种形式，提高农村现实题材优秀作品覆盖率。在农村开展现实题材作品征集活动，通过无偿征集、买断版权、公益推广等多种方式，收集汇总一批农村现实题材优秀剧（节）目，供基层艺术团体免费创排、演出。灵活运用省、市、县三级联合购买公益演出服务政策，择优遴选一批反映乡规民约、移风易俗、扶贫扶志、家教家风的优秀农村现实题材文艺作品，纳入政府购买目录，深入各地开展巡演，优先支持农村现实题材优秀作品参加送戏下乡、送艺术进校园活动。探索运用"文艺+互联网"手段，推出更多思想主题健康、艺术水平高超、群众喜闻乐见、适于网络传播的农村现实题材文艺精品。将群众喜爱的优秀剧（节）目视频或精彩片段上传网络，促进优秀文艺作品网上传播。

鼓励各地文艺单位通过设立基层共建基地、开展"结对子"帮扶、吸收基层文艺工作者进团学习、帮助基层举办专业辅导培训、为基层重点艺术创作提供高素质艺术人才支持等多种方式，积极搭建与基层单位交流平台，充分发挥全省农村"一村一年一场戏"免费送戏工程等文化惠民政策，积极培育民间演艺力量，推动民营剧团、庄户剧团规范化建设。支持各县（市、区）组建县级职业剧团，鼓励有条件的乡镇（街道）成立艺术团、演出队。综合运用政府购买、补贴以及与社会资本合作、公益创投、公益众筹等多种模式，鼓励和引导社会力量设立艺术表演团（组），开展农村现实题材舞台艺术作品创作及演出。

以基层综合文化服务中心建设为抓手，整合资源，完善机制，分期建立覆盖全省所有乡镇、村的综合文化服务中心和农村文化广场。利用乡村文化资源，结合现代数字化传播技术，打造适应新时代农民需求的文化活动和服务品牌。壮大乡村文化工作队伍，发展社会文艺团队和农村文化协会组织，建立完善乡村文化工作网络。

四、发挥乡土文化人才作用，推进乡土文化建设

培育挖掘乡土文化本土人才，开展文化结对帮扶，引导社会各界人士投身乡村文化建设。活跃繁荣农村文化市场，丰富农村文化业态，加强农村文化市场监管。通过梳理乡村的文化形态、查找短板，充分发挥城市优势资源助力乡村文化振兴，一是推进升级版"三下乡"，即智力下乡、作品下乡、人才下乡，解决乡村文化人才短缺问题；二是拓宽文化艺术下乡的有效路径，全面助力乡村文化振兴。

（一）推进升级版"三下乡"

1.推进智力下乡，助力乡村谋篇布局

乡村文化振兴，统筹规划是关键。必须立足大文化概念，以本土文化为基础，以更高的视野和长远发展战略做好布局。目前，一些乡村文化品牌项目的实施中出现了一些缺乏规划、缺乏整体推进的现象，如"盲目打造花海""无端建造"洋项目""重复建设风情区"。因此，急需文化艺术专业人士参与到项目的规划与设计中，把握好大格局、大方向，特色化、差异化地推动乡村文化品牌的打造，并且要充分发挥村民的主体使命，上下结合，梳理乡村的文脉和文化基因，强调个性与特色，关注和把握文化的传承与发展。

2.推进作品下乡，挖掘内涵创特色

乡村文化振兴要强调个性、强调特色。要尊重村庄的历史、尊重当地的资源环境、尊重村民的发展愿望和需求，还要关注乡村的未来和设计的可持续性。就目前农村的文化团队而言，他们无法完成作品的创作、品牌的打造，需要文化艺术界专业人士有针对性地进行创作，完善后进行植入。如通过输入表演性作品（如文艺展演、民艺展示）充实乡村文化礼堂；美术与设计人才从事村庄美化、公共基础设施建设、文化项目包括景观）的打造。从而形成民族风情与产业特色突出、个性语言鲜明的乡村文化。

3.推进入才下乡，提升内生动力，形成长效机制

乡村振兴需要人才，党中央和国务院确定了乡村振兴的总方向、总方针，而具体政策措施实施则需要各界人才介入，在实地实操中有针对性地进行探索与实践。乡村文化振兴需要建立更多的平台，让各方力量联合起来，这样才能形成建设的合力。推进文化艺术人才下乡，有效发挥各专业的特长和优势，多渠道着力推进文化建设。

（二）拓宽文化艺术下乡的有效路径

文艺的生命之源是创新，广阔的乡村大地为艺术创作提供了无尽的源泉。通过实践，为艺术家开阔视野与思维提供无限可能性；通过实践，也可以发挥村民自主力，激发原动力，从而提升乡村振兴主体持续的内生动力。在此基础上关注村民的需求与亮点的展示，挖掘特色项目，培养专业人才，建立有效运行机制与载体，从而建立乡村文化振兴长效机制。

1.整体谋划，多种路径全面推进文化艺术下乡，繁荣乡村文化艺术

整体谋划乡村文化发展，多种路径全面推进文化艺术下乡。要充分发挥各级政府、文艺团体、艺术机构、高等院校的资源和人才优势，推进文化艺术下乡，改变乡村内生动力；利用乡村艺术舞台、农家书屋、文化活动室、送电影下乡等平台全力推动文化艺术下乡、志愿者下乡、大学生艺术实践，帮助农民全面提升文化艺术素养。通过乡村文化礼堂、农家书屋等载体开展常态化的文化惠民活动，立足乡村文明，挖掘乡村文化潜力，培育良好的乡风文明，繁荣乡村文化艺术。文化艺术下乡的形式可以是项目合作、配合乡村文化活动、定点长期对接等方式开展。

2.定点推进，打造精品，实现乡村文化品牌的内涵提升

根据乡村实际，深入调研，从农村的需求出发，跟农民对接、融合，为乡村发展整体谋划，定点推进，打造精品，实现乡村文化品牌的内涵提升。定点打造的项目可以是为乡村环境改造作总体规划，凸显乡村特色；从农村的文创资源出发，激发乡村主体的文化意识和动力，开发文创产品，推动产业升级；艺术家主动挖掘、创作富有地域和本土特色的文艺节目，为乡村文化品牌打造增添亮点；对传统手工艺进行挖掘、梳理、植入，形成完整的传承与发展的特色文化。

3.推动乡村文化礼堂（乡村大舞台）的转型升级，持续推进乡村文化建设

经过多年的建设、发展，乡村文化礼堂成效显著，但也存在管理缺乏长效机制、缺乏管理人才、缺乏文化品牌、礼堂功能发挥有限等问题文化礼堂是农民公共文化活动的场所，是繁荣农村文化，形成文明乡风的重要平台，乡村文化振兴需要厚植文化力量。可以联合各部门组织开展"高校与乡村文化结亲帮扶"活动，从文化发展策略总体规划与管理、文化品牌的打造、人才的培养等多方面入手，打造乡村文化礼堂升级版，持续促进乡村文化建设。

4.建立健全乡村文化人才队伍

乡村文化振兴不仅需要政府作为，更需要社会的参与。为此，一要注意发挥基层党组织和党员先锋模范作用，成为文化阵地建设的倡导者、传播者和弘扬者。二要依托各级文化馆、文化人才培养基地等，大力培养、扶持基层文艺骨干、业余文化队伍和民间文艺社团。三要依托基层乡土文化能人、中小学教师、文艺爱好者等，组建乡村文化艺术团体、志愿者队伍，成为文化工作先行者。努力形成一个多阶层、多背景，既深入群众，又承接政府文化建设任务的乡村文化供给力量。

乡村是一个生活共同体，文化是乡村振兴的力量"凝聚枢"和发展"风向标"。振兴乡村文化，客观上可以起到活跃经济文化氛围、拓展社会生态空间、构建文化传播语境等作用。乡村振兴，文化必兴，乡村文化的繁荣程度反映了乡村产业兴旺、生态宜居、乡风文明、治理有效、生活富裕的发展状况。只有乡村文化振兴，才能树立乡村文明新风，建设和谐美丽的乡村。挖掘乡土文化本土人才，不断完善乡村公共文化服务体系、多渠道多方式共同支持"三农"题材文艺创作生产，探索拓宽培育挖掘乡土人才的多重路径，达到提升乡民生产生活质量、文化综合素养和精神境界的目标。

第七节　鼓励社会各界投身乡村建设

《乡村振兴战略规划（2018—2022年）》对"鼓励社会人才投身乡村建设"作出明确要求：建立健全激励机制，研究制定完善相关政策措施和管理办法、鼓励社会人才投身乡村建设。以乡情乡愁为纽带，引导和支持企业家、党政干部、专家学者、医生教师、规划师、建筑师、律师、技能人才等，通过下乡担任志愿者、投资兴业、行医办学、捐资捐物、法律服务等方式服务乡村振兴事业，允许符合要求的公职人员回乡任职。落实和完善融资贷款、配套设施建设补助、税费减免等扶持政策，引导工商资本积极投入乡村振兴事业。继续实施"三区"（边远贫困地区、边疆民族地区和革命老区）人才支持计划，深入推进大学生村官工作，因地制宜实施"三支一扶"、高校毕业生基层成长等计划，开展乡村振兴"巾帼行动"、青春建功行动。建立城乡、区域、校地之间人才培养合作与交流机制。全面建立城市医生教师、科技文化人员等定期服务乡村机制"。

一、建立健全各类人才投身乡村的激励机制

不断深化农村改革，扩大农业对外开放，激活主体、激活要素、激活市场，调动各方力量投身乡村振兴。以科技创新引领和支撑乡村振兴，以人才汇聚推动和保障乡村振兴，增强农业农村自我发展动力。2018年中央一号文件提出："畅通智力、技术、管理下乡通道，造就更多乡土人才，聚天下人才而用之。"在返乡群体之外，还要关注下乡群体，加上各类社会力量参与，才能"众人拾柴火焰高"。

（一）探索人才服务乡村的多元模式

欢迎哪些人下乡？2018 年中央一号文件提到了8类人群，2018年9月中共中央 国务院印发的《乡村振兴战略规划 （2018—2022年)》再次指出："以乡情乡愁为纽带，引导和支持企业家、党政干部、专家学者、医生教师、规划师、建筑师、律师、技能人才等，通过下乡担任志愿者、投资兴业、行医办学、捐资捐物、法律服务等方式服务乡村振兴事业……"这些都是乡村振兴急需的人才。除了鼓励原来出去打工现在又回来的农村人干农业外，还要欢迎各类的白领、海归、博士、高管等城市人才到农村创业。为此，国家也及时调整了政策。2018 年1月国务院常务会议通过《关于进一步支持农民工等人员返乡下乡创业的意见》，提出返乡下乡人员一体看待，城市农村创业政策一体享受，如原来城市创业者首次创业且正常经营一年以上的有补贴，现在农村同样可以；还提出，实施促进农村创业的"五项行动"，为各类人才到农村提供便利和帮助。

鼓励各类人群投身农村，实质上需要坚持政府引导与市场推动相结合，人才服务与智力服务相结合的原则，构建内生性与强制性相结合的制度体系，探索人才服务乡村的多元模式，构建系统有效的激励机制。

1.构建各类人群投身农村的分类激励机制

除支持市场主体下乡回乡创业外，应制定规定性、激励性、考核性措施相结合的鼓励专业人才、党政人才下乡服务的政策，对于企事业单位专业人才下乡服务，与职称评定、工资、津贴补贴、社会保障等挂钩，支持离岗创业、兼职兼薪；对于党政干部、公职人员下乡任职，与干部交流、职务晋升、工资套改、体检休假等挂钩，尤其注重提拔在基层一线和困难艰苦地区锻炼成长的干部。

2.构建为乡村提供智力服务的激励机制

按照不求所有、但求所用的原则，引导智力下乡，鼓励各类企事业单位和社会各界人才为乡村发展提供有针对性的技术服务、培训服务、咨询服务、产品流通服务等。政府应根据不同服务主体及其服务方式、服务成效实行不同的激励政策。

3.构建城乡区域人才对口服务机制

为更好地发挥政策的激励作用，提高城市人才服务乡村的针对性，需要借鉴区域对口扶贫的经验，倡导构建起城市与乡村之间、区域与区域之间的人才对口服务机制，双方政府部门构建起相应的协作机制、人才下乡创业服务的保障机制，使人才服务乡村的目的明确、工作条件有保障。

4.构建城乡一体的人口管理体制

进一步深化户籍制度改革，着力推进城乡公共服务均等化，加快剥离依附在户籍上的福利，着力构建城乡标准统一、有效衔接、转移方便的社会保障、教育、就业等公共服务制度，为城乡人才双向流动提供制度支撑。同时加强城市人才下乡相关保障制度建设，探索根据城市人才在农村居住时间与创业创新情况，保障参与自治、住房使用、土地流转经营及相关公共服务权益的制度安排。

（二）建立吸引乡贤投身乡村的激励机制

城市和乡镇在公共服务与基础设施上的较大差距，是导致民众不愿意去乡村、不愿意留在乡村的关键原因。在乡贤组织运行过程中，要想依靠乡情乡愁吸引乡贤、留住乡贤，必须建立完善的乡贤激励保障机制，弘扬乡贤文化，鼓励和表彰乡贤对于乡村发展的贡献。一是在精神层面，建设乡贤图书馆、乡贤文化展览馆、乡贤文化长廊，举办新乡贤论坛、新乡贤交流会、新乡贤评选表彰活动等展示乡贤及乡贤文化，通过宣传优秀事迹、给予荣誉达到一定激励作用。二是在物质层面，根据地区经济发展的情况，在一定程度上保障乡贤享有相应的子女教育、社会保障、就业、住房保障等公共服务。三是在政治层面，促进乡贤参与乡镇组织选举或事务决策，符合入党条件的，吸纳乡贤加入党组织，从而使乡贤不想走、不愿走，全身心地投入乡村振兴的发展之中。

二、加快制定鼓励引导工商资本参与乡村振兴的扶持政策

工商资本参与乡村振兴能有效破解乡村发展的"人、地、钱"困境，对乡村振兴战略的实施有明显的带动效应。当前，工商资本逐渐进入农业领域，但层次上相对初级、结构相对单一，且以中小主体为主，以种养业态为主，农业龙头企业多以农产品加工为主，产业链、价值链、利益链开发不充分，而一二三产业融合发展潜力巨大。

（一）工商资本进入农业领域的阻碍因素

1.土地关系稳定难

在现行土地制度下，工商资本下乡对土地租用的稳定性要求较高。当前，出于对租金上涨的预期和可能存在的征占用补偿问题，农民往往倾向于短期流转，流转期限一般在 3 年以下，个别地方甚至出现一季一流转的情况，这与工商资本中长期流转的期望相悖，不利于现代农业和乡村振兴产业发展。这一现象在二三产业鲜见，但在农业农村投资领域较普遍存在。

2.用地指标落实难

国土资源部、农业农村部在《关于进一步支持设施农业健康发展的通知》中明确了设施农用地管理有关要求和支持政策。在当前严守基本农田红线和土地指标紧缺的大环境下，工商资本投资农业获取设施用地指标和建设用地指标的难度都很大，对符合条件的农业设施临时用地建设审批许可也可能因为操作从紧而难以落地。

3.金融服务跟不上

工商资本进入农业领域反映在信贷上主要存在三个问题：一是缺少抵押物或者抵押物不符合金融机构要求，难以获得贷款审批；二是涉农项目投资长、见效慢，贷款的不确定因素多、风险大，影响信贷投入的积极性；三是农业领域投资风险控制制度远不及二三产业完善可控，尽管目前各地金融单位普遍设立"三农"工作部门，但农业农村领域经营主体小而散的现状加大了工作量和投资成本。

4.投资领域不平衡

当前工商资本投资农业的领域大多集中在第一产业和第三产业，主要集中于种养业、观光餐饮民宿等项目，投资二产领域的较为稀少。工商资本以农业为主题投资一二三产业融合的田园综合体项目几近于空白，反倒是出现少数村级集体经济投资一二三产业融合的典型范例。从国内外工商资本参与乡村振兴较为发达的地区看，投资一二三产业融合体是工商资本的方向，也是乡村产业链、价值链、利益链所在。

5.技术人才不充足

企业化生产要求规模化、集约化和标准化，技术含量高，而工商企业过去大都没有农业背景，进来后才发现搞农业同样需要懂技术的专门人才。人才少难聘到，而且聘到后也难留住人。受传统观念影响，高等院校和职业院校在涉农专业设置上，尚未完全适应实施乡村振兴战略的需要，致使农业专业人才紧缺。

（二）鼓励引导工商资本深度参与乡村振兴的路径

国家对工商资本深度参与乡村振兴作出全面部署。从世界范围看，凡是农业农村发展好的国家和地区，工商资本都发挥了关键性作用，美国的"资本+家庭农场"、法国的"资本+合作社+家庭农场"、日本的"直接投资"都是如此。随着多主体、多渠道、广领域的工商资本进入，打破了一家一户的生产组织方式，将新理念、新技术、先进管理模式等生产要素带入农业农村，逐渐破解制约乡村振兴的要素困境，对实现乡村振兴有深刻的影响。

1.强化土地流转和建设用地指标保障

一是鼓励工商资本流转土地。建议制定并实施土地流转财政补贴政策；创新农用地经营权长期流转试点，探索"村级连片经营"等流转新模式；落实国家和省设施农业用地政策，鼓励利用非耕地建设农业设施。二是鼓励农户中长期流转土地。政府可用以奖代补的综合政策工具引导工商企业与农户签订稳定性高的流转合同；支持"公司+农户"共同发展，通过签订订单合同、领办创办农民合作社、提供土地托管服务等方式，让农民更多地分享产业增值权益。三是鼓励工商资本通过村级集体组织对闲置农房统筹有效使用。在当前用地政策趋紧、设施用地难以落实的大背景下，用流转使用承包地方式流转使用闲置农房，既可解决设施用房急需，也可减少占用耕地，还可解决农民增收和社会管理问题。四是鼓励多渠道多途径为工商资本投资农业农村发展供给建设用地。落实国有建设用地以长期租赁、先租后让、租让结合方式提供乡村休闲游建设用地政策；城乡建设用地增减挂钩节约建设用地指标优先用于发展休闲农业和乡村旅游；允许对通过村庄整治、宅基地整理等方式节约的建设用地采取入股、联营等方式，重点支持都市田园综合体创建和农村产业融合发展；允许将通过土地整治、美丽乡村、生态特色小镇、郊野公园建设增加的耕地作为占补平衡补充耕地指标，按照"谁投入、谁受益"的原则返还指标交易收益。

2.加强引导明确工商资本投资重点领域

一是引导工商资本进入适合企业化经营的现代种养业。鼓励工商资本投资，资本、技术密集型产业，把产业链、价值链、供应链等现代经营理念和产业组织方式引入农业，优化资源配置。其中，专业大户和家庭农场作为土地主要经营者，应更多鼓励投入现代种养业，提升土地产出效益。二是引导工商资本发展农产品加工业。鼓励工商资本投资建设农产品加工企业，或通过技术入股、资金入股、联合经营等方式与农业产业化龙头企业合作，提升农产品加工水平。三是引导工商资本发展农业新兴业态。鼓励工商资本把高新技术、新兴业态、新商业模式引入农业，大力发展农产品电子商务、"互联网 +"、冷链物流等新型经营业态，以市场为导向，大力发展特色农业、品牌农业、生态循环农业，示范引领农业现代化进程。

3.规划建设一批工商资本参与乡村振兴项目

建议实施工商资本项目带动战略。一是筛选一批工商资本参与乡村振兴的项目。建议相关职能部门对有投资意向的工商资本进行调查摸底，注重与乡村振兴规划搞好衔接，按照乡村振兴战略目标，突出农村二三产业融合、基础设施建设、公共服务等领域，筛选一批投资规模大、产业关联度高、辐射效应强的工商资本参与乡村振兴项目，建立工商资本参与乡村振兴重点项目库。二是开展工商资本参与乡村振兴项目推介招商。成立专门机构，依托国家和省、市各类农业博览会、投资贸易洽谈会、农业投资情况说明会等载体，搭建投资对接平台，发挥好企业招商主体作用，将策划包装的项目与有投资意向的工商资本企业进行对接，促成双方合作。三是建立工商资本参与乡村振兴项目推进机制。建议研究借鉴先进地区经验，并考虑涉农项目建设周期长的特殊性，围绕提供从落地注册、施工建设、要素保障、安全环保等全流程服务，构建简政放权、优化前置、并联审批、现场办公、负面清单、信用管理、阳光监管等服务体系，及时解决企业困难。

4.做好政府服务提供有效支持和保障

一是信息服务。依托现有公共资源交易中心、行政服务中心公开农村土地流转相关信息；建立和完善农产品产销信息、土地流转信息网络，为企业提供农业产业投资指南和法律法规咨询服务。二是专业服务。涉农部门和农技推广等机构定期联系企业，及时指导企业解决生产过程中的技术难题；农业龙头企业要放大资金优势，提供育种、肥药、加工、仓储、销售等产前、产后服务；人力资源部门要帮助工商企业加强与农业大专院校和农业科研机构的联系，保障专业人才供给和加快科研成果转化；在土地流转比较集中的地区建立农村劳务合作社，加强劳动力培训，促进劳动力供需对接。三是金融服务。发挥政策性农业担保优势，放大城乡一体化引导基金与金融机构开发工商项目投资；充分运用银行扶贫再贷款资金，为涉农企业提供资金支持；引导金融机构创新金融产品，探索设施设备、土地经营权等多种抵押贷款方式；设立农业产业化投资基金，引导工商资本增加投入；积极推进农业保险，有针对性地增加保险品种和覆盖范围。四是政策服务。2018 年中央一号文件提出要"加快制定鼓励引导工商资本参与乡村振兴的指导意见",部分地方已相继出台了鼓励和规范工商资本下乡的意见。

三、建立城乡、区域、校地之间人才培养合作与交流机制

(一)实施区域范围内城乡人才培养资源的集约化统筹发展

在城乡区域人才资源总量有限的约束下,尤其是城乡人才培养的教育资源的粗放式配置模式将增加教育存量资源配置的无序性和人才培养、职业教育增量资源的无效性。各地主管部门应当积极推进区域人才培养、职业教育的资源集约化战略,通过优化区域人才培养、职业教育资源配置方案的方式来积极推进集约型职业院校建设,使本地区教育事业步入良性发展循环系统中。职业院校的常设专业在长期办学实践中积累了丰富的办学经验,城市与农村职业院校应当结合自身办学特色,集中其人才培养、职业教育优势资源,形成支持区域范围内城乡统筹发展的精品人才培养、职业教育专业。由于人才培养、职业教育资源的生均办学经费开支高于基础教育阶段的生均办学经费支出水平,办学经费短缺势必对人才培养、职业教育质量造成持久性冲击,削弱职业院校毕业生对用人单位的吸引力,降低学生报考职业院校的积极性。人才培养、职业教育资源集约化战略有助于城乡职业院校消除专业重复性建设所造成的办学经费开支浪费问题。职业院校可将削减的重复性专业建设占用的办学经费开支用于打造特色化精品专业,增强人才培养、职业教育资源的利用效率,提升职业院校特色专业的人才培养质量。

推进跨区域职业院校师资力量统筹配置战略。人才培养、职业教育管理部门应畅通城乡人才培养、职业教育互动渠道,建立有序的人才培养、职业教育资源流动机制。城市与农村职业院校应当统筹人才培养、职业教育师资队伍建设,通过城乡职业院校间的职业教师交换工程来促进农村地区职业教师队伍从业素质的提升和师资队伍结构的优化。由于城市与农村地区职业院校的薪酬待遇和工作环境存在显著的差异性,在推进城乡职业教师交换工程时,人才培养、职业教育主管部门应充分考虑教师的切身经济利益,在保障参与城乡职业教师交换工程的职业院校教师的薪酬福利水平不降低的前提下,优化农村职业院校的既有师资队伍。农村职业院校可在专任教师整体队伍相对稳定的基础上,适当加大兼职教师占比,以形成专兼教师合理搭配的师资力量格局。通过引入城市职业院校优质教师资源,可以对农村地区原有职业院校教师施加良

性的竞争压力，为农村职业院校培育掌握新知识新技术的师资力量。农村职业院校还可大量吸收社会各界优秀的管理人才和工程技术人才，以有效弥补农村职业院校实践类教学实力相对不足的缺陷。

促进就业结构与产业结构互动是城乡人才培养、职业教育统筹发展的要点。职业院校毕业生的就业结构揭示了区域产业结构的内在特征，职业院校毕业生的岗位收入水平则直接揭示了区域产业发展水平。基于人才培养、职业教育的人才培养目标来讨论，职业院校的办学终极目标指向解决学生就业问题，以有效满足区域经济发展对技能型人才的需求。这决定了城乡人才培养、职业教育事业统筹发展策略的制定应当以深入调研区域经济的人才市场需求为前提。当前制约城乡职业院校统筹发展的首要障碍在于城乡职业院校之间存在围绕生源争夺和就业市场竞争问题的冲突。诱发城乡职业院校冲突的根源在于各职业院校的办学方向重叠，以及因办学实力相对薄弱使各职业院校停留在低层次的招生就业竞争局面。城乡职业院校的低技能型人才培养模式限制了区域产业升级的空间，区域产业升级受困则反向作用于城乡职业院校，迫使其通过持续培养低技能型人才来满足区域经济的低级产业的发展需求。为此，城乡职业院校需增强在高技能型人才培养领域的合作，以大规模的高技能型人才供给来推动区域经济形成新兴高技术产业链条，以新兴高技术产业来促使区域经济体内的人力资源需求结构变迁，进而以大规模的高技术型人力资源需求来拉动区域职业院校的人才培养层次升级。上述区域经济的产业演进与就业结构之间良性互动关系促成了地方职业院校的高技能型人才培养和区域产业企业的高技能型人才需求之间在新技术水平上形成新供需平衡关系。

（二）校地合作探索提升农村基层人才质量和服务农村原动力

现行大学生村官选聘工作中，虽实行择优选聘并尽量安排大学生到生源地工作，使毕业生生源地与工作地相匹配，但事实上，有部分大学生到农村基层工作是迫于就业压力而作出的别无选择的选择，只是将村官工作作为一个跳板或过渡。因此，作为村官思想上的准备不充分，或存在跳出农门又进农门的传统观念，或与家庭成员对自己的期望不相符，不能得到家庭成员的支持，因此出现"价值取向偏差，服务农村、奉献基层的原动力不足"等问题就不足为奇。另外，在四年的大学生活中并没有为这份工作做技能上的相关准备，而在，履职后对农村工作不熟悉，无法开展工作或不能充分发挥大学生村官应有的作用。校地积极合作，共同培养农村基层人才是解决这些问题的积极探索。

通过高校"订单式"定点招生、定向培养、协议就业，探索招收农村区域发展专业大学生，培养的大学生毕业并取得学位后，统一调配至各乡镇所在村工作。学生填报志愿前即与政府签订毕业后回家乡农村基层工作协议，因此，较非合作培养的大学生村官提前有了将来回农村基层工作的思想准备。

大学生村官工作是十七大以来党中央作出的一项重大战略决策，主要目的是培养一大批社会主义新农村建设骨干人才、党政干部队伍后备人才、各行各业优秀人才。大学生村官主要履行宣传落实政策、促进经济发展、联系服务群众、推广科技文化、参与村务管理、加强基层组织等职责。大学生村官主要通过留村任职工作、考录公务员、自主创业发展、另行择业、继续学习深造等"五条出路"有序流动。

高等学校各专业培养目标决定着人才培养的方向和规格，非校地合作培养模式中，农科专业本科人才培养目标虽改变了传统的专而窄的定位，但取而代之的是较宽泛、学术型与应用型合一的培养目标，培养的人才既可"上天"，亦可"入地"。"上天"是指对科学研究前沿理论或高新尖技术有较深涉猎，可继续深造进行学术研究的人才；"入地"是指适合在学科对应行业或部门基层工作的人才，同一专业统一培养方案。这种"宽、厚、通、专"兼顾的目标定位，不仅对于当下"三支一扶""村官""一村一名大学生""乡镇公务员"等农科就业岗位来说显得"高而空"，而且对于四年制的本科人才培养来说也难免显得过高、过空。因此，校地合作培养模式应首先明确其人才培养目标，以指引培养过程，使培养对象经过教育后在知识、能力、素质上达到一定的要求和规格标准。

校地合作培养农村基层人才模式培养的大学毕业生就业是指向某一特定地区的农村基层的，与非校地合作农科人才培养相比，具有鲜明的地区针对性、目的性和唯一性。显然，原有的农村区域发展专业培养目标不可套用到校地合作培养模式中。高等农业院校应与地方政府积极沟通，围绕促进目标地区农村繁荣、农业增效、农民增收及农村精神文明建设等，因地制宜，制定"靶向性"的培养目标。可充分利用地方政府的主导作用，高校与地方政府形成人才创新培养的"协同体"，提供实地实景实人实践教学平台，使构建"实践先行"、实践贯穿于整个培养过程并与理论教学有机结合的教学新体系成为可能。

高等院校与地方政府须紧密配合，建立"多位一体"的"双重管理"体系。地方政府与高等院校之间"订单式"培养农村基层人才不同于高职高专与企业之间的"订单式"培养人才，它是一种政府行为，在校地合作培养农村基层人才管理体系中，地方政府自然成为人才培养的管理方之一，高校不再唱独角戏。校地合作培养农村基层人才事实上是"双重管理"。高等院校与地方政府应紧密配合，建立在生源选择、教学管理、思想道德素质教育与管理、就业管理等方面既各负其责又相互依托、互相沟通与协商的"多位一体"、"双重管理"的人才培养管理体系。

鼓励社会各界投身乡村建设，探索人才服务乡村的多元模式，吸引乡贤投身乡村，建立健全各项激励机制，不断加快制定鼓励引导工商资本进入乡村的政策等，研究制定完善相关政策措施和管理办法，争取尽快建立城乡、区域、校地之间的人才培养合作与交流机制，鼓励社会人才投身乡村建设。

第八节　优先发展农村教育事业

大力发展教育事业，促进公共教育资源向农村倾斜，对于培育亲农爱农兴农的优秀管理者、知识技能武装起来的职业农民、服务乡村振兴的各层次专业技术人员、为乡村振兴破解难题的科研人才具有重要意义，而这需要基础教育、高等教育、职业教育等各类教育协同发力。《乡村振兴战略规划（2018—2022年）》中明确对农村教育事业发展作出统筹规划，提出要把国家社会事业的重点放在农村，推动农村基础设施建设提档升级，优先发展农村教育事业。振兴乡村教育不仅是落实乡村振兴战略的题中应有之义，而且乡村教育是乡村经济建设、政治建设、文化建设、社会建设、生态文明建设的基础，在乡村振兴中具有基础性、先导性和全局性。

一、优先发展农村教育事业的基本原则

实施乡村振兴战略，为农村教育带来了新的发展机遇，也提出了新的发展任务。教育关乎乡村振兴的根本，要以习近平新时代中国特色社会主义思想为指导，按照产业兴旺、生态宜居、乡风文明、治理有效、生活富裕的总体要求，紧紧围绕振兴乡村教育和乡村振兴两方面任务，切实把握乡村教育振兴的全面性、长远性和差异性。要针对当前农村教育发展的关键领域和薄弱环节，加大城乡教育资源均衡配置力度，继

续把教育发展的重点放在农村，逐步建立健全全民覆盖、普惠共享、城乡一体的基本公共教育服务体系，努力让每个农村孩子都能享有公平而有质量的教育。

（一）兜底线，保障每一个农村孩子都有学上

实现每个农村孩子"幼有所育""学有所教"是工作目标，要不断提高各级各类教育的普及程度，给农村孩子提供更便利、更高层次的教育机会。推动建立以城带乡、整体推进、城乡一体、均衡发展的义务教育发展机制。建立健全农村留守儿童关爱服务体系，全面改善农村寄宿制学校条件，解决留守儿童教育支持、亲情关怀、生活照顾、家庭教育和安全保护等方面的问题。实施特殊教育提升工作力度、组织开展送教上门服务等多种形式。实施高中阶段教育普及攻坚计划，大力发展面向农村的职业教育，加强东西部职业教育协作，加大城市支援农村力度，提高中西部农村青少年到东部或城市接受职业教育，提高就业创业能力。

（二）保基本，使每一所农村学校都达到基本办学条件

农村教育在我国整个教育事业中占有较大的比重。实施乡村振兴计划，必须从根本上扭转"重城镇轻乡村"的观念，切实把乡村教育作为乡村振兴的重中之重。要配齐教学设施、生活设施，加强乡村小规模学校建设，对学生规模不足 100 人的村小学和教学点，按 100 人的标准核定公用经费，配备相应的教学生活设施，确保正常运转。要加快发展农村学前教育，完善乡村教师队伍建设，加快培养符合乡镇以下学校实际需要的小学"全科教师"和初中一专多能教师，有限安排公费师范生和"特岗"教师到教学点任教。深入实施义务教育教师"县管校聘"改革，切实解决乡村教师结构性缺员问题。统筹配置城乡教师资源，通过稳步提高待遇等措施，增强乡村教师岗位吸引力和自豪感。

（三）上水平，扩大优质教育资源覆盖面

不仅要给农村孩子提供上学的机会，还要为他们提供更加优质的教育，让每个学生都能学有所成。发挥优质学校的辐射带动作用，通过组建教育集团、托管、培训和结对子等形式，支持带动农村薄弱学校。扩大教师交流的范围，鼓励优秀的校长和教师到农村薄弱学校任职任教，督促引导各地推进义务教育标准化建设，均衡配置教育资源。加强信息化建设，推进"同步课堂""专递课堂"和全国区域性优质教育资源共

享平台的普及开放等服务。继续实施支援中西部地区招生协作计划和农村贫困地区定向招生专项计划，将更多优质高等教育资源惠及农村学生。

（四）强保障，为人人成才创造良好条件

坚持因人施教，为每一个农村孩子提供适宜的教育和发展道路，采取各种资助措施帮助家庭经济困难学生完成学业，让每个孩子都能成长成才。要优化教育支出结构，提高经费使用效益，逐步实现城乡基本公共教育服务均等化。不断完善学生资助政策，保障教育机会平等。把扶持农村最贫困地区和最困难群众作为优先任务，把合理配置教育资源作为根本措施，补齐短板，加快缩小城乡、区域、校际、群体教育发展差距，鼓励社会力量多种形式进入农村教育领域，满足农村群众差异化、个性化教育需求。

二、优先发展农村教育事业的实施路径

当前部分农村地区不同程度地出现学校师资、生源流失现象，一些师资队伍弱、教学质量低、生源稀少的乡村学校被撤并，尤其是在西部偏远农村和山区，学校撤并幅度也最大，造成了学生上学难、教育成本增加、辍学等一系列问题，这影响了农村教育质量，也成为制约乡村可持续发展的一块"心病"。面对乡村教育的短板，当务之急是要下大力气、用真功夫解决乡村教育存在的优质教育资源紧缺、教育质量待提高等普遍性问题，着力改变乡村教育存在的"不平衡不充分的发展"的状况，逐步破除城乡二元结构，缩小城乡差距，用优质教育为乡村振兴注入更多活力。

（一）不断完善义务教育发展机制，统筹推进城乡义务教育一体化发展

党的十九大报告指出，推动城乡义务教育一体化发展，高度重视农村义务教育，办好学前教育、特殊教育和网络教育，普及高中阶段教育，努力让每个孩子都能享有公平而有质量的教育。《加快推进教育现代化实施方案（2018—2022年）》再次强调，推进义务教育优质均衡发展，加快城乡义务教育一体化发展。

义务教育是教育工作的重中之重，是国家必须保障的公益性事业，是必须优先发展的基本公共事业，是脱贫攻坚的基础性事业。当前，我国已进入全面建成小康社会的决胜阶段，正处于新型城镇化深入发展的关键时期，这对整体提升义务教育办学条件和教育质量提出了新要求。同时，户籍制度改革、计划生育政策调整、人口及学生

流动给城乡义务教育学校规划布局和城镇学位供给带来了巨大挑战。在许多地方，城乡二元结构矛盾仍然突出，乡村优质教育资源紧缺，教育质量亟待提高；城镇教育资源配置不适应新型城镇化发展，大班额问题严重。因此，必须建立以城带乡、整体推进、城乡一体、均衡发展的义务教育发展机制。

1.同步建设城镇学校

各地要按照城镇化规划和常住人口规模编制城镇义务教育学校布局规划，根据学龄人口变化趋势、中小学建设标准，预留足够的义务教育学校用地，纳入城市、镇规划并严格实施，不得随意变更，确保城镇学校建设用地。实行教育用地联审联批制度，新建配套学校建设方案，相关部门应征得同级教育行政部门同意。依法落实城镇新建居住区配套标准化学校建设，老城区改造配套学校建设不足和未达到配建学校标准的小规模居住区，由当地政府统筹新建或改扩建配套学校，确保足够的学位供给，满足学生就近入学需要。地方政府要实施"交钥匙"工程，确保配套学校建设与住宅建设首期项目同步规划、同步建设、同步交付使用。

2.努力办好乡村教育

各地要结合国家加快水电路气等基础设施向农村延伸，在交通便利、公共服务成型的农村地区合理布局义务教育学校。同时，办好必要的乡村小规模学校。因撤并学校造成学生就学困难的，当地政府应因地制宜，采取多种方式予以妥善解决。合理制定闲置校园校舍综合利用方案，严格规范权属确认、用途变更、资产处置等程序，并优先用于教育事业。要切实提高教育资源使用效益，避免出现"边建设、边闲置"现象。着力提升乡村教育质量，按照国家课程方案开设国家课程，通过开展城乡对口帮扶和一体化办学、加强校长教师轮岗交流和乡村校长教师培训、利用信息技术共享优质资源、将优质高中招生分配指标向乡村初中倾斜等方式，补齐乡村教育短板。推动城乡教师交流，城镇学校和优质学校教师每学年到乡村学校交流轮岗的比例不低于符合交流条件教师总数的10%，其中骨干教师不低于交流轮岗教师总数的20%。结合乡村教育实际，定向培养能够承担多门学科教学任务的教师，提高教师思想政治素质和师德水平，加强对学生的思想品德教育和爱国主义教育，在音乐和美术（或艺术）、体育与健康等学科中融入优秀传统艺术和体育项目，在学科教学特别是品德、科学教学中突出实践环节，确保综合实践和校外教育活动常态化。开展专题教育、地方课程和学校课程等课程整合试点，进一步增强课程的基础性、适宜性和教学吸引力。

3.科学推进学校标准化建设

各地要逐县（市、区）逐校建立义务教育学校标准化建设台账，全面摸清情况，完善寄宿制学校、乡村小规模学校办学标准，科学推进城乡义务教育公办学校标准化建设，全面改善贫困地区义务教育薄弱学校基本办学条件。提升乡村学校信息化水平，全面提高乡村教师运用信息技术能力，促进优质教育资源共享。适当提高寄宿制学校、规模较小学校和北方取暖地区学校公用经费补助水平，切实保障正常运转。落实义务教育学校管理标准，提高学校管理标准化水平。重点提高乡镇寄宿制学校管理服务水平，通过政府购买服务等方式为乡镇寄宿制学校提供工勤和教学辅助服务。各地要在县域义务教育基本均衡的基础上，促进义务教育优质均衡发展，探索市（地）域义务教育均衡发展实现路径，鼓励有条件的地区在更大范围开展城乡义务教育一体化改革发展试点，发挥引领示范作用。

4.实施消除大班额计划

省级人民政府要结合本地实际制订消除大班额专项规划，明确工作任务和时间表、路线图，到 2020 年基本消除56 人以上大班额。各地要统筹"十三五"期间义务教育学校建设项目，按照国家规定班额标准，新建和改扩建校园校舍，重点解决城镇大班额问题，加快消除现有大班额。要通过城乡义务教育一体化、实施学区化集团化办学或学校联盟、均衡配置师资等方式，加大对薄弱学校和乡村学校的扶持力度，促进均衡发展，限制班额超标学校招生人数，合理分流学生。县级教育行政部门要建立消除大班额工作台账，对大班额学校实行销号管理，避免产生新的大班额问题。

（二）不断调整优化教育经费使用机制

1.持续加大乡村教育投入

无论是解决上学难问题，还是解决乡村教育师资薄弱问题，都需要持续加大投入力度，特别是重点加大向农村教育薄弱地区倾斜力度。要不断强化农村教育基础设施建设，扩大优质教育资源供给，优化教育资源配置，大力促进教育公平，推动农村及城乡义务教育一体化发展，不仅让农村孩子"有学上"，还要努力让他们"上好学"。

2.重点保障义务教育均衡发展

2018年8月，国务院办公厅印发的《关于进一步调整优化结构提高教育经费使用效益的意见》，聚焦如何筹好用好管好教育经费，对进一步优化结构、提高教育经费使用效益提出了明确要求,其中包括重点保障义务教育均衡发展和不断提高教师队伍建设保障水平。针对目前义务教育学校"城市挤、乡村弱"、区域差别依然较大等问题,要巩固完善城乡统一、重在农村的义务教育经费保障机制,逐步实行全国统一的义务教育公用经费基准定额,推动建立以城带乡、整体推进、城乡一体、均衡发展的义务教育发展机制,全面加强乡村小规模学校和乡镇寄宿制学校建设,着力解决人民关心的控辍保学、"大班额"、随迁子女就学、家庭无法正常履行教育和监护责任的农村留守儿童入校寄宿等突出问题。

3,不断提高教师队伍建设保障水平

要求各地健全中小学教师工资长效联动机制,实现与当地公务员工资收入同步调整,确保中小学教师平均工资收入水平不低于或高于当地公务员平均工资收入水平。同时,针对当前教师待遇政策落实过程中存在的突出问题,明确要求各地严格规范教师编制管理,对符合条件的非在编教师要加快入编,并实行同工同酬;加强省级统筹,优先落实义务教育阶段教师工资收入政策,力争用3年时间解决义务教育阶段教师工资待遇问题;根据幼儿园规模合理配备保教保育人员,按照岗位确定幼儿园教师工资标准,逐步解决同工不同酬问题。

做好职称评审是加强新时代教师队伍建设的重要举措。办好人民满意的教育,离不开一支高素质专业化创新型的教师队伍。做好中小学教师职称评审工作,是分类推进职称制度改革的重要任务,是加强新时代教师队伍建设的重要举措。各地人力资源社会保障、教育行政部门要充分认识到中小学教师职称评审工作的重要性,坚持以人民为中心的发展思想,落实立德树人根本任务,遵循教育规律和教师成长规律,组织实施好中小学教师职称评审工作,培养选拔高素质教师队伍,增强广大中小学教师的成就感和获得感,增强教师职业吸引力。2018年7月,人力资源社会保障部办公厅、教育部办公厅下发的《关于做好 2018 年度中小学教师职称评审工作的通知》明确提出要继续向农村和艰苦边远地区倾斜:围绕实施乡村振兴战略和脱贫攻坚部署,进一步推进城镇教师向乡村学校、薄弱学校流动,将中小学教师到乡村学校、薄弱学校任教一年以上经历作为申报高级教师职称的必要条件。同等条件下中、高级教师职称评审向"三区三州"等深度贫困地区倾斜,向农村教师倾斜。长期在农村和艰苦边远地区工作的中小学教师,职称评审放宽学历要求,不作论文、职称外语和计算机应用能力要求,提高实际工作年限的考核权重。"定向评价、定向使用"的基层中小学高级专业技术岗位实行总量控制、比例单列，不占各地专业技术高级结构比例。有条件的地方可建立农村和艰苦边远地区中小学教师职称评审委员会或评审组，进行单独评审。允许所教专业与所学专业或教师资格证专业不一致的教师参与职称评审，促进农村义务教育阶段一专多能教师专业发展"。

据了解，教育部、财政部继续组织实施连片特困地区乡村教师生活补助政策，2017年中央财政安排奖补资金 38 亿元。人社部、财政部对包括教师在内的乡镇机关事业单位人员实行乡镇工作补贴，补贴标准不低于月人均 200 元，并向条件艰苦的偏远乡镇和长期在乡镇工作的人员倾斜。住建部指导各地切实将符合条件的乡村学校教师纳入住房保障范围，通过实物保障与租赁补贴并举，解决其住房困难。贵州、云南、河南、湖南等 20 多个省 （区、市）已累计在乡镇建设公租房 120 多万套。人社部、教育部建立了乡村教师荣誉制度，于2016 年教师节前夕，对在乡村从教 30年的教师开展首次荣誉证书颁发工作，涉及 400万名乡村教师。

4.着力补齐农村教育发展短板

在重点保障义务教育的前提下，优化支出结构，积极支持扩大普惠性学前教育资源、普及高中阶段教育、发展现代职业教育、实施教育脱贫攻坚行动。优先发展农村教育事业，补齐农村教育领域补短板。相较于城市教育而言，乡村学校规模较小、条件较差、生源较少、师资不足，无论硬件设施还是教育教学质量都不能与城区学校媲美。只有发展农村教育事业，才能抬高教育谷底，提升区域教育整体实力，实现教育的现代化，并以教育的现代化提升区域人口受教育的程度与质量。

（三）不断创新优质均衡发展的特色路径

为了支持乡村教育发展，全面改善贫困地区义务教育薄弱学校基本办学条件，2017年中央财政安排农村义务教育薄弱学校改造计划补助资金355.5亿元，比2016年增加20亿元。2016年至2017 年国家发展改革委共投入中央预算内资金 158.3 亿元，加快推进义务教育学校和农村学校教师周转宿舍建设。

在标准化建设方面，各地积极落实义务教育学校办学标准，坚持城乡并重和软硬件并重，全面改善贫困地区义务教育薄弱学校基本办学条件，科学推进城乡义务教育公办学校标准化建设。得益于此，众多乡村学校面貌一新。

通过教育机制体制的创新，各地深化义务教育治理结构改革，完善治理体系，提升义务教育治理能力现代化水平，推动义务教育提质增效，努力使县域义务教育从基本均衡向优质均衡发展迈进。上海、北京、安徽、山东等地结合本地实际采取不同的措施。

上海给出的解决方案是委托管理。政府通过购买专业服务，委托优质学校或教育中介组织机构对相对薄弱的农村中小学进行管理。托管双方以情感融合为基础，民主参与，共同形成先进的教育理念，共建学校新文化，使原本薄弱的学校在办学水平、教育质量方面得到全面提升。这种方式激活了薄弱学校的发展愿望，使其生发出自主发展的能力。

北京持续推进高校支持中小学发展项目、教科研部门支持中小学发展项目、民办教育机构参与中小学学科教学改革项目以及外籍教师参与中小学英语教学改革项目，重点帮扶郊区学校提升教育质量。

安徽省推动以县为单位、由优质学校辐射教学点和薄弱学校的"在线课堂"常态化教学模式，全省中小学校宽带和多媒体班级覆盖率均达到 99%，有效解决教学点及农村偏远地区师资力量匮乏难题。

山东省创新编制管理办法，按照"总量控制、统筹城乡、结构调整、有增无减"的原则，建立教师编制定期动态调整机制。在统一城乡教师编制的基础上，向农村学校倾斜，对年级学生数达不到标准班额的学校，按班师比配备教职工；承担教学改革任务或育龄女教师较多的学校，按不超过 5% 的比例适当增加教师编制；采取有编即补、退一补一、市域统筹、县域调剂、设立临时周转编制等方法，创新编制管理；建立教师编制定期动态调整机制，每 3 年核编一次。

三、重点推进农村职业教育建设

（一）改革发展农村职业教育的重要意义

2015 年全国 1%人口抽样结果显示，城市 15~19 岁队列中，高中及以上学历人口占比为 83%，农村同队列入口中高中及以上学历人口比例为 53%。这也意味着中国农村劳动力依然存在较大的人力资本开发空间。2015 年，党的十八届五中全会公报中首次提出"普及高中阶段教育"。2016 年，"十三五规划纲要"明确提出"高中阶段教育毛入学率达到90%以上"。2017 年4 月，教育部等四部门印发的《高中阶段教育普及攻坚计划（2017—2020年）》提出，到2020年，全国普及高中阶段教育，全国、各省（区、市）毛人学率均达到90%以上，推进农村普及高中阶段教育也早已进入政策视野。

党的十九大报告明确提出"普及高中阶段教育，努力让每个孩子都能享有公平而有质量的教育""使绝大多数城乡新增劳动力接受高中阶段教育、更多接受高等教育。"我国高中阶段教育主要包括普通高中教育和中等职业教育。数据显示，2016年我国中等职业学校在校生占高中阶段教育在校生比例下滑至40.25%，高中阶段教育普职1：1的比例底线已经受到极大挑战。2018年中央一号文件提出，健全学生资助制度，使绝大多数农村新增劳动力接受高中阶段教育、更多接受高等教育。有些地区在普及高中教育方面走在前列，如内蒙古自治区在2012年全面实现了高中阶段免费教育，在西部地区率先实现了12年免费教育。免学费的标准是每人每年2000元，免教科书费的标准是每人每年550元至600元。

改革发展农村职业教育，加快农村各类人才和高素质劳动者的供给，应是国家乡村振兴制度性供给的重要内容。坚持把改革发展农村职业教育作为实施乡村振兴战略的重要抓手，确保有关各项工作抓紧、抓实、抓出成效。

（二）农村职业教育的实施路径

1.农村职业教育是培育乡村各业人才的核心基地

要实施乡村振兴战略，解决好发展不平衡不充分的问题，就必须培养、造就大批农村"用得上、留得住、干得好"的农村发展建设带头人和各类技术技能人才。多年来，我国大多数农村职业教育学校特别是县级职教中心坚持面向当地各个产业对劳动者的需求设置相关专业，有的还与乡级和村级农民文化技术学校合作，构建了三级农村职业教育与培训网络，按照"一乡一业""一村一品"的发展需要，不断调整专业结构和优化课程体系，为当地现代农业发展、农村劳动力转移和农村城镇化建设培养了大量人才，积累了丰富的经验。

比如，河北省于2009年开始全面动员县级职教中心实施中等职业教育"送教下乡"，以适应农民生产需要和提高农民综合素质为导向，实行学分制及弹性学制，根据农民学生的实际需求开发新的课程组合，通过学生走读、教师走教和学生集中学习、分组学习、自主学习、生产经营的有机结合，培养了一大批农村改革发展带头人和劳动致富带头人，受到了各界好评，也为全国作出了示范。

2.改革发展农村职业教育是普及农村高中阶段教育的重要途径

多年来，我国普通高中教育已经有了很大发展。事实证明，只靠普通高中是难以完成普及高中阶段教育这一重大历史任务的。农村职业教育在我国普及高中阶段教育工作中作出了重大贡献。进一步加强县级职教中心建设，采取多种措施不断提升县级职教中心的办学质量、办学水平和社会影响，必将对我国普及高中阶段教育产生良好的作用。

让贫困人口和贫困地区同全国一道进入全面小康社会是我们党的庄严承诺，这就要求动员全党全国全社会力量，坚持精准扶贫、精准脱贫，坚持大扶贫格局，加大力度支持贫困地区加快发展。改革发展农村职业教育，对农村贫困人口和贫困家庭子女实行精准招生、精准资助、精准教学、精准就业。把扶贫同扶志、扶智结合起来，既是提高职业教育办学效益的重要措施，也是推进职业教育精准扶贫的迫切要求，对实施乡村振兴战略有着不可替代的作用。

3.农村职业教育是开展成人教育和继续教育的牢固阵地

许许多多的农村职业学校不仅为农村未成年人提供初中后或高中后的职业学历教育，也为成年人提供各种非学历的短期职业培训，以使学习者及时获得相应职业知识和岗位技术技能，同时有效地引导广大群众树立新型的教育观和学习观，重塑传统农民的素质结构，培育大批新型职业农民。习近平总书记在江苏调研时指出："实施乡村振兴战略不能光看农民口袋里票子有多少，更要看农民精神风貌怎么样。"有人形象地比喻，如果乡村振兴需要一双翅膀，那么一翼是产业富民，另一翼就是文化精神。对农村职业学校进一步加强建设，使之继续办好各层次职业学历教育的同时，进一步巩固其各类非学历职业培训职能，特别是切实加强农村文化及农民高尚道德情操的引导和培育，把社会主义核心价值观融入社会发展各方面，必将会更好地发挥这一成人教育和继续教育重要阵地的作用，推动国民素质与乡村建设不断跃上新的台阶。

4.农村职业教育是推进产教融合和校企合作的必然举措

多年来，我国许多农村职业学校围绕当地及区域产业发展和人才需求，积极与相关行业企业、高等学校、科研院所、农业生产大户和农民生产合作社等开展密切合作，取得了良好成效。经过长期建设，许多农村职业学校特别是县级职教中心现已在当地形成了人才、设施、技术、信息等各种相对优势。党的十九大报告提出："完善职业教育和培训体系，深化产教融合、校企合作。"吸收有关行业企业深度参与，进一步推进农村职业教育改革发展，进一步加强农村职业学校建设，必将有利于进一步促进社会有关各界的资源共享与责任共担，促进农村人才培养供给侧和农村产业需求侧结构要素全方位融合，促进人才培养领域的"供给侧结构性改革"，实现农村教育链、人才链与产业链、创新链的有机衔接，开创我国产教融合、校企合作的新局面。

（三）新形势下推进农村职业教育改革发展的路径

1.始终坚持农村职业教育的办学方向和本质属性

2010 年党中央、国务院转发《国家中长期教育改革和发展规划纲要（2010—2020年）》指出："把加强职业教育作为服务社会主义新农村建设的重要内容。加强基础教育、职业教育和成人教育统筹，促进农科教结合。强化省、市（地）级政府发展农村职业教育的责任，扩大农村职业教育培训覆盖面，根据需要办好县级职教中心。强化职业教育资源的统筹协调和综合利用，推进城乡、区域合作，增强服务'三农'能力"。

2.统筹实行农村职业教育的因地制宜和分类指导

鼓励农村职业学校特别是县级职教中心实现学历教育、短期培训、科学实验、技术推广、生产经营示范等多功能发展，并根据不同区域乡村发展的差异性，支持不同的农村职业学校（职教中心）在办学模式、专业设置、课程内容、教学方式等方面进行合理选择，提高教育资源投入的针对性和有效性。将职业学历教育和职业技能培训等工作纳入政府相关部门和乡镇（街道）年度工作考核目标和任务，作为对相关领导干部进行政绩考核的重要指标，保证农村职业学校的办学规模、专业设置、教学条件等与当地经济社会发展水平相匹配。

3.优化管理，造就高素质的农村职业学校校长队伍

农村职业学校校长是学校的最高行政负责人，对外代表学校，对内全面领导学校工作。农村职业学校的校长是学校建设和发展的灵魂，从某种意义上说，一位优秀的校长就是一所一流的学校。在新时代中国特色社会主义现代化建设的背景下，农村职业学校校长的角色、能力、素质对农村职业学校的平稳运营、革故鼎新、发展进步等都起着决定性的影响和作用。2015 年 1 月，教育部公布了专门的《中等职业学校校长专业标准》，对校长的办学理念和专业要求作出了明确要求。校长们必须不断积累经验，并在实践中学会与时俱进，因地制宜、灵活、果断地应对工作中的各种问题，逐渐形成自己的管理智慧和管理风格。

四、着力建好建强乡村教师队伍

（一）破解乡村教师人才瓶颈制约

实施乡村振兴战略，必须破解人才瓶颈制约。要把人力资本开发放在首要位置，畅通智力、技术、管理下乡通道，造就更多乡土人才，聚天下人才而用之。2018 年中央一号文件提出，统筹配置城乡师资，并向乡村倾斜，建好建强乡村教师队伍。《中共中央 国务院关于全面深化新时代教师队伍建设改革的意见》指出，为高中阶段教育学校侧重培养专业突出、底蕴深厚的研究生层次教师。大力推动研究生层次教师培养，增加教育硕士招生计划，向中西部地区和农村地区倾斜。

《中共中央 国务院关于实施乡村振兴战略的意见》对实施乡村振兴战略进行了全面部署，特别强调要统筹配置城乡师资，并向乡村倾斜，从而建好建强乡村教师队伍。建好建强乡村教师队伍，一方面，可以解决农村孩子就近"上好学"的问题，提高乡村学校教育质量；另一方面，可以解决城区学校大班额的问题，使大量农村学生回流到户籍所在地就读。

关于乡村教师队伍建设，《乡村教师支持计划（2015—2020 年）》提出了非常明确的工作目标：到2017 年，力争使乡村学校优质教师来源得到多渠道扩充，乡村教师资源配置得到改善，教育教学能力水平稳步提升，各方面合理待遇依法得到较好保障，职业吸引力明显增强，逐步形成"下得去、留得住、教得好"的局面。到2020年，努力造就一支素质优良、甘于奉献、扎根乡村的教师队伍，为基本实现教育现代化提供坚强有力的师资保障。

写好教育的"奋进之笔"，建强乡村教师队伍，需要奋力而为、综合施策、精准支持，并且需要全面落实乡村教师支持计划。只有这样，才能确保每个乡村孩子都能接受公平而有质量的教育。

（二）构建教师队伍的机制保障

随着国家经济社会发展，尤其是城乡收入差距的扩大与分化，乡村教师的境况遭遇诸多困境与挑战，而这些困境与挑战的解决需要综合多方要素才能予以解决。乡村教师在打好脱贫攻坚战、全面建成小康社会、实施乡村振兴战略过程中发挥着举足轻重的作用，为此需要加强乡村教师队伍建设，补齐乡村教师发展薄弱环节，促进教师队伍整体提升。

1.加强乡村教师队伍建设的前提是按需配齐配强师资，构建师资队伍供求机制

乡村学校对教师的需求既有总量的需求，也有各类不同综合学科教师的需求，只有满足这些需求，乡村学校才能够按规定开齐课程、开足课时。这就需要各地制定和落实倾斜政策，按学校的需求配备好师资，否则，加强乡村教师队伍建设就是一句空话

2.加强乡村教师队伍建设的重点是按需培训师资，构建师资队伍常规性培训机制

培训教师是重点。加强乡村教师队伍建设的重点是提高教师的综合素养、专业水平，其主要途径是培训学习。在培训前，各学校有必要对教师的综合能力进行"体检"，对课堂教学进行"诊断"，明确每个教师的发展优势与劣势，在此基础上，帮助每个教师制定职业发展规划，拟订培训学习计划。这样，每个教师缺什么、需要补什么就一清二楚，各地就可以根据乡村教师的"体质"状况，组织培训学习，因材施教，为广大乡村教师补充能量和营养。

3.加强乡村教师队伍建设的重要保障是提升待遇

留人的方式很多，但没有待遇作保障，效果将会大打折扣。因此，提升待遇是乡村教师"进得来"和"留得住"的关键。待遇提高了，岗位有吸引力了，才能够吸引更多优秀的大学毕业生到乡村学校任教，也才能够留住优秀教师。教育部王定华曾指出："面对乡村教师一定要出台真招、实招、管用的招，要真正回应他们的关切，提升他们的待遇，让乡村教师有满满的获得感。"目前，不少地方已经使出了真招、实招、管用的招。比如，为鼓励高校毕业生到乡村任教，北京对综合性院校毕业生和师范院校非师范毕业生取得教师资格并到乡村学校任教的人员，满5年后给予一次性补助4 万元。再如，天津市规定，可按不超过现行绩效工资水平10%的比例，增加乡村教师绩效工资总量。其实，不管什么招，只要能提升岗位吸引力，就是真招、实招、管用的招，否则，就是虚招、没用的招。

党的十九大报告指出："建设教育强国是中华民族伟大复兴的基础工程，必须把教育事业放在优先位置，深化教育改革，加快教育现代化，办好人民满意的教育。要全面贯彻党的教育方针，落实立德树人根本任务，发展素质教育，推进教育公平。"可以说，推动城乡义务教育一体化是实现教育公平、进而建设教育强国的基础保障。对此，党的十九大报告还提出，"推动城乡义务教育一体化发展，高度重视农村义务教育""努力让每个孩子都能享有公平而有质量的教育"。为此，应继续加强农村师资队伍建设，进一步优化城乡义务教育师资配置是关键之举。优先发展农村教育事业，是坚持"兜底线、保基本、上水平、强保障"的基本原则，不断探索完善有限发展农村教育事业的实施路径，重点推进农村职业教育建设，着力打造一支稳定坚实的乡村教师队伍。

第九节　创新乡村人才培育引进使用机制

《中共中央国务院关于实施乡村振兴战略的意见》指出："建立自主培养与人才引进相结合，学历教育、技能培训、实践锻炼等多种方式并举的人力资源开发机制。建立城乡、区域、校地之间人才培养合作与交流机制。全面建立城市医生教师、科技文化人员等定期服务乡村机制研究制定鼓励城市专业人才参与乡村振兴的政策。"创新乡村人才培育引进使用是破解乡村人才瓶颈制约重要途径，可以有效盘活农村人才存量，广人口、多渠道输入人才，具有计划性、前瞻性、实效性等多重特征。充分利用现有各种措施、制度和意见，因地制宜构建政府扶持、面向市场、多元化的农村人才培育引进使用体系，并根据人才年龄、知识结构、接受新知识能力的不同，制定和落实规格不同、各有侧重的引进培养方案，使更多人才成为农民群众身边率先垂范的"活典型"，增强乡村人才队伍建设的吸引力。

一、乡村人才培育引进使用的类型

功以才成，业由才广。乡村振兴伟大事业的推进，关键在人才。培养造就一支懂农业、爱农村、爱农民的"三农"工作队伍，是党的十九大鲜明提出的新要求。具体而言，乡村振兴既需要懂顶层设计的战略人才，也需要懂现代农村治理的管理人才，还需要掌握先进农业技术的科技人才，同时需要带领乡村产业发展的产业人才、服务乡村文明建设的文化人才。可以细分为五种类型：生产经营型人才、创新创业型人才、社会服务型人才、公共发展型人才和乡村治理型人才。

（一）生产经营型人才

生产经营型人才，可细分为生产型和经营型人才。生产型人才主要着眼现有生产设备，以安全生产、高效生产、优质生产为目标，如种植能手、养殖能手、捕捞能手、加工能手等；经营型人才，包括家庭农场经营者、专业合作组织负责人、农业龙头企业经营者、经纪人等。

（二）新创业型人才

农村双创人才具有创新精神和创业能力，寄希望通过科技创新与创业来加快转变农业发展方式，是促农增收致富、激发农村活力的领头雁和骨干力量。据农业农村部部长韩长赋表示，到2020 年我国将培育1000 万人次农村双创人才。

（三）社会服务型人才

广义上讲，随着农业社会化服务范围的拓展，社会服务型人才还包括那些专门从事农村金融、保险、电商、物流的人才。狭义上可以分为三类：一是提供农业播种、收割、病虫害防治等专业技术服务的主体，即"替农民种地"的人才；二是民间艺人，致力于引领或培育文明乡风、良好家风、淳朴民风；三是被国家纳入长远规划之中的乡村工匠。

（四）公共发展型人才

通常指活跃在农村公共部门，拥有正式或非正式职位，致力于社会管理与公共服务的人才，如乡村教师、乡村医生、村级防疫员、乡村信息员、乡村植保员、乡村技术推广员等。除具有人才的一般属性外，公共发展型人才还具有公共身份、公共道德、公共服务能力等公共属性，其开发程度及水平高低事关农村各项社会事业的发展和进步。

（五）乡村治理型人才

提升乡村自治、法治、德治"三治"水平，离不开乡村治理型人才，如农村基层干部、"新乡贤"等他们的率先垂范、积极推动，这既是促进乡村从"良政"走向"善治"的内在要求，也是落实乡村振兴战略的重要组成部分。

二、创新乡村人才培育机制

培育乡村人才要以培育本土人才作为基本立足点，这是乡村人才振兴的根基。建立自主培养与人才引进相结合，学历教育、技能培训、实践锻炼等多种方式并举的人力资源开发机制，多渠道、全方位地培育更愿意留、更可能留得住的乡村人才。建立城乡、区域、校地之间的人才培养合作与交流机制，为乡村人才振兴增添新活力。

（一）确乡村人才培育的目标

乡村振兴力量源自农民，亿万农民是实施乡村振兴战略的主体，是真正的实践者和受益者，农民群众生长于亟待振兴的乡村，对这片土地爱得最深最切，最清楚我们要建设一个什么样的乡村，最憧憬尽快建成什么样的乡村。农民的积极性、主动性能否被充分调动起来，他们的创造精神能否真正充分发挥出来，农民素质的高低直接关系到乡村振兴的成败与进程。

农村人才培养要突出培养好"带头人"。要推行把党员培养成致富能手、把致富能手培养成党员、把党员致富能手培养成村干部的"三个培养"机制，为农村经济能人提供展示才能、发挥作用的舞台，为农村振兴注入强劲的人才动能。要加强职业农民和农村专业技术人才培养，使其成为名副其实的乡村振兴主体，提升农民创造美好生活的自主能力。要创新培养方式方法，改革农村基础教育和学历教育、职业教育模式，大力推行农科教相结合，支持高等学校、职业院校综合利用教育培训资源，灵活设置专业（方向），创新人才培养模式，为乡村振兴培养真正能"留得住、用得上、懂技术、能致富"的大学生、专业技术人才和其他农村实用人才。

（二）乡村人才培育的实施路径

人才是支撑发展的第一资源，乡村要振兴，必须要培育一支能够支撑乡村发展的人才队伍。乡村人才工作要紧紧坚持围绕主导产业和优势产业发展需求，大力培育新型职业农民，同时，在"引进""服务"上下足功夫，从吸纳和留住人才两方面来做好乡村人才振兴的文章。

1.在"引进"上下功夫，夯实基层人才基础

利用农业农村优先发展的各类政策，通过提升待遇和改善工作条件，促使农业科技教育人才进驻并服务农业农村；通过构建优越的创新创业政策环境，吸引城市精英

进入农村和外出打工人才返乡创业；通过为各类人才提供良好的事业发展空间和人生价值实现平台，实现乡村发展人力资本的整体提升。

在重大人才引进计划中，为"三农"人才留下席位，以政府宣传本地对"三农"人才的重视和渴求，从而招揽一批高学历高层次的专业人才服务"三农"工作。同时，在进行基层医疗、教育人才引进工作的同时，注重为这类人才提供周到的服务和晋升的空间，正确留住、培养专才，为本地农业农村的社会环境发展筑造了一个良好的生态系统，更好地服务于"三农"及"三农"人才。切实把促进就业、推动创业作为重点工作，全面落实就业创业扶持政策，吸引乡友特别是大学生和杰出老乡回乡创业。

2.在"服务"上做文章，助力乡村产业发展

乡村振兴的关键是产业，产业发展的关键在人才，人才工作的重点在于服务。

（1）培育农业人才，注重人才储备

一是积极创新农民培育方式。以现有的新型职业农业培育为基础，想方设法贴近农村、服务领头人，促进职业农民的职业化和专业化程度，让他们真正掌握先进农业的生产方式与农产品的营销手段，提高他们的管理能力。同时带动更多观望者参与到农业生产中来，为农业发展群策群力。加强农民田间学校、农技站等培训基地建设，充分利用好乡村振兴讲习所、形成以各级农广校为主体，产业分校、乡村振兴讲习所等为补充，农业园区、企业基地和专业合作社为实训教学基地的新型职业农民培育体系。二是着力培养"三农"工作队伍。"三农"工作队伍是农业生产的风向标，农业的发展前景很大程度上受"三农"工作队伍的影响。"三农"工作队伍作风好、业务强，农业的发展就大有可为。因此要把建设好"三农"工作队伍摆在重要位置，扎实做好"大学生村官""三支一扶"和农技人员的工作，加强对"三支一扶"对象的培养和开展农技人员的深造、交流，打造层次多、结构优、力量强的"三农"工作力量。三是重点培养农村党员队伍。农村党员是农民队伍中的先进分子，从生产力、学习力、实践力、发动力等方面来看，农村党员都是而且应该是发展三农工作的首要力量。要通过集中学习、专业培训、重点培养等多种方式在农村发动党员同志投身农业，引导其为"三农"工作贡献力量。

（2）推广农业科技，注重科技兴农

一是开展农业科技推广工作。通过选派优秀农业科技人员到有需要的乡镇或村（组织）开展对口推广的方式，加大对农业生产的技术指导和服务，同时促进工厂化育秧、机插秧同步精量深施肥、秸秆还田等现代农机技术利用率提高。二是实施科普惠农兴村计划。以科普示范村、示范组织（基地）、示范人等方式组织开展评选表彰，以奖励带动实施，以科普促进发展，促进科技服务"三农"，惠及"三农"。进一步推进"科普宁乡"微信平台和科普 e 站建设，在农村学校、公共文化服务中心、科普教育基地以及深度贫困乡镇村社等场所部署终端，实现科普文化信息化资源系统集成与精准推送服务全覆盖。

（3）搭建服务平台，注重氛围营造

一是搭建项目对接平台。通过与各部门项目对接，搭建农业企业（公司）种养大户与政府业务科局和部门的对接平台；帮助农企、大户在项目申报、政策扶持等方面提供全方位服务。二是搭建技术信息平台。通过与农业科技研究所、农业学院的合作，搭建农业企业（公司）、种养大户与科研院所专家、教授的求知、求技平台。组织各类人才智力到基层开展咨询、培训、技术指导等服务活动。鼓励高校、科研院所与基层建立长期合作关系，引导建立本土团队合作开展科学研究、技术攻关，促进基层人才团队建设和科研成果转化。三是搭建行业交流平台。组织同行业之间相互交流、相互学习，协同发展的交流合作平台。四是搭建项目融资平台。组织农业企业（公司）种养大户与银信行业之间进行对接，解决中小型农业企业、种养大户的融资需求，推动农业企业、种养大户有序发展。

（4）推进品牌建设，注重宣传推介

品牌建设是提升农产品价值、促进农业产业发展的重要途径。一是注重推进农产品"三品一标"认证，切实以市场需求为导向，认识到市场对于食品安全与无公害食品的需求，加强对农产品质量安全的重视与管理，提高农产品的安全性与市场对路程度。二是精心培育农业品牌。以培育农业产业化龙头企业、星级农庄为重点，打造优质品牌为方向，在品牌发展方面求得突破。三是加强品牌宣传推介。重视传统媒体和自媒体的广告效应，充分利用农业博览会进行品牌推介。

（5）发掘实用人才，注重文化传承

乡村人才振兴不仅要培育和发展乡村本土的生产型人才，还要发掘并保护乡村工匠、文化能人、非遗传承人等农村各类实用人才和传统文化人才，延续乡土人脉。

（三）乡村人才培育的具体措施

1.培养本土人才

当前，农村普遍缺少懂三农、懂市场、懂管理且能扎根农村干事创业的适用型人才、导致很多乡村资源没有得到充分利用。在发现和使用农村人才的问题上，眼睛不能只盯着外面的世界，还要善于从脚下的土地上去发现人才，培养"本土能人"。积极培养更多爱农业、懂技术、善经营的新型职业农民。

2.优化内容、创新方式，提高新型职业农民培育精准度

要精准遴选培育对象。新型职业农民培育必须准确选择培育对象，进行精准培育，要以县为主，深入开展摸底调查，要根据现代农业发展，推进农业转型升级和实施重大农业综合开发项目工程需要，甄别和遴选具有一定文化基础和科学知识，具有较大培养潜力的农民实施培育。二要科学设置培训内容。扎实做好培训前内容需求调研工作，要根据当地情况推进现代农业发展，满足农业农村现代化发展实际需要，因地制宜科学确定相应的培训内容。三要开展分类培训。一方面，对现有的农业从业人员进行继续教育，不断提升农业生产经营水平；另一方面，对农村中青年劳动力、返乡农民工、未就业大学生、复转军人等有志从事现代农业的人员进行创业技能培训。四要创新培育模式。新型职业农民培育没有也不可能形成统一的模式，必须要因地制宜，根据当地产业特点和实际情况，探索实践适合当地特点的教育培训模式，大力推行农民田间学校，探索菜单式学习、顶岗实训、创业孵化等多种培育方式。五要完善信息化手段，推进线上线下融合培育。当地政府要充分利用现代信息网络技术，探索开展"互联网 + 培训"模式，大力开展网络培训，为农民提供灵活方便、智能高效的培训模式。

3.创新机制、多措并举，整合各类资源形成培育合力

当地政府应加强新型职业农民培育机构建设，积极调动和整合各类培育资源，完善新型职业农民教育培训体系。一是综合利用农业科研院所、农业技术推广机构等培训资源，发挥培育主体的作用。二是发展社会化培育机构，鼓励龙头企业、农民合作

社等市场主体通过政府服务采购创新和市场化运作参与培育工作。三是积极引导相关企业和农民专业合作组织建立新型职业农民培训实践基地，为培育新型职业农民提供教学观摩和实习实践场所。

4.规范认定、科学管理，增强新型职业农民管理规范性

是完善资格认证机制。规范职业农民资格认证的条件、标准、程序、机构和后续管理，分产业制定认证管理办法，建立健全新型职业农民分层登记注册制度和等级考核评定制度，分层进行注册登记和考核评定。二是完善机制，加强动态管理，根据新型职业农民的基本情况、教育培训以及扶持政策等方面的变化情况，对新型职业农民培育信息档案和数据库进行及时更新和动态完善。三是建立健全农业从业资格准入制度，逐步将持有职业农民资格证书作为从事农业职业的基本条件和获得相关政策支持的主要依据。

5.实现城乡公共服务均等化，聚力打造发展平台

一要增加对农村公共服务的资金支持，基本实现城乡公共服务均等化、使职业农民能够享受与城镇居民基本相同的公共服务。二要加快构建新型农业经营体系，培育壮大农业产业化龙头企业，大力发展农民专业合作社、家庭农场等新型农业经营主体，为职业农民培育和施展搭建平台，使他们在参与中提高、在企业中培育、在产业链中成长、在市场体系中成熟。

6.采取"一点两线全程分段"方式，分层分类分模块，切实提高培育的针对性、规范性和有效性

探索政企合作模式，采取政府购买服务等方式，支持农民专业合作社、龙头企业、农业职业教育集团承担培育任务。支持新型职业农民采取"弹性学制、农学交替"的方式，接受中高等职业教育。

7.提升新型职业农民培育条件和能力

统筹利用农广校、涉农院校、农业科研院所、农技推广机构等各类教育培训资源，加快构建"专门机构＋多方资源+市场主体"的农民教育培训体系。充分运用信息化手段，开展在线学习、在线服务和在线考核，实现培育工作线上线下融合发展。继续认定一批全国新型职业农民培育示范基地，加强标准规范、名师队伍、精品课程和教材建设。

三、创新乡村人才引进机制

创新乡村人才引进，就要积极鼓励各类人才回归乡村。现在的城里人，往上数三代，大都来自农村，只要有机会，很多人都有回报家乡的愿望。要打好"乡情牌""乡愁牌"，念好"招才经""引智经"，想方设法创造条件，让农村的机会吸引人、让农村的环境留住人，让乡村的产业留住人，让乡村更有人气。要推动市民下乡、能人回乡、企业兴乡，带动资金、技术和人才进入，要畅通智力、技术、管理下乡通道，引导、吸引更多的社会各界人才流向乡村。

（一）乡村人才引进的基本原则

当前，快速引进一支规模宏大、结构合理、素质较高、适应现代农业发展要求的"三农"人才队伍，是实施乡村振兴战略的迫切要求。全面建立高等院校、科研院所等事业单位专业技术人员到乡村和企业挂职、兼职和离岗创新创业制度，发挥好各类农业科技人员的作用。吸引支持企业家、党政干部、专家学者、技能人才等通过下乡担任志愿者、投资兴业、包村包项目、捐资捐物等方式，参与到乡村振兴的伟大事业中来。为使人才资源与乡村需求形成良性互动态势，需要坚持两方面的基本原则。

1.坚持鼓励外出能人返乡创业

目前，乡村特别是贫困村，大批有文化、懂技术、会经营的农村青壮年劳动力以自发进城务工或经商的方式大量外流，出现农村人口"老龄化"、农村"空心化"现象，致使农村发展中人才短缺的问题日益显现和突出。乡村要振兴，就要改变人才由农村向城市单向流动的局面，让曾经"走出去"的成功人士"走回来"，实现"人才回流"，把在城市里积累的经验、技术以及资金带回本土，造福乡梓里。借血缘、亲缘、地缘纽带，通过搭建感情联络平台，引导扶持在外乡贤、原籍大学生以及优秀外出务工人员回乡创业兴业。坚持以更大的格局和气魄广纳贤才，为乡村人才提供良好的创新创业政策环境、事业发展空间和人生价值实现平台，通过"筑巢引凤""以情引才"和"以才聚才"，不断增强人才"集聚效应"，促进乡村人力资本整体提升，再造新时代农村人力资源。

2.坚持合理使用，人尽其才

引进人才作用主要在于推动经济社会的发展，但其前提在于人尽其才，重引进入才，更重用人才。根据需求，将人才与岗位匹配，发挥最佳效果，人尽其才、人事相宜、各得其所，将各类人才用对、用活，激发人才活力和人口红利。

（二）乡村人才引进的实施措施

由于从事农业生产的年轻人很少，农村"空心化"严重，农村人才断档，青黄不接现象凸显。随着农业经济结构的调整，农业产业化和乡村旅游、乡村电商等新业态的发展，日益凸显人才和人力资源的欠缺，急需从事相关农业生产类的人才和相关专业技术人才。限于农村人才管理专业知识的欠缺，农村人才在使用和管理上存在混乱和人才"浪费"现象，致使农村人才工作雪上加霜。

1.明确乡村振兴的人才需求，让引才更精准

定期评估乡村振兴的人才需求，根据乡村振兴的人才需求，实现精准引才，防止人才支撑"垒大堆"现象的产生；完善人才与项目的相互促进机制，实现"人才+项目"和"项目+人才"相互促进的引才模式，让乡村振兴的人才引进更好地为乡村振兴的项目服务。在农村的各类人才中，农民工返乡创业人才极为重要。这些长期在外打拼的农民工，积累了丰富的经验和经济基础，拥有一技之长，他们对家乡有感情，会利用已有的熟人网络，带动亲戚、培育一起创业，帮助父老乡亲脱贫致富。农村大学生返乡创业就业是充实农村高层次人才队伍的新途径。要把促进农民工和农村大学生返乡创业作为吸引人才上山下乡的关键和突破口，带动和促进其他城市人才的"上山下乡"。要落实支持农民工等人员返乡创业的有关扶持政策，把农村大学生返乡创业纳入支持范围，在行业准入、行政审批、税费减免、综合服务等方面给予支持。研究制定管理方法，允许符合要求的公职人员回乡任职，打通公职人员回乡任职的通道。加快制定、鼓励、引导工商资本参与乡村振兴的指导意见，既要完善融资贷款、配套设施建设补助、税费减免、用地等扶持政策，又要明确政策边界，保护好农民利益。

2.做好乡村振兴人才引进的总体设计，实现人才引进的系统性

根据乡村振兴人才需求的评估结果，做好乡村振兴人才引进的顶层设计，以系统的方式考虑乡村振兴的人才引进工作，防止人才的重复引进和碎片化引进。统筹整合各方面的资源与政策，吸引高水平的人才团队和领军人才投身乡村振兴中，充分发挥人才团队的整体效能。

3.构建促进人才向乡村流动的激励机制

坚持政府引导与市场机制相结合，从政治、经济、生活、事业等方面入手，建立有针对性的晋升激励、待遇激励、生活激励、事业激励制度，引导各类人才向往乡村一线、争到乡村一线、在乡村一线建功立业。实施灵活的乡村人才引用办法，采取户口不迁、身份保留、来去自由的灵活机制，变户籍管理为身份管理。积极推进乡村教师"县管校聘""三支一扶"、特聘教师计划等，组织实施高校毕业生基层成长计划。

4.处理好刚性引进和柔性引进的关系，处理好人才资源与乡村需求的良性互动

注重柔性引才，采取挂职、兼职、担任荣誉职务等柔性引才方式，集中引进一批乡村规划师、科技带头人、职业经理人、品牌运营师、"乡村工匠"等急需紧缺人才。刚性引才和柔性引才并重，用刚性引才的方式为乡村振兴积累基础的人才队伍，用柔性引才的方式促进乡村振兴高水平人才队伍的建设。

四、创新乡村人才使用机制

（一）创新乡村人才使用的主要原则

创新乡村人才使用机制，构建人尽其才的使用机制，用好用活乡村人才，是乡村人才振兴的最有效方式。以"不拘一格、聚天下英才而用之"的胸襟，破除论资排辈、求全责备等各种陈旧观念和条条框框的束缚，建立以竞争择优为主导的人才选拔任用机制和以一流业绩、一流回报为主导的人才激励机制，让畏首畏尾、瞻前顾后、思想僵化的人让位，让想干事的人有机会、能干事的人有平台、干成事的人有地位。

（二）乡村人才使用的实施路径

推动乡村人才振兴，需要坚持政府引导与市场推动相结合，人才服务与智力服务相结合的原则，构建内生性与强制性相结合的制度体系，探索人才服务乡村的多元模式，构建系统有效机制。

1.用好乡村的各类人才

要帮助新型职业农民在市场经济的大潮中经风雨见世面，成长为乡村经济发展的主力军。对经营管理、专业技术水平高、带动农民群众脱贫致富的能力强、贡献突出的人，可以破格晋升和评定相应的技术职称注重从优秀农村人才中发展共产党员，并作为村级后备干部的培育对象有计划地推选优秀人才进入村级班子。对发展农村经济

作出突出贡献的各类人才，给予精神和物质奖励，并在农业开发项目、农业贷款、技术资料和生产物资等方面优先支持。

2.全面建立城市人才定期服务乡村机制

要建立健全职称评定、职务晋升、人才培养使用等方面的政策，形成正向激励机制，引导城市各类人才为乡村振兴贡献力量。把乡村振兴的实践作为展示干部能力最好的舞台，让年轻干部成为乡村振兴的"领头雁"，让基层成为年轻干部成长的"沃土"。全面建立城市医生教师、科技文化人员等定期服务乡村的机制，研究、制定、鼓励城市专业人才参与乡村振兴的政策，营造热爱基层、扎根基层、奉献基层的良好氛围。

3.建立县域专业人才统筹使用制度

在县域范围内，各类专业人才城乡分布极为不均，高素质人才大多集中在县城。要建立县域专业人才统筹使用制度，特别是要推进县域教师、医生等专业人才的统筹使用，加强服务管理和机制建设，有效解决乡村专业人才数量不足、素质不高、结构不优等问题。

4.构建人才服务乡村的分类激励机制

除支持市场主体下乡回乡创业外，应制定规定性、激励性、考核性措施相结合的鼓励专业人才、党政人才下乡服务的政策，对于企事业单位专业人才下乡服务，与职称评定、工资、津补贴、社会保障等相挂钩，支持离岗创业、兼职兼薪；对于党政干部、公职人员下乡任职，与干部交流、职务晋升、工资套改、体检休假等相挂钩，尤其注重提拔在基层一线和困难艰苦地区锻炼成长的干部。按照不求所有、但求所用的原则，引导智力下乡，鼓励各类企事业单位和社会各界人才为乡村发展提供有针对性的技术服务、培训服务、咨询服务、产品流通服务等。政府应根据不同服务主体及其服务方式、服务成效实行不同的激励政策。

（三）乡村人才使用的具体措施

1.乡村振兴，必须多措并举激发人才活力

激发人才活力要在体制和机制上寻求突破，深刻探寻现有体制和机制中的不足并坚决破除，做到兴利除弊；激发人才活力要在文化氛围的构建和人文关怀上做足文章，使人才的价值定位、理念思想、工作动力凝聚在一起，形成推进乡村振兴战略的合力；激发人才活力要在对人才的人文关怀上用心筹划，用真心为人才解决生活、工作、家

庭各方面的后顾之忧，使人才真正能够感受到温暖。只有充分激发活力，才能切实为新时代"三农"工作寻求创新发展，并进一步为决胜全面建成小康社会助力添彩。

2.创新农村人才服务机制

人才服务创新是市场竞争的内在要求，是乡村人才振兴的关键一招。新形势下，增强人才服务意识、更新服务方式、优化服务模式、丰富服务内容、提高服务质量势在必行，各地应以更加开放的态度、灵活的政策以及精细的服务为人才营造良好的创新创业环境。要根据人才类型、层次、需求多样性等特点，不断改进基层人才的服务工作，提高针对性和有效性，解除人才发展后顾之忧，促其甩开膀子大干、迈开步子快干、俯下身子实干。

3.创新农村人才评价机制

推进农业农村人才分类评价机制和方式方法改革，对于树立正确用人导向、激励引导人才下乡返乡、调动人才创新创业积极性、加快实施人才强村战略具有重要作用。现阶段，随着乡村振兴战略的稳步推进，农村人才发展环境发生巨大改变，为适应新形势新变化，各地应坚持常规评价与专项评价相结合，以新的理念构建"事农为荣、入乡为耀"的人才评价机制和评价标准体系，充分发挥人才评价的指挥棒作用。

第十节 典型案例

案例1: 山东:"外引内育"打造乡村振兴人才高地

制度创新吸引青年人才投身基层、打破"田秀才"职称晋升瓶颈、高层次人才"不求所有,但求所用"……近年来,山东在打造乡村振兴齐鲁样板过程中,盯紧束缚人才发展的体制机制障碍,"外引内育"齐头并进,让愿意留在基层的人留得安心,让愿意投身乡村的人更有信心,为加快农业农村现代化提供了有力人才支撑。

"通过挂职研修,不仅学了技术,还推动了单位与挂职单位之间的业务交流。"梁山县农业农村局工作人员刘甲青告诉记者,通过挂职研修期间建立的联系,他邀请专家到梁山县指导技术攻关,推动了当地高标准农田建设。

挂职研修,是山东通过选派基层业务骨干赴省、市挂职研修,为基层搭建了上下联通桥梁,畅通人才培养通道。一个月前,山东农、教、文、卫系统选派的500名基层优秀人才分赴全省147家单位,这也是全省第七批基层人才挂职研修。

盘活存量的同时,真正缓解基层"人才饥荒",还需提高增量。在生活条件相对艰苦的乡村,"引才难,引专家更难"是长期面临的难题。为吸引高层次人才助力山东乡村振兴,山东推进乡村振兴专家服务基地建设,为乡村柔性引进人才打造平台载体。

"基层发展特色产业、长期稳定致富都需要人才,乡村振兴专家服务基地给我们打开了更多专家资源的这座'富矿'。"兰陵县下庄街道代村党支部书记王传喜说,设立乡村振兴专家服务基地以来,当地柔性引进了200余名涉农类专家,目前正与复旦大学合作开展辐射带动12个村庄、20平方公里、26000余位农民的田园新城建设,带动了农民稳定增收。

记者从山东省人力资源和社会保障厅了解到,自2018年开展乡村振兴专家服务基地建设以来,山东累计设立省级乡村振兴专家服务基地84家,吸引集聚了1.4万余名高层次人才到基层创新创业,落地项目2200余个,转化科研成果3500余项。

除了引进高层次人才,山东通过制度创新鼓励青年人才投身基层。山东省人力资源和社会保障厅二级巡视员刘玉亮说,目前山东已启动新一轮"三支一扶"计划,并规定服务满2年且考核合格的，可直接录用为乡镇事业人员。山东计划用5年时间，招募9500名左右"三支一扶"人员，为基层输送和培养一批急需紧缺的人才。

人才投身基层，如何留得安心，又如何对未来发展充满信心？山东打破学历、论文、科研成果等条框限制，在职称评定上出台一系列向基层倾斜的政策。通过设立专属基层的高级职称、建立基层职称"直评直聘"通道、出台新型职业农民职称制度等方式，有效激发乡村人才发展动力。

佟福兴是山东东营市利津县绿康食用菌农民专业合作社负责人，他先后成功选育了夏优39号等多个平菇新品种，填补了当地食用菌产业的多项空白。在他指导下，已发展带动生产基地5个，辐射带动种植户2000多户。不久前，佟福兴被山东省评为农民高级农艺师。"有了高级职称，从事技术指导和推广的热情更高了，干事创业更有动力。"佟福兴说。

据山东省人力资源和社会保障厅副厅长夏鲁青介绍，目前山东在全省范围内推开新型职业农民职称评定制度，像佟福兴一样，已有3329人取得新型职业农民职称。山东还规定，符合条件的乡镇专业技术人才，可直接申报中级、副高级、正高级职称，不受单位岗位结构比例限制。目前山东已有3.5万余名基层专业技术人才获得职称，其中3.1万余名获得副高级及以上职称。

"基层人才振兴工作虽然取得一定成果，但工作还存在不少短板和问题。下一步，山东将继续完善工作机制，引领和支持更多优秀人才到基层、乡村一线干事创业，为乡村振兴提供有力的人才支撑。"夏鲁青说。（新华社）

案例2： 江苏省部署加快推进乡村人才振兴

为贯彻落实中共中央办公厅、国务院办公厅《关于加快推进乡村人才振兴的意见》，促进各类人才投身乡村建设，结合我省实际，江苏日前印发《关于加快推进乡村人才振兴的实施意见》。11月18日，《实施意见》新闻通气会召开，相关部门就文件起草情况和相关内容进行解读，并推介部分典型案例。

破解短板，

重点培育五类人才

长期以来，乡村中青年、优质人才持续外流，人才总量不足、结构失衡、素质偏低、老龄化严重等问题较为突出，与乡村振兴的需求之间存在较大差距。加快推进乡村人才振兴，是中央部署的工作要求，是全面推进乡村振兴的内在需要，更是基层实践的迫切期望。

"人才振兴是乡村振兴的基础，全面推进乡村振兴也必须破解人才短板。"省委农办副主任杨天水介绍，乡村人才短板，突出表现为乡村人气不旺、乡村人才队伍不强、乡村吸引力不足。不少地方在制定人才政策时较为笼统，缺乏针对性。新型职业农民等人员也常受身份限制，在工伤认定、社保参保、职称评审等方面与个人期望还有不少差距。推进乡村全面振兴，必须破解乡村发展的人才瓶颈制约，促进各类人才投身乡村振兴，形成全方位、多层次的乡村人才队伍结构。

杨天水表示，加快推进乡村人才振兴，也是江苏乡村振兴走在前列的迫切需要。从农业农村发展自身来看，江苏农业科技贡献率70%、农作物耕种收综合机械化率80%，发展水平处于全国前列，对乡村人才有着更高要求。从江苏所处发展阶段来看，全省常住人口城镇化率达73.4%、人均GDP超过1.8万美元，城镇化进入成熟稳定、质量提升阶段，工农城乡关系进入深刻调整的关键时期。综合来看，江苏加快推进乡村人才振兴已经成为当务之急。

此次出台的《实施意见》共四个部分20条，围绕乡村需要什么样的人才、乡村人才从哪里来、对乡村人才有哪些扶持政策以及强化乡村人才振兴的组织保障等，提出明确的目标、高含金量的政策和具体的要求。主要特点表现为"四个突出"：突出人才需求的目标定位、创新做法的系统集成、政策举措的针对性和可操作性、立足当前和着眼长远有效结合。其中明确提出重点培育壮大乡村产业人才、特色乡土人才、乡村治理人才、乡村公共服务人才和农业农村科技人才5种类型乡村人才队伍，并提出了"十四五"期间的目标。

分类施策，拓展乡村人才来源渠道

乡村振兴靠人才，关键人才是干部。省委组织部组织二处处长叶智勇介绍，近年来，我省出台基层党建"五聚焦五落实"三年行动计划，完善干部选育管用全链条机制。"既要加强乡镇领导班子建设，又要加强村'两委'班子建设。上半年乡镇党委班子换届后，35岁以下干部超过1/3，本科以上学历占91.9%，熟悉乡村振兴和新型城镇化工作的占比达66%。此外，我省还通过能力培训、正向激励、从严管理来完善培养管理机制，激发他们的干事活力"。

青年人是乡村人才中的鲜活力量。团省委青年发展部副部长王雷说，团省委2019年开始启动"新农菁英"发展计划，以技能提升、创业实训、电商助力、金融支持等为重点，每年在全省培育发展返乡创业青年、新型青年职业农民、农村青年致富带头人等3类乡村青年人才分别不少于1000人。如今"新农菁英"人才库入库人员8897人，平均年龄32.2岁，直接带动就业57万人。"未来我们将持续深化"新农菁英"培育发展计划，着重引导一批青年设计人才、直播人才、科技人才和大学生志愿者下乡。"

建设美丽乡村，还需细致规划。去年9月，省自然资源厅发起"共绘苏乡"规划师下乡活动，引导广大规划师等专业人才深入基层帮助群众做好后续乡村规划实施服务。省自然资源厅国土空间规划局局长陈小卉介绍，随着一系列措施推进，我省逐步建立健全具有江苏特色的"镇村布局规划+村庄规划"的乡村规划体系。截至目前，全省已有约60家规划编制单位的近千名规划师活跃在乡村振兴第一线，80余个工作站正在开展工作，实现市县全覆盖。"活动还培养了一批懂政策、爱农村的规划人才团队，他们和村民共同编制的规划成果进一步帮助基层推进乡村振兴，共同描绘和实现美丽江苏乡村规划蓝图。"

加强保障，促进产业与人才融合

培育与招引人才之外，更需多方保障留住人才。

省人社厅人才开发处二级调研员蒋刚介绍，今年3月我省实施的"三定向"政策，让基层人才参加自己"主场"的职称评审，拓展了基层事业单位专业技术人才的岗位晋升空间和职业发展通道。此外，我省还通过实施乡土人才"三带"行动计划，举办乡土人才技艺技能大赛，加强乡土人才载体平台建设，创建乡土人才职称评价制度，举办乡土人才建设成果展，着力构建乡土人才培育发展体系。

自2019年，我省深入实施卫生人才强基工程，系统性解决基层卫生人才不稳定不平衡问题。去年基层卫生人员总数达到28.58万人，较五年前增加8.15万人，基层卫生人员数占全省卫生人员总数的比例从三年前的32.54%提高到34.71%。

省卫健委基层处处长姜仑介绍，收入待遇、职称晋升等是基层卫生人才最关心最直接最现实的问题。我省一方面完善基层绩效工资政策，明确在基层医疗卫生机构落实公益一类财政保障责任、参照公益二类标准实施绩效管理；另一方面加大基层卫生骨干人才激励力度，自2016年起，每两年一个周期开展基层卫生骨干人才遴选。同时提高基层中、高级岗位比例，目前全省基层医疗卫生机构高级职称人数占比15.2%，实行高级职称超岗聘用的全科医生1603人。

人才振兴，最终还应与产业振兴相结合。截至2020年，全省累计培育高素质农民200万人，共有省市县乡四级农技推广人员20348人。省农业农村厅科技教育处处长姜雪忠表示，我省以生产经营型、专业技能型和专业服务型农民为重点，分层分类整省推进高素质农民培育。在此基础上通过开展学历教育，加强分类培训，提升实践能力，促进产才融合，还通过表彰奖励等手段激发人才创新创业积极性。下一步，我省将制定实施《江苏省"十四五"农业农村人才发展规划》，按需精准开展农业农村人才培养培训，营造创优创业氛围，为乡村振兴提供坚实人才支撑。（新华日报）

案例3： 徐州市以"三乡工程"推动乡村振兴

近年来，徐州市深入实施"三乡工程"，率先对农村重点领域和重点环节进行探索试验，通过体制改革、制度创新和政策引导，激活"人、钱、地"关键发展要素，走出了一条具有徐州特色的城乡互补、工农互促、三产融合、共同富裕的乡村振兴之路。

据市农业农村局政策和法规处相关负责人介绍，"三乡工程"已成为全市深入推进乡村振兴战略的主要抓手。2020年度，通过深入实施"三乡工程"，徐州市引进了1家农业院士工作站和8个产业研究院，沛县敬安镇辣椒制种院士工作站、新沂市水蜜桃博士后产业研究院等科研项目纷纷落户徐州；新建25个农业产学研基地；吸引大专以上高学历人才下乡领办项目63个，投资金额达24.7亿元；推动专业技术人员下乡3247人，为城乡融合激活了发展新动能。

徐州市鼓励引导"三乡工程"主体与经济薄弱村和低收入人口"结对子"。铜山区汉王镇整理农村空闲农房264栋，打造"玉带水街"创业长廊，直接增加农民租赁收入2万元/户。沛县在全省率先完成了集体经营性建设用地入市工作，沛城街道鹿湾社区18.88亩建设用地以944万元价格成功交地发证，其中169万元用于鹿湾社区的基础设施建设、环境整治、困难群众社会救助等方面。

以实施"三乡工程"为切入点，在全市范围内建立"三乡工程"实训基地39个，每年培育农村土专家和农村经纪人各200人。同时，全年培训新型职业农民3万人次，使现代农业迸发产业新活力。结合村支两委换届契机，全市推动1698名"三乡工程"

人员进入村支部班子、2168人进入村委会班子，建立村干部后备人才库3681人，让乡村善治焕发文明新气象。

实施"三乡工程"后，美丽乡村、休闲旅游、特色产业等一大批项目开工建设。新沂市棋盘镇盘活废弃的18户宅基地，投资开发宋庄民宿旅游度假村，年久失修的老宅经改造、重建，华丽变身为精品民宿，不仅保护、改造、开发和提升了原有的生态环境，而且新增了更多的生态景点。

据不完全统计，2020年度市县两级相继出台82项激励政策，设立专项资金1.7亿元，发放"三乡工程助力贷"贷款6757万元，招商引资项目712个、招引各类社会资本366.28亿元投入农村，吸引人才下乡3624人，鼓励能人返乡创业2568人，带动农民就业人数超9.7万人，有效激活了农村生产要素和内生动力，新产业新业态蓬勃兴起，农业生产更绿色高效，乡村环境更美丽宜居。

据悉，2021年，徐州市将按照"一年打基础、两年有发展、三年见成效"的目标，创新举措、持续发力，推动"三乡工程"迈上新台阶，努力走出一条推动乡村全面振兴、全面开启农业农村现代化新征程的"徐州路径"。

统筹谋划三乡工程"1+N"战略性布局，即坚持把"三乡工程"作为全市实施乡村振兴主抓手，统筹抓好与"企村联建"、脱贫攻坚、农村人居环境整治、农房改善、美丽乡村建设、"11841"经营体系等当前"三农"重点工作有机衔接。统筹推进全市农业农村"十四五"规划和2021年"三乡工程"实施方案编制工作，把项目建设作为"三乡工程"工作的重中之重予以推进。

着力构建三乡工程"3个1"高质量平台，即市级打造1个"三乡工程网"平台，并推送到每一个村、更多的企业和科研院所，提高知晓率、使用率，深挖合作潜力；县级打造1个相互学习的交流平台，建立健全平台工作制度和管理机制，定期举办相关活动，创建"三乡工程"服务品牌；镇级打造1个创新创业园区平台，吸引各类企业入驻。

全面深化农村"3+3"综合性改革，一方面持续深化农村"三块地"制度改革，做好承包地改革、宅基地改革、集体经营性建设用地入市工作，及时总结试点经验做法，切实把土地资源盘活好利用好。另一方面全力做好"三个保障"，做好土地保障、金融保障、兜底保障工作，破除制约"三乡工程"高质量发展的体制机制障碍，强化有利于提高资源配置效率、有利于调动全社会积极性的重大改革举措，持续增强发展动力和活力。（徐州市政府办公室）

案例4：　大理州云龙县："四个着力"助推乡村人才振兴

近年来，大理白族自治州云龙县围绕发挥乡村人才服务经济社会高质量发展目标，以实施"天池金光"人才计划为抓手，不断加大对各领域人才挖掘培养，狠抓人才队伍建设，激发干事创业热情，以"四个着力"助推乡村人才振兴。

组织领导上着力。组建由县委书记、县长任"双组长"的县委人才工作领导小组，厘清成员单位权责清单压实责任，分解细化目标措施抓好落实。多次召开领导小组会议专题研究部署人才工作，成立8个人才工作专班，落实人才发展规划。把人才工作目标责任制纳入各乡镇各部门领导班子和领导干部年度考核内容，抓实"第一责任人"在巩固拓展脱贫攻坚成果、乡村振兴、生态环保、人居环境提升等工作中发现、引进、培育、使用"第一资源"的责任。

人才培养上着力。落实大理白族自治州苍洱人才"霞光计划"，制定出台《云龙县关于实施"天池金光"人才计划推进云龙高质量跨越式发展的意见》《云龙县"天池金光"人才评选培养实施办法》等政策文件，统筹推进1个意见、1个人才计划、6个专项评选和人才工作宣传月等举措。将人才培养经费列入年度财政预算，结合柔性引才，持续做好3个省级、4个州级、5个县级专家工作站的服务管理工作，围绕全县重点工作和民生福祉培育好本土人才。

人才评选上着力。落实"万名人才兴万村"和"万名干部规划家乡"行动，引导在外优秀人才以人心回归、智力回归、投资回归、产业回归等方式，参与乡村振兴。回引36名优秀人才到村培养任职，27名通过换届选举进入村（社区）"两委"班子，优化乡村人才结构。坚持在全县各领域开展"天池金光"人才评选培养，截至目前，全县推荐出兴农科技名人、技能名匠、致富能手等6个人才专项候选人107名。

人才激励上着力。对评选为"天池金光"专项人才的，每年给予5000元工作补贴，为其课题研究、培训提升、学术交流、成果转化提供保障。对工作实绩、作用发挥等进行年度考核，示范带动作用明显、工作成效显著、年度考核为优秀的给予1万元工作补贴。培养期满且连续3年考核为优秀的再给予一次性工作补贴1万元，激励各专项人才在乡村振兴中建功立业。（云南日报）

案例5：　科技小院助力乡村人才振兴

春得一犁雨，秋收万担粮。春耕热潮中，跃动着一群年轻的"播撒春雨"的身影：内蒙古巴彦淖尔市，中国农业大学玉米科技小院的研究生入户走访、发放玉米种植"明白卡";青岛农业大学,科技小院研究生根据农户反映的小麦种植问题,开展农业技术研究……

近年来,一些研究生培养单位将研究生长期派驻到农业生产一线,在完成理论知识学习的基础上,重点研究解决农业农村生产实践中的实际问题。日前,教育部办公厅、农业农村部办公厅、中国科协办公厅发布通知,推广科技小院研究生培养模式,助力乡村人才振兴。

一个院落,几间农房。小院虽小,背靠的是充满希望的田野,依托的是涉农高校的科技与人才培养力量,孕育着广袤乡村美好的未来。

在科技小院中萌生的,是创新的人才培养模式。如何强化产教融合育人机制、强化实践创新能力培养,让学生在实践中成长成才,是新形势下研究生教育需要回答的课题。对涉农高校而言,要以强农兴农为己任,拿出更多科技成果,培养更多知农爱农新型人才。然而,一段时间以来,一些培养单位实践培养环节较薄弱,有的研究生对"三农"认识程度较低、知识面较窄、解决实际生产问题的能力较为欠缺。科技小院有助于解决科研与生产需求脱节、科技人员与农民脱节、人才培养与社会需求脱节等问题。

"穷理以致其知,反躬以践其实。"广阔的田野是授业课堂,也是干事创业的舞台。通过科技小院,学生们从书斋走向村庄,切实了解农业生产过程,从农民需求出发开展科学研究,并锻炼吃苦耐劳、沟通表达等综合素质,努力做到扎根大地、接地气。科技小院的培养模式,有利于推动教书与育人、田间与课堂、理论与实践、科研与推广、创新与服务的结合,有助于辐射带动全国涉农高校深化研究生培养模式改革。

科技小院中培育的,是乡村人才振兴的力量。科技小院的研究生们,不仅是田野大课堂的学习者、受益者,也是乡村振兴的服务者、贡献者。教育部的一组数据颇具说服力:10多年来,先后有800余名校内外导师和1500多名研究生参与到科技小院的建设和运行中,科技小院师生开展的田间观摩活动辐射8万余人,累计线下培训农民20余万人。在小院里收获成长的,不仅是涉农高校的研究生,还有广大农民群众。

中国现代化离不开农业农村现代化,农业农村现代化关键在科技、在人才。科技和人才,正是科技小院为农村带来的宝贵财富。一方面,师生将科技成果加快转化为农民群众可用的技术,另一方面通过技术推广培训、科普服务活动,提升农民科学素质，为当地打造"带不走"的乡村振兴人才。高校师生与广大农民的力量汇聚，成为生生不息的乡村人才振兴源泉。

"纤纤不绝林薄成，涓涓不止江河生。"10余年来，全国已有30余所涉农高校陆续建立300多个科技小院。可以想见，这个春天之后，随着科技小院研究生培养模式的推广，更多的科技小院将出现于广袤的田野间，与之伴随的是更加美好的乡村未来。（人民日报）

案例6： 盘活实用人才助力乡村振兴

阿图什市把农村实用人才队伍建设作为深入推进乡村振兴的有效举措，转变培训方式，搭建作用发挥平台，建立长效机制，真正让农村实用人才成为乡村振兴的中坚力量。

转变培育方式强素质

围绕乡村振兴和美丽乡村建设，重点从党员致富带头人、农民专业合作社负责人等群体中培育开发农村实用人才1230名，不断增强自我"造血"功能。整合各类培训资源，对2300余名农村实用人才进行分类管理，按照不同行业领域、不同专业特长，为每名实用人才量身制定培训"菜单"。立足木纳格葡萄种植、无花果、畜牧品种改良等特色优势产业发展，实施新型职业农民培育"十项计划"，鼓励农村实用人才参与兴办农业企业、农民专业合作社、家庭农场等特色产业经营主体，促进农村实用人才由单一特长向复合型转变。目前，已创办市级以上龙头企业27个，农民专业合作社63个，家庭农场129个。

围绕作用发挥建平台

针对农牧民群众在增收致富、新技术推广、新产品运用等方面遇到的难题，组织农村实用人才采取"1+1""1+N"等模式与农牧民群众中技术骨干结成帮扶对子，建立老带新帮带制度，由1名熟悉具体情况的农村实用人才帮带1名或N名技术骨干，通过手把手带动200多户群众走上特色农产品产、加、销为一体的致富之路，户均年收入增加2000元以上。按照"基地建在产业链上，人才聚在产业链上，农民富在产业链上"的思路，支持农村实用人才通过"公司+农户+基地""合作组织+农户+基地""种养大户+基地+贫困户"等模式参与产业示范基地建设，扶持946名经营型农村实用人才创办农民专业合作社，引领富民产业发展，带动6.9万农牧民群众增收。

构建长效机制激活力

从涉农部门选派133名农业科技专家，分成7个专家服务分团，深入88个村开展助农增收服务，采取集中宣讲、政策咨询、现场指导等方式，培养农村实用人才3184名。以提升农村实用人才专业化水平为目标，制定《阿图什市农村实用人才评审认定实施方案》，组织人社、农业、农广校等部门，联合进村到户开展评审工作，近年来，先后有38名农村实用人才获评技术职称。从政治、精神、物质等方面实行激励机制，多维发力，从农村实用人才中培养党员68名，将26名致富能人选拔到村"两委"班子，定期开展"种植大户""养殖大户""农村能工巧匠"等评选活动，投入100多万元表彰奖励农村实用人才1524名，不断提高农村实用人才影响力、知名度和积极性。（克孜勒苏日报）

案例7： 浙江发展的最大优势在人才——乡村人才振兴的浙江经验

浙江，是习近平总书记"三农"思想的重要萌发地、中国美丽乡村建设的重要发源地。在浙江，乡村不再是只有老人和孩子的"空心村"，而是"绿水青山就是金山银山"，是看得见乡愁的地方，是一片叶子富了一方百姓的地方。近几年来，浙江省有大批人才投身于美丽乡村建设，实现了传统农业发展与现代企业经营理念的融合，创造了多种乡村振兴的新模式、新经验、新典型。乡村振兴，首先是人才的振兴。围绕实施乡村振兴战略，浙江省出台了《全面实施乡村振兴战略高水平推进农业农村现代化行动计划（2018—2022年）》，深入推进创新强省、人才强省在乡村的落地，推动乡村人才振兴，把科技创新作为第一动力，把人力资本开发放在首要位置，强化乡村振兴科技支撑、人才支撑，着力构建新型农业科技创新体系，加快完善农村人才培育体系，畅通智力、技术、资金、管理下乡通道，激发农业农村创业创新活力。

（一）支持农业农村科技人员创业创新

加快推进农业农村科技人员创业创新试点建设。全面建立高等学校、科研院所等事业单位科研人员到乡村和企业挂职、兼职和离岗创新创业制度，保障其在职称评聘、工资福利、社会保障等方面的权益。建立以知识产权和服务业绩为导向的分配激励机制，提高科研人员科技成果转化收益比例。完善科技特派员制度，建设 100 个以上省级以上农业"星创天地"。

（二）加强乡村振兴人才培养

深入推进千万农民素质提升工程，实施百万农村实用人才培养计划、乡村振兴领军人才培养计划，统筹加强农村管理人才、创业人才、服务人才等专业人才队伍建设，浙江省农村实用人才总量达到 110 万人以上。实施新型职业农民培育工程，突出"学历+技能+创业"导向，支持新型职业农民通过弹性学制参加中高等农业职业教育，探索培养农民研究生，培育新型职业农民 20 万人。完善乡土人才扶持政策，培养一批农业职业经理人、经纪人、乡村工匠、文化能人、非遗传承人等。支持浙江大学、浙江农林大学等高等学校和职业学校科学调整增设涉农专业，扩大涉农人才培养规模，参与新型职业农民培养培训。办好省农民大学、市农民学院、县农民学校和实训基地，充分发挥乡镇成人学校、农广校作用，组建浙江农艺师学院、浙江茶业学院，搭建农业继续教育和职业教育公益性教育服务平台，开展职业农民职称评定试点。

（三）引导各类人才向农业农村集聚

加强招才引智，促进各类人才投身乡村振兴。完善城乡、区域、校地之间人才培养合作交流机制，建立医生、教师、科技人员、文化人员等定期服务乡村机制。制定鼓励引导工商资本参与乡村振兴的指导意见，落实和完善融资贷款、配套设施建设补助、税费减免、用地等扶持政策，明确政策边界，探索建立资格准入制度、项目联评联审制度，保护好农民利益。实施农村归雁计划，吸引高校毕业生、农民工、退役士兵等返乡下乡创业创新。推进民兵后备力量服务乡村振兴。强化县级政府主体责任，完善对返乡下乡人员创业补贴、融资、场地、培训等扶持政策。返乡下乡创业人员可在创业地享受与当地劳动者同等的创业扶持政策，并按规定纳入就业援助、社会保险和救助体系，首次创业、正常经营一年以上的返乡创业农民工纳入一次性创业补贴支持范围。鼓励设立农村人才发展基金。发挥工会、共青团、妇联、科协、残联等群团组织和农合联、行业协会等社会组织的优势和力量，实施乡村振兴"巾帼行动"，发挥各民主党派、工商联、无党派人士等的积极作用，支持乡村振兴。制定管理办法，允许符合要求的公职人员回乡任职。制定鼓励城市专业人才参与乡村振兴的政策。

（四）加强"三农"工作干部队伍建设

坚持严管与厚爱结合、约束与激励并重，加强"三农"工作干部队伍的培养、配备、管理、使用，推动农村工作干部真正深入群众、真心依靠群众、真情关爱群众、真诚服务群众，锻造一支懂农业、爱农村、爱农民的"三农"工作队伍。各级党委和政府主要领导干部要懂"三农"工作、会抓"三农"工作，分管领导要真正成为"三农"工作的行家里手。开展"不忘初心、牢记使命"主题教育，推进"两学一做"学习教育常态化制度化，大力弘扬红船精神和浙江精神，不断提高"三农"干部综合素质。制定实施"三农"干部培训计划，全面提升各级干部特别是领导干部做好"三农"工作的能力和水平。推进乡镇干部队伍专业化，提高乡村干部本土化率。把到农村一线锻炼作为培养干部的重要途径，加强从政治上、工作上、生活上关心关爱，形成人才向农村基层一线流动的用人导向。

案例8：招来"归乡雁"育出"田秀才"——乡村人才振兴的山东实践

为深入贯彻落实习近平总书记关于推进乡村人才振兴的重要指示精神，培养一支懂农业、爱农村、爱农民的乡村振兴人才队伍，2018 年以来，山东省人社厅聚焦乡村人才引得来、留得住、用得好等方面，深入开展调查研究，结合南方考察学习成果的转化，不断解放思想、更新观念，坚决破除各种陈旧观念，打破各种条条框框，研究制定了山东省人社厅《推进乡村人才振兴若干措施》。为确保《推进乡村人才振兴若干措施》各项任务的落实、落地，又制定了《贯彻落实〈推进乡村人才振兴若干措施〉分工方案》。这是贯彻落实习近平总书记重要指示精神，打造乡村振兴"齐鲁样板"的具体实践，也是推动山东省高质量发展的重要抉择，是对标学习"苏浙粤"先进经验的必然要求。本节以山东省推进入才振兴的若干措施为例，深入解读人才振兴的要领，从多方面解构乡村人才振兴的实质。

（一）创新乡村人才引进机制，做大人才增量

针对山东省乡村人才总量不足、人才结构不合理、创新创业能力不强等突出问题，聚焦农村乡土人才、新型职业农民、农村创新创业人才、返乡下乡人才等，开展"雁归兴乡"返乡创业推进行动，招募"乡村振兴合伙人"，实施高校毕业生基层成长计划，畅通各界人士报效乡梓的渠道，推动高层次人才"上山下乡"等措施为乡村振兴广纳入才。

1.开展"雁归兴乡"返乡创业推进行动

总结乡村振兴中返乡创业的成功案例，建立外出务工经商人员信息库，支持设立返乡创业工作站，向有一定经济实力和发展潜力的农民工成功创业人士，推荐乡村发

展项目，提供全方位创业政策支持。开展返乡农民工乡村旅游、农产品加工、网络创业、电子商务等特色创业培训，引导他们回报家乡、投资家乡、发展家乡。

2.招募"乡村振兴合伙人"

在现代生态农业、乡村旅游等方面开展全方位、多形式的合作，推动农村农业投资和科技成果转化。允许"合伙人"通过合同约定，享有乡村项目开发等优先权，享受就业创业优惠政策，并在人才工程项目评选等方面给予适度的倾斜。

3.实施高校毕业生基层成长计划

每年遴选 3000 人纳入高校毕业生基层成长计划后备人才库，县（市、区）要确保每年每个乡镇不少于2个岗位用于高校毕业生"三支一扶"计划。

4.畅通各界人士报效乡梓的渠道

鼓励支持企业家、创业者或者农村老党员、老干部等，积极为家乡发展献计献策、贡献力量，引导原籍企业家、专家学者、人大代表、政协委员、经济文化能人等群体，以投资兴业、援建项目、助学助教、捐资捐物、法律服务等多种方式反哺故里、报效乡梓。

5.推动高层次人才"上山下乡"

每年分级组织不少于10000 人次的各类人才到基层服务，服务期限视为基层工作经历;到2022 年，山东省建成50家左右省级乡村振兴专家服务基地，柔性引进 2000 名以上各类急需紧缺人才，推动200 个以上项目在基地落地。

（二）创新乡土人才培育机制，做优人才存量

建立健全乡土人才发现和培养机制，研究制定乡土人才培养培训政策，分级分类开展乡土人才教育和技能培训。重点实施三个"百万计划"：百万新型农民技能提升计划、百万乡土人才培育示范计划、百万乡村人才定向培养计划。

1.实施百万新型农民技能提升计划

将新型农民技能提升计划纳入山东省提高就业创业能力培训、新型职业农民培训、农村实用人才培训、雨露计划等培训计划，充分运用田间课堂、农民夜校、网上教学等形式，发挥各级各类创业大学、就业培训机构、创业孵化基地、农广校、农村电商

基地等平台作用，五年（2018—2022）分级分类培训400万人次，按规定给予培训补贴。

2.实施百万乡土人才培育示范计划

将乡土人才纳入专业技术人才知识更新培训工程，通过远程教育、集中培训等多种教育培训方式，促进乡土人才知识更新和能力提升。组织基层人才挂职研修，每年选拔160名基层人才到省内高校、科研院所、文化单位、医疗机构访学研修。制定齐鲁乡村传统技艺技能保护计划，编制民间技能人才目录，每年建设15个齐鲁乡村特色技能大师工作室，每个工作室由所在市县财政给予适当支持，到2022年培育150名传统特色工艺传承技能大师。鼓励有条件的市积极争取财政支持，开发具有齐鲁乡村特色的职业农民专项职业能力培训包。

3.实施百万乡村人才定向培养计划

以乡土人才定向培养，推进高职和技工院校规划建设涉农学科专业设立或开设特色工艺班次，采取委托培养、订单培养或者定向就业、专项奖学金等方式，应用长短结合，弹性学制、"半农半读"等形式，开展乡土人才专业教育和专项技能培训，提高职业农民教育培训专业化、标准化水平。山东省重点技工院校每年培养培训不少于10万人次。

（三）创新乡土人才评价与人事管理机制，激发人才动力

1.建立职业农民职称制度

研究制定符合职业农民特点的职称标准条件和评审程序。职业农民参加职称评审不受学历、所学专业等限制，重点考察业绩贡献、经济社会效益和示范带动作用。对获得职称的职业农民，优先提供信息技术、融资支持、产品推介服务，优先安排学习培训，优先获得财政资金支持项目、政策补贴等。

2.建立乡土人才技能等级评价制度

探索制定乡土人才技能评价地方标准，组织开展乡土人才专项能力认定，做好职业农民职业资格认定工作。

3.建立乡土人才以赛代评机制

鼓励支持山东省各地开展乡土人才创新创业大赛和传统技艺技能大赛，获得优异成绩的选手直接认定技师、高级技师等技能资格。每三年举办一次全省乡土人才传统

技艺技能大赛，对前十名获得者授予"山东省乡村传统技艺技能大师"称号，并给予奖励。

4.建立"定向评价、定向使用"的基层高级专业技术职称评审管理制度

将"定向评价、定向使用"制度扩大到基层所有职称系列，基层职称系列均可设置到正高级。取得基层职称人员在乡镇事业单位岗位聘用时，与取得全省统一职称人员同等对待。实行乡镇专业技术人才直评直聘政策，乡镇专业技术岗位工作人员申报评审职称，可不受所学专业限制。创新乡镇事业单位人才招聘方式，建立县域统筹的岗位管理使用制度。

（四）创新乡村人才服务保障机制，营造良好环境

1.全面落实乡镇工作人员待遇保障

落实国家和省各项工资福利政策，统筹考虑县乡人员待遇政策和标准，有条件的地方可以县（市、区）为单位进一步提高乡镇工作补贴标准，确保乡镇工作人员收入高于县直机关同职级人员水平。

2.支持乡镇专业技术人员离岗或在职创业

乡镇事业单位专业技术人员离岗或在职领办或创办企业的，享受《关于支持和鼓励事业单位专业技术人员创新创业的实施意见》规定的政策，纳入一次性创业补贴支持范围。

3.加大乡村人才薪酬激励力度，激励乡村人才干事创业

乡镇事业单位对聘用的高层次人才，可采用协议工资、项目工资、年薪制等方式，所需经费在绩效工资总量内单列，相应增加单位当年绩效工资总量。乡镇事业单位专业技术人员通过兼职方式，为农户、合作社等提供增值服务合理取酬，所得收入不纳入本单位绩效工资管理。

4.组织开展"十强百优"选树活动

对带领农民群众共同致富，推动乡村振兴作出突出贡献的乡村人才，给予表扬奖励。评选为"十强"的优秀乡村人才在国家和省级人才工程项目申报等方面给予倾斜。

5.完善乡村社会保险制度

引导、帮助家庭农场、专业合作社等新型经济组织和乡村企业规范劳动关系，依法订立劳动合同，参加企业职工基本养老、职工基本医疗、失业、工伤和生育保险，促进劳动关系和谐稳定。支持乡村医生按规定参加当地企业职工基本养老保险，引导乡村自由职业者、没有劳动关系的职业农民按照灵活就业人员参保办法，参加职工基本养老保险、职工基本医疗保险。

6.开辟乡村人才服务绿色通道

全面落实服务专员制度，为服务乡村振兴的高层次人才，提供政策咨询、职称申报、项目申报、融资对接、业务办理等"一对一"代办服务。

案例9：　广东汕头启动乡土人才培育工程

把人才引向乡村振兴一线

人才是乡村振兴的第一资源。纵观汕头市当前乡村工作可以发现，人才仍是乡村振兴的短板之一。农村人力资源流失严重、乡土人才缺乏、基层干部队伍青黄不接等问题依然较为突出，农业农村工作力量相对薄弱，与乡村振兴的内在需求存在较大差距。如何破解人才紧缺对实施乡村振兴战略的制约？对此，汕头市精心谋划并启动实施"千百十"乡土人才培育工程，着力培养一批农村生产经营服务能手，为实施乡村振兴战略提供人才支撑。

"千百十"乡土人才培育工程，包括千名乡土人才进党校培训、市管百名乡土人才选拔培养以及编写十个系列乡土人才培训教材，引导党员干部向农村一线流动，调动一切社会资源向农村倾斜，以人才资源推动创建全国文明城市提质升级向农村延伸。为构建汕头市乡土人才常态化培训机制，汕头市还将乡土人才培训工作纳入全市干部教育培训体系。

培养一批懂农业、爱农村、爱农民的乡土人才

近年来，汕头市委、市政府把乡村振兴作为全市工作的重中之重，先后开展"百村示范、千村整治"美丽乡村建设行动、"千企帮千村"行动，实施"千名干部驻村强基促振兴""千个机关支部联村共建"党建工程。

此次启动"千百十"乡土人才培育工程，同样体现了汕头市委、市政府对乡村振兴工作的重视。汕头市委副书记钟挥锣在启动仪式上强调，各级各部门要把乡村人才振兴放在乡村振兴的重要位置，认真落实中央、省委、市委的部署要求，以实施"千

百十"乡土人才培育工程为抓手，积极用好省、市奖补扶持政策，大力培养一批懂农业、爱农村、爱农民的乡土人才，推动实现乡村全面振兴，助力汕头加快打造省域副中心城市和现代化沿海经济带重要发展极。

"实施'千百十'乡土人才培育工程，既体现了市委、市政府对乡土人才的高度重视，也对新时代汕头市乡土人才队伍建设提出了新的要求。"汕头市人社局局长马翔表示，推进乡土人才队伍建设，人社部门负有重要责任，将充分发挥人社部门职责，通过政策引领、平台搭建、机制创新，做好人才的挖掘、培养和使用工作，助推汕头市乡土人才队伍提质增量。

"培训+选拔"为乡土人才"提质增量"

2019年4月22日上午，"2019 年汕头市乡土人才专题研讨班"第1期培训班在市委党校开班，由省委农办秘书处副调研员程新清主讲，解读中央一号文件及农业生产等政策精神。103 名来自汕头全市各地各领域的基层人才参加培训，学期三天。

记者了解到，首批参训人员中有将近一半具有高校毕业学历其中，学历最高的是一名海归女硕士，另外本科 16 人、大专 32 人。从年龄结构上来看，主要集中在中青一代，其中 70 后 30 人、80 后36人、90后16人。

据悉，到 2019年5月底前，汕头市将连续举办 10 期，集中轮训 1000名农技推广、种养殖、电子商务、休闲农业、乡村旅游、农村医疗、乡村文化等领域乡土人才，每期培训 100人左右。此次千名乡土人才进党校培训活动纳入市委党校主体班次。

在集中轮训的基础上，汕头市将加大乡土人才培养力度，实施市管百名乡土人才选拔培养工程，并将其纳入市级人才项目管理，9月底前将完成选拔工作。

汕头市计划在农技推广、种养殖、电子商务、休闲农业、乡村旅游、农村医疗、乡村文化以及非物质文化遗产传承等领域，遴选 100 名乡土人才作为市纳管人才进行重点培养管理，培养期两年，每年提供生活补贴 2 万元，着力培养一批能够带领农民发家致富和农业科技创新的优秀乡土人才。

对此，汕头市农业农村局局长谢宋彪表示，汕头 2019 年、2020年两年，计划培育 1500 名以上新型职业农民和一批新型农业经营主体。重点扶持一批农业职业经理人、乡村工匠、文化能人、非遗传承人、"田秀才"，扶持壮大家庭农场、农村合作社、龙头企业等新型经营主体，激发多种主体活力，带动农户致富奔康，推动传统农业转型升级，打造新产业新业态，为农业现代化发展提供人才支撑。

整合科教研力量编写培训教材

针对乡土人才培训教材缺乏的现象，汕头市还将整合农村农业、人社、文化广电旅游体育、商务、住建、卫健、团委、科协等市直部门，汕头职业技术学院、粤东技师学院、汕头技师学院等职业院校，市科协各协会和科研机构力量，突出实用性和汕头特色，将组织专家编写潮菜师傅、乡村旅游、全科医生、农村电商、潮汕非遗、潮汕建筑、农村种养、农村文化、玩具工艺、海洋养殖十个系列乡土人才培训教材，分专业每年委托汕头职业技术学院、粤东技师学院、汕头技师学院等职业院校开展实用技能培训，培养一批新型职业农民、乡村工匠、非遗传承人、工艺能人。

粤东技师学院副院长柏雪梅表示，学院将充分发挥校企合作资源，深入行业企业调研，了解目前汕头乡村旅游、接待、民宿管理、人才培养等方面的存在问题，以及急需的人才类型和要求，着力开发更接地气的培训教材。同时，认真梳理汕头乡村旅游资源现状，科学设置培训课程，甄选社会效益经济效益俱佳的优质乡村旅游资源作为教学实训点，切实抓好乡土人才培训。

应大力支持符合政策扶持的人才

汕头市"千百十"乡土人才培育工程由汕头市委组织部牵头，联合本市农业农村局、市委党校组织实施。活动是通过组织千名乡土人才进党校培训、选拔培养市管百名乡土人才、编写十个系列乡土人才培训教材等形式，在汕头市集中培训1000名农技推广、种养殖、电子商务、休闲农业、乡村旅游、农村医疗、乡村文化等领域乡土人才；遴选 100 名乡土人才作为市纳管人才进行重点培养管理，带领农民发家致富和农业科技创新；同时，整合本市各界科研力量，组织编写潮菜师傅、乡村旅游、全科医生、农村电商、潮汕非遗、潮汕建筑、农村种养、农村文化、玩具工艺、海洋养殖等十个系列乡土人才培训教材，汕头市委组织部委托汕职院、粤东技师学院、汕头技师学院，分专业每年开展实用技能培训，为本市实施乡村振兴战略提供人才支撑。

2019年4月22日至24日，汕头市"千百十"乡土人才培育工程第1期培训班在汕头市委党校开班。记者从首期参加培训的103 人中发现，最高学历者海归女硕士（英国留学）、汕头经济特区澳士兰牧场有限公司总经理杨燕卿在列。此次参加培训，她有什么心得体会呢？

"企业要发展，就要多了解最新政策和发展方向，适应新时代发展要求，才能不断做大做强，创造更多的经济效益和社会效益。"杨燕卿告诉记者，在培训课上，专家深入解读 2019 年中央一号文件，普及国家"三农"政策，分析现代农业发展趋势，让她获益匪浅。

当前，我国经济由高速增长阶段转向高质量发展阶段，对企业发展提出了新的要求。"农业企业也要转型升级，一方面通过升级种植技术改良农产品，提高经济效益；另一方面按照新要求补齐环保配套设施，践行绿色发展理念。"

谈及如何发挥人才对乡村振兴的支撑作用时，杨燕卿从政策扶持的角度表达了她的看法："对于一些优秀人才，特别是符合政策扶持的对象，政府及相关部门要尽可能地给予大力支持，这样有助于发挥更多人才带动作用。"

她认为，新的政策出台后，相关部门更要学习理解透相关精神，通过积极主动作为，真正使政策落地落实。"有些人从网上了解到政府出台了新的扶持政策，自己对照相关标准也达标了，但去找相关部门落实时，可能并不容易。如果单靠个人去做这些投入的话，会耗费很多时间精力，且事倍功半。"

作为粤东唯一一家乳制品企业的总经理，杨燕卿表示，该公司正在进一步深化一二三产业融合发展，将为当地群众提供更多非技术工作岗位。"随着社会越进步，就会有越多的人对牛奶品质有更加科学的认识。目前公司发展前景很好，我们将继续做大做强企业，争取发挥更大的经济效益和社会效益，为实施乡村振兴战略作更多的贡献。"

（南方日报）

附录： 中共中央办公厅 国务院办公厅印发

《关于加快推进乡村人才振兴的意见》

新华社北京2月23日电 近日，中共中央办公厅、国务院办公厅印发了《关于加快推进乡村人才振兴的意见》，并发出通知，要求各地区各部门结合实际认真贯彻落实。

《关于加快推进乡村人才振兴的意见》全文如下。

乡村振兴，关键在人。为深入贯彻落实习近平总书记关于推动乡村人才振兴的重要指示精神，落实党中央、国务院有关决策部署，促进各类人才投身乡村建设，现就加快推进乡村人才振兴提出如下意见。

一、总体要求

（一）指导思想。以习近平新时代中国特色社会主义思想为指导，全面贯彻党的十九大和十九届二中、三中、四中、五中全会精神，坚持和加强党对乡村人才工作的全面领导，坚持农业农村优先发展，坚持把乡村人力资本开发放在首要位置，大力培养本土人才，引导城市人才下乡，推动专业人才服务乡村，吸引各类人才在乡村振兴中建功立业，健全乡村人才工作体制机制，强化人才振兴保障措施，培养造就一支懂农业、爱农村、爱农民的"三农"工作队伍，为全面推进乡村振兴、加快农业农村现代化提供有力人才支撑。

（二）目标任务。到2025年，乡村人才振兴制度框架和政策体系基本形成，乡村振兴各领域人才规模不断壮大、素质稳步提升、结构持续优化，各类人才支持服务乡村格局基本形成，乡村人才初步满足实施乡村振兴战略基本需要。

（三）工作原则

——坚持加强党对乡村人才工作的全面领导。贯彻党管人才原则，将乡村人才振兴纳入党委人才工作总体部署，引导各类人才向农村基层一线流动，打造一支能够担当乡村振兴使命的人才队伍。

——坚持全面培养、分类施策。围绕全面推进乡村振兴需要，全方位培养各类人才，扩大总量、提高质量、优化结构。尊重乡村发展规律和人才成长规律，针对不同地区、不同类型人才，实施差别化政策措施。

——坚持多元主体、分工配合。推动政府、培训机构、企业等发挥各自优势，共同参与乡村人才培养，解决制约乡村人才振兴的问题，形成工作合力。

——坚持广招英才、高效用才。坚持培养与引进相结合、引才与引智相结合，拓宽乡村人才来源，聚天下英才而用之。用好用活人才，为人才干事创业和实现价值提供机会条件，最大限度激发人才内在活力。

——坚持完善机制、强化保障。深化乡村人才培养、引进、管理、使用、流动、激励等制度改革，完善人才服务乡村激励机制，让农村的机会吸引人，让农村的环境留住人。

二、加快培养农业生产经营人才

（四）培养高素质农民队伍。深入实施现代农民培育计划，重点面向从事适度规模经营的农民，分层分类开展全产业链培训，加强训后技术指导和跟踪服务，支持创办领办新型农业经营主体。充分利用现有网络教育资源，加强农民在线教育培训。实施农村实用人才培养计划，加强培训基地建设，培养造就一批能够引领一方、带动一片的农村实用人才带头人。

（五）突出抓好家庭农场经营者、农民合作社带头人培育。深入推进家庭农场经营者培养，完善项目支持、生产指导、质量管理、对接市场等服务。建立农民合作社带头人人才库，加强对农民合作社骨干的培训。鼓励农民工、高校毕业生、退役军人、科技人员、农村实用人才等创办领办家庭农场、农民合作社。鼓励有条件的地方支持农民合作社聘请农业经理人。鼓励家庭农场经营者、农民合作社带头人参加职称评审、技能等级认定。

三、加快培养农村二三产业发展人才

（六）培育农村创业创新带头人。深入实施农村创业创新带头人培育行动，不断改善农村创业创新生态，稳妥引导金融机构开发农村创业创新金融产品和服务方式，加快建设农村创业创新孵化实训基地，组建农村创业创新导师队伍。壮大新一代乡村企业家队伍，通过专题培训、实践锻炼、学习交流等方式，完善乡村企业家培训体系，完善涉农企业人才激励机制，加强对乡村企业家合法权益的保护。

（七）加强农村电商人才培育。提升电子商务进农村效果，开展电商专家下乡活动。依托全国电子商务公共服务平台，加快建立农村电商人才培养载体及师资、标准、认证体系，开展线上线下相结合的多层次人才培训。

（八）培育乡村工匠。挖掘培养乡村手工业者、传统艺人，通过设立名师工作室、大师传习所等，传承发展传统技艺。鼓励高等学校、职业院校开展传统技艺传承人教育。在传统技艺人才聚集地设立工作站，开展研习培训、示范引导、品牌培育。支持鼓励传统技艺人才创办特色企业，带动发展乡村特色手工业。

（九）打造农民工劳务输出品牌。实施劳务输出品牌计划，围绕地方特色劳务群体，建立技能培训体系和评价体系，完善创业扶持、品牌培育政策，通过完善行业标准、建设专家工作室、邀请专家授课、举办技能比赛等途径，普遍提升从业者职业技能，提高劳务输出的组织化、专业化、标准化水平，培育一批叫得响的农民工劳务输出品牌。

四、加快培养乡村公共服务人才

（十）加强乡村教师队伍建设。落实城乡统一的中小学教职工编制标准。继续实施革命老区、民族地区、边疆地区人才支持计划、教师专项计划和银龄讲学计划。加大乡村骨干教师培养力度，精准培养本土化优秀教师。改革完善"国培计划"，深入推进"互联网+义务教育"，健全乡村教师发展体系。对长期在乡村学校任教的教师，职称评审可按规定"定向评价、定向使用"，高级岗位实行总量控制、比例单列，可不受所在学校岗位结构比例限制。落实好乡村教师生活补助政策，加强乡村学校教师周转宿舍建设，按规定将符合条件的乡村教师纳入当地住房保障范围。

（十一）加强乡村卫生健康人才队伍建设。按照服务人口1‰左右的比例，以县为单位每5年动态调整乡镇卫生院人员编制总量，允许编制在县域内统筹使用，用好用足空余编制。推进乡村基层医疗卫生机构公开招聘，艰苦边远地区县级及基层医疗卫生机构可根据情况适当放宽学历、年龄等招聘条件，对急需紧缺卫生健康专业人才可以采取面试、直接考察等方式公开招聘。乡镇卫生院应至少配备1名公共卫生医师。深入实施全科医生特岗计划、农村订单定向医学生免费培养和助理全科医生培训，支持城市二级及以上医院在职或退休医师到乡村基层医疗卫生机构多点执业，开办乡村诊所，充实乡村卫生健康人才队伍。完善乡村基层卫生健康人才激励机制，落实职称晋升和倾斜政策，优化乡镇医疗卫生机构岗位设置，按照政策合理核定乡村基层医疗卫生机构绩效工资总量和水平。优化乡村基层卫生健康人才能力提升培训项目，加强在岗培训和继续教育。落实乡村医生各项补助，逐步提高乡村医生收入待遇，做好乡村医生参加基本养老保险工作，深入推进乡村全科执业助理医师资格考试，推动乡村医生向执业（助理）医师转化，引导医学专业高校毕业生免试申请乡村医生执业注册。鼓励免费定向培养一批源于本乡本土的大学生乡村医生，多途径培养培训乡村卫生健康工作队伍，改善乡村卫生服务和治理水平。

（十二）加强乡村文化旅游体育人才队伍建设。推动文化旅游体育人才下乡服务，重点向革命老区、民族地区、边疆地区倾斜。完善文化和旅游、广播电视、网络视听等专业人才扶持政策，培养一批乡村文艺社团、创作团队、文化志愿者、非遗传承人和乡村旅游示范者。鼓励运动员、教练员、体育专业师生、体育科研人员参与乡村体育指导志愿服务。

（十三）加强乡村规划建设人才队伍建设。支持熟悉乡村的首席规划师、乡村规划师、建筑师、设计师及团队参与村庄规划设计、特色景观制作、人文风貌引导，提高设计建设水平，塑造乡村特色风貌。统筹推进城乡基础设施建设管护人才互通共享，搭建服务平台，畅通交流机制。实施乡村本土建设人才培育工程，加强乡村建设工匠培训和管理，培育修路工、水利员、改厕专家、农村住房建设辅导员等专业人员，提升农村环境治理、基础设施及农村住房建设管护水平。

五、加快培养乡村治理人才

（十四）加强乡镇党政人才队伍建设。选优配强乡镇领导班子特别是乡镇党委书记，健全从乡镇事业人员、优秀村党组织书记、到村任职过的选调生、驻村第一书记、驻村工作队员中选拔乡镇领导干部常态化机制。实行乡镇编制专编专用，明确乡镇新录用公务员在乡镇最低服务年限，规范从乡镇借调工作人员。落实乡镇工作补贴和艰苦边远地区津贴政策，确保乡镇机关工作人员收入高于县直机关同职级人员。落实艰苦边远地区乡镇公务员考录政策，适当降低门槛和开考比例，允许县乡两级拿出一定数量的职位面向高校毕业生、退役军人等具有本地户籍或在本地长期生活工作的人员招考。

（十五）推动村党组织带头人队伍整体优化提升。坚持把政治标准放在首位，选拔思想政治素质好、道德品行好、带富能力强、协调能力强，公道正派、廉洁自律，热心为群众服务的党员担任村党组织书记。注重从本村致富能手、外出务工经商返乡人员、本乡本土大学毕业生、退役军人中的党员里培养选拔村党组织书记。对本村暂时没有党组织书记合适人选的，可从上级机关、企事业单位优秀党员干部中选派，有条件的地方也可以探索跨村任职。全面落实村党组织书记县级党委组织部门备案管理制度和村"两委"成员资格联审机制，实行村"两委"成员近亲属回避，净化、优化村干部队伍。加大从优秀村党组织书记中考录乡镇公务员、招聘乡镇事业编制人员力度。县级党委每年至少对村党组织书记培训1次，支持村干部和农民参加学历教育。坚持和完善向重点乡村选派驻村第一书记和工作队制度。

（十六）实施"一村一名大学生"培育计划。鼓励各地遴选一批高等职业学校，按照有关规定，根据乡村振兴需求开设涉农专业，支持村干部、新型农业经营主体带头人、退役军人、返乡创业农民工等，采取在校学习、弹性学制、农学交替、送教下乡等方式，就地就近接受职业高等教育，培养一批在乡大学生、乡村治理人才。进一步加强选调生到村任职、履行大学生村官有关职责、按照大学生村官管理工作，落实选调生一般应占本年度公务员考录计划10%左右的规模要求。鼓励各地多渠道招录大学毕业生到村工作。扩大高校毕业生"三支一扶"计划招募规模。

（十七）加强农村社会工作人才队伍建设。加快推动乡镇社会工作服务站建设，加大政府购买服务力度，吸引社会工作人才提供专业服务，大力培育社会工作服务类社会组织。加大本土社会工作专业人才培养力度，鼓励村干部、年轻党员等参加社会工作职业资格评价和各类教育培训。持续实施革命老区、民族地区、边疆地区社会工作专业人才支持计划。加强乡村儿童关爱服务人才队伍建设。通过项目奖补、税收减免等方式引导高校毕业生、退役军人、返乡入乡人员参与社区服务。

（十八）加强农村经营管理人才队伍建设。依法依规划分农村经营管理的行政职责和事业职责，建立健全职责目录清单。采取招录、调剂、聘用等方式，通过安排专兼职人员等途径，充实农村经营管理队伍，确保事有人干、责有人负。加强业务培训，力争3年内轮训一遍。加强农村土地承包经营纠纷调解仲裁人才队伍建设，鼓励各地探索建立仲裁员等级评价制度。将农村合作组织管理专业纳入农业技术人员职称评审范围，完善评价标准。加强农村集体经济组织人才培养，完善激励机制。

（十九）加强农村法律人才队伍建设。加强农业综合行政执法人才队伍建设，加大执法人员培训力度，完善工资待遇和职业保障政策，培养通专结合、一专多能执法人才。推动公共法律服务力量下沉，通过招录、聘用、政府购买服务、发展志愿者队伍等方式，充实乡镇司法所公共法律服务人才队伍，加强乡村法律服务人才培训。以村干部、村妇联执委、人民调解员、网格员、村民小组长、退役军人等为重点，加快培育"法律明白人"。培育农村学法用法示范户，构建农业综合行政执法人员与农村学法用法示范户的密切联结机制。提高乡村人民调解员队伍专业化水平，有序推进在农村"五老"人员中选聘人民调解员。完善和落实"一村一法律顾问"制度。

六、加快培养农业农村科技人才

（二十）培养农业农村高科技领军人才。国家重大人才工程、人才专项优先支持农业农村领域，推进农业农村科研杰出人才培养，鼓励各地实施农业农村领域"引才计划"，加快培育一批高科技领军人才和团队。加强优秀青年后备人才培养，突出服务基层导向。支持高科技领军人才按照有关政策在国家农业高新技术产业示范区、农业科技园区等落户。

（二十一）培养农业农村科技创新人才。依托现代农业产业技术体系、农业科技创新联盟、现代农业产业科技创新中心等平台，发现人才、培育人才、凝聚人才。加强农业企业科技人才培养。健全农业农村科研立项、成果评价、成果转化机制，完善科技人员兼职兼薪、分享股权期权、领办创办企业、成果权益分配等激励办法。

（二十二）培养农业农村科技推广人才。推进农技推广体系改革创新，完善公益性和经营性农技推广融合发展机制，允许提供增值服务合理取酬。全面实施农技推广服务特聘计划。深化农技人员职称制度改革，突出业绩水平和实际贡献，向服务基层一线人才倾斜，实行农业农村科技推广人才差异化分类考核。实施基层农技人员素质提升工程，重点培训年轻骨干农技人员。建立健全农产品质量安全协管员、信息员队伍。鼓励地方对"土专家"、"田秀才"、"乡创客"发放补贴。开展"寻找最美农技员"活动。引导科研院所、高等学校开展专家服务基层活动，推广"科技小院"等培养模式，派驻研究生深入农村开展实用技术研究和推广服务工作。

（二十三）发展壮大科技特派员队伍。坚持政府选派、市场选择、志愿参加原则，完善科技特派员工作机制，拓宽科技特派员来源渠道，逐步实现各级科技特派员科技服务和创业带动全覆盖。完善优化科技特派员扶持激励政策，持续加大对科技特派员工作支持力度，推广利益共同体模式，支持科技特派员领办创办协办农民合作社、专业技术协会和农业企业。

七、充分发挥各类主体在乡村人才培养中的作用

（二十四）完善高等教育人才培养体系。全面加强涉农高校耕读教育，将耕读教育相关课程作为涉农专业学生必修课。深入实施卓越农林人才教育培养计划2.0，加快培养拔尖创新型、复合应用型、实用技能型农林人才。用生物技术、信息技术等现代科学技术改造提升现有涉农专业，建设一批新兴涉农专业。引导综合性高校拓宽农业传统学科专业边界，增设涉农学科专业。加强乡村振兴发展研究院建设，加大涉农专业招生支持力度。加强农林高校网络培训教育资源共享，打造实用精品培训课程体系。

（二十五）加快发展面向农村的职业教育。加强农村职业院校基础能力建设，优先支持高水平农业高职院校开展本科层次职业教育，采取校企合作、政府划拨、整合资源等方式建设一批实习实训基地。支持职业院校加强涉农专业建设、开发技术研发平台、开设特色工艺班，培养基层急需的专业技术人才。采取学制教育和专业培训相结合的模式对农村"两后生"进行技能培训。鼓励退役军人、下岗职工、农民工、高素质农民、留守妇女等报考高职院校，可适当降低文化素质测试录取分数线。

（二十六）依托各级党校（行政学院）培养基层党组织干部队伍。发挥好党校（行政学院）、干部学院主渠道、主阵地作用，分类分级开展"三农"干部培训。以县级党校（行政学校）为主体，加强对村干部、驻村第一书记、基层团组织书记等乡村干部队伍的培训。采取线上线下相结合等模式，将党校（行政学院）、干部学院的教育资源延伸覆盖至村和社区。

（二十七）充分发挥农业广播电视学校等培训机构作用。支持职业院校、农业广播电视学校、农村成人文化技术培训学校（机构）、农技推广机构、农业科研院所等，加强对高素质农民、能工巧匠等本土人才培养。探索建立农民学分银行，推动农民培训与职业教育有效衔接。建立政府引导、多元参与的投入机制，将农民教育培训经费按规定列入各级预算，吸引社会资本投入。

（二十八）支持企业参与乡村人才培养。引导农业企业依托原料基地、产业园区等建设实训基地，推动和培训农民应用新技术。鼓励农业企业依托信息、科技、品牌、资金等优势，带动农民创办家庭农场、农民合作社，打造乡村人才孵化基地。支持农业企业联合科研院所、高等学校建设产学研用协同创新基地，培育科技创新人才。

八、建立健全乡村人才振兴体制机制

（二十九）健全农村工作干部培养锻炼制度。完善县级以上机关年轻干部在农村基层培养锻炼机制，有计划地选派县级以上机关有发展潜力的年轻干部到乡镇任职、挂职，多渠道选派优秀干部到农村干事创业。

（三十）完善乡村人才培养制度。加大公费师范生培养力度，实行定向培养，明确基层服务年限，推动特岗计划与公费师范生培养相结合。推动职业院校（含技工院校）建设涉农专业或开设特色工艺班，与基层行政事业单位、用工企业精准对接，定向培养乡村人才。支持中央和国家机关有关部门、地方政府、高等学校、职业院校加强合作，按规定为艰苦地区和基层一线"订单式"培养专业人才。

（三十一）建立各类人才定期服务乡村制度。建立城市医生、教师、科技、文化等人才定期服务乡村制度，支持和鼓励符合条件的事业单位科研人员按照国家有关规定到乡村和涉农企业创新创业，充分保障其在职称评审、工资福利、社会保障等方面的权益。鼓励地方整合各领域外部人才成立乡村振兴顾问团，支持引导退休专家和干部服务乡村振兴。落实中小学教师晋升高级职称原则上要有1年以上农村基层工作服务经历要求。国家建立医疗卫生人员定期到基层和艰苦边远地区从事医疗卫生工作制度。执业医师晋升为副高级技术职称的，应当有累计1年以上在县级以下或者对口支援的医疗卫生机构提供医疗卫生服务的经历。支持专业技术人才通过项目合作、短期工作、专家服务、兼职等多种形式到基层开展服务活动，在基层时间累计超过半年的视为基层工作经历，作为职称评审、岗位聘用的重要参考。对县乡事业单位专业性强的岗位聘用的高层次人才，可采取协议工资、项目工资、年薪制等灵活多样的分配方式，合理确定薪酬待遇。鼓励地方通过建设人才公寓、发放住房补助，允许返乡入乡人员子女在就业创业地接受学前教育、义务教育，解决好返乡入乡人员的居住和子女入学问题。完善社保关系转移接续机制，为返乡入乡人员及其家属按规定参加城镇职工基本养老保险、基本医疗保险提供便捷服务。

（三十二）健全鼓励人才向艰苦地区和基层一线流动激励制度。适当放宽在基层一线工作的专业技术人才职称评审条件。对长期在基层一线和艰苦边远地区工作的，加大爱岗敬业表现、实际工作业绩及工作年限等评价权重，落实完善工资待遇倾斜政策，激励人才扎根一线建功立业。推广医疗、教育人才"组团式"援疆援藏经验做法，逐步将人才"组团式"帮扶拓展到其他艰苦地区和更多领域。

（三十三）建立县域专业人才统筹使用制度。积极开展统筹使用基层各类编制资源试点，探索赋予乡镇更加灵活的用人自主权，鼓励从上往下跨层级调剂行政事业编制，推动资源服务管理向基层倾斜。推进义务教育阶段教师"县管校聘"，推广城乡学校共同体、乡村中心校模式。加强县域卫生人才一体化配备和管理，在区域卫生编制总量内统一配备各类卫生人才，强化多劳多得、优绩优酬，鼓励实行"县聘乡用"和"乡聘村用"。

（三十四）完善乡村高技能人才职业技能等级制度。组织农民参加职业技能鉴定、职业技能等级认定、职业技能竞赛等多种技能评价。探索"以赛代评"、"以项目代评"，符合条件可直接认定相应技能等级。按照有关规定对有突出贡献人才破格评定相应技能等级。

（三十五）建立健全乡村人才分级分类评价体系。坚持"把论文写在大地上"，完善农业农村领域高级职称评审申报条件，探索推行技术标准、专题报告、发展规划、技术方案、试验报告等视同发表论文的评审方式。对乡村发展急需紧缺人才，可以设置特设岗位，不受常设岗位总量、职称最高等级和结构比例限制。

（三十六）提高乡村人才服务保障能力。完善乡村人才认定标准，做好乡村人才分类统计，加强乡村人才工作信息化建设，建立健全县乡村三级乡村人才管理网络。加强人才管理服务工作，大力发展乡村人才服务业，引导市场主体为乡村人才提供中介、信息等服务。

九、保障措施

（三十七）加强组织领导。各级党委要将乡村人才振兴作为实施乡村振兴战略的重要任务，建立党委统一领导、组织部门指导、党委农村工作部门统筹协调、相关部门分工负责的乡村人才振兴工作联席会议制度。把乡村人才振兴纳入人才工作目标责任制考核和乡村振兴实绩考核。加强农村工作干部队伍的培养、配备、管理、使用，将干部培养向乡村振兴一线倾斜，选优配强涉农部门领导班子和市县分管乡村振兴的领导干部，注重提拔使用政治过硬、实绩突出的农村工作干部。

（三十八）强化政策保障。加强乡村人才振兴投入保障，支持涉农企业加大乡村人力资本开发投入。农村集体经营性建设用地和复垦腾退建设用地指标注重支持各类乡村人才发展新产业新业态。推进农村金融产品和服务创新，鼓励证券、保险、担保、基金等金融机构服务乡村振兴，引导工商资本投资乡村事业，带动人才回流乡村。

（三十九）搭建乡村引才聚才平台。加强现代农业产业园、农业科技园区、农村创业创新园区等平台建设，支持入园企业、科研院所等建设科研创新平台，完善科技成果转化、人才奖补等政策，引进高层次人才和急需紧缺专业人才。加强人才驿站、人才服务站、专家服务基地、青年之家、妇女之家等人才服务平台建设，为乡村人才提供政策咨询、职称申报、项目申报、融资对接等服务。

（四十）制定乡村人才专项规划。对标实施乡村振兴战略需要，评估乡村人才供求总量和结构，细分乡村人才供求缺口，探索建立乡村人才信息库和需求目录。在摸清乡村人才现状基础上，制定乡村人才振兴规划，明确乡村人才振兴的总体要求、重点任务、政策措施，推动"三农"工作人才队伍建设制度化、规范化、常态化。

（四十一）营造良好环境。完善扶持乡村产业发展的政策体系，建好农村基础设施和公共服务设施，改善农村发展条件，提高农村生活便利化水平，吸引城乡人才留在农村。通过优秀人才评选、创新创业比赛、职业技能大赛等途径，每年选树一批乡村人才先进典型，按照规定给予表彰和政策扶持，引导乡村人才增强力争上游、务农光荣的思想观念。

第三章 文化振兴

改革开放 40 多年来，农村经济社会发生巨变，农民生产生活方式明显改观，生活水平大幅提升，但是，与之形成鲜明对比的是，农村精神文化发展相对滞后，制约了农村的进一步发展，因此，党的十九大明确把乡风文明作为乡村振兴的目标和要求，把加强农村文化建设作为新时代乡村振兴战略的重要部署。充分认识到农村文化繁荣在新农村建设中的作用，以一种更加积极、主动的姿态去推动乡村文化振兴，重视解决好农村精神和文化的现实问题，让文化在促进农村产业兴旺、生态宜居、乡风文明、治理有效、生活富裕等方面发挥重要作用，建设农民的精神家园，夯实乡村振兴的精神基础成为新时代农村工作的重心。

没有文化的振兴，难有民族的复兴。正如习近平总书记指出的那样，文化兴国运兴，文化强民族强。走中国特色社会主义乡村振兴道路，让农业成为有奔头的产业，让农民成为有吸引力的职业，让农村成为安居乐业的美丽家园，必须加强农民的精神建设，提振农民的精气神，培育农民的文化自信，让农村成为一个有吸引力、有生气的美丽家园。一方水土，哺育了一方百姓。一方水土，涵育着一种精神。在乡村振兴中推动文化振兴，是用美丽乡村托起美丽中国、建设农民精神家园的根本要求，是历史赋予当代农村建设的神圣使命。随着这一进程，中华文明将会在华夏大地蓬勃复苏，将会大步走向世界，成为影响世界的重要力量。同时，乡村文化振兴，必将推进农村经济和文化双重丰收，加速推进中华民族伟大复兴的进程。

第一节　乡村振兴，文化先行

　　一个国家、一个民族的强盛，总是以文化兴盛为支撑的，中华民族伟大复兴需要以中华文化发展繁荣为条件。文化是一个国家、一个民族的灵魂。文化兴国运兴，文化强民族强。没有高度的文化自信，没有文化的繁荣兴盛，就没有中华民族伟大复兴。必须坚持中国特色社会主义文化发展道路，激发全民族文化创新创造活力，建设社会主义文化强国。

　　进入新时代，我国经济社会发展面临新挑战，提高发展平衡性和协调性成为当代中国发展的新使命。要加快推动乡村振兴，建立健全促进城乡融合发展的体制机制和政策体系，带动乡村产业、人才、文化、生态和组织振兴。要推动物质文明和精神文明协调发展，不断提升人民文明素养和社会文明程度。

一、乡村振兴，文化铺路

　　文化是民族的根，也是乡村的魂。党的十九大首次提出实施乡村振兴战略，并明确提出了产业兴旺、生态宜居、乡风文明、治理有效、生活富裕的总要求。这个总要求清晰绘就了实现乡村振兴的宏伟蓝图。乡风文明既是乡村振兴的一个重要目标，又是乡村振兴的灵魂和保障，在乡村振兴战略中具有重要作用。这一目标的实现，是一个渐进的历史过程，是与乡村文化振兴相互统一、相互促进的历史过程。

　　实施乡村振兴战略，农村繁荣与振兴被摆在了全党全社会的重要工作日程。实施乡村文化振兴行动，推动乡村文化繁荣兴盛无疑成为乡村振兴题中要义，并贯穿实现农业农村现代化全过程。而文化作为一种更基本、更深沉、更持久的力量，以其先导性、战略性为乡村振兴战略提供了精神激励、智慧支持和道德滋养。

　　美国管理学家彼得提出了著名的短板理论。短板理论强调盛水的木桶是由许多块木板箍成的，盛水量也是由这些木板共同决定的。若其中一块木板很短，则盛水量就被短板所限制，这块短板就成了木桶盛水量的"限制因素"。因此，在他看来，决定一只木桶盛水多少的不是取决于木桶最长的那块板，而是取决于构成木桶最短的那块板。当前，文化是新农村建设的短板，文化建设滞后已经成为阻碍当代新农村建设全面发展的重要瓶颈，影响和制约着新农村经济社会全面发展及全面建成小康社会的进程。

因此，乡村振兴背景下以乡风文明为目标，推动农村文化繁荣发展是我国现代化和农业农村现代化进程中补短板的必然选择，在乡村振兴战略实施过程中具有重大而深远的意义。

（一）推动乡村文化繁荣兴盛是农村全面建成小康社会的必然选择

文化是一个国家、一个民族的灵魂，是一个国家、一个民族立于世界之林的根本。习近平总书记强调，一个国家、一个民族的强盛，总是以文化兴盛为支撑的，中华民族伟大复兴需要以中华文化发展繁荣为条件。当前，中国正处在中国特色社会主义发展的伟大征程上，实现中华民族伟大复兴的中国梦，全面建成小康社会离不开文化的繁盛发展。全面建成小康社会是实现中华民族伟大复兴中国梦的关键一步。"小康不小康，关键看老乡"，农村已成为我国全面建成小康社会的重点领域。进入新时代，经过改革开放 40 多年来的发展，农村物质生活条件有了极大改善，但文化文明程度却相对滞后，影响和制约着农村发展。农村文化建设是乡村振兴的重要领域，是新时代我国文化发展的主战场。推动乡村文化繁荣兴盛，直接关系到全面小康社会的建设，关系到整个国家文化强国建设的进程和水平，关系到国家现代化进程。高度重视城乡之间、区域之间、人群之间的文化协调发展，大力推动农村文化繁荣发展，丰富农民的精神生活，显得尤为重要。

（二）推动乡村文化繁荣兴盛是实施乡村振兴战略的现实要求

改革开放 40 多年来，在各级政府的重视和领导下，农村文化建设取得了不少成果，如文化基础设施建设、农村文化活动等方面明显改观，农村的文化氛围得以改善，农民的文化生活得以丰富。但是，不容忽视的是，乡村文化在城镇化、工业化的进程中出现了不同程度的衰落。长期以来，城乡二元结构导致的城乡发展差距，不仅体现在乡村居民收入差距上，更体现在公共文化服务和社会福利保障上。把乡村文化振兴行动与乡村经济发展、社区公共服务体系构建和生态环境保护结合起来实施，这不仅是"抓重点、补短板、强弱项"的重要举措，更是解决城乡文化不平衡不充分发展矛盾的重要抓手。

（三）推动乡村文化繁荣兴盛是顺应广大农民美好生活需要的新期待

文化兴国运兴，文化强乡村强。进入新时代，随着社会主要矛盾的历史性变化，乡村居民的美好生活需要也日益广泛，不仅对物质文化生活提出了更高要求，而且在民主、法治、公平、正义、安全、环境等方面的要求日益增长。我们要坚持农业农村优先发展，按照产业兴旺、生态宜居、乡风文明、治理有效、生活富裕的总要求，着力解决好城乡发展不平衡不充分问题，大力提升发展质量和效益，更好满足农民群众新期待，更好推动人的全面发展、社会的全面进步。

二、乡村振兴，关键在人

无论是城市还是乡村，发展的关键在于人。国内外的历史经验告诉我们，高素质的人才队伍是国家社会乃至企业发展的最重要的财富。当前，乡村振兴战略实施，是基于前期改革开放 40 多年来农村发展成就基础上，改革攻坚的难度大、任务重，需要有新思路、新办法。攻坚克难的特殊使命对新时代人才提出了新要求，实施乡村振兴战略需要有文化、懂技术、会经营的新型农民。农民是乡村振兴的主体，也是受益者，必须把亿万农民群众的积极性、主动性、创造性调动起来，让广大农民主动大胆积极地投身到乡村振兴中来，让他们拥有自豪感与获得感，这是实施乡村振兴战略的有力抓手和最终目标。

人才是坚持农业农村优先发展、实现乡村振兴的战略资源。造就农村人才队伍，是推动乡村振兴战略的重要举措。

（一）培育本土化的"三农"人才是乡村振兴的重要内容和依托

要培育带头人、致富能手和人才，这部分人是农村发展的中坚力量，用好这部分人对农村发展至关重要。一方面大力培养乡土人才，特别是致富带头人和农村实用人才，通过他们来带领群众发展生产、搞好村庄建设。开展农村实用人才的培训、新型农民的培训，积极培育本土人才。另一方面要通过各种政策，把外出的能人引回来，把城里的人才引下来，为农村发展吸纳入脉和资源。

中国大学生"逆流"乡村当"扶贫创客"，赋能农村经济。舞狮拔河、赛苗歌……湖南省湘西州花垣县花垣镇卧坝村里年味格外浓。"往年每逢佳节村里静悄悄，从来没这么热闹过。"村民梁辉感慨道。这场由"黑土麦田"的"扶贫创客"王艺儒等发起的卧坝首届元宵联欢会，吸引了周边数千名村民观看，大家都怀念以前过节那个热闹劲儿。毕业于新加坡国立大学的王艺儒，2017 年底联系的苗绣项目销售额达 12 万余元，大家一致同意拿出利润结余的 7000元办了这场热闹的元宵联欢会，旨在倡导中国青年投身公共服务事业。助力脱贫攻坚的"黑土麦田"是经中国民政部批准的精准扶贫公益组织，2016 年4月该组织推出"乡村创客"计划，每年资助一批海内外顶尖高校的优秀毕业生以"扶贫创客""村支书助理"等身份到农村从事至少两年的扶贫工作。2017年8月，王艺儒和搭档秦焕琼以"扶贫创客"的身份走进了卧坝村。"2016 年我多方联系了苗绣项目，订单分给了花垣县民族民间工艺美术厂和合兴村的苗绣合作社。"王艺儒说，工艺美术厂的多种产品曾被中国国家博物馆作为珍品收藏，这个订单让渐显颓势的工艺美术厂重现活力，订单销售额达9万余元。"黑土麦田"提供的数据显示，截至2017年8月，该组织的"扶贫创客"已提供总计超过10万个小时的服务，带领村民成立合作社 12 个，通过发展当地产业为村民创收 100多万元，为贫困村引入超过 800 万元的投资。

（二）借助外来力量是当前实现农村文化繁荣发展的重要环节

现阶段发展农村文化，需要"输血"。国家、社会、个人通过各种渠道方式参与到农村文化建设中来是壮大"三农"人才队伍的重要举措。目前已经采取的做法包括组织城市党政机关、企事业单位、大专院校、社会团体以及新经济组织和新社会组织，与村镇开展结对共建活动，帮助建设公共设施、治理村容村貌、改善文化条件、发展社会服务。倡导文艺工作者深入农村，创作富有乡土气息、讴歌农村时代变迁的优秀文艺作品。引导文化工作者深入乡村，为农村基层工作者开展健康有益、喜闻乐见的文化服务。制定有利于各类文化艺术类大中专学生专业人才奔赴农村的激励政策，为农村文化输入新鲜血液。要继续探寻新思路、新方法，壮大"三农"人才工作队伍。

"绿领"入村，引来"源头活水"。在位于重庆璧山县七塘镇四合村的步步康农业发展有限公司内，火龙果种植大棚、百香果种植区、热带水果园、生态鱼塘、特色农家乐……农旅结合带来的农业新业态令人眼界大开。"规模农业如果不与体验和观光旅游融合，要赚钱是很困难的。"该公司负责人胡耀说，"这是我搞了几年农业的体会。"2013 年，胡耀来到重庆璧山流转了 300 亩土地，创办了步步康农业发展有限公司，种植了火龙果、百香果、青木瓜、芒果、菠萝等 10 多种热带水果，让游客走进果园，既观光又采摘，体验农业旅游的乐趣。在福禄镇红山村重庆嘉之树农业有限公司的柑橘示范基地，这里的柑橘树种植方式与别的地方不同，宽阔的山地上，柑橘树整齐按行排列，每行之间间隔两三米。

"现在的距离和高度，主要是方便农机开进去工作。"该公司负责人蔡金东到福禄镇流转了 530余亩土地，种植血橙、脐橙、沃柑等 10余个品种，都是按照这个标准种植的,这样留足空间,方便农机进出作业。"这个村本来就有种植柑橘的传统,我们来了之后,也帮助村民管护好果树,带动更多村民增收致富。"蔡金东说。像胡耀、蔡金东一样,近年来,不少外来"绿领"来到璧山投身于美丽乡村建设,实现了传统农业发展与现代企业经营理念的融合,创造了多种乡村振兴的新模式、新经验、新典型。

(三)要为人才提供良好的生存发展环境和条件

2018年6月14日下午,习近平总书记在山东省济南市章丘区考察时说:"乡村振兴,人才是关键。要积极培养本土人才,鼓励外出能人返乡创业,鼓励大学生村官扎根基层,为乡村振兴提供人才保障。"人的生存环境包括物质和精神两种要素。在物质要素上,要使乡村能吸引人,留住人,就要打造人人向往的农村人居环境。

2018年3月8日,习近平总书记在参加全国"两会"山东代表团审议时强调:"要推动乡村人才振兴,把人力资本开发放在首要位置,强化乡村振兴人才支撑,加快培育新型农业经营主体,让愿意留在乡村、建设家乡的人留得安心,让愿意上山下乡、回报乡村的人更有信心,激励各类人才在农村广阔天地大施所能、大展才华、大显身手,打造一支强大的乡村振兴人才队伍,在乡村形成人才、土地、资金、产业汇聚的良性循环。"现阶段,要从实际出发,因地制宜地考虑优化村庄布局问题。对于有条件的村庄,主要是通过基础设施建设、公共服务提供,为农民的生产生活创造条件。对于有历史和文化价值的村庄要加以保护,对于没有生存条件的村庄要实施易地搬迁。搞好农村生态环境建设,把农村建成美丽新家园,成为乡愁的凝结地。在精神上,加强农村文化建设,丰富农村文化生活,切实提升农民精气神,改变农村的精神风貌,让农民获得实实在在的获得感和幸福感。通过这些举措,把人引来,把人留住,把产业振兴的各项举措落到实处。

培育新型农民是实施乡村振兴战略的基本要求。农村基层普通群众这个群体是乡村振兴的主力,他们的科学文化素质和素养影响了乡村发展的未来。这就要求深入推进农村精神文明创建活动,扎实开展好家风、好家训活动,持续开展好媳妇、好儿女、好公婆等评选表彰活动,培育与社会主义核心价值观相契合、与社会主义美丽乡村建设相适应的优良家风、文明乡风。创新乡贤文化,弘扬善行义举。提升农民政治参与意识,关心公共事务,在自治、法治、德治相结合的乡村管理中涵养现代文明素质。

乡村振兴，关键在人。人的素养和能力关键在于文化振兴。实施乡村振兴战略为乡村文化发展提供了广阔空间。发展乡村文化对乡村振兴战略有着积极推动作用，开展乡村文化振兴行动，提升农民文明素养，有助于牢固乡村振兴的根本。

要推动乡村文化振兴，加强农村思想道德建设和公共文化建设，以社会主义核心价值观为引领，深入挖掘优秀传统农耕文化蕴含的思想观念、人文精神、道德规范，培育挖掘乡土文化人才，弘扬主旋律和社会正气，培育文明乡风、良好家风、淳朴民风，改善农民精神风貌，提高乡村社会文明程度，焕发乡村文明新气象。

三、文化振兴是乡村振兴的必由之路

乡村振兴战略是新时代我们党做出决胜全面建成小康社会、开启全面建设社会主义现代化国家新征程的新战略。文化振兴是乡村振兴战略实施的必然要求、必由之路和必然结果。

（一）开展乡村文化振兴行动，推动农业现代化，有利于夯实乡村振兴战略的基础

乡村振兴战略基础在农业现代化。文化的渗透功能，可以促使文化向农业产前、产中、产后蔓延与融合，形成创意农业、观光农业、品牌农业，促进农村一二三产业融合发展，实现传统农业向现代农业转型与升级。实施"文化+"计划，挖掘乡村生态休闲、旅游观光、文化教育价值，积极开发农业多种功能，推动传统农业创造性转化、创新性发展。推动"互联网+"计划，支持和鼓励农民就业创业，拓宽增收渠道，增加农民获得感。

（二）开展乡村文化振兴行动，坚守田园生活方式，有益于乡村振兴目标的实现

乡村振兴战略目标在农村现代化。围绕有基础、有特色、有潜力的产业、建设一批集农业文化旅游"三位一体"、生产生活生态同步改善、具有历史记忆、地域特点、民族风情的特色小镇。建设以农民合作社为主要载体，让农民充分参与和受益，集循环农业、创意农业，农事体验于一体的田园综合体。坚持人的城镇化，完善基础设施、公共服务，在构筑产业生态圈的同时，打造宜居环境和创业氛围，把特色小镇宜居宜业的工作方式、生活方式与创新文化、历史文化、农耕文化、山水文化融为一体，在建设美丽中国的进程中打造一种令人羡慕的理想生存状态。

（三）开展乡村文化振兴行动，传承农耕文明精髓，有裨于乡村振兴战略的实施

乡村振兴战略动能来自对乡村文化的自信和守护。乡村文化是中华优秀传统文化的根和魂，保留着许多农耕文明的基因。要保护和发展有地方特色、民族特色的乡村优秀传统文化，捍卫乡村记忆；制定传统村落保护发展规划，抓紧把有历史文化等价值的传统村落和民居列入保护名录，着力保护古村落和古民宅；重视乡村非物质文化遗产保护，开展农业文化遗产普查与保护；在农村地区深入开展送地方戏活动；深入挖掘农耕文明的精神价值、美学观念、道德规范、人生智慧，结合时代要求继承创新，让乡村文化展现出永久魅力和时代风采。

第二节　文化振兴，铸魂凝神

乡村振兴，文化为魂。没有现代化的乡村，就不会有现代化的中国；没有文化传承与创新，就谈不上真正意义上的乡村振兴。振兴乡村文化、不仅可以活跃经济文化氛围、拓展社会生态空间、构建文化传播语境，还能提升农民生产生活质量、文化综合素养和精神境界。乡村文化是乡村社会的精神纽带，凝聚着乡土之美、人文之美。在中国传统的乡村社会，文化发挥着非常重要的治理作用，它辐射乡村生活世界的各个方面。只有把传统留住、把文化留住，同时适应时代的变化，才能建构具有饱满品位特征、具有生动气息的新乡土、新农村。

我国地域广大，各地农村文化建设情况千差万别，乡村文化之路如何才能走稳走好，没有可以照搬的样本，必须勇于探索、大胆创新。同时，还要尊重不同的乡村文化，遵循乡村自身发展规律，保留乡土味道，保留乡村风貌，留得住青山绿水，记得住乡愁。乡村文化振兴，要以社会主义核心价值观为引领，一步一个脚印扎实推进。要加强农村思想道德建设，传承发展提升农村优秀传统文化，加强农村公共文化建设，开展移风易俗行动。要从农民最关心的问题、最迫切的需求切入，坚持物质文明和精神文明一起抓，富脑袋、丰内涵，不断提升农民精神风貌。只有铸牢文化振兴这一灵魂，才能让乡村文化真正"活"起来，让农民更有精气神，让农村更有吸引力，让乡村在新时代展现新气象。

一、文化振兴是乡村振兴的灵魂

党的十九大报告提出，要坚持农业农村优先发展，按照产业兴旺、生态宜居、乡风文明、治理有效、生活富裕的总要求，建立健全城乡融合发展体制机制和政策体系，加快推进农业农村现代化。习近平总书记对实施乡村振兴战略做出重要指示："要坚持乡村全面振兴，抓重点、补短板、强弱项，实现乡村产业振兴、人才振兴、文化振兴、生态振兴、组织振兴，推动农业全面升级、农村全面进步、农民全面发展。"文化振兴是乡村振兴的重要组成部分，文化也是一个国家、一个民族发展中更基本、更深沉、更持久的力量。

（一）文化振兴是乡村振兴的动力

1.文化振兴助力"产业兴旺"

乡村振兴，产业兴旺是重点。乡村振兴能否实现，取决于乡村的经济基础和生产力的发展好坏，取决于乡村一二三产业是否兴旺发达。产业兴旺需要有高素质的人才作为支撑，文化的发展振兴可以提高农民的科技文化水平和生产技能，培养造就有文化、懂技术、会经营的新型农民，为产业兴旺提供智力支持。同时，具有鲜明区域特点和民族特色的乡村文化本身就是重要的文化资源，是乡村振兴的文化生产力，通过对乡村独特文化资源的开发和市场运作，可以形成独具特色的创意农业和特色文化产业，有利于构建农村一二三产业融合发展体系，为实现产业兴旺提供重要支撑。

2.文化振兴助力"生态宜居"

乡村振兴，生态宜居是关键。良好的生态环境和整洁的村容村貌，既直观反映乡村的文明程度，也是美丽乡村的外在表现。实现生态宜居，需要通过宣传教育培养人们的生态保护意识，形成环境友好型的生产方式和低碳的生活方式，树立尊重自然、顺应自然、保护自然生态文明价值观，做到与自然和谐相处。实现生态宜居，更需要乡村特色文化的底蕴依托。在我国乡村千百年的发展过程中，各地独特的文化已经与村落布局、族群地标、建筑形式融为一体，文化是村落、地标、建筑的灵魂，村落、地标、建筑是文化的外在展现。生态宜居不仅要有良好的生态环境，更要体现深厚的文化底蕴，真正做到"望得见山、看得见水、记得住乡愁"。

3.文化振兴助力"乡风文明"

乡村振兴，乡风文明是保障。乡风文明能够为产业兴旺提供良好的发展环境，为生态宜居提供优良的人文环境，有助于构建自治、法治、德治的治理体系，提高乡村治理的有效性。必须高度重视文化在乡村振兴中的作用，以文化振兴推动乡风文明。要注重发挥传统文化在乡村底蕴深厚、流传久远的优势，同时倡导现代文明理念和生活方式，提高农民的思想觉悟、道德水准、文明素养和科学文化素质，提振农民的精气神，促成农民养成良好的思维习惯、生活习惯和行为习惯，形成文明乡风、良好家风、淳朴民风，为实施乡村振兴战略提供强大的精神动力。

4.文化振兴助力"治理有效"

乡村振兴，治理有效是基础。党的十九大报告提出"健全自治、法治、德治相结合的乡村治理体系"，这是在乡村治理方面提出的新要求。自治是乡村治理体系的基础，实现自治，必须加强自治能力建设，培育自治文化，养成自治意识，掌握自治方法，提升农民群众自我管理、自我服务水平。法治是乡村治理体系的保障，实现法治，必须培育村民法治意识、法治理念、法治精神，通过法治宣传教育，增强人们尊法学法守法用法的思想意识和行为自觉，养成运用法治思维和法治方式解决问题、化解矛盾的行为习惯。德治则是乡村治理的支撑，实现德治，必须培育和弘扬社会主义核心价值观，发展社会主义先进乡村文化，塑造与时代要求相适应的新的道德标准，大力倡导移风易俗，用诚信、友善、孝德净化乡村，营造风清气正的淳朴乡风。

5.文化振兴助力"生活富裕"

首先要不断提高农乡村振兴，生活富裕是根本。实现生活富裕，民收入水平和生活水平，通过加大对农民的培训，提高农民的科学文化素质，能够拓宽农民增收渠道。文化的发展可以赋予农业和农产品以更多的乡村文化内涵，实现农业、文化、旅游的融合发展，成为有效增加农民收入、实现农民生活富裕的重要途径。生活富裕不仅体现在农民物质生活的提升，也体现在精神文化生活的丰富。随着农业的发展，农民的物质生活水平不断提高，农民对精神文化生活方面的要求日益增长，文化振兴可以为农民提供更丰富的文化产品和文化服务，让农民在精神文化层面有更多的充实感、获得感和幸福感。

（二）发扬乡土文化，充实农民精神生活

实施乡村振兴战略，不仅要让农民腰包鼓起来，住上好房子，还要让农民的精神生活充实起来，活出好面貌。

习近平总书记强调，乡村振兴，既要塑形，也要铸魂。文化振兴的实质和核心就是完成乡村铸魂工作。中华文明有 5000 多年历史，许多历史遗迹与古建筑更多是在广大的乡村，文化振兴就是要深入挖掘继承和创新传统乡土文化，以丰富乡土文化的内容，让有形的乡村文化留得住，让活态的乡土文化传承下去，并赋予其新的时代内涵，转化为人们精神消费的热点，农民增收的新业态和新亮点

1.加强农村思想道德建设成为乡村文化振兴的重要内容

当代农村发生了新变化，出现了"钱袋满了，脑袋空了，生活好了，人心散了"的新问题。农民道德意识不强，优秀道德规范、公序良俗失效，不孝父母、不管子女、不守婚则、不睦邻里的现象不同程度存在。我们要坚持物质文明和精神文明一起抓，把提升农村思想道德建设作为重要任务抓紧抓好，深入挖掘乡村熟人社会所蕴含的道德规范，结合时代要求进行创新，强化道德教化作用，引导农民爱党爱国、向上向善、孝老爱亲、忠义守信、勤俭持家。加强无神论宣传教育，抵制封建迷信活动。

2.继承和创新优秀传统乡土文化是乡村文化振兴的主要任务

中华民族有着几千年的文明历史，乡土文化构成了中华民族生生不息的历史长河的重要标识和外在体现，形成了中华民族底蕴深厚的传统文化渊源。乡土文化具有地域性差异，形成了丰富多彩的中华文化。我们要深入挖掘、继承、创新传统乡土文化，丰富乡村文化内容，彰显乡村个性魅力。要让有形的乡村文化留得住，加大对古镇、古村落、古建筑、文物古迹、农业遗迹的保护力度；让活态的乡土文化传下去，深入挖掘民间艺术、戏曲曲艺、手工技艺、民俗活动等非物质文化遗产，赋予新的时代内涵，使其转化为人们精神消费的热点、农民增收的新业态和新亮点。

3.丰富农民的精神文化生活是乡村文化振兴的主要目标

农民物质生活水平的提高带来了对精神文化需求的增多，但当前农村文化生活还比较单一，一些农民主要的消遣活动是串门、打牌、打麻将、聚众喝酒。要完善农村文化设施和文化活动场所，健全公共文化服务网络，广泛开展群众性文化活动，推动

文化下乡，鼓励文艺工作者深入农村、贴近农民，推出具有浓郁乡情特色、充满正能量、深受农民欢迎的文艺作品。

4.开展移风易俗行动是乡村文化振兴的主要路径

移风易俗是从根本上改变乡村风貌的重要举措。近些年，基层党组织在弘扬新风正气方面做了不少工作，但在一些农村，盲目攀比、铺张浪费等不良风气还依然存在。"人情来了揭锅卖"，形象地刻画了这种不良现象给农民造成的压力。要进一步加强农村精神文明建设，提升农民精神风貌，旗帜鲜明地把反对铺张浪费、反对婚丧大操大办、抵制封建迷信作为农村精神文明建设的重要内容，合理划定红白事消费标准、办事规模。要发挥农村党员干部的示范作用，带头移风易俗，带头抵制不良风气；发挥村规民约、红白理事会的积极作用，约束铺张浪费行为，推动移风易俗，树立乡风文明。

二、凝神聚力，精神动力

（一）文化振兴对乡村振兴起着十分重要的作用

乡村振兴战略总要求中的五个方面是一个有机整体，互为因果、相互促进、相互支撑、协调发展，不可分割、缺一不可，共同为实现农业全面升级、农村全面进步、农民全面发展发挥着各自应有的作用。文化振兴作为农村社会主义精神文明的重要组成部分，渗透到乡村建设的各个方面，为乡村振兴提供思想保障、精神动力和智力支持，是乡村振兴的灵魂和保障。产业兴旺为文化振兴提供物质前提，文化振兴既为产业兴旺提供精神保障，又是产业兴旺的重要资源。文化振兴赋予农产品乡村文化内涵，能够提高农产品文化品牌效应，实现农业、文化、旅游的融合，成为农民增收的重要渠道。

生态宜居要以生态的生产方式和生活方式作保障，而环境友好型的生产方式和低碳的生活方式及生态信仰和习惯的形成，都离不开文明乡风的培养。治理有效是乡村善治的核心，而有效的乡村治理过程就是文明乡风建设的过程。充分发挥文明乡风中优秀传统文化的作用，有助于构建自治、法治、德治相统一的治理体系。生活富裕是乡村振兴的出发点和落脚点，而生活本身既包含物质生活，又包含精神生活。中国特色社会主义进入新时代，比起物质富裕，人民群众更需要的是精神层面的充实感。乡风文明本身就是农民精神生活孜孜以求的目标，是农民幸福感和安全感的重要体现，抓好乡风文明建设能够促进物质文明建设，进一步增强农民的获得感。

（二）文化振兴为实施乡村振兴战略提供动力源泉

农民是农村的主人，实施乡村振兴战略的主体和主力军自然是农民，农民素质的高低直接决定了乡村振兴战略的实施效果。加强乡风文明建设能够提高农民的思想道德水平和科学文化素质，提振农民的精气神，促成农民养成良好的思维习惯、生活习惯和行为习惯，充分调动农民实施乡村振兴战略的积极性、主动性和创造性，为实施乡村振兴战略提供强大的动力源泉。相反，如果农民文明素质较低，不良风气盛行，则会严重影响农民的精神状态，从而严重阻碍乡村振兴战略目标的实现。改革开放 40 多年来，"三农"问题没能从根本上得到解决，原因固然很多，但从一定意义上讲，同我国乡村文化发展滞后，作为乡风文明主体的农民文化素质较低不无关系。长期以来，我国农村普及科学文化知识艰难，农民知识水平低下，有一定知识的青壮年常年外出打工，"三留守"人员成为农村的主力，这是"三农"问题长期得不到根本解决的深层次原因。

文化是一个国家、一个民族的灵魂，文化兴国运兴，文化强民族强。能否充分认识到乡风文明在乡村振兴战略中的重要地位和作用，将直接关系到乡村振兴的发展动力和发展方向。

（三）文化振兴为实施乡村振兴战略提供智力支持

人是生产力诸要素中起主导作用的、最革命、最活跃的因素。农民作为农村经济活动的主体，思想政治素质、科学文化素质的高低以及参与经济建设的积极性等，对农村经济建设有着直接的关系和影响。

强大的精神力量不仅可以促进物质技术力量的发展，而且可以使一定的物质技术力量发挥更大的作用。乡村振兴是一项涉及全面、任务艰巨的战略部署，需要提振农民精气神才能完成。通过文化振兴，以理想信念等精神力量做支撑，能最大限度地调动广大人民群众的积极性、主动性和创造性，激发人的潜能。

现阶段，乡村振兴给当代农村发展提供了新的机遇，农民是乡村振兴的主体，农村发展的关键是能不能调动农民的精神，建设自己的美丽家园，这关系到乡村振兴的成败。农民对国家和社会前途的信心，对党和政府政策支持和拥护的程度，对新农村建设与自身利益相关性的认识，以及对新农村建设的目标和措施是否认同等，都直接影响到农民参与新农村建设的积极性和主动性。农民思想政治教育能够帮助农民认识到社会主义的优越性，认识党和政府为人民谋福利的宗旨，认识到农村经济发展的紧迫性和自己肩负的历史任务，激发出责任感和使命感，积极投身于社会主义新农村建设，为乡村振兴提供强大的精神动力。

我国农村教育比较落后，农民受教育程度普遍偏低，我国农民对现代农业科技了解不足、利用率不高，这是制约我国农村经济发展的一个"瓶颈"。为此，可通过开展农民思想政治教育，帮助广大农民认识到知识的重要性，乐于学习、接受和运用农业新技术；通过对农民进行科学文化知识和劳动技能的教育和培训，不断提高农民的科学文化素质和掌握、运用先进农业生产技术的能力，鼓励农民勇于探索，不断创新，在农产品开放上闯出新路子，帮助农民发家致富，实现农村经济又快又好地发展，从而改变广大农村落后的面貌。比如，2018 年6月23日，由浙江大学城市学院城乡治理与立法研究中心与德清县莫干山镇勤劳村共同建立的"乡村振兴产学研合作基地"在勤劳村挂牌成立。该基地将以勤劳村为样板，全面探索乡村振兴理论与实践的有效结合。作为全省首个驻村型乡村振兴智库，浙江大学城市学院选派相关专家长期驻村开展实地研究，为勤劳村的发展提供智力支持。勤劳村位于德清、余杭和安吉三县（区）交界处。2017 年底，围绕乡村振兴战略，勤劳村"两委"班子创新发展理念，积极引入浙江大学城市学院专家团队，对勤劳村产业发展把脉问诊、对症下药。另外，该专家团队还积极组织作家、画家、影视公司进村创作和拍摄，致力于将该村打造成以影视为基础的文创产业基地。

三、文化振兴如何助力乡村振兴

乡村的灵魂是什么？是文化。过去一段时期，很多村庄衰落凋敝，一个重要原因在于文化的衰落。城乡经济社会发展的落差，也带来了乡村自我认同的困惑。释疑这种困惑，树立文化自信，才能唤醒乡村振兴的文化自觉。

（一）通过发展多元文化产业助力乡村振兴

产业是经济社会发展的基础，也是乡村建设的基础。要加大特色资源、优势资源、闲置资源开发力度，积极探索符合当地实际的产业开发模式，更要充分发挥农村地区的生态优势，坚持"内修人文、外修生态"，着力发展生态文化旅游业。

"内修人文"就是适应时代的需要，通过弘扬践行社会主义核心价值观和先进文化，丰富提高内在的人文精神，为生态文明建设提供精神动力、文化支撑和道德维系。"外修生态"就是以对人民群众、对子孙后代高度负责的态度，建设以资源环境承载力为基础、以自然规律为准则、以可持续发展为目标的资源节约型、环境友好型社会，创造良好的生产生活环境。"内修人文、外修生态"顺应发展要求、符合时代特征、满足人民期盼，不仅为经济社会发展方式提出了新的挑战，也为精神文明建设工作赋予了新的内涵与使命。

（二）通过重建乡村文化自信助力乡村振兴

乡村文化自信是指乡村社会主体对乡村文化的一种信心、信念，是乡村居民们对传统文化价值和自己理想信念的充分认定，对本群体文化生命力及其发展前景的充分肯定，是一种发自内心的文化自信心和自豪感。通过一系列的项目打造，能增进农民对乡土文化的认识，促使其客观认知自身文化，在文化产业打造和文化实践活动中感知文化的特点与变迁，对未来文化发展充满信心，从而提振农民建设美好家园的精气神。

（三）通过促进村民文化自觉助力乡村振兴

要坚持以人为本，文化惠民，在了解农民文化需求的基础上，科学引导，完善基础设施，丰富文化活动内容，激发村民参与文化的自觉性、积极性和主动性。充分发挥文化"春风化雨，润物无声"的作用，培育文明和谐乡风，丰富农民生活内容，提高农民整体素质，提升农民生活品质，以文化自觉助力乡村振兴。

第三节　以文化人，乡村振兴

坚持以社会主义核心价值观为引领，以传承发展中华优秀传统文化为核心，以乡村公共文化服务体系建设为载体，培育文明乡风、良好家风、淳朴民风，推动乡村文化振兴，建设邻里守望、诚信重礼、勤俭节约的文明乡村。

深入实施公民道德建设工程，推进社会公德、职业道德、家庭美德、个人品德建设。推进诚信建设，强化农民的社会责任意识、规则意识、集体意识和主人翁意识。建立健全农村信用体系，完善守信激励和失信惩戒机制。弘扬劳动最光荣、劳动者最伟大的观念。弘扬中华孝道，强化孝敬父母、尊敬长辈的社会风尚。广泛开展好媳妇、好儿女、好公婆等评选表彰活动，开展寻找最美乡村教师、医生、村干部、人民调解员等活动。深入宣传道德模范、身边好人的典型事迹，建立健全先进模范发挥作用的长效机制。

推动城乡公共文化服务体系融合发展，增加优秀乡村文化产品和服务供给，活跃繁荣农村文化市场，为广大农民提供高质量的精神营养。

一、以文化振兴推动乡风文明

党的十九大提出实施乡村振兴战略，明确提出了产业兴旺、生态宜居、乡风文明、治理有效、生活富裕的总要求。可见，乡风文明是乡村振兴的一项重要指标，这也是广大村民内心的向往和期盼。乡村振兴不但要产业振兴，还要文化振兴，让农村成为安居乐业的美丽家园。过去乡村振兴更多是产业振兴，但是在经济发展的同时，文化出现严重短板，还有的地方文化遗产未能及时保护，甚至有些地产商强拆文物建筑的事件时有发生，因此必须把文化振兴提到重要位置。

（一）繁荣兴盛农村文化，焕发乡风文明新气象

文化振兴作为乡村振兴的重要指标和内容被提上了历史日程，引起了全国上下的高度重视。文化振兴是乡村振兴的重要前提和根本保障，是乡村振兴的深层次目标，也是乡村振兴得以最终实现的根本标志。在大力推进新型城镇化建设和美丽乡村建设进程中，一大批村镇如雨后春笋般朝气蓬勃，泥沙路变成了水泥路，土砖房换成了小洋楼，如今乡村环境变美了、生态变好了、村民钱包更鼓了。但在有的村镇，陈规陋习依然沿袭，攀比、歧视的现象时有发生，这显然与美丽的村容村貌格格不入。尊良俗、去低俗、废恶俗，这是富裕起来的百姓的迫切期盼。

实施乡村振兴战略，必须繁荣兴盛农村文化，焕发乡风文明新气象。要传承发展提升农耕文明，走乡村文化兴盛之路。要充分挖掘乡村文化内涵，与乡土文化元素与艺术符号相结合，考虑整体乡村历史风貌来规划发展乡村建设发展，避免走千篇一律的老路。

文化是一个民族的精神和灵魂。没有文化，人就没了精气神，就会空虚。没有文化的乡村，也是空虚的。文化振兴是打造乡民精神世界、守望乡愁的根本举措。通过文化振兴给农村注入精神动力，带来的是农民精神面貌的变化、精神境界和层次的上

升，乡村生活内涵与生活格调的整体变迁，带来的是农村村容村貌的实质性的变化，必然会促进乡风文明程度的提升，从而实现乡村振兴的目标。

随着农村空心化现象的突出，作为文化载体的古老村庄和聚族而居的熟人社会正在消失。一定的文化总是通过一定的物质载体表现出来的。乡村文化之所以与城市文化有别，首先是因为其居住的环境和活动方式不一样。例如，聚族而居、依山傍水、熟人社会，望得见山、看得见水，房前屋后、种瓜种豆，等等。但是，现在的农村大多数都盖起了单门独户的小楼房，古老的祖屋被遗弃，不分彼此的熟人社会被隔离，原来的故园已成记忆。当然，随着农村的发展，这些变化不可避免。问题在于这些变化是以田地的荒芜、传统的失落、古老建筑的消失、人际关系的疏离为代价的，这就必须引起重视。

由于外来文化的涌入，作为农耕文明的人文传统和价值观念受到冲击。习近平总书记强调，乡村文明是中华民族文明史的主体，村庄是乡村文明的载体，耕读文明是我们的软实力，要保留乡村风貌，坚持传承文化。中华民族在数千年的农耕文明的基础上形成了特有的人文传统和价值观念，如守望相助的观念、敦亲睦邻的观念、孝亲敬贤的观念、祖先崇拜的观念、天人和谐的观念、克勤克俭的观念、耕读传世的观念，等等。然而，这些传统观念受到西方文化和城市文化的双重冲击而逐渐式微。

（二）乡村文明的复兴

乡村发展的精髓在于乡村文明的复兴。浙江省义乌市何斯路村在建设的过程中以墙体文化、"功德银行"以及"百万育才计划"为载体，形成了自己的乡村文化氛围。他们将山水生态文化、人居文化、特色酒文化、农耕文化以及何斯路千年历史文化等村落特色文化，以漫画、书法、水墨画等形式在村舍的白色墙体上形象地展现出来，拉近了历史与现实的距离，打造出何斯路村的"墙体文化长廊"。未成年人的健康成长和全面的素质教育不仅对于孩子们的未来发展至关重要，也决定着何斯路村未来的发展。为此，从 2009 年起，何斯路村启动了2009——2019年"百万育才计划"，每年举办为期 15 天的青少年暑期夏令营活动，以增加孩子们的见识，开阔视野。

二、以乡风文明促进文化振兴

移风易俗，树立文明乡风，是乡村振兴战略的重要目标。从表面上看，移风易俗是改变村民的行为习惯，实质上是要改变村民价值观念。要在村镇中移风易俗，树立文明乡风，必须把社会主义核心价值观建设与乡村风土人情及乡村振兴战略结合起来，内修人文、外修生态。

（一）以社会主义核心价值观引导乡风文明建设，铸好文化振兴的基本功

乡风文明是农村村容村貌的集中表现，在一定程度上体现着一个乡村的文明程度，加强乡风文明建设功在当代，利在千秋。加强乡风文明建设的途径多种多样，以社会主义核心价值观为引领，把社会主义核心价值观的内容融进乡风文明建设，是新时代乡风文明建设的根本举措。

社会主义核心价值观是党的十八大提出关于国家社会和个体层面的价值要求，"富强、民主、文明、和谐；自由、平等、公正、法治；爱国、敬业、诚信、友善"，为全社会提供了价值引领、行为准则和社会规范。时下，乡风文明的浪潮席卷了广大乡村，乡村正在经历一次思想上的大洗礼，在这场思想洗礼中，社会主义核心价值观同样有着十分重要的作用，为乡风文明建设提供满满的养分。

作为社会主义核心价值观在国家层面的要求，"富强、民主、文明、和谐"与乡风文明密切相关。富强的乡村经济发达，村民一心一意谋发展，对于鸡毛蒜皮的小利益是很少计较的，少了矛盾，乡村的和谐能有效改善；在民主的乡村，做事讲原则，办事讲规则，老百姓对各项政策心知肚明，就不会天天找村干部麻烦、二天两头上访了，文明程度自然会随之提升。

"自由、平等、公正、法治"作为社会主义核心价值观在社会层面的要求，与乡风文明的距离很近。在自由的乡村，老百姓能在法律范围内无拘束地生活，自由地表达诉求，心中的烦心事自然就烟消云散了，扯皮闹事的人也就少了，整个乡村就会文明许多；在平等、公正的乡村，处事公平公正，一视同仁，老百姓心里就会舒坦很多，打心里服气；在法治的乡村，百姓遵纪守法，善于用法律的武器维护自己的利益，而不是一味地信访、打闹，法治会使人民安居乐业，人民的权利会得到更好保障。

"爱国、敬业、诚信、友善"是社会主义核心价值观在个人层面上的要求，与个人息息相关，与乡风文明更是零距离融合。村民爱国、爱家才会脚踏实地，老老实实做人，带着感情为国为家贡献力量；村民敬业奉献，在各自的岗位上兢兢业业，不断提高劳动技能，不仅能让个人富起来，还能为村民树立榜样，感染大家，使勤劳致富风

气形成；诚信的村民一定是素质较高的好公民，对亲朋好友讲诚信，对邻里讲诚信，借钱还钱，借物还物，承诺的事努力做到，从而在村里成为学习的榜样，引领诚信好乡风。同样，友善的人，对人对事态度谦和，常怀一颗感恩的心，虚心接纳万物，这样的人必定受人尊敬。

社会主义核心价值观与乡风文明相辅相成、互融互通，要发挥社会主义核心价值观的引领作用，找到乡风文明建设新的切入点，把社会主义核心价值观注入乡风文明中，从而更好地树立文明新风尚。坚持教育引导、实践养成、制度保障三管齐下，采取符合农村特点的方式方法和载体，深化中国特色社会主义和中国梦宣传教育，大力弘扬民族精神和时代精神。加强爱国主义、集体主义、社会主义教育，深化民族团结进步教育。注重典型示范，深入实施时代新人培育工程，推出一批新时代农民的先进模范人物。把社会主义核心价值观融入法治建设，推动公正文明执法司法，彰显社会主流价值。强化公共政策价值导向，探索建立重大公共政策道德风险评估和纠偏机制。

（二）结合各地实际情况，推进乡风文明建设，为文化振兴提供基本路径和方法

乡风文明建设是一项老大难工程。"老"在千年遗风，"大"在千家万户，"难"在除旧布新。因此，需要久久为功，坚持不懈来做。通过新农村建设示范点的典型经验，推动整个地区乃至全国的文明乡风建设，是积极推进移风易俗、树立文明乡风的重要路径。在移风易俗中，需要坚持正确的原则和方法。好的文化传统要继承，不文明、不科学的习俗要改进，封建糟粕则要毫不犹豫地摒弃。在移风易俗的具体工作中，要特别注意"循序渐进"。我们要取其精华、去其糟粕，抑扬并举地推进移风易俗，而不能简单地"一刀切""套模板"。在移风易俗、树立文明乡风的过程中，还要特别注意"乡贤""家风"等的示范作用，引导村民见贤思齐、见得思义，让新乡贤、好家风成为乡村振兴中的正能量。村委会还可以举办"最美村民""文明家庭""传承家风"等形式多样的主题评选活动，进一步加深村民对文明乡风的认同感。

可以看出，乡风文明的建设过程，就是与乡村文化振兴相耦合的过程，必然促进乡村文化振兴。

三、繁荣农村文化，助力乡村振兴

实现农村文化的繁荣发展，必将带来农村社会的和谐发展，农业现代化也将获得新的发展动力，从而大力助推乡村振兴，促进农业农村的现代化发展

（一）打造乡村振兴的文化名片

乡村往往有得天独厚的自然资源与独具特色的地域文化。乡村文化是乡民在长期的劳动生产实践中孕育形成的文化，表现在生产生活的方方面面。长久以来，因地理环境的差异，不同乡村地区形成了一些较为独特的地域文化。这些文化具有一定的可识别性，表现在方言、工具器物、建筑样式、生活习俗、戏曲民谣等方面。乡村文化在历史的发展中成为民众共同的文化记忆，继承和发展富有地方特色的乡村优秀传统文化，捍卫乡村记忆，就是延续我们的文化根脉。因此，我们要通过各种方式继承乡村文化，并对其进行创造性转化和创新性发展，使风格各异的乡村文化成为美丽乡村建设的亮丽名片。深入挖掘乡村文化的精神内涵和现代意义，保留有历史文化价值的传统村落和民居，抢救保护重要的民间文化遗产，蓬勃开展乡村文艺活动，让乡村文化展现出绚丽的色彩。创造条件使更多的人特别是年轻人愿意回到乡村，投身于乡村文化事业发展中，不仅重新打造美好的文化记忆，而且利用网络等新媒体把自己家乡的优秀文化传播出去，让乡村文化走向世界。

乡愁，是乡村振兴中的文化复兴标志。安徽省黄山市徽州区西溪南镇琶村村史馆，被发展淡忘的"乡愁"这几年又回来了。由郑氏祠堂改建而来的村史馆成了村民、游客追忆往事、感怀农耕文化的绝好去处。水壶保温木盒、四方格火锅器皿……在这个面积有 500 平方米的村史馆里，丰富的馆品让很多村民找到了乡愁印记。琶村、水东村、祖源村、雄村、卖花渔村……从2016 年开始，黄山市推进第一期 7所村史馆建设。要把村史馆建成传承历史文化、展示礼仪徽州的新名片，成为承载乡恋乡愁、构筑精神家园的新阵地，成为农村思想道德文化建设的新高地。徽州是一个长期承接传衍中原汉民族文化的典型地域，在长期的历史发展中，保留了极为完整的中华传统文化的各类要素形态。这里有着浓郁的乡贤文化、乡土气息、乡愁情结。乡贤、乡土、乡愁滋润着文化传统，滋养了一代又一代徽州人。要在乡村振兴中留住乡愁，说到底就要守护我们的文化根脉，建设我们的精神家园。

要发挥乡村文化在稳定社会、凝聚人心、和谐社会方面的作用。要在继承中创新，在创新中提升，要通过对文化资源的静态保护和活态利用有机结合，让文化因子融入人们的生活之中，让人们望得见山、看得见水、记得住乡愁。

（二）利用乡村文化要素建新型业态

在现代农业发展理念的影响下，把乡村文化元素纳入农村产业发展过程中，从而创造出适合农村发展的新型业态，既弘扬优秀乡村文化，又实现富农惠农。例如，将耕读文化打造成新的人文景观。"耕读传家"曾是古代殷实的农家所追求的一种理想生活方式。乡村可以把悠久的耕读文化与现代旅游观光业结合起来，利用乡村的历史建筑和文化名人等元素打造体现耕读文化的人文景观，吸引城市人群旅游参观，使他们直观地体验和感受中国历史和传统文化的发展过程。这既有利于乡村旅游产业的发展，也为城市居民提供了踏上怀乡之旅、追寻故园记忆的美好路径。

加强规划引导、典型示范，挖掘培养乡土文化本土人才，建设一批特色鲜明、优势突出的农耕文化产业展示区，打造一批特色文化产业乡镇、文化产业特色村和文化产业群。大力推动农村地区实施传统工艺振兴计划，培育形成具有民族和地域特色的传统工艺产品，促进传统工艺提高品质、形成品牌、带动就业。积极开发传统节日文化用品和武术、戏曲、舞龙、舞狮、锣鼓等民间艺术、民俗表演项目，促进文化资源与现代消费需求有效对接。推动文化、旅游与其他产业深度融合、创新发展。

（三）利用乡村文化助推农村精神文明建设

实施乡村振兴战略，要坚持农业农村优先发展，按照产业兴旺、生态宜居、乡风文明、治理有效、生活富裕的总要求，加快推进农业农村现代化。在这个过程中，乡村精神文明建设尤为重要，积极健康的乡村文化不仅能够增强农民对美丽家园的认同，而且能够提升建设乡村的积极性、主动性，使他们更加关心乡村集体事业，愿意为建设美丽乡村贡献自己的力量。这对于增强农村集体主义精神，健全自治、法治、德治相结合的乡村治理体系将起到不可替代的作用。具体来说，要扎实推动农村移风易俗，创新乡贤文化，树立鲜明的道德导向和价值标杆；二要扎实开展文明家庭创建活动，建设良好家风、家训，以家风家训带动村风民风建设，把文明家庭建设作为改变乡村文明环境的重要抓手；三要深入实施文化惠民工程，通过各种形式为农民提供更高质量的文化产品和文化服务，不断满足农民日益增长的美好生活需要，从而推动农村精神文明建设迈上新的台阶。

第四节 以文入心，固本浚源

推动基层党组织、基层单位、农村社区有针对性地加强农村群众性思想政治工作。加强对农村社会热点难点问题的应对解读，合理引导社会预期。健全人文关怀和心理疏导机制，培育自尊自信、理性平和、积极向上的农村社会心态。深化文明村镇创建活动，进一步提高县级及以上文明村和文明乡镇的占比。广泛开展星级文明户、文明家庭等群众性精神文明创建活动。深入开展"扫黄打非"进基层。重视发挥社区教育作用，做好家庭教育，传承良好家风家训。完善文化科技卫生"三下乡"长效机制。持续推进农村精神文明建设，提升农民精神风貌，倡导科学文明生活，不断提高乡村社会文明程度。

深入推进文化惠民，为农村地区提供更多更好的公共文化产品和服务。建立农民群众文化需求反馈机制，推动政府向社会购买公共文化服务，开展"菜单式""订单式"服务。加强公共文化服务品牌建设，推动形成具有鲜明特色和社会影响力的农村公共文化服务项目。开展文化结对帮扶。支持"三农"题材文艺创作生产，鼓励文艺工作者推出反映农民生产生活尤其是乡村振兴实践的优秀文艺作品。鼓励各级文艺组织深入农村地区开展惠民演出活动。加强农村科普工作，推动全民阅读进家庭、进农村，提高农民科学文化素养。

一、当前农村文化建设的现状

（一）农村文化建设取得了很大成绩

改革开放以来，农村文化建设取得可喜成果，农村基础设施建设取得重大进展，文化教育取得可喜成绩，琳琅满目的文化产品丰富着人们生活，人们的精神生活日益丰富。

1.思想道德建设成果显著

加强思想道德建设，以主流价值观塑造村庄精神，引领村庄发展，是农村文化建设的要义。从不少地区的调研中可见，将社会主义核心价值观融入村庄发展、培育提炼村庄精神，已非停留在口号上。而是实实在在体现为村庄文化精髓，社会效益明显。浙江省东阳市花园村为培育造就新型农民，建起了党校、报社，制作村民读本、员工手册，大力倡导"求实、创新、求强、共富"的花园精神，使花园村成为远近闻名的文明村。在浙江省舟山市普陀区蚂蚁岛，村民们弘扬老一代蚂蚁岛人"艰苦创业、敢啃骨头、勇争一流"的蚂蚁岛精神，成为引领着当地村民创新创业的精神典范，2017 年人均年收入达到2.38万元。

2.基础设施显著改善

近年来，随着新农村建设的推进，市县文化馆和图书馆、乡（镇）综合文化站、村文化活动中心（室）等公共文化设施布局逐渐完善，些农村社区的文化基础设施不亚于城市社区，同时根据本村特色建起多种文化场馆。花园村建有集展示收藏、科教培训于一体的中国农村博物馆，龙峰村挖掘本村各族文化建起鑫族文化馆，棠棣村依托"千年兰乡"之誉和兰花产业建起兰文化展示馆，蚂蚁岛村建有合作化时期村情陈列室。

3.传承传统文化资源取得初步成效

优秀的传统文化资源是乡村的宝贵财富，活化利用与村民思想感情、思维方式、生活方式高度融合的优秀传统文化资源推进乡村振兴，是农村文化建设的显著特点。传统村落是道德教化、礼仪规范、民俗风情、手工技艺等的综合体，凝聚着中华传统的根基和灵魂。优秀传统文化也是村庄发展的产业资本，浙江省丽水市松阳县盘活民俗文化、传统老屋、农林茶文化，依托山水优势，融入时尚创意元素，推动了民宿经营、农旅结合、茶产业、微型文创等产业蓬勃发展。

4.人才队伍建设日益受到重视

不少地区实现了乡镇（街道）宣传干事专职配备。全面推行文化下派员和文化专管员制度，形成覆盖市、县、镇、村四级宣传文化队伍。乡贤、志愿者深入乡村，成为文化建设重要力量。不少地方有退休文化干部、学校老师帮助整理村史资料、编写村志、策划文化活动，提升了村文化活动的内涵和层次。尤为可喜的是，民宿经营、创意设计、茶艺培训等文化产业吸引着不少回乡和外地来乡创业的年轻人，他们展示着现代文明的时尚活力，带给乡村以时代生机。

（二）新农村文化建设滞后的问题客观存在，不容忽视

应当看到，我国农村文化建设与城市文化建设仍存在不少的差距。相较于发达的城市，乡村文化相对封闭落后，导致农民失去自信。在科学技术迅猛发展、知识信息更新加速的今天，一些农民因缺少知识，精神空虚、麻木，不思进取，很难通过发挥主观能动性实现勤劳致富，存在严重的"软、懒、散"和"等、靠、要"愚昧思想，对发展农业生产，建设新农村缺乏信心。同时，城市文化的辐射扩散挤压着乡村文化的生存空间，乡村文化难以真正自信起来。

农民活动的公共空间正在逐渐萎缩。场馆设置了不少，但使用率不高，闲置率不低。不少地方文化室、图书室、广播室、篮球场形同虚设，没有被用来开展文化活动，严重阻碍了农村群众文化的正常开展。

农村文化活动缺乏吸引力，送文化下乡，针对性不强。现有文化产品形式过于单一，很难满足当代富裕起来的农民的心理需求和精神需求。不少农民反映，几年也看不上一场电影，庙会唱戏也是一些老生常谈的陈旧内容，电视里的节目又远离农民，与其跟着凑热闹，还不如自己找乐趣。

陈规陋习成为新农村建设的桎梏。人情费逐年上涨，"养儿防老""重男轻女"等传统价值观根深蒂固。事实上，给农民送点文化并不难，难的是让文化融入农民的日常生活，从而改变农民的旧思想、旧观念。思想观念不变革，新农村建设富了农民、贫了精神的状态很难获得根本改观。反之，若能从旧观念中解放出来，开动脑筋，不断寻求新的发展思路，新农村建设则会取得重大进展，实现突破性发展。

二、农村文化建设存在问题的原因

农村文化处于这样的境地，原因是多方面的：

一是从农民本身看，农民表现在文化上的种种沮丧和自卑，根源在于职业自信和身份自信的失落，对改变农村面貌缺乏信心。从这个意义上，乡村振兴首先要解决农民的文化自信问题，增强农民对自身职业的认可，提升对乡村文化的自觉自信。

二是从外部环境看，在开放条件下，乡土文化遭受越来越多方面的冲击，农民熟悉的文化种类和文化活动方式渐行渐远，农民群众参与文化创造的热情逐渐冷淡。这就要求在重建农民精神世界、更好更多地满足农民群众娱乐需求的同时，融入更多的

科技、法律、市场知识，让农村群众从活动中学到更多的致富本领，从而更好地激发他们在新农村文化建设中的主动性和创造性。

三是从乡村生活自身看，相对封闭、单调、乏味的农村文化生活，让农村的陈规陋习代代相传。不少地区调查显示，村民空余时间凑在一起谈论东家长西家短的不少，打扑克、耍麻将，甚至聚众赌博等现象也较为普遍。这样，文化需求被简单化了，极易消磨掉人的精神追求，最严重的后果是社会主义新农村建设失去了精神动力。农村文化的这些问题，严重影响着新农村发展的未来，影响着农村社会和谐和全面小康社会的实现，必须下大力气加以解决。

四是文化创新能力弱，内容和形式亟待改进。第一，村民受教育水平普遍偏低，制约了文化创新。由于文化教育资源不均衡，加上不重视学习的旧观念，农村辍学打工现象频现。文化基础知识普及和文明素质教育是新农村文化建设亟待解决的问题。第二，由于文化活动经费等方面的原因，乡镇文化站大多数没有组织过大型文化活动，唯一依靠的就是"三下乡"或者农村庙会，文化创新能力弱。

五是文化监管机制缺失。由于缺乏监管，不少地方乡镇文化站即使有良好的环境条件、文化设施，但没有有效的监管机制制约，难免存在被挤占、挪用、尘封、遗失等现象，文化总是难以摆脱可有可无的尴尬。改变农村文化建设投入不少但成效不大的状况，就要采取有效措施，加强监管。

三、以文化振兴满足农民群众的精神文化需求

先进文化不去占领农村阵地，不仅精神失去支柱，智力失去支持，经济难以发展，社会稳定存在隐患，更为严重的是，长此以往，农村这个弱势文化区域，就会被其他文化同化、吞噬，乡村逐渐失去了地域特征和人文色彩，建设社会主义新农村也就因失去了实质性内容而流于空谈，已有的建设成果也很难保证。所以，必须大力发展农村先进文化，重塑农民这个新主体，用新文化冲击旧观念，社会主义新农村建设才会有永不枯竭的强大动力。

（一）当前农村文化振兴主要着力点

是把农民致富奔小康作为实现文化振兴的原动力。农村基层文化工作要主动适应广大农民"求富、求知、求乐"的综合性文化需求，在重建农民精神世界、满足农民

群众娱乐需求的同时，融入更多的科技、法律、市场知识，让农村群众从活动中学到更多的致富本领，从而更好地激发他们在新农村文化建设中的主动性和创造性。

二是要把特色文化建设作为农村文化振兴的切入点。广大农村有着极其丰富的民间文化资源，有的甚至就"活"在广大农民的日常生活中。利用特色文化开展农村文化活动，使其成为传播先进文化的有效载体，实现农村文化创新，群众最容易接受，也最乐于参与。

三是以队伍建设推动农村文化振兴。要切实加强对农村文化人员的培训，努力提高他们的业务素质，不断增强其自主创新的能力。要加强农民业余文化队伍的建设，充分发挥典型示范作用，吸引越来越多的农民关注农村文化建设、参与农村文化建设。

总之，文化振兴是一项关涉重大、影响深远的工作，需要久久为功来做。

要制定好文化建设的总体发展规划。要切合实际，制定农村文化发展总体规划，开展农村数字化文化信息服务，加大对农村文化建设资金的投入，全力构建农村公共文化服务体系，要在全社会营造全民参与文化建设的浓厚氛围。

要增加一批文化娱乐设施。应本着因地制宜、讲求实效的原则，增加农村文化建设投入，加快农村基层文化设施建设步伐，着力打造新农村文化建设家园工程，力争镇镇建有综合文化站，村村建有文化活动室。要把集科技、图书、阅览、健身、展览、文化培训、文化活动等功能于一体的文化中心建设成为农民群众接触文化资源、享受文化权益的最直接载体，达到满足广大农民群众多层次、多方位精神文化需求。

要创作一批农民群众喜闻乐见的作品。要发挥文联、文化等部门的专业特长，深入群众，深入生活，深切体会新农村波澜壮阔的时代潮流，精心描绘绚丽多彩的农村生活，多创作一些适合农民口味，可以激励人、鼓舞人奋发向上的优秀作品。同时，还要加大对农村业余作者的培养和扶持力度，鼓励他们继续乡土文学的创作，用先进文化陶冶农民情操，激发农民的主人公意识。

要定期组织丰富多彩的文化艺术活动。在继续搞好"三下乡"活动的基础上，利用"文化联动"搞活农村舞台。通过举办不同主题的农村文化艺术节活动，为广大农民提供一个展示风采、交流技艺的平台。同时，紧密结合农民脱贫致富的需求，利用农闲、节日和集市，倡导他们读书用书、学文化、学先进实用农业科技知识和卫生保健常识，不断在农民群众中刮起"文化风暴"

要倡导文明新风的评选活动。大力开展树新风活动，以创建小康文明示范村、评选文明卫生户、十星级文明户、好媳妇、好公婆、和睦家庭等活动，增加群众参与意识和创建意识，提升农民的精神境界，净化农村文化环境，提高农民综合素质，以此来扎实推进社会主义新农村建设，实现真正意义上的文化振兴。

新农村文化建设要坚持自觉创新。新农村文化建设要取得真正成效，必须突出一个"新"字，就是要有新招式、新做派、新气象、新风格。这就要求农村文化必须自觉创新，努力找准契合点，不断打造新亮点，这样才能更好地满足农村群众的精神文化需求。

随着乡村文化载体的城市化，乡村文化赖以生存和发展的沃土也随之丧失。因此，留住乡村的味道，守住乡愁，关键在于维护好乡愁的载体。在美丽乡村规划与建设过程中，坚决不能拆掉那些不可再生资源和具有审美财富价值的古老村庄的"银行"，去建起现代化水泥城镇的"贷款处"。推土机推不出和谐社会，大拆大建建不起美丽中国，钢筋水泥筑不起美好的"中国梦"。要留住乡愁，就是要保留乡村的"原汁原味"。保留乡村特色的风格风貌，保持乡村风格的多姿多彩，或是一片草地、一群牛羊、一坡果园；或是一座青山、一条小河、一汪水田；或是一条古道、一座磨盘、一座村庄。

（二）村规民约：有规矩才成方圆

邻里和睦，民风淳朴，这是陕西省旬阳县金寨镇留给人的印象。几年前的金寨镇上访不停、纠纷不断。为了扭转这一局面，金寨镇紧跟旬阳县"法治、德治、自治"三治融合步伐，用村规民约立本，以道德评议育人，大力推进乡村移风易俗工作，使社风民情有了根本转变，成了远近闻名的文明之镇、礼仪之乡。

金寨镇地处秦巴连片特困地区，辖 10个村（社区），68 个村民小组，4063 户1.55万人。近年来，随着社会深刻变革、转型加快，受多元思想文化和外部环境影响，乡镇里的矛盾越来越多。一些诸如老人赡养、子女教育、邻里纠纷的问题实际上属于道德问题，法律手段用不上、行政措施难奏效，小问题慢慢就发展成了大问题。为此，金寨镇首先想到的是以村规民约的形式树立标准，规范村民的言行。这些规定并不是死板的条条框框，而是根据具体村的具体情况，在村民们的具体商讨中决定的。规矩是村民们自己定下的，执行起来就少了很多借口。就拿村里的红白喜事来说，规定上墙后，大操大办的歪风邪气被制止了，份子钱的重担也减轻了，村民们享受到了自己给自己"松绑"的喜悦。

只有规矩还不够，关键需要有评优惩羡的好方法。金寨镇在旬阳县委县政府的指导下，在村镇推行起道德评议工作。道德评议还让一些靠在墙头晒太阳"的"懒汉"有了大转变。"在道德评议会上，乡亲们的批评与劝导让我痛哭流涕，认识到自己等靠要的错误思想。现在，我种了 24 亩烤烟，十几亩玉米，还喂了 4 头猪，养了5头牛，生活变得越来越好。"寨河社区居民吉元兵说。

第五节　物以载道，文以立心

新时代，农村必须有新气象，要成为"产业兴旺、生态宜居、乡风文明、治理有效、生活富裕"的新农村。2017 年 12月，习近平总书记在徐州市考察时强调，实施乡村振兴战略要物质文明和精神文明一起抓，特别要注重提升农民精神风貌。

要立足乡村文明，汲取城市文明及外来文化优秀成果，在保护传承的基础上，创造性转化、创新性发展，不断赋予时代内涵、丰富表现形式，为增强文化自信提供优质载体。

一、当代农村精神文明发展与物质文明的不同步

物质文明是人类改造自然的物质成果，表现为人们物质生产的进步和物质生活的改善，是精神文明的物质基础，对精神文明特别是其中的文化建设起决定性作用。物质文明的性质由生产方式所决定。社会主义的物质文明，要在社会主义生产关系的基础上，继承和汲取人类文明的全部有价值的物质成果，并加以创造和发展。

精神文明是人类在改造客观世界和主观世界的过程中所取得的精神成果的总和，是人类智慧、道德的进步状态。精神文明主要表现为科学文化和思想道德两个方面。社会主义精神文明以马克思主义为指导，它的发展需要物质文明提供物质条件和实践经验，同时又为物质文明的发展提供精神动力、智力支持和思想保证。社会主义精神文明是社会主义社会的重要特征，是中国特色社会主义社会不可缺少的重要方面。

社会主义物质文明与精神文明建设互为条件，又瓦为目的。物质文明的建设是社会主义精神文明建设不可缺少的基础，是建设现代化社会主义强国的一项战略目标。

社会主义精神文明与物质文明是一种相辅相成的关系，精神文明推动物质文明建设的发展，物质文明是精神文明的基础和保证。

历史证明，社会主义现代化建设必须一手抓物质文明，一手抓精神文明，同时加强两个文明建设。改革开放以来，农村物质文明发展突飞猛进令人惊叹，亿万农民生活水平的提升有目共睹。特别是新农村、美丽乡村建设战略实施以来，农村的环境、面貌焕然一新，农民的文化生活逐渐丰富起来。但是，农村精神文明建设依然不容乐观，精神文化发展不均衡、不充分现象依然存在，东西部地区村民的精神文化状态不在一个层次，即使同属东部地区，由于种种原因，地区差异也很大。在中西部欠发达地区的农村，农民的精神世界还处在一个嗷嗷待哺的状况，与物质文明相比，精神文明建设"慢了半拍"。精神文明的短板制约了社会主义新农村的全面发展，不仅影响了物质文明的发展，更是许多农民农村问题产生的根源，必须高度重视，采取有效措施提升农村的精神文明水平。

2018 年，中共中央宣传部、中央文明办印发通知，部署学习贯彻习近平总书记在江苏徐州市考察时对农村精神文明建设工作的重要指示精神，进一步加强农村精神文明建设，提升农民精神风貌。通知指出，习近平总书记的重要指示，充分体现了以习近平同志为核心的党中央对农村精神文明建设的高度重视，对亿万农民群众的深情关怀，是做好新时代农村精神文明建设工作的根本遵循。要深刻领会其中垄含的物质文明和精神文明之间的辩证关系，深刻认识农村精神文明建设在实施乡村振兴战略中的重要地位，准确把握做好新时代农村精神文明建设的基本任务和要求，大力加强农村精神文明建设，切实提升农民精神风貌，为全面建成小康社会提供坚强的思想保证、强大的精神力量、丰润的道德滋养、良好的文化条件。通知强调，各级党委宣传部和文明办要把学习贯彻习近平总书记重要指示精神与学习贯彻习近平新时代中国特色社会主义思想和党的十九大精神结合起来，运用农民群众喜闻乐见的形式，深入开展中国特色社会主义和中国梦宣传教育，开展爱国主义、集体主义和社会主义宣传教育，引导农民群众听党话跟党走，坚定中国特色社会主义道路自信、理论自信、制度自信、文化自信。要针对农村干部群众关心的热点、难点问题，深入解读党和政府各项政策措施，凝聚农民群众的精气神，合力建设农业强、农村美、农民富的好生活。

二、促进乡村全面振兴，必须坚持物质文明和精神文明一起抓

（一）实施乡村振兴战略，物质文明要抓好

发展是硬道理，经济不发展，一切都无从谈起。只有坚持发展不动摇，才能解决中国面临的问题，只有继续集中力量把自己的事情办好，不断开拓发展新境界，才能更加有效地应对各种风险和挑战。实施乡村振兴战略，既要推动经济健康增长，又要促进文化繁荣发展；既要加厚物质基础，又要筑牢道德根基。为此，我们必须坚持以经济建设为中心，不断深化改革，推动产业优化升级，实现更高质量、更有效益、更加公平、更可持续的发展，为乡村全面振兴提供雄厚的物质基础。

中国要强，农业必须强。目前的普遍情况是，做农活不但辛苦而且收入少，很多农村青壮年纷纷离开家乡外出打工，因此要发展农业就要构建现代农业产业体系，发展多种形式适度规模经营，促进农村二三产业融合，支持鼓励农民就业创业，拓宽增收渠道。

中国要富，农民必须富。实施乡村振兴，生活富裕是根本，我国乡村居民收入显著低于城市居民。让农民富起来，全面建成小康社会，是我们党和政府的庄严承诺，要让贫困人口脱贫致富，让富裕百姓更上一层楼。

改革开放以来，农村物质文明获得了较快发展，但也出现了铺张浪费、精神空虚、价值观迷失等问题，这不能不引起我们的关注和警醒。要更加自觉坚定地推动农村物质文明和精神文明协调发展，为全面建成小康社会提供坚强保证。

当前，农村经济发展遭遇新的发展困境，必须采取有效措施应对，确保农村经济增长、农民有效就业、农民收入的提升。

进入新时代，我国最大的发展不平衡，是城乡发展不平衡；最大的发展不充分，是农村发展不充分。现在，农业发展质量效益竞争力不高，农民增收后劲不足，农村自我发展能力弱，城乡差距依然较大。

产业兴，则农民富、乡村活。产业兴旺是实施乡村振兴战略的基础，也是当前农村经济工作的重心。在党的十九大报告中，产业兴旺位列战略要求的首位。只有发展好农村产业，从根本上解决农民增收问题，生态宜居、乡风文明、治理有效、生活富裕才能变为现实。

一要着力发展现代农业，吸引资金、人才、技术、信息等现代要素向农业聚集，把传统农业改造为现代农业，实现农业发展提质增效。

二要促进一二三产业融合发展。要以农业为中心拓展多种产业，做强农业，提高农业竞争力，充分挖掘农业多功能性，延长产业链条，发展农产品加工业，促进一二三产业融合发展，大力发展农业农村服务产业。要实现产业兴旺，必须在政策上继续实行"以工促农，以城带乡"政策，通过政策推进农业农村产业兴旺，实现由城乡一体化向城乡融合的转变。

三要因地制宜，培育新产业新业态，让绿水青山真正成为"金山银山"。改变投入不足、基础设施滞后、服务品质不高等硬差距，解决好专业规划、旅游产品创新等软问题，积极推进文化旅游农业深度融合。四要发挥农民主体作用。只有让农民共商共建共享本地的产业发展，支持其成为产业兴旺的参与者、引领者和受益者，让农民真正富起来，留住农村青年人才，提升农民的获得感、幸福感和安全感，才能真正使乡村振兴从"输血"向"造血"转变。要加大对农民的免费培训力度，提高农民参与产业发展的能力。积极支持农村"能人"发展农产品深加工、机播机收、动植物疾病防治等生产性服务业以及文化旅游、休闲观光、乡村民宿、共享农庄等生活性服务业。同时，把对新型农业经营主体的政策扶持力度与其带动小农户的数量和效果挂钩。鼓励农户加入专业合作社、行业协会等，增强农户联合起来参与市场谈判的能力。

产业兴旺是实现农业现代化的关键，是做好"三农"工作的大逻辑，是乡村振兴的头等大事。要坚持质量兴农、效益优先、绿色导向三原则，让农业有文化说头、景观看头、休闲玩头，让农民有更多赚头，始终维护农民权益，增加农民收入，提高农民群众获得感、幸福感，物质文明上去了，精神文明才可能上去。

素有"打工第一县"之称的开州区位于重庆市东北部。早年间，唐华章夫妻二人跟随这一潮流，选择外出务工，由老人在家照顾小孩。就这样忍受着跟孩子分离的苦楚，辛辛苦苦一年到头收入差不多5万元。如今，返乡种植橙子的他们不但可以自己照顾小孩，年收入还可以净赚 10 万元。开州区是全国闻名的劳务输出大县，常年有 60%以上的青壮年在外打工。而有着上千年橙子种植历史的开州区，却因为果园基础弱、规模小、产量低，规模效益差，对外地客商缺乏吸引力，果农陷入丰产不丰收的尴尬境地。果贱伤农，很多果农只好荒废果园，选择背井离乡外出打工，于是大山里就有了很多的"留守儿童""留守老人"。为改变这一局面，2003 年，开州区提出用科技打造"中国锦瓷第一县"的战略目标，2009 年，专注于橙汁生产的天溢森美经当地招商引资入驻。作为国家农业产业化龙头企业，天溢森美为当地带来先进的种植技术，改良了锦橙品种，选择走晚熟橙子的发展之路，以到不与"两湖"抢早熟，不同赣南争中熟。在种植方式上，该公司派出大批技术员下到一线，帮助果农解决种植中遇到的问题，指导果农科学种橙。同时制定统一的品质标准，签订收购合作协议，极大提升了果农的积极性。"不会种、种不好，不会卖、卖不掉"难题的解决，吸引了越来越多的农民踏上返乡种橙之路。

（二）实施乡村振兴战略，精神文明也要抓好

实施乡村振兴战略，关键在农民，在农民的精神风貌。农民精神风貌提升了，乡村振兴就会获得强大的精神力量。加强农村精神文明建设是提升农民精神风貌的基本路径。

乡村是田园故里、礼仪风俗、亲情血脉等与生活最为贴近的地方，乡村的秩序、风俗和文明，保存着中国文化的根和魂。乡村振兴战略除了产业发展、生态宜居、生活富裕外，还包括乡村治理、乡风文明等保留乡土气息和文化的整体性发展的要求。因此要大力推进农村精神文明建设，弘扬优秀传统文化和文明风尚，依托村规民约、教育惩戒等褒扬善行义举，贬斥失德失范；要加强和改进思想政治工作，弘扬科学精神，普及科学知识，开展移风易俗、弘扬时代新风行动，唱响主旋律，育成新风尚，要让乡村真正成为"月是故乡明"那样的心中的净土。

当前做好农村精神文明建设，提升农民精神风貌，要坚持以下三点。

第一，将学习贯彻习近平新时代中国特色社会主义思想和党的十九大精神结合起来，提升农民的精神风貌。习近平新时代中国特色社会主义思想和党的十九大精神是新时代农村发展的理论指导，指导农村的物质文明建设和精神文明建设。广大农民只有通过学习，才能树立正确的发展观，才能听党话、跟党走，坚定中国特色社会主义道路自信、理论自信、制度自信、文化自信，从而在新时代谱写农村发展的新篇章。思想引领行动，农民只有用先进的思想武装头脑才能凝聚精气神，合力建设农业强、农村美、农民富的美好生活。要用农民喜闻乐见的形式进行宣传教育，让农民欢欣鼓舞地贯彻新精神，学习新思想。

第二，着力培育新型农民，持续推进移风易俗、弘扬时代新风行动，提升农民的精神风貌。移风易俗是农村精神文明建设的重要内容。移风易俗要做好加减法，要减掉陈规陋俗，要增加新风新俗，丰富农民群众文化生活，深化农村精神文明创建活动，补齐贫困地区精准脱贫的"精神短板"，要让农村的新风新俗为农村的发展助力扬帆。移风易俗不是全盘否定传统风俗，而是传承创新，让传统风俗放下包袱，推陈出新，成为今天新风俗、明天好传统。

第三，带领农民群众解放思想、振奋精神，学好致富技能和本领，提升农民的精神风貌。物质决定意识，让农民增长致富的真本事是农村精神文明建设的重头戏。精神文明建设必须不驰于空想、不骛于虚声，一步一个脚印，踏踏实实干好工作。精神文明建设应该是实实在在的工作，要在实实在在的工作中，让农民思想上有收获，素养上有提升，能力上有长进。要让农民群众在精神文明建设活动中解放思想，打造广阔胸怀；振奋精神，昂扬奋斗力量，从而让农民有获得感、充实感、幸福感。

乡村振兴是我国农业发展的一场崭新革命，革命取得胜利，首先要提升农民精神风貌，而提升农民神风貌，关键是做好农村精神文明建设工作。

（三）坚持物质文明和精神文明一起抓

物质文明和精神文明协调发展是社会主义社会的本质要求。要坚持物质文明、精神文明"两手抓、两手都要硬"。实施乡村振兴战略，不仅要让农民"住上好房子、开上好车子"，还要让农民"过上好日子、活得有面子"，满足其精神需求。特别是在乡村居民生活水平已经接近全面小康、衣食住行已经不成问题的现阶段，满足农民的精神需求，就显得更为重要，也更为迫切。但是，当前农村建设中，关于二者的关系却常常存在认识误区。

一是重物质文明，轻精神文明。乡风文明建设由于周期长、见效慢，且不容易考核，一些地方领导把它当作"虚功""慢活"，不愿投入太多精力。但是，随着城镇化的推进和农村人口的迁徙，过去的社区性集体经济的格局已被打破，情况变化了，乡风建设的方式方法却没有变化。面对一些亟待解决的社会问题，有些地方重视不够，有些地方看到了问题的严重性，却没有解决问题的办法，以致束手无策。

二是先物质文明，再精神文明。这种观点认为，农村最主要的问题是农民经济问题，是增收难的问题，解决"三农"问题的关键是解决物质文明，物质文明了，精神自然也就文明了。这种观点抛开了当前农村物质文明发展的客观现实，避开当前农村发展的迫切要求，无视农业农村发展的短板，不理解乡村振兴的真实内涵和战略部署，不利于乡村全面振兴，不利于农村全面小康社会的建成，必须摒弃。实际上，当前农村经济社会发展中的许多问题已经充分表明，文化的短板制约农村发展，经济、社会问题的根源在于精神文明建设。

此外，在精神文明建设中，还存在重视政府主导作用、轻视农民主体作用的现象。在精神文明建设方面，一些地方政府大多将农民置身事外，不关注农民的参与性，不注意调动农民的积极性，农民成了局外人。农民的主体地位没有得到体现，积极性没有发挥出来，导致精神文明建设成效不大。一些地方政府重视硬件建设、轻视组织活动。近年来，通过多部门多渠道投入，各地兴建了一大批乡村文化设施和活动场所，但是钱花了，项目做了，利用率不高，农民精神获得感不高。有些村里图书室里的书蒙满了灰尘，有的文化设备就从来没有启封，有的活动室常年上锁。农民平时除了看电视就是打牌，正常的文化活动和社会交往缺乏，农民精神世界堪忧。农村精神文明建设中存在的问题，给农村精神文明建设提出了新的课题和任务。

长期以来，存在这样一种观念：认为经济是第一位的，文化是第二位的；前者是实的，后者是虚的；前者是有用的，后者是无用的。正是在这种观念的支配下，有些地方有意无意地忽视文化建设。实际上，这种观念完全违背了马克思主义关于经济和文化辩证关系的思想。经济和文化二者之间不仅存在着决定和被决定的关系，也存在着双向建构和耦合互动的关系，因而无所谓第一第二、孰重孰轻的问题，必须将其放在同等重要的地位加以看待。

文化和经济一样，也有其自身的客观规律。在乡村文化振兴的实践中，我们要深入研究文化自身的规律，并按其规律办事，切忌莽撞蛮干，搞一哄而上和一刀切。对于乡村农耕文化传统，我们应持虔诚敬畏的态度，正确处理好继承和发展的关系。继承是前提，没有继承，就没有发展，而发展是更好的继承。

对于乡村文化的硬件建设，必须从制度上制定达标的规范，以保证资金到位、项目到位、落实到位；通过"最美家庭""孝子孝媳""好公婆""好她埋"等评选活动，激发农民向善向上的道德情感；制定完善乡规民约，严禁黄毒赌，慎砍树、禁挖山、不填湖、少拆房，反对陈规陋习，倡导文明新风；开展"培育中国好家风"活动，挖掘和弘扬家训家教中的优良传统；等等。乡村文化振兴是一个日积月累的长期过程，必须常抓不懈，久久为功，方能春风化雨，润物无声，开创乡村文化振兴的新局面。

坚持"两手抓、两手都要硬"，需要我们研究新问题，拿出新措施，特别要在制度创新上下功夫。要深化文化体制改革，建立科学合理、灵活高效的管理体制和文化产品生产经营机制，规范文化市场秩序，保证文化事业和文化产业健康有序地发展。要强化法治观念和规则意识，加快立规立法，把精神文明建设要求更多地转化为刚性的法律约束，在推动物质文明健康发展的同时，也保证精神文明建设有效提升。要探索实践出一套适应现代社会特别是市场经济发展要求的协调发展机制，确保物质文明建设和精神文明建设能够相互促动、共同进步。

习近平总书记指出，要认清物质文明建设和精神文明建设的最终目的是什么，GDP、财政收入、居民收入等是一些重要指标，但都不是最终目的，其最终目的就是要促进人的全面发展，包括改善人们的物质生活、丰富人们的精神生活、提高人们的生活质量、提高人们的思想道德素质和科学文化素质等。这启示我们，物质文明和精神文明一起抓、要贯彻以人为中心的思想，聚焦于人的全面发展，这是一切工作的逻辑起点和核心。新时代坚持物质文明和精神文明一起抓，要坚持农民是建设主体的原则，要有整体规划，要在体系建设上下功夫，在建设路径上做文章，讲好农村故事。

三、让精神文明唱响乡村振兴战略主旋律，用文明、文化塑造农村的"精气神"

进入新时代，随着农村经济社会结构的变迁及农民生活水平的提高，农民需求和追求发生了变化。过去农民关心"有没有""够不够"，发展到了今天"好不好""美不美"，由物质匮乏年代的看重数量到富裕起来的对质量的追求，体现了社会的进步和人民幸福指数的提升。

新时代具有新气象。让农村文化的发展成为乡村振兴的先行者和发动机，用先进文化凝聚乡土的精气神，用富有地域特色的文化符号引领农村的发展，无疑是新时代农村发展的题中之义。让农民群众在共建共享中拥有更多获得感、幸福感，焕发昂扬向上的精神风貌，让乡土文化成为农村精神文明建设的主基调，已经成为一种不争的共识。

（一）立足乡土文化的精神塑造

乡土是千百年来农业社会发展特点的集大成。要深刻认识到农村精神文明建设在实施乡村振兴战略中的重要地位，准确把握做好新时代农村精神文明建设的基本任务和要求，在深化各种形式上的精神文明创建外，还必须重视乡土文化的构建，用接地气的文化去引领农村发展和农民致富。

1.立足乡土文化，塑造新时代农村的价值秩序

在我国城镇化加快、社会价值追求多样化的背景下，乡村社会同样也面临着人际关系的信任危机、乡村归属感下降、陈规陋习还存在的系列问题。因此，在乡村这样一个"熟人"系统的领域，需要通过家风的教育和村规民约的形式来逐步规范每一个居民的行为，塑造新时代的农村价值秩序，形成一种向好向善、见贤思齐的新风尚。同时，要注意本土各种形式文化中有关价值观的故事、戏曲等，让这些喜闻乐见的事物来感染广大村民，从而让他们自觉抵制有悖于公序良俗的糟粕。

2.立足乡土文化，传承文化与产业延伸相互融合

党的十九大报告在提到乡村振兴战略时指出，要坚持农业农村优先发展，按照产业兴旺、生态宜居、乡风文明、治理有效、生活富裕的总要求，建立健全城乡融合发展体制机制和政策体系，加快推进农业农村现代化。因此，政府部门必须充分挖掘农村所蕴含的历史文化资源和景观资源，利用这些资源倾力打造"一村一品"，拓展产业功能，逐步形成产业支撑乡村建设之路。

3.立足乡土文化，发挥新乡贤的引领作用

乡贤是农村中具有文化意识的"红色头雁"，具有一技之长的新型农民，热心村社事务的村民议事会、道德评议会、红白理事会、禁毒禁赌协会等群众组织和新乡贤，是乡村文化振兴的最大受益者和最重要的力量源泉，也是乡村振兴成效的最终评价者。盘活这些人力资源，乡村振兴前景可期。以乡情为纽带，以优秀基层干部、道德模范、身边好人的嘉言懿行为示范引领，推进新乡贤文化建设，不仅有利于延续农耕文明、培育新型农民、涵育文明乡风、促进共同富裕，还有利于中华优秀传统文化创造性转化、创新性发展。各地必须有针对性地健全完善招贤纳士的制度，挖掘乡贤背后所隐含的精神价值和时代意义，以"亲情、友情、乡情"为纽带，吸引他们回到农村，留在农村，用他们身上散发出来的文化道德力量教化乡民，从而推进农村精神文明建设。

（二）农村精神文明建设的基本要求

新时代农村精神文明建设，要从乡村的实际情况出发，用好农村各种传统文化资源，要始终尊重农民的文化需求和文化创造，着力塑造新时代农民的精神面貌。

1，强化教育引导，把握精神文明建设方向

乡风文明建设必须反映时代要求和乡村振兴需要，引导农民群众思想观念和行为习惯等逐步与农村社会治理现代化的要求相适应。首先，开展好形势政策教育。把农民群众关心的各类问题搞明白，有针对性地解疑释惑、增强信心、凝聚共识，引导农民群众听党话、跟党走。其次，发挥好社会主义核心价值观的引领作用。用农民群众乐于接受的形式和通俗易懂的语言，引导农民群众增强对社会主义核心价值观的认同，在乡村形成知荣辱、讲正气、促和谐的好风尚。再次，组织好科技文化知识学习活动，注重专业和就业技能培养，帮助农民掌握实用技术，提高农民科学文化素质。最后，坚持不懈地对农民进行普法教育，增强农民和基层干部的民主法治意识，努力在农村形成遵纪守法光荣、违规违纪当罚的知法与执法的良好环境。

2.保护开发并重，传承优秀传统文化

振兴乡村要留得住乡韵、记得住乡愁、保留优秀文化形态、保存文化基因，珍惜文化资源、守护文化根脉。首先，保护乡土文化的物质载体。维护古镇、古村落、古民居等历史风貌，避免大拆大建，大力发展有历史文化记忆和地域民族特色的美丽乡村。保护和发展民间文化，传承独特的风格样式，赋予新的文化内涵，使优秀民间文化活起来、传下去。其次，开展好节庆活动。用好各类传统节日，组织开展各类民俗文化活动，让节日更富人文情怀、让农村更具情感寄托。

3.发展农村民俗文化产业，带动无形资产的积累

充分利用网络技术和设施，运用市场力量，加大财政投入、理顺发展机制，借助农村民俗文化发展各类创意产业。应该发挥地域和资源优势，把乡风建设与乡村旅游和新兴产业建设结合起来，建设各具特色的小镇和专业村，提升乡村文化品位，建设乡村文明的示范村。同时，移风易俗，消除陈规陋习。依靠群众制定和完善村规民约，推动农村社会风气的根本好转。

4.拓宽乡风文明建设的有效渠道

县、乡政府要负起乡风文明建设的责任，领导、组织和协调好有效的公共文体服务。县办文化、体育、展览、图书等事业单位应发挥乡村精神文明建设的主导作用，坚持下乡开展农民喜闻乐见的文艺演出、农科大集和具有乡土特色的文化交流活动。在具体过程中，一方面坚持适销对路，由政府主观推送转向尊重农民实际需求，分层次、有区别地为农民提供文化服务的原则；另一方面要坚持由政府"单一供给"转向"多元供给"的原则，鼓励和支持社会力量兴办公共文化服务活动。同时，应用市场手段整合民间艺术资源，发挥文化能人、民间艺人的作用，组建群众文艺队伍。广泛动员农民参与，"农民演给农民看"，将道德教化与文艺结合起来，使表演者和观众都能受到教育。

1988 年，江苏省徐州市贾汪区马庄村，村集体拿出 3 万多元购买了长号、黑管等西洋乐器，成立了苏北第一支农民铜管乐团。30多年来，这支农民乐团坚持演农村事、说农家话、道农民情。他们不仅是文艺表演团，还是政策理论"解读员"、时事政治"宣讲员"、法律法规"宣传员"。在这支乐团带动下，2004 年马庄又组建了"百人锣鼓队""马庄民俗表演团"，形成了三支"红色文艺轻骑兵"队伍。如今的马庄，80多岁的非遗中药香包传承人王秀英带动全村发展香包产业，村里建成香包主题客栈、香包广场和民俗手工坊，年销售额超过600万元。马庄农民乐团和民俗表演团每年参加公益性演出 80余场，受邀参加商业演出140余场。依托文化产业修建的综合性农家乐体验中心，每年接待游客 20余万人次……以文化人，向上向善。马庄村的实践告诉我们，深刻领会物质文明和精神文明之间的辩证关系，着力推动两个文明同频共振、协调发展，让其成为新农村建设和乡村振兴的双引擎，是满足农民群众美好生活需要的新抓手、新渠道、新路径。

实施乡村振兴战略，是以习近平同志为核心的党中央做出的一项新的战略部署。"两个文明"一起抓是解决好"三农"问题的大道通途要将物质文明和精神文明常抓不懈、平衡发展，让物质和精神齐头并进，为建设美丽乡村和实现乡村振兴提供保障，为实现中华民族伟大复兴的中国梦保驾护航！

第六节　价值引领，铸魂化人

人民有信仰，民族有希望，国家有力量。改革开放之初，我们党将精神文明建设作为两个文明建设的重要内容来抓，确立了"两手抓、两手都要硬"的战略方针。党的十八大以来，以习近平同志为核心的党中央围绕深化精神文明建设又做出了一系列重要部署。"要继续锲而不舍、一以贯之抓好社会主义精神文明建设""把精神文明建设贯穿改革开放和现代化全过程、渗透社会生活各方面，紧密结合培育和践行社会主义核心价值观""抓精神文明建设要办实事、讲实效，紧紧围绕促进人民福祉来进行"。习近平总书记的一系列重要论述，为我们做好新时代精神文明工作提供了基本遵循。中国要美，农村必须美。农村美根本在精神，要以凝练精气神为核心，打造具有乡土气息的乡土精神为最终目标。乡村振兴战略下以美丽乡村建设为主题，以社会主义核心价值观为引领，加强深化农村精神文明建设，对提高农民文明素质和农村社会文明程度具有重要意义。

一、社会主义核心价值体系是乡村文化振兴之本

任何社会都有自己的价值体系，核心价值体系是社会上占主导地位的价值观念的总和，是社会成员用以调整社会生活和社会行为的一系列价值规范和准则的总和。党的十九大报告把坚持社会主义核心价值体系作为新时代坚持和发展中国特色社会主义的基本方略，为新时代推进实施乡村振兴战略提供了战略指导，指明了前进方向。

社会主义核心价值体系是社会主义意识形态的本质体现，它包括马克思主义指导思想、中国特色社会主义共同理想、以爱国主义为核心的民族精神和以改革创新为核心的时代精神、以"八荣八耻"为主要内容的社会主义荣辱观等内容。

（一）坚持以社会主义核心价值观为引领，统筹推进农村的各项文化工作

一方面，要密切联系农村生产生活实际和农民群众思想实际，找准工作载体抓手，深化文明素质教育，加强移风易俗宣传和舆论监督，发挥文艺作品敦风化俗的作用，培育新型农民、优良家风、文明乡风和新乡贤文化，推动乡风民风美起来；另一方面，要充分发挥群众性精神文明创建活动移风易俗、改造社会的重要作用，依托文明村镇创建形成鲜明导向，依托传统节日弘扬文明风尚，依托重点人群抓好示范带动，让文明新风融入农村生产生活的各个方面。此外，还要大力推动农村文化繁荣发展，加快构建农村公共文化服务体系，落实农村文化惠民工程，把农民群众的基本文化权益实现好、维护好、发展好。

（二）推动农村精神文明建设，强化制度约束，让文明乡风传承致远

习近平总书记关于"抓好社会主义精神文明建设"的要求表明，精神文明建设是一项需要常抓不懈的基础性工作，必须在健全制度、完善机制上下功夫。在时代发展和社会转型的大背景下，农民群众的精神文化需求日益多元化，不良社会风气的形式也多样化。要确保移风易俗形成长效机制，必须充分发挥党章党规、法律法规的刚性约束功能、激浊扬清、抑恶扬善，依法依规治理，把不良风气压下去，把新风正气树起来；必须广泛发动村民，按照社会主义核心价值观要求，制定完善乡规民约，坚持正确价值导向，使农民群众内心有尺度、行为有准则；必须充分发挥村民议事会、道德评议会等群众组织的作用，促进移风易俗，用民间舆论的力量引导农民自我约束、自我管理、自我提高。

"乐民之乐者，民亦乐其乐；忧民之忧者，民亦忧其忧。"在乡村振兴勾画的建设美丽中国宏伟蓝图中，文化振兴是其中重要一环，农村精神文明建设是重中之重。以社会主义核心价值观为引领，加强农村精神文明建设，既关系到乡村精神的建构，又关系到乡村振兴的最终实现，关系到全面建成小康社会和中华民族伟大复兴中国梦的奋斗目标的实现。

二、加强村风民俗和乡村道德建设

让社会主义核心价值观深入人心，文化引领至关重要。抓好文化落地生根，是乡风文明建设必不可少的内容。以弘扬社会主义核心价值观为引领，运用人类社会所创造的一切优秀文化成果来熏陶、教化人，实现敦风化俗、以文化人，是社会主义核心价值观落地生根的必然要求。加强村风民俗建设，以村风民俗习惯为重点，积极推进移风易俗，形成文明进步向上的新风尚是社会主义核心价值观发挥引领作用的主要路径。

内心认同才能自觉践行，春风化雨方可润物无声。没有农村的和谐稳定，就没有整个国家的和谐稳定。在广大农村培育和践行"富强、民主、文明、和谐；自由、平等、公正、法治；爱国、敬业、诚信、友善"的社会主义核心价值观，对于促动农民提升思想境界，转变思想观念，发现生存价值，追求生命意义，进而实现中国农民的品格重塑、中国农村的和谐稳定，具有全局性、战略性和基础性的重大意义。

将社会主义核心价值观融入社会主义新农村建设全过程，探索出条培育和践行社会主义核心价值观的实践路径，并最终汇聚为新时代实现农村振兴战略的强大凝聚力

和向心力，是新时代乡村振兴的重要使命和核心战略。目前，立足于农村社会现实境况，通过教育引导、舆论宣传、榜样熏陶、实践养成、制度保障等方式，用记忆、文化、规矩等看得见的器具和看不见的乡俗，凝聚思想，汇集共识，让社会主义核心价值观内化为村民的精神追求，外化为村民的自觉行动，使村容村貌、村风民俗发生化蝶般蜕变，是当前加强村风民俗建设的重要任务。

随着社会主义新农村建设的稳步推进，农民的道德需求日趋强烈，特别是面对农村道德治理日渐薄弱的现状，基层党委、政府应当重视和强化乡村的道德治理，对农民群众实施有效的教育管理，逐步推进农民的现代化和农村的社会文明。

1.要夯实乡村道德治理的政治支撑

在当前政府主导推动乡村建设的格局下，作为连接乡村、服务群众的基层政府，对乡村道德治理起着直接影响作用，这是我们的工作优势，也是最有力的政治支撑。而目前的普遍状况是，基层党委、政府抓乡村道德治理的力度比较弱、精力比较分散，加上新农村建设的任务和待解决的问题很多，导致在工作摆布上，乡村道德治理往往处于被边缘化的境地，这就必须解决政治支撑和工作保障问题。

一要发挥政府的主导作用。党管农村是我党的优良传统，基层党委、政府要结合农村的深刻变化和群众的实际需求，精准地调整细化道德治理措施、把握好乡村道德治理的"度"，政府管得多了，就会越俎代庖；管得少了，就会放任自流。从实际运作来看，要努力营造氛围、创造条件，为乡村道德治理提供人力、财力、物力等方面的有效保障；要围绕乡村道德建设中存在的问题，积极出主意、想办法、求突破；要顺应群众的道德需求，做好思想疏导、因势利导、扶持引导等工作。

二要注重民间自治组织的发展。近些年，随着农村精神文明创建的推进，大多村建起了道德评议会、红白理事会、妇女禁赌会等自治组织，从实际调查来看，大多组织有名无实，普遍发挥作用不大、收效甚微，甚至很多成了摆设。这些自治组织成立起来很容易，但如何让这些组织负起责任，理直气壮地开展工作，恐怕还有许多现实问题需要解决。实现村民道德自治，这是一个大趋势，要把那些挂在墙上的自治组织动员起来，切实解决他们的公信力问题、软约束问题、人员待遇等问题，使之能够有效发挥作用，在群众心目中树立威信。

2.要完善乡村道德治理的运行机制

乡村道德治理不是一蹴而就的短期工程，解决各种现实问题也不是一朝一夕的事。从现实来讲，应努力探索制度规范和保障，实现制度的普遍遵守和有效运行，这样才能使乡村道德治理这一"软任务"持久开展下去。

一要探索建立投入保障机制。农村道德治理需要必要的投入，没有投入，就不会有自然而然的产出，也不会有高质量的回报。应当探索建立经费保障机制，包括农民教育和道德实践活动、宣传教育平台和阵地，提升农民的公共文化服务水平、满足他们日益增长的道德需求、提升生活的品位质量，等等。面对当前基层财政紧张的形势，可以通过社会募集、建立基金等方式进行解决。

二要探索建立协调联动机制。农村道德治理涉及文明、文化、农业、教育、科技、法律、妇联等多个部门，这就要推动建立规范有序的联席会议制度，尽可能地整合部门优势和资源力量，引导相关部门拿出实实在在的惠民利民措施，统筹形成工作合力，共同作用于农村。这样，乡村道德治理才会更有秩序和效率。

三要探索建立激励奖惩机制。一方面，建立对乡镇、村道德治理工作的考评机制。这个工作占到多大比重，决定了基层工作力量的安排、工作力度的大小，可以探索实施以奖代补政策，对开展得好的乡村给予奖励。另一方面，建立激励群众广泛参与的工作机制，引导群众便于参与、乐于接受。可借鉴各地的成功经验，探索实施道德积分管理，建立道德档案，对表现好的群众大力宣传表彰，给予相应奖励；对不讲文明道德的群众大胆曝光，给予相应惩罚。

四要完善村规民约。根据村情，以社会主义核心价值观和优秀传统美德为基准，引导更多的村修订完善有特色、有约束力、有操作性的村规民约，规范群众的日常道德行为。

3.要激活乡村道德治理的教育载体

近代以来，众多政治精英、知名社会学者都曾探索和推动乡村建并做了许多有益尝试。在推进社会主义新农村建设的背景下，乡村道德治理也有许多成形的样本可供借鉴。当前，重点要开展好三个方面的教育。

一要多开展体现时代风尚的载体活动。围绕"新农村、新生活、新农民、新气象"系列主题，通过深入开展生态环保、文明理念、时代风尚等宣传教育，引导农民群众大力践行文明道德，不断提高文明素质，以人的现代化逐步与物的现代化对接。

二要多开展民风民俗的传承教育。民风民俗作为农耕文明的产物，历史沉淀下来的一些好的民风民俗对群众的教化影响非常大，也早已融入了百姓的日常生活，比如婚丧嫁娶仪式、传统节日习俗。而那些与现代化格格不入的旧习俗仍在桎梏着人们的思想，这就必须结合移风易俗教育，破陋习、树新风，引导群众主动去认知、去对待、去扬弃，在自我抉择和时代选择的交锋碰撞中，让新的文明健康的理念风尚树立起来。

三要对群众开展传统道德教育。受市场经济的影响，当前农民群众的思想发生了深刻变化，传统的道德意识趋于淡化。而向传统道德要智慧、寻方法、求力量，也是当前推进乡村道德治理的一剂良药。乡村依靠传统道德进行治理，就能超越地域的限制，对规模庞大、思想各异的农民群体起到作用。这就要运用传统道德文化的思想精华，持续不断地向群众进行宣传教育，使之切实融入群众的日常生活，逐步实现知行合一。从现实来讲，要着力开展孝德和诚德教育，特别要注重家庭、家教、家风建设，弘扬中华传统家庭美德，让每个家庭和谐幸福、让邻里之间礼让互助。

4.要完善乡村道德治理的人才队伍

推动乡村道德治理，需要一批高素质、知民情的干部队伍和人才。乡村要善于借助县、乡镇的相关力量，利用志愿者、驻村干部、大学生村官和乡土人才，合力推动乡村道德治理，努力形成各尽其才、各展所长的生动局面。关键是基层党员干部，他们工作的主战场在农村、服务对象是农民，要负起历史责任，积极推进乡村道德实践，探索新方法新模式，努力做到接地气、有活力。还要争做社会新风的引领者和营建者，一人带头，众人相随，久而久之便会形成好的风气。还有各类志愿者队伍，以党员志愿者为主体，要努力把服务重点向农村倾斜，引导更多的志愿者关注乡村、关注农民群体，广泛参与到扶贫帮困、三下乡、支农支教等社会公益活动中来；同时要引导更多的农村党员干部成为服务村民的志愿者。还有农村乡土人才，要多培养和发展乡土能人、道德典型、乡贤人物等，引导他们参与到乡村道德治理之中。

通过新一轮的村"两委"换届选举，各地选出了一批素质高、有头脑、带富能力强的村干部，其中很多农村能人被推选为村干部，这些人眼界宽、能力强，为民办事热情高，利用这些能人资源，以他们为典型示范，大力推进道德治村，既对群众有一定的号召力，又能解决工作中的一些难题，这样就能有力推动农村的思想道德建设。

三、倡导科学文明健康的生活方式，培育农村社会新风

生活方式是指人们在生活上和活动上的较稳定的习惯、形式。生活方式归根结底由生产方式决定，同时，也受传统习惯的强烈影响，而且在很大程度上取决于人们的价值取向、嗜好和追求。有什么样的价值观，就会选择什么样的生活方式。"居安思危，戒奢以俭"，这是历代有识之士的选择；"究其所欲，以俟于死"，"为美厚尔，为声色尔"，则代表了剥削阶级腐朽的生活方式。生活方式就像一面镜子，它能照出人的世界观、人生观、价值观，照出人的美与丑。

科学的生活方式是指要按照科学的原理、科学的规律来安排生活，而不是盲目的、无知的、愚昧的。例如，社会上有些人一提起现代生活方式，就单纯地追求"吃喝要精细，住房要宽敞，穿戴要漂亮，用品要高档，游玩要痛快"。他们不懂得吃、穿、住、用、玩与健康的关系，不懂得物质生活提高所带来的不利因素，因而不能科学地、有规律地安排自己的生活。

文明是现代生活方式的要素，是人类改造社会的成果，是社会进步的标志。它既表现为生产的发展、物质的丰富，也表现为文化的发达、思想的进步。因此，文明表现为物质文明和精神文明两个方面。精神文明表现为教育、科学、文化知识的发达和人们思想、政治、道德水平的提高。不文明的行为和习惯，就会损害人的健康。例如，在工业生产中，把大量的废水、废渣、废气排入江河、空气，就会使成千上万的人受害。在公共场所吸烟，就会使周围的人被迫被动吸烟，影响他人的健康。

健康的生活方式，既指精神生活的健康，亦指物质生活的健康。而物质生活的健康，又离不了身体的健康，身体要健康，就必须尽力杜绝一切有可能导致疾病的因素。

科学文明健康的生活方式，是互相联系的一个有机整体，是丰富多彩、充满生机和活力的。这种生活方式能够陶冶人的情操，振奋人的精神，激发人们的进取心，增强人们的体质，使民族兴旺，国家富强。倡导科学文明健康的生活方式，主要是指按照科学的原理、科学的规律来安排生活，明礼诚信，崇荣拒耻，操守高洁，情趣高尚，家庭和美，富而勤俭，富而思进，自强不息，奉献社会。这样的生活方式，对自己、对他人、对社会都有益处，是构建农村和谐社会、推进乡村振兴之不可或缺。

倡导科学文明健康的生活方式有其必要性。现阶段，农村社会存在铺张浪费的生活方式，且有日益蔓延的趋势。这样的生活方式不利于农村美丽家园建设，难以提振农民的精气神，是农村社会发展的腐蚀剂。

以社会主义核心价值观为指导，努力在农村社会形成适应现代生产力发展和社会进步要求的、文明的、健康的、科学的生活方式，振奋起积极的、向上的、进取的精神，这是当前农村社会要达到的生活状态。比如，贵州省安顺市西秀区东屯乡成立健康运动大队，营造健康生活方式。西秀区东屯乡为发展健康运动文化，引领全民健康运动，培育青年干部"运动、健康、团结、向上"的精神理念，营造奉献、友爱的工作氛围，推动全乡精神文明建设。同时，成立了东屯乡政府机关中青年干部健康运动大队。大队由乡党委书记担任大队顾问，乡党委副书记、乡长担任大队名誉大队长，大队还一致选举产生大队长1名、副大队长3名、总联络员1名和队容整理员1名，组成大队会务组，负责队员召集以及大队活动前的队容整理和安全指导工作。该乡同时定期不定期利用周末和节假日，组织队员进行健康有氧运动，如篮球比赛、田园运动、自行车比赛和其他友谊比赛等活动，力求形成良好的示范效应。

第七节　根脉为基，传承精神

几千年的中华文明根在农耕文明，灿烂的农耕文明是中国人引以为傲的文化资源。联合国国际粮农组织公布的31项"全球重要农业遗产"名录中，中国有11项，至今仍在农业生产中传承和使用。2012—2019年，住建部、国家文物局、财政部等部门共公布了五批中国传统村落名录，各地也相应公布了多批地方性传统村落保护名录。保护乡村传统文化是中国屹立当今世界民族之林的必然要求和根本举措。

一、推动优秀传统文化的精神传承与物质传承

农村是乡土文化的发祥地，乡土文化浸润乡里精神风貌和文化精神，造就了乡土性格和乡土精神。乡村文化振兴，振兴的是乡村文化，而不是别的什么文化。因此，只有以乡土文化为根基，以传承发展乡土文化为己任，才能体现出特色，形成自己的独特优势，这样的乡村文化振兴才有生存发展动力，才有活力和生命力，才有参与者和创造者；乡村文化只有形成具有乡土性格和乡土特色的、农民自己的文化风格和文化特点，才能避免沦为城市文化的翻版，乡村才可能获得真正的振兴。

乡村文化振兴的活水就是乡土文化，具体来讲，就是各地各具特色风情各异的农村文化。我国地域广大，各地风土人情差异甚大，形成了丰富多样的乡土文化。乡村振兴以乡土文化为重要任务，绝不是简单地复古，使乡土文化回归到原生态，而是在

传统乡土文化的基础上，对其加以传承发展，用现代人能接纳的方式使其获得活态发展，并在其中融入社会主义核心价值观。这样的文化振兴，是中国特色社会主义发展的内在要求，更是乡村振兴契合于社会主义新农村的必然结果。推动优秀传统文化的现代传承，主要依据如下。

一是坚定文化自信，实现中华民族伟大复兴的内在要求。文化自信关系国运兴衰、文化安全和民族精神独立性。当前，中华民族正大步迈向伟大复兴的历史征程，文化自信是大国复兴的必然要求。只有坚定文化自信，才能培固民族精神之根，熔铸中华之魂，涵养中国精神之源，共筑伟大复兴之梦。中华优秀传统文化是中华民族的根和魂，是坚定文化自信的底气所在，文化自强的优势所在，共筑伟大复兴中国梦的力量所在。坚定文化自信，需要实现传统文化的当代传承，使其能在中华民族的文化基因中传承下去，在现实中找到生存发展的动力和依托，这就对推动优秀传统文化的现代传承提出了新要求。

二是实现乡村振兴，提升当代农村发展水平和层次的重要精神动力。乡村振兴是新时代关于农村发展的新的战略部署，是在农村有了一定程度发展之后，从实际出发，在对改革开放以来农村发展实践经验总结的基础上提出的重大发展安排。改革开放后，当代农村经济社会发生巨变，农民生活水平有了大幅提升，但是，农村文化发展却不尽如人意，成为农村发展的短板，制约着农村改革的进一步深化。追根溯源，优秀传统文化是农村的根脉，只有推动优秀传统文化的现代传承，才能为农村文化发展找到一条发展的康庄大道，为乡村振兴找到真正的精神动力和文化支撑。

三是缩小城乡差别，全面建成小康社会的关键环节。进入新时代，我国发展面临的突出问题是城乡之间的不均衡，包括经济、政治、立化、社会等，在这诸多的不均衡中，城乡文化发展的失衡成为新时代需要着力解决的难题，这个问题不解决，必将影响农民的精气神，危害农村社会的文化自信和精神基础。

从内容上分类，传统乡土文化主要有物质文化、精神文化，还包含制度文化等。一般来说，乡土物质文化作为乡土文化有形的存在，是指那些能被人们直接感受到的外在的文化形式，如衣食住行等，它构成了乡土文化的载体。精神文化构成了乡土文化的核心，决定和影响着乡土文化的根本发展走向，是乡村振兴的灵魂。制度文化，比如文化风俗、习惯和节庆活动等内容，是文化精神的中层体现和乡规民约的制度表达，也是由文化精神决定的。综观文化发展的三个层次，精神构成了乡土文化的核心层次，它的变迁最终决定乡村文化振兴的成功与否，是乡村文化振兴的重要标杆。乡村文化振兴的任务之一就是推动乡村的物质文化和精神文化的传承，在这个前提下，推进制度层面的变革，为实现乡土文化的全面现代化提供重要保障。

二、传承发展优秀传统文化的方式

如何传承乡土文化成为当代乡村文化振兴的核心课题。乡土文化形成的年代较为久远，不少内容形成于特定的条件和环境，在现代条件下，失去了生存的环境，不少内容存在与现代生活脱节的问题，失去了生存的发展空间，相当多优秀传统文化面临着"无可奈何花落去"的窘境。优秀传统文化是中华文明的底蕴，是中华文明区别于其他文明的根本所在，因此，继承发展中华优秀传统文化，使其在与环境的互动中获得强大生命力，成为乡村振兴的重要使命。重振根脉文化，保住传统文化的根，需要探寻合适的传承方式。

在新时代，建设乡村文化应该从以下这几个方面入手。

（一）推动优秀农村文化新式发展

1.以价值引领为先导，重视乡村精神塑造

加强思想道德建设，以主流价值观塑造村庄精神，引领村庄发展，是农村文化建设的要义。要将社会主义核心价值观融入村庄发展，培育提炼村庄精神，体现村庄文化精髓。

2.优化活化传统文化资源

活化利用与村民思想感情、思维方式、生活方式高度融合的优秀传统文化资源推进乡村振兴，是农村文化内容建设的显著特点。传统村落是道德教化、礼仪规范、民俗风情、手工技艺等的综合体，凝聚着中华传统的根基和灵魂。优秀传统文化也是村庄发展的产业资本，浙江省丽水市松阳县盘活民俗文化、传统老屋、农林茶文化，依托山水优势，融入时尚创意元素，推动民宿经营、农旅结合、茶产业、微型文创等产业蓬勃发展。

（二）推动农村优秀传统文化造性转化

当前农村优秀传统文化传承已取得不少成效，积累了重要经验。如不少地方对当地的非物质文化遗产、古建筑群、古村落高度重视，已经形成了一整套保护传承模式，有些地方充分利用当地的文化资源，形成了独特的文化创意和文化产业链，实现了经济社会的收益双丰收。但是，农村文化传承仍然存在不少问题，如创新性不足，内涵和外延打造难以有效结合，活动形式有待丰富创新。同时，城乡二元结构造成城乡文化发展水平差距，农村文化基础薄弱、人才短缺，总体上相对落后于城市文化发展的基本态势仍未得到根本扭转。农民收入低、文化消费意愿不高；村中留守老年人居多、知识水平与能力相对较低，且具封闭性。不同地区在客观条件、资源禀赋、经济水平上存在基础差异。基层政府和干部文化理念、重视程度和能力有待提高。村集体经济薄弱，影响甚至制约农村文化发展，等等。这些都构成了农村文化传承不足的现实原因，也是农村文化振兴需要突破的瓶颈，必须下大力气解决。

（三）坚持在扬弃、创新中发展

推动中华文化创新式发展、创造性转化，要坚持扬弃、创新发展，要在尊重文化发展规律的前提下，坚持辩证取舍，有鉴别地对待，守住中华文化本根，传承中华文化优质基因。创新，就是着眼服务当代，面向未来，补充拓展完善中华传统文化的内涵，并赋予其现代形式，使其成为活水，为今人所取，为发展所用，体现出其当代价值，从而焕发新的生机和活力，使之得以更好地传承。

（四）以中华优秀传统文化的精华和智慧涵养乡精神

继承发展中华优秀传统文化，要用中华优秀传统文化的精华滋养当代中国人的精神世界，用中华优秀传统文化的丰富智慧提振当代中国人的精神力量。党的十九大报告指出，深入挖掘中华优秀传统文化蕴含的思想观念、人文精神、道德规范，结合时代需求继承创新。大力推动文化创新，在探索中突破超越、在融合中出新出彩，打造良好的文化生态，是推动中华优秀传统文化焕发新活力、再创新辉煌的必由之路。推动中华优秀传统文化与新时代相融合，铸就中华文化新辉煌，是新时代赋予乡村振兴的历史使命。让今天的大众接受、认同中华优秀传统文化，就要在不断赋予优秀传统文化新精神内涵的前提下尝试各种现代表达形式，要运用互联网等现代科技手段，使中华优秀传统文化"活"在当下，努力将中华优秀传统文化融入乡村百姓的生产生活中，使之与节日庆典、礼仪规范、民风民俗相衔接，与文艺体育、旅游休闲、饮食医药、服装服饰相结合。中华优秀传统文化只有在与乡村生产生活相融合中，才能体现其无穷魅力与实践价值，也只有这样，文化传承才会产生源源不断的内生动力，中华优秀传统文化才会在新时代的土壤中绽放出更加绚丽的色彩。

三、优秀传统文化的传承发展路径

传承农村优秀传统文化，是乡村振兴的重要课题。要加强传统村落保护，深入挖掘农村特色文化，加强对非物质文化遗产的整理、提升、展示和宣传，打造特色文化产业，重塑农村文化生态。

（一）保护好传统村落、民族村寨、传统建筑

传统村落作为农耕社会最基本的个体，在急剧的社会变迁和大规模的城镇化过程中日渐凋零。在这样的形势下，既适应社会变迁的基本趋势，又尽可能地记录、抢救和保存传统村落遗迹，已经成为社会各界努力的方向。

2015 年 12 月，习近平总书记在中央城市工作会议上提出，让居民望得见山，看得见水，记得住乡愁，保护和弘扬中华优秀传统文化，延续城市历史文脉，保留中华文化基因。

为此，应实施全国全省范围的传统村落评选活动，以促进文化村落的保护。山东省济宁市的做法是，通过实施省级传统村落评选活动，选取现存建筑有一定的久远度，传统建筑的占地规模、周边环境保存有一定完整性的，争取上级项目资金投入，结合他们各地村落的民俗当地的土壤和气候大力发展乡村旅游。深入挖掘乡风情、地理环境、土建设类村落、文化名俗类、生态景观类等传统村落的历史典故和个性特色，突出"一村一品""一村一景""一村一韵"和"村村有故事"的建设主题，保护和传承前人留下的历史文化遗产，凸显当地传统村落的特色与资源，提升整体村庄的品质与环境，实现保护与发展双赢。曲阜、梁山、邹城等地有很多通过发展乡村旅游实现当地经济发展的成功例子。这些地方走出了一条摒弃"村村点火、户户冒烟"的初级农业模式的新路，发展农家乐、美丽乡村旅游等项目，实现第一产业和第三产业的共同发展，在将传统村落展示给游客的同时，也增加了大量的就业机会，实现了当地村民增收，促进了经济的快速发展，为传统村落的保护提供更多的资金保障。

贵州省从江县目前列入中国传统村落保护名录的民族村寨共有 44 个，是一个名副其实的传统村落大县。从江县的做法，一是完善村寨基础设施，整治农村人居环境。通过中国传统村落申报，争取上级项目资金投入，整合各部门资源，全力抓好农村环

境卫生整治，维护传统村落古朴整洁的村容寨貌。二是完善村规民约，规范村民行为。倡导村民积极参与，实行民主自治管理。三是加强村寨古建筑的维护，弘扬和传承非遗文化。四是科学规划村寨，严禁过度开发。五是充分利用现有资源，全力打造传统村落休闲旅游。依托传统村落房屋、鼓楼、花桥等传统建筑民族文化资源和良好的生态环境优势，积极发展传统村落休闲旅游。

（二）重塑乡村文化生态

詹姆逊认为"任何一个群体都不可能独自拥有一种文化：文化是个群体接触并观察另一群体时所发现的氛围"。乡村文化生态就是以这样一种形式存在。乡村文化生态主要包含三个层面的含义：第一，乡村文化生存、发展、继承的土壤和环境，以及乡村各种文化关系之间的和谐，如乡村的物质文化、精神文化和制度文化之间的和谐；第二，乡村文化的多样性，以及乡村文化的再生、创新、化合的能力；第三，乡村传统民族民间文化与现代文化、都市文化的对话。

当代中国乡村文化生态正在发生剧烈的变迁，乡村文化不可避免地也随之发生着变异。因此乡村振兴在很大程度上是重建意义上的振兴，而乡村文化振兴，必然体现为文化生态的重建。

乡村文化生态建设不但要在健全乡村公共服务体系、加大培育乡村公共文化空间等方面下功夫，而且要从保护乡村文化的多样性和培育乡村文化再造能力入手；不但要建设乡村文化生态的内循环系统，而且要积极构建乡村文化生态的外循环系统。

（三）发展乡村特色文化产业

充分挖掘乡村特色文化内涵，发挥乡村特色文化活动的纽带作用，不但可以重建乡风文明、民风融洽、家风和睦的乡村社会，而且能够带动特色文化经济蓬勃发展，促进乡村振兴繁荣。

传统村落是中华民族特有思想理念的重要载体，是中国人民特有的处世方法、生活理念、情感样式的集中表达，能够彰显中华文化特色，弘扬中国精神，传播中国价值，传承人文精神和传统工艺。因此，发展乡村特色文化经济要以"文化 +"为着力点，全力打造乡村特色文化旅游，以实现乡村振兴和乡村文化经济繁荣。

发展乡村特色文化产业是利用好农业文化资源的重要路径。通过乡村文化遗产资源的产业化开发，将特色文化资源潜在经济价值转化为现实价值，把特色文化产业变成乡村可持续发展的产业支撑。实践已经证明，利用乡村特色文化资源，把链条延伸拉长，推动乡村特色文化旅游等综合性产业发展，是乡土文化资源传承的有效路径。

传统农业社会在生产生活过程中，流传下来很多传统手艺、技艺、工艺，成为不同层级非物质文化遗产的门类之一。老手艺、技艺、工艺是各地凸显特色个性的重要文化资源，要对老手艺活态化利用，为这种文化遗产的传承创造难得的机遇和条件，实现特色化产品转化。通过打造"主题村落再造"模式，以主题村落为载体，以文化旅游为功能，以活态传承为方式，依托传统手工技艺类乡村特色文化资源开展乡村旅游，即以聚集开发为手段，整体形成一个极富活力的生态文化博物村落，是形成乡村特色产业的基本路径。

2011年国家文物局公布了第一批生态博物馆，选择了独具特色的民族村寨，且有完善原生态的非遗活态传承，如云南西双版纳傣族园、贵州雷山西江千户苗寨等，它们都已经成为全国知名的乡村旅游胜地。这种乡村文化聚集地往往可以依托特定风俗开展多样化的节庆活动，给游人提供参与体验的文化载体。如最具岭南历史的民间风俗活动——广东省江门市雅瑶镇乡村特色文化活动"烧炮头"，在满足了村民对生活的殷切期盼与精神需求的同时，又传承弘扬了优秀传统民俗文化。

（四）促进农耕文明和现代文明有机结合

我国是一个农业大国，农耕文化源远流长。在长期的农耕实践中，先辈们积累了丰富的农耕经验，留下了极具价值的农业文化遗产。截至2017 年，我国已有 62 项农业文化遗产被纳入国家保护地图，其中11 项入选全球重要农业文化遗产，数量居世界各国之首。但是由于缺乏系统有效的保护，在经济快速发展、城镇化加快推进和现代技术应用的过程中，一些重要农业文化遗产正面临着被破坏、被遗忘、被抛弃的危险。因此，留住农耕文化之魂，亟待加强农业文化遗产的挖掘和保护。

当前，我国农业文化遗产保护面临着许多问题。中国工程院院士、联合国粮农组织全球重要农业文化遗产指导委员会主席李文华指出，对农业文化遗产的精髓挖掘不够，没有系统地发掘出农业文化遗产中的历史、文化、经济、生态等价值。与此同时，社会价值、传统理念与现代技术的创新结合也不够。《中国重要农业文化遗产发掘与保护工作评估报告》指出："农业文化遗产保护制度建设还要不断向前推进。尽管出台了《重要农业文化遗产管理办法》等一系列法规制度，但当前最紧迫的是缺少生态与文化方面的补偿措施。遗产地传统农耕生活对年轻人缺乏吸引力，很多传统农耕栽培技艺的传承人年龄都在 60 岁以上，面临后继无人的状况。"此外，保护与可持续利用机制也有待健全，仍存在重眼前、轻长远，重申报、轻保护，重生产、轻生态的现象。

农业不仅具有经济功能，还有其他多种功能，诸如生态、文化、社会功能。对农业文化遗产展开发展性保护，就要保证农民收入不断增长，让农民从农业文化遗产保护中受益，实现多方参与、共享发展。要把农业文化遗产保护和特色农业、生态农业、休闲农业、品牌农业、文化产业的发展有机结合在一起。这样不仅农产品能为发展提供物质基础，而且生态产品和文化产品可以为生态和文化产业的发展提供物质基础，多种产业融合发展，促进当地经济水平提高。

传统农耕文明要保护与发展，但不应简单开发。在这个问题上，浙江省青田县的做法给了我们很好的启示。浙江省青田县方山乡龙现村碧绿的水稻间游动着红色田鱼，脚掌大的青石、泥草垒砌的田埂引人注目。青田县农业农村局有关负责人介绍，这种田埂的垒法自古流传，为保护田鱼，不用水泥砌起，当地农民种田不用化肥，环保又安全。青田稻鱼共生系统的传承和保护，让农田生态系统得以平衡，生物多样性得以保护。

开犁是一项传统农事习俗。2018年5月，浙江省瑞安市林川镇5个村庄抱团联办开犁节活动，吸引近万名游客前来旅游观光，重温农耕文化，体验农耕生活。开犁节不仅传承了传统的开犁活动，还融入了特色鲜明的农村体验活动。乡村振兴，既要塑形，也要铸魂。乡村文化就是这个魂。近年来，瑞安市树立"产村人融合"理念，不断保护开发乡村文化的"富矿"，把乡村文化融入乡村建设、乡村文明、乡村治理中，推进规划美、环境美、人文美、风尚美、秩序美，努力实现乡村振兴。

南方的青田稻鱼共生系统、北方的内蒙古敖汉旱作农业系统、西部的新疆吐鲁番坎儿井农业系统都实现了传统农耕文明与现代技术的完美结合，为新时代文化传承提供了不同的成功模式和启发。

四、优秀传统文化传承发展对策

（一）树立人才是根本的文化发展理念，建立多层次的文化人才队伍

农村发展，人才为本。优秀传统文化传承需要大批文化人才，既要专业人才来进行规划、引导和指导、管控，更需要各类综合性人才来实施推进。结合当前我国农村

社会和农村文化的现实，各地农村要下大力气广纳贤士，吸纳入才，具体措施包括：改革用人制度，创新用人机制，在机构编制、职称职级、福利待遇等方面向基层文化人员倾斜；建立相关规章制度，提供条件保障，吸引乡贤、志愿者等优秀人才进入农村文化领域；增加农村生活时尚元素，吸引青年驻村参与建设；等等。

（二）坚持以文化人，重视培育提升农民文化素质

从根本上说，农民是优秀传统文化传承发展主体，文化传承归根结底要依靠这个主体，其成效如何取决于农民的文化素质和文化意识传承。尊重农民的农村文化传承的主体地位，发挥其主力军作用，是优秀传统文化传承的必然。同时，必须看到，相当数量的农民文化素质较低，在文化传承意识和价值上认识不足，即使被发动起来主动参与，在传承中由于个人文化素质所限，难免力不从心。因此，必须重视培养、教育农民，用社会主义核心价值观、现代文明提升其素质，提升其文化层次和水平，使其形成良性自我发展机制，敢于传承，乐于传承，能于传承，切实担当起文化传承发展的重任。唯其如此，乡村文化才能得以真正的振兴。

（三）站位高远，以开放态势提升文化活动品质

文化传承既要立足优秀传统文化资源，更要注重提炼出新，从现文明中汲取滋养、走向开放，打造具有新时代特质的农村文化。如丽水"乡村春晚"依托传统民俗文化、结合旅游产业、融入时尚元素，已成为城乡共享的文化品牌。2017 年3 月12日晚，群星璀璨聚联城，共建文明新农村 2018 联城一太平乡村春晚优秀节目展演在武村农贸市场交易点隆重举行。晚会以太平巨溪村的《龙腾虎跃》民俗表演开场，只见一条金龙左耸右伏，九曲十回，时缓时急，蜿蜒翻腾地在舞台上舞弄起来。正是这种文化原生态，饱含着浓浓的乡土气息，足以抹平久别的"乡愁"。民众的热爱与广泛参与，永远是文化发展的内生动力。透过"村晚"这个文化窗口，我们深刻感受到其中的文化内涵，每个群众的脸上都映衬出"文化自信"四个字。

当今社会，互联网已成为人们生产生活不可或缺的条件，在促进经济社会快速发展的同时，也改变着人们生产生活与思维方式，营造出新的社会关系和文化氛围，催生出诸多新的文化事象，形成新的民俗。网络民俗就是以传统民俗文化为基础、以网络技术手段和语境为载体，由广大网民创造、享用和传承的新兴文化生活和生活文化。它涉及人们的学习、工作、娱乐、生活等方面，包括以音乐、舞蹈、戏曲、影视、美

术等为主要内容的网络民俗艺术，以网络空间为平台、由"写手"或"推手"与读者互动、集体创作的网络文学，以符号、数字、字母等为主要形式和新造、翻译、同音等为主要内容的网络民俗语言，以网络红人、"最美 XX 人和事"等为核心"圈"的网络崇拜与信仰，以电子贺卡、电子祝福、电子祭祀等为主的网络祝福与祭祀，以及网络游戏娱乐、网络占卜等形式。

（四）多方筹备，鼓励社会力量参与文化建设

我国优秀传统文化内容丰富，其传承是一项繁杂而重大的任务，只依靠某一方面的力量显然难以满足发展需求。为此，需要动员社会各方力量参与，鼓励和吸引多类型、多渠道、多形态、多元化的社会力量参与其中，涉及人才、资金、内容等方面，提供多样化产品，满足不同层次需求。

舟山市普陀区六横镇积极开展"文企结对"活动，"淘文化"公共文体产品和服务平台已有 600 余家文化企业入驻，成为农村优秀文化传承的典范。

2018 年10月1日，新疆喀什地区疏勒县英阿瓦提乡滚独鲁库木村的村民们着装一新，整齐列队在村委会广场，升国旗、唱国歌、面向国旗宣誓……随后，设在村委会内的爱心超市又一次开放了，村民们排起了长长的队伍，手里拿着积分券，等候用积分兑换所需的物品。爱心超市里，衣服、大米、食用油、日用品等琳琅满目。爱心超市是新疆维吾尔自治区社会科学界联合会、北京市仁爱慈善基金会共同发起的一项活动，目的是助推新疆南疆农村脱贫攻坚工作，倡导村民有诚信讲道德，弘扬中华优秀传统文化，重塑乡村文化生态。滚独鲁库木村的爱心超市以"惠民""爱心""孝心""责任心""致富心""传递正能量"等方面为主题，围绕村民参与维稳工作、积极配合工作队和村"两委"坚强基层基础、脱贫攻坚、积极参与村级事务管理、家庭美德、国家通用语言学习教育等方面进行奖励，结合村规民约制定《超市管理办法》和积分兑换规则，把思想引导和物质奖励结合起来，激发村民内生动力，让扶贫、扶志、扶智真正落到实处。

（五）积极发展村集体经济，为文化建设提供资金保障

各地村集体经济情况不一，其强弱程度影响着农村文化建设。重视发展村集体经济，为建立优良乡风文明提供充分的内源式资金保障，才能筑牢基层思想文化阵地、消除迷信活动。

列入第三批国家级非物质文化遗产名录的"蓝夹技艺"是中国印染工艺的"活化石"，曾是温州民众婚嫁的必备用品。非遗传承人王河生与其他农户一起组建的马屿镇净水村靛青专业合作社，以蓝夹靛青染料炼制技艺为核心，创办蓝夹博物馆。此举不但完整地传承了靛青种植、炼制及蓝夹产品制作一整套技艺，还利用靛青的根（即南板蓝根）制成农产品，走出了一条传统非遗文化带动特色农业的路子。文化为犁，强村富民。蓝夹靛青染料炼制技艺成了产品宣传的活招牌。"原来一亩地仅收益两三千元，现在可达七八千元，效益明显提高。"王河生说。他们开通了淘宝店等网络销售渠道，上架了蓝夹手工制品、板蓝根等特色产品，吸引了很多外地消费者购买。2017 年蓝夹博物馆与靛青专业合作社的销售总额超过 100万元。蓝夹产品等民间民俗工艺品，凝聚着一方村民的文化追求，是有别于城市的显在表现之一，其文化的异质性将是实现乡村发展、壮大集体经济的重要因素。

第八节　共参共建，载体育人

党的十九大明确提出："文化是一个国家、一个民族的灵魂。文化兴国运兴，文化强民族强。""完善公共文化服务体系，深入实施文化惠民工程，丰富群众性文化活动。"加强公共文化服务体系建设，保障人民群众基本文化权益，是乡村文化振兴的重要内容。

文化振兴，关键在人。人的作用的发挥，离不开一定的载体。推进乡村文化振兴，要注重载体和平台建设，需要文化基础设施、文化场所，也要合理配置文化资源，组织开展丰富的文化活动，以巩固农村文化阵地。

农村公共文化服务，是指国家和社会力量对农村公共文化建设和农村群众文化活动给予帮助和支持，是农村社会福利的一个重要组成部分，以满足广大农民日益丰富多彩的精神文化生活的需要为服务重点。农村公共文化服务，是全面建成小康社会的内在要求，是新农村建设的重要内容，对于加强农村文化建设、保障农民享受基本文化权益、提高农民文化素养和生活水平、促进农村经济发展和社会和谐具有重要意义。

一、农村公共文化服务体系建设存在的问题

公共文化服务，是指由政府主导、社会力量参与，以满足公民基本文化需求为主要目的而提供的公共文化设施、文化产品、文化活动以及其他相关服务。公共文化服

务的根本目的是更好地满足人民群众的基本文化需求，实现好、维护好、发展好广大人民群众的基本文化权益。应推动基本公共文化服务标准化、均等化发展，引导文化资源向城乡基层倾斜，创新公共文化服务方式，保障人民基本文化权益。

近些年来，各级党委、政府高度重视农村公共文化设施的建设，不断探索，积极实践，农村文化建设取得了显著成效。但是，农村公共文化服务体系建设还存在很多问题。

（一）资金短缺

首先，公共文化服务资金严重不足，缺乏有效的资金投入和基本经费保障。我国文化事业费占国家财政总支出的比重，多年来在 0.30.4% 徘徊，而在这些资金中对农村文化投入仅占全国文化事业费的25.5%左右。其次，地方政府投资太少，农业税费改革以后，农业税取消，乡镇政府的财政收入留存有所减少，而支出责任并未相应递减。资金困难就难以保证农村文化建设方面的资金拨付。再加上，在农村，文化室大多由村干部兼任，没有任何报酬，工作积极性不高，专业水准也参差不齐，开展公共文化服务活动的能力十分有限，设施闲置现象较为突出。

（二）管理混乱

些地方对农村公共文化服务工作认识不足，领导重视程度、投入力度和工作力度都还不够。认为文化工作是软任务，花钱多效益少，可搞可不搞的大有人在，因此不少地方官员对经济的关注远远胜于精神和文化建设，而忽略乡村公共文化服务体系的建设与保障。另外，在文化事业管理体制上存在多头管理、条块分割的问题，多个部门各自为政。基层政府领导对农村文化工作缺乏有效考核监督机制和具体考核措施。

（三）人才匮乏

基层文化队伍整体素质也明显偏低，没有准入门槛，文化服务难以适应文化工作的需要。另外，县镇二级文化单位队伍不稳定，人才流失比较严重，很多单位需要的人才进不来，但不需要的人员又出不去。村一级农村文化人才严重缺失，专业人才匮乏。

（四）农民主体意识淡漠

在农村，不少人还是以物质生活为第一位，留守的部分有文化、有知识的人员大多时间都投入市场经济博弈中去。对发家致富的渴望和追求，让他们根本无暇顾及自身对文化的需求和参与。

此外，还存在农村公共文化服务水平不均衡问题。主要是地区间不平衡，东部地区和西部地区差异很大，发达地区和不发达地区存在明显差异等。这些问题的存在严重影响着农村公共文化服务体系的建设，使农村精神文明长期滞后，正能量不足，导致部分农村地区的赌博地下彩票、封建迷信活动等歪风邪气抬头，严重影响了地方的治安和社会的稳定。

二、新时代农村公共文化服务体系建设的基本要求

依据党的十八届五中全会部署和党的十九大部署，结合当前我国经济社会发展水平和农村文化事业发展实际，新时代构建农村公共文化服务体系有以下几点要求。

（一）以人为中心，满足人的基本文化需求

以人为中心，就是要以当代农民为中心，准确认知农民文化层次和文化水平，深入了解并不断满足其基本精神需求，科学规划，让村民真正成为设施的主人、活动的主体、服务的对象，提升农民的文化获得感。切忌主观臆想，提供了农民不需要、不参与的服务，输了不该输的血，这样不仅达不到预期目的，相反还会带来不好的后果。

（二）明确政府责任，做好扶持、投入和监管

政府需要承担其农村公共文化服务的主要责任。从资金、项目、人才、活动、监管等不同角度大力投入、提供指导、加强保障、加强监管，农村公共文化服务建设才能落到实处、取得实效。同时，也积极鼓励企业、社会、非营利组织和广大群众提供农村公共服务，不断扩大供给，提高服务水平。同时，鉴于当前农村公共服务体系出现的新情况、新问题，政府各部门应负起落实、监管责任，明确责任主体，制定相关标准，对指标的完成情况给予奖惩，用规章制度加以规范，切实解决因空置闲置而造成的资源浪费问题。

（三）培育和弘扬社会主义核心价值观

乡村文化承载着以文化人、以文育人，促进人的全面发展的重要社会责任。什么样的文化能化人育人？社会主义核心价值观提供了当代最好的答案。在农村公共文化服务体系中，要以培育和弘扬社会主义核心价值观为目标，在设施建设、产品提供、活动开展中贯穿渗透这条主线，为美丽新农村建设提供灵魂。

（四）提高村民文化素养，促进人的全面发展

明确农村公共文化服务的对象及主要任务，以此为基本依据，在服务提供上，把握新时代农民的文化素养现状及发展需求，从规划到实施，让专业的人干专业的事，根据需要举办名家讲堂、文化活动，还可以有计划地组织有想法的人外出参观，开放思维、启迪思维，提升农民的科学文化素养和精神文明素养。山东省寿光市公共文化服务体系提档升级就是很好的例子。为更好满足人民群众对美好文化生活的期待，寿光市以"文化名市"建设为统领，将 2018 年确定为全市"乡村文化振兴年"，全面叫响"农圣故里·文明寿光"核心文化品牌。寿光市积极完善公共文化服务体系，建设了一批文化惠民工程，加强了公共文化基础设施和服务网络建设，实现公共文化阵地提档升级和公共文化服务效能不断提升。寿光市财政每年出资200万元，为 100个村（社区）文化大院、农家书屋配备文体设施，推出"你读书、我买单"线上线下活动，形成了以城市书房辐射乡村阅读的新模式。2018 年寿光市创新成立了公益性全民艺术普及社会联盟，首批确定了 11家试点单位，开展舞蹈、音乐、绘画等公益培训，全年培训辅导文艺骨干2万余人次。

三、农村公共文化服务体系的建构

（一）农村公共文化服务体系建构的总体思路

以强化资源整合、创新管理机制、提升服务效能为重点，因地制宜进基层综合性文化服务中心建设，把服务群众同教育引导群众结合起把满足需求同提高素养结合起来，促进基本公共文化服务标准化均化，使基层公共文化服务得到全面加强和提升。

坚持供给侧结构性改革的思路，顺应人口分布和流动趋势，基于农民的需求变化，优化文化资源配置，创新文化供给形式。通过给农民提供文化消费券等形式积极开辟新的文化下乡途径，吸引市场主体参与乡村文化供给，让农民自主选择喜欢的文化产品去消费。引导村民制定简单易行的村规民约，持续整治"无事酒"。突出农村党员的

先锋模范带头作用，通过组织纪律，禁止村"两委"干部大操大办红白喜事，引导干部群众从我做起，从身边做起，移风易俗，倡树新风。在村社、广场等群众聚集地设置展示榜、形成强大舆论氛围，让群众在耳濡目染、潜移默化中受到教育，涵育村风民风。通过召开村民代表座谈会、发放倡议书、签订承诺书和入户宣传等形式，将禁止大操大办婚丧喜庆事宜的村规民约宣传到户、到人，入心入脑，引导村民主动转变观念，自觉追求更加文明的生活方式。

（二）农村公共文化服务体系的建构措施

1.加强设施建设和管理，优化公共服务网络

政府进行专项规划，结合当地实际需求和文化特色，建设公共文化设施。公共文化设施的种类、数量、规模、选址和布局，应当优化配置，形成场馆服务、流动服务和数字服务相结合，覆盖全面、便利可及的公共文化设施网络，满足人民群众基本文化需求。建构专门文化管理队伍，提升文化服务效能，做到"一乡一组织，一村一专人"。乡镇（街道综合文化站要有专人负责，充分发挥组织引导、人才培训、协调管理、业务指导的职能。社区（村）配备专职文化体育管理员1名，建立群众文化需求反馈机制，实行菜单式服务。

2.丰富公共文化产品供给，提高公共文化服务效能

公共文化产品供给和活动开展，是公共文化服务的重要内容，直接关系公共文化服务质量。政府加强公共文化产品创作生产规划，支持和引导优秀公共文化产品的创作生产，加强优质公共文化产品的供给，弘扬社会主义核心价值观。积极推动当地优秀传统文化的创造性转化、创新性发展，支持具有地方特色的文化产品生产和文化活动开展；创建地方文化产品和活动品牌。由人民政府积极组织开展全民阅读、全民普法、全民健身、全民科普、全民艺术普及和优秀传统文化传承及家风培育活动，实施基层特色文化品牌建设项目。建设具有当地文化底蕴特色的历史文化展馆，社区（村）建设具有特色的历史文化展室，收入本地历史人物、村庄建制沿革、重大事件、老物件、老家具等展品，保护历史文化记忆，把好的民风、好的家风一代代传承下去。

3.用乡村文化活动满足群众精神文化需求，做到"一乡一礼堂，一村一舞台"

乡镇（街道）规划建设文化礼堂，满足举办文化节庆、人才培训、文体活动等功能需求。建设社区（村）演出台，配备灯光、音响等基础设施，为实现从集体文化活

动到登台文艺表演的提升提供条件,满足群众文化活动要求。以弘扬传统艺术、传播现代艺术、普及高雅艺术为重点,推动公共文化服务向基层下沉,广泛开展培训、演出、展览、讲座等文化惠民活动。

文化院坝构建公共文化服务体系新模式。"只要有时间,我们就会到作平文化大院里排练、跳舞、看书,日子越过越有滋味儿!"四川丹棱县桂花村村民彭桂容笑着说,这里俨然成了大家的精神家园。彭桂容口中的"作平文化大院",是该村集文化活动、宣传教育、科学普及等为体的文化院坝,也是该县第一个农民自建的文化院坝。作平文化大院、德祥文化大院等是综合性的群众自办文化院坝,盆景园文化大院是文旅结合的文化院坝,培珍摄影文化大院则是专业类的文化院坝……"文化院坝建成后,免费对民众开放,大家会常常聚在一起开展文化活动,成了名副其实的老百姓舞台。"该县文广新局负责人表示,"民间众筹文化院坝建设最大的创新和特点便是民间自办、贴近群众。"它建在百姓身边、田间地头,是从田野里长出的文化,接地气,有力地弥补了社会公共文化服务在农村的空缺。丹棱县通过政府购买、以奖代补、树立典型、搭建平台、服务指导等举措,引导民间众筹文化院坝建设,创新公共文化服务体系,成功探索出了构建现代公共文化服务体系建设的新模式。

对于农村基础设施,不但要加大建设投入力度,还要研究如何完善管护机制,让农村基础设施建得好、护得好、用得久。对于农村基本公共服务,要研究怎样提档升级,改善服务质量,真正实现从有到好的转变,促进城乡基本公共服务从形式上的普惠上升到实质上的公平。继续加大投入力度,推进新增教育、医疗卫生等社会事业经费向农村倾斜。以增强公平性和适应流动性为重点,推动社会保障制度城乡统筹并轨,统筹城乡社会救助体系,完善最低生活保障制度,完善养老体系。要加快农业转移人口市民化进程,落实好户籍制度改革措施,更好解决随迁子女上学、社保、医疗、住房保障等实际问题,使更多的随迁家庭融入城市生活。加大对返乡创业农民工的政策扶持,让他们安下心来、致富起来,使更多留守人群得到家庭团聚、亲人关爱。同时,建立健全留守人员关爱服务体系,在基本生活保障、教育、就业、卫生健康、心理情感等方面及时为他们提供有效服务。

第九节　文明风貌，道德化人

完善群众文艺扶持机制，鼓励农村地区自办文化。培育挖掘乡土文化本土人才，支持乡村文化能人。加强基层文化队伍培训，培养一支懂文艺、爱农村、爱农民，以及专、兼职相结合的农村文化工作队伍。传承和发展民族民间传统体育，广泛开展形式多样的农民群众性体育活动。鼓励开展群众性节日民俗活动，支持文化志愿者深入农村开展丰富多彩的文化志愿服务活动。活跃繁荣农村文化市场，推动农村文化市场转型升级，加强农村文化市场监管。

按照有标准、有网络、有内容、有人才的要求，健全乡村公共文化服务体系。推动县级图书馆、文化馆总分馆制，发挥县级公共文化机构辐射作用，加强基层综合性文化服务中心建设，实现乡村两级公共文化服务全覆盖，提升服务效能。完善农村新闻出版广播电视公共服务覆盖体系，推进数字广播电视户户通，探索农村电影放映的新方法新模式，推进农家书屋延伸服务和提质增效。继续实施公共数字文化工程，积极发挥新媒体作用，使农民群众能便捷获取优质数字文化资源。完善乡村公共体育服务体系，推动乡村健身设施全覆盖。

一、良好社会风气是文化振兴的重要体现

乡村振兴，既要塑形也要铸魂，要形成文明乡风、良好家风、淳朴民风，焕发乡风文明新气象。推动农村全面进步、农民全面发展，必须坚持物质文明和精神文明一起抓，提升农民精神风貌，不断提高乡村社会文明程度。

在快速工业化城镇化大潮下，农村人口流动性显著增强，乡土社会的血缘性和地缘性逐渐减弱，农村由从熟人社会向"半熟人社会"加快演化。一些地方乡村文化特色逐步丧失，传统重义轻利的乡村道德观念侵蚀淡化，人际关系日益功利化，人情社会商品化，维系农村社会秩序的乡村精神逐渐解体，一定程度上造成了乡村社会秩序的失范。一些农民社会责任、公德意识淡化，与家人感情日益淡漠，家庭观念不断淡化，导致不养父母、不管子女、不守婚则、不睦邻里等有悖家庭伦理和社会公德的现象增多，家庭的稳定性不断被削弱。封建迷信有所抬头，陈规陋习盛行。一些地方农村红白喜事大操大办，攀比之风和过度消费盛行。在农村精神文明建设方面，缺乏一

套适应农村社会结构特征、符合农民特点的有效方式、办法和载体，隔靴搔痒、流于形式的问题比较突出。

小康不小康，关键看老乡。农民富不富，还要看里子。改变农村的不良社会风气、提高农村社会文明程度是乡村振兴的重要内容。农村的乡风文明，不仅要靠德治，还要靠自治，靠乡规民约。今天我们强调，不断提升农民的获得感、幸福感、安全感，这种提升不仅指生活水平提升，在很大程度上依靠农民自我意识感悟，需要自我提升。社会风气直接影响着人的认知，因此乡村要实现真正的振兴，这就需要改变乡村居民的生存环境氛围，形成有利于人的精神能力和精神境界提升的社会风气。要突出问题导向，要从实践中发现问题，踏踏实实地解决问题，不能推脱责任、规避矛盾，要加强舆论引导和监督监管，媒体要关注，部门要负责，把问题亮到明处，落到实处，要旗帜鲜明地弘扬正能量，通过各种渠道各种方式致力于促进良好社会风气的形成。

乡村是否振兴，要看农民的精气神旺不旺，看乡风好不好，看人心齐不齐。必须以社会主义核心价值观为引领，坚持教育引导、实践养成、制度保障三管齐下，采取符合农村特点的有效方式，加强农村思想道德建设，加强农村公共文化建设，开展移风易俗行动，弘扬乡村文明。让健康的群众文化生活引领乡风文明，是湖北省恩施州建始县长梁镇火龙社区正在探索实践的一项举措。"川牌锣鼓"、狮子舞表演、广场舞一直是当地群众喜爱的文化活动，火龙社区将文化资源整合创新，把乡风文明、社会主义核心价值观、本土旅游资源、特色产品等内容巧妙融合到文艺表演中，用群众喜闻乐见、寓教于乐的表演形式弘扬主旋律、倡导文明新风、推广本地特色资源。为打造一支乡风文明宣传表演队伍，火龙社区居民齐上阵，成立了川牌锣鼓、舞狮子、三句半、广场舞等表演团队，编排了"歌唱村规民约""阳光火龙"快板等节目，购置了专业台架、服装道具，修建了室外表演舞台，广场周围利用户外写真、喷绘、宣传栏，营造出浓厚的乡风文明氛围。居民们经常欢聚在广场，或排练节目，或运动健身，或拉拉家常，彼此增进感情。阳光、健康、文明的生活方式，已经悄然走进每一位火龙居民的身边。

二、培育文明乡风

"万民乡风，旦暮利之。"乡风是维系中华民族文化基因的重要纽带，是流淌在田野上的故土乡愁。《中共中央 国务院关于实施乡村振兴战略的意见》强调，乡村振兴，乡风文明是保障。实现全面小康的最大短板在农村，重点和难点在农民。在全面建成小康社会指标体系中，农民素质的提高和乡村社会文明程度的提升，是一项重要的指标。

1.乡风文明是乡村振兴战略的"魂"

乡村振兴，要"塑形"，更要"铸魂"。乡村发展好不好，不能光看农民口袋里的票子有多少，还要看农民的精神风貌怎么样。淳朴的乡风，是培育涵养高素质农民的沃土；厚重的乡风，可以成为乡村振兴的软实力。从这个意义上，乡风文明既是乡村振兴的一个重要目标，也是乡村振兴的灵魂和保障。

2.乡风文明对建设产业兴旺、生态宜居、治理有效、生活富裕的乡村起着十分重要的作用

乡风文明作为农村社会主义精神文明的重要组成部分，渗透到乡村建设的各个方面，为乡村振兴提供思想保障、精神动力和智力支持。培育乡风文明，可以引导农民在思想观念、道德规范、知识水平、素质修养、行为操守以及人与人、人与社会、人与自然的关系等方面继承和发扬民族文化的优良传统，摒弃传统文化中消极落后的因素，适应经济社会发展，不断有所创新，并积极吸收城市文化乃至其他民族文化中的积极因素，以形成积极、健康、向上的社会风气和精神风貌。

3.乡风文明在当代新农村建设中具有特别的地位和作用

在不同时期，我们强调乡风文明，一方面凸显了乡风文明在当代农村建设中的重要性和长期性；另一方面也表明了乡风文明建设的艰难性和艰巨性。因此，乡风文明必须坚持久久为功，常抓不懈。

4.乡风文明为实施乡村振兴战略提供动力源泉

农民是农村的主人，农民素质的高低直接决定了乡村振兴战略的实施效果。加强乡风文明建设能够提高农民的思想道德水平和科学文化素质，提振农民的精气神，促进农民养成良好的思维习惯、生活习惯和行为习惯，充分调动农民实施乡村振兴战略的积极性、主动性和创造性，为实施乡村振兴战略提供强大的动力源泉。相反，如果农民文明素质较低，不良风气盛行，则会严重影响农民的精神状态，从而严重阻碍乡村振兴战略目标的实现。

5.乡风文明是农民幸福感和安全感的重要体现

抓好乡风文明建设能够促进物质文明建设，进一步增强农民的获得感。坚持以文化人、以文育人，用文化的力量塑造农民精神新风貌、焕发乡村文明新气象。要把社会主义核心价值观融入农村社会发展各方面，转化为农民的情感认识和行为习惯。突出抓好农村人居环境和思想道德建设，开展"双创"（创建十星级文明户、创建文明新村）活动。建立健全村民议事会、道德评议会、红白理事会、禁毒禁赌协会等群众组织，褒扬乡村新风、反对不良行为。

加强乡风文明建设，一方面要传承和弘扬优秀的礼仪文化、农耕文化、民俗文化、非物质文化遗产等，重塑乡村文化的现实价值。另一方面在乡村社会结构快速转型期，要直面城乡融合发展过程中可能出现的不适应，加强农村思想道德建设、推进移风易俗等乡风文明建设工作。不仅要建立优化具有"村格"的社会功能，如乡村调解、道德评议、村规民约等，也要注重引人文化艺术、新媒体等现代媒介，逐步强化村民接受教育的广度和深度，不断提升文明素质和道德水平。

近年来，吉林省农村精神文明建设取得丰硕成果。通过强化榜样引领，深入开展城乡共建活动，优化人居环境，丰富农民文化生活，增强农村凝聚力，为广大农民群众提供多层次的志愿服务等措施，为加强乡风文明建设提供了重要经验。其中，其志愿服务主要形成了关爱农村未成年人、农村残疾人、农村空巢老人和科技、环保、文化、急难险重等多个"邻里守望"志愿服务活动常态化项目，为培育良好乡风提供了实践基础和良好典范。通化县通过制定出台《农村环境综合整治工作月度暗查等级评定及曝光奖惩办法》，推动社会主义核心价值观落地生根。

培育乡贤，激活榜样，塑造精神。国家"十三五"规划纲要提出，培育文明乡风、优良家风、新乡贤文化。2018 年，《中共中央 国务院关于实施乡村振兴战略的意见》再次强调，积极发挥新乡贤作用。新乡贤是指村里德高望重的老人，退休返乡、打工回乡的有管理能力、有知识、懂技术、有经济头脑的人，道德模范、身边好人、乡村教师、经济能人等有助于乡村治理的人，这部分人由于自己的特殊身份在农村具有广阔的社会资本和社会资源，在发展规划、出谋划策、协调资源、问题应对、促进发展方面具有无可替代的作用，在一定程度上弥补了乡村振兴的资源不足。因此，充分发挥其在新农村建设和乡村振兴中的作用，发挥其榜样力量，形成学习尊崇乡贤的风气，不仅有利于凝聚乡贤文化的力量，促进乡村振兴，而且对于提振乡村士气，促进乡风文明，具有重要意义。传承优秀的乡贤文化，并赋予其新的时代内涵，以乡情为纽带，以新乡贤为模范引领，推进乡村振兴，是乡风文明建设的重要内容。要善于总结各地创新发展乡贤文化、精心培育区域道德文化品牌的经验，推进乡贤文化的制度建设、品牌发展。

乡贤是乡村振兴战略的精神灵魂。安徽省黄山市唐模村被誉为"中国水口园林第一村"，这个历经百年风霜，以水口园林、徽派建筑和田园风光为主要特色的古村落，是目前徽派古建筑遗存最多的村落。这个古村落是由唐朝越国公江华的太曾祖父叔举创建的，晚清翰林许承尧更让这个村落享誉安徽。许承尧 1904 年毅然请旨回乡兴办新学，先后在故乡唐模创办了敬宗小学堂和端则女子小学堂，成为今日唐模小学的前身。皖南学务以徽歙最早，"歙县兴学，则自许氏。"黄山学院原副院长汪大白介绍，正是许承尧的一腔爱乡之情才让今人看到了徽州园林的精品历史上的乡贤留下了建筑园林、传统手艺，还留下了宝贵的精神财富。

乡贤文化是中华优秀传统文化的重要组成部分，它以乡愁为基因，以乡情为纽带，以乡贤为楷模，以实现乡村经济发展、社会稳定、村民安居乐业为目标，对乡村振兴有着不可替代的促进作用。乡贤虽然没有正式头衔，却是"魅力权威"，通过自己的人脉、政府资源以及经济实力，可以协调解决村里人的困难，带领和帮助村里人进一步提高生活质量，实现美好生活需要。

"新乡贤文化"这个名词，在2016 年全国"两会"讨论《十三五规划纲要（草案）》时诞生。全国人大代表、安徽省社会科学院研究员钱念孙提出，继承中国传统的乡贤文化，让官员、知识分子和工商界人士"告老还乡"，对农村发展有积极意义。

钱念孙认为，"告老还乡"也可以叫作"退职还乡"，既实现了宝贵人才资源从乡村流出到返回乡村的良性循环，还对解决当下农村空心化积弊，对缓解大城市过于拥挤、不堪重负等"城市病"具有重要意义。新乡贤文化的核心是文明的进步，是一种凝聚力，它不是靠几个"少小离家老大回"的成功人士就能构成的况且也是不现实的。归根结底还是要解决乡村的文化输入问题，让一代一代的年轻人考取大学之后能够愿意回到乡村发展，愿意根植于这块土地。

总的来说，新乡贤文化是以地方组织与政府架构为主导，广泛吸引包括在外功成名就的乡亲在内的新生力量参与的一种新型乡村文化。

三、涵育良好家风

家庭是社会的细胞。家庭和睦则社会安定，家庭幸福则社会祥和，家庭文明则社会文明。家风是一个家庭或家族在长期生活中逐渐形成并相传沿袭的价值观和生活方式，是体现家族成员精神风貌、道德品质、审美格调、整体气质的家族文化风格。

家教和家风是一个家庭或一个家族良好的行为规范。推崇与恪守良好的家教和家风对族群心灵的塑造、人格的养成、操守的培养起着潜移默化的作用，时刻都在塑造人的灵魂，时刻都在彰显一个民族、一个家族的精神风貌。一个有希望的家族不能没有

良好的精神风貌和良好的家教。良好的家教所形成的家风能够深入千家万户、使每个人都有良好的教养。良好的家教所延续的家风会对社会产生强大的辐射性和渗透性。只要每个家庭成员都有教养、有觉悟、有道德、有境界、有品位，共同向社会释放正能量、那么一个家庭、一个家族、一个民族、一个国家必然团结友爱，心灵相通，守望相助，形成合力，形成和谐生存和发展氛围，为国家社会发展提供重要支撑。

习近平总书记强调，家风是社会风气的重要组成部分。家风好，就能家道兴盛、和顺美满；家风差，难免殃及子孙、贻害社会。弘扬优良家风，以千千万万家庭的好家风支撑起全社会的好风气是当代家庭的神圣使命和责任担当。

家风是乡风文明的基石。中华民族的家风文化是千年孕育的美德，传统家风在新时代仍然具有重要的价值。传统家风代表着前人的生存智慧和处世之道，会对后人产生潜移默化的作用。"父不慈则子不孝，兄不友则弟不恭，夫不义则妇不顺。"传统社会形成的良好家风对于国家发展、社会稳定，及个人修为都产生过积极影响。但是，随着社会结构的变迁和社会关系的变动，农村家庭关系也发生了变化，突出的表现是传统家风被摒弃，优良家风传承出了问题，因此，进入新时代，涵育良好家风成为乡风文明建设的重要内容及基本路径

通过开展文明家庭创建，好媳妇、好儿女、好公婆评选表彰和"好家风好家训"等活动，引导农民群众从自身做起、从家庭做起，积极营造爱国爱家、相亲相爱、向上向善、共建共享的社会主义家庭文明新风尚。

四、厚养淳朴民风

民风是一个民族或一个地区的民众共有的为人处世的态度、方法及形成的风尚。也就是隐约存在的、尚不稳定的、近似民间风俗的行为模式，甚至是不可违犯的行为准则。它在不知不觉中增长，又在习以为常中被人们接受。这些模式有诱导思想和行为朝某方向发展的影响力，为众多人采用，且违犯以后会引起社会某些制裁，民风发展到较稳定时，即相沿成习俗。

民风无形，文明有形。要深入挖掘农耕文化蕴含的优秀思想观念、人文精神、道德规范。支持农村地区优秀戏曲曲艺、民间文化等传承发展。建立文艺结对帮扶工作机制，深入开展文化惠民活动，持续推进移风易俗，弘扬时代新风，遏制大操大办、厚葬薄养、人情攀比等陈规陋习。

要强化宣传教育，用群众喜闻乐见的方式做好宣传引导，在尊重传统习俗的基础上移歪风、树新风；要注重示范引领，做到党员干部带头，严肃积极引导群众破除低俗陋习和不良风气；要促进红白理事会等村民自治组织主动作为，以优质高效的服务解除群众后顾之忧，让群众切实感受到移风易俗带来的实惠和便利。

政府是乡风文明建设的重要推动力量，需要加强政府的引导、动员和扶持作用；同时也需要充分发挥农村基层党组织的战斗堡垒作用和核心作用，大力发挥农村共产党员的先锋带动作用，高度重视农村干部的推动作用。乡村人民是乡风文明建设的主体力量，需要充分发挥村集体和农民主体作用，尤其是新乡贤对乡村治理的重要作用。还需要动员各种社会力量参与乡风文明建设，积极搭建与城市党政机关、企事业单位、大专院校、社会团体以及新经济组织和新社会组织有机融合的平台来共建乡村乡风文明，通过动用社会力量来帮助村级改善文化条件，发展各种服务，进而实现现代乡村文明新秩序。

乡风民风承载着乡村文明的历史记忆和优良传统，也蕴含着社会发展的时代主题和价值取向。乡风文明不仅是乡村振兴的重要目标，也是社会主义新农村建设的最高要求，关乎新农村建设的成败。要着力培育一批移风易俗先进示范村，建好一批"乡风文明志愿服务站"，评选推广一批优秀家规家训，坚持自治、法治、德治相结合，强化教育引导与管理约束，促进形成崇德向善之风、勤俭节约之风、文明健康之风。要通过挖掘农村传统道德教育资源，以诚信建设为主线，养成新时代农民的规则意识。通过创造性转化、创新性发展，赋予农村优秀传统文化新的时代内涵。唤起美丽乡村的久远记忆，淳化民风民俗，强化文化自信的历史源泉。弘扬移风易俗好风尚，培育德高望重新乡贤，守住家风建设之根。

淳朴民风的养成不是一朝一夕之功，要坚持不懈，树立长久作战的意识，创新思路，探求新路径，敦风化俗，以文化人，让新的民风成为乡村社会的主流，共同建设美丽中国。

第十节　文化融入，特色打造

紧密结合特色小镇、美丽乡村建设，深入挖掘乡村特色文化符号，盘活地方和民族特色文化资源，走特色化、差异化发展之路。以形神兼备为导向，保护乡村原有建筑风貌和村落格局，把民族民间文化元素融入乡村建设，深挖历史古韵，弘扬人文之美，重塑诗意闲适的人文环境和田绿草青的居住环境，重现田园风光和乡情乡愁。引导企业家、文化工作者、退休人员、文化志愿者等投身乡村文化建设，丰富农村文化业态。

实施农耕文化传承保护工程，深入挖掘农耕文化中蕴含的优秀思想观念、人文精神、道德规范，充分发挥其在凝聚人心、教化群众、淳化民风中的重要作用。划定乡村建设的历史文化保护线，保护好文物古迹、传统村落、民族村寨、传统建筑、农业遗迹、灌溉工程遗产。传承传统建筑文化，使历史记忆、地域特色、民族特点融入乡村建设与维护。支持农村地区优秀戏曲曲艺、少数民族文化、民间文化等传承发展。完善非物质文化遗产保护制度，实施非物质文化遗产传承发展工程。实施乡村经济社会变迁物证征藏工程，鼓励乡村史志修编。

一、　"千村一面"：当代农村建设的村庄特色和乡土风情缺失

中华文明悠久而绵延不断，影响着一代又一代的中华儿女，中华民族对乡土深情依恋，而承载这种文明和依恋的，就是千姿百态、万种风韵的乡村。乡村集结和牵动着每一个中华儿女的情思和乡愁，有"绿树村边合，青山郭外斜"的美景，有"山下孤烟远村，天边独树高原"的意境，有"渡头余落日，墟里上孤烟"的思恋，也有"采菊东篱下，悠然见南山"的情怀。

不同的乡村有不同的个性和特色。"百里不同风，十里不同俗。"农村生活具有多样性，不同地域甚至不同村庄，民风、民俗以及生态环境都各具特色，不尽相同。但

是，一些地方在建设美丽乡村过程中，出现了片面追求"政绩工程""形象工程""千村一面"的情况。一些地方在整治建设过程中存在建大亭子、大牌坊、大公园、大广场等"形象工程"，偏离村庄整治重点；一些地方照搬城市模式，脱离乡村实际；有的甚至存在破坏乡村风貌和自然生态等突出问题。这种不加分析、照搬城市模式的"拿来主义"、盲目跟着人家走的做法，造就了不少"大公园、大广场、大草坪、大牌坊"的"形象工程"使美丽乡村建设"千村一面"，村庄失去了自身的个性和特色。

2015 年，习近平总书记在云南大理白族自治州大理市湾桥镇古生村调研时强调，新农村建设一定要走符合农村实际的路子，遵循乡村自身发展规律，充分体现出农村特点，注重乡土味道，保留乡村风貌，留得住青山绿水，记得住乡愁。如何避免"千村一面"，延续和保护乡村文化，在乡村规划建设中需要高度重视。2018 年，习近平总书记就"千村示范、万村整治"工程做出重要指示，要求进一步推广浙江好的经验做法，建设好生态宜居的美丽乡村，强调要因地制宜、精准施策，不搞"政绩工程""形象工程"。"因地制宜、精准施策"，这点明了乡村振兴战略实施中需要把握的准则，唯有如此，才能让中国乡村保持千姿百态，百花齐放，满园春色。

实施乡村振兴战略是一项长期的历史性任务，将伴随着现代化建设的全过程。因此，乡村振兴，必须注意做好顶层设计，注重规划先行、突出重点、分类实施、典型引路。采取各种措施，通过引导、制约、限制等不同手段，推动实施主体根据资源禀赋、区位交通条件、周边景区特色，因地制宜规划设计开发旅游产品，形成"一村一品"的特色和亮点；打造让村民有获得感、归属感、安全感、自豪感，让游客有"望得见山、看得见水、记得住乡愁"的体验感的"有感村庄"。

在开展美丽乡村建设的时候，就应根据本村的实际情况，走出一条适合自身实际的美丽乡村建设之路，切不可陷入"跟着人家走"的模式。否则，"千村一面"，既没了特色，也失去了灵魂，难以给乡村振兴提供物质支撑，农民精神家园将会陷入孤立无援的窘境，难以坚守。

二、乡村文化融入乡村规划

乡村规划是对未来一定时间乡村范围内空间资源配置的总体部署和具体安排，它不是单一的空间规划或建设规划，而是人口、产业、生态、空间、基础设施和公共设施、风貌特色和实施建设等各元素高度关联、互相衔接协调的城乡统筹规划，也是各级政府统筹安排乡村空间布局，保护生态和自然环境，合理利用自然资源，维护农民利益的重要依据，是指导乡村建设的科学手段。科学编制与实施乡村规划对于乡村地区的有序建设和可持续发展具有引导和调控作用，反过来说，乡村规划缺乏科学合理性，不仅解决不了当前农村建设的现实问题，相反还会带来许多新问题。

《乡村振兴战略规划（2018—2022年）》对实施乡村振兴战略工作做出了具体部署，强调实施乡村振兴战略要坚持规划先行。编制村级规划是乡村振兴战略实施的重点和难点。如何做好乡村规划，助推乡村振兴战略实施，在新时代背景下显得尤为重要。

要通盘考虑城镇和乡村发展，统筹谋划产业发展、基础设施、公共服务、资源能源、生态环境保护等主要布局，形成田园乡村与现代城镇各具特色、交相辉映的城乡发展形态。

不能用城市化的理念发展农村。通过观察很多地方的新农村建设，我们不难发现，走过一村又一村，村村像县城，走过一县又一县，县县像农村。城乡融合发展，不仅城市要有城市的特征、乡村有乡村的特征，而且还要乡中有城、城中有乡，各司其职，共荣共生。过去不少人提出用城镇化的发展理念来发展乡村，无疑是南辕北辙，必须加以纠正。

在乡村旅游开发过程中，应体现尊重自然、尊重原貌的意识，以"乡愁"为规划设计的根本指导思想，保留本土的地方风情和文化。许多古村镇之所以吸引人，很大部分的原因就在于它对原貌及本土风情的保留，保存了乡愁的延续性。

应树立科学的规划理念。规划理念是乡村规划的前提，它引领规划内容编制和规划实施落地，是决定乡村规划合理与否的关键要素。凝练村庄规划理念，要充分梳理村庄发展的宏观背景，把握从国家到省、到地市县乡以及相关区域等各级规划对村庄发展的定位等。在此基础上，做好村庄规划的顶层设计，提出规划指导思想、规划原则、建设目标、功能目标、产业目标等，促进形成具有辨识度的村庄发展体系，避免陷入"千村一面"的困境。

《乡村振兴战略规划（2018—2022年）》强调，立足乡村文明，吸取城市文明及外来文化优秀成果，在保护传承基础上，创造性转化、创新性发展，不断赋予时代内涵、丰富表现形式，为增强文化自信提供优质载体。深刻把握乡土文化的内涵和本地特色，为实现乡村文化内涵融入乡村规划提供基础和前提。乡村文化内涵隐藏于历史积淀塑造的人文内涵中，渗透和体现于村民独特的生活方式和生产方式里，因此挖掘美丽乡村文化应该首先了解乡村所处的地域环境，从乡村村民的生产方式、生活方式和乡村景观三个方面入手。每个村落的发展，背后都有着不为人知的历史、传说，吃透隐藏在乡村背后的历史，才能更好地选择符合且独特的文化属性，打造一个乡村的文化品牌。

乡村，对于当地居民来讲，是一种生活环境，也是一种生命印记。因此，乡村文化需要提炼一种让村民认同、游客感知的文化符号，如历史名人。乡村景观，包含因地域环境形成的地域自然风貌、乡村聚落形态、后天农田景观等内容，是村民与自然和谐共处、天人合一的原真文化的体现。在乡村景观的保护与开发中，需注意提炼乡村本土的元素，还原乡村本土的风格，保留原始的乡村风景，保留最初的感觉，保留历史的文脉，保留乡村的味道。

乡村生活方式、生产方式，最能体现乡村文化，是乡村文化的展示载体。在乡村规划中，文化的融入可以通过乡村农事活动体验、乡村农耕技术展示、乡村民俗活动体验等形式，让游客参与乡村旅游建设，让游客感受乡村、寻找儿时记忆的同时，感悟乡村文化，认同乡村生活。乡村文化涵盖村民生产生活的方方面面，乡村规划过程中应该对乡村自然生态文化和民俗文化进行提炼，确定乡村自然生态文化和民俗文化的表现主题，围绕主题对乡村文化进行发展，形成乡村品牌形象。

一方面，要大力保护并充分彰显富有传统意境的田园乡村景观格局、乡村传统肌理、空间形态和传统建筑，传承乡土文脉，保护非物质文化遗产和传统技艺，加强农耕文化、民间技艺、乡风民俗的挖掘、保护、传承和利用，让乡村成为乡土文化传承脉络的符号和乡愁记忆的空间载体，努力实现乡村文化振兴。另一方面，强调顺其自然，避免盲目跟风，尊重乡村特有的田园景观、传统建筑，慎砍树、不填湖、少拆房，尽可能在原有村庄形态上改善居民生活条件和乡村环境。

在建设美丽乡村的过程中，一定要结合本村的实际，把自身的个性和特色凸显出来，并把民风、民俗和生态环境等融合进去，形成适合自身发展的美丽乡村建设的模式，做特、做优、做强，使美丽乡村建设真正有"乡村味道"，提升乡村的品位和美誉度，也让广大村民从中获得更多的"红利"，真正实现村美、民富。

三、乡村文化融入景观设计

一个地方的景观设计如果抛开其生成发展的文化背景，就会变成无源之水，无本之木。因此，在景观设计中，要充分挖掘历史文化信息，提炼当地文化内涵，将其融入景观设计中,使景观设计能够体现该地独特文化,传承发展地域文化的同时,又赋予景观设计以独特的生命力。

乡村景观设计以乡村村落、农舍、田园等自然景观和人文景观为基础,无论是自然景观还是人文景观,都离不开乡村文化,都是在乡村文化浸润和影响下形成的,决定着乡村自然景观的面貌与变迁。因此,它成为乡村景观设计的核心要素,是乡村景观设计必须遵循和思考的首要问题。

任何文化都需要一定的物质形式承载,皮之不存,毛将焉附?乡村作为文化载体体现在乡村形态、民居格局、标志建筑、风俗习惯、制度安排、民间信仰等诸多方面,而且形成了乡村文化的有机整体和乡风文明体系,乡村文化不仅表现在山水风情自成一体,特色院落、村落、农田相得益彰,形成的独特村落田园综合体,更主要的表现在乡村所具有的信仰、道德、习俗,村落所形成的品质和性格。乡村就像是一座文化的宝库,这里的一草一木,一砖一瓦,人们的一举一动,都被赋予了深刻的文化意义和乡土情怀。农业文化在乡村文化中占有重要地位,历史悠久的农业文化传统,至今仍然是农民生计保证和乡村和谐发展的重要基础。

乡村文化融入景观设计应遵循的原则有以下几个。

(一)地域性原则

不同地域具有各自独特的地域差异和地域特征。文化是体现这种差异的最本质的要素。乡村文化融入景观设计的要求是通过文化融入凸显地域性的自然风光及人文风情。第一,运用当地材料,反映地域特色。第二,提取并应用当地的"符号",彰显地域文化。在乡村景观设计中,风土人情、哲理文脉等方面可以通过象征性设计符号来表达,设计手段以抽象象征为主,这样既能有效地增添环境体系的浪漫韵味,又能彰显地域特色。

(二)独特性原则

每一个村庄都是独特的存在,没有完全相同的两个村庄。因此乡村景观设计应该充分挖掘乡村的独特性。即便是相邻的两个村子,也要找出差异点,设计出不同的乡村主题,这样"一村一品"才能实现"差异化"发展和村村联合。

（三）乡土性原则

一是打造农耕场面。把农耕生活的一些典型景象（如麦场、水车、石碾等）提纯、集萃，源于生活而又高于生活地再现出来；牛背横笛、鸡鸣犬吠、门前小河、集市等都是农耕生活的点缀。

二是突出田园特点。田园风光是乡村的独特资源，乡村也因此贴上了空气清新、环境清幽、民风淳朴、生态怡人的标签，令人无限向往。在田园风光打造上，要以乡村文化为根基，不能脱离这个根本，只有这样才能真正吸引人，打造精神家园，形成美丽乡愁。

三是服饰与饮食突出乡土性。淳朴简单的乡村服饰、鲜美无污染的农家小菜，符合城市人崇尚自然、返璞归真的精神追求。

（四）适应性原则

适应性原则的要求是，将乡村文化融入景观设计时，一定要考虑文化与景观的匹配度与契合度。不能盲目地将体现城市文化和国外的要素纳入景观设计中，避免不伦不类、不土不洋、不中不西。景观设计不能离开乡村文化，要体现乡村文化价值和文化追求，契合乡村居民首先是农民的文化、社会及功能需求，打造农民的精神家园。

乡村文化是乡村景观设计的灵魂和核心。乡村文化并不是虚无缥缈、不可捕捉的，它有其生存发展的地域根基。要关注乡村文化的形成和发展脉络，挖掘其原真性和独特性，以点扩面，通过原生态乡村景观风貌保护、乡村生产方式、生活方式体验等方式，将挖掘到的乡村文化融入乡村景观中去全面体现。

我国历史文化悠久，乡村景观资源丰富，要开发和利用好乡村景观资源，做好乡村景观设计，提升乡村地域特色，对乡村旅游业进行整体规划，促进乡村旅游业的发展。安徽省黄山市宏村是全国首个企业主导运营的世界文化遗产，是乡村文化与景观设计融合的典范。宏村，古称弘村、位于黄山西南麓，是古黟桃花源里一座奇特的牛形古村落，享有"中国画里的乡村"之美称。景区现完好保存明清民居140余幢，承志堂"三雕"精湛，富丽堂皇，被誉为"民间故宫"。著名景点还有：南湖春晓，书院诵读、月沼风荷、牛肠水圳，双溪映碧，亭前古树，雷岗夕照等。四周山色与粉墙黛瓦倒映湖中，山、水、民居与人自然融为一体，好似一幅徐徐展开的山水画卷，是宏村区别于其他民居建筑布局的最大特色，成为当今世界历史文化遗产一大奇迹。依靠新的运营模式，加之一系列连续有效的营销推广，一时间牛形古镇享誉八方，逐步走上旅游开发的成功之路。

2000年11月，宏村景区被列入世界文化遗产名录；2001 年、2003年先后获评国家重点文物保护单位、国家 AAAA 级景区。2006 年宏村接待游客 70万人次，门票收入近 3000 万元，位列安徽全省第四；2007年，景区为宏村村民人均创收 2000余元，带给影县财政的贡献达到1500万元。2018 年，野县接待游客 1798 万人次，旅游收入达137.4 亿。

四、乡村文化融入村庄建设

乡村文化是乡村振兴的里子，是文化文明之根脉。随着农民物质生活水平的提高，对于精神文化的需求也不断加大，乡镇文化活动随之蓬勃兴起。近年来，农村加大文化的资源投入，注重培养农村乡土文艺人才，留住农村文化的"根"，挖掘和保护具有乡土特色的地方文化，建立健全农村公共文化服务体系等，让农村群众能充分享受社会主义文化成果，推动乡村面貌发生巨变，呈现出一幅幅色彩斑斓的美丽图景。

用"艺术"点亮乡村文化的"火种"。将艺术融入乡村的民俗风情，融入优秀传统文化和乡土文化的思想观念、人文精神、道德规范，把农村、农民、农业作为乡村文化形式和内容的主线，用深切的乡土情结增强村民对地域文化、民族文化的归属感、认同感、自豪感，充分发挥群众的积极性、主动性、创造性，建构具有地域特色的乡村文化体系，增强了乡村振兴的动力，展现了乡村文明新气象。

乡村正在乡风民风、人居环境、文化生活"三个美起来"的路上越走越美好，变得更有内涵、更有活力。

（一）加大基础投入，筑牢农村文化阵地

从思想上重视、行动上落实、财力上支持农村文化阵地建设，将农村文化阵地建设与城镇化建设和新农村建设相结合，规划和建设好乡镇综合文化服务站和村级文化活动场所。强化"农家书屋"的建设和管理，积极争取支持，订阅适合农村需要的报纸杂志，科技、文化书籍，让农家书屋真正"火"起来。不断推进广播电视"村村通"工程，落实国家"电影放映"优惠政策，在乡镇建成"流动影院（车）"，大力实施"电影放映"工程。

（二）加大人才培育力度，提高文化服务水平

树立人才是文化发展的重要资源的观念，吸纳一批善于建设、能于建设、乐于建设的文艺工作者和乡土文艺人才，充实农村文化建设队伍。探索新的文化管理体制，营造良好的文艺人才成长环境，大力培养、引进、选拔和激励文艺工作者，充分调动他们工作的积极性和创造性，为农村文化建设提供人才支撑。

（三）深入挖掘、保护、丰富民族民间文化，实村庄的文化根基

在调查研究的基础上，掌握各乡镇民族民间文化的种类、数量、分布状况、生存环境、保护现状等信息，及时采取文字、录音、录像等现代科技手段进行真实全面的记录，建立档案和数据库；投入资金，扶持民族民间文化的传承，进行深入的挖掘整理，不断丰富民族民间文化。

（四）新思路，以农村文化产业带动乡村振兴

农村地域大，人口多，市场广，民族刺绣、传统手工艺、民族民间歌舞和民间传说、民间故事等民族民间文化有待挖掘和保护。要创新思路，采取"走出去、引进来"的方式，通过政策扶持、项目包装、文化推介等举措来发展、做活农村文化产业，并以此繁荣农村文化市场，推进农村文化建设。

第十一节　典型案例

案例1：　载歌载舞演绎振兴发展好年景——各地文化进万家扫描

歌舞《中华情》饱含对祖国繁荣昌盛的祝福，二人转《看秧歌》生动演绎乡村生活的充实富足，太极扇《精忠报国》将现代舞蹈与传统武术相融合，令人耳目一新……临近春节，一场精彩热闹、年味十足的"村晚"在黑龙江省哈尔滨市延寿县掀起阵阵高潮。

本次晚会以"欢乐过大年、喜迎冬奥会"为主题，成功入选2022年全国"村晚"示范展示活动。"我们从一个月前就开始排练，大家都非常认真，要把我们最美的一面展现给全国观众。"这次登台表演让延寿县玉河镇玉河村妇联主席杨雨露倍感振奋。

"'村晚'听着小，实际上很大，用最接地气的方式，为各地乡村文化和振兴成果提供了展示大舞台。"延寿县文化馆负责人张国君说。

春节期间，从广袤黑土地到热带海南岛，全国各族群众载歌载舞、装点年画、展示艺术，争相演绎振兴发展好年景。

雪山环抱的吉林省吉林市船营区大绥河镇小绥河村银装素裹，村民家门口和村部的墙上都贴满了火红喜庆的对联和年画，洋溢着浓厚的节日氛围。

"天增岁月人增寿，春满乾坤福满门""虎跃龙腾生紫气，风调雨顺兆丰年"……念着一副副对联，小绥河村村民朱海波很激动："看着这吉利话，闻着这墨香味儿，心情特别好！"

近年来，吉林市文联探索服务基层群众模式，成立乡镇文联组织。吉林市美术家协会常务副主席刘延涛介绍，截至目前，全市成立88个乡镇（街道）文联，通过"送文化进万家"文艺志愿服务活动，开展送书法、送绘画、送摄影作品等志愿服务百余次，送出书画、春联、全家福、民间工艺作品5万余件。

云南省双柏县是"老虎笙"的发源地。1月31日，在双柏县小麦地冲村广场，十多名男子披上毡装扮成虎，手脚和面部画上虎纹，在老虎"头领"带领下，依次表演"老虎耙田""老虎栽秧"等舞蹈动作。

"虎年跳'老虎笙'，更有感觉！"双柏县"老虎笙"传承人毕正良介绍，当地有崇拜虎的传统，以祈求新的一年风调雨顺、五谷丰登。广场上的"接虎神"等隆重仪式后，"老虎笙"还要跳进各家各户，很多村民都做好准备在家早早等候。

"把'老虎'迎进门，能给我们带来好福气。"彝族老人徐正存说，从正月初八到正月十五，大家每天都要跳"老虎笙"，祝愿新一年的日子越来越红火。

2月1日，位于洮河北岸的甘肃省定西市岷县清水镇清水村新时代文明实践广场热闹非凡，一首首经典秦腔选段，一场场群众喜闻乐见的广场舞，丰富多彩的文艺活动营造出浓浓的春节氛围，唤醒了白雪覆盖的沉寂原野。

"久向往，人世间，繁华锦绣。"伴随着板胡、扬琴、二胡等传统器乐合奏出婉转悠扬的秦腔曲调，平日里辛勤劳作的村民放下农具，拿起话筒，用极富穿透力的嗓音，唱响了经典折子戏《断桥》，引得台下观众连连叫好，过往车辆也频频"驻足"欣赏。

"吼一嗓子秦腔，心情十分舒畅，如同飞驰在辽阔的大草原上。"57岁的村民任尕孝说，如今村民们过上了幸福生活，唱秦腔更起劲儿了。

清水镇镇长徐亚彪介绍，丰富多元的文化活动背后是摆脱贫困、圆梦小康后，群众生活幸福美满的真实写照。

《致敬百年》《相约千年》……甘肃省直有关宣传文化单位将在春节期间集中开展6大类46项文化文艺下基层活动，从大年初一到十五，每天一场"大戏"。甘肃演艺集团董事长陈其银说，文化进万家迎新春文艺演出，将通过线上线下展播的形式，集中展演党的十八大以来，甘肃创排的优秀精品剧目，为陇原儿女奉上精彩的文化盛宴。

海南岛春季国际艺术展系列活动正在海口举办，"新春花市"便是活动之一，以露天花卉展销结合民俗文化、植物花艺、雕塑装置、互动科技、插画艺术等，装点虎年特色小饰品、中国结、红灯笼，增添喜庆祥和氛围，开启新春游玩新模式。

花市上，各类新春花品与中外艺术家插画交相呼应，颇受年轻人追捧。漫步于灯光树下挑选花卉，体验艺术插花的乐趣，听青年歌手现场演绎热门曲目，在各类文创品牌摊位流连忘返……置身年味足、趣味多的市集中，市民游客都兴致盎然。

据介绍，这一系列活动将持续到3月份，包括舞台艺术精品展演、国际摄影展、美术展、艺术品拍卖等，中外艺术家及演出团体轮番亮相，打造国际性、开放性、创新性、群众性的艺术体验盛会。

"艺术展丰富春节期间群众文化生活，满足市民体验舞台艺术精品的文化需求，展示海南自贸港开放包容的人文环境，让艺术精品惠及民生。"海南岛春季国际艺术展策展负责人张敏说。（新华社）

案例2： 用村史馆留住乡愁铭记历史

手摇式粗布纺织机、浑圆的青石碾子、锈迹斑斑的铁锹、发黄的历史照片……一件件老物件都在讲述村子的古老故事和发展变化……近年来，宝鸡市许多村子建起了以村风村俗历史文化为主题的村史馆，有的展示旧时生产生活方式，有的展示村子数百年的发展历史，有的展示村里历代名人先贤，有的展示改革开放后村子发生的巨大变化，成为农村社区建设的一个新亮点。

走进村史馆 七旬老人回忆蹉跎岁月

一张张老照片见证一段段难忘的岁月，一行行文字记载了近百年的乡村发展史，每当走进西秦村史展览馆，70多岁的李志保老人都倍感亲切，充满激情，仿佛一下又回到了当年带领青年突击队兴修水利、战天斗地、热火朝天的劳动场面……

2017年12月21日,《三秦都市报》记者在宝鸡市陈仓区西秦村采访时,在该村村史馆巧遇李志保老人,这位年过七旬的老人,耳不聋眼不花,精神抖擞,如今仍担任西秦村老人幸福院院长职务。他向记者详细介绍了西秦村从初级社、高级社到人民公社,以及改革开放到新时期的发展变化。令老人骄傲的是 20 世纪70年代,他们大队拥有解放牌汽车、拖拉机几十辆,并创办了农机修配厂、面粉厂、砖瓦厂等,为国家贡献 100 多万元。当时,在别的生产队社员每个工分挣 2~4 角钱时,西秦村每个分值达 1元多,成为其他社队学习的榜样。

作为西秦村的元老、村发展史的见证人,李志保老人从 1963 年开始担任西秦村团支部书记,带领青年生产队队员,白天下地干活,播种、锄地、浇水、收割,晚上开会学习。农闲时给村里的五保户担水、烧炕。农田会战,他所带领的青年突击队总是冲在最前方,于最苦最累的活。1970 年,25 岁的李志保,被选拔推荐到宝鸡县(现陈仓区) 担任县团委副书记,为了扎根农村,他放弃了吃商品粮当脱产干部的机会,返回农村生产第一线。1982 年12 月 20日,作为基层代表,他光荣地参加了共青团第十一次全国代表大会。改革开放后,他先后担任西秦村砖瓦厂党支部书记、西秦村建筑公司党支部书记,带领村民发家致富,而他家的小日子也过得红红火火,20 世纪 80 年代他家率先在村里盖起了二层小洋楼。

据西秦村村委会主任李志红介绍说,西秦村史馆是宝鸡市自发创办的第一家村史馆,由于村里有两家村办企业建筑公司和饮水厂,村民年人均收入2万多元,经济基础较好,该村多年来一直非常重视村史档案的留存与搜集。2014 年 5月,在美丽乡村建设中、西秦村"两委"决定在村委会办公楼一楼筹建村史馆,在村上现有资料的基础上,发动村民搜集整理有关西秦村历史、发展变化的图片和实物 600 多件。每到节假日,到此参观学习、旅游观光的游客络绎不绝,村委会专门指派一位大学生村官当解说员,有时村主任李志红和村支书李亚林也到这儿客串一把讲解员。

在西秦村史馆记者看到,"房屋地契"见证了1951年的土改运动,"党总支成立""33户人家入社"见证了建社入社,而西秦村第一任党总支书记、后任宝鸡县委书记的李双印书写的"以史为镜,教育子孙"的题词,以及从新中国成立后到现在,每个时期的资料照片、村史文物将西秦村的发展历史一一展现开来,给人留下非常深刻的印象。

以村史为鉴 "周礼之乡"建起村史馆

　　一走进岐山县青化镇焦六村，首先映入眼帘的是周礼文化园，先哲的画像，经典名言和村里的民约乡规相映成趣，宽阔的水泥路面，高大整洁的房屋，街道两旁展示"德、礼、仁、诚"为核心的周礼文化，在村子"孝文化广场"墙壁上写着治家百言，体育场和老人幸福院张贴着二十四孝图……

　　《三秦都市报》记者采访时，正赶上甘肃庆阳 5 位农村基层干部到村史馆参观学习，他们仔细观看村庄概况、村落起源和发展的资料图片，不时用手机拍下来，作为他们筹建村史馆的参考资料。当看到焦六村大学生光荣榜，从 1950年到2017 年，这个拥有750户人家的小村落，先后有 230 人考上了大学，并成为各行各业的佼佼者时，不由得啧啧称赞。

　　据村史记载，焦六村是西周时期历史文化悠久的古老乡村，作为周武王封神农六子之地，取焦为氏而得名。而民间传说为："相传有一位老者姓焦排行老六，他助人为乐，乐善好施，所以乡邻为了感谢他，就命名为焦六村。"作为西周王城的近郊，这里的百姓骨子里透着对周礼文化的敬仰，村里的人文遗址和历史故事记载着民间礼仪、周礼传承。村民大多喜欢唱戏、书法绘画和收藏。

　　对于村史馆的开办，焦六村 70 多岁的傅志坚老人说："我村这个村史馆办得好，我闲了经常过来看看。现在的年轻人不知道老一辈人所受的苦，不知道今天的幸福生活来之不易，他们到这儿看了之后，就会珍惜今天的幸福生活。"

　　焦六村村支书傅得善回忆说，以前焦六村曾经一度垃圾遍地，柴草乱堆，邻里纠纷、家庭摩擦不时发生。这样的村容环境，这样的乡风，年轻人找对象都困难。2013 年，村"两委"开始进行专项整治活动，并制定了"以德为先、以诚为本、以和为贵、以礼为典"的村规民约，营造一个和谐、健康、文明的良好风气，规范乡村的社会秩序，得到了村民的普遍认同，村容村貌发生了巨大变化。

　　为了传承周礼文化，铭记村史，2016年9月，在岐山县民政局拨款支持下，焦六村接受社会捐助、自筹资金 30 多万元建成了村史馆。岐山县青化镇维稳办主任兼民政工作负责人王志锋参与见证了焦六村村史馆的建设，他说："自建成开馆以来，该馆不但吸引了周边乾县、礼泉、扶风等地村民参观学习，甘肃、青海外省的乡镇干部也慕名前来取经'。借着村史馆建成的契机，焦六村建成了孝文化广场、周礼文化园，并成立了乡贤理事会，增强村民的荣誉感、归属感、幸福感。如今焦六村村史馆已成为青化镇乃至岐山县乡村历史文化一张亮丽的名片。"

从"村史馆"到"乡村游"增容升级

宝鸡农村村史馆的建立开馆，吸引了大量的游客，宝鸡陈仓区西秦村史馆自2014年10月正式开馆，先后接待省内外游客5000多人次。岐山县焦六村村史馆一年时间累计接待游客6000多人次，但是由于场地比较狭小，摆不下历史文物和旧时的农机农具，而内容单一也成为村史馆综合利用的发展瓶颈。

对此，西秦村村委会主任李志红表示，下一步他们将在现有村史馆的基础上增容升级，另建一个占地300平方米的分馆，主要摆放实物，目前正在筹划中。

焦六村村主任徐万俊则拿出该村"农业创意园"的建设规划图，包括农业观光区、水果采摘区、划船垂钓区等，成为与村史馆相配套的新的旅游景点，由此招揽游客，增加村民的收入。目前已有港台客商愿意投资合办，正在商讨具体合作事宜。

眉县白家村是战国名将白起的故里，依托白起祠原址，白家村在建设村史馆的同时建起了眉县白起纪念馆，发展乡村旅游。村史馆和白起纪念馆建到一起，有利于眉县旅游全域化，乡村旅游和县上整体旅游能够挂上钩。2017年9月以后，接待各地宗亲的次数已经不下20次。

村史馆铭记历史见证时代发展

近年来，宝鸡许多村子建起了以村风村俗历史文化为主题的村史馆，截至2017年12月，全市已建成投用村史馆158个，其中市级示范村史馆63个。

据宝鸡市民政局工作人员介绍，随后，宝鸡市将切实解决村史馆建设不平衡问题，通过充分挖掘村庄自然特色、人文历史、文化内涵等，进一步突出村史馆各自特色，做到一村一品，亮点纷呈。设立村史馆教育日，组织广大群众、学生和回乡成功人士参观学习，激发群众尊崇优秀传统、热爱故土家乡的热情。

陕西民俗学者梁荫认为，内容丰富、图文并茂的村史馆既是社会发展、时代变迁的见证，又是后人了解村史、寻根溯源的源泉。随着各地村史馆的兴建，人们将把古朴的村风、淳朴的民风、良好的家风一代代传承下去，留住乡愁，铭记历史，创造未来。（三秦网）

案例3：　乡土文化助力乡村振兴

文化是一个国家、一个民族的灵魂。文化兴国运兴，文化强民族强。文化振兴是乡村振兴的一个重要组成部分，乡村振兴离不开文化的繁荣兴盛。党的二十大报告发出了全面推进乡村振兴的号召，为文化产业在振兴乡村中发挥重要作用提供了广阔空间和良好机遇。

2022年4月，多部门联合印发《关于推动文化产业赋能乡村振兴的意见》，提出到2025年文化产业赋能乡村振兴的有效机制基本建立，优秀传统乡土文化得到有效激活，乡村文化业态丰富发展的目标。一幅绚丽壮美的乡村文化产业蓝图已经绘就，等待着我们去实现。

文化产业是智力密集、创意密集、人才密集的朝阳产业，但在乡村发展文化产业必须立足于乡村的特点和实际，才能使文化产业真正在乡村扎根。和任何产业一样，在乡村发展文化产业需要实现资源、人才和市场的有机结合。因此，首要的便是准确认识本土本乡的文化资源禀赋，挖掘其独特性和唯一性，凸显其稀缺性。在全国各地普遍掀起乡村文化产业发展热潮时，这是需要格外重视的一个问题。

文化因独特而充满魅力。近年来，不少地方在挖掘乡土文化资源、实现产业化转化的过程中大胆探索、因地制宜、突出特色，取得了丰硕成果。河南安阳林州石板岩镇位于太行山深处，拥有不少传统村落。当地挖掘村落文化内涵，发展写生产业，吸引美术院校和机构在此设立写生基地。大量人群前来古村落写生，为传统村落的发展增添活力。山西长治武乡县五村打造"农耕文化体验基地"，举办"五村播种节"，吸引全国各地数百位摄影家来此创作采风，带动当地发展旅游、餐饮，成为远近闻名的文化村、富裕村。江西黎川县发展油画产业，使这个大山环绕的革命老区成为年吸引游客10万余人、油画产值超6亿元的文化产业基地……这些成功的案例说明，善于挖掘本土文化资源，凸显其独特性和唯一性，是文化产业在乡村取得成功的重要途径。

乡村有大美，但只有善于发现美，才能使资源变成产业。传统村落在村民眼中也许平平无奇，但在美术家眼里却代表着传统建筑之美；耕田犁地、祭祀祈福的民间风俗也许当地人早已习以为常，但在摄影家的眼中却是创作的大好素材。所以，如果能站在消费者的角度看待乡土文化资源，充分认识哪些资源是本地独有的、哪些特点是最具地域特色的，就能为发展乡村文化产业打开思路。

强调乡土文化资源的独特性，也是避免千人一面、模仿雷同的一个有效途径。我国地域辽阔、南北不同、东西各异，辽阔乡村孕育着充满特色风情的文化资源，五色斑斓、丰富多彩的民俗、建筑、饮食、手工艺品、非遗技艺等，凸显了中华文化的源远流长和博大精深。这是一笔宝贵的财富，在乡村振兴的事业里，我们应该充分认识和挖掘本土文化资源,凸显其独特性和稀缺性,使文化产业成为乡村振兴的重要助力,共同绘就新时代更加绚丽美好的乡村画卷。(人民日报)

案例4: 乡村振兴 文化先兴——柯曲镇以文化振兴推动乡村振兴

乡村文化振兴对巩固拓展脱贫攻坚成果,不断满足人民群众日益增长的文化生活需求,具有强大的内驱动力。果洛州甘德县柯曲镇聚焦州委"一统领四推进"总体思路,以"四联三卷"为主线,以县委"155党建链"为载体,"党建+乡村振兴"为具体抓手,开展一系列文化振兴活动。

挖掘文化魅力,厚植文化底蕴。2006年柯曲镇德尔文村被命名为格萨尔史诗文化村,相继出现了影响果洛格萨尔文化传承的挖掘大师谢日坚措,被国家四部委命名的"唱不完"格萨尔说唱艺人昂仁,"写不完"格萨尔艺人格日尖参,"画不完"格萨尔艺人阿吾尕洛等文化传承艺人。柯曲镇弘扬格萨尔史诗文化具有得天独厚的资源优势,少数民族传统文化在创造性转化与创新性发展中迸发新活力,为"中华民族一家亲,同心共筑中国梦"凝聚起强大的精神理念。柯曲镇积极打造以格萨尔为主题的特色果洛锅庄舞的柯曲"代言人"助推乡村振兴。长袖飘飘、连臂踏歌、围圈起舞……在柯曲镇干部职工带头"起舞"的欢快篇章下,如今在柯曲镇各村随处可见这样的场面,格萨尔特色的果洛锅庄舞蹈,正在随着柯曲人的努力下一步步传承和发扬。

弘扬乡村文化内涵,淬炼特色文化品牌。近年来,柯曲镇通过成功举办格萨尔文化旅游艺术节,进一步弘扬了格萨尔文化,提升了柯曲镇格萨尔史诗故里的影响力和知名度;依托格萨尔史诗文化村的影响,打造柯曲格萨尔文化品牌,为基层群众文化生活涂上一抹亮丽色彩;激发乡村"内生式"文化力量,打造"牧民参与、牧民满意、牧民惦记"的群众喜闻乐见的文化品牌,充分尊重牧民主体地位,调动牧民积极投身创造,以乡土文化温润乡村"精气神",切实提升牧民文化参与感、获得感、幸福感,营造全社会关心支持和积极参与的浓厚氛围,激发新时代乡村振兴的内生动力。

文化振兴赋新意,乡村劲风吹文明。为了更好地发挥文化阵地作用,柯曲镇建立了文化专干、格萨尔文化志愿者及柯曲镇果洛锅庄舞志愿队等三支队伍,让他们扎根乡村"种文化",对牧民进行文化传帮带,初步形成了村村有"特色戏"、社社有"演出"的亮丽风景;编排以移风易俗和政策宣讲为主题的戏曲、小品等节目,以健康向上、情趣高尚的文化引领群众,使群众在耳濡目染中接受教育;加大文艺创作力度,培养乡土文化人才,提炼本土文化特色,努力创作出更多反映牧民思想实际、带动牧民转变观念、激励牧民奋发向上的优秀文艺作品，寓教于乐，凝聚共识；发挥新乡贤群体的道德示范、先进带动作用，促进法治、德治、自治更好融合，让乡村治理格局更加完善；深入开展精神文明创建活动，围绕勤劳致富、崇德向善、诚实守信、遵纪守法开展各类文化活动，加强家庭文明建设，让文明蔚然成风。

案例5： 为乡村振兴注入文化动能

去年夏天，贵州省黔东南苗族侗族自治州台江县台盘村的乡村篮球赛事视频在社交媒体刷屏，网友把这场乡村篮球赛称为"村 BA"。这个民间赛事直接进入国家政策视野。不久前，《农业农村部关于落实党中央国务院2023年全面推进乡村振兴重点工作部署的实施意见》发布，提出"探索推广'村 BA'篮球赛等赛事"。

实施乡村振兴战略，物质文明和精神文明要一起抓，特别要注重提升农民精神风貌。今年中央一号文件不仅专门拿出一节内容部署"加强农村精神文明建设"，还特别提出"支持乡村自办群众性文化活动"。从深入开展社会主义核心价值观宣传教育到注重家庭家教家风建设，从加强重要农业文化遗产保护利用到推动各地因地制宜制定移风易俗规范，从开展乡村阅读推广活动到打造农民体育品牌活动，这些重要举措将为丰富农村文体活动、加强乡村精神文明建设提供有力抓手。

从"有没有"到"好不好"，新时代的农民群众对美好生活的需求正在发生深刻转变，迫切要求教育文化体育事业扩大优质产品供给渠道，满足农民群众多样化、多层次的文体活动需求。在宁夏吴忠红寺堡区，全国人大代表马慧娟发起成立"泥土书香"读书社，用书香凝聚乡村振兴的精神力量；在湖北黄石，当地推进15分钟体育健身圈城乡一体化建设，派出社会体育指导员到村镇和农村学校送教……各地优化乡村文体资源布局，积极开展丰富多彩的群众文体活动，让农民群众在"腰包"鼓起来的同时，享受到丰富的精神食粮和高品质的健康生活。

乡村不仅要塑形，更要铸魂。党的十八大以来，我国农村公共文化建设进展显著，让人们见证了乡村文化振兴的深厚力量。丰富的文体活动，还可以开拓乡村消费的新空间，促进乡村产业结构转型升级。当前，文化体育与旅游产业融合发展成为新趋势，在乡村打造文体旅综合体、放大产业融合的溢出效应，将成为乡村产业高质量发展新的支撑点。盘活乡村文化体育资源，强化景区带动、节庆拉动、文旅互动，让当地群众"动"起来、文体资源"活"起来、旅游消费"热"起来，就能走出一条产业融合助力乡村全面振兴、既富"口袋"也富"脑袋"的发展之路。

涵养健康文明的乡村新风尚，既要注重发挥好职能部门的带动作用和方针政策的催化作用，也要注重发挥好农民群众的首创精神，呵护好沾满露珠和乡土气息的"文化秧苗"。"村 BA"篮球赛的一个重要启示正在于，每个地方都有自己的文化火种，农民群众也有自己的文体特长和爱好，只要做好服务、加强扶持，就能培育出有滋有味有影响力的文体品牌。社会多方合力也极为重要，马兰花儿童声合唱团入选北京冬奥会开闭幕式表演，乡村校园女足扶持项目"追风计划"帮助超过4000名乡村女孩实现足球梦想，都是多元参与、多方合作结出的文化硕果。

全面建设社会主义现代化国家，最广泛最深厚的基础在农村，最大的潜力和后劲也在农村。乡村文体活动多起来，乡风民风美起来，农民口袋鼓起来，广大农民的日子一定能够越过越红火。（人民日报）

案例6： 萧县以文化振兴促乡村全面振兴

今年来，萧县结合县域实际，注重以文化人、以文铸魂功能，通过培育文明乡风、提升文化塑造力、增强文化影响力，切实发挥文化的感召力、带动力和生长力，不断满足人民群众日益增长的文化生活需要，进一步巩固脱贫成果，助力乡村全面振兴。

夯实文化振兴基础，营造乡风文明

文明城市创建惠民利民。萧县按照《全国县级文明城市测评标准》，不断加强镇区环境整治向村、社区拓展延伸，持续推进"洁净卫生进万家"活动，形成一月一测评长效机制，深入开展文明村镇创建。截至目前，全县省级文明镇1个，市级文明镇10个，县级文明镇14个，占比61%；国家级文明村2个，省级文明村4个、市级文明村43个，县级文明村153个，占比55.8%。

新时代文明实践活动丰富多彩。按照《2022年萧县新时代文明实践中心（所、站）建设的实施意见》，充分发挥23个新时代文明实践所和274个新时代文明实践站作用，结合综治点、党群服务点等网格点建设，开展政策、思想、道德、文化、技能等宣讲培训活动。

乡村文化队伍不断壮大。组织对乡镇"村级文化带头人"和基层文艺骨干进行专业培训，不断提升基层文化工作者的能力和水平。今年来，组织对各乡镇文艺骨干培训2次，"村级文化带头人"和文艺骨干培训60余次。

聚焦群众需求，办好文化惠民实事

丰富群众文化生活。实现村级综合文化服务中心全覆盖，形成县、乡（镇）、村三级公共文化服务体系。今年来，先后举办"送戏进万村"、虎年戏曲春晚、"百名摄影师聚焦新时代"图片展、"新春读书乐"线上阅读积分、民俗文化讲座、经典诵读、"庆三八妇女节"广场舞大赛、"庆六一"晚会、端午节线上有奖知识问答等线上线下特色文化惠民活动200余场，累计服务群众35万余人；1—6月，全县共放映农村公益性数字电影106场次。

开展全民阅读活动。组织全县农家书屋开展阅读比赛、知识竞赛、演讲比赛、征文比赛、农民实用致富技术讲座等活动多300场次；"4.23"世界读书日期间，认真组织"书香润心灵阅读促成长"有奖诵读活动，全县近2000名师生参与。

做活乡村文化旅游。投入旅游发展资金239万元，实施乡村旅游"微创意、微改造"和省级特色美食村提升项目；编排精品旅游主题线路，大力实施"一图一册一线一声"宣传推介工程；开通2条旅游线路，精选50个宣传点位，依托喜马拉雅平台进行播放。

强化感召引领，倡树文明新风

持续推进移风易俗。按照《萧县礼遇新时代移风易俗文明实践先进典型暂行办法》要求，坚持把移风易俗纳入年度综合考核，推动建立完善"一约四会"制度，进一步整治婚丧喜庆中大操大办、人情攀比和薄养厚葬等陈规陋习，引导乡村形成孝亲敬老、节俭节约的文明新风。目前该县涌现出"零彩礼"典型50余例；《二妮劝妈改陋习》《儿女婚事》等戏曲小品赴镇村巡演50余场，受众2万余人。

组织各类"优秀典型"推报评选活动。今年来，全县获评"宿州好人"5人、"安徽省优秀志愿者典型"1例、"宿州市优秀志愿者典型"2例、"宿州市新时代好少年"3例；大力宣传全县近年来涌现的道德模范和好人事迹。截至目前，各类媒体宣传报道先进事迹500余条，组织各类巡讲、报告会20余场，受教育人数0.9万余人。

稳步推进志愿服务工作。继续招募、注册志愿者，壮大志愿服务队伍，不断规范志愿服务常态化、专业化。全县志愿者实名注册总数达24万余人，占全县人口比例为16.75%。（中新网）